Hanne I. Schaffer | Fabian Schaffer

Empirische Methoden für soziale Berufe
Eine anwendungsorientierte Einführung in die qualitative und quantitative Sozialforschung

AF119994

LAMBERTUS

Laden Sie dieses Buch kostenlos auf Ihr Smartphone, Tablet und/oder Ihren PC und profitieren Sie von zahlreichen Vorteilen:

- **kostenlos:** Der Online-Zugriff ist bereits im Preis dieses Buchs enthalten
- **verlinkt:** Die Inhaltsverzeichnisse sind direkt verlinkt, und Sie können selbst Lesezeichen hinzufügen
- **durchsuchbar:** Recherchemöglichkeiten wie in einer Datenbank
- **annotierbar:** Fügen Sie an beliebigen Textstellen eigene Annotationen hinzu
- **sozial:** Teilen Sie markierte Texte oder Annotationen bequem per E-Mail oder Facebook

Aktivierungscode: sces-2019
Passwort: 4471-9785

Download App Store/Google play:
- **App Store/Google play** öffnen
- Im Feld **Suchen Lambertus+** eingeben
- **Laden** und **starten** Sie die **Lambertus+ App**
- **Account/Login** oben rechts anklicken um das E-Book zu öffnen
- Bei **Produkte aktivieren** den **Aktivierungscode** und das **Passwort** eingeben und mit **Aktivieren** bestätigen
- Mit dem Button **Bibliothek** oben links gelangen Sie zu den Büchern

PC-Version:
- Gehen Sie auf **www.lambertus.de/appinside**
- **Account/Login** oben rechts anklicken, um das E-Book in der App freizuschalten
- **Aktivierungscode** und **Passwort** eingeben und mit **Aktivieren** bestätigen
- Wenn Sie Zusatzfunktionen wie persönliche Notizen und Lesezeichen nutzen möchten, können Sie sich unten mit einer persönlichen E-Mail-Adresse dafür registrieren
- Mit dem Button **Bibliothek** oben links gelangen Sie zu den Büchern

Bei Fragen wenden Sie sich gerne an uns:
Lambertus-Verlag GmbH – Tel. 0761/36825-24 oder
E-Mail an info@lambertus.de

Hanne I. Schaffer | Fabian Schaffer

Empirische Methoden für soziale Berufe
Eine anwendungsorientierte Einführung für die
qualitative und quantitative Sozialforschung

Bibliografische Information der Deutschen Nationalbibliothek

Die Deutsche Nationalbibliothek verzeichnet diese Publikation in der Deutschen Nationalbibliografie; detaillierte bibliografische Daten sind im Internet über dnb.d-nb.de abrufbar.

1. Auflage
Alle Rechte vorbehalten
© 2020, Lambertus-Verlag, Freiburg im Breisgau
www.lambertus.de
Satz: Astrid Stähr, Solms
Umschlaggestaltung: Nathalie Kupfermann, Bollschweil
Druck: Franz X. Stückle, Druck und Verlag, Ettenheim
ISBN: 978-3-7841-3101-6
ISBN ebook: 978-3-7841-3102-3

Inhalt

Vorwort: Die Bedeutung empirischer Methoden für die Soziale Arbeit . 11

A. EINFÜHRUNG

I Methodenvielfalt: Lieben Sie Krimis? 17
   1 Sozialforschung im alltäglichen Raum 20
   2 Alltagswissen und Sozialforschung 22
   3 Was heißt hier Soziologie? Zum Beispiel Schuhe! 24
   4 Soziologie und Soziale Arbeit 26

**II Einige Schlaglichter auf die Anfänge
der empirischen Sozialforschung** 31
   1 Quetelet und Le Play als Pioniere 31
   2 Max Weber und die Metallarbeiter:
      Ein Beispiel missglückter Fragebogentechnik 32
   3 Paul Lazarsfeld und die Marienthalstudie:
      Ein Beispiel mustergültiger Methodenvielfalt 36

B. METHODENLEHRE

**III Grundlegende wissenschaftliche Erkenntnisbasis und Begriffe
zur empirischen Sozialforschung** 41
   1 Der Untersuchungsgegenstand: Soziales Handeln 41
   2 Das Instrumentarium: Methoden und der Unterschied von qualitativem
      und quantitativem Paradigma 43
   3 Ziele empirischer Sozialforschung: Exploration, Deskription,
      Hypothesentests 46
      3.1 Qualitative Forschungsziele 46
      3.2 Quantitative Forschungsziele 48
   4 Die Möglichkeit wissenschaftlicher Wahrheiten: Induktion,
      Deduktion und Falsifikation 50
      4.1 Die Wahrheit der Hypothese: Kausalität und ihre Tücken 52
      4.2 Die Grundlage der Untersuchung:
          Datenerhebung und ihre Güte 53

IV Untersuchungsdesigns und Forschungsmodelle 59
   1 Erhebungsdesigns: Die zeitliche Organisation der Studie 60
      1.1 Querschnittdesign 60
      1.2 Längsschnittdesigns 61

    1.2.1 Trenddesign 61
    1.2.2 Paneldesign 62
  1.3 Querschnitt- vs. Längsschnittdaten 63
2 **Auswertungsdesigns: Die sachliche Organisation der Studie** 65
  2.1 Experimente 66
  2.2 Das natürliche und Quasi-Experiment 70
    2.2.1 Das natürliche Experiment 70
    2.2.2 Das Quasi-Experiment 71
  2.3 Ex-Post-Facto-Design 72
3 **Forschungsmodelle** 74
  3.1 Dunkelfeldstudien 74
  3.2 Aktionsforschung, Evaluations- und Begleitforschung 77
  3.3 Frauen- und Geschlechterforschung 86
  3.4 Feldforschung und Beobachtung 89
    3.4.1 Kurzer historischer Rückblick 89
    3.4.2 Feldzugang über die offen-teilnehmende Beobachtung 90
    3.4.3 Feldzugang über die nicht-teilnehmende Beobachtung 91
    3.4.4 Offen versus verdeckt teilnehmende Beobachtung 94
    3.4.5 Nicht-reaktive Beobachtungsmethoden 97
    3.4.6 Ethnomethodologie und Krisenexperiment 98

V Quantitative Auswahl-, Erhebungs- und Auswertungsmethoden 102
  1 **Quantitative Auswahlmethoden: Stichprobenziehung** 103
    1.1 Grundbegriffe rund um die Stichprobe 103
    1.2 Der Umfang einer Stichprobe 106
    1.3 Einfache und mehrstufige Zufallsstichproben 108
    1.4 Klumpen-/Clusterstichproben 110
    1.5 Quotenstichproben 111
    1.6 Geschichtete Stichproben 112
    1.7 Willkürliche Stichproben 113
  2 **Quantitative Erhebungsmethoden: die standardisierte Befragung** 114
    2.1 Im Vorfeld der Fragebogenformulierung 114
      2.1.1 Konzeptspezifikation 115
      2.1.2 Operationalisierung 117
    2.2 Konstruktion des Fragebogens 120
      2.2.1 Fehlerquellen im Interview 120
      2.2.2 Mikrogestalt 124
      2.2.3 Makrogestalt 130
      2.2.4 Interviewformen 133

3 Die Datenanalyse: Grundlagen der Statistik ... 137
3.1 Statistische Grundbegriffe ... 137
3.1.1 Wozu Statistik? ... 137
3.1.2 Deskription und Inferenz ... 137
3.1.3 Variable und Skalenniveaus ... 138
3.2 Univariate, deskriptive Statistik ... 143
3.2.1 Die Merkmalsverteilung ... 144
3.2.2 Lageparameter: Modus, Median und Arithmetisches Mittel ... 146
3.2.3 Streuungsparameter: Schiefe, Varianz, Standardabweichung ... 153
3.2.4 Wichtige Verteilungsformen: Normal- und Standardnormalverteilung ... 160
3.2.5 Zusammenfassung Univariate, deskriptive Statistik ... 164
3.3 Multivariate Analysen und Inferenzstatistik ... 165
3.3.1 Die Problemstellung: Stichproben als Zufallsereignisse ... 165
3.3.2 Multivariate Analysen und Inferenzstatistik ... 166
3.3.3 Der „wahre" Populationswert: Konfidenzintervalle für Mittel- und Anteilswerte ... 170
3.3.3.1 Schätzung des Populationsmittelwerts ... 170
3.3.3.2 Konservatives Schätzen und die T-Verteilung ... 172
3.3.3.3 Schätzung von Anteilswerten in der Population ... 174
3.3.3.4 Zusammenfassung Schätzung von Populationswerten ... 176
3.3.4 Hypothesentesten ... 177
3.3.4.1 Logik des Signifikanztestens ... 180
3.3.4.2 Das Testen von Unterschiedshypothesen ... 189
3.3.4.2.1 Metrisches Skalenniveau ... 190
3.3.4.2.2 Ordinales Skalenniveau ... 200
3.3.4.2.3 Nominales Skalenniveau ... 205
3.3.4.2.4 Zusammenfassung Testen von Unterschiedshypothesen: Welcher Test ist angemessen? ... 212
3.3.4.3 Das Testen von Zusammenhangshypothesen ... 215
3.3.4.3.1 Metrisches Skalenniveau: Kovarianz und Korrelation ... 215
3.3.4.3.2 Ordinales Skalenniveau: Kendalls Tau-b ... 223
3.3.4.3.3 Zusammenfassung Testen von Zusammenhangshypothesen ... 228
3.3.4.4 Zusammenfassung Hypothesentesten: Zusammenhänge und Unterschiede ... 229
3.3.4.5 Exkurs: Signifikanz – mit Vorsicht genießen! ... 230
3.3.5 Ausblick: Lineare Regression und multivariate Analysen ... 232

VI Qualitative Auswahl-, Erhebungs- und Auswertungsmethoden 237

1 Qualitative Auswahlmethoden: Stichprobenziehung bzw. Sampling 239
    1.1 Theoretical Sampling 240
    1.2 Gezieltes Sampling 240
    1.3 Snowball-Sampling oder Nominationstechnik 241

2 Qualitative Erhebungsmethoden: teilstandardisierte Erhebungsinstrumente 241
    2.1 Methodologische Prinzipien 243
    2.2 Verschiedene Typen qualitativer (Einzel-)Interviews 245
        2.2.1 Das narrative und das biografische Interview 245
        2.2.2 Das problemzentrierte Interview 247
        2.2.3 Das fokussierte Interview 248
        2.2.4 Das Tiefen- oder Intensivinterview 249
        2.2.5 Das Struktur- oder Dilemmainterview 249
    2.3 Gruppendiskussion 250
    2.4 Bildanalyse 251

3 Ausgewählte qualitative Auswertungsmethoden 253
    3.1 Inhaltsanalyse von Texten 253
        3.1.1 Die zusammenfassende Inhaltsanalyse 256
        3.1.2 Die explizierende Inhaltsanalyse 257
        3.1.3 Die strukturierende Inhaltsanalyse 257
    3.2 Die dokumentarische Methode bei Einzelinterviews und Gruppendiskussion 258
        3.2.1 Formulierende Interpretation 259
        3.2.2 Reflektierende Interpretation 260
    3.3 Rekonstruktive Bildinterpretation 260
        3.3.1 Formulierende Bildinterpretation 262
        3.3.2 Reflektierende Bildinterpretation 263

C. ANWENDUNG

VII Die Durchführung einer quantitativen Untersuchung 268

1 Formulierung einer Forschungsfrage 268
2 Entwicklung einer forschungsleitenden Theorie 271
3 Wahl des Forschungsdesigns 272
4 Wahl der Befragungsart 275
5 Konzeptspezifikation, Operationalisierung und Itemformulierung 277
6 Konstruktion des Erhebungsinstruments 279
7 Auswahl der Untersuchungseinheiten 284
8 Pretest 286
9 Haupterhebung 287
10 Aufbereitung der Daten 288
11 Auswertung der Daten 290
12 Interpretation der Ergebnisse 292

VIII Die Durchführung einer qualitativen Untersuchung ... 294
- 1 Fahrplan für eine qualitative Untersuchung ... 294
- 2 Erste Beispielstudie: Motive von ehrenamtlich Tätigen im Bereich der Sozialen Arbeit mit Migrant*innen ... 295
  - 2.1 Die Untersuchungsfragen ... 295
  - 2.2 Theoretischer Hintergrund ... 295
  - 2.3 Das Design der Studie ... 296
  - 2.4 Die Auswahlmethode ... 296
  - 2.5 Stichprobenbeschreibung ... 296
  - 2.6 Die Erhebungsmethode ... 296
  - 2.7 Die Erhebungssituation ... 297
  - 2.8 Die Auswertungsmethode ... 297
  - 2.9 Auszug aus den Auswertungsergebnissen ... 297
    - 2.9.1 Kategorie: Motiv der Pat*innen ... 297
    - 2.9.2 Kategorie: Selbst- und Rollenverständnis ... 299
- 3 Zweite Beispielstudie: „Männer im Frauenberuf" ... 303
  - 3.1 Die Untersuchungsfrage ... 303
  - 3.2 Theoretischer Hintergrund ... 303
  - 3.3 Design der Studie ... 303
  - 3.4 Auswahlmethode ... 304
  - 3.5 Erhebungsmethode ... 304
  - 3.6 Erhebungssituation ... 304
  - 3.7 Auswertungsmethode ... 305
  - 3.8 Erste Auswertungsschritte ... 305
  - 3.9 Auszug aus den Auswertungsergebnissen ... 306
    - 3.9.1 Typ 1: Der bedrohte Mann ... 306
    - 3.9.2 Typ 2: Der besondere Mann ... 310
    - 3.9.3 Typ 3: Der emanzipierte Mann ... 313
    - 3.9.4 Typ 4: Der komplementäre Mann ... 316

Literatur ... 321

Anhang ... 333
- Tabellenanhang ... 333
- Formelverzeichnis ... 337
- Tabellenverzeichnis ... 337
- Abbildungsverzeichnis ... **338**

Die Autor*innen ... 340

Vorwort: Die Bedeutung empirischer Methoden für die Soziale Arbeit

Das Kompetenzziel: How to do it!

Dieses Buch verfolgt die Absicht, eine leicht verständliche Einführung in die Methoden und Techniken der empirischen Sozialforschung anzubieten. Das Leitmotiv lautet: How to do it. In der Praxis der Sozialen Arbeit ist der Einsatz von empirischen Methoden und Techniken der Erhebung, Darstellung und Interpretation von Daten nicht nur notwendig, sondern in vielen Feldern bereits üblich: Es wird nicht mehr nur unter Federführung von Bezugswissenschaftler*innen geforscht, sondern Sozialarbeiter*innen beschäftigen sich inzwischen selber mit einer Reihe spezifischer (Untersuchungs-)Fragen, zu denen bis heute nur unter einem bestimmten erkenntnistheoretischen Blickwinkel oder noch gar nicht, bzw. nur unzureichend empirisch gearbeitet wurde. Während Rauschenbach/Thole am Ende der 1990er-Jahre und kurz vor Entstehung der ersten Auflage dieses Bandes feststellen, dass die Lage der „sozialpädagogischen Forschung" noch wenig konsolidiert erscheine (vgl. Rauschenbach/Thole 1998, 12), gehen die Autor*innen jüngerer Veröffentlichungen nun von einer zunehmenden Profilierung im Bereich der Sozialarbeitsforschung aus (vgl. Oelerich/Otto 2011) und konstatieren eine erstaunliche Breite und Intensität der empirischen Forschungsaktivitäten. Soziale Arbeit präsentiert sich als „forschende Disziplin" und verzeichnet momentan einen signifikanten Zuwachs an Forschungsaktivitäten (vgl. Schimpf/Stehr 2012 oder aktuell Bohnsack/Kubisch/Streblow-Poser 2018). Sowohl in der Praxis als auch im Rahmen der Ausbildung hat das empirische Forschen nun also einen hohen Stellenwert. Das zeigen die dazu einschlägigen in den letzten Jahren erschienenen Veröffentlichungen in Fachzeitschriften, aber auch die neu entwickelten Modulhandbücher für Bachelor- und Masterstudiengänge im Bereich Sozialwesen. Im Hinblick auf die Forschungssituation an Hochschulen für Angewandte Wissenschaften besteht weiterhin ein erheblicher Ausbaubedarf, und noch fehlt es an einer erkenntnistheoretischen Positionierung. Ein Diskurs über den Beitrag dieser vielfältigen empirischen Ergebnisse für die Wissensproduktion in der Sozialen Arbeit findet bislang nur höchst rudimentär statt.

Dieses Buch setzt am notwendigen Basiswissen von Studierenden Sozialer Berufe an, es soll ermutigen und Lust machen auf empirisches Arbeiten. Dazu ist die Kenntnis der zwei grundsätzlichen erkenntnistheoretischen Zugangsweisen, der Vielfalt der Designs und Forschungsmodelle sowie der verwendbaren Auswahl-, Erhebungs- und Auswertungsmethoden und der zumindest exemplarische Nachvollzug einzelner forschungslogischer Abläufe unabdingbar.

Was ist neu?

Für die Neuerscheinung hat sich vor allem die Notwendigkeit ergeben, auf die in der Forschungspraxis aufkommende Beliebtheit des quantitativen Forschens zu reagieren und entsprechend dieser voraussichtlich zunehmenden Bedeutung ein möglichst trittsicheres Fundament – nicht zuletzt statistischer Art – zu legen. Zu diesem Zweck wurde erstmals ein Co-Autor miteinbezogen, der nicht nur auf ein einschlägiges sozialwissenschaftliches Studium mit entsprechenden Studieninhalten und quantitativem Forschungsschwerpunkt rekurrieren kann, sondern auch über didaktische Erfahrung bei der Vermittlung von Statistik verfügt.

Die inhaltliche Systematik des Buches wurde infolgedessen der neuen zweigeteilten Optik – zwischen quantitativem und qualitativem Paradigma – angepasst. Um die Falle der konkurrierenden Forschungszweige zu umschiffen, versuchen wir demgegenüber beide Empirie-Welten für die Sozialarbeitsforschung zugänglich und nutzbar zu machen. Studierende und andere interessierte Anwender*innen sollen einen schnellen Überblick und ein tiefer gehendes Verständnis der einzelnen Verfahren und deren Ineinandergreifen im praktischen Forschungsalltag vermittelt bekommen.

Der Aufbau des Buchs

Der erste Teil A beleuchtet die Relevanz empirischer Forschung für die Soziale Arbeit bzw. Soziale Berufe und deren Verortung in einem Feld von Bezugswissenschaften, insbesondere der Soziologie. Ein kurzer Anschnitt der historischen Entwicklung der empirischen Sozialforschung u. a. am Beispiel der mittlerweile klassischen Marienthal-Studie soll nicht nur das Interesse an der empirischen Arbeit und deren Ergebnissen wecken, sondern auch erste Einblicke in die praktische Umsetzung wissenschaftlicher Untersuchungen bieten.

Der zweite Teil B bildet als Methodenlehre das Herzstück der vorliegenden Einführung in die vielfältigen Verfahren der empirischen Sozialforschung. Nach dem einleitenden Kapitel III, in dem die unserer Ansicht nach wichtigsten Grundbegriffe und erkenntnistheoretischen Zugänge erläutert werden, wenden wir uns in Kapitel IV verschiedenen Untersuchungsdesigns sowie ausgewählten Forschungsmodellen zu, die erfahrungsgemäß von besonderer Relevanz für die sozialarbeiterische Praxis sind. Kapitel V und VI schließlich versuchen eine systematische Einführung in die Methoden zur Auswahl, Erhebung und Auswertung von Erfahrungsdaten, wobei wir uns bei der Aufteilung der Kapitel an dem in den Sozialwissenschaften vorherrschenden Paradigmenstreit zwischen quantitativem = variablenzentriertem – und qualitativem = fallbasierten – Erklären orientiert haben, jedoch nicht, ohne die möglichen Synergien und die Komplementarität beider Forschungstraditionen aufzuzeigen.

Der dritte Teil C des Buches steht ganz im Zeichen der praktischen Anwendung und Durchführung empirischer Forschungsprojekte. Ziel dieser beiden Schlusskapitel (VII und VIII) ist es, einen Leitfaden für die tatsächliche Durchführung einer eigenen empirischen Untersuchung zu bieten, der freilich nur exemplarisch fungieren kann, aber die einzelnen Schritte des Untersuchungsablaufs identifiziert und nachvollziehbar macht.

Die Bedeutung empirischer Forschung für die Soziale Arbeit

Es ist nicht möglich in alle Varianten, Techniken und Methoden der empirischen Sozialforschung einzuführen, dies würde eine eigene Enzyklopädie der Sozialforschung erfordern und den Rahmen der beabsichtigten Vermittlung von Basiswissen deutlich sprengen. Bei den gewählten Auswertungsbeispielen wird aber der Akzent bewusst nicht nur auf inhaltlich einschlägige Themen gelegt, sondern auch auf Designs und Methoden, die in der Sozialen Arbeit nicht nur gut und vielfach einsetzbar, sondern inzwischen auch verbreitet sind. An vielen Stellen wird darüber hinaus auf einschlägige und weiterführende Literatur verwiesen, sodass die Leser*innen mit spezifischen Forschungsanliegen sich dann auch vertiefter und detailliert an anderer Stelle informieren können.

Diese Einführung ist Studierenden Sozialer Arbeit und anderer sozialer Fachrichtungen sowie Praktiker*innen verschiedenster professioneller Tätigkeitsfelder auf mindestens drei Ebenen von Nutzen:

Innerhalb einer wachsenden Zahl von Bachelor- bzw. Masterabschlussarbeiten werden Untersuchungsfragen bearbeitet, zu denen noch sehr wenige oder sogar keine Forschungsergebnisse existieren und dabei eine Fülle (bisher noch kaum beachteter) neuer empirischer Daten produziert. Sowohl für die Absolvent*innen von Studiengängen Sozialer Arbeit als auch für bereits im Arbeitsfeld tätige Sozialarbeiter*innen und für professionell Tätige in verschiedenen sozialen Handlungsfeldern sind grundlegende Einblicke in die angewandte Empirie unabdingbar, um die Angemessenheit des methodischen Zugangs sowie die Ergebnisse kritisch einschätzen und um Nutzen für die berufliche Arbeit daraus ziehen zu können.

Die Notwendigkeit der selbstständigen empirischen Datenerhebung stellt Studierende sozialer Berufe während ihres Praktikums, aber auch berufserfahrene Praktiker*innen in den verschiedensten sozialen Einrichtungen vor völlig neue An- und Herausforderungen: Wenn z. B. Informationen über Klient*innen gesammelt und systematisch dargestellt werden sollen, im Rahmen der Sozialberichterstattung eine regionale Bedarfserhebung ansteht oder eine soziale Einrichtung Selbstevaluation oder auch Wirkungsforschung betreiben will.

Das berufliche Anforderungsprofil von beruflich in sozialen Arbeitsfeldern Tätigen wird sich im Zuge einer immer weiter voranschreitenden Professionalisierung in eine Richtung verändern, dass empirisch-methodisches Knowhow mit zur Schlüsselkompetenz gehört. Dies ist der Fall, weil empirische Daten verstärkt in den beruflichen Meinungsbildungs- und Entscheidungsprozess mit einfließen, einen professionellen Habitus bilden helfen und oft sogar Grundlage für einschneidende Maßnahmen bilden (z. B. durch die Sozialberichterstattung). In den aktuell verabschiedeten Rahmenstudienordnungen an Hochschulen für Angewandte Wissenschaften macht sich diese Akzentverlagerung bereits bemerkbar, nicht nur der Wissenstransfer zwischen den einzelnen im Studium vertretenen Fachdisziplinen wurde verstärkt, sondern auch der Wissenstransfer zwischen den Bezugswissenschaften und dem Kernfach Soziale Arbeit. Damit korrespondieren auch die Forderung nach einer weiter verstärkten Sozialarbeitsforschung[1] sowie die internationalen Bemühungen um die weiter ausgebaute, obligatorische Einführung von Master-Studiengängen in der Sozialen Arbeit. Innerhalb von Sozialarbeitsforschung können prinzipiell alle empirischen Methoden zum Einsatz kommen, die auch innerhalb anderer Wissenschaftsdisziplinen gebräuchlich sind, z. B. in der Psychologie und in der Soziologie[2]. Sozialarbeitsforschung hat allerdings ein spezifisches Erkenntnisinteresse: Die Fragestellungen weisen eine unmittelbare Nähe zur beruflichen Praxis auf. Zum einen wird wie weiter oben bereits erwähnt unter dem neuen Paradigma

---

1   Ohne an dieser Stelle ausführlicher auf den in der einschlägigen Literatur anhaltenden Diskurs zum Begriff der Sozialarbeitsforschung einzugehen, wird Sozialarbeitsforschung hier so verstanden, dass die Stichprobe aus tatsächlichen oder potenziellen Klient*innen einer Einrichtung der Sozialen Arbeit gebildet wurde, die Fragestellungen theoretisch wie praxisnah entwickelt wurden und der Verwertungszusammenhang der Studie vorrangig auf die Umsetzung abgeleiteter beruflicher (sozialarbeiterischer) Handlungsstrategien gerichtet ist (vgl. dazu auch Steinert 2000, 69).
2   Wie bereits Steinert/Thiele ausführen, bedient sich die Sozialarbeitsforschung des gesamten Spektrums quantitativer und qualitativer Methoden (vgl. Steinert/Thiele 2000, 20), demgegenüber wird aber – zumindest zu diesem Zeitpunkt – von einer breiten Mehrheit der Autoren eine verstärkte Hinwendung zu qualitativen Methoden konstatiert (z. B. Oelerich/Otto 2011; Bock/Mietke 2010; Düformantel 1998, 127; Maier 1998, 58 und Moser 1995, 98ff).

der Sozialarbeitsforschung eine neue und zunehmende Fülle von Daten produziert, zum anderen bleibt für die Soziale Arbeit auch weiterhin das innerhalb ihrer Bezugswissenschaften produzierte Wissen relevant. Der angestrebte Wissenstransfer in die Praxis Sozialer Arbeit kann ohne methodologischen wie methodischen Zugang nicht gelingen, weil erst durch diesen Zugang die Konstruktionsprinzipien wissenschaftlichen Wissens sichtbar werden.

All jene, die einer voranschreitenden Verwissenschaftlichung der sozialarbeiterischen Praxis mit Skepsis oder sogar Reserviertheit begegnen, sollten bedenken, was die Alternative zu wissenschaftlichem – theoriegeleitetem und empirisch fundiertem – Wissen als Handlungshorizont im beruflichen Handeln wäre: eine wie immer eingefärbte dogmatisch-normative Orientierung, etwas Intuition und – erst im Laufe der Jahre dringend zu erwerbendes – Erfahrungswissen. Dabei soll die Notwendigkeit dieses Erfahrungswissens genauso wenig wie eine grundsätzlich gefestigte ethische Orientierung der Sozialarbeiter*innen in Abrede gestellt werden. Es geht aber letztlich um eine glaubwürdige Professionalisierung der Sozialen Arbeit, die um die wissenschaftliche Grundlegung (und dabei Grundlagenforschung) nicht herumkommt.

Die Bedeutung von Sozialarbeitsforschung

Sozialarbeitsforschung als Praxis- und Handlungsforschung kann z.B. Bausteine für eine gegenstandsbezogene Theorie (Glaser/Strauss 1967) bereitstellen und trägt damit bereits die Züge von Grundlagenforschung. Sozialarbeitsforschung liefert aber nicht nur die empirischen Grundlagen zur Theoriebildung, die auf die Belange der Sozialen Arbeit zugeschnitten sind, sondern liefert auch Daten für die Definition, Erklärung und Bearbeitung sozialer Problemlagen, die als professionell relevant erachtet werden (vgl. Steinert/Thiele 2000, 21)[3]. Sozialarbeitsforschung geht von einem praktischen Erkenntnisinteresse aus, die Perspektive des Individuums steht im Mittelpunkt. Darüber hinaus muss sie aber auch Daten für die Beschreibung und Analyse sozialer Verhältnisse liefern sowie Basisinformationen für die Wirkung und Effizienz sozialarbeiterischen Handelns, von neuen Konzepten und Verfahren (vgl. Maier 1998, 54). Eine weitere verstärkte Hinwendung oder gar Beschränkung auf qualitative Methoden erscheint wenig sinnvoll, weil diese unter einer erkenntnistheoretischen Perspektive betrachtet einer seit mindestens zwei Jahrzehnten beobachtbaren Entpolitisierung Sozialer Arbeit weiter Vorschub leisten könnte, indem der Fokus auf Einzelfallanalysen gerichtet bleibt und das therapeutisch orientierte Setting im Vordergrund steht. Empirische Forschung muss sich immer auch ihrer politischen Dimension bewusst bleiben, es geht um die Produktion von Wissen, das auch (ordnungs- oder sozial-)politisch genutzt werden kann. Dazu gilt es die gesellschaftlichen Herrschafts-, Ungleichheits- und Ausschlussverhältnisse kritisch zu reflektieren, denen nicht nur die Klient*innen Sozialer Arbeit unterliegen, sondern ebenso die dort professionell Tätigen. Der Sozialen Arbeit, die sich seit der Jahrtausendwende vor allem als Menschenrechtsprofession begreift, wäre es durchaus gemäß, sich über ihre Forschungspraxen auch kritisch zu positionieren. Neben der Theorieentwicklung ist die empirische Forschung eine konstitutive Voraussetzung für die Weiterentwicklung der Disziplin und Profession. Der Gegenstandsbereich der Sozialarbeitsforschung wird auf drei

---

3 Als Forschungsfelder von Sozialarbeitsforschung werden u. a. genannt: Praxisforschung, Grundlagenforschung, Sozialplanung/Sozialberichterstattung, Politikberatung, Organisationsberatung und -entwicklung, Verbändeforschung, Evaluationsforschung, Implementationsforschung, wissenschaftliche Beratung, Technologieberatung, Wirkungsforschung, Ausbildungsforschung, Berufsperspektivenforschung, Arbeitsfelderforschung, Zielgruppenforschung (vgl. Steinert/Thiele 2000, 22).

Dimensionen gesehen, nämlich auf der Ebene der Institution, der Profession und der Adressat*innen Sozialer Arbeit (vgl. Oelerich/Otto 2011, 10).

Aus soziologischer Sicht kann mögliches Thema bzw. Inhalt einer empirischen Untersuchung alles sein, was als soziales Handeln begriffen werden kann und darunter wird nach Max Weber solches Handeln verstanden, das seinem subjektiv gemeinten Sinn nach auf das Verhalten anderer Menschen bezogen wird und daran in seinem Ablauf orientiert ist[4]. Soziales Handeln bedeutet in dieser Konnotation folglich, dass sowohl fürsorgliches Verhalten anderen Personen gegenüber als auch ein extrem destruktiver Verhaltensakt, wie das Umfunktionieren von zivilen Flugzeugen zu lebenden Bomben als soziales Handeln gilt, denn die Adressaten sind andere Menschen und von der Tat geht ein symbolisches, z. B. ein politisches Statement aus. Mit einem derart weit gefassten sozialen Handlungsbegriff kann das ebenso weite Einsatzfeld der Sozialen Arbeit komplett abgedeckt werden und es mag sich schon durch die Vielfalt der Fragestellungen, von der Gewalt gegen Kinder bis zur Altenarbeit andeuten, dass auch eine Vielfalt von Instrumenten benötigt wird. Nicht in jedem Bereich ist es möglich oder sinnvoll, zu einer Befragung zu greifen, wenn auch in der Öffentlichkeit vor allem die Verwendung von Fragebögen als die empirische Methode schlechthin angesehen wird. Der methodische Zugang sollte der Untersuchungsfrage und der jeweiligen Untersuchungsgruppe angemessen gewählt werden, deshalb wird in diesem Band auch ein breiteres (wenn auch nicht erschöpfendes) Spektrum von Methoden behandelt werden.

---

[4] Als kurze Einführung in die Verstehende Soziologie von Max Weber sei an dieser Stelle Korte/Schäfers (1993), „Der Mythos von Heidelberg: Max Weber" empfohlen.

A. Einführung

Der erste Teil A dieser Einführung in die Methoden der empirischen Sozialforschung in ihrer Relevanz für die sozialen Berufe soll als Handreichung dienen und als inhaltliche Rahmung für die eher technischen Aspekte, die es in Teil B zu besprechen gilt.

Wir wollen einen Einblick in die alltägliche und wissenschaftspraktische Relevanz empirischer Methoden der Sozialforschung bieten und das Interesse an der Beschäftigung mit diesem Thema wecken. Methodisch geleitete Forschung muss keine lebensferne Tätigkeit ohne direkten praktischen Nutzen sein; im Gegenteil hat gerade die Erforschung der sozialen Wirklichkeit oft einen unmittelbaren Bezug zu den alltäglich erlebten Problemen und kann uns ebenso helfen, die ganz gewöhnlichen Absonderlichkeiten unserer eigenen sozialen Routinen aufzudecken, wie gänzlich neue Perspektiven und Ausblicke auf uns bislang unbekannte Bereiche menschlicher Interaktion zu eröffnen.

In diesem Sinne soll zunächst der Zusammenhang von Sozialer Arbeit, empirischer Forschung und Soziologie auch in seinen ganz alltäglichen Erscheinungsformen aufgedeckt und diskutiert werden (Kapitel I). Daran anschließend lohnt der Blick in die Geschichte der empirischen Sozialforschung, um besser zu verstehen, woher unsere heutigen Praktiken stammen und zugleich aufzuzeigen, welche Fallstricke sich über den nicht immer geradlinigen Weg der wissenschaftlichen Erhebung und Interpretation sozialer Handlungsweisen spannen (Kapitel II).

Methodenvielfalt: Lieben Sie Krimis?

Es war bereits kurz nach Mitternacht als Kommissarin Karo Fallander am Tatort eintraf. Die Villa stand etwas erhöht und war hell erleuchtet. Der Nieselregen vom Nachmittag hatte sich inzwischen in einen regelrechten Platzregen verwandelt und Karo Fallander dachte etwas missmutig an ihre neuen Pumps, die nun in diesem Schlamm vermutlich ruiniert werden würden. Die Spurensicherung musste nun schnell arbeiten und dies bei Dunkelheit, um eventuelle Tritt- oder Fahrspuren rund um das Haus noch aufzunehmen (physischer Nachweis, Kapitel IV, Punkt 3.4.5). Sie nickte den beiden Uniformierten am Hauseingang kurz zu und betrat das Vestibül. Überall schwirrten bereits Leute aus ihrer Abteilung herum, ihr Assistent, der immer etwas hektische, hoch aufgeschossene Sven nahm sie wortlos am Arm und führte sie in das Wohnzimmer im rechten Flügel der Villa.

Die Leiche, Ronald Wellenbrink, 36 Jahre alt und ein stadtbekannter Rechtsanwalt lag seitlich, mit leicht angewinkelten Beinen und schien in ihre Richtung zu starren. Er sah auf den ersten Blick unversehrt aus, wenn nicht das kleine Loch in seiner Stirn gewesen wäre, das nun so wirkte, als ob er ein drittes Auge besäße. Fallander wandte sich an Sven, er möge dafür sorgen, dass sich die Spurensicherung erst mal draußen umsehen solle, bevor sie im Haus so richtig loslegten. Außerdem solle er sich darum kümmern, dass er die Telefonnummern von den jeweiligen dienstvorgesetzten Kollegen aus den zwei Nachbarbezirken heraussuche.

„Du meinst jetzt sofort?" wandte Sven stirnrunzelnd ein.
„Natürlich sofort. Sonst hätte ich Dich nicht darum gebeten. Auf der Herfahrt ist mir eingefallen, dass wir bereits zwei Anwaltsmorde in diesem Jahr hatten. Ich möchte dem nachgehen und brauche die Unterlagen dazu. Alles was die haben (Inhaltsanalyse, Kapitel VI, Punkt 3.1). Vielleicht ist es unsere erste Spur. Nicht antworten Sven, los geht's!"

Karo wappnete sich innerlich gegen den bevorstehenden inneren Gefühlstaumel und näherte sich dann vorsichtig der Leiche. Sie bat einige der Uniformierten im Hintergrund, doch kurz den Raum zu verlassen. Sie wollte möglichst ungestört ihre ersten Eindrücke auf sich wirken lassen, die Atmosphäre im Raum erfassen.

Was hatte sich hier abgespielt?
Das Opfer war vollständig und äußerst korrekt bekleidet, Hemd, Krawatte, Sakko, passende Hose, Socken und Straßenschuhe. Sie machte sich eine Notiz. Bewegte sich Ronald Wellenbrink in seinem eigenen Hause immer so, hatte er Besuch erwartet oder war er etwa erst kurz vor der Tat nach Hause gekommen? Hatte er überhaupt begriffen, was mit ihm geschehen würde? Hatte er noch Zeit gehabt, zu begreifen? Gab es noch ein kurzes Erschrecken, als er sich dem Täter oder der Täterin gegenüber sah? Wie war sein Gesichtsausdruck zu deuten? Solche und ähnliche Gedanken schossen Karo durch den Kopf. Andererseits, was sagte die Statistik zu Morden: Sie geschahen am häufigsten im Wohnumfeld der Opfer, der oder die Täterin stammten aus dem sozialen Nahraum des Opfers und die Morde geschahen meist nachts (deduktives Schließen, Kapitel III, Punkt 4). Hier aber handelte es sich um eine

regelrechte Hinrichtung, dies war kein Verbrechen aus Leidenschaft gewesen, oder musste der Täter die Tat so sorgfältig planen, weil er sich sonst ohne Chance auf Erfolg wähnte? War der Täter dem Opfer körperlich unterlegen gewesen, eine Frau? Andererseits fiel ihr plötzlich ein altes Sprichwort ein, wonach Rache ein Gericht sei, das am besten kalt serviert wurde. Ja, diese Tat war kaltblütig erfolgt, hier gab es kein sinnloses Walten unkontrollierter Emotionen. Dies war die Tat eines einzelnen, beherrschten und kaltblütigen Täters gewesen, ein guter Schütze obendrein (induktives Schließen, ebd.). Die Kugel würde erste Hinweise auf die Tatwaffe liefern und mit Glück einige Indizien, in welche Richtung die weiteren Ermittlungen liefen (wiederum physischer Nachweis, Kapitel IV, Punkt 3.4.5).

Barbara, eine Kollegin, steckte kurz den Kopf zur Türe herein.
„Störe ich dich?"
„Nein komm nur herein, ich denke fürs Erste reicht mir, was ich gesehen habe. Hast du was für mich?"
An dieser Stelle wurden sie in ihrem Dialog unterbrochen, ein Angestellter aus der Gerichtsmedizin fragte an, ob sie die Leiche jetzt mitnehmen könnten.
„Oh ja" entfuhr es Karo „klar könnt ihr." Sie war immer ein wenig erleichtert, wenn die fachkundigen Kollegen anrückten, in Gegenwart einer Leiche war sie immer noch etwas befangen, auch über 20 Berufsjahre änderten daran wenig.
„Draußen warten die Haushälterin, die Schwägerin und der Bruder von Ronald Wellenbrink. Ich dachte, du würdest sie umgehend vernehmen wollen" (Face-to-face-Interview, Kapitel V, Punkt 2.2.4 und Kapitel VI, Punkt 2.2).
„Waren denn alle drei zur Tatzeit im Haus?"
„Nein. Nur die Haushälterin. Sie schlief oben in ihrem Zimmer unter dem Dach, als sie den Schuss hörte. Der Bruder und seine Frau kamen etwa eine halbe Stunde nach dem Eintreffen der ersten Polizeistreife hier an."
„Okay. Ich beginne mit der Haushälterin. Aber vorher noch etwas anderes. Was ist mit den Bändern aus der Videokamera am Eingang?" (Nicht teilnehmende Beobachtung, Kapitel IV, Punkt 3.4.3).
„Sind bereits auf dem Weg ins Labor. Wir scheinen Glück zu haben, die Aufzeichnung wurde erst in dem Moment unterbrochen, als wir das Band herausnehmen."
„Gut gemacht. Kümmerst du dich bitte darum?" Und mit einem Blick auf Barbaras unwilliges Schulterzucken fügte sie hinzu. „Du weißt, ich kann das nicht einem der Jungs überlassen, wir dürfen nichts übersehen. Diese Auswertungen sind monoton und anstrengend zugleich. Aber ich brauche jemanden, der exakt und systematisch vorgeht, diese Aufzeichnungen könnten entscheidend sein (Inhaltsanalyse, Kapitel VI, Punkt 3.1 und Bildanalyse, Kapitel VI, Punkt 2.4 und Punkt 3.3). Außerdem, ruf' bitte Rückers an und frag' schon mal an, ob er ein paar Leute aus seiner Abteilung entbehren kann."
„Du willst sie observieren?" (verdeckt teilnehmende Beobachtung, Kapitel IV, Punkt 3.4.4).
„Ich meine den Bruder und die Schwägerin?" Barbara schien überrascht.
„Ich weiß noch nicht, ob es notwendig sein wird, aber für den Fall des Falles will ich mir schon mal die Leute sichern. Und ich kann keine Anfänger gebrauchen."

Im Hinausgehen wandte sich Barbara noch einmal um. „Soll ich dir den Bruder hereinschicken und dann die Hausangestellte?"
„Nein. Schicke mir die Haushälterin, mit den Verwandten spreche ich erst später. Ich möchte mir noch das übrige Haus ansehen, besonders den Schreibtisch unseres Anwalts."

„Aber es geht schon auf ein Uhr zu, meinst du nicht, das wird ein wenig spät?" wandte Barbara ein.
„Du hast Recht. Ich für meinen Teil habe die Nacht sowieso schon abgeschrieben. Vielleicht kann Katja das Gespräch übernehmen, aber sagen wir erst in einer halben Stunde, und ich komme dann dazu und sehe mir die beiden an."
„Don't touch me baby …" Ein alter Song blitzte durch Barbaras Gehirn.
„Du willst dich wohl auf die Intuition durch Augenschein verlassen?"
„Nein, ganz und gar nicht, ich sehe mir lieber ihre Körpersprache an" (offen teilnehmende Beobachtung, Kapitel IV, Punkt 3.4.2).

Barbara wusste nicht genau, ob Karo scherzte, aber die Kommissarin blieb ernst und wandte sich bereits dem Biedermeier-Schreibtisch im Hintergrund des Raumes zu.
Sie durchsuchte den Schreibtisch systematisch, von links oben nach rechts unten, fand aber nichts auf den ersten Blick Interessantes. Ein paar Kontoauszüge. Das Opfer verfügte über recht hohe Summen. Hier gingen wöchentliche Überweisungen ein, mit denen eine Beamtin im öffentlichen Dienst mindestens einen Monat lang auskommen musste. Aber Karo war sich nahezu sicher, dass es sich nicht um einen Raubmord handelte. Im Übrigen gab es ein paar Prospekte über Immobilien im oberbayerischen Voralpenland, etliche Auszüge aus juristischen Kommentaren und einige Ausgaben der Neuen Juristischen Wochenschrift. Wollte Wellenbrink etwa umziehen, den schönen alten Familienbesitz veräußern? Gab es Streit zwischen den Brüdern, seit die Schwägerin mit im Haushalt lebte? Karo machte sich eine Notiz.
Als sie auf die Knopfverschlüsse im hinteren Bereich der mittleren Schublade stieß, musste sie lächeln. Ein Geheimfach, wie altmodisch und wie praktisch. Sie probierte ein wenig daran herum, aber es wollte sich nicht öffnen lassen. Schon wollte sie einen Kollegen von der Spurensicherung dazu holen, als es plötzlich nachgab. Zum Vorschein kam ein Tagebuch. Karo Fallander lächelte, zum zweiten Mal an diesem Abend. In diesem Moment öffnete sich die Tür und herein trat eine ältere Dame, Karo schätzte sie spontan auf Anfang sechzig.
„Ich soll mich bei Ihnen melden?" fragte die Dame etwas unsicher.
„Ach ja", gab Karo zurück, die sich darauf besann, wen sie da vor sich hatte, „bitte kommen Sie doch herein und nehmen Sie Platz. Ich bin Karolin Fallander von der Mordkommission."
Sie reichten sich die Hand.
Das Tagebuch konnte noch warten, das würde sie sich später zuhause vornehmen, bei einer schönen starken Tasse Kaffee.
„Sie sind Frau …?" begann Karo ohne Umschweife.
„Ich bin Pamina Marquardt, 64 Jahre und seit über 30 Jahren bei den Wellenbrinks. Ich war schon bei Ronalds und Stefans Vater im Hause, ich kenne die Familie praktisch von Anfang an."
Karo, die bei der Nennung des Vornamens gedanklich etwas abschweifte und über die ambitionierten Eltern von Frau Marquardt nachdachte, riss sich am Riemen. Das war die Müdigkeit, die sich nun doch bemerkbar machte.
„Dann möchte ich Ihnen zuerst mal mein Beileid ausdrücken Frau Marquardt. Das muss ja heute ein furchtbarer Schock für Sie gewesen sein."
Bei dem Wort Beileid brach Frau Marquardt dann auch prompt in Tränen aus.
Karo wartete, bis sich die Frau wieder etwas gefasst hatte. Danach war sie jedoch erstaunlich gut in der Lage, das, was sie der Reihe nach an diesem Abend bis zu ihrem Zubettgehen getan hatte, zu schildern.

„Wie kommt es, dass Sie so genau wissen, wann Sie die Küche verlassen haben, Sie sagten, es war genau fünf Minuten vor acht?" warf Karo ein.
„Nun das kommt davon, dass ich immer, jeden Tag um genau fünf vor acht die Küche verlasse, um nach oben zu gehen und mir die Tagesschau anzusehen. Ronald isst abends immer kalt und Stefan und Uschi waren nicht zuhause, die hatten ja ihren Theaterabend."
„Geht es hier immer so regelmäßig zu, ich meine, haben alle Familienmitglieder einen so exakten Zeitplan?"
„Nun, Organisation ist doch bekanntlich das halbe Leben, in diesem Hause haben sich schon immer alle nach der Uhr gerichtet" erwiderte Frau Marquardt in einem Ton, der keinen Einwand duldete.

„Was ist Ihrer Meinung nach heute hier passiert, Frau Marquardt? Ich weiß, Sie haben die Tat nicht beobachtet, aber was geschah, nachdem Sie den Schuss gehört hatten und woher wussten Sie überhaupt, dass es sich um einen Schuss handelte?"
„Nun das wusste ich zunächst nicht. Ich hatte bereits fest geschlafen, sogar geträumt und zunächst passte dieser laute Knall auch zu meinem Traum, ein Knall, als wäre eine Metalltüre mit großer Wucht zugeschlagen worden."
„Und dann?"
„Ich war plötzlich völlig wach und hatte starkes Herzklopfen, knipste das Licht an und holte erst mal die Notfalltropfen aus meinem Nachttisch. Ich war plötzlich in Panik, bekam die Schublade nicht auf und dann verschüttete ich auch noch die halbe Flasche. Schließlich griff ich mir den Morgenmantel und sauste die Treppe herunter. Ich war mir plötzlich sicher, dass etwas Furchtbares passiert sein musste."
„Warum waren Sie sich da so sicher? Sie wussten plötzlich, dass es sich um einen Schuss gehandelt hatte?"
„Ja, schließlich bin ich Sportschützin seit 1959, allerdings jetzt nicht mehr organisiert. Ich meine im Verein. Ich weiß, wie ein Schuss klingt."
Interessant, dachte die Kommissarin, eine geübte Sportschützin, sie machte sich eine Notiz.

1 Sozialforschung im alltäglichen Raum

Schon morgens, während wir das Frühstück vorbereiten, erfahren wir aus dem Radio, dass ein Drittel der Schulkinder ohne Frühstück das Haus verlässt und etwa die Hälfte der Schulkinder kein Pausenbrot von Zuhause mitbekommt, dass ein Drittel der Kinder unter 14 Jahren übergewichtig sind und eine flächendeckende Versorgung mit einem warmen Mittagessen in der Schule nicht in Sicht ist. Wenn wir später auf dem Weg zur Arbeit die Tageszeitung aufschlagen, lesen wir, dass inzwischen jeder vierte Vater Elterngeld bezieht, aber nur sieben Prozent der Väter für länger als zwei Monate eine Auszeit vom Job nimmt. Mütter bekommen durchschnittlich 868 Euro Elterngeld, Väter 1.204 Euro[1]. Am Abend wird in der Tagesschau auf ARD verbreitet, wie viele Migrant*innen in unserem Land leben und in welchen Städten ihr relativer Anteil an der Bevölkerung besonders hoch ist, wie stark die Bevölkerung altert und wie sich dabei etwa die Zahl der Hundertjährigen in Deutschland vervielfacht hat. Dass viele Beschäftigte aus dem Niedriglohnsektor wie Leiharbeiter*innen, Zimmermädchen und Gebäudereiniger*innen auf eine Aufstockung ihres Lohns durch Hartz IV verzichten, wohl aus Unkenntnis ihrer Ansprüche. Viele Fakten und Zahlen durchziehen also unseren Alltag, nicht immer nehmen wir diese Informationsflut bewusst wahr

---

1 So z.B. zu lesen in der Süddeutschen Zeitung im Dezember 2013.

oder könnten auf Rückfrage genau angeben, woher wir dieses Wissen haben. Viele dieser alltäglich verbreiteten Daten werden durch Institutionen und Behörden, wie das Bundesamt für Bevölkerungsforschung, die Deutsche Gesellschaft für Ernährung oder das Statistische Bundesamt erhoben und über das Radio, das Fernsehen, das Internet oder die Printmedien verbreitet. All diese Medien wiederum beliefern uns mit genau der Art und dem Umfang von Informationen, wie sie die zuvor erhobenen Nutzeranalysen vorgeben, weil z.B. für jede Tageszeitung die Informationen über ihre Leserschaft, also über deren Informationsbedürfnisse, Interessen und Präferenzen, entscheidend das Überleben und den Erfolg am Markt bestimmen[2]. Auch die Sendezeiten im Fernsehen, das neben dem Internet wohl immer noch bedeutendste Massenmedium unserer Zeit, werden von dem in umfangreichen Analysen erhobenen Zuschauer*innenprofil bestimmt. Nicht nur die Art der Sendung, sondern auch ihr Umfang und ihre mehr oder minder günstige Platzierung am Sendeabend hängen von Umfrageanalysen ab (vgl. Atteslander 2010, 3).

Keine Partei wäre gut beraten, ohne politische Meinungsumfragen in den Wahlkampf zu ziehen, kein Parlament erlässt wichtige Gesetze, ohne die Einstellung der Bürger*innen durch Umfragen zu erkunden. Wirtschaftsunternehmen, Gewerkschaften, Wohlfahrtsverbände, das Militär und sogar die Kirchen bedienen sich in steigendem Maße empirischer Methoden der Sozialforschung. Weder die politischen noch die wirtschaftlichen Zentren der Macht können heute auf diese Form der empirischen Datenproduktion verzichten: Sie ist schon lange zu einem bedeutenden Faktor gesellschaftlicher Entscheidungsfindung geworden (vgl. ebd.).

> In Nürnberg hat Europas zweitgrößter und weltweit drittgrößter Marktforschungskonzern, die Gesellschaft für Konsumforschung (GfK) ihren Sitz. Ihr ist es gelungen den sogenannten gläsernen Konsumenten zu schaffen und zwar in Haßloch, einer 19.000 Einwohner*innen starken, zum bundesdeutschen Durchschnitt erklärten Pfälzer Gemeinde. Durch die freiwillige Teilnahme fast der gesamten Haushalte herrscht weitgehende Transparenz über die täglichen Konsumentscheidungen sowie die gewählten Verkehrswege. Haßloch ist seit vielen Jahren komplett verkabelt und die GfK geht davon aus, dass am Ort nicht nur die durchschnittliche deutsche Kaufkraft repräsentiert ist, sondern auch außerhalb des täglichen Konsums vom durchschnittlichen Mittelmaß in Bezug auf politische Meinung, allgemeine Werthaltungen und Einstellungen ausgegangen werden kann. Die dreitausend Haushalte liefern der GfK beispielsweise Informationen darüber, wie viele Quadratmeter die Familie bewohnt, ob das Bad gefliest ist, wie viele Türen die Kühl- und Gefrierkombination hat, ob eine Mikrowelle vorhanden ist und wie die Borsten der zuletzt gekauften Zahnbürste stehen (gerade oder in V-Stellung?). Die GfK weiß auch automatisch, wie viele Kondome der Haßlocher kauft und von welcher Sorte, sie weiß, ob die Haßlocherin Damenbinden oder Tampons bevorzugt und in welchem Alter sie damit anfängt und aufhört. Und sie weiß vor allen Dingen, welche Werbung sie für welches Produkt begeistert hat – selbst dann, wenn die Frau es selbst nicht weiß (vgl. Süddeutsche Zeitung, Magazin 41/1994, 10 ff).

Die GfK weiß außerdem, ob die Käufer von Kriegsspielzeug eher die Bild-Zeitung lesen oder die Frankfurter Allgemeine Zeitung und dass Produkte mit Öko-Image in den letzten Jahren besonders gut ankommen. An dieser Stelle zeigt sich auch ganz deutlich, dass es nicht nur um Konsumgewohnheiten geht, sondern unter Umständen auch um die sozio-politische Dimension, die sich hinter alltäglichen Kaufentscheidungen verbirgt.

---

2   In einer von mir in den Jahren 1991–1992 durchgeführten Zeitungsanalyse der auflagenstärksten Abonnementzeitungen in den neuen Bundesländern bestätigt sich eindeutig die starke Ausrichtung der Art der Berichterstattung an der Leser*innenresonanz (vgl. Schaffer/Zelinka 1993).

Die hohe Bedeutung, die der Marktforschung in Deutschland, aber auch in anderen entwickelten Industrieländern zukommt, liegt nicht nur darin begründet, dass sie auch politisch handlungsrelevante „soziale Tatbestände" zutage fördert, sondern dass sie auch für die Entwicklung und Verfeinerung empirischer Forschungsmethoden eine enorme Bedeutung hatte und hat. Viele der heute gebräuchlichen Instrumente, etwa im Bereich der Meinungsumfragen, wurden im Kontext der Marktforschung entwickelt. Aktuellstes Beispiel dafür ist der zunehmende Einsatz von Telefoninterviews im Bereich der empirischen Sozialforschung.

2 Alltagswissen und Sozialforschung

Vielleicht sind auch Sie als Leser*in der Meinung, dass eine gehörige Portion Erfahrungswissen und Intuition bereits genügen, um Zusammenhänge zu erkennen, Probleme zu lösen und Folgen von Veränderungen abzuschätzen? Wenn ja, dann befinden Sie sich in guter Gesellschaft mit einer Reihe von Praktiker*innen aus allen Sparten von sozialen Berufen, die der zunehmenden „Verwissenschaftlichung" der Sozialen Arbeit mit ablehnender Skepsis begegnen. Doch bedenken Sie: **Plausibilität ist kein Wahrheitskriterium!**

Wählen wir doch ein Beispiel, das in den letzten Jahren in vielen öffentlichen Diskursen eine bedeutende Rolle spielte und, dank seiner scheinbar bestechenden Logik bis heute eine nicht leicht ausräumbare Popularität genießt:

> Immer wieder wird behauptet, dass der steigende Anteil ausländischer Arbeitskräfte, die nach Deutschland drängen, die Einkommen der einheimischen Bevölkerung senken und die Zahl der Erwerbslosen weiter ansteigen lassen wird. Im Gegensatz dazu kamen zahlreiche US-amerikanische Untersuchungen (und die USA bilden hier durch vergleichbare Immigrationszahlen zumindest in den 1990er-Jahren eine ganz gute Vergleichsbasis) zu dem übereinstimmenden Ergebnis, dass sich die Einkommen der Inländer*innen infolge hoher Zuwanderungsbewegung nur geringfügig nach unten hin entwickeln, die Erwerbslosenquote dagegen völlig konstant bleibt. Ein Teil der inländischen Arbeitnehmer*innen profitiert sogar vom Zuwanderungsstrom: die Farbigen und die Frauen, die nun im Durchschnitt sogar etwas mehr verdienten. Die eigentlichen Einkommensverlierer*innen sind die bereits im Land befindlichen, kürzlich zugewanderten Ausländer*innen (vgl. Diekmann 2017, 29).

Dieses Beispiel soll verdeutlichen: Plausible Argumentationen können den empirischen Tatbeständen widersprechen, auch wenn sie noch so bestechend logisch anmuten. Das Alltagswissen liefert weder präzises noch eindeutiges oder systematisches Wissen über soziale Zusammenhänge.

Alltagswissen	Wissenschaftliches Wissen
Beruht auf alltäglicher, subjektiver und selektiver Beobachtung	Beruht auf zumindest intersubjektiv nachprüfbarer, systematisierter Beobachtung
Wird aufgefüllt mit persönlicher Erfahrung und Wissenssplittern unterschiedlicher Quellen	Der einzelne Untersuchungsschritt wird dokumentiert
Verlässt sich auf Intuition und praktische Erfahrungen	Wird im Lichte weiterer empirischer Untersuchungen und im wissenschaftlichen Diskurs geprüft
Beansprucht Gültigkeit aufgrund subjektiver Einschätzung und Erfahrung	Lässt nur gelten was vorläufig verifiziert oder letztlich falsifiziert werden konnte

Tabelle 1: Vergleich Alltagswissen, wissenschaftliches Wissen

Eine Grenzziehung zwischen wissenschaftlichem Wissen und Alltagswissen fällt oft schwer, weil das wissenschaftliche Wissen immer mehr Bereiche des Alltags durchdringt, etwa über die Medien, und dann gar nicht mehr als solches zur Kenntnis genommen wird. Bisweilen werden auch die Ergebnisse empirischer Studien, die eine vorgefasste Alltagsmeinung bestätigen als trivial abgewertet. Dabei wäre zu bedenken, dass das, was einer persönlichen Meinung entspricht, nicht gleichwohl als gesicherter Tatbestand gelten kann, auch wenn die persönliche Meinung und das wissenschaftliche Forschungsergebnis zufälligerweise einmal deckungsgleich sind. In der Regel finden sich in alltäglichen Argumentationen auch häufig widersprüchliche Ansichten oder Meinungen, die einer weiteren Differenzierung gar nicht standhalten. Dazu ein weiteres Beispiel:

> Gerade unter dem Eindruck von Amokläufen, vor allem wenn es dabei um Fälle von sogenanntem Schoolshooting geht, wird in der Öffentlichkeit immer wieder und mit großer Heftigkeit die Schädlichkeit oder Unschädlichkeit gewalthaltiger Videospiele oder Internetclips in Bezug auf jugendliche Zuschauer*innen diskutiert.
>
> Dabei werden drei unterschiedliche Standpunkte sichtbar: Erstens, es gibt keinen Zusammenhang zwischen dem Konsum dieser Videospiele und der Aggressionsbereitschaft; zweitens, solche Videospiele senken die Aggressivität sogar, weil sich die Jugendlichen beim Betrachten bereits abreagieren (nach der Katharsis-These vom griechischen Begriff ‚karthasis' = Reinigung) und drittens, diese Videospiele erhöhen die Aggressionsbereitschaft und liefern u. U. sogar direkte Stilvorlagen für eigene Taten (nach der These des sozialen Lernens am Rollenmodell).

Vielleicht für einige überraschend steht der empirische Nachweis der Gültigkeit einer der drei Positionen bis heute leider aus, weil auch die empirische Forschung hier vor einigen Problemen steht. Wenn in einer wissenschaftlichen Untersuchung eine Gruppe von Jugendlichen, von denen bereits bekannt ist, dass sie regelmäßig sogenannte Ego-Shooter-Spiele spielen (Gruppe V) mit einer anderen Gruppe von Jugendlichen verglichen würde, die völlig anderen Freizeitbeschäftigungen nachgeht (Gruppe K), und diese erste Gruppe zeigt in einem standardisierten Aggressionstest tatsächlich höhere Aggressionswerte, ist der kausale Zusammenhang zwischen dem Spielen eines solchen Spiels und des danach gezeigten Verhaltens keineswegs bewiesen. Es könnte sein, dass sich die Gruppe V aus ganz anderen Gründen aggressiver zeigt als die Vergleichsgruppe K, z. B. aufgrund häuslicher Gewalterfahrungen. Hier zeigt sich also unter Umständen das Problem der Selbstselektion (vgl. dazu die Problematik von (Quasi-)Experimentaldesigns unter Kapitel IV, Punkt 2.1 und 2.2). Wenn die beiden Gruppen von Jugendlichen dagegen durch das Ziehen verschiedenfarbiger Lose auf die Gruppen V und K verteilt würden, sie danach jeweils ein Ego-Shooter-Spiel bzw. ein völlig harmloses Rollenspiel spielen und danach ihre Aggressionswerte gemessen würden, lässt sich selbst bei den eventuell festgestellten Unterschieden nicht belegen, wie kurz- oder langfristig die gemessenen Effekte auftreten, noch zu welchem Verhalten diese animieren. Auch müsste betrachtet werden, wie valide der eingesetzte Aggressionstest ist, ob die Mess-Ergebnisse eventuell rein zufällig aufgetreten sind und ob nicht das Untersuchungsteam selber (un-)beabsichtigten Einfluss genommen hat (vgl. dazu auch Diekmann 2017, 64–67). In den USA werden inzwischen Längsschnittstudien (vgl. Kapitel IV, Punkt 1.2) zur Klärung dieser Fragen eingesetzt, wobei die meisten dieser Ergebnisse noch ausstehen.

Eines sollte diese Thematik verdeutlichen: Alltagswissen oder Plausibilität des Arguments ersetzen nicht den systematischen Nachweis unter Zuhilfenahme wissenschaftlicher

Methoden. Darüber hinaus ist es auch die Aufgabe empirischer Testung, nicht nur die Richtung, sondern **auch die Stärke eines vermuteten Zusammenhangs** zu messen.

Was das Alltagswissen noch unter einem ganz anderen Aspekt als fragwürdig oder zumindest wenig vertrauenswürdig erscheinen lässt, ist die Tatsache, dass wir alle sehr selektiv wahrnehmen. Unser aller Blick auf die Realität erfolgt quasi durch einen Filter, dessen mehr oder minder engmaschiges Netz aus dem Stoff unserer Vorerfahrungen, früheren Beobachtungen und stets im Voraus getroffenen Situationsdefinitionen gewebt ist[3]. Diese Art der vorstrukturierten Wahrnehmung vollzieht sich großenteils unbewusst, bestimmt aber nichtsdestotrotz den subjektiven Ausschnitt unserer Wirklichkeit.

> **Das Thomas-Theorem** (nach dem Soziologen W. I. Thomas benannt) besagt, dass für Menschen, die eine Situation als real definieren, auch die aus dieser Situation folgenden Konsequenzen real sind. Das bedeutet, dass wir die uns umgebende Wirklichkeit stets durch (bewusst und unbewusst) getroffene Situationsdefinitionen vorstrukturieren und vor allem die auf diese Definition bezogenen Reaktionen und Handlungsfolgen wahrnehmen.

Um uns aus inneren Stabilitätsbedürfnissen heraus darüber hinwegzutäuschen, dass das, was für uns Wirklichkeit ist, noch längst nicht mit der unseres Gegenübers übereinstimmt, tun wir nur so, als gäbe es nur eine Wirklichkeit und nicht unendlich viele Variationen von Welten (vgl. Watzlawick 1976). Vorerfahrungen, momentane psycho-physische Befindlichkeit, individuelle Lebensphase, Wünsche und Wunschvorstellungen durchziehen also die Alltagwahrnehmung und wir alle haben unter Umständen die Erfahrung gemacht, wie anders plötzlich die Umgebung wahrgenommen wird, wenn man krank ist oder mit einer Knieverletzung durch die Fußgängerzone humpelt, wie neu die Umwelt mit einem dreijährigen Jungen an der Hand erfahren wird, oder wenn wir gerade frisch verliebt sind. Zu den Eigenheiten der menschlichen Wahrnehmungsfähigkeit gehört auch, dass sie sich verändert, wenn wir sozialem (Gruppen-)Druck ausgesetzt sind (hierzu gibt es Experimente, die nachweisen, dass Testpersonen in einem Experiment eine sonst leicht „richtig" lösbare Testaufgabe falsch lösen, weil vorgebliche andere Testpersonen eine gegenteilige Meinung abgeben als die Testperson selber) oder wenn wir uns mühevoll zu einer Entscheidung durchgerungen haben und dann unbewusst nur noch Informationen herausfiltern, die uns in diesem Beschluss bestätigen oder gar gegenläufige Informationen uminterpretieren lassen. All diese Besonderheiten der menschlichen Wahrnehmung demonstrieren das Alltags- oder Erfahrungswissen als nicht eben zuverlässigen, validen Informationsträger.

3 Was heißt hier Soziologie? Zum Beispiel Schuhe!

> *„Den coolsten aller Schuhe – ich wollte ihn finden, unbedingt. Es war zuerst nichts weiter als eine Idee, obwohl ich mir sicher war, dass es ihn geben würde: Ich suchte nach dem Schuh, den eine bestimmte Jugendkultur, z. B. die Skater oder die Rapper, am besten findet, der für sie die größte Bedeutung hat. Was genau er bedeutet, wollte ich herausfinden. Und*

---

[3] W. I. Thomas (1863–1947) sagt: "If men define situations as real they are real in their consequences." Wenn wir z. B. eine Bank betreten, um einen Scheck einzulösen, stellen wir uns innerlich mehr oder minder bewusst auf diesen Akt ein, regulieren den Grad unserer emotionalen Beteiligung und orientieren auch unsere Wortwahl oder Körperhaltung an der vorausgedachten Situation. Umso verblüffter wären wir, wenn uns ein Schalterangestellter plötzlich stürmisch umarmt (verstößt gegen die körperliche Distanzregel gegenüber Unbekannten), weil er seinen alten Schulkameraden in uns erkennt. Für weitergehend Interessierte sei dazu Bohnsack (1993), „Interaktion und Kommunikation" empfohlen.

warum. Und warum sie ausgerechnet diesen Schuh so lieben, wo es doch sicher Tausende von Schuhen gibt, die schöner oder praktischer sind"
(A. Zielke im SZ Magazin vom 19.9.1997, 94).

Mit Schuhen verhält es sich in soziologischer Sicht wie mit Kleidung, Frisur, Automarke oder Wohngegend: Sie signalisieren unter anderem nach außen, um wen es sich bei dem/der Träger*in oder Nutzer*in handelt, auch wenn dies der Person selber gar nicht bewusst ist oder von dieser bewusst eingesetzt wird. In unserer hoch individualisierten Gesellschaft sind Schuhe nicht einfach nur zum Laufen da, ein bestimmter Schuh gibt erste Hinweise auf die Identität des*der Träger*in, stellt ein „Wir-Gefühl" zu anderen Träger*innen desselben Modells her. Ein Schuh ist also nicht nur ein materieller Gegenstand aus Stoff, Leder, Plastik oder Gummi, sondern ein symbolisches Gut, mit dessen Hilfe eine soziale Botschaft, ein mehr oder minder deutlich zu entschlüsselnder sozialer Code transportiert werden kann. So tragen z.B. Skater Stoffschuhe mit einem Emblem am Knöchel, auf dem „Converse Allstar" steht. Dieser Schuh ist praktisch gesehen wenig funktional, denn die Stoffoberfläche reibt sich beim Skaten leicht auf und der Schnitt bietet keinerlei Knöchelschutz. Doch Skater[4] zu sein, bedeutet auf „Allstars" zu stehen, auch wenn man mit diesen Schuhen nicht gut skaten kann. Der Schuh steht nicht in seinem Verwendungszweck im Vordergrund, das gewählte Beispiel zeigt sogar, wie extrem dysfunktional er ist. Der Schuh steht für ein bestimmtes Lebensgefühl, für Lebensstil und Lebensart und – last but not least – für die mit anderen geteilten sozialen Werte und Einstellungen. Unter Skatern würde also die Frage nach dem „coolsten" Schuh relativ eindeutig beantwortet werden.

> Ein weiteres Beispiel: Eine sehr junge Frau kommt zum Friseur, um sich ihre Haare schwarz (nach-)färben zu lassen. Ihr Gesicht hat sie weiß gepudert, sie trägt auffallend blauen Lidschatten und blutroten Lippenstift. Gekleidet ist sie ganz und gar in Schwarz, schwarze Corsage, Bluse und langer Rock, ihre Stiefel sind ein schwarzes Schnallengewirr mit extremer Spitze. Auf die Frage, wie man diesen, ihren Stil nenne, bekommt die Friseurin nur ein Schulterzucken zur Antwort und ein „Weiß auch nicht, aber bei uns gehen alle so".

Anhand einschlägiger ethnographischer Jugendstudien könnte der*die Interessierte feststellen, dass diese etwas morbide wirkende Körperfassade zur Jugendszene der „Gothics" gehört und u. a. für einen eigenen Lebensstil, dazu gehörenden spezifischen Musikstil und eine alternative Geschlechterinszenierung steht (vgl. Brill 2007 oder auch Schmidt/Neumann-Braun 2004).

Bei den eben geschilderten Beispielen geht es aus soziologischer Sicht darum, den sozialen Code, verpackt in Schuhen, Make-up oder gesamter Garderobe zu entschlüsseln und nicht immer können (oder wollen) die Protagonist*innen einer solchen sozialen Inszenierung den dahinter liegenden Sinn verdeutlichen. Methodologisch kann dies zur Konsequenz haben, dass verschiedene Methoden und keineswegs nur die wohl populärste, die Befragung bzw. das Interview, zu Antworten oder Informationen, sprich, empirischen Daten verhelfen.

---

4   Dabei ist darauf hinzuweisen, dass das, was in einem bestimmten Milieu „in" ist, ebenfalls dem sozialen Wandel unterliegt. Da teilweise die industrielle Bekleidungsmode bestimmte Trage-Akzente auf der Straße aufnimmt und „zitiert", kann sich für die Gruppe der Skater etwa sehr bald der Zwang ergeben, sich erneut von einer breiteren Masse abzugrenzen und einem neuen Schuh den Nimbus des „coolsten" aller Schuhe zu verleihen.

Die Befragung kann sich also in der empirischen Annäherung schnell als Sackgasse erweisen. Der vorherige Einsatz von teilnehmender Beobachtung oder fotografischer Dokumentation kann sich für eine erste Annäherung besser eignen. Eine Befragung dagegen eignet sich eher, wenn es um mehrfach reflektierte und bewusste, z. B. politische Einstellungen und Haltungen geht oder um Lebensziele. Auch die Sichtung von bereits vorhandenen empirischen Studien zu einem Thema (hier z. B. Schmidt/Neumann-Braun 2004), oder die erneute Analyse von Material, das in anderen Forschungszusammenhängen zustande kam (z. B. im Rahmen einer Fotostudie am Szenetreff), kann hilfreicher sein als der Befragungsweg. Am Anfang einer empirischen Untersuchung steht also immer die Frage nach dem geeigneten Design, der geeigneten Methode und dem geeigneten Instrument bzw. den Instrumenten. Die auf diese Weise produzierten Daten bzw. Informationen können sowohl von theoretischem oder auch praktischem Interesse sein und es erweist sich für die Soziale Arbeit als zunehmend unbefriedigend, vor allem auf im Kontext anderer Wissenschaftsdisziplinen produziertes Wissen angewiesen zu sein und dadurch höchst zufällig auch auf sozialarbeiterisch relevantes Wissen zu stoßen.

4 Soziologie und Soziale Arbeit

Die Soziologie gilt als eine der Bezugswissenschaften der Sozialen Arbeit, neben der Psychologie, Pädagogik, Betriebswirtschaftslehre, Ethik, Medizin, Politik- und Rechtswissenschaft. Das bedeutet, die Soziale Arbeit greift dort, wo es notwendig erscheint, auf soziologisches Wissen, soziologische Erklärungsansätze und auch empirische Forschungsbefunde zu ausgewählten sozialen Gruppen zurück (z. B. bildungsfernen Zuwandererfamilien, Teenage-Müttern, obdachlosen Frauen und Männern, zur Suizidgefährdung von Kindern und Jugendlichen etc.). Jane Addams (1860-1935)[5], eine Pionierin der Sozialen Arbeit, sah in der Soziologie die Leitwissenschaft der Sozialen Arbeit. Dieser hegemoniale Anspruch, der hier keineswegs erhoben werden soll, erklärt sich zunächst wohl aus der zumindest partiell bestehenden großen Gegenstandsnähe von Soziologie und Sozialer Arbeit. Beide Disziplinen haben soziale, gesellschaftliche Entwicklungen im Blick, stellen also **Entwicklungsfragen** – benötigen dazu Fakten und Zahlen – das bedeutet **Tatsachenfragen** stellen – behalten auch die Entwicklungen im interkulturellen Kontext im Auge – das bedeutet, **vergleichende Fragen** stellen. Alle drei Frageaspekte sieht Giddens (1999) im Zentrum der Soziologie als Wissenschaft. Parallel dazu „behandelt" Soziale Arbeit als ihre Kernaufgabe soziale Probleme: **Soziale Probleme sind der spezifische Gegenstand der Sozialen Arbeit** (vgl. Schilling/Klus 2015, 103). Auch Bereswill/Ehlert (2010) greifen den Gedanken von der Leitwissenschaft der Sozialen Arbeit auf, und beschreiben sie als „gesellschaftswissenschaftliche Fundierung der sozialpädagogischen Praxis" (Bereswill/Ehlert 2010, 337). Die fachlichen Diskussionen verlaufen dazu durchaus kontrovers. Entscheidend ist an dieser Stelle aber nicht die professionspolitische Positionierung, sondern die Frage, welchen Beitrag die Soziologie für das professionelle Selbstverständnis der Sozialen Arbeit leisten kann.

Die Soziologie ist eine empirisch orientierte Wissenschaft, die im unmittelbaren Zusammenhang großer gesellschaftlicher Umwälzungen im ausgehenden 18. Jh. entstanden ist, weil

---

5 Jane Addams ist Gründungsmitglied der berühmten Chicago-Schule der Soziologie und gründete als Repräsentantin der sog. Settlement-Bewegung das Hull House inmitten eines Slums von Chicago, das armen Frauen aus dem Stadtteil Bildungs- und Sozialleistungen anbot und durch regelmäßig veröffentlichte Sozialenquête-Berichte ihrer Mitarbeiterinnen soziale Reformen vorantreiben wollte. Die Hauptenergien des wissenschaftlichen Teams flossen aber in konstruktive Arbeit, die heute wohl als Gemeinwesenarbeit bezeichnet werden würde (vgl. Staub-Bernasconi 2007a, 56).

sich zu diesem Zeitpunkt der Bedarf an Wissen über soziale und hierbei vor allem sozial destruktive Prozesse, die zu großen sozialen Verwerfungen führten (die Abschaffung der Stände-Gesellschaft im Zuge der Französischen Revolution), evident wurde. Die Ausgangsfrage des Namensgebers der Soziologie, Auguste Comte (1798–1857), lautete: Was ist der Motor einer Gesellschaft, was treibt Gesellschaften an? Oder anders gewendet: Was hält eine Gesellschaft als solche zusammen? Eine Frage, die bis heute und aktuell im Narrativ um das typisch Deutsche oder die Metapher Heimat wieder präsenter denn je den öffentlichen Diskurs mitbestimmt. In Anlehnung an die bis dahin gesellschaftlich anerkannten Naturwissenschaften sollte die neue Disziplin Soziologie als empirische Wissenschaft vergleichbar verlässliche Daten, Fakten und Erklärungsmodelle liefern.

Was die akademische Soziologie bis heute ausmacht, „ ... ist ihr beharrlicher Hinweis darauf, dass gesellschaftliche Verhältnisse, wie starr, unauflöslich, selbstverständlich und indiskutabel sie erscheinen mögen, stets nur Ergebnisse gesellschaftlicher Konstitutions- und Konstruktionsprozesse sind ..." (Nassehi 2008, 25). Wissenschaftliche Disziplinen reagieren, so Nassehi, auf einen gesellschaftlichen Problembestand, auf einen Problemlösungsbedarf, der sich durch bisher zur Verfügung stehende Wissensformen nicht mehr befriedigen lässt (vgl. ebd., 18).

Soziologie soll beschreibende und erklärende Modelle dazu liefern, auf welche Weise und über welche Mechanismen Menschen in einem gegebenen kulturellen Kontext, in einer Gesellschaft, zusammengehalten werden bzw. welche Mechanismen zum sozialen Ausschluss sozialer Gruppen führen. Das **dialektische Verhältnis zwischen Individuum und Gesellschaft** ist also kardinaler Ausgangspunkt der soziologischen Analysen und Theorien: Wie kann die soziale Navigation und Inklusion Einzelner gelingen? Wie werden die Mitglieder einer Gesellschaft mit all dem sozialen Wissen ausgestattet, das sie für die Bewältigung ihres Alltags und ihres Lebens benötigen? Die Analyse der genauen Konstitutions- und Konstruktionsbedingungen fällt schwer, weil die Forscher*innen ja selber Teil dieser Prozesse, dieser sozialen Wirklichkeit sind. **Die Soziolog*innen bewegen sich innerhalb eines sozialen Raums, den sie wissenschaftlich zu erfassen suchen**. Die Soziologie ist Teil einer Gesellschaft, die sie zu beschreiben, zu analysieren und zu erklären sucht.

Harold Garfinkel[6] schlägt in diesem Kontext vor, den Blick des Fremden auf die eigene Gesellschaft einzunehmen, die Konstrukteur*innen bei ihrer tagtäglichen Konstruktionsarbeit zu beobachten und damit die Wirklichkeit, den subjektiven Sinn von sozialem (im Sinn von zwischenmenschlichem) Handeln zu erschließen.

Diese Sichtweise kann bedeuten, sich von außerhalb, also vom Rande her, dem Untersuchungsgegenstand zu nähern. Und tatsächlich haben sich einzelne Soziolog*innen dezidiert diesem methodologischen Zugang verschrieben, die Wirklichkeit ausgewählter Gruppen von der Randständigkeit ihrer Existenz her zu erforschen, wie die oben genannte Jane Addams und die Chicago-Schule, für den deutschsprachigen Raum z.B. Roland Girtler (1996).

An dieser Schnittstelle treffen nun Soziologie und Soziale Arbeit aufeinander. Die Soziale Arbeit widmet sich sozialen Problemen, das bedeutet genauer den Menschen, die davon

---

6   Harold Garfinkel (1917–2011) gilt als der Begründer der sog. Ethnomethodologie, ein soziologischer Untersuchungsansatz, der versucht herauszufinden, wie Handelnde konkret Struktur und Sinn in ihren Alltag bringen. Untersuchungsleitend ist die Annahme, dass soziale Akteur*innen im Vollzug von Handlungen zahlreiche Techniken einsetzen, um diese Handlungen erkennbar, verstehbar, darstellbar, also erklärbar zu machen.

betroffen sind, die nicht voll an der Gesellschaft teilhaben können, am Rande stehen, weil sie arm, obdachlos, physisch und/oder psychisch beeinträchtigt sind, aufgrund ihres Geschlechts, ethnischen Zugehörigkeit oder sexuellen Präferenz diskriminiert werden oder abweichend und kriminell sind oder waren. Die Klientel Sozialer Arbeit ist von gesellschaftlicher Exklusion bedroht oder betroffen[7]. Die Soziologie betreibt empirische Forschung, nicht nur, aber auch zu den (potenziellen) Klient*innen der Sozialen Arbeit.

Im Folgenden sollen in zugegebenermaßen sehr selektiver Weise einige empirische Forschungsergebnisse wiedergegeben werden, die von unmittelbarem Informationswert für die Soziale Arbeit in verschiedenen Praxisfeldern sein können:

- *Kinder aus Migrationsfamilien und Bildung*: Die Ergebnisse des Kinder-Migrationsreports zeigen, dass fast ein Drittel der Kinder unter 15 Jahren in Deutschland einen Migrationshintergrund haben, 70 % davon besitzen die deutsche Staatsbürgerschaft. Die Mehrheit lebt nicht in Armut, sondern in Familien mit mittlerem sowie hohem Berufs- und Bildungsniveau, mehrheitlich mit beiden Elternteilen und mit mehreren Geschwistern. Trotzdem verfügen sie über geringere kulturelle, soziale und ökonomische Ressourcen im Elternhaus als Gleichaltrige ohne Migrationshintergrund und die 3- bis 6-Jährigen besuchen seltener kommunale Betreuungseinrichtungen. Später wechseln sie seltener auf das Gymnasium, obwohl die elterlichen Bildungsaspirationen sehr hoch sind. Die Kinder auf dem Gymnasium fühlen sich deutlich überforderter als Gleichaltrige ohne Migrationshintergrund und haben mit ihren Eltern deutlich mehr Ärger wegen der Schule. Eine wichtige Erklärungsvariable (unter den anderen im Report präsentierten) stellt das eingeschränkte Niveau der deutschen Sprache dar, da durch die muttersprachlich dominierte Sprachpraxis in den Familien die Deutschkenntnisse nicht ausreichend konsolidiert und auch Hausaufgaben weniger unterstützt werden können (vgl. dazu Bruhns 2013, 38-41)

- *Männer, die „Platte machen"*: Im Jahr 2007 untersuchte eine Forschungsgruppe anhand von Aktenstudien und qualitativen Interviews eine Gruppe von 339 Obdachlosen, die in München „Platte machen"[8], um ihre Struktur zu beschreiben und ihre Sicht auf das Hilfesystem zu eruieren. Dabei handelt es sich um eine Wiederholungsstudie aus dem Jahr 1995, bei der damals noch über 600 Personen erfasst wurden. Der merkliche Rückgang betroffener Personen ist großenteils dem System der Wohnungslosenhilfe zu verdanken, in dem ein zusätzliches Platzangebot für 500 Personen geschaffen wurde. Doch wer lebt auf der Straße? Die soziodemografischen Merkmale lassen nachfolgende Beschreibung zu: Es sind vorwiegend Männer (86 %), die Mehrheit ist zwischen 30 bis über 60 Jahre alt (94 %) und besitzt die deutsche Staatsangehörigkeit (85 %). Die Mehrheit (55 %) ist seit mehr als 20 Jahren in München ansässig und lebt seit unter 5 Jahren auf der Straße. Die Wege, die zu einem Leben auf der Straße geführt haben, sind zwar individuell verschieden, aber es lassen sich auch wiederkehrende, typische Verlaufsmuster identifizieren. So steht der

---

7 Von hier aus kann, anschließend an die soziologische Systemtheorie, nach dem Bezugsproblem und der Funktion der Sozialen Arbeit als funktionales Teilsystem der Gesellschaft gefragt werden (vgl. z. B. Baecker 1994). Diese theoretische Betrachtung sieht die Bedingungen der Möglichkeit für die Entstehung der Sozialen Arbeit bzw. der Sozialen Hilfe als eigenständiges System (auch wenn diese Eigenständigkeit Inhalt kontroverser Diskussion ist) in den Exklusionsproblemen, die durch die moderne Gesellschaft selbst erzeugt werden. Die Funktion der Sozialen Arbeit ließe sich dann durch Re-Inklusion der Exkludierten beschreiben. Dabei ist es für die Praxis der Sozialen Arbeit entscheidend, aus welchem Funktionssystem die jeweiligen Klient*innen exkludiert sind und wie erneute Teilhabechancen geschaffen werden können: Wer aus den Systemen Wissenschaft und Erziehung ausgeschlossen ist, weil er oder sie nicht lesen und schreiben kann, dem wird durch Geld, also durch Re-Inklusion in die Wirtschaft kaum zu helfen sein.

8 Die Definition für „Platte machen" ist eine pragmatisch gewählte und bedeutet in der Studie, dass von Menschen die Rede ist, die die Grundlagen bürgerlicher Existenz – Wohnen, Erwerbsarbeit, Einkommen – verloren haben und damit potenzielle Klient*innen der Wohnungslosenhilfe und insbesondere auch des Streetwork sind (vgl. Romaus/Weizel 2007, 8).

Verlust des Arbeitsplatzes für viele am Anfang ihrer Straßenkarriere. Ein Teil der Männer ist beruflich gering qualifiziert, verrichtete Hilfsarbeiten am Bau, auf Montage, war Aushilfe in der Gastronomie etc. Andere sind durchaus beruflich qualifiziert, verloren aber ihre Arbeit, weil die beschäftigende Firma in Konkurs ging oder ein Teil der Arbeitsplätze abgebaut wurde. Bei den beruflich Qualifizierten leiten die prekären Anschlussbeschäftigungen sozio-ökonomische Probleme ein. Parallel dazu fallen soziale Netzwerke – sofern vorhanden – aus, weil es zu Trennung oder Scheidung kommt. Typischerweise führt ein Komplex von Faktoren letztlich zum sozialen Abstieg: zunächst der Arbeitsplatzverlust, häufig die in diesem Kontext entwickelten Alkohol- bzw. Suchtmittelprobleme[9], eine resignative Grundhaltung oder labile Persönlichkeitsstruktur bzw. psychische Erkrankung[10] und das Ende einer Beziehung führen dann dazu, dass die Miete nicht mehr bezahlt werden kann und die Kündigung der Wohnung erfolgt (vgl. Romaus/Weizel 2007, 16–20).

- *Suizidalität von Jugendlichen*: Suizidales Verhalten im Sinne von Suizidplanung oder Suizidversuchen ist ein häufiges Phänomen im Jugendalter bis zu 18 Jahren. Ein Drittel aller Jugendlichen in Deutschland hat schon einmal Suizidgedanken gehabt, 6 bis 9 % (je nach Studie) berichten von einem Suizidversuch. Diese Zahlen liegen im europäischen Mittel. Die Gründe für Suizidalität sind vielfältig, das Risiko, einen Suizidversuch zu unternehmen, ist von multiplen externen und internen Faktoren abhängig. Es ist davon auszugehen, dass über 90 % der Jugendlichen, die einen Suizidversuch unternehmen, an mindestens einer psychischen Erkrankung leiden. Diskutiert werden auch neurobiologische Ursachen, da jene Bereiche des Gehirns, die für Entscheidungsfindung, Problemlösungsstrategien und die Kontrolle von Impulsivität verantwortlich sind, bei Erwachsenen mit Suizidversuch abweichend aktiviert sind und sich bei den Jugendlichen gerade in der Reifung befinden. Als besonders relevante Risikofaktoren für das Jugendalter wurden Schlafstörungen (mit oder ohne Depression) sowie Mobbing-Situationen identifiziert. Nach Daten der Weltgesundheitsorganisation kann gezeigt werden, dass einephysische oder sexuelle Gewalterfahrung in der Kindheit das Risiko für Suizidversuche mehr als verdoppelt bzw. sogar verdreifacht (vgl.Plener/Fegert 2014, 17).

- *Teenage-Mutterschaft:* Als Teenage-Mütter gelten Frauen, die im Alter von unter 18 Jahren ein Kind geboren haben. In Deutschland handelt es sich dabei um eine Gruppe von rund 5.000 jungen Frauen pro Jahr, wobei die Zahlen in den letzten 10 Jahren leicht sinken (vgl. Bundesamt für Statistik). Verschiedene Studien im deutschsprachigen Raum belegen, dass die Sexualaufklärung an Schulen als nicht sehr hilfreich bewertet werden muss, weil dabei fast ausschließlich biologische Fakten angesprochen werden und die emotionale Seite des Geschlechtsverkehrs vernachlässigt wird. Weibliche Jugendliche haben deshalb oft diffuse Vorstellungen von den körpereigenen Vorgängen im Zusammenhang mit Menstruation, Ovulation und Fertilität. Anwendungsfehler bei der Verhütung mit Präservativ und Pille sind deshalb sehr häufig, ein Drittel der späteren Teenage-Mütter gibt an, überhaupt nicht verhütet zu haben (vgl. Albrecht/Bosshardt 2011, 19). Ein Teil der Studien belegt, dass die Verhütungskompetenz mit der Schulbildung steigt: Hauptschülerinnen haben demnach gegenüber Gymnasiastinnen ein fünfmal so hohes Risiko, ungewollt schwanger zu werden.

---

9   Ob Probleme mit dem Alkohol bzw. anderem Suchtmittelgebrauch ursächlich für den Arbeitsplatzverlust sind oder erst im Nachhinein als Reaktion auf die psycho-soziale Krise durch dessen Verlust auftreten, kann auch durch andere einschlägige Studien (z. B. Albrecht et al. 1990 und Kunz/Wolf 2017) nicht gültig geklärt werden.
10 Nach Fichter et al. (2000) weisen psychiatrische Erkrankungen bei obdachlosen Männern eine hohe Lebenszeitprävalenzquote von 93 % auf, wobei auch hier das Ursache-Wirkungs-Verhältnis nicht geklärt ist.

Eine andere Studie findet dagegen keinen Zusammenhang zwischen Schulbildung und Schwangerschaftsrisiko (vgl. ebd., 21). Statistisch gesehen besteht eine Wechselbeziehung zwischen Teenage-Schwangerschaft und verschiedenen Faktoren wie Armut, niederem Bildungsniveau, Instabilität der Herkunftsfamilie in Bezug auf den Wohnort und den Beziehungsstatus der Eltern. Ein deutlich erhöhtes Risiko gilt demnach für junge Frauen, die bei einem alleinerziehenden Elternteil aufgewachsen sind, besonders drastisch dann, wenn die alleinerziehende Mutter selber als Teenager bereits schwanger war. Verschiedene Studien kommen zu dem Ergebnis, dass junge Frauen mit schlechter Schulbildung und geringem Selbstwertgefühl, die keine Erwartungen an ihre weitere Ausbildung oder einen guten Beruf haben, eine Schwangerschaft als alternativen Weg zu wirtschaftlicher Unabhängigkeit sehen. Sie erhoffen sich z.B., durch Sozialhilfe oder Kindesunterhalt finanziell abgesichert zu sein. Viele dieser jungen Frauen haben auch schulische Probleme, sehen die Mutterschaft als Ausweg aus dem Schuldilemma und erhoffen sich auch eine neue gesellschaftliche Anerkennung als Mutter. Dazu spielt für viele die Sehnsucht nach bedingungsloser Liebe eine große Rolle, die sie sich in der Beziehung zum Kind erhoffen und im eigenen Elternhaus nicht erfahren haben. Fallweise wird die Schwangerschaft auch als Mittel gesehen, den Partner an sich zu binden oder als Flucht aus einer prekären Lebenssituation und Perspektive für eine neue Lebensaufgabe.

Die aufgeführten Beispiele sollen die Relevanz der Soziologie als Bezugswissenschaft für die Soziale Arbeit verdeutlichen. Soziologische Forschung kann direkte Praxisrelevanz für Sozialarbeiter*innen entfalten, insofern sie Wissen über die soziale Lage und die Bedingungszusammenhänge der spezifischen Exklusionserscheinungen der Klient*innengruppe liefert. Andererseits bietet die Soziologie der Sozialen Arbeit eine theoretische Reflexionsfläche, ihre eigenen Prämissen und deren Adäquatheit oder Wirksamkeit in einem weiteren gesellschaftlichen Kontext zu überprüfen. Es geht, wie einleitend bemerkt, nicht um die Begründung eines hegemonialen, sondern vielmehr um die Darstellung der Möglichkeit eines kooperativen und wechselseitig fruchtbaren Verhältnisses von Soziologie und Sozialer Arbeit.

II Einige Schlaglichter auf die Anfänge der empirischen Sozialforschung

1 Quetelet und Le Play als Pioniere

Die Anfänge der empirischen Sozialforschung liegen bereits im 18. und 19. Jahrhundert. Als einer der wichtigsten Entwickler der empirischen Sozialstatistik gilt Adolphe Quetelet (1796–1874), der in Anknüpfung an die Naturwissenschaften nach sozialen Gesetzmäßigkeiten in der Sozialstruktur sucht. Er gilt als Begründer der sogenannten Moralstatistik, die in Anlehnung an die Naturwissenschaften auf Gesellschaften bezogene Entwicklungsgesetze aufzeigen soll. Analysematerial bilden dabei bevölkerungsstatistische Daten, kriminal-, religions- und wirtschaftsstatistische Zahlen. Der Begriff Moral steht synonym für sozial. Es geht also nicht um ein ethisches Programm, sondern um die Unterscheidung und den Gegensatz zu den Naturwissenschaften (vgl. Kern 1982, 37 f). Als Hauptleistung Quetelets gilt heute die Anwendung der „Normalverteilung" bzw. der Gauß'schen Glockenkurve[1], auf Daten der Sozialstatistik (vgl. Diekmann 2017, 97). Damit fand Quetelet seinerzeit z.B. heraus, dass sich in den Datenerhebungen des Militärs bei der Betrachtung der Verteilung von Körpergrößen unter jungen französischen Männern eine auffällige Häufung in der Kategorie klein gewachsener, das heißt unter 157 cm messender Männer befand, während die nachfolgende Größenkategorie zwischen 157–159 cm leicht unterbesetzt war. Diese offensichtliche Abweichung von der Normalverteilung lag, wie sich herausstellte, an den höchst nachvollziehbaren Falschangaben der jungen Männer, die sich dadurch dem Militärdienst zu entziehen suchten: Männer unter 157 cm Körpergröße wurden nicht eingezogen (vgl. ebd., 98).

Ein Zeitgenosse von Quetelet, nämlich Frederique Le Play (1806–1882) fand den Vorrat an statistischem Material so ungenügend, dass er einen neuen Weg – den der Monografie – auf der Suche nach den sozialen Gesetzmäßigkeiten von Gesellschaften beschritt. Le Play gilt als Entwickler der sozialwissenschaftlichen Familienmonografie. Er geht davon aus, dass die Statistik letztlich nur ein beschränktes, verzerrtes und damit willkürliches Bild des Menschen und seiner Beziehungen zeichnen kann. Um den „Dingen auf den Grund zu gehen" wendet er die Methode der direkten Beobachtung an. Um den Beobachtungsapparat einzuschränken, fokussiert er als soziale Basiseinheit die Familie. Er hält die dort beobachtbaren Gesetze auf andere, größere soziale Systeme für übertragbar, da doch die Familie die Keimzelle jeder ihm bekannten Gesellschaftsform darstellt. Für seine Untersuchungen wählt er ihm durchschnittlich erscheinende Familientypen aus und untersucht sie genauer (z.B. im Hunsrück die Familie eines Gießers in einem Stahlwerk, in Solingen die Familie eines Waffenschmieds). Das Herzstück seiner Analyse bildet das Familienbudget, das durch die Beobachtung der

---

[1] Die Gauß'sche Normalverteilung (nach dem Mathematiker Carl Friedrich Gauß (1777–1855) weist die charakteristische Form einer Glocke auf und beschreibt eine ideale Verteilung, deren Ursprünge in der Wahrscheinlichkeitstheorie liegen, der sich aber auch die Verteilung mancher ‚natürlicher' Merkmale annähert (z.B. Verteilung von Körpergrößen, aber auch von Intelligenz in Bevölkerungsgruppen). Gerade in der Inferenzstatistik kommt der Normalverteilung eine zentrale Rolle zu – wir kommen darauf unter Kapitel V, Punkt 3.2.4 ausführlicher zurück.

Lebensweise und die Erhebung der Familiengeschichte ergänzt wird. Le Play geht in seinen Studien sehr penibel vor, zeichnet alles auf, vom Umgang mit Haustieren bis zur Gartenarbeit, den Essensgewohnheiten, dem Mobiliar und der Kleidung.

Als Beispiel ein Auszug aus Le Plays Aufzeichnungen unter der Rubrik „Erholung in der Familie eines Solinger Waffenschmieds":

> „Das Rauchen, wiewohl während der Arbeit wie während der Pausen, ist die Haupterholung der 3 Arbeiter der Familie. Jeder Mann verbraucht durchschnittlich am Tag 67 g Tabak. Eine andere Erholung, der sie alle großen Wert beilegen, ist der Branntweingenuss morgens und abends. In der hier beschriebenen Familie trinken die beiden Arbeiter täglich 0,14 l Branntwein im Hause und ebenso viel im Wirtshaus. Samstags gibt es außerdem noch eine Extragabe Branntwein in der Werkstatt, an der der Meister und seine drei Arbeiter teilnehmen. Die Frauen genießen weder Spirituosen noch Narkotika.
>
> Es ist sehr selten, dass die Familie während der Mahlzeit Branntwein, Bier oder gar Wein trinkt. Jedes Jahr beteiligen sich die Männer an einem Scheibenschießen, das man als die Hauptlustbarkeit der Gegend betrachten kann. Die vier Märkte, die jedes Jahr in Solingen stattfinden, und einige Feste in den benachbarten Dörfern, sind fast die einzige Erholung, an der alle Familienmitglieder gemeinsam teilnehmen. Eine Mahlzeit im Wirtshaus, Tanz, seltener kleine theatralische Vorführungen sind bei dieser Gelegenheit die begehrtesten Vergnügungen. Viele Arbeiter indessen bleiben auch diesen letzteren Vergnügungen fern, und man kann sagen, dass die einzigen unerlässlichen Vergnügungen dieses Landes der Tabak und der Branntwein sind, wenigstens für die Männer; für die Frauen die Unterhaltung mit den Nachbarinnen" (vgl. Le Play in Kern 1982, 55).

2 Max Weber und die Metallarbeiter: Ein Beispiel missglückter Fragebogentechnik

Als eine inzwischen ebenfalls klassische empirische Studie, die zu Beginn des 20. Jahrhunderts entstand, gilt die von Max Weber (1908), der über die Berufswahl von Arbeitern forscht. Die entscheidende inhaltliche Stoßrichtung der Studie war, dass bis dato zwar einige Arbeitskräfte-Forschung existierte, dabei aber der Arbeiter als Subjekt außen vor geblieben war. So zielt diese Studie auf die subjektiven Verarbeitungs- und Bewältigungsmechanismen der tagtäglichen Arbeit (vgl. Kern 1982, 91).

Erstmals werden dabei auch persönliche Lebensverhältnisse als wichtige Determinanten des individuellen Wohlbefindens in die Untersuchung miteinbezogen und als Faktoren, die ebenso wie die konkreten Rahmenbedingungen am Arbeitsplatz auf das Arbeitsergebnis zurückwirken. Im Einzelnen werden in der Studie betriebliche Unterlagen gesammelt und gesichtet (Inhaltsanalyse, dazu Kapitel VI, Punkt 3.1), Expertengespräche geführt und die Arbeiter befragt (schriftliche vollstandardisierte Befragung, dazu Kapitel V, Punkt 2). Die Befragung der Arbeiter allerdings scheitert weitgehend: Zum einen war der Rücklauf – wie bei schriftlichen Befragungen fast immer der Fall – sehr gering, weil das Misstrauen auf Seiten der Arbeiter nicht aufgelöst werden konnte und die Forschungsabsicht nicht klar genug hervortrat. Zum anderen werden einige Fragen von den Arbeitern als zu schwierig und komplex empfunden und deshalb gar nicht beantwortet. Der von Weber eingesetzte Fragebogen entspricht weder heutigen formalen noch inhaltlich-technischen Standards (vgl. Abbildung 1).

Fragebogen Nr. ....

(Bei den mit dem Zeichen * versehenen Stellen sind die jedesmal zutreffenden Worte zu unterstreichen.)

———

1. **Vor- und Zuname des Arbeiters:** ....
   (kann ev. unausgefüllt bleiben)
   beschäftigt als .... bei der Firma ....

2. **Geburtsjahr:** .... **Geburtsort:** .... **Staat:** ....

3. **Geschlecht und Familienstand:** { männlich* — weiblich*   ledig* —
   verheiratet* — verwitwet* — geschieden*.

4. **Konfession:** ....

5. **Beruf und Geburtsort:** { des Vaters ....
   der Mutter ....

6. **Beruf der Großväter:** ....

7. **Militärdienst:** noch nicht militärpflichtig* — gedient* — militäruntauglich* — bedingt tauglich*. Hat Ihr Vater gedient? ....

8. **Schulbildung:** .... Wo? ....

9. **Berufslehre:** { als was und wo? .... wie lange haben Sie gelernt? .... Haben Sie Lehrgeld bezahlt? ....
   wie viel? .... oder haben Sie Lohn erhalten? ....
   und von wann an? ....

10. **Aus welchem Grunde haben Sie diesen Beruf ergriffen?** ....

11. Was für Arbeiten machen Sie in Ihrer jetzigen Stellung? ....

12. Besitzen Sie außer der jetzt von Ihnen ausgeübten noch **andere Berufsgeschicklichkeiten?** .... Welche sind dies? ....

13. Ist Ihre Arbeit etwa besonders anstrengend? .... Wodurch? ....

14. Von welchem Alter an finden Leute Ihrer Arbeitsstellung nicht mehr leicht Beschäftigung? ....

15. **Waren Sie etwa früher in anderen Berufsstellungen?** Wo? wie lange? als was?
    (Genaue Angabe des Arbeitsortes, des Arbeitgebers, der Arbeitsstellungen. Angabe, ob selbständig oder unselbständig.) Reicht der Raum nicht aus, so ist ein Zusatzbogen zu benutzen.
    ....
    ....

16. **Gründe des Wechsels der Stellungen:** ....
    ....

17. Stehen Sie in Zeit- oder in **Akkordlohn?** .... Ungefährer Wochenverdienst .... M. Ziehen Sie Zeitlohn oder Akkordlohn vor? ....

18. **Tägliche Arbeitsdauer:** von ..... Uhr bis ..... Uhr. Pausen: ....
    Überstunden? .... Zu welcher Stunde nehmen Sie die Hauptmahlzeit?
    ....

19. Nach welcher täglichen **Arbeitsdauer** tritt bei Ihnen erfahrungsgemäß **Ermüdung ein?** ....
20. Was sind Ihre **Haupterholungen?** ....
....
21. Womit beschäftigen Sie sich am liebsten außerhalb Ihres Berufes? ....
....
22. **Wohnung:** Eigenes Haus* — Wohnung vom Arbeitgeber* — Mietwohnung* — Schlafstelle*. Entfernung der Wohnung von der Arbeitsstätte ...... km. Fahren Sie? ....
   Feld oder Garten* — eigen* — gepachtet*.
23. Halten Sie **Schlafgänger*** — oder **Kostgänger***? Wie viele?
24. Haben Sie sonst **Nebenerwerb?** .... Welchen? ....
25. Wann haben Sie sich **verheiratet?** .... Verdient Ihre **Frau Geld?** .... Womit? ....
26. Zahl der **Kinder:** .... Davon leben noch: .... männlich: .... weiblich: ....

Verzeichnis der lebenden Kinder:

Nr.	Vorname	Alter	Beruf oder Beschäftigung	Bereits ausgelernt oder noch in der Lehre	Warum gerade diese Berufe	Militärverhältnis

Warum gerade diese Berufe? ....
....
Etwaiger Gelderwerb der Kinder: ....
27. **Welches Lebensziel hoffen Sie zu erreichen?** ....
   Welches Ziel hatten Sie sich früher gesteckt? ....
   Wovon gedenken Sie im Alter zu leben? ....
   (Antwort eventuell auf der Rückseite des Zusatzbogens.)

Quelle: M. Bernays, Auslese und Anpassung der Arbeiterschaft der geschlossenen Großindustrie, dargestellt an den Verhältnissen der „Gladbacher Spinnerei und Weberei" A.-G. zu Mönchen-Gladbach im Rheinland, in: Schriften des Vereins für Socialpolitik, Bd. 133. 1, Leipzig 1910, S. VIII ff.

Abbildung 1: Fragebogen von Max Weber zur Berufszufriedenheit

Als Kritikpunkte an dem von Weber eingesetzten vollstandardisierten Fragebogen sollen einige exemplarisch herausgegriffen werden, die besonders eindrücklich den aus heutiger Sicht demonstrativen Verstoß gegen übliche Regeln der Fragebogentechnik zeigen. Zunächst einmal der Einstieg in den Fragebogen mit den Angaben zur Person (hier werden sogar Vor- und Zuname erfragt), was einen eindeutigen Verstoß gegen den heute gültigen, unbedingten Primat der Anonymität von Untersuchungspersonen darstellt. Es folgen Fragen zu den persönlichen Lebensverhältnissen, die in der aktuellen Methodenliteratur unter den sogenannten soziodemografischen Merkmalen einer Person firmieren und in der Regel anhand eines vollstandardisierten Fragenkomplexes am Ende einer Befragung erfasst werden.

> **Soziodemografische Daten** sind in der empirischen Sozialforschung üblicherweise erfasste Personenstandsmerkmale, die einen Rückschluss auf die soziale Position einer Person innerhalb des gesellschaftlichen Sozialgefüges erlauben. Die wichtigsten soziodemografischen Daten sind: Geschlechtszugehörigkeit, Lebensalter, der höchste erworbene Bildungsabschluss (andere interessieren in der Regel nicht), die Art und der Umfang der Erwerbstätigkeit, die Einkommenshöhe, der berufliche Status, der Familienstand und die Kinderzahl, zum Teil auch regionale Herkunft, gegenwärtiger Wohnsitz, Staats- sowie Religionszugehörigkeit.

Bei den inhaltlichen Fragen (hier ab Frage 10) hat sich inzwischen nicht nur die Durchnummerierung jeder einzelnen Frage, sondern auch deren linksbündige Anordnung durchgesetzt, das heißt, dass auf eine Spaltenbildung nach rechts aus Gründen der besseren Übersichtlichkeit verzichtet wird. Problematisch erscheint auch, dass Weber seine Fragen nicht präzise genug stellt. So fragt er etwa nach dem Motiv für den ergriffenen Beruf (Frage 10), wobei – neben dem Problem, dass wohl kaum ein einziges Motiv für die Berufswahl entscheidend ist – auch noch der Zeitpunkt eingegrenzt werden müsste (das Motiv oder die Motive unterliegen schließlich wie die persönliche Entwicklung eines Menschen dem zeitlichen Wandel!) – nicht deutlich ist, ob er das Motiv für den tatsächlich erlernten Beruf oder die gerade ausgeübte Erwerbstätigkeit meint.

Als unergiebig erweist sich u. a. die Frage 13: „Ist Ihre Arbeit etwa besonders anstrengend?" Besser wäre es gewesen, sofort danach zu fragen, was der Befragte an seiner täglichen Arbeit als anstrengend erlebt und eventuell auch, mit welchem Gewicht er einzelne Belastungen auf einer entsprechend gestalteten Skala belegt. Die Art der Formulierung mit dem „etwa" lässt zudem Raum für einen subjektiv unterstellten Unterton: Spricht aus diesem „etwa" Empörung, Sarkasmus etc.?!

Als Tabu gelten auch sogenannte mehrdimensionale Fragen (vgl. dazu Kapitel V, Punkt 2.2.2 und Kapitel VII, Punkt 6), wie hier die Frage 27: „Welches Lebensziel hoffen Sie zu erreichen?" Abgesehen von der impliziten Unterstellung, nur ein einziges Lebensziel zu verfolgen, ist nicht klar, auf welchen Lebensbereich sich diese Zielfrage bezieht: auf das partnerschaftsbezogene Lebensziel (z. B. Heirat, Kinder haben), das persönliche (z. B. Selbstverwirklichung, Erleuchtung), das kinderbezogene Lebensziel (z. B. erfolgreiche, gesunde, „wohlgeratene" Kinder), das körperliche Lebensziel (gesund bleiben, aktiv bleiben) usw.? Durch die Art der Fragestellung muss also sichergestellt werden, dass für jede*n Befragte*n eindeutig nachvollziehbar ist, worauf eine Frage abzielt.

Als grundlegende Schwäche der Studie muss gelten, dass die Operationalisierung der indirekten Beobachtungsdaten, wie Einstellungen, Orientierungen etc. nicht gelang, das heißt hier die Übertragung zu messender Inhalte in geeignete Fragen bzw. Fragekomplexe. Aus heutiger Sicht ist zu bezweifeln, dass derart komplexe Fragestellungen überhaupt in vollstandardisierter Form zu erheben sind, dazu stehen weit besser geeignete qualitative Erhebungsinstrumente bereit (z. B. das problemzentrierte Interview unter Kapitel VI, Punkt 2.2.2 oder die Gruppendiskussion ebd., Punkt 2.3).

Welches Problem a priori in der Anlage der Studie steckt, ist unserer Meinung nach unmittelbar mit der Frage nach dem theoretischen Grundkonzept verknüpft, das hinter der empirischen Studie steckt und das sich von vornherein aufgrund seiner abstrakten und komplexen Aussagen nur sehr bedingt für die empirische Testung eignet: Es handelt sich um die theoretischen Ausführungen von Karl Marx, der eine zunehmende Entfremdung der Arbeitnehmer von sich selbst und ihrem sozialen Umfeld durch zunehmend entfremdete Arbeitsverhältnisse vorhersagt. Die Studie zeigt auch, wie sehr die dem Untersuchungsgegenstand angemessene Theorie das Leitprinzip einer empirischen Studie bilden muss.

3 Paul Lazarsfeld und die Marienthalstudie: Ein Beispiel mustergültiger Methodenvielfalt

Zu den berühmtesten und bis heute bedeutendsten Feldstudien gehört die „Marienthal-Studie". Formal leitend war hier einer der ersten dezidierten Verfechter empirischer Sozialforschung tätig, der österreichische Soziologe Paul Lazarsfeld (1901–1976). Die inhaltliche Richtung der Studie wurde stark von der Sozialpsychologin Marie Jahoda (1907–2001) vorgegeben. Unter dem Druck der Nationalsozialisten emigrierten beide nach Amerika bzw. Großbritannien. 1933 veröffentlichten Marie Jahoda, Paul Lazarsfeld und Hans Zeisel ihre Monografie unter dem Titel „Die Arbeitslosen von Marienthal".

> Eine **Monografie** ist eine wissenschaftliche Darstellung, die einem einzigen Gegenstand gewidmet ist. Bei der Marienthal-Studie wird das Phänomen (Langzeit-)Arbeitslosigkeit in seinen sozialen und psychologischen Wirkungen untersucht.

In Deutschland kam es erst 1960 zu einer ersten Veröffentlichung. Im Mittelpunkt der Studie steht ein kleines Fabrikdorf (Marienthal), ein Textilstandort seit 1830, das sich unter den damaligen Mobilitätsverhältnissen relativ abgeschottet von anderen Gemeinden ca. eine Zugstunde von Wien entfernt befindet. Die Bewohner*innen werden infolge der allgemeinen Textilkrise auf einen Schlag erwerbslos. Ziel der Marienthal-Studie ist es, mit den Mitteln moderner Erhebungsmethoden ein möglichst detailliertes Bild von der psychologischen Situation eines arbeitslosen Ortes zu zeichnen. Zwei Aufgaben sind Jahoda/Lazarsfeld/Zeisel (1980) wichtig: Zum einen, zum Problem Arbeitslosigkeit Forschungsmaterial zu erheben, zum anderen, geeignete Methoden zu erarbeiten, die einen sozialpsychologischen Tatbestand umfassend und objektiv darstellbar machen.

Es finden in einer völlig unorthodoxen Mischung sowohl quantitative als auch qualitative Methoden (vgl. dazu die Kapitel V und VI) ihre Anwendung, ein Methodenmix, der durch die späteren Rivalitäten zwischen quantitativ bzw. qualitativ spezialisierten Forscher*innen nicht mehr ohne Weiteres möglich war und bedauerlicherweise gerade in den letzten Jahren innerhalb der Disziplin wieder aufgeflammt ist. In der heutigen Sozialforschungspraxis wird allerdings bei einer erheblichen Zahl von Studien bewusst auf diesen erfolgreich angewendeten Methodenpluralismus rekurriert.

Die Marienthal-Studie ist bis heute exemplarisch geblieben und hat gerade vor dem Hintergrund der bis zur Jahrtausendwende stark angestiegenen Erwerbslosenzahlen eine erneute Brisanz erhalten. Studien des Instituts für Arbeitsmarkt und Berufsforschung (IAB) zu den Wirkungen von Dauer-Erwerbslosigkeit belegen, dass die inhaltlichen Befunde von Marienthal nichts von ihrer Gültigkeit eingebüßt haben, zeichnen vielmehr nach, dass die in

Marienthal vorgefundenen Haltungstypen von „ungebrochen" über „resigniert", „apathisch" bis „verzweifelt" auch heute noch den verschiedenen Phasen der subjektiven Reaktionen auf die Arbeitslosigkeit entsprechen.

Am Anfang der Marienthal-Studie steht weder eine fertige Theorie noch ein Methodenplan, sondern nur eine Liste mit offenen Fragen, die allen Forscher*innen während ihrer Anwesenheit in Marienthal eine Richtschnur an die Hand gibt (zeitweise waren es bis zu 15 Forscher*innen) (vgl. Jahoda 1991, 120). Nur ein methodischer Grundsatz besteht am Anfang, nämlich der einer offen-teilnehmenden Beobachtung: Darunter wird die geplante Wahrnehmung des Verhaltens von Personen in ihrer natürlichen Umgebung durch Beobachter*innen verstanden (in der Regel sind diese Beobachter*innen Mitglieder des Forschungsteams), die an den Interaktionen der Untersuchungspersonen teilnehmen und von diesen im Laufe der Zeit als „normale Bestandteile" ihres Handlungsfeldes angesehen werden. Die Beobachter*innen sind dabei weder Voyeure noch Spione, sondern ihre Anwesenheit ist durch das allen Beteiligten eröffnete Untersuchungsziel legitimiert (vgl. Friedrichs 1990, 288). Jede*r Forscher*in sollte nicht nur Fragen stellen, sondern eine konstruktive Funktion im Ort übernehmen. Das subjektive Erlebnis der Arbeitslosigkeit wird durch zahlreiche Gespräche mit den Betroffenen und mit den Gemeindefunktionären nachgezeichnet. Weiteres Analysematerial bilden Tagebuchaufzeichnungen und Briefe. In Anlehnung an Frédéric Le Play werden zudem die Haushaltsbücher analysiert und erstmals detaillierte Zeitbudgets[2] erhoben.

> In **Zeitbudget-Studien** werden über detaillierte, individuelle Zeitverwendungsbögen die täglichen Aktivitätenketten einzelner Haushaltsmitglieder erfasst. Genauestens wird dabei aufgezeichnet, wie viel Zeit von wem, wann und wofür aufgewendet wird. In der Freizeitsoziologie liefern Zeitbudgets bis heute wichtiges Basismaterial. Aber auch im Rahmen der Sozialen Arbeit könnten Zeitbudgets von Klient*innen wichtige Hinweise auf Probleme in der tagtäglichen Lebensführung liefern.

Am Ende der Erhebungsphase lagen im Einzelnen vor:
- Katasterblätter: Für jede der 478 Familien lagen Personaldaten vor, die Einkommensverhältnisse, die Wohnverhältnisse, Angaben zum Familienstand und über die Haushaltsführung.
- Lebensgeschichten: Es wurden insgesamt 62 ausführliche Lebensgeschichten erhoben (32 Männer und 30 Frauen). Diese biografischen Interviews wurden als „Warming up" (vgl. Kapitel VI, Punkt 2.2.1) für die Gespräche über die Arbeitslosigkeit genutzt.
- Zeitverwendungsbögen: 80 Personen haben Stundenpläne zu ihren Tagesläufen ausgefüllt.
- Schulaufsätze über Berufswünsche und Weihnachtswünsche der Marienthal-Kinder (Inhaltsanalyse) und Zukunftsbezüge der Jugendlichen.
- Inventare der Mahlzeiten in 40 Familien.
- Protokolle über ärztliche Untersuchungen und Konsumstile (Ausgaben bei Friseur, Metzger, Schuster, Schneider und Bäcker).
- Statistische Daten über Zeitungsabonnements, Vereinsmitgliedschaften etc.

---

2 In Marienthal wurden auch unterschiedliche Zeitmuster von Frauen, Männern und Kindern nachgezeichnet, bis hin zu ihrer Gehgeschwindigkeit. Dabei zeigte sich, dass die zeitliche Tagesstruktur der Frauen wesentlich dichter und ihre Gehgeschwindigkeiten höher waren als die der Männer, die sich jenseits ihrer vormaligen Erwerbsarbeit kein neues Tätigkeitsfeld eröffnen konnten und tagsüber vor allem „Zeitvernichtungsstrategien" anwandten. Die Frauen dagegen blieben mit vielfältigen Haushaltstätigkeiten und Erziehungsarbeit beschäftigt.

- Bevölkerungsstatistisches Material: Altersaufbau, Geburten, Todesfälle, Eheschließungen, Zu- und Abwanderung.

Es entspricht, wie bereits erwähnt, dem methodischen Zuschnitt der Marienthal-Studie, dass die Forscher*innen vor Ort leben und in nützlichen Funktionen in das Gemeindeleben miteinbezogen sind (z. B. durch Schnittzeichenkurse, Turnkurse, ärztliche Behandlung, Erziehungsberatung, Rechtsberatung etc.). Das Forschungsteam bleibt also nicht auf Distanz zu den Untersuchten, es entstehen Beziehungen, die u. a. dazu führen sollten, dass für die Marienthaler etwas Sinnvolles unternommen wird. In Gesprächen, die viele Jahre nach Abschluss der Studie mit den noch ansässigen Marienthalern geführt wurden, stellt sich heraus, wie wichtig das Forschungsprojekt erlebt worden war und wie sehr es dazu beitrug, Selbstbewusstsein und Selbstvertrauen wieder zu stärken. Längst waren die Marienthaler durch die Studie weltberühmt geworden, und viele Fachleute aus dem sozialen Bereich, aber auch Journalist*innen und Forscher*innen „pilgerten" an den Ort. Es entstanden sogar mehrere Filmbeiträge zu Inhalt und Vorgehen in der Studie.

Beispiel aus den wissenschaftlichen Protokollen:

Hausbesuchsprotokoll
(Familie 23) Die Wohnung, großes Zimmer, Küche und Vorraum, ist gut gehalten. Die Kinder sind rein und nett gekleidet. Die Frau wünscht sich bei der Kleideraktion einen Rock für den Mann. Frau erzählt, dass sie sich nicht nach einem Nebenverdienst umsehen kann, weil die Kinder zu klein sind. Der Mann hilft wenig bei der Hausarbeit. Sie glaubt nicht, dass es in M. je noch anders werden könne, sie hat gar keine Pläne. Aber irgendwie wird man schon weiterleben. – Das Mittagessen wird eben angerichtet. Es besteht aus eingebrannten Bohnen.

Lebensgeschichte des Mannes
Er wollte Fleischhauer werden, der Vater hat es nicht erlaubt. Darauf erklärte er, wenn er nicht Fleischhacker werden dürfe, wolle er gar nichts lernen, und ging in die Fabrik. Er war im Krieg in Russland gefangen. „Nie ist es mir so gut gegangen wie dort." Er hätte dort bleiben können, „aber man gehört doch in die Heimat". Seit dem Jahr 1921 lebt er in Marienthal. Sein Plan wäre, wieder nach Russland zu gehen. Aber er unternimmt nichts, um diesen Plan zu verwirklichen. „Derweil geht's noch", meint er.

Lebensgeschichte der Frau
Es ging ihr sehr schlecht zu Hause. Ihr größter Wunsch wäre gewesen, Handarbeitslehrerin zu werden. Daran war nicht zu denken. Mit 17 Jahren hatte sie das erste Kind, das bald starb. Seither hat sie bis zum Stillstand der Fabrik gearbeitet. Mit dem Mann hat sie oft Streit, weil er sich um nichts kümmert. Vor der Arbeitslosigkeit war es nicht so arg, aber jetzt ist er nie zu Hause. Sie möchte gern zu Unterhaltungen gehen. Manchmal zwingt sie ihn, zu Hause zu bleiben, und geht weg.

Beobachtungen
Der Mann verbringt die meiste Zeit im Arbeiterheim, liest Zeitschriften und Romane. Er ist immer gut aufgelegt und deshalb bei allen sehr beliebt. Früher hat man ihn oft ins Wirtshaus zu Gesellschaften eingeladen, weil er so lustig ist. Zu Hause führt die Frau das Regiment und fordert immer genaue Rechenschaft über die Zeitverwendung des Mannes.

Aus Gesprächen mit der Frau
„Irgendwie wird man schon weiterleben; es können doch nicht alle zugrunde gehen."

Die Auszüge aus dem Auswertungsmaterial der Studie belegen, welch eindringliche Bilder und welch detailreiche soziale und psychologische Informationen solche offenen Feldstudien liefern können. Gleichzeitig zeigt sich aber auch der enorm hohe Auswertungsaufwand, der mit offenen Verfahren verbunden ist. Einer der Hauptschritte bei der Auswertung besteht darin, dass die gesammelten Daten entlang zu bestimmender Beobachtungskategorien systematisiert werden müssen. Quantifizierungen (wie z. B. welche Familien wie viele Veränderungen zeigen) stehen dabei nicht so stark im Vordergrund wie inhaltliche Gesichtspunkte. Innerhalb der Marienthal-Studie wurde ein Mittelweg über die so genannte Typenbildung versucht, indem insgesamt vier Haltungstypen bezüglich der Arbeitslosigkeit herausgearbeitet wurden: der „ungebrochene Familientypus", der „resignative", der „apathische" und der „verzweifelte". Die Vielzahl der gesammelten Befunde führt zu einer Kategorisierung über die jeweilige Typisierung einer Familie, sodass neben diesen inhaltlichen Chiffren auch Aussagen über die Auftretens-Häufigkeit der einzelnen Typen getroffen werden können. Die Auswertung der Marienthal-Studie dauerte mehrere Jahrzehnte und sicherlich sind einige Daten bis heute nicht vollständig ausgewertet.

B. Methodenlehre

Das Kernstück jedweder empirischen Untersuchung bilden die verwendeten Methoden, die als wissenschaftlich disziplinierte und intersubjektiv nachvollziehbare Techniken der Auswahl, Erhebung und Auswertung von Daten den Bezug der Wissenschaft zu einer erfahrbaren Realität sicherstellen. Die korrekte Anwendung methodischer Vorschriften allein kann zwar kein Garant für Wahrheit sein und sicherlich nicht die den Forschungsprozess rahmende Theorie- und Interpretationsarbeit ersetzen. Theorie und Methodik müssen vielmehr als komplementäre Aspekte der Forschungsarbeit begriffen werden, allein durch deren Zusammenwirken eine Aussage das Prädikat der Wissenschaftlichkeit für sich beanspruchen kann.

Die Methoden sind mithin die Werkzeuge, die wir theoriegeleitet einzusetzen haben, aber auch technisch beherrschen müssen, um mit ihnen brauchbare, d. h. wissenschaftliche Resultate zu erzielen. Um die Vermittlung dieser technischen Kompetenz im Umgang mit den verschiedenen Methoden, die für die sozialarbeiterische Praxis relevant werden können, soll es im zweiten Abschnitt dieser Einführung gehen.

Zunächst gilt es das Fundament für die Beschäftigung mit empirischer Sozialforschung in Form einiger wichtiger Grundbegriffe und Ansätze zu legen, die als Ausgangspunkt für die vertiefte Beschäftigung mit den konkreten methodischen Anwendungen dienen sollten (Kapitel III).

In einem zweiten Schritt werden verschiedene Untersuchungsdesigns und Forschungsmodelle vorgestellt und damit verschiedene Möglichkeiten der Organisation und Ausrichtung des Forschungsablaufs (Kapitel IV).

Daran anschließend und orientiert an der paradigmatischen Unterscheidung von quantitativer versus qualitativer Sozialforschung sollen schließlich die einzelnen Methoden der Auswahl, Erhebung und Auswertung nähergehend erläutert und beispielhaft eingeführt werden (Kapitel V und VI).

III Grundlegende wissenschaftliche Erkenntnisbasis und Begriffe zur empirischen Sozialforschung

Das folgende Kapitel soll mit grundlegenden Gedanken und Konzepten empirischer Sozialforschung vertraut machen, die im Weiteren als gedankliche Hintergrundfolie eine Rolle spielen und die Basis für das Verständnis empirisch ausgerichteter Wissenschaft bilden. Dabei gehen wir im gebotenen Rahmen einer Einführung für interessierte Studierende der Sozialen Arbeit hochselektiv vor und werden nur solche Begriffe behandeln, die, wie wir glauben, den besten Einblick in die Logik der empirischen Sozialforschung vermitteln, ohne deren Verständnis bereits vorauszusetzen. Für detailliertere und vertiefende Einsichten wird an den entsprechenden Stellen auf weiterführende Literatur verwiesen werden.

1 Der Untersuchungsgegenstand: Soziales Handeln

Zunächst einmal gilt es zu klären, welche Phänomene zum Gegenstandsbereich der empirischen Sozialforschung gehören und welche nicht. So können wir z. B. die Untersuchung der chemischen Zustände und Verbindungen molekularer Teilchen getrost den Chemiker*innen, die Erforschung von Planetenbewegungen den Astrophysiker*innen und des Aufbaus der Zelle den Biolog*innen überlassen. Schwieriger schon wird die Abgrenzung innerhalb der Geistes-, Erziehungs- und Kulturwissenschaften und tatsächlich finden sich viele Möglichkeiten der gegenseitigen inter- und transdisziplinären Befruchtung zwischen z. B. Soziologie, Pädagogik, Psychologie, Medienwissenschaften etc.

Allgemein lässt sich jedoch feststellen, dass die Sozialwissenschaften bzw. die Sozialforschung im Unterschied zu diesen anderen Wissensbereichen Phänomene untersucht, die sich als **soziales Handeln** kennzeichnen lassen.

Wir werden im Verlauf des Buches eine Vielzahl von Methoden und Techniken kennenlernen, die es uns erlauben, spezifische Ausschnitte sozialer Realität zu untersuchen. Welche dieser Techniken wir einsetzen, hängt von der Fragestellung, den Erkenntniszielen und Rahmenbedingungen einer Studie ab.

> Gegenstand empirischer Sozialforschung ist soziales Handeln.

Das Verständnis dafür, was innerhalb der Sozialwissenschaften unter sozialem Handeln verstanden wird, ist wesentlich für das Verständnis all dessen, worauf empirische Sozialforschung gerichtet sein kann. Der soziale Handlungsbegriff bestimmt die Breite des Einsatzspektrums der jeweiligen Methoden[1].

> Unter **sozialem Handeln** wird in Anlehnung an Max Weber (1921) solches Handeln verstanden, das von seiner Absicht her auf das Handeln anderer bezogen wird und daran in seinem Ablauf orientiert ist.

Soziales Handeln hat immer eine intentionale Komponente, ein soziales Gegenüber und ist durch vorauseilende Situationsdefinitionen und wechselseitige Verhaltenserwartungen strukturiert. Entsprechend dieser Definition handle ich auch dann sozial, wenn der oder die soziale Andere nicht physikalisch anwesend ist. Das bedeutet z. B., dass ich ganz allein in einem Zimmer sitzen kann und, während ich einen Brief an eine Freundin schreibe, sozial handle, denn ich kommuniziere innerlich mit dieser Freundin und sie ist die Adressatin meiner Ausführungen. Oder ich betrete ein Postamt und reihe mich in die Schalterschlange ein, um eine Briefmarke zu erwerben. Ich orientiere mich dabei an der vorauseilenden Definition dieser Kaufsituation, also z. B. wie distanziert oder freundlich sich der Schalterbeamte bzw. ich mich selber verhalte, welcher Zeitraum für diese Transaktion nötig ist etc., und auch wenn diese Überlegungen nicht immer bewusst ablaufen, nehme ich doch deutlich meinen Ärger wahr, wenn ich das Handlungstempo am Schalter als aufreizend langsam empfinde (verstößt gegen meine kulturell normierte Geschwindigkeitsvorstellung) oder wäre sehr irritiert, wenn mich der Schalterbeamte duzen würde (verstößt gegen soziale Distanzregel Unbekannten gegenüber). Jede noch so kleine alltägliche Aktion ist also sozial verregelt bzw. folgt einer Art Drehbuch (wie Erving Goffmann[2] das nennen würde) und hat direkt oder indirekt mit einem „sozialen Anderen", einem anderen Menschen zu tun. Wenn aber soziales Handeln vorliegt, sei es also das Briefeschreiben oder das Briefmarkenkaufen, kann dieser Handlungsausschnitt auch Gegenstand empirischer Sozialforschung sein. Und tatsächlich bilden etwa Briefe, nicht nur bekannter Persönlichkeiten, sondern z. B. Briefe, die von Söhnen oder Töchtern an ihre Mütter gerichtet waren, schon Gegenstand von wissenschaftlichen Studien (z. B. um herauszufinden, ob sich daraus unterschiedliche Wahrnehmungen der Mutter je nach Geschlecht des Kindes festmachen lassen, vgl. dazu Kapitel VI, Punkt 3.1.3). Auch der relativ simple Vorgang, in einem Postamt eine Briefmarke zu erwerben, bildete das Thema für eine interkulturell vergleichende Studie, die anhand eines weltweiten Vergleichs der durchschnittlichen Dauer dieser Transaktion unterschiedliche, kulturell normierte Handlungsgeschwindigkeiten belegen sollte (vgl. Levine 1999). Es wird niemanden sonderlich verblüffen, dass dieselbe Tätigkeit in Tokio im Vergleich zu Neapel nur einen Bruchteil der Zeit benötigte.

Soziales Handeln liegt aber auch dann vor, wenn die Folgen dieses Handelns destruktiv oder katastrophal sind. Das bedeutet, in der Logik Max Webers stellen auch ein Diebstahl oder Mord eine soziale Handlung dar, genauso wie ein terroristisches Attentat, das unzählige Menschenleben fordert. Denn auch diese (selbst-)destruktiven Aktionen geschehen in

---

[1] Der hier vorgeschlagene Weber'sche Handlungsbegriff ist denn auch nicht der einzig mögliche, wenn er auch in der Soziologie und angrenzenden Wissenschaften sehr breit rezipiert und inzwischen für viele Theorierichtungen (z. B. die an Alfred Schütz anschließende Wissenssoziologie) paradigmatisch geworden ist. Daneben sei hier nur auf systemtheoretische Konzeptualisierungen des Begriffs nach Luhmann verwiesen, die Handlung als Reduktion der spezifischen Operation sozialer Systeme (Kommunikation) vom handelnden Subjekt bzw. von dessen Intentionen lösen. Der theoretische Rahmen, der für eine Untersuchung gewählt wird, bestimmt also wesentlich, was in den Blick gerät und was womöglich unsichtbar bleibt (vgl. Luhmann 2015, 159 ff).

[2] Erving Goffman (1922–1982) analysiert soziale alltägliche Handlungsroutinen in Analogie zu sozialen Rollen im Theater in seinem klassischen Werk „Wir alle spielen Theater" (2003).

Auseinandersetzung mit bzw. im Verstoß gegen soziale Normen, und stehen zu sozialen Anderen in Beziehung.

Diese Ausführungen zum sozialen Handeln sollten verdeutlichen, wie breit das Spektrum der Themen empirischer Untersuchungen im Bereich der Sozialforschung sein kann.

2 Das Instrumentarium: Methoden und der Unterschied von qualitativem und quantitativem Paradigma

Wir haben nun einen Eindruck vom Gegenstand der empirischen Sozialforschung, ihrem spezifischen Themenbereich, gewonnen. Dabei teilt sie sich diesen Themenbereich mit der Sozialtheorie, also der konzeptionellen, begrifflichen Erfassung dessen, was wir als soziales Verhalten bezeichnen. Theorie und Empirie sind beides wesentliche und einander komplementierende Teile einer ausdifferenzierten Wissenschaft.

Während (soziologische) Theorien der sozialen Wirklichkeit, wie Rational-Choice, Symbolischer Interaktionismus, Institutionalismus oder Systemtheorie eine Sprache anbieten, in der wir formulieren können, was wir sehen bzw. die eine Struktur bereitstellt, durch die wir überhaupt erst lernen, worauf wir unser Augenmerk legen sollten, ist es **Aufgabe der empirischen Forschung, den wissenschaftlichen Diskurs mit Informationen aus der erfahrbaren Welt zu versorgen**. Es geht um die Beschaffung des Realitätsmaterials, das durch die Theorien neu geordnet und in Zusammenhänge gesetzt wird, das aber auch als Bewährungsprobe dieser Theorien dient (s. u.).

Beide Bereiche der Wissenschaften vom sozialen Verhalten, Theorie und Empirie, verfahren nach bestimmten Methoden. Doch was ist das eigentlich, eine **Methode**? Wir wollen von einer Methode als einem „System von (methodischen) Regeln" sprechen, die „von gewissen Ausgangsbedingungen zu einem bestimmten Ziel führen" (Klaus/Buhr 1975, 792).

> Methoden sind bestimmte, festgelegte und (im besten Falle) allgemein anerkannte Verfahren zur Gewinnung von Erkenntnissen.

Im Rahmen dieses Buches setzen wir uns ausschließlich mit den Methoden der empirischen Forschung auseinander, also mit der Frage, welche Verfahren und Regeln wir anwenden müssen, um aus dem Wust der sozialen Wirklichkeit gehaltvolle Informationen zur Verwertung im wissenschaftlichen Kontext zu gewinnen.

Der Methodenbegriff in der empirischen Sozialforschung ist recht weit gefasst und sorgt deshalb oft für Verwirrungen und Unklarheiten.

> Grundsätzlich kann zwischen Auswahl-, Erhebungs- und Auswertungsmethoden unterschieden werden.

Auswahlmethoden stehen am Anfang des methodischen Kerns jeglicher empirischen Untersuchung. Mit ihrer Hilfe legen wir fest, welche Untersuchungsobjekte (häufig Personen, aber auch Organisationen, Schriftstücke, Bilder etc.) für die anstehende Datenerhebung berücksichtigt werden sollen. Dabei bestimmt die Auswahl wesentlich die Güte und v. a. die Verallgemeinerbarkeit der aus den Daten gewonnenen Informationen. Deshalb muss bereits die Auswahl der Untersuchungsobjekte methodisch diszipliniert werden und nicht einfach nach

Gutdünken oder subjektiven Präferenzen der Forschenden verlaufen (vgl. dazu Kapitel V und VI, jeweils Punkt 1).

Erhebungsmethoden fokussieren die verschiedenen Arten und Weisen, Daten über einen Untersuchungsgegenstand zu generieren. Hierzu zählen im engeren Sinne Methoden der Befragung, der Beobachtung, der Interviewführung u. ä., die wir im Teil B des Buches in den Kapiteln V und VI unter Punkt 2 eingehender behandeln werden. Erhebungsmethoden sind also Techniken der Datengewinnung aus zuvor ausgewählten Untersuchungsobjekten, die anschließend ausgewertet werden müssen.

Auswertungsmethoden beschäftigen sich schließlich damit, wie aus dem so erhobenen Datenkorpus zweckdienliche Informationen gewonnen und wie die Güte dieser Informationen bewertet werden kann. In den Sozialwissenschaften haben sich zwei Auswertungsparadigmen etabliert, die oft als opponierende Kräfte und unversöhnliche Denkschulen auftreten. Die Unterscheidung von quantitativer vs. qualitativer Ausrichtung ist derart präsent in den einschlägigen Diskursen, dass wir es für angebracht halten, hier eine kurze Klärung der Begriffe anzubieten.

Die Unterscheidung von qualitativem und quantitativem Paradigma fragt nach der Beobachtungsweise oder, um es anders auszudrücken, der Dimensionalität der Beobachtung erhobener Daten.

Qualitative Auswertungen (vgl. Kapitel VI, Punkt 3) verfahren **fallbasiert**, d. h. sie bewahren die untersuchten Einheiten (meistens Individuen[3]) in ihrer Integrität, betrachten sie als komplexes Ganzes, das sich nicht reduzieren lässt auf die bloße Summe seiner Merkmale. Eine qualitative Auswertung sucht z.B. nach spezifischen Zusammenhängen und Umständen im Leben bzw. Lebensverlauf der untersuchten Personen, die für ein Forschungsthema von Interesse sind. Der Schlüssel zur Informationsgewinnung liegt dabei im **Verstehen** des beobachteten sozialen Verhaltens. Es geht also nicht nur um das nach außen sichtbare bzw. direkt beobachtbare Verhalten, sondern auch um die Erfassung der dahinterstehenden Impulse und Motive (= indirekt beobachtbares Verhalten). Qualitatives Arbeiten fordert also die Forschenden dazu auf, ihre eigenen Symbolsysteme aktiv zur Interpretation des Beobachteten bzw. (in Interviews) Berichteten heranzuziehen. Es geht z.B. um den Nachvollzug der Lebenszusammenhänge, um das Verstehen von Beweggründen, Motiven und Auswirkungen für bzw. von sozialem Verhalten, wobei die Individualität und Einzigartigkeit der befragten Personen respektiert wird.

> Qualitative Auswertungen verfahren fallbasiert. Es geht nicht nur um das nach außen sichtbare, beobachtbare, mündlich oder auch schriftlich verbalisierte Verhalten, sondern auch um das methodisch kontrollierte Fremdverstehen[4] der dahinterstehenden Impulse, Motive, Alltagstheorien.

Quantitative Auswertungen (vgl. Kapitel V, Punkt 3) arbeiten dagegen mit **variablenzentrierten** Verfahren. Eine Variable ist dabei gewissermaßen die zur Eigenständigkeit gelangte Abstraktion beobachteter Merkmale (vgl. eingehender ebd., Punkt 3.1.3). Statt die einzelnen

---

[3] Es könnte sich auch um Materialien handeln, insofern diese einen unmittelbaren Bezug zu menschlichem Verhalten haben bzw. dieses dokumentieren, wie z. B. Fotos, Videoaufnahmen usw.

[4] Der Prozess des Fremdverstehens ist insofern methodisch kontrolliert, als die Differenz zwischen den Interpretationsrahmen der Forscher*innen und denjenigen der Erforschten systematisch Rechnung getragen wird (vgl. Przyborski/Wohlrab-Sahr 2014, 17).

Personen als solche, d. h. als komplexe Konfigurationen von Merkmalen wie Alter, Geschlecht, ethnische Abstammung usw. zu betrachten, abstrahiert die quantitative Informationserzeugung von der Person überhaupt und stellt **die einzelnen Merkmale selbst in den Mittelpunkt**. Quantitative Auswertungen suchen nicht nach den spezifischen, und bis zu einem gewissen Grade immer individuell einzigartigen Umständen im Leben der Einzelnen, sondern nach **Zusammenhängen zwischen den Merkmalen als solchen**. Statt etwa die Berufserfahrungen junger Frauen auf subjektiver Ebene zu erfragen, errechnet eine quantitativ-statistische Analyse Zusammenhänge zwischen den Merkmalsverteilungen von Geschlecht und z. B. der standardisierten und damit quantifizierbaren Abfrage subjektiver Berufszufriedenheit für eine große Menge untersuchter Menschen. Der so aufgedeckte Zusammenhang wird dann zwischen den Merkmalen, hier: Geschlecht und subjektive Berufszufriedenheit, formuliert, z. B. „Frauen sind tendenziell zufriedener mit ihrer Berufswahl als Männer". Hier geht es nicht um das Verstehen von Beweggründen, Absichten und Intentionen, sondern nur um das **(scheinbar) objektive Aufzeigen von zahlenmäßig darstellbaren Regelmäßigkeiten**. Die dafür geeigneten Anwendungen hält die Statistik bereit, in die Kapitel V, Punkt 3 einführen wird.

> Quantitative Auswertungen verfahren variablenzentriert. Es geht um das Aufdecken und die Beschreibung von Zusammenhängen zwischen den beobachtbaren Merkmalen bzw. Variablen als solchen, deren Richtung und Stärke (deskriptive Statistik), sowie um die Möglichkeiten der Verallgemeinerbarkeit dieser Befunde auf eine Grundgesamtheit (schließende bzw. Inferenz-Statistik).

Hier zeigt sich auch bereits eine mögliche **Versöhnung der widerstreitenden Ausrichtungen** an. Denn die quantitative Forschung bleibt hohl und der Welt zwischenmenschlicher Erfahrung enthoben, wenn sie ihre Befunde nicht durch das Verstehen von Zusammenhängen auf subjektiver bzw. intersubjektiver Ebene unterfüttert. Umgekehrt fällt es der qualitativen Forschung oft schwer, auf verallgemeinerbare und auch außerwissenschaftlich anschlussfähige Befunde zu kommen, wenn keine statistische Nachbereitung des Gegenstands erfolgt. Die **beiden Auswertungsparadigmen komplementieren sich auch in Bezug auf das für ihre Anwendung vorausgesetzte Wissen über den in Frage stehenden Gegenstand**. So sind quantitative Statistiken erst einsetzbar, wenn überhaupt ermittelt wurde, welche Merkmale relevant sein könnten, wie ein Gegenstandsbereich, z. B. Kinderarmut, häusliche Gewalt, Obdachlosigkeit usw., beschaffen ist, wie diese spezifischen sozialen Wirklichkeiten strukturiert sind. Dafür bedarf es qualitativ-verstehender Arbeiten.

Die Unterscheidung nach quantitativem und qualitativem Vorgehen bezieht sich nicht nur auf die Phase der Datenauswertung, **sie strahlt praktisch auf den gesamten Forschungsprozess aus** und **bestimmt von Anfang an viele forschungsrelevante Entscheidungen** (z. B. den Einsatz und die Art des Erhebungsinstruments, die Art der zu erwartenden Erkenntnisse). Manche Erhebungsverfahren haben sich gerade für eine qualitative Auswertung bewährt, andere sind im Lager der Statistiker*innen beliebter. Während es prinzipiell möglich wäre, z. B. eine Bildanalyse mit quantitativen Methoden zu betreiben, scheint dies als ausschließliches Vorgehen wenig sinnvoll, da wenig aufschlussreich[5]. **Qualitative Forscher*innen benötigen eine andere Form der Datengrundlage als quantitativ Forschende**. Letztere wollen ihre Daten möglichst unkompliziert und schnell in Zahlen übersetzen und bevorzugen deshalb

---

5   Im Rahmen der Planimetrie bei Bildanalysen werden allerdings rein quantitative Aspekte in der bildlichen Darstellung berücksichtigt, z. B. das Bildformat, die flächigen Proportionen der abgebildeten Sujets, „goldener Schnitt" u.v.m.

v. a. standardisierte Befragungen, wie wir sie auch in Kapitel V, Punkt 2 behandeln werden, erstere schöpfen gerade aus der unübersehbaren Fülle verschiedener Eindrücke das Erkenntnispotenzial ihrer Forschung und bevorzugen deshalb i. d. R. gering oder teil-standardisierte Verfahren wie narrative oder Leitfadeninterviews.

Es sollte deshalb sowohl beim Verständnis dieses Buches wie der Forschungsrealität helfen, diese Unterscheidung im Hinterkopf zu behalten, ebenso wie die Möglichkeiten ihrer Transzendenz zu diskutieren und auszuloten.

3 Ziele empirischer Sozialforschung: Exploration, Deskription, Hypothesentests

Grundsätzlich können wir drei Zielvorstellungen sozialwissenschaftlicher Forschung unterscheiden, die wesentlich abhängen von dem Erkenntnisinteresse, also den zu generierenden Informationen einerseits, sowie den bereits vorhandenen Informationen, dem theoretischen Vorwissen andererseits.

Ist noch kaum etwas über ein bestimmtes Forschungsfeld bekannt, etwa die Wirksamkeit und Bewertung individueller Patenschaften bei der Integration geflüchteter Menschen (vgl. dazu Schaffer 2018), kann eine empirische Untersuchung helfen, diesen Bereich für die wissenschaftliche Beobachtung zu erschließen. Eine solche sog. **explorative Studie** sollte dazu beitragen, für die Problemlage relevante Aspekte zu identifizieren, zu beschreiben und in einen Zusammenhang zu stellen. Auf dieser Grundlage können dann Konzepte entwickelt werden und weitere theoretische wie empirische Anstrengungen anschließen.

Sind dagegen die Grenzen eines Forschungsfeldes bereits mehr oder minder klar umrissen und die für unsere Fragestellung interessanten Merkmale bekannt, können empirische Erhebungen dazu beitragen, dieses Feld zu beschreiben, d. h. in möglichst präziser Weise in allen relevanten Aspekten zu erfassen. Solche **deskriptiven Studien** kommen z. B. für die Erfassung der demographischen Zusammensetzung einer Menschengruppe zum Einsatz. Anteile von Frauen gegenüber Männern, von Arbeitslosen gegenüber Erwerbstätigen, von betreut wohnenden gegenüber allein wohnenden alten Menschen usw. können Gegenstand einer deskriptiven Untersuchung sein.

Auf Grundlage deskriptiver Daten schließlich können wir auch Hypothesen testen, also Vermutungen über spezifische Zusammenhänge zwischen Ereignissen und/oder Merkmalen. Solche **hypothesentestenden Verfahren** werden wir unten noch genauer behandeln.

Wie Sie womöglich schon nach der Beschreibung dieser unterschiedlichen Forschungsziele vermuten, sind explorative Studien normalerweise nur mit qualitativen Methoden zu bewältigen, während Hypothesentests und die Beschreibung großer Fallzahlen hauptsächlich als Aufgaben einer quantitativ verfahrenden Forschung verstanden werden.

3.1 Qualitative Forschungsziele

Während sich innerhalb eines quantitativen Forschungsprozesses alles um die Erklärung von Sachverhalten gewissermaßen aus der Außenperspektive dreht, also ohne verstehende

Einfühlung in die konkreten Individuen, geht es im qualitativen Forschungsprozess um die **möglichst authentische Erfassung der Lebenswelt der Untersuchten**, sodass der persönliche Kontakt zwischen Forscher*in und Untersuchungsperson/en in den Fokus rückt. Vom Forschungsvorgehen her herrscht hier eine große Nähe zu ethnologischen Studien. **Die Forscher*innen verstehen sich primär als Lernende, die sich an eine ihnen bislang unbekannte soziale Gruppe bzw. an ein bestimmtes Phänomen annähern** (vgl. dazu Lamnek 1995, 97). Anstatt Hypothesen zu testen wird im Forschungsprozess versucht, möglichst unvoreingenommen zu beobachten, zu befragen, zu fotografieren, an bestimmten Aktivitäten teilzunehmen und all diese Eindrücke möglichst systematisch einzufangen, zu ordnen und zu dokumentieren.

Am Beginn einer qualitativen Studie gilt es zunächst, die Fragestellung zu präzisieren. Es reicht also nicht, einfach eine bestimmte Gruppe oder ein Phänomen auszuwählen, ohne die Fragestellung klar herauszuarbeiten. Przyborski/Wohlrab-Sahr wählen zur Demonstration das Phänomen „Aussteiger". Zunächst geht es um die Definition des Begriffs und nachfolgend auch um die Formulierung der Forschungsfrage/n. In welchem Sinn handelt es sich um einen Ausstieg, worauf ist der Ausstieg bezogen (Frau verlässt Partner und Kind, Mann kündigt seinen Job und wandert aus, Frau geht ins Kloster usw.)? Vor welchem biografischen Hintergrund kommt es zum Ausstieg und geht es dabei um einen Verstoß gegen gesellschaftliche Normen, wie ist dieser Verstoß motiviert und wie wird dieser legitimiert (vgl. Przyborski/Wohlrab-Sahr 2014, 2). Ausstieg könnte aber auch als Gegenbewegung zum bisherigen Lebenslauf, der anomisch (im Sinne des Anomiebegriffs bei Emile Durkheim[6]) konzipiert war, verstanden werden, z. B. der Ausstieg aus der Obdachlosenkarriere, aus der Prostitution oder einer Suchterkrankung. Zur genaueren Bestimmung des Phänomens bzw. Begriffs können Gespräche mit Fachkräften dienen (z. B. Ausstiegsberatung für Prostituierte oder im Rahmen der Suchtberatung), aber auch Gespräche mit Betroffenen und die Recherche von Fachliteratur.

Bei der Präzisierung der Forschungsfragen kommen also schrittweise erste Theoriebezüge zum Tragen, allerdings sollten diese den Forschungsprozess nicht vorschnell auf bestimmte Zusammenhänge hin verengen (wie beim deduktiven hypothesentestenden Verfahren), sondern offen und flexibel gehalten werden und damit auch prinzipiell erweiterbar bleiben. Stellenweise können auch standardisierte Erhebungsinstrumente (Strichlisten, Intelligenztest usw.) zum Einsatz kommen, sodass eine spätere Quantifizierung nicht komplett ausgeschlossen werden muss.

> Das Ziel qualitativer Forschung besteht nicht in der Überprüfung zuvor theoretisch abgeleiteter Hypothesen, sondern in der systematisierenden Exploration und Erschließung eines weitgehend unbekannten Untersuchungsfeldes, sowie ggf. der Formulierung einer aus der Beobachtung der Realität abgeleiteten Hypothese bzw. Theorie.

---

6 Emile Durkheim (1858-1917) gilt als einer der Klassiker der Soziologie, der „soziale Tatsachen" als wissenschaftlichen Gegenstand der Soziologie formuliert. Anomische Zustände treten ihm zufolge in Zeiten gesellschaftlichen Umbruchs als allgemeine Unsicherheit ob der geltenden Normen und herrschenden Vorstellungen auf und haben sehr reale und oft drastische (Selbsttötungsanfälligkeit) Auswirkungen auf die Individuen (z.B. die Steigerung der Selbsttötungsquoten innerhalb einer Population).

3.2 Quantitative Forschungsziele

Ziel der eher quantitativ ausgerichteten empirischen Sozialforschung ist **neben der Beschreibung vordringlich die Erklärung** sozialen Verhaltens. Die beobachteten Ausschnitte aus der sozialen Wirklichkeit sollen also auf ein theoretisches Modell von Ursache und Wirkung abgebildet werden. Die ungeheure Komplexität sozialen Verhaltens wird dadurch in spezifischer Weise, eben durch die Annahme kausaler (s. u.) Regelmäßigkeiten bzw. Beziehungen zwischen A und B, reduziert und damit verwertbar gemacht[7].

Derlei Zusammenhänge werden in den empirischen Wissenschaften als Hypothesen formuliert. Eine triviale Hypothese könnte z. B. sein: „Wenn ich den Schalter betätige, (dann) geht das Licht an." Eine Hypothese unterscheidet sich von axiomatischen Annahmen oder metaphysischen Gedanken durch ihre **empirische Überprüfbarkeit** – eine Hypothese ist entweder wahr oder falsch bzw. sie lässt sich mit dem, was wir beobachten vereinbaren oder eben nicht.

> Eine Hypothese ist eine empirisch überprüfbare Vermutung über Zusammenhänge zwischen Merkmalen und/oder Ereignissen, die entweder wahr oder falsch sein kann.

In den meisten Lehrbüchern werden Sie die Unterscheidung nach **Wenn-dann- und Je-Desto-Hypothesen** finden. Erstere formulieren einen Zusammenhang zwischen dichotomen (= zweiwertigen), Letztere zwischen kontinuierlichen Zuständen oder Merkmalsausprägungen. Eine Wenn-Dann-Hypothese könnte z. B. lauten: „Männer verdienen mehr Geld als Frauen." In unserem Beispiel gibt es nur zwei ‚Zustände' bzw. Ausprägungen der *unabhängigen* Variablen, also des erklärenden Merkmals, nämlich „männlich" und „weiblich"[8]. Unser zu erklärendes Merkmal (*abhängige* Variable) Gehalt hat zwar prinzipiell mehr als zwei Zustände, für die Beantwortung unsere Hypothese wird jedoch nur der sog. Mittelwert (Kapitel V, Punkt 3.2.2) des jeweiligen Geschlechts relevant. Die Hypothese wäre dann (vorerst) bestätigt, wenn wir sehen, dass Männer durchschnittlich mehr verdienen als Frauen.

Bei anderen Merkmalen vermuten wir einen Zusammenhang, der sich besser als eine Je-Desto-Hypothese beschreiben lässt. Eine klassische Hypothese dieser Art wäre: „Je höher der schulische Bildungsabschluss, desto höher das Einkommen." In diesem Fall besitzen sowohl die zu erklärende, abhängige (Einkommen) als auch die erklärende, unabhängige Variable (Bildungsabschluss) mehr als zwei mögliche Ausprägungen (je nachdem, wie fein wir die Schulabschlüsse unterscheiden). Wir unterstellen in diesem Fall einen monotonen, also stetigen positiven Zusammenhang. Wir können versuchen, unsere Hypothese anhand empirischer Daten zu prüfen (siehe Abbildung 2 auf der nächsten Seite).

---

7   Das setzt, wie oben bereits betont, jedoch voraus, dass wir bereits über ein mehr oder minder umfassendes Wissen über das in Frage stehende Untersuchungsfeld verfügen, das zuerst durch explorative Studien erschlossen werden muss.
8   Achten Sie darauf, wie die Art, wie wir unsere Variablen definieren, mitbestimmt, was wir sehen können. Eine derart dichotom konstruierte Geschlechtsvariable ist blind gegenüber Effekten, die dritte Geschlechter auf das Einkommen haben mögen. Es könnte sein, dass sich hinter den beobachteten Effekten andere verbergen, die erst durch eine feinere Differenzierung aufgedeckt werden können. Ein Beispiel dafür wäre der Versuch, Einkommensunterschiede durch eine dichotome Variable des Migrationshintergrunds zu erklären (Migrationshintergrund: ja/nein). Es steht zu vermuten, dass unsere Ergebnisse grundsätzlich verschieden ausfallen werden, wenn wir diese unsere unabhängige Variable feiner differenzieren, da „einen Migrationshintergrund haben" für Zuwander•innen aus EU- oder angloamerikanischen Ländern sicherlich etwas anderes für ihre Gehaltschancen bedeutet als für Menschen aus der Türkei, dem ‚Nahen Osten' oder afrikanischen Staaten.

Abgebildet sehen Sie die Verteilung des Nettoeinkommens für die unterschiedlichen Kategorien nach Schulbildungsabschluss. Jeder kleine Punkt steht für eine befragte Person. Wir sehen, dass die Person mit dem höchsten angegebenen Einkommen (ganz oben rechts) ein Abitur hat und dass die ‚Bandbreite' des Einkommens mit dem Bildungsabschluss größer wird. Gleichzeitig aber sehen wir, dass es durchaus Personen gibt, die z. B. ein Abitur haben, aber trotzdem nicht mehr verdienen als so manche*r Hauptschulabsolvent*in. Müssen wir unsere Hypothese also schon verwerfen?

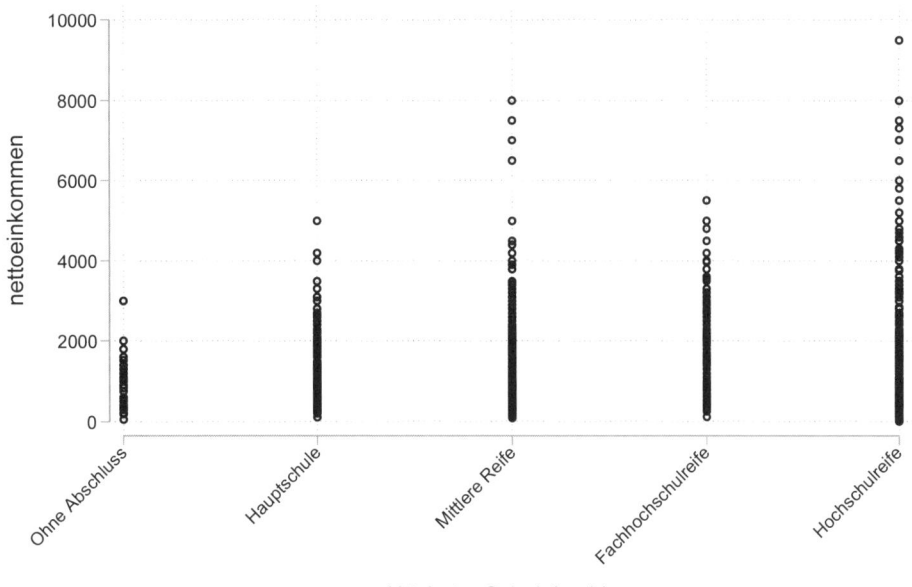

Abbildung 2: Bivariate Verteilung von Nettoeinkommen und Schulabschluss; Allbus 2016; eigene Darstellung

Das Problem, dem wir hier begegnen, ergibt sich aus dem divergierenden Verständnis wissenschaftlicher Wahrheit zwischen den Geistes- und den Naturwissenschaften. Während in Letzteren vordringlich nach allgemeingültigen (Natur-)Gesetzen gesucht wird, die immer und ohne Ausnahme gelten – etwa das Gravitationsgesetz –, gibt es derartige nomologische Gesetze in der komplexen Wirklichkeit sozialen Verhaltens höchstens als Grenzerscheinungen. In aller Regel haben wir es in den Sozialwissenschaften stattdessen mit probabilistischen Zusammenhängen zu tun, also solchen Zusammenhängen, die nicht immer, sondern nur mit einer gewissen Wahrscheinlichkeit bzw. in einem Gutteil der Fälle gelten. Und das hat Implikationen für die Methoden, mit denen wir die Wirklichkeit zu beschreiben versuchen: „Gerade weil in den Sozialwissenschaften nahezu alle Aussagen über Merkmalszusammenhänge nichtdeterministisch sind, kommt der Statistik- und Wahrscheinlichkeitsrechnung in diesem Wissenschaftsbereich eine so bedeutsame Rolle zu" (Diekmann 2017, 125).

Unsere Hypothesen sollen also nicht als allgültige Gesetze verstanden werden, denn das würde bedeuten, dass tatsächlich jede Person mit Abitur mehr verdienen müsste als jede Person mit einem niedrigeren Abschluss. Stattdessen beschreiben wir, zumindest in der variablenbasierten, quantitativen Forschung, Phänomene und Zusammenhänge auf einer

Aggregatsebene. Wir könnten dann also sagen, dass der Einkommensdurchschnitt mit der Höhe des Bildungsabschlusses zunimmt und finden dies auch in den Daten bestätigt[9]:

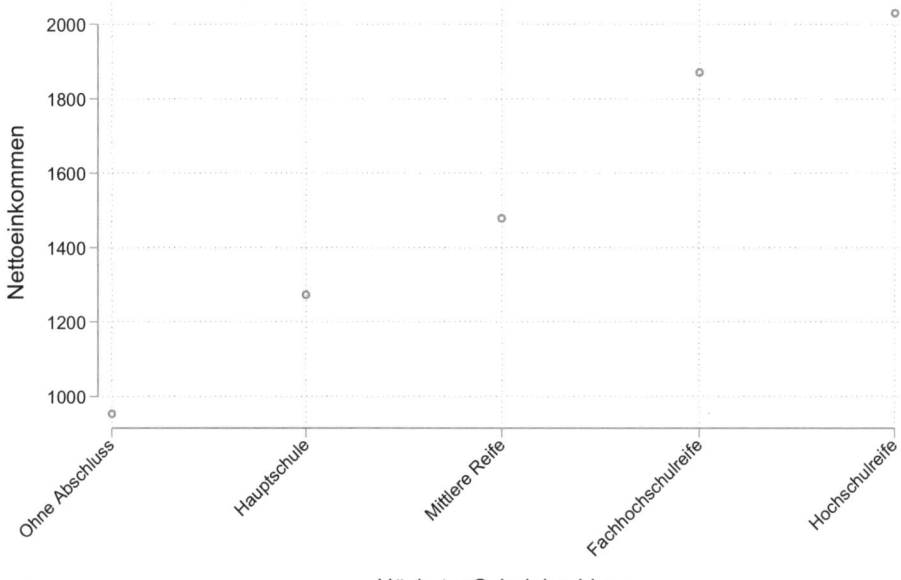

Abbildung 3: Einkommensdurchschnittswerte für verschiedene Schulabschlüsse; Allbus 2016; eigene Darstellung

Dies ist nur eine erste Annäherung an ein mögliches Vorgehen zur Überprüfung und ggf. Falsifikation unserer Hypothese. Wenn wir uns in Kapitel V, Punkt 3 (v. a. 3.3) mit statistischen Auswertungsverfahren beschäftigen, werden wir noch zuverlässigere Methoden kennenlernen.

4 Die Möglichkeit wissenschaftlicher Wahrheiten: Induktion, Deduktion und Falsifikation

Wir sind im Kontext der quantitativen Sozialforschung bereits auf die Frage gestoßen, wann eine Hypothese als falsch verworfen werden kann. Damit eng verbunden ist die Frage nach den Gültigkeitsansprüchen wissenschaftlicher Erklärungen und damit nach wissenschaftlicher Wahrheit schlechthin. Wie können wir die Wahrheit unserer Hypothesen beweisen? Der aus Österreich stammende Philosoph und Wissenschaftstheoretiker Karl Popper (1935) hält darauf eine zunächst entmutigende Antwort bereit: Gar nicht. Popper und dem von ihm begründeten methodologischen Denkrichtung des **Falsifikationismus** zufolge, können Hypothesen nie letztgültig bewiesen werden, da sie sich auf eine potenziell (zeitlich und sachlich) unendliche Anzahl von Objekten beziehen. Ein beliebtes Beispiel zur Illustration des Popper'schen Arguments stellt die Entdeckung schwarzer Schwäne in Australien dar, die der bis dahin allgemein vertretenen und geteilten ‚Wahrheit', alle Schwäne seien

---

9   Beachten Sie allerdings auch die Veränderung der Einkommensskalierung! Reichte in der vorigen Abbildung die y-Achse noch von 0 bis 10.000, ist in Abbildung 2 nur mehr ein Wertebereich von y = 1.000 bis y = 2.000 abgetragen. Derlei Reskalierungen können zur Beeinflussung der Betrachter*innen missbraucht werden.

weiß, widersprach. Doch selbst wenn jene Vögel im australischen Outback ein weißes Gefieder gehabt hätten, so wäre dies noch immer kein gültiger Beweis für die Hypothese: ‚Alle Schwäne sind weiß', da es in zukünftigen Zeiten durchaus andersfarbige Exemplare dieser Gattung geben könnte.

Popper vertritt eine Wissenschaftsauffassung, die einzig **deduktive Erklärungen** zulässt. Deduktion bedeutet Ableitung oder **Herleitung von Einzelfallhypothesen aus allgemeineren Hypothesen bzw. Theorien**. Eine solche „allgemeine Hypothese", die sich ihrerseits womöglich auf eine biologistische Theorie zum Zusammenhang von Testosteronhaushalt und Gewaltbereitschaft stützt, könnte z. B. lauten: „Alle Gewalttäter sind männlich." Daraus lässt sich ableiten, dass auch jeder konkrete gewalttätige Mensch männlichen Geschlechts sein muss. Eine derart deterministische Hypothese (s. o.) lässt keine einzige ihr widersprechende Beobachtung zu – eine einzige gewalttätige Frau etwa widerlegt - sprich, falsifiziert die Hypothese. Auch probabilistische Hypothesen können deduktiv behandelt und ggf. falsifiziert werden, auch wenn dies mit größeren Schwierigkeiten behaftet ist, wie wir an unserem Beispiel des Zusammenhangs von Einkommen und schulischem Bildungsabschluss gesehen haben.

Der Gegenbegriff zur Deduktion ist die **Induktion**. Gemeint ist damit das **Schließen von besonderen, einzelnen Beobachtungen auf allgemeine Gesetzmäßigkeiten**. Laut Popper kann es keine induktive Begründung von Hypothesen, in diesem Sinne **keine abschließende Verifikation** geben. Ein induktives Vorgehen würde etwa versuchen, von der Beobachtung, dass von 20 beobachteten gewalttätigen Personen alle männlichen Geschlechts waren, auf den allgemeinen Satz zu schließen, dass nur Männer gewalttätig sind. Doch da, wie wir gesehen haben, der Gegenstandsbereich von derlei Hypothesen prinzipiell unbegrenzt ist, kann auf diese Weise nie die Wahrheit einer Hypothese bewiesen werden. Von den europäischen Schwänen auf alle Schwäne zu schließen, war offensichtlich fehlerhaft.

Beachten Sie, dass es Popper nicht um die Entstehung von Hypothesen, also nicht um das Erfinden, die kreative Schöpfung von Zusammenhangsvermutungen geht[10], sondern um die Begründung wissenschaftlicher Wahrheiten. Laut Popper ist eine Theorie nur so lange wahr, bis sie falsifiziert wird, und daraus leitet sich ein Anspruch an wissenschaftliche Theoriebildung ab, nämlich, dass diese **nach Hypothesen streben sollte, die auch wirklich anhand empirischer Beobachtungen falsifizierbar sind**. Ein Satz wie: „Gott ist allmächtig" ist keine wissenschaftliche Hypothese, da er sich nicht durch Erfahrungen widerlegen lässt. Ein*e gute*r Wissenschaftler*in sollte mit Popper deduktiv Hypothesen ableiten und dann mit aller Kraft danach streben, diese zu widerlegen und erst wenn eine Hypothese den besten Bemühungen der wissenschaftlichen Gemeinschaft, mithin einem evolutiven Ausscheidungskampf standhält, kann sie bzw. die Theorie, aus der sie abgeleitet wurde, als vorläufig und immer nur vorläufig wahr anerkannt und behandelt werden (vgl. Joas/Knöbl 2004, 22).

Viele neuere Wissenschaftstheoretiker (vgl. z. B. Kuhn 2011, Feyerabend 1976) argumentieren jedoch so, dass eine falsifizierte Theorie in der wissenschaftlichen Praxis keinesfalls sogleich abgeschrieben wird (bzw. auch werden sollte). Zum einen können auch falsifizierte

---

10 Diese wird mit der Terminologie des Philosophen Charles Sanders Peirce (1839–1914) häufig unter dem Begriff der Abduktion, der spontanen und lebensnotwendigen Theoriegenese beschrieben (vgl. Joas/Knöbl 2004, 18). Demnach können wir gar nicht umhin, ständig zu theoretisieren, indem wir Sinnesdaten, die uns durch unsere Organe vermittelt werden, zu sinnhaften Zusammenhängen fügen. Auch Popper würde das wohl nicht bestreiten – auch die allgemeine Theorie, aus der falsifizierbare Hypothesen abgeleitet werden können, muss ja irgendwoher kommen.

Theorien noch wissenschaftlichen Wert haben, wie etwa die Newton'sche Lehre nach Einstein, zum anderen kann auch die Falsifikation ihrerseits falsifiziert werden. Indizien und Beobachtungen, die gegen eine Theorie sprechen, können sich als falsch, vielleicht sogar gefälscht erweisen (vgl. Diekmann 2017, 176f)[11] und dann täte man schlecht daran, die Theorie gleich zu verwerfen.

4.1 Die Wahrheit der Hypothese: Kausalität und ihre Tücken

Spätestens seit Popper wissen wir also: Wissenschaft bildet keine zeitlosen Wahrheiten ab. Die Wissenschaft kann heute wohl kaum mehr einen privilegierten Blick auf das „wahre Wesen der Dinge" beanspruchen. Alle wissenschaftlichen Wahrheiten sind vorläufiger Natur, gelten nur solange, wie sie als Beschreibungen nützlich sind (Instrumentalismus) bzw. widerlegt werden (Falsifikationismus). Während wir oben nach den Bedingungen der Möglichkeit wissenschaftlicher Wahrheitsfindung im Allgemeinen gefragt haben, stellt sich das Problem auch konkret auf der Ebene der von uns aufgestellten Zusammenhangsvermutungen. Diese versuchen eine Ordnung in die soziale Wirklichkeit zu bringen, indem sie kausale Beziehungen zwischen Merkmalen postulieren. Auch die Feststellung von Kausalität kann allerdings und gerade in den Sozialwissenschaften nur näherungsweise, immer nur vorläufig erfolgen, nie aber mit absoluter Gewissheit bewiesen werden. Wir können vier Kriterien nennen, die erfüllt sein müssen, um von Kausalität in diesem eingeschränkten und bescheideneren Sinne sprechen zu können[12]:
1. Empirischer Zusammenhang
2. Zeitliche Abfolge der kausalen Ereignisse
3. Theoretische Einbettung/Begründung
4. Ausschluss von Alternativerklärungen

Damit wir von einer kausalen Beziehung zwischen einem Ereignis/Phänomen/Sachverhalt A und B ausgehen können, muss sich also **erstens ein Zusammenhang in irgendwie empirisch produzierbaren Daten zeigen lassen**. In der quantitativen Forschung steht hier der Begriff des Zusammenhangs bzw. der Assoziation (vgl. Kapitel V, Punkt 3.3.4). Die beiden Ereignisse sollten, allgemein formuliert, in vergleichbaren beobachtbaren Situationen bzw. Kontexten[13] zusammen auftreten bzw. variieren.

Zweitens müssen die Ereignisse A und B einander zeitlich folgen. Nur, wenn nachgewiesen werden kann, dass in dem gemeinsamen Kontext erst A (Zeitpunkt t1) und dann B (Zeitpunkt t2) vorliegt, könnte eine Beeinflussung von B durch A angenommen werden. Zwei gleichzeitige Ereignisse können einander, auch wenn sie gemeinsam auftreten, nicht bewirkt haben[14]. Damit eine zeitliche Abfolge zweier oder mehrerer Ereignisse in einem

---

11 Genauer handelt es sich hier um das sog. Basissatzproblem. Jeglicher Beweis bzw. Gegenbeweis muss, so das Argument, von der Richtigkeit der angeführten Beobachtungen (Basissätze) ausgehen. Diese Vermutung der Richtigkeit ist allerdings selbst wieder nur hypothetischer Natur, kann also wahr oder falsch sein (vgl. Diekmann 2017, 176f; Joas/Knöbl 2004, 24).
12 Dieser Kausalitätsbegriff ist stark quantitativ eingefärbt. Die qualitative Forschung postuliert i.A. keine derartigen kausalen Zusammenhangsaussagen.
13 Die Festlegung eines räumlich-zeitlichen Kontextes, innerhalb dessen die Beobachtung angestellt wird, ist ebenfalls eine wissenschaftlich zu verantwortende Selektion und bestimmt, wie lange bzw. wie ausgedehnte Kausalbeziehungen festgestellt werden können.
14 Hier stellt sich freilich ein Problem genauer Uhren, also der Präzision der Zeitmessung, durch die die Gleichzeitigkeit festgestellt wird. Dieses z. B. in der Physik durchaus schwerwiegende Problem ist in den Sozialwissenschaften hingegen weniger virulent, da die Ereignisse, die wir beobachten, typischerweise nicht mit Lichtgeschwindigkeit ablaufen.

gemeinsamen Kontext als Zusammenhang interpretiert werden kann, bedarf es zusätzlich der **theoretischen Formulierung eines solchen Zusammenhangs**. Mit anderen Worten: Es muss theoretisch begründet werden, warum und vor allem inwiefern ein Zusammenhang zwischen A und B vorliegen könnte. Erst der theoretische Blick zeichnet die Linie der Kausalitätsvermutung in die unübersehbare Komplexität dessen, was überhaupt geschieht.

Um diesen theoretisch formulierten Zusammenhang jedoch als kausalen Wirkungszusammenhang postulieren zu können, müssen **viertens alternative Erklärungen bzw. Zusammenhangsaussagen ausgeschlossen werden**. Man denke zur Illustration an die berühmt-berüchtigten „Scheinkorrelationen"[15]. So kann nachgewiesen werden, dass die Merkmale Schuhgröße und Einkommen gemeinsam variieren. Wir können annehmen, dass die Größe der Füße von Menschen genetisch festgelegt ist und sie deshalb eine bestimmte Schuhgröße aufweisen und sich erst danach entscheidet, wie viel Gehalt sie bekommen. Eine anthropologisch begründete Theorie, die eine universale Präferenz von Arbeitgeber*innen für großfüßige Menschen postuliert, könnte uns erklären, warum sich die Schuhgröße positiv auf das Gehalt auswirkt. Diese unsere theoretische Begründung grenzt zweifellos an Absurdität; gewichtiger ist jedoch, dass bessere Alternativerklärungen für den beobachteten Zusammenhang bestehen, nämlich, dass Männer mehr Geld verdienen als Frauen und Männer eben in aller Regel auch größere Füße und Schuhe haben. Das Merkmal „Geschlecht" beeinflusst demnach kausal das Merkmal „Einkommen" und das Merkmal „Schuhgröße", die beide aber in keinem direkten, sondern eben in einem indirekten, nicht-kausalen Zusammenhang stehen[16]. Die theoretischen Beschreibungen dieses kausalen Zusammenhangs müssen dann die Erklärung leisten, wie es zu diesem Zusammenhang kommt, z. B. aufgrund statistischer Diskriminierung, Arbeitsmarktsegregation oder geschlechtsspezifischer Rollenbilder.

4.2 Die Grundlage der Untersuchung: Datenerhebung und ihre Güte

Wir haben uns bisher hauptsächlich mit Fragen nach dem Wesen und den Möglichkeitsbedingungen wissenschaftlicher Erkenntnis überhaupt befasst. Offen geblieben ist bisher die Frage, auf welcher Grundlage sich Hypothesen formulieren und überprüfen lassen, anders gesagt: Wie kommt die Realität in die Wissenschaft hinein? Um etwas über die soziale Wirklichkeit theoretisch formulieren zu können, bedarf es der Erhebung von Daten, also von in irgendeiner Form manifesten Äußerungen der uns interessierenden Phänomene. Wir werden im Verlauf des Buches verschiedene Arten kennenlernen, wie wir zu einer Datengrundlage kommen.

---

15 Wir können jetzt und mit größerem Anspruch an Genauigkeit auch von schein-kausalen Korrelationen sprechen. Schließlich liegt der mathematische Befund unstrittig vor, nur die Folgerung der Kausalität ist fehlerhaft.
16 Da die Geschlechtszugehörigkeit eines Menschen sowohl seinem ersten Einkommen als auch der Schuhgröße zu diesem Zeitpunkt zeitlich vorhergeht, sprechen wir in diesem Fall von einer antezedierenden (vorgelagerten) Variablen, die den Zusammenhang zwischen Schuhgröße und Einkommen (weg-)erklärt bzw. 'konfundiert'. Der Komplementärfall wäre der einer intervenierenden bzw. Mediator-Variable. Ein Beispiel hierfür wäre der Zusammenhang von elterlicher Bildung und persönlichem Einkommen, der durch die persönliche Bildung vermittelt oder eben: mediiert wird. Werden nur die beiden Variablen 'elterliche Bildung' und 'persönliches Einkommen' betrachtet, zeigt sich ein relativ starker positiver Zusammenhang. Doch dieser beobachtete Zusammenhang lässt sich über einen zwischengeschalteten 'Mechanismus' erklären: Die elterliche Bildung hat einen (positiven) Effekt auf den persönlichen Bildungsstand und dieser wiederum auf das Einkommen. In fortgeschritteneren multivariaten statistischen Analysen geht es u.a. um die Aufdeckung solcher Konfundierungen und Mediationen, um die beobachteten Zusammenhänge besser erklären zu können.

Im Zentrum der Datenerhebung steht, je nach forschungsparadigmatischem Standpunkt (s. o.), entweder die (erstmalige) Sammlung von Daten, die dann später auf ihren Informationswert hin abgesucht werden (eher qualitatives Vorgehen), oder die Messung vorher festgelegter Größen, die also unmittelbar informativ sind (eher quantitatives Vorgehen). Man könnte sagen, dass in der qualitativen Forschung noch nicht feststeht, was wir sehen werden bzw. was davon relevant ist und deshalb erst einmal eine möglichst umfassende, dafür aber i. d. R. auf eine recht kleine Anzahl an Untersuchungseinheiten beschränkte Datensammlung angestrengt wird, während die quantitative Forschung davon ausgeht (berechtigt oder nicht), bereits zu wissen, was es zu beobachten gilt und nur noch zu messen braucht, in welchem Umfang es vorliegt. Deshalb ist es ihr auch möglich, eine relativ große Zahl von Untersuchungseinheiten zu erfassen.

Gerade für die quantitativ vorgehende Wissenschaft stellt sich dabei ein Problem der **Güte ihrer Messungen**. Jede Messung ist notwendig a) selektiv: sie stellt nur einen kleinen Ausschnitt der beobachtbaren Welt dar, greift nur bestimmte Aspekte weitaus komplexerer Phänomene heraus und ist b) unsicher: sie ist stand- und zeitpunktabhängig, soll heißen, sie erfolgt immer von einem bestimmten Standpunkt, aus einer bestimmten Beobachtungsperspektive heraus, die für sich nicht a priori Richtigkeit beanspruchen kann (s. o.)[17]. Da sich die inhaltliche Beantwortung der theoretisch formulierten Forschungsfrage auf die empirisch gewonnenen Daten stützt, ist es unerlässlich, deren Güte, v. a. in Bezug auf diese genannten Probleme, zu ermitteln. Die drei Kriterien empirischer, meist im Kontext quantitativer[18] Erhebungen diskutierten Gütekriterien heißen Objektivität, Reliabilität und Validität. Im Folgenden sollen diese Kriterien definiert und jeweils auf Methoden zu deren Messung bzw. Überprüfung verwiesen werden.

Objektivität

Die Forderung nach Objektivität der Erhebung bzw. des Messinstruments bezieht sich auf die vorurteilsfreie Erfassung des Untersuchungsgegenstandes. Messungen sollten werturteilsfrei (im Sinne Webers) und sachbezogen durchgeführt werden, **Probleme der Hypothesensteuerung und der Reaktivität möglichst minimiert** werden, wofür je nach Untersuchungsdesign (vgl. Kapitel IV) verschiedene Methoden zur Verfügung stehen. Das Kriterium der Objektivität kann nur inhaltlich-argumentativ begründet werden. Generell gilt, dass **Frageinstrumente und -formulierungen intersubjektiv**, d. h. für andere Forschende **nachvollziehbar** und **neutral**, also ohne expliziten oder impliziten Hinweis auf eine der Antwortmöglichkeiten, formuliert, bzw. **ohne Beeinflussung des beobachteten Verhaltens durch das Instrument selbst,** erhoben worden sein sollten. Eine objektiv verfahrende Sozialforschung bemüht sich, die Ideologien und Weltauffassungen der Forschenden hinter ein rein **sachorientiertes Verfahren** zurücktreten zu lassen.

---

17 Derlei Reflexionen des wissenschaftlichen Beobachterstandpunkts sind heute insbesondere feministischen, konstruktivistischen und poststrukturalistischen Ansätzen zu verdanken.
18 Zur Diskussion um die (Nicht-)Anwendbarkeit der hier vorgestellten Gütekriterien auf qualitativ verfahrende Forschungsinstrumente vgl. vor allem Kapitel VI, vgl. auch Steinke 2000. Wir sind der Überzeugung, dass das Meiste des hier Gesagten für Anwender*innen sowohl quantitativer als auch qualitativer Methoden von Nutzen sein kann.

Reliabilität

Das Kriterium der Reliabilität thematisiert die notwendige Standpunktabhängigkeit oder „Ereignishaftigkeit" der Erhebung. Kein Fragebogen und keine Beobachtung, kein Interview und keine Experimentalstudie kann zeitlose Wahrheiten als solche erkennen; durch sie wird es nur möglich, Verhalten zu erfassen, hinter dem wir als Forschende irgendwie beständige Mechanismen vermuten. Um die Güte einer Messung zu beurteilen, ist es deshalb relevant zu fragen, **ob die entdeckten Regelmäßigkeiten Produkt dieser singulären, zeit- und ortsgebundenen Messung sind bzw. waren oder ob sie sich in vergleichbaren Erhebungen wiederfinden lassen**.

> Reliabilität stellt ein Maß für die Reproduzierbarkeit der empirischen Befunde dar.

Reliabilität sollte in einer guten Erhebung auf allen drei Sinndimensionen (nach Niklas Luhmann), d. h. in zeitlicher, sozialer und sachlicher Hinsicht gegeben sein.

- *Zeitlich:*
  Zeitlich gesehen sollte eine Studie, die zu einem späteren Zeitpunkt dasselbe Frageinstrument für die gleiche Grundgesamtheit einsetzt, sehr ähnliche bzw. identische Ergebnisse zutage fördern. Eine Studie sollte **wiederholbar sein, ohne dass sich ihre Ergebnisse drastisch ändern**. Eine Schwierigkeit dieses Vorgehens ist offensichtlich, zwischen instrumentbedingten, also auf fehlende Reliabilität hindeutenden und tatsächlichen bzw. gegenstandsinhärenten Veränderungen zu diskriminieren. Menschen und ihre Einstellungen können sich über die Zeit ändern und gesamtgesellschaftliche Umstände bedingen diesen Wandel ebenso wie individual-psychologische Lebensverläufe. So wird eine heute reproduzierte Studie zur Einstellung gegenüber jüdischen Mitbürger*innen wohl gänzlich andere Ergebnisse liefern als zu Zeiten des Dritten Reichs, selbst wenn das Messinstrument methodisch reliabel konstruiert wurde[19].

- *Sachlich:*
  Auf der Sachdimension kann die Reliabilität der Erhebung durch den Vergleich von Substichproben des Gesamtsamples überprüft werden, was allerdings eine gewisse Fallzahl voraussetzt. Bei der sog. Split-sample Methode z. B. werden aus der Gesamtheit der Untersuchungseinheiten, die erfasst wurden, zwei (selten mehr) Zufallsstichproben gezogen und die Ergebnisse verglichen. Unter der Annahme eines homogenen Samples und bei adäquat hoher Fallzahl sollten die beiden Unterstichproben repräsentativ für das Gesamtsample sein und also die Ergebnisse in beiden bis auf sehr kleine Zufälligkeiten identisch sein[20]. Auch bei der hier als ‚sachlich' bezeichneten Reliabilitätsprüfung wird die Erfassung der sozialen Wirklichkeit also vermittels Triangulation, d. h. der Betrachtung von verschiedenen Standpunkten aus, spezifiziert. Diesmal wird hingegen nicht zu zwei Zeitpunkten gemessen, sondern mehrmals zum selben Zeitpunkt.

---

19 Ein weiteres Problem zeitlicher Reliabilitätsprüfungen hängt mit den praktischen Bedingungen des Wissenschaftssystems und des Forschungsalltags zusammen. Die moderne Wissenschaft operiert unter dem Leitstern der Generierung neuer Erkenntnisse, dem Verwerfen von Nullhypothesen (Kapitel V, Punkt 3.3.4.1), sie fokussiert Wandel und Innovation weitaus stärker als Konstanz und Stabilität. Das lässt die bloße Reproduktion bereits durchgeführter Studien allzu oft als unoriginell und unkreativ erscheinen und insbesondere das Ergebnis, dass alles so bleibt, wie es war, scheint wenig publikationsfähig.

20 Grundsätzlich gilt, dass eine Stichprobe mit 1.000 Untersuchungseinheiten der Erhebung zweier Stichproben mit je 500 bzw. vierer Stichproben mit je 250 Untersuchungseinheiten usw. äquivalent ist. Wichtig bleibt hingegen, dass die Ziehung der Substichproben ihrerseits den unter Kapitel V, Punkt 1 beschriebenen Regeln folgt, um systematische Differenzen zwischen den Samples zu vermeiden.

- *Sozial:*
Schließlich sollte die Reproduzierbarkeit einer Messung auch auf der Sozialdimension, sprich von der Person der*des Forschenden unabhängig gewährleistet sein. Wissenschaftliche Wahrheit, im Gegensatz z. B. zu ästhetischen Geschmacksurteilen, erhebt den Anspruch auf Intersubjektivität, auf die Personenunabhängigkeit ihrer Geltung: es ist nicht meine oder Ihre, sondern DIE Wahrheit. Dementsprechend muss ein Instrument suspekt sein, das nur für bestimmte Forscher*innen die nämlichen Ergebnisse zeitigt. Von besonderer Relevanz für die Reproduzierbarkeit einer Studie ist die Interviewenden-Reliabilität, also die Unabhängigkeit der gefundenen Ergebnisse von der Person der Interviewer*in. Dabei können persönliche Merkmale der die Erhebung durchführenden Menschen einen durchaus großen Einfluss auf das (Antwort-)Verhalten der Untersuchten haben; vielleicht erscheint ein*e Interviewende*r sympathischer oder vertrauenswürdiger als ein*e andere*r, vielleicht liegen unterschiedlichen Ergebnissen zwischen den Interviewer*innen aber auch Kompetenzunterschiede zugrunde, im schlimmsten Fall verhalten sich bestimmte Interviewer*innen unehrlich und verfälschen damit die Daten. Letzterem kann insbesondere durch eine angemessene Entlohnung der Interviewer*innen und eine relativ geringe Anzahl von Interviews pro Interviewer*in, sodass mögliche Verzerrungen lokal begrenzt bleiben, vorgebeugt werden[21].

Validität

Zeitliche, sachliche und soziale Reliabilität eines Instruments ist eine notwendige, aber nicht hinreichende Bedingung für das **entscheidende Kriterium der Validität**. Ein Instrument kann überaus reliabel, also in hohem Maße reproduzierbar und dennoch überhaupt nicht valide sein, aber umgekehrt gilt, **dass jedes valide Instrument notwendigerweise auch reliabel ist**[22]. Oben wurde festgestellt, dass jede Erhebung nur eine Selektion des Weltgeschehens, also nur einen Ausschnitt des Wirklichen abzubilden vermag. Sie ist notwendig unperfekt und nur deshalb und gerade indem sie Komplexität reduziert überhaupt wissenschaftlich verwertbar. Die beste bzw. genaueste Karte eines Territoriums muss ebenso groß sein wie dieses Territorium selbst, um auch noch jeden Stein und jeden Stock abzubilden, die beste Karte des Territoriums ist mit diesem identisch. Allerdings scheint es schwierig, nach einer solchen Karte zu navigieren, wir wären ebenso klug wie zuvor. Stattdessen behelfen wir uns mit Zeichensystemen oder Codes, die die ‚wirklichen' Sachverhalte abbilden sollen und zwar nicht möglichst genau, sondern in für uns möglichst relevanter Weise. Wenn wir Menschen befragen oder beobachten, kann es nicht darum gehen, diese Menschen zur Gänze zu erfassen, all ihre Gedanken und Beweggründe zu kennen, sondern nur darum, hinsichtlich einer bestimmten und möglichst spezifischen Frage Erkenntnisse zu gewinnen. Ein valides Instrument ist dann eine Karte, die die für uns relevanten Aspekte der Wirklichkeit möglichst naturgetreu abbildet.

---

21 Eine weitere wichtige Form sozialdimensionaler Reliabilität stellt die sog. Intercoder-Reliabilität dar. Die Vercodung offener Fragen im standardisierten Interview oder im qualitativen Interview oder auch nicht-reaktiv erhobenen Text- oder Bildmaterials ist oft uneindeutig und birgt viele Tücken. Selbst hochkomplexe Codeschemata können nicht jeden möglichen Fall bedenken. Oft ist es dann an der*dem menschlichen Vercoder*in zu entscheiden, welche Codezahl zugewiesen werden soll – Entscheidungen, die andere Vercoder*innen anders treffen könnten. Reliabel ist die Vercodung dann, wenn möglichst viele Vercoder*innen einem Fall denselben Code zuweisen.

22 Wenn ein Instrument valide ist, misst es das, was gemessen werden soll und dies unabhängig von Ort- bzw. Zeitpunkt und/oder Forscher*in. Sollten also die Ergebnisse dennoch z. B. bei einer zweiten, späteren Messung abweichen, sind diese wohl auf eine tatsächliche Veränderung der sozialen Wirklichkeit zurückzuführen. Die Feststellung von Validität ist allerdings selten derart eindeutig und unumstößlich.

> Die Frage nach der Validität einer Messung ist die Frage, ob wir das abbilden, was wir abbilden wollen, die Frage nach der Kongruenz (nicht: Identität!) von Karte und Territorium.

So ist es z. B. fraglich, ob ein Item, wie „Finden Sie, dass das Kopftuchtragen im öffentlichen Dienst verboten sein sollte" tatsächlich ein theoretisches Konstrukt wie ‚Ausländerfeindlichkeit' oder ‚Islamophobie' misst, ob es also ein valider Indikator für diese Konstrukte ist. Womöglich könnte eine Zustimmung zu dieser Frage ja auch als Ausdruck eines starken Ideals eines säkularen Staates oder als bestimmte Äußerung feministischen Gedankenguts gedeutet werden. Die Frage lautet, wie gut wir unseren Untersuchungsgegenstand ‚Islamophobie' mithilfe unseres Indikators erfassen können und ob wir auch ausschließlich das erfassen, was wir messen wollen. Analog stellt sich das Problem natürlich für das gesamte Erhebungsinstrument, das mehrere Indikatoren umfasst.

Auch die Beantwortung dieser Frage kann auf allen drei oben ausgeführten Sinndimensionen versucht werden.

- *Sozial:*
  Zunächst muss der Anspruch einer Untersuchung auf Validität ihrer Messung natürlich inhaltlich-argumentativ begründet werden und zwar im Rahmen einer sozialen Interpretationsgemeinschaft; die Forschenden müssen für Andere, insbesondere für ihre ‚peers', plausibel machen, warum dieses Instrument das Angegebene messen kann und ausschließlich dieses Angegebene misst (*Inhaltsvalidität*).

- *Sachlich*[23]*:*
  Des Weiteren können Forschungsergebnisse ‚sachlich' vermittels Abgleich mit anderen externen Kriterien (*Übereinstimmungsvalidität*) validiert werden. So könnte eine andere Umfrage mit denselben Personen zu ihrem Wahlverhalten Aufschluss über die Korrektheit unserer Messannahmen liefern, wenn etwa Personen, die auf unserer Islamophobie-Skala einen hohen Wert aufweisen, überdurchschnittlich häufig Parteien gewählt haben, deren Programmatik islamophobe Züge trägt.

- *Zeitlich:*
  Zeitlich kann Validität als *Vorhersagevalidität* eruiert werden, also z. B. durch den Nutzen/Wert unserer Einstufung von Personen auf einer Islamophobie-Skala für die Vorhersage eines bestimmten Ereignisses, z. B. die Wahl islamfeindlicher Parteien bei der nächsten Bundestagswahl.

---

23 Zusätzlich bietet die sog. Konstruktvalidität eine Möglichkeit der inhaltlichen bzw. dem Instrument inhärenten Validitäts- als Konsistenzprüfung. In einer empirischen Studie wird i. d. R. nicht nur ein einziges, sondern mehrere theoretische Konstrukte erfasst, in unserem Beispiel etwa ethnisch und religiös motivierte Ausländerfeindlichkeit. Zu deren Messung werden jeweils mehrere Items formuliert. Wünschenswert ist es dann natürlich, dass diejenigen Items, die ethnisch motivierte Ausländerfeindlichkeit messen sollen, miteinander stark zusammenhängen, denn das bedeutet für uns, dass sie tatsächlich dasselbe messen. Gleiches gilt für die Items, mit denen wir die religiös motivierte Ausländerfeindlichkeit abzubilden suchen. Dieses Kriterium wird als Konvergenzvalidität bezeichnet und besagt, dass die Items zur Messung eines Konstrukts untereinander stark zusammenhängen sollten. Wenn unsere Studie sich aber das Ziel setzt, unterschiedliche Motivationen für xenophobe Einstellungsmuster zu identifizieren, ist es zusätzlich notwendig, zwischen den einzelnen Konstrukten anhand der sie messenden Items unterscheiden bzw. diskriminieren zu können. Im Idealfall können wir die untersuchten Personen entweder der ethnischen oder der religiösen Motiviertheit zuordnen bzw. präzise Mischverhältnisse angeben. Für die Korrelationen unserer Daten bedeutet das, dass die Zusammenhänge zwischen den Items ein und desselben Konstrukts stärker sein sollten als zwischen den Items für verschiedene Konstrukte. Ein Item, das ethnisch motivierte Ausländerfeindlichkeit misst, sollte also mit den anderen Items, die dies ebenfalls tun, stärker zusammenhängen, als mit den Items, die religiöse Motiviertheit für Fremdenfeindlichkeit messen. Dies ist das Kriterium der Diskriminierungsvalidität.

Diese Beispiele verdeutlichen gleichsam die grundsätzliche Schwierigkeit, die Validität einer Messung mit einiger Gewissheit festzustellen. Schließlich müsste gefragt werden, wie die Islamfeindlichkeit der Parteien, an deren Wahl wir die Validität unseres Instruments festgemacht haben, wie also die Validität unserer Validierungskriterien ihrerseits gemessen wird. Grundsätzlich sollten sich valide Ergebnisse möglichst nahtlos in die wissenschaftliche Wirklichkeitsabbildung, in die Gesamtheit bestehender Forschungsergebnisse einfügen, was natürlich nicht ausschließt, dass ältere, obsolete Studien widerlegt werden könnten und sollten. Die Wissenschaft spannt dann ein mehr oder minder kohärentes Netz von sich gegenseitig validierenden Beobachtungsergebnissen auf.

> **Gütekriterien der Erhebung**
>
> **Objektivität**
>
> Eine Erhebung sollte sachbezogen und vorurteilsfrei durchgeführt werden. Das Erhebungsinstrument sollte nicht bereits die Ergebnisse der Messung vorwegnehmen, die Befragten nicht in ihrem Verhalten beeinflussen, sondern dieses möglichst unverzerrt erfassen.
>
> Objektivität kann nur durch inhaltliche Argumentation und intersubjektive Nachvollziehbarkeit begründet werden.
>
> **Reliabilität**
>
> Die Erhebung sollte reproduzierbare Ergebnisse liefern. Die in den erhobenen Daten gefundenen Zusammenhänge sollten nicht ein zufälliges Produkt dieser bestimmten Messung, sondern Ausdruck von in der sozialen Wirklichkeit vorliegenden Phänomenen sein.
>
> Reliabilität kann zeitlich festgestellt werden an der Übereinstimmung sukzessiver Erhebungen, sachlich durch den Vergleich von Subeinheiten der Erhebung ein und derselben Stichprobe und sozial als Unabhängigkeit der Ergebnisse von der Person der*des Forschenden.
>
> **Validität**
>
> Eine Erhebung sollte das messen, was es zu messen gilt. Die in der Erhebung verwendeten Instrumente bzw. Indikatoren sollten dasjenige und nur dasjenige Verhalten der Untersuchungseinheiten erfassen, für das sie erarbeitet wurden. Sie sollten selektiv und zutreffend ein bestimmtes bzw. bestimmte Phänomene erfassen.
>
> Jedes valide Instrument ist notwendigerweise reliabel, aber nicht umgekehrt.
>
> Validität kann sozial bzw. inhaltlich plausibilisiert werden, sachlich als Kriteriumsvalidität und zeitlich als Vorhersagevalidität beurteilt werden.

IV Untersuchungsdesigns und Forschungsmodelle

Empirische Forschung basiert auf Erfahrungsdaten. An zentraler Stelle steht deshalb für jede empirisch verfahrende Studie die Frage nach Art und Weise der Durchführung ihrer Datenerhebung. Gemeint sind hierbei noch nicht die verschiedenen (quantitativen oder qualitativen) Methoden und Techniken der Erhebung, denen wir uns eingehender im nächsten Kapitel zuwenden werden, sondern die Organisation des gesamten Erhebungsablaufs als solchem. Die Art der zeitlichen und sachlichen Organisation oder Rahmung des Erhebungsvorgangs bezeichnen wir als Erhebungs- resp. Auswertungsdesign.

> **Das Design einer Studie ergibt sich als die Gesamtheit der Entscheidungen darüber, wer, wann, wie und wie oft befragt bzw. beobachtet werden soll.**

Dabei sollte stets und v. a. im Bereich der hier vorrangig interessierenden Anwendungsforschung die Art der Untersuchungsfrage die Art der einzusetzenden Erhebungsmethode(n) wie auch der Erhebungsinstrumente bestimmen. Gleichzeitig muss die gesamte Anlage der Untersuchung, ihre inhaltliche und methodische Stoßrichtung und damit ihre Ziele und Absichten in Betracht gezogen werden. Auswertungsdesigns sind Mittel zum Zweck der Datensammlung (vgl. dazu ausführlich Diekmann 2017, 327 ff).

Dabei stellen sich v. a. zwei Fragen, nämlich 1) Wen sollen wir untersuchen und wie oft? und 2) Wie soll(en) die einzelne(n) Erhebung(en) durchgeführt werden? Wir unterscheiden diesen beiden Problembereichen gemäß nach *Designs der zeitlichen Organisation* der Erhebung (im Folgenden: Erhebungsdesigns) und *Designs der Vergleichsgruppenbildung* (im Folgenden: Auswertungsdesigns). Erstere bestimmen, wann und wie oft die Daten erhoben werden sollten – bei einer einmaligen Erhebung sprechen wir von Querschnitts-, bei mehrmaliger Erhebung von Längsschnittdesign – und ob die untersuchte Stichprobe jeweils die gleiche bleiben sollte (Paneldesign) oder zu jedem Beobachtungszeitpunkt neu gezogen werden muss (Trenddesign).

Auswertungsdesigns hingegen regeln die Aufteilung der Untersuchungseinheiten in Vergleichsgruppen, die für die jeweilige Erhebung unerlässlich ist. Hierbei unterscheiden wir das experimentelle, quasi-experimentelle und Ex-Post-Facto-Design, deren Differenzen und spezifischen Vor- bzw. Nachteile eingehender besprochen werden.

Im Anschluss daran werden exemplarisch einige, für die sozialarbeiterische Praxis besonders wichtige, Forschungsmodelle vorgestellt. **Unter Forschungsmodell verstehen wir dabei ein spezifisches Format einer empirischen Studie, ein charakteristisches Set von Methoden, Problemstellungen und Erkenntniszugängen.** Sie stellen keine Designs im hier vorgeschlagenen strengen Begriffssinn dar, sind aber in der Praxis gleichwohl als Orientierungshilfen, eben Modelle, wirksam. Der dritte Teil des Kapitels behandelt deshalb (ethnomethodologische) Feldstudien, ebenso wie Dunkelfeldstudien, Evaluations- und Aktionsforschungen und Modelle der Frauen- und Geschlechterforschung.

1 Erhebungsdesigns: Die zeitliche Organisation der Studie

Jeder Forschungsprozess beginnt mit einer theoretisch unterfütterten Forschungsfrage. Eine solche Forschungsfrage könnte etwa lauten: „Welche gesundheitlichen Auswirkungen hat (Langzeit-)Arbeitslosigkeit?" oder auch „Welchen Einfluss haben Patenschafts-Programme auf die Integrationschancen junger Migrant*innen?". Je nachdem, welches Forschungsziel mit einer Studie verfolgt wird, bedarf es unterschiedlicher Datengrundlagen. So könnten wir uns dem ersten Thema bspw. über eine statistische Analyse des Zusammenhangs von Erwerbsstatus und Gesundheitszustand zu nähern versuchen. In diesem Fall könnten wir dann feststellen, dass Arbeitslose sich als weniger gesund einschätzen als derzeit Erwerbstätige. Ein solches Vorgehen liefert uns allerdings noch keine Informationen darüber, ob und wie sich der Gesundheitszustand mit andauernder Erwerbslosigkeit verändert.

Auch die Frage nach der Effektivität von Patenschafts-Programmen zu Integrationszwecken könnten wir durch eine einmalige Erhebung relevanter Daten, z. B. durch Befragungen von beteiligten Sozialarbeiter*innen, Pat*innen oder ggf. Klient*innen usw., zu beantworten versuchen. Wollen wir dagegen längerfristige Wirkungen abschätzen, empfiehlt es sich, nicht nur zu einem Zeitpunkt Daten zu erheben, sondern zu mehreren, also z. B. nach drei Jahren erneut alle Beteiligten zu befragen, um abschätzen zu können, ob mögliche positive Wirkungen von Dauer sind usw.

Was uns hier begegnet ist das Problem der zeitlichen Organisation unserer Studie. Abhängig von unserem Erkenntnisinteresse muss die Frage gestellt werden, wie oft und zu welchen Zeitpunkten die uns interessierenden Daten (mit welcher Methode auch immer) erhoben werden sollen.

Wir können grundsätzlich unterscheiden zwischen Querschnittsstudien, die nur eine einzige Erhebung zu einem Zeitpunkt vorsehen und Längsschnittstudien, die mehrere Erhebungszeitpunkte einplanen. Letztere wiederum können danach unterschieden werden, ob stets dieselben Untersuchungsobjekte (meistens: Personen) untersucht werden sollen oder zu jedem Erhebungszeitpunkt eine neue Stichprobe gezogen werden muss.

1.1 Querschnittdesign

Bei Querschnittstudien handelt es sich um die häufigste Art der zeitlichen Erhebungsorganisation. Hier werden die untersuchten Einheiten zu einem Zeitpunkt gezogen und untersucht – wir ziehen im Jahr 20XX eine Stichprobe aus der bundesdeutschen Bevölkerung und befragen diese, oder wir analysieren alle Artikel einer ausgewählten Tageszeitung im Jahr 20XX zu einem bestimmten Thema usw.

Eine einzelne Querschnitterhebung bildet also – sofern die Auswahl methodisch korrekt durchgeführt wurde – unsere anvisierte Grundgesamtheit zu einem bestimmten Zeitpunkt ab. Dies hat Folgen für die aus einer solchen Studie gewinnbaren Informationen. So eignet sich eine Querschnitterhebung sehr gut, um einen Überblick über aktuelle Verhältnisse zu erhalten, etwa die derzeitige Arbeitslosigkeitsquote, die Zahl pflegebedürftiger Personen in Deutschland o.ä. Weniger gut hingegen lassen sich Trends abschätzen, also Entwicklungsrichtungen und -verläufe bestimmen. So sagt eine (durchschnittliche) Arbeitslosigkeitsquote von 5,2 % für das Jahr 2018 (Bundesagentur für Arbeit 2018) noch wenig aus über den tatsächlichen Anteil der von Arbeitslosigkeit Betroffenen. Es könnte schließlich sein, dass im Jahresverlauf sehr viele Menschen für kurze Zeit arbeitslos wurden, aber zum Zeitpunkt der Erhebung wieder erwerbstätig waren. Ebenso wenig lässt sich aus der einzelnen Durchschnittsberechnung ableiten, wie sich die Arbeitslosenquote in der letzten Dekade entwickelte[1]. Für derlei Fragen sind Längsschnittdesigns besser geeignet.

1.2 Längsschnittdesigns

Längsschnittdesigns sehen mehrere Erhebungszeitpunkte vor. Je nachdem, ob zu jedem dieser Zeitpunkte eine neue Stichprobe aus der anvisierten Grundgesamtheit gezogen wird oder aber dieselben Untersuchungsobjekte bzw. -personen immer wieder befragt bzw. beobachtet werden, unterscheiden wir weiter nach Trend- und Paneldesigns.

1.2.1 Trenddesign

Trend- oder Follow-up-Studien sind eigentlich nichts weiter als **mehrere Querschnitterhebungen**, die zu unterschiedlichen Zeitpunkten, aber mit **demselben Instrument** (z. B. mit demselben Fragebogen, (Intelligenz-)Test) **bei äquivalenten Stichproben,**[2] durchgeführt wurden. Ein klassisches Beispiel für eine Trendstudie im Bereich der Sozialwissenschaften ist die 1980 erstmalig durchgeführte Allgemeine Bevölkerungsumfrage der Sozialwissenschaften (ALLBUS). Alle zwei Jahre wird der ALLBUS bei einer recht großen Stichprobe von 3.000 bzw. (seit 1992) 3.500 Befragten erhoben, wobei seit der Wiedervereinigung die Grundgesamtheit (vgl. Kapitel V, Punkt 1.1) aus der erwachsenen Wohnbevölkerung[3] in Deutschland besteht. Zwar variieren manche Themen zyklisch, doch ein großer Kernbestandteil der Fragebatterie bleibt dabei für die verschiedenen Erhebungszeitpunkte identisch, was es Forscher*innen ermöglicht, die einzelnen Datensätze und damit die einzelnen Jahre zu vergleichen. Über derart akkumulierte Daten lassen sich allgemeine Trends weitaus besser abschätzen als aus Querschnittsdaten. So können wir bspw. die Entwicklung des Nettostundenlohns[4] von Sozialarbeiter*innen seit 1984[5] bis 2014 mithilfe der ALLBUS-Daten nachzeichnen[6] (siehe Abbildung 6).

Natürlich hätten wir auch mit einer Querschnittstudie die Frage nach der Einkommensentwicklung sozialarbeiterischer Gehälter[7] beantworten können. Zu diesem Zweck hätten wir z. B. im Jahr 2014 Sozialarbeiter*innen nach ihren Gehältern in den vergangenen Jahren

---

1 Ob, wie und mit welchen Konsequenzen wir allerdings auch Längsschnittdaten u. U. mit einer Querschnitterhebung gewinnen können, wird unten noch kritisch diskutiert werden (Punkt 1.3).
2 Gemeint sind hier Stichproben, die a) möglichst unverzerrte Samples sind und sich b) auf dieselbe Grundgesamtheit, also z. B. alle Deutschen, alle deutschen Arbeitslosen, alle deutschen Rentnerinnen o.ä. beziehen.
3 Obdachlose z. B. werden von der Stichprobenziehung, die über Adress- oder Melderegister verläuft, ausgeschlossen.
4 Über die Umrechnung des Nettomonats- in einen Nettostundenlohn berücksichtigen wir, dass nicht alle Menschen in gleichem Umfang beschäftigt sind. In statistischem Fachjargon: Wir ‚kontrollieren' auf die Arbeitsstunden.
5 Für die Jahre 1994 und 1996 war keine Variable zur Anzahl der Arbeitsstunden verfügbar, die eine Umrechnung des Nettoeinkommens in Stundenlöhne erlaubte.
6 Die Einkommenswerte vor der Währungsreform 2001 wurden von DM in Euro umgerechnet.
7 Übrigens entwickeln sich diese entlang desselben Gradienten wie das deutsche Durchschnittsgehalt.

befragen können. Wie Sie sich jedoch sicherlich vorstellen können, wäre eine solche retrospektive Abfrage (s. u.) weitaus weniger zuverlässig als die prospektive Erhebung im vorliegenden Trenddesign.

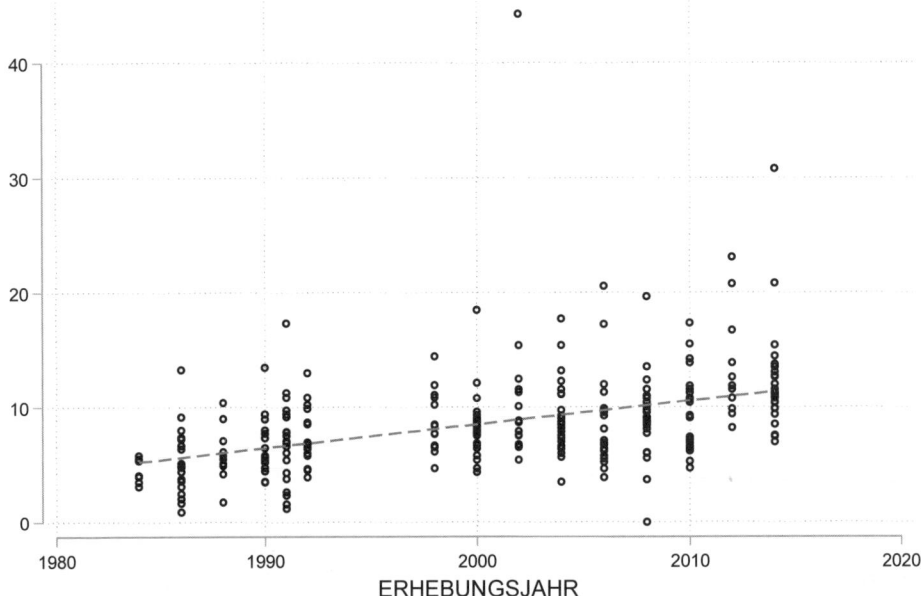

Abbildung 4: Einkommensentwicklung der Sozialarbeiter*innen; Akkumulierte ALLBUS-Daten; eigene Darstellung

Auch unsere obige Arbeitslosigkeitsstatistik ließe sich in einem Trenddesign erweitern. So können die Arbeitslosigkeitsziffern für mehrere Jahre einen negativen Trend belegen. Lag die Arbeitslosigkeit 2005 noch bei rund 11,7 %, sank dieser Wert bis 2009 auf 8,1 %, bis 2013 auf 6,9 % und liegt 2018, wie erwähnt, bei 5,2 %. Allerdings – und dies ist bei jeglichem Umgang mit Statistiken zu bedenken – hängen derartige Ergebnisse, insbesondere in offiziellen Statistiken, maßgeblich ab von der (ggf. politisch beeinflussten) Definition von Arbeitslosigkeit. So führte die Zusammenlegung von Sozial- und Arbeitslosenhilfe 2005 zu einem eklatanten, aber eben nur nominellen Anstieg der Arbeitslosigkeit. Umgekehrt tauchen viele Menschen, die von staatlichen Zuwendungen finanziell abhängig sind, nicht als Arbeitslose in der Statistik auf, wenn sie z. B. derzeit Qualifizierungsangebote oder eine ‚Arbeitsgelegenheit mit Mehraufwandentschädigung' (‚1-Euro-Job') wahrnehmen (vgl. Booth 2010, 6).

Ein weiteres Problem von Trendstudien ist generell, dass alle Aussagen stets auf der Aggregatsebene verbleiben müssen. Da zu jedem Erhebungszeitpunkt neue Stichproben gezogen werden, also andere Personen befragt werden, ist es **nicht bzw. allenfalls retrospektiv möglich, die Lebensverläufe von Individuen nachzuzeichnen.**

1.2.2 Paneldesign

Die aufwändigen Panel-Studien können Abhilfe für diesen Missstand schaffen. Hier wird ein und dasselbe Instrument (z. B. ein Fragebogen oder ein [Intelligenz-]Test) auf dieselben Personen zu mehreren Zeitpunkten angewendet. Solche Panel-Studien dehnen sich gelegentlich sogar über Jahrzehnte aus, Forscherteam und Untersuchte unterliegen dabei der „natürlichen" Alterung. Eine der wichtigsten Panel-Studien in Deutschland ist das sog. SOEP (Sozioökonomische Panel), in dessen Rahmen seit 1984 zwar mit einigen Veränderungen der Grundgesamtheit, die den Entwicklungen der jüngeren deutschen Geschichte geschuldet sind, jährlich eine beachtliche Anzahl an Personen (seit dem Jahr 2000: mehr als 20.000 Personen) bzw. Haushalten befragt werden.

Eine weitere, historisch wichtige Panel-Studie, die in Deutschland durchgeführt wurde, ist die so genannte Bonner Längsschnittstudie (BOLSA), die sich u. a. der Frage der sich verändernden Intelligenz im höheren und hohen Lebensalter widmete (vgl. Lehr/Thomae 1987). Von anfänglich mehreren hundert Untersuchten befanden sich am Ende der Studie nur noch weniger als 40 Personen in der Untersuchungsgruppe.

Das Problem von Panel-Studien besteht vor allem darin, dass die Untersuchungspersonen zu späteren Untersuchungszeitpunkten nicht mehr erreicht werden – sie fallen aus dem Panel heraus, sei es durch Wegzug, Tod oder Verweigerung der weiteren Zusammenarbeit (*Panelmortalität*). Deshalb erfordern Panels eine ständige und gründliche „Adressenpflege", um die Panelmortalität zu minimieren.

Da in Panelstudien ein und dieselben Personen zu mehreren Zeitpunkten befragt werden, können auch Aussagen über individuelle Entwicklungsverläufe getroffen werden, die in der Soziologie z. B. für die sog. Lebensverlaufsstudien von besonderer Relevanz sind. Ein weiteres Problem von Panelstudien, neben der bereits genannten Panelmortalität, ist, dass die Stichproben für alle Jahre nach dem Anfangsjahr nicht mehr repräsentativ sind, d. h. sie bilden nicht mehr die aktuelle Grundgesamtheit ab, sondern die Population zum Zeitpunkt der ersten Erhebung. Auch wenn Paneldaten den höchsten Informationsgehalt von den drei hier genannten Erhebungsdesigns liefern, sollte die Entscheidung zwischen Trend- oder Paneldaten immer in Abhängigkeit der Forschungsfrage und unter Berücksichtigung der oben genannten Probleme getroffen werden[8].

1.3 Querschnitt- vs. Längsschnittdaten

Es sei an dieser Stelle darauf hingewiesen, dass nicht die Art, sondern nur die Qualität der generierbaren Daten wesentlich von der Wahl des Erhebungsdesigns abhängt. Grundsätzlich können auch Fragen zu Entwicklungsverläufen durch Querschnittdesigns beantwortet werden. In Querschnittdesigns werden Längsschnittdaten i. d. R. durch sog. Retrospektivfragen erhoben.

Retrospektivfragen sind Fragen, die auf die Vergangenheit der Befragten bezogen sind. Die Qualität der daraus gewonnenen Informationen hängt wesentlich ab vom Erinnerungsvermögen der Befragten (welches allerdings schwierig zu kontrollieren ist) und dem Frageinhalt. Generell gilt, dass Retrospektivfragen zu harten Fakten (z. B. Hochzeitsdatum), die sich auf die jüngere Vergangenheit beziehen (z. B. Monatsgehalt im Vorjahr) unproblematischer sind

---

8 So wäre eine Panelstudie u. U. sogar schlechter zur Darstellung der Entwicklung der Arbeitslosigkeitsquote geeignet – hier interessieren uns schließlich die für jedes Jahr aktuellen und repräsentativen Daten! Auch können Panels natürlich nicht die Makroeffekte einschneidender Ereignisse mit abbilden. So unterrepräsentierte etwa ein 2010 gebildetes Panel den Anteil an Asylsuchenden gegenüber einer aktuelleren Erhebung.

als Fragen zu vergangenen Einstellungen, Meinungen oder sonstigen stark subjektiv gefärbten Sachverhalten und/oder zu weit zurückliegenden Ereignissen.

Für solche in der Retrospektive schlecht erfassbaren Informationen eignen sich **prospektive** Erhebungen besser, wie sie in Trend- oder Paneldesigns realisiert werden.

Eine weitere Möglichkeit – neben Retrospektivfragen –, in einem Querschnittdesign Längsschnittfragen zu beantworten besteht darin, eine Längsschnittstudie zu simulieren, indem die Stichprobe z. B. nach Altersgruppen aufgeteilt wird, die so behandelt werden, als seien sie zu unterschiedlichen Zeitpunkten erhoben worden (vgl. Kapitel VIII, Punkt 2.3). Wir können also – im Vorgriff auf die Grundlagen der Statistik formuliert – den Zusammenhang des Alters mit der uns interessierenden abhängigen Variable (z. B. die Einstufung der Wichtigkeit materiellen Wohlstands) überprüfen und werden zwischen den Altersgruppen vermutlich einen deutlichen Unterschied feststellen. Auf den ersten Blick könnten wir also feststellen, dass jüngere Menschen postmaterialistischer eingestellt sind als ältere[9]. Wir können also eingeschränkt auch mit Querschnittdesigns Längsschnitt-Fragen beantworten.

Es gibt allerdings ein Problem, denn **in einem Querschnittdesign ist es nicht möglich, verlässlich zwischen verschiedenen Zeiteffekten zu differenzieren**, welche die beobachteten Veränderungen beeinflussen könnten.

> **Zeiteffekte:**
> In der empirischen Sozialforschung unterscheiden wir drei verschiedene Effekte, die bei der Arbeit mit Längsschnittdaten auftreten können.
>
> *1) Kohorteneffekte*
> Als Kohorte wird eine Bevölkerungsgruppe bezeichnet, die durch ein zeitlich gemeinsames, langfristig prägendes Startereignis definiert wird. Dieses Startereignis ist beispielsweise die Geburt, wobei in der Regel eine Geburtskohorte im 10-Jahresschritt zusammengefasst wird, also beispielsweise 1970 bis 1980 geborene Frauen und Männer. Im Bereich der Sozialen Arbeit könnten auch Klient*innen nach Kohorten betrachtet werden, z. B. eine Gruppe von Jugendlichen, die zu Beginn der 1990er-Jahre oder 2000er-Jahre eine ausgewählte stationäre Jugendhilfeeinrichtung verlassen hat.
> Von Kohorteneffekten spricht man, wenn sich die beobachteten Unterschiede auf der interessierenden Variablen auf die Verschiedenheit/die unterschiedlichen Einstellungs- und Lebensprofile der Kohorten zurückführen lassen.
> Wir können annehmen, dass sich die Geburtskolonnen von 1940–50 in ihrer Einstellung zu z. B. Homosexualität unterscheiden von den Angehörigen der 1990–2000-Kolonne.
>
> *2) Lebenszykluseffekte*
> Während Kohorteneffekte die Veränderungen bezeichnen, die sich aus einem Fortschreiten der Kalenderzeit ergeben, werden sog. Lebenszykluseffekte vom Fortschreiten der Prozesszeit verursacht. Manche Veränderungen ergeben sich in Abhängigkeit der verstrichenen Zeit seit dem Beginn eines gewissen Prozesses bzw. seit Eintritt in spezifische Lebensumstände. So verändert sich das Scheidungsrisiko nicht nur über die Geburtskohorten hinweg (steigende Scheidungsraten), sondern es gibt auch Lebens-

---

9   Diese von Ronald Inglehart aufgestellte Postmaterialismus- bzw. Wertewandel-These gehört mittlerweile zum Bereich des gesicherten Wissens und der sog. Inglehart-Index, der die Einstellung von Personen auf vier Typen im Materialismus-Postmaterialismus-Spektrum verortet, ist fester Bestandteil vieler standardisierter Umfragen.

> zykluseffekte, die das Scheidungsrisiko beeinflussen – vom 2. bis zum 5. Jahr nach Eheschließung (= Beginn des Prozesses) erreicht das Scheidungsrisiko sein Maximum (vgl. Diekmann 2017, 320).
>
> *3) Periodeneffekte*
>
> Schließlich können Veränderungen im beobachteten sozialen Verhalten auch auf einschneidende, geschichtliche Ereignisse zurückzuführen sein, die für alle Beteiligten in ähnlicher Weise wirken. Ein Beispiel wäre etwa die Angst vor Terrorismus vor und nach dem 11. September 2001.

Wenn wir in Wirklichkeit nur zu einem einzigen Erhebungszeitpunkt einen Querschnitt angelegt haben, können wir nicht sagen, ob die älteren Generationen materialistischer sind als die neueren (Kohorteneffekt) oder ob alte Menschen generell und unabhängig von ihrer Generation materialistischer eingestellt sind als in ihrer Jugend, ob also der persönliche Alternsprozess eine Verschiebung der Präferenzen hin zu materialistischen Werten zur Folge hat (Lebenszykluseffekt). Um belastbare Aussagen darüber treffen zu können, welche Zeiteffekte die beobachteten Veränderungen bedingen, benötigen wir also Daten aus einem Trend- oder Paneldesign.

2 Auswertungsdesigns: Die sachliche Organisation der Studie

Nachdem wir die Möglichkeiten der zeitlichen Organisation des Erhebungsvorgangs und die daraus resultierenden Folgen für unsere Datenlage diskutiert haben, können wir uns fragen, wie die einzelnen Erhebungen gestaltet werden sollen – es geht uns also, nachdem das „Wer" und „Wie oft" geklärt ist, um das „Wie" der Erhebung und welche Informationen sich daraus ergeben. Wir sprechen dabei noch immer nicht von den einzelnen Techniken, die unsere Beobachtungen in wissenschaftlich verwertbare Daten transformieren, sondern von dem Aufbau der einzelnen Erhebung, der Logik der Datengenerierung an sich – diese wird strukturiert durch das, was wir hier *Auswertungsdesign* nennen wollen.

Die Erhebung bringt die Realität in die Wissenschaft, vermittelt durch beobachtbare Erfahrungsdaten. **Zentral ist dabei die Art und Weise, wie Unterscheidungen gezogen werden**. Erkenntnisse, gleichviel ob aus Empirie oder stiller Kontemplation gespeist, beruhen auf dem Ziehen von Unterschieden. Tatsachen ergeben nur Sinn, wenn wir sie in einen Kontext von bereits Bekanntem einordnen können – wenn wir also einen Vergleichsrahmen haben. Wir sprechen von Männern nur im Unterschied zu Frauen, von Reichen nur im Vergleich zu Armen usw. Auch wenn uns die Verwendung solcher Unterscheidungen derart in Fleisch und Blut übergegangen sind, dass wir sie gar nicht mehr bemerken, sind sie doch unerlässlich für unsere Wahrnehmung und das menschliche Denken überhaupt[10]. Besonders deutlich wird dies, wenn unsere Fähigkeit, Unterscheidungen zu ziehen, versagt. Jede*r wird bereits die Erfahrung gemacht haben, in einem Café oder Restaurant – mehr oder minder unfreiwillig – Ohrenzeug*in einer Unterhaltung in einer Sprache zu werden, die er oder sie nicht beherrscht. Für deutsche Muttersprachler*innen bereiten dabei aufgrund der teilweise gemeinsamen Wurzeln die romanischen Sprachen i.d.R. weniger Probleme als asiatische, afrikanische oder arabische. Bei letzteren Sprachgruppen fällt es normalerweise schwer, überhaupt einzelne Worte zu identifizieren – die Fähigkeit Unterschiede in das ‚analoge Rauschen'

---

10 Philosophische Debatten entbrennen um die Frage, ob die Unterscheidungen, die wir verwenden uns von außen vorgegeben sind oder von den Beobachtern – meist unbewusst – selbst gezogen, d.h. konstruiert werden (Konstruktivismus).

der durch Stimmbänder erzeugten Schallwellen zu legen, die wir als Worteinheiten differenzieren können, ist schwer beeinträchtigt.

Auch empirische Studien müssen dem Problem der Unterscheidung begegnen. Die im Folgenden vorgestellten Designs können stets auch danach befragt werden, wie sie Unterscheidungen zwischen die Untersuchungsobjekte legen, diese trennen, um sie gegeneinander zu vergleichen und daraus Informationen zu gewinnen[11]. Allen Auswertungsdesigns geht es um die Frage, wie und mit welchen Konsequenzen Vergleichsgruppen gebildet werden können (vgl. auch Diekmann 2017, 329).

Bei einem experimentellen Design kann der*die Forschende dank künstlicher Laborbedingungen im Vorhinein eine zufällige Einteilung in Versuchs- und Kontrollgruppe vornehmen. Für das natürliche oder Quasi-Experiment wird diese Einteilung von einer durch die Forschenden nicht direkt beeinflussbaren Instanz getroffen. In Ex-Post-Facto-Designs schließlich ist die Einteilung von Gruppen nur nach bereits erfolgter Datensammlung möglich.

2.1 Experimente

Das Experiment stellt ein vor allem aus den Naturwissenschaften bekanntes Auswertungsdesign dar, bei dem – einfach ausgedrückt – eine eingeführte Veränderung unter Laborbedingungen in ihren Auswirkungen getestet wird. So mischt der Chemiker eine Substanz in ein Reagenzglas und testet die Reaktionen in dem neu entstandenen Gemisch, der Physiker erhöht die Temperatur und misst die steigende Geschwindigkeit von Photonen usw. Dies sind klassische Experimentsituationen in den Naturwissenschaften.

Die Sozialwissenschaften adaptieren den Grundgedanken der experimentellen Methodik. Gemeinsames Merkmal aller Experimentaldesigns ist dabei **die a priori Bildung von Vergleichsgruppen.** In der Regel soll eine von der Forscherin gesetzte unabhängige Variable (*Treatment*) in ihrer Wirkung auf eine Gruppe (*Versuchsgruppe*) getestet werden, während die andere Gruppe dieser Wirkung nicht ausgesetzt ist (*Kontrollgruppe*). Dabei liegt die Crux in der **Zuteilung der untersuchten Personen auf die beiden Gruppen.** Im Idealfall[12] sollte diese **zufällig erfolgen** (*Random Sampling*)[13]. Der Gedanke dahinter ist, dass so alle möglicherweise relevanten Merkmale in beiden Gruppen relativ gleich verteilt sind – es sollten, bei hinreichend vielen Proband*innen – in beiden Gruppen nach dem Zufallssampling relativ gleiche Anteile an Frauen, Altersgruppen, Menschen mit Migrationshintergrund, Unterschichtsangehörigen usw. vorliegen[14].

---

11 „Information ist irgendein Unterschied, der […] einen Unterschied ausmacht [Information is a difference that makes a difference]", sagt Gregory Bateson (1988, 488).
12 In der Praxis sind oft die Befragten-Zahlen zu gering, um allein auf die positiven Effekte des Zufalls zu vertrauen. In diesen Fällen wird häufig nachgeholfen, indem die Zuteilung nach bestimmten Quoren optimiert wird (Matching), etwa nach einem Geschlechterquorum, welches relativ gleiche Geschlechtsanteile in beiden Gruppen realisieren soll. Es werden dann z. B. die Gruppe der Männer und der Frauen separat randomisiert, d. h. separat für jede der Subpopulationen die Zuteilung zu Kontroll- bzw. Versuchsgruppe vorgenommen (vgl. Diekmann 2017, 343).
13 Die methodische Relevanz des Zufallsprinzips soll uns auch unter Kapitel V, v. a. Punkt 1.3 noch einmal beschäftigen, wenn wir über die Eigenschaften von Stichproben reden.
14 Theoretisch sollte also die Zufallsaufteilung dafür sorgen, dass sämtliche störende Drittfaktoren für beide Gruppen konstant gehalten werden und zwar selbst die unbekannten (Diekmann 2017, 339).

Der Theorie nach sollten die beiden Gruppen sich in ihrer Zusammensetzung – durch die zufällige Zuweisung gewährleistet – nicht wesentlich voneinander unterscheiden. **Außer durch das Treatment, das nur eine der Gruppen erfährt!** Dadurch soll v. a. das vierte Kriterium der Kausalität (vgl. Kapitel III, Punkt 4.1), also der **Ausschluss von Alternativerklärungen**, gewährleistet werden. Beide Gruppen werden künstlich auf die gleichen bzw. auf vergleichbare Ausgangspositionen gebracht – eben durch zufällige Zuteilung – und sollten sich nach dem Experiment nur durch die Erfahrung des Treatments unterscheiden. So kann **die Wirkung des Treatments isoliert werden**.

In der klassisch deduktiv orientierten Methodenliteratur wird das Experiment nach wie vor als einziges Design angesehen, um zu einer sauberen Testung der Wirkung einer Variablen (unabhängig) auf eine andere (abhängig) zu kommen.

> Von einer **unabhängigen Variablen** geht eine Wirkung aus, die in Richtung und Stärke getestet werden soll. Die **abhängige Variable** ist von dieser Wirkung betroffen und verändert sich dadurch.

Wir sprechen auch davon, dass alle anderen Wirkungsfaktoren (nach Möglichkeit) *kontrolliert* (= konstant gehalten) werden. Dafür ist es wesentlich, **dass sich die Versuchsbedingungen für beide Gruppen möglichst wenig unterscheiden – bis auf das Treatment**. Die Versuchsleiter*innen sollten beide Gruppen gleich behandeln, sie sollten in gleich ausgestatteten Räumlichkeiten untersucht werden, mit den exakt gleichen Methoden und Instrumenten usw.

> Zusammengefasst lautet die Idee eines Experimental-Designs also: Schaffe gleiche/vergleichbare Untersuchungsgruppen und variiere nur einen Reiz (das Treatment). Jede Veränderung bzw. jeder Unterschied zwischen den Gruppen muss dann von diesem Reiz herrühren.

Praktisch gibt es **verschiedene Arten des Aufbaus eines Experimentaldesigns**, je nachdem, wie viele Gruppen (aber immer mindestens zwei) gebildet werden und wann bzw. wie oft beobachtet, d. h. die Ausprägung auf der abhängigen, zu erklärenden Variablen gemessen wird. Das *klassische Experimentaldesign* sieht eine (randomisierte) Aufteilung in zwei Gruppen vor, die zu einem Zeitpunkt nach dem Treatment gemessen werden.

Schematisch dargestellt sieht das so aus[15]:

$R \mid X \; O_V$

$R \mid \; O_K$

Wobei R für Randomisierung, X für das Treatment und O für Observation bzw. Beobachtung, also Messung der abhängigen Variable für die Versuchs- bzw. die Kontrollgruppe steht.

Das klassische Messdesign verlässt sich gänzlich auf die homogenisierende Wirkung des Random Samplings. **Soll dagegen auch der Anfangszustand der beiden Gruppen kontrolliert werden** (etwa, wenn Zweifel an der Wirksamkeit der Randomisierung gehegt werden, weil z. B. die Fallzahl sehr gering ist), bietet sich das sog. *Vorher-Nachher-Design* an:

$R \mid O_{1V} \; X \; O_{2V}$

---

15 Darstellung und Notation erfolgen in Anlehnung an Diekmann 2017, 340ff.

$R \mid O_{1K} \quad O_{2K}$

Wobei O_K bzw. O_V die jeweiligen Beobachtungen der Kontroll- bzw. Versuchsgruppe bezeichnen. Das Vorher-Nachher-Design sieht also vor, die beiden Gruppen zu je zwei Messzeitpunkten in ihrer Ausprägung auf der interessierenden abhängigen Variable zu beobachten, einmal vor und einmal nach erfolgtem Treatment bzw. nach einem gleich langen, ‚leeren' Intervall für die Kontrollgruppe.

Allerdings haben wir es als Sozialforscher*innen (anders als die meisten Naturwissenschaftler*innen, mit Ausnahme vielleicht im Gebiet der Quantenmechanik) mit Untersuchungsobjekten zu tun, die selbst Beobachtungen anstellen und merken, wenn man sie beobachtet. Es kann also sein, dass im Vorher-Nachher-Design die erste Messung die zweite Messung beeinflusst (Lerneffekte). Um derartige Eigeneffekte unseres Messinstruments zu identifizieren und zu kontrollieren, können beide oben beschriebene Designs zu *Solomons Vier-Gruppen-Design* kombiniert werden:

$R \mid O_{1V1} \quad X \; O_{2V1}$
$R \mid O_{1K1} \quad \; O_{2K1}$
$R \mid \phantom{O_{1V1}} \quad X \; O_{2V2}$
$R \mid \phantom{O_{1V1}} \quad \; O_{2K2}$

Beispielhaft soll das experimentelle Vorgehen anhand des Cooper-Experiments erläutert werden (vgl. zum Folgenden Hunt 1991, 61 f): Der Sozialpsychologe Joel Cooper wollte seine Hypothese testen, nach der alle Personen, die sich einer bestimmten Maßnahme unterziehen, eine Verhaltensänderung zeigen, wenn diese Maßnahme eine gewisse Anstrengung für sie darstellt.

Als zu messende Verhaltensvariable einer Person wählte er deren Selbstbewusstsein. In einer Anzeige warb er um freiwillige Teilnehmer*innen, die für zwei Dollar Entschädigungsaufwand an einem Experiment zur Steigerung des Selbstbewusstseins teilnehmen wollten. Von den sich meldenden Leser*innen wählte Cooper diejenigen 50 aus, die in einem Eingangstest die niedrigsten Werte für Selbstbewusstsein erzielten.

Diese Gruppe wurde in zwei Untergruppen unterteilt, von denen in der einen erzählt wurde, dass die folgenden Tests sehr anstrengend und unter Umständen peinlich sein könnten. Der anderen Gruppe wurde nichts von der Anstrengung und Peinlichkeit erzählt. 40 Personen waren zur weiteren Teilnahme bereit. Diese 40 Personen wurden in vier Untergruppen unterteilt: Zehn davon wussten, dass die anschließenden Tests anstrengend werden und wurden einer intensiven Verhaltenstherapie unterzogen, zehn weitere wussten ebenfalls, dass die Tests anstrengend sein würden und wurden einer schlichten Gymnastik unterzogen, die übrigen zwanzig Teilnehmer*innen wurden in jeweiligen Zehner-Gruppen – ohne vorherige Ankündigung – einer Verhaltenstherapie bzw. der Gymnastik unterzogen.

Die Steigerung des Selbstbewusstseins wurde anhand des individuellen Reklamationsverhaltens getestet. Nach dem Experiment wurden an alle Teilnehmer nicht die versprochenen zwei Dollar, sondern nur ein Dollar ausgezahlt.

- Falls nun jemand den einen Dollar nahm und ging, erhielt sein Selbstbewusstsein eine 0,
- falls er der Meinung war, dass das nicht genug wäre und sich dann aber doch begnügte, eine 1,
- falls er lauthals protestierte eine 2,
- falls er hartnäckig auf den zwei Dollars beharrte eine 3,
- falls er sich beim Leiter melden wollte, um das Missverständnis aufzuklären, eine 4.

Das stärkste Selbstbewusstsein konnte schließlich denjenigen bescheinigt werden, die sich trotz der angekündigten anstrengenden Prozedur für die Teilnahme entschieden hatten und zwar sowohl dann, wenn sie eine Verhaltenstherapie als auch ein schlichtes körperliches Training absolviert hatten. Deutlich weniger selbstbewusst waren die Testpersonen aus den Gruppen, welchen keine Anstrengung angekündigt worden war.

An dieser Stelle sollte vielleicht auch darauf hingewiesen werden, dass Experimente in den sozialwissenschaftlichen Diskursen prinzipiell umstritten sind.

Als gewichtigstes Gegenargument sind **ethische Bedenken** zu nennen, vor allem dann, wenn die Testpersonen selber nicht wissen, dass sie an einem Experiment teilnehmen. Andererseits tendieren eingeweihte Testpersonen dazu, sich anders zu verhalten, wenn sie erklärtermaßen an einem Experiment teilnehmen – es entsteht also ein ethisch-methodisches Dilemma für die Forschenden. Letztlich dürfte auch die Kontrolle aller Umgebungsfaktoren bei einem Experiment problematisch sein, im sozialen Alltag lassen sich kaum „klinisch reine" Laborbedingungen herstellen[16].

Als kritisches Beispiel soll das berühmte Chicagoer Hawthorne-Experiment in einer Chicagoer Relaismontagehalle diese Problematik illustrieren (vgl. Hunt 1991, 57). Dabei wurde den Montagearbeiterinnen schlicht erklärt, dass sie an einem Experiment zur Verbesserung der Arbeitsbedingungen teilnähmen. Die Forscher veränderten danach die Beleuchtung, führten ein Prämiensystem ein und vermehrte Pausen.

Erfreulicherweise (da hypothesengemäß) steigerte jede Verbesserung der Arbeitsbedingungen die Produktivität, aber als das Forscherteam versuchte, seine Schlussfolgerungen zu verifizieren, indem es die Veränderungen rückgängig machte, stieg die Produktivität erneut an, statt wiederum zu sinken (was die Hypothese bestätigt hätte). Durch eine anschließende Analyse kam man zu dem Ergebnis, dass der hauptsächliche, aber unbeabsichtigte Einfluss der war, dass die Frauen eine ungewöhnliche Aufmerksamkeit erfuhren und deshalb mehr arbeiteten. Es spornte die Frauen also an, dass sie im Mittelpunkt des Interesses standen. In diesem Fall war also der **Messvorgang selbst der primäre kausale Faktor für die Veränderungen der abhängigen Variable Produktivität**. Das Ergebnis der Studie wurde als *Hawthorne-Effekt* berühmt und experimentelle Forscher*innen sind seither bemüht, diesen zu vermeiden.

---

16 Einige Beachtung erfuhr in diesem Zusammenhang die Rolle der Versuchsleiter*in. Es scheint plausibel, dass Versuchsleiter*innen die Versuchsgruppe – unbewusst – anders behandeln als die Kontrollgruppe und/oder sich in einer Weise verhalten, subtile Botschaften an die Befragten senden, die deren Verhalten in Richtung ihrer Hypothese beeinflussen. Als Abhilfe werden hier i. d. R. sogenannte Doppel-Blind-Versuche eingesetzt (vgl. Diekmann 2017, 338). In einem Blind-Versuch ist den Untersuchungspersonen nicht bekannt, in welcher der Gruppen sie sind bzw. welche Hypothese getestet werden soll. In einem Doppel-Blind-Versuch gilt dies auch für die Untersuchungsleiterin, die von dem*der Forscher*in beauftragt wurde und nur ein Set an Instruktionen bekommen hat.

2.2 Das natürliche und Quasi-Experiment

Das Laborexperiment erfüllt, zumindest der Theorie nach, alle Bedingungen, die wir für eine Überprüfung einer Kausalhypothese benötigen. Wie gesagt, leistet das Experimentaldesign dies vordringlich durch die Möglichkeit des Random Samplings der Versuchspersonen in (mind.) eine Treatment- und eine Kontrollgruppe, die im Vorhinein, also bevor das Treatment (durch die Forschenden) gesetzt wurde, erfolgt.

Leider sind gerade in der sozialwissenschaftlichen Wirklichkeit die Bedingungen für einen Experimentalaufbau nur selten erfüllt. Die wenigsten sozialwissenschaftlich bzw. sozialarbeiterisch interessanten Forschungsthemen lassen ein a priori Random Sampling zu. Wir können schließlich schlecht zufällig ausgewählte Menschen für ein Jahr auf der Straße leben lassen, nach Zufallsauswahl entscheiden, wer in ein Förderprogramm aufgenommen werden, staatliche Gelder bekommen oder nicht bekommen sollte usw. **In den Fällen, in denen die Zuteilung zu Versuchs- und Kontrollgruppe und das Setzen des Treatments nicht in der Hand der Forschenden liegen, können sog. quasi-experimentelle oder natürliche Experimente zum Einsatz kommen**.

2.2.1 Das natürliche Experiment

Beim natürlichen Experiment geht es um ein Ereignis, wie etwa eine Katastrophe (z. B. Überflutung, Brand, Dürre) oder ein historisches Geschehen (z. B. Kriegsausbruch), welches eminente Veränderungen im sozialen Zusammenleben auslöst. Sozialforscher*innen vergleichen das Verhalten der Personen vor dem Ereignis mit ihrem Verhalten nach dem Ereignis und führen Veränderungen darauf zurück. Die Schlussfolgerungen müssen vorsichtig gezogen werden, da die Forscher*innen keine Kontrolle über alle möglichen neuen Einflüsse besitzen, die zur selben Zeit auftreten und eine Rolle spielen könnten.

In der Regel fehlt auch eine Kontrollgruppe, welche dieselben Ausgangsvoraussetzungen besitzt, aber von dem Ereignis nicht betroffen ist. Nur durch eine solche Kontrollgruppe kann festgestellt werden, ob die Veränderungen auch ohne den Einfluss des kritischen Ereignisses auftreten. Natürliche Experimente liefern also keine eindeutigen Beweise für ein Ursache-Wirkungs-Verhältnis.

Als Beispiel für ein natürliches Experiment soll der Staudammbruch am Buffalo Creek vorgestellt werden (vgl. zum Folgenden Hunt 1991: 59):

Am 26. Februar 1972 um 8 Uhr morgens brach nach mehreren Regentagen am Buffalo Creek in West Virginia, einem Kohlebergbaugebiet, ein großer Staudamm. Ein ganzer See – ungefähr 500 Millionen Liter Wasser – und der Schlamm des Staudamms drängten sich durch das enge, 27 Kilometer lange Tal und rissen Personen, Autos und ganze Siedlungen mit sich: 125 Personen kamen ums Leben und 4.000 wurden obdachlos. Das außerordentlich rege und dichte Gemeinschaftsleben war nach der Katastrophe zerstört.

Die Forschung zu einer Anzahl vergleichbarer Katastrophen hatte gezeigt, dass sich das persönliche und soziale Leben etwa nach einem Jahr wieder normalisiert. Am Buffalo Creek dagegen stellten die Forscher nach weit über einem Jahr immer noch Lethargie, Depression, auch Angst fest, und das Gemeinschaftsleben lag brach.

Die Ergebnisse dieser Forschung dienen dazu, auch künftig realistisch abzuschätzen, wie nachhaltig eine Katastrophe auf Betroffene wirkt und über welchen Zeitraum hinweg sozial unterstützende Maßnahmen notwendig sind.

2.2.2 Das Quasi-Experiment

Das Quasi-Experiment kommt der Idee eines Experiments deutlich näher als das natürliche Experiment. Beim Quasi-Experiment wird das Verhalten einer Gruppe von Personen, die einer spezifischen Bedingung ausgesetzt sind, z. B. der Einführung eines neuen Gesetzes in einem Bundesland, mit dem einer Kontrollgruppe ähnlicher Personen ohne diese Bedingung verglichen, z. B. Deutschen aus einem anderen Bundesland mit ansonsten ähnlichen Lebensbedingungen. Falls die beiden Gruppen ansonsten übereinstimmen, kann jeder Unterschied zwischen ihnen auf diese Bedingung (die unabhängige Variable) zurückgeführt werden. Allerdings wird **die Einteilung in Versuchs- und Kontrollgruppe sowie das Setzen des Treatments nicht von den Forschenden durchgeführt**, sondern z. B. durch staatliche oder gesellschaftliche Institutionen bzw. durch die Untersuchten selbst.

> *Beispiel A:* Eine Gruppe von Sozialabeiter*innen nimmt an einer berufsqualifizierenden Fortbildung oder Personaltrainingsmaßnahme teil und der Erfolg oder Nicht-Erfolg wird dann anhand einer Gruppe von Kolleg*innen nachgewiesen, die an dieser Fortbildung nicht teilgenommen hat.
>
> *Beispiel B:* In einer groß angelegten Schuluntersuchung an deutschen Hauptschulen in so genannten Problemvierteln wurde getestet, ob sich der Einsatz von zusätzlichem Lehrpersonal, wie etwa von Erzieher*innen und Sozialarbeiter*innen, günstig im Unterricht auf das Leistungsverhalten der Schüler*innen auswirkt. Dazu wurden mehrere Klassen mehrerer Jahrgangsstufen ausgewählt. Es zeigte sich bald, dass der Notendurchschnitt der personalintensiver betreuten Klassen messbar anstieg. Das Leistungsniveau in den üblich betreuten Klassen blieb hingegen im Untersuchungszeitraum unverändert.

Wir halten fest: **Das Quasi-Experiment bemüht sich um eine Annäherung an experimentelle Bedingungen, muss sich allerdings mit fremdbestimmter Gruppenzuweisung und fehlender Kontrolle des Treatments abfinden**.

Das Quasi-Experiment ist ein Design, das innerhalb der Sozialen Arbeit häufiger eingesetzt wird und zwar vor allem im Kontext der Evaluationsforschung (vgl. dazu ausführlicher weiter unten Punkt 3.2). In der Methodenliteratur firmiert die Evaluation sozialer Maßnahmen unter quasiexperimentellem Design auch unter dem Etikett „Sozialexperiment" (z. B. bei Hunt 1991, 63). Es handelt sich dabei um eine Form der angewandten Sozialforschung, die vorgeschlagene Sozialprogramme auf ihre Leistungsfähigkeit hin überprüfen soll. Es geht dabei im Kern um Wirksamkeitsforschung.

So gibt es großangelegte (über viele Jahre hinweg finanzierte) Sozialexperimente, in denen die Effizienz sachlicher gegenüber geldlicher Leistungen bei Sozialhilfebezieher*innen getestet wurde. Ein anderes Beispiel liefern die Teilnehmer*innen an so genannten Manpower-Trainings in den USA, welche danach untersucht wurden, ob sie es vergleichsweise leichter schaffen, aus der Erwerbslosigkeit resp. Armut herauszukommen (Kontrollgruppe ist dann eine nach Alter, Einkommensverhältnissen und Geschlecht ähnliche Gruppe, die nicht an diesem Training teilgenommen hat). Ähnliche Beispiele gibt es im Gesundheitsbereich, wo etwa im Rahmen eines Dritte-Welt-Projekts getestet wird, ob in der Provinz lebende

Südafrikaner*innen an einem Gesundheitscheck eher teilnehmen, wenn die Behandlung in Form eines zur Miniklinik umfunktionierten Zuges zu ihnen in die Dörfer kommt (ganz in der Tradition der dort üblichen „Barfuß-Ärzte") oder wenn in den Niederlanden die neuerdings aufgelegten Projekte zur kontrollierten Abgabe von Heroin an süchtige Klient*innen beweisen sollen, dass sie der effektivere Weg aus dem substanzgebundenen Suchtverhalten sind, auch effektiver als die zuvor gestarteten Methadon-Versuchsprojekte.

Gegenüber Experimentaldesigns sind Quasi-Experimente stets mit der Problematik der fehlenden Randomisierung belastet[17]. Vor allem kann nicht ausgeschlossen werden, dass die beiden Gruppen sich nicht neben der Treatment-Erfahrung doch auch durch andere unkontrollierte Faktoren systematisch unterscheiden. Ein besonders prominenter ‚unsichtbarer' Kausalfaktor ist die sog. *Selbstselektion*, also der Umstand, dass Personen, die sich für das Treatment (z. B. das Fortbildungsprogramm) entscheiden, womöglich eine intrinsische Eigenschaft oder Motivation aufweisen, die andere Personen (aus denen die Kontrollgruppe gebildet werden könnte) nicht aufweisen. Vielleicht setzen sich also nur diejenigen Menschen dem Treatment aus, die ohnehin bildungsbereit sind und es ist nicht das Treatment selbst, sondern eben diese Bereitschaft, die die Veränderung eigentlich verursacht[18].

2.3 Ex-Post-Facto-Design

In den stark auf Umfrage-(Survey-)Forschung beruhenden empirischen Sozialwissenschaften sind experimentelle und quasi-experimentelle Designs eher selten. Stattdessen arbeiten die meisten Studien in diesem Bereich – schon aus sachinhärenter Zweckmäßigkeit – mit sog. Ex-Post-Facto-Designs. Wir hatten gesagt, dass alle Auswertungsdesigns danach unterschieden werden können, wie sie Unterschiede in die Datenmenge einzeichnen, um daraus Informationen zu generieren. Dabei wird die Zuteilung zu Vergleichsgruppen im Experiment dem Zufall, in natürlichen oder Quasi-Experimenten einem äußeren Umstand überlassen – doch bei beiden Designs erfolgt die Zuteilung gewissermaßen im Vorhinein. Zuerst erfolgt die Zuteilung auf Versuchs- und Kontrollgruppe(n), dann erst werden Daten erhoben.

Das Ex-Post-Facto-Design geht umgekehrt vor! **Hier erheben wir zuerst eine Menge von Daten**, z. B. durch Stichprobenziehung und anschließende Befragung, **um diese dann nachträglich** (ex post facto) **nach verschiedenen Merkmalen zu unterteilen**. Natürlich ist bereits das Erhebungsinstrument unserer Forschungsfrage entsprechend ausgearbeitet worden, aber wir teilen die Untersuchungspersonen nicht bereits im Vorhinein auf die verschiedenen Ausprägungen unserer unabhängigen Variable auf.

Das ist vielfach auch gar nicht anders möglich. Wollen wir etwa die differenzielle Bezahlung von Frauen und Männern untersuchen (Gender Pay Gap, vgl. Kapitel V, Punkt 3.3.4.2.1), können wir wohl kaum zufällig ausgewählte Personen zu Männern oder Frauen machen. Die fraglichen Personen sind (meistens) von Geburt an einem Geschlecht zugeordnet, mit allen Konsequenzen, die das für Lebensumstände und Sozialisierungserfahrungen bedeutet

---

[17] Bis auf diesen Umstand können aber auch Quasi-Experimente in allen drei oben besprochenen Messschemata durchgeführt werden. Allerdings ist es natürlich nur dann möglich, eine Vorher-Messung durchzuführen, wenn der Zeitpunkt des Eintretens des ‚Treatments' bekannt ist (anders als etwa bei natürlichen Experimenten).
[18] Gerade deshalb kann es von Vorteil sein, die Kontrollgruppe aus Personen zu bilden, die sich auf der Warteliste für das Programm befinden.

– das Treatment bzw. die unabhängige Variable (Geschlechtszugehörigkeit) lässt sich mit anderen Worten nicht isolieren, wir können sie als Forschende nicht im Vorhinein manipulieren. Stattdessen werden erst einmal von allen Personen, sozusagen unterschiedslos(!), die Daten erhoben – in der quantitativen Forschung meist über standardisierte Fragebögen, in der qualitativen Forschung z. B. durch narrative oder Gruppeninterviews –, und diese dann nachträglich nach verschiedenen Merkmalen (z. B. Geschlecht) unterteilt.

Ein grundlegendes Problem bei Ex-Post-Facto-Designs besteht in der fehlenden A-priori-Kontrolle von Drittfaktoren. Nach der Datenerhebung wird uns sofort auffallen, dass, wenn wir die Einkommensdurchschnittswerte vergleichen, Frauen sehr viel weniger verdienen als Männer. Kann daraus schon die kausale(!) Hypothese bestätigt werden, dass Frauen weniger verdienen als Männer (einzig aufgrund ihres Geschlechts)? Sicher nicht, denn es zeigt sich, dass Frauen z. B. weitaus häufiger in schlechter bezahlten Branchen oder in Teilzeit beschäftigt sind, was einen Teil der Gehaltsunterschiede erklärt (wenn auch nicht politisch oder moralisch legitimiert). Das Problem, dem wir hier begegnen, ist das der *Drittvariablen*. Gemeint sind damit weitere unabhängige Merkmale (hier: Branchenzughörigkeit und Erwerbsumfang), die zusätzlich zu unserer zentralen unabhängigen Variable (Geschlecht) das abhängige Merkmal (Einkommen) beeinflussen.[19]

Im experimentellen Design wurde diese Problematik durch die anfängliche Randomisierung bei der Gruppenzuteilung umgangen – wie oben gesagt, sollen dadurch alle (auch die unbekannten!) Drittmerkmale über die Vergleichsgruppen hinweg konstant gehalten, wir sagen auch: kontrolliert werden. Da bei einem Experiment, durch das Random Sampling garantiert, in jeder Gruppe etwa gleich große Anteile an Frauen gegenüber Männern, Teilzeit- gegenüber Vollzeitbeschäftigten usw. vertreten sein sollten, können die beobachteten Unterschiede zwischen den Gruppen wohl nicht auf diese Merkmale zurückgeführt werden (sondern nur auf das Treatment). Bei einem Ex-Post-Facto-Design müssen wir uns wohl oder übel mit der **nachträglichen Kontrolle von Drittvariablen** begnügen (dazu dienen in der Statistik v. a. multivariate Regressionsanalysen).

Ein Vorteil von Daten, die in einem Ex-Post-Facto-Design erhoben wurden, ist freilich ihre ungleich größere Flexibilität bei der Beantwortung verschiedenster an sie gerichteter Fragestellungen. Wir sind weiter oben bereits auf die ALLBUS-Erhebungen zu sprechen gekommen. Auch der ALLBUS ist eine nach dem Ex-Post-Facto-Design angelegte Erhebung – die Daten wurden für über 3.000 zufällig ausgewählte Personen aus der deutschen Wohnbevölkerung erhoben, ohne diese zuvor irgendwelchen Gruppen zuzuordnen. Eine solche Einteilung erfolgt dann erst bei der eigentlichen Auswertung – im Falle standardisierter Datensätze wie der aus dem ALLBUS – zumeist mithilfe statistischer Verfahren. Im Nachhinein können wir die Daten in unterschiedlichster Weise ‚zerschneiden', z. B. nach dem Schema Männer/Frauen, Arbeitslose/Erwerbstätige, Ostdeutsche/Westdeutsche, Menschen mit mehr als oder gleich 1.500 Euro Nettoeinkommen/Menschen mit weniger als 1. 500 Euro Nettoeinkommen usw. – die einzige Bedingung ist, dass eine entsprechende Variable im Datensatz vorhanden ist und erhoben wurde.

---

19 Wir sind diesem Problem bereits oben (Kapitel III, Punkt 4.1) unter den Stichworten Konfundierung und Mediation begegnet. Eine Konfundierung liegt vor, wenn eine antezedierende Variable beide beobachteten Merkmale beeinflusst und dadurch deren augenscheinlichen Zusammenhang hervorruft, eine Mediation, wenn eine intervenierende Variable den direkten Zusammenhang der beobachteten Merkmale vermittelt.

Wir können also zusammenfassen: Das Ex-Post-Facto-Design ist das in der empirischen Sozialforschung am häufigsten anzutreffende Auswertungsdesign. Anders als im experimentellen oder quasi-experimentellen Design erfolgt die Unterteilung der Daten in vergleichbare Gruppen (entlang der Ausprägungen der zentralen unabhängigen Variable) nicht im Vorhinein, sondern erst im Nachhinein. **Alle Daten werden zunächst unterschiedslos für alle in der Stichprobe befindlichen Untersuchungsobjekte erhoben**[20] – **erst die spätere Verwendung entscheidet über die daraus zu generierenden Informationen.**

3 Forschungsmodelle

Nachdem wir uns mit den grundlegenden Erhebungs- und Auswertungsdesigns und den verschiedenen Möglichkeiten der zeitlich-sachlichen Organisation einer empirischen Untersuchung vertraut gemacht haben, sollen einige Studienformate vorgestellt werden, die gerade für die sozialarbeiterischen Themen besondere Relevanz haben. Wir besprechen deshalb im Folgenden anhand ausgewählter Beispiele verschiedene Forschungsmodelle, die jeweils spezifische Perspektiven und Herangehensweisen an die komplexe Welt sozialen Verhaltens anbieten. Im Einzelnen wenden wir uns Dunkelfeldstudien, Evaluationsforschungsansätzen, Methoden der Geschlechterforschung und der ethnomethodologisch orientierten Feldforschung zu.

3.1 Dunkelfeldstudien

Dunkelfeldstudien werden immer dann eingesetzt, **wenn über das tatsächliche Ausmaß eines spezifischen Sozialverhaltens Unklarheit herrscht**, weil dieses Sozialverhalten unerwünscht, stigmatisiert oder sogar kriminell ist und angenommen werden muss, dass nur ein Teil davon tatsächlich bekannt ist. Eine besonders lebhafte Diskussion wurde dabei in Deutschland (aber auch in den europäischen Nachbarstaaten) in den letzten Jahren um das Thema „sexueller Missbrauch"[21] von Kindern und sexuelle Gewalt gegen Mädchen und Frauen ausgetragen. Man geht davon aus, dass diese Form der Gewalt in der Offizialstatistik (dies ist das so genannte *Hellfeld*), wie z. B. der Kriminalstatistik, völlig unzureichend erfasst wird, das heißt **das tatsächliche Ausmaß der von Frauen und Mädchen bzw. Jungen erfahrenen Gewalt wesentlich höher liegt**, als diese Delikte zur Anzeige oder Verurteilung kommen. Die meisten Dunkelfeldstudien arbeiten mit der Methode der sogenannten „Ex-Post-Befragung", also einer im Nachhinein-Befragung potenzieller Opfer oder seltener auch von Tätern. Bei solch einer Befragung werden dann z. B. erwachsene Frauen aller Altersgruppen und aus unterschiedlichen sozialen Schichten zu ihren zurückliegenden sexuellen Missbrauchserfahrungen befragt (Prävalenzstudien).

> **Dunkelfeldstudien zielen auf die Eruierung einer so genannten Dunkelfeldziffer.**

Eine Dunkelfeldziffer wird wie folgt berechnet: Geben Befragte aus einer Stichprobe an, sexuelle Gewalt im „sozialen Nahraum" erfahren zu haben, werden sie zusätzlich um die Information gebeten, ob dieses Delikt zur Anzeige gebracht wurde oder nicht. **Die in dieser**

---

[20] Allerdings können sog. Filter (vgl. Kapitel V, Punkt 2.2.3) das Erhebungsinstrument, z. B. den Fragebogen, strukturieren, sodass nicht zwingend alle Fragen allen Personen gestellt werden. Dies steht jedoch nicht im Widerspruch mit der grundsätzlichen Logik des Designs.

[21] Obwohl sich in der einschlägigen Fachliteratur der Begriff „sexueller Missbrauch" durchgesetzt hat, erscheint uns die Begriffswahl nicht adäquat. Es geht hier ja nicht um den falschen „Gebrauch" einer Sache. Deutlicher wird das, worum es tatsächlich geht, wenn von sexueller Gewalt gegen Kinder gesprochen wird.

Befragung eruierten Angaben von aufgedeckten zu nicht-aufgedeckten Fällen werden mit den offiziell bekannten Fällen (derselben Deliktart) multipliziert. Das bedeutet, wenn eine Dunkelfeldbefragung ergeben hat, dass dieses Verhältnis von nicht-angezeigten zu angezeigten Fällen in der fraglichen Untersuchung bei 1:20 liegt (weil z.B. 28 Befragte angegeben haben, diese Form der Gewalt erlebt und auch angezeigt zu haben, dagegen 560 Personen sagten, Gewalt erfahren, aber nicht angezeigt zu haben), so ergibt das multipliziert mit den offiziellen Missbrauchsfällen von hier beispielhaft angenommenen 3.000 pro Jahr ein tatsächliches Niveau von 20 * 3.000 = 60.000 Missbrauchsfällen pro Jahr. **Die Dunkelfeldziffer basiert also auf einer Verhältnishochrechnung** von tatsächlich ereignetem Missbrauch zu offiziell registriertem Missbrauch, wobei die Ziffern je nach Deliktart stark variieren. So geht man etwa beim Bundeskriminalamt davon aus, dass die Fälle von Inzest ein wesentlich höheres Dunkelfeld aufweisen als Fälle von Exhibitionismus.

Häufig hat auch schon der in den Massenmedien ausgetragene Streit um verschiedene Dunkelfeldziffern aus unterschiedlichen Studien zur Diffamierung von Dunkelfelduntersuchungen geführt. **Tatsächlich hängt die Zuverlässigkeit der in einer Dunkelfeldstudie zutage geförderten Dunkelfeldziffer u. a. ab von**

- der **Definition des in der Studie untersuchten Deliktes** (hier: enge oder weite Fassung des Begriffs sexuelle Gewalt; beginnt die Gewalt bereits bei den so genannten Non-Kontakthandlungen oder erst bei einer erfolgten Penetration),
- der **Art der Stichprobe** (handelt es sich um eine klinische Stichprobe, z.B. die Klientel einer Beratungsstelle oder um Student*innen, oder um eine Stichprobe aus der Allgemeinbevölkerung),
- der **Art des eingesetzten Instruments** (so zeigt sich eine unterschiedliche Auskunftsbereitschaft von Befragten je nachdem, ob sie schriftlich oder mündlich befragt werden, ob sie sich frei artikulieren können oder nur aus vorgegebenen Antwortkategorien auswählen können),
- der **Definition von Täterschaft** (in einigen Studien werden als Täter prinzipiell nur solche angesehen, die einen erheblichen Altersunterschied zum Opfer aufweisen, sexuelle Handlungen zwischen beinahe Gleichaltrigen werden als konsensuell vorausgesetzt).

In der Forschung und Beratungspraxis, aber auch in der Politik, haben sich allerdings Dunkelfeldstudien als unverzichtbare Argumentationsgrundlage erwiesen.

1996 wurden vom Bundeskriminalamt statistisch ca. 23.000 Fälle sexuellen Missbrauchs an Kindern registriert. Dabei wird das Offizialdelikt entlang der gesetzlichen Bestimmungen nach Exhibitionismus, Pädophilie (pädosexuelle Fixierung auf Kinder), Pornografie, sexuelle Ausbeutung durch Fremde und Täter aus dem „sozialen Nahraum" sowie Prostitution aufgeschlüsselt (Baurmann 1997). Das tatsächliche Geschehen in den einzelnen Deliktbereichen wird durch die spezifische Dunkelfeldziffer errechnet, welche je nach dem Vertrautheitsgrad des Täters schwankt (je vertrauter der Täter, desto wahrscheinlicher die Vertuschung des Delikts). Die Dunkelfeldschätzungen des BKA gehen von einem tatsächlichen Tatniveau von 145.000 Fällen jährlich aus (vgl. Abbildung 5, Baurmann 1997, 41).

Entgegen der landläufigen Meinung ist sexuelle Gewalt gegen Kinder und Jugendliche kein wissenschaftlich gut erfasstes Phänomen. Lediglich in den USA existieren einige großangelegte Studien, vor allem zur sexuellen Gewalt gegen Mädchen (weniger gegen Jungen). Für den deutschen Raum lag über sehr lange Zeit keine einzige repräsentative Dunkelfeldstudie vor, die einzige Retrospektiv-Untersuchung von Belang wurde an Student*innen der Dortmunder Universität im Jahr 1992 (n = 861 Studentinnen) von Bange (1992) durchgeführt. Jenseits davon existieren klinische Stichprobenauswertungen (medizinisch dokumentierte Fälle und Fälle aus Beratungsstellen) und die Offizialstatistik der Polizei (über angezeigte und verurteilte sexuelle Gewalttäter*innen[22]).

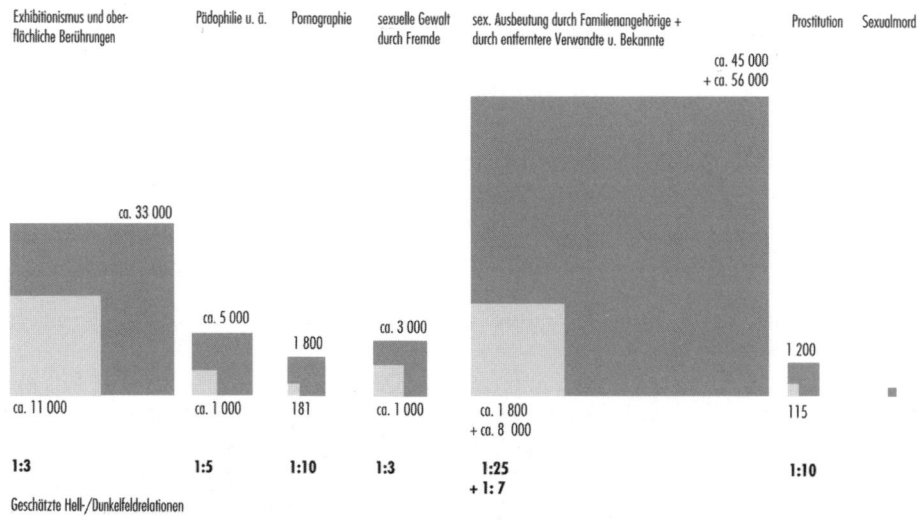

Abbildung 5: Straftaten gegen Selbstbestimmung mit kindlichen Opfern: Berechnete Hellfelder für die verschiedenen Fallgruppen und die jeweiligen geschätzten Dunkelfelder

Einen neuen Typus von Dunkelfeldstudien stellen sogenannte Täteruntersuchungen dar. In den USA wurden z.B. 3.000 männliche Studenten anonym zu ihren begangenen sexuellen Gewalttaten befragt: Sie gestanden insgesamt 1.700 derartiger Delikte, und zwar 187 vollendete Vergewaltigungen, 327 versuchte Vergewaltigungen und sonstige aufgezwungene Sexualkontakte. 26 Prozent der Befragten gaben zu, mindestens einmal versucht zu haben, eine Frau zum Geschlechtsverkehr zu zwingen. Die ersten sexuellen Übergriffe wurden im Alter von 14 Jahren berichtet. Weitere Studien in Neuseeland bestätigten diesen Trend (vgl. Brockhaus/Kolshorn 1993, 36 ff).

Deegener (1995) hat elf qualitative Intensivinterviews mit rechtskräftig verurteilten Tätern geführt. Dabei zeigen sich immer wieder so genannte Strategien der Verantwortungsabwehr (vgl. Deegener 1995: 9 ff). Es drängt sich ein umfassender Eindruck von Schuldverschiebung, Verleugnung, Verneinung, Verharmlosung und auch Wahrnehmungsverzerrung sowie Rechtfertigung auf. In der Täterarbeit sind diese Abwehrmechanismen bereits hinlänglich bekannt. Sie dürften auch die Täteraussagen in Dunkelfelduntersuchungen verzerren, wohingegen in den bisher unternommenen Untersuchungen auf die offensichtliche Freimütigkeit in den Täterberichten aufgrund der zugesicherten Anonymität verwiesen worden ist. Im Bereich „Gewalt gegen Frauen im sozialen Nahraum" gibt es seit dem Jahr 2005 eine erste

---

22 Die Forschungslage suggeriert bis heute, dass in der überwiegenden Mehrheit von männlichen Tätern ausgegangen werden muss, auch bei männlichen Opfern. Allerdings steht hier die Empirie noch am Anfang und erst allmählich wendet sich das Forschungsinteresse auch Täterinnen zu.

aussagekräftige Dunkelfeldstudie, die im Auftrag des Bundesministeriums für Familie, Senioren, Frauen und Jugend (BMFSFJ) durchgeführt worden ist und auf einer repräsentativen Stichprobe aus der Allgemeinbevölkerung beruht. Dazu wurden ca. 10.000 Frauen aus der deutschen Allgemeinbevölkerung plus ausgewählte Gruppen von Migrantinnen, Flüchtlingen, inhaftierten Frauen und Prostituierten befragt. Demnach ist davon auszugehen, dass 37 Prozent der Frauen körperliche Gewalt vom männlichen Partner oder Ex-Partner erfahren haben, 13 Prozent haben sexuelle Gewalt, 25 Prozent beide Gewaltarten erlitten. Die Gewaltraten in den speziell ausgewählten Gruppen liegen sogar noch höher. Nur 9 Prozent der Frauen geben an, überhaupt keine Form von Gewalt erlebt zu haben. Die erhobenen Prävalenzraten liegen damit im innereuropäischen Vergleich im mittleren bis oberen Bereich (vgl. BMFSFJ 2005, 13).

3.2 Aktionsforschung, Evaluations- und Begleitforschung

Im Verlauf der 1960er-Jahre wird in den USA die *Evaluationsforschung* extensiv entwickelt, vor allem im sozialpädagogischen Bereich, um die Effizienz der in der Kennedy-Ära zahlreich und neu aufgelegten Reformprogramme zu testen und zu legitimieren. Ein für die Evaluationsforschung wichtige Impulse liefernder Vertreter der vorausgehenden sogenannten Aktionsforschung war *Kurt Lewin* gewesen, der diese Art von Forschung als „Feldexperiment" begriff und seiner Forschungsrichtung den Namen „Action Research" (Kurt Lewin 1948, auf Deutsch erschienen 1968) gab. Die entscheidende Idee Lewins ist seine Forderung, dass die Forschung soziales Handeln nicht nur beschreiben, sondern das Handeln auch befördern soll: Forschung analysiert und interpretiert nicht nur, sie interveniert auch. Bereits in den 1930er-Jahren erregt er mit seinen Führungsstiluntersuchungen große Aufmerksamkeit, mittels derer er einen Zusammenhang zwischen dem Interaktionsstil von Pädagog*innen in einem Zeltlager und den Verhaltensweisen der involvierten Heranwachsenden nachweist. Demnach kann das Handeln der Sozialpädagog*innen und Erzieher*innen kooperatives Verhalten der Jugendlichen untereinander evozieren, aber auch aggressives und ausgrenzendes (vgl. Müller 1998, 158). Lewin selbst ist einer experimentellen Idee von Forschung verhaftet, Forschung soll nicht nur weitere Theorie produzieren, sondern die Beforschten sollen sich mit dem Forschungsteam gemeinsam auf „den Weg der Erkenntnis machen" (vgl. Burghardt 1998, 92). Sein Forschungsansatz will zu gesellschaftskritischer Kompetenz führen, zu politischer Mündigkeit und letztlich zur Emanzipation des Individuums. Lewin postuliert also die bewusste Einflussnahme auf die Forschungssubjekte und verstößt damit wissenschaftstheoretisch betrachtet gegen das Kriterium der wissenschaftlichen Unabhängigkeit und mit seinem „dialogischen Wahrheitsbegriff" gegen den Primat der intersubjektiven Überprüfbarkeit in der empirischen Forschung (vgl. Burghardt 1998, 105). Implizit bleibt die Aktionsforschung dem Ideal der bürgerlichen Demokratie verpflichtet, lehnt es aber ab, ihr Vorgehen vor dem Hintergrund einer einheitlichen kritischen Gesellschaftstheorie zu reflektieren[23]. Das Programm der Aktionsforschung hat die Diskussion um das Verhältnis von Theorie und Praxis nachhaltig beeinflusst, der Anwendungsbezug bzw. der Verwertungszusammenhang von empirischer Forschung steht dabei im Vordergrund und wird radikalisiert.

---

23 Einige Aktionsforscher*innen haben sich allerdings von Anfang an explizit der marxistisch-leninistischen Ideologie verschrieben, was ihre Forschung schnell in den Geruch des Umstürzlerischen und Revolutionären brachte, andere dagegen stellen sich in die Tradition des Symbolischen Interaktionismus (vgl. Heinze 2001, 79 ff), wobei die Verfahren der Hermeneutik angewendet und verfeinert werden.

Die Aktionsforschung erlebt nicht zufällig in Deutschland ihren Höhepunkt während der vehementen Politisierungsprozesse in den 1970er-Jahren und sollte Wegbereiterin für die später sich etablierende und heute zunehmend an Bedeutung gewinnende Evaluationsforschung werden.[24]

> **Aktionsforschung bzw. Evaluationsforschung** ist zielstrebig eingesetzte, anwendungsorientierte Forschung, welche als Ergebnis zu einem konkreten Lösungsvorschlag bzw. einem ganzen Maßnahmenkatalog bezüglich der untersuchten sozialen Probleme führen soll.

Evaluationsforschung in der aktuellen Form ist entweder *„formativ"* bzw. entwicklungs- oder prozessorientiert, das heißt, ein Forschungstypus, der noch während der Entwicklung eines sozialpädagogischen Programms eingesetzt wird, sodass laufend Veränderungen vorgenommen werden können oder *„summativ"*, sodass erst nach Abschluss des Projekts oder der Maßnahme festgestellt werden kann, was dieses gebracht hat (vgl. Müller 1998, 160).

Seit der Mitte der 1990er-Jahre sind Evaluationsstudien im Bereich der Sozialen Arbeit im Zuge der einsetzenden Debatte um Qualitätsstandards, Qualitätssicherung und Qualitätsmanagement nicht mehr wegzudenkende anerkannte Verfahren. *Maja Heiner* unterscheidet nach *externer Evaluation* (externe Fachleute begutachten die Arbeit der Sozialarbeiter*innen), *interner Evaluation* (Mitglieder der Organisation führen Evaluation ihrer Arbeit selber durch), die *Selbstevaluation* (das eigene berufliche Handeln und seine Konsequenzen erforschen) und *Fremdevaluation* (Personen aus derselben Organisation auf der gleichen oder einer anderen Hierarchieebene erforschen berufliches Handeln) (vgl. Heiner 1996, 34). Der Gegenstand der Evaluation kann also das individuelle berufliche Handeln sein, aber auch das kollektive berufliche Handeln, die Kooperation im Team oder zwischen den Teams verschiedener Abteilungen und die kollegiale Zusammenarbeit. Inzwischen werden Evaluationen breitbandmäßig in praktisch allen Arbeitsfeldern der Sozialen Arbeit eingesetzt, schwerpunktmäßig im Bereich der kommunalen personenbezogenen Dienstleistungen, z.B. im Rahmen der psychosozialen Versorgung in der Jugendsozialarbeit (z. B. Gewaltprävention bei Kindern und Jugendlichen, der Prävention bei Essstörungen oder riskantem Sexualverhalten etc.), im Bereich der Sozialpädagogischen Familienhilfen, im Rahmen der Schulsozialarbeit oder auch bei Organisations- und Verwaltungsmodernisierungen. Aktuell wird eine gestiegene Nachfrage nach Evaluationsforschung konstatiert und zwar als

> *„... ein zunehmender Bedarf an wissenschaftlich abgesichertem Nachweis zu Wirksamkeit, Effizienz, Qualität und Akzeptanz von Maßnahmen und Programmen unter den Rahmenbedingungen einer verschärften Kosten- Nutzendiskussion"*
> (v. Kardorff 2010, 238–239).

Merchel weist darauf hin, dass Evaluation im Kontext der Sozialen Arbeit nicht nur Evaluationsforschung meint, sondern Evaluation längst in den Alltag der Sozialen Arbeit eingedrungen sei, sodass Evaluationen nicht mehr nur von ausgebildeten Spezialist*innen vorgenommen werden, sondern auch Sozialarbeiter*innen in der Praxis vor der Herausforderung stehen, die eigene Praxis selbst zu untersuchen oder vonKolleg*innen untersuchen zu lassen (vgl. Merchel 2010, 10).

---

24 Wellenreuther weist darauf hin, dass die Begriffe Aktionsforschung, Handlungsforschung, Evaluations- bzw. Wirkungsforschung und Entwicklungsforschung in der einschlägigen Literatur synonym verwendet werden (vgl. Wellenreuther 2000, 221). Ziel ist immer die Optimierung eines sozialen Programms.

> **„Evaluieren** heißt ganz allgemein auswerten, bewerten und damit zugleich auch empfehlen, beraten und bei der Entscheidungsfindung unterstützen. Dies geschieht auf der Grundlage von Informationen, die mit den Methoden der empirischen Sozialforschung gesammelt und interpretiert werden. Als anwendungsorientierte Forschung will die Evaluationsforschung zuverlässige Daten und Informationen liefern, um die Beurteilung von Programmen und Projekten im Bildungs-, Gesundheits- und Sozialwesen zu ermöglichen" (Heiner 1996, 20).

Evaluationen sind entsprechend dem bereits bei v. Kardorff (2010) angesprochenen Wirkungs- und Legitimitätsdiskurs um die Soziale Arbeit vor allem im Sinn von Wirkungsforschung zu verstehen, woher sich die klassische Orientierung am experimentellen Design erklärt, das die zu evaluierende Maßnahme bzw. Programm als unabhängiges „Treatment" behandelt, das die spezifischen Wirkungen, oft gemessen am Verhalten oder Befinden der teilnehmenden Personen, kausal erklären soll. Evaluations- bzw. Wirkungsforschung **kann sowohl quantitativ als auch qualitativ ausgerichtet** sein. Dieser Aspekt bezieht sich sowohl auf die Erhebungs- als auch die Auswertungsmethoden (s. Kapitel V und VI).

Evaluationen erfüllen nach Stockmann (2010) **vier Funktionen** bzw. haben folgenden Nutzen:
1. Es wird versucht, **Erkenntnisse über Strukturen, Prozesse und Veränderungen** sowie über deren Zusammenhänge zu gewinnen.
2. **Lernprozesse sollen initiiert** werden, die für die Weiterentwicklung des Untersuchungsgegenstands (z. B. eine bestimmte Maßnahme, ein bestimmtes Projekt) genutzt werden können.
3. Es wird **Kontrolle** ausgeübt, um festzustellen, **ob die in der Planung festgelegten Ziele erreicht wurden** und alle Beteiligten den ihnen zufallenden Beitrag geleistet haben.
4. Die geleistete **Arbeit soll legitimiert** werden, indem der Nachweis erbracht wird, dass die aufgewendeten Finanzmittel effektiv, effizient und wirkungsvoll eingesetzt wurden (vgl. Stockmann 2010, 161).

Bei der Evaluation von sozialen Maßnahmen entspricht das Design sehr häufig dem des Quasi-Experiments, das zwar im Kern ein Experiment darstellt, aber auf die zufällige Verteilung der Versuchspersonen auf die Untersuchungs- und Kontrollgruppe verzichtet (keine Randomisierung).

Deshalb gibt es auch keine Garantie, dass mögliche Drittvariableneffekte aufgrund der Zusammensetzung der Stichproben neutralisiert wurden (d.h. erhebliche Verzerrungen der Ergebnisse können durch Selbstselektion auftreten, s. o.). Ein weiteres Problem von Evaluationen, die klassisch experimentell angelegt sind ist, dass die Untersuchungssubjekte in der Regel eine **hohe Reaktanz auf die Evaluation** zeigen, sodass der Prozess der Evaluation oft ein größeres Gewicht hat als ihre Ergebnisse (vgl. v. Kardorff 2010, 240). In der Konsequenz meint dies, dass jede durchgeführte Maßnahme einen Effekt auf die Versuchspersonen hat und zwar abhängig vom Zeitpunkt der Messung. Diekmann (2017, 360 f) spricht in diesem Kontext vor allem sogenannte Regressionseffekte an.

> **Regression** lässt sich in vielen verschiedenen Bereichen und nicht nur in Bezug auf soziale Ereignisse beobachten, z. B. in der Biologie und auch in der Physik und meint eine statistische Tendenz zur Mitte. Wird beispielsweise in einem Jahr mit hoher Gewaltkriminalität eine Erhöhung der Strafmaße beschlossen und kommt es daraufhin zu einem Absinken der Gewalt im folgenden Jahr, wird dies politisch oft als Triumph der Abschreckung gefeiert, tatsächlich aber war das Ausgangsjahr ein statistischer Ausreißer-Wert und die Kriminalitätsrate wäre ohnehin wieder gesunken – auch ohne neue gesetzliche Maßnahme (vgl. Diekmann 2017, 360).

Müller (1998) unterscheidet drei weitere Effekte bei Maßnahmenevaluationen: den sogenannten *„Sleeper-Effekt"*, wenn eine Messung zu früh vorgenommen wird, als dass die Maßnahme schon wirken könnte, den *„Wash-out-Effekt"*, wenn zu spät gemessen wird und sich die Versuchspersonen kaum noch an die Maßnahme erinnern und den *„Bandwaggon-Effekt"*, eine vermeintliche Wirkung, die einem allgemeinen, in diesem Fall suggestiven (Mode-)Trend entspricht (vgl. Müller 1998, 167–168).

Neben all diesen möglicherweise auftretenden Effekten ist noch auf ein weiteres, grundsätzliches Problem bei der Maßnahmenevaluation hinzuweisen: die Evaluation findet in aller Regel im Spannungsfeld divergierender Interessen statt (zwischen Auftraggeber, Untersuchungsteam, Professionellen an der Basis, Management und weiteren Anspruchs- und Bedarfsgruppen). Es kann nicht ausgeschlossen werden, dass „Placebo- Effekte" oder auch „Hawthorne-Effekte" auftreten, wodurch sich die Untersuchten hypothesengemäß verhalten oder auch das Untersuchungsteam nicht hypothesengemäße und daher unerfreuliche Ergebnisse herunterspielt oder sogar übersieht, sodass am Ende kein valides Ergebnis stehen kann. Relativ ernüchternd fällt entsprechend schon die Sekundäranalyse sozialpädagogischer Evaluationsstudien aus den späten 1990er-Jahren aus, in denen nur einem Drittel der untersuchten sozialpädagogischen Interventionen eine „signifikante" Wirkung attestiert werden kann, bei einem weiteren Drittel sind die Ergebnisse widersprüchlich (im Hinblick auf die Wirkung) und bei einem Drittel schlicht nicht nachzuweisen (vgl. Müller 1998, 163). Auch bei einer methodisch anspruchsvoll durchgeführten Testung von Handlungsprogrammen lassen sich zwar Aussagen treffen, unter welchen kontrollierten Bedingungen ein bestimmtes Programm bei einer spezifischen Klientel zu einer Zielerreichung geführt hat, aber der Erklärungsgehalt dieser Ergebnisse lässt trotzdem zu wünschen übrig. Weder Forscher*innen noch Professionelle können ableiten, aufgrund welcher Handlungsanweisungen genau die Ziele erreicht wurden und welchen Einfluss Kontextbedingungen hatten (vgl. Albus et al. 2011, 246). All diese Effekte und Probleme sprechen letztlich gegen das Design der randomisierten oder auch nicht-randomisierten Kontrollexperimente. Wirkungsforschung innerhalb der Sozialen Arbeit erfordert komplexere Forschungsdesigns und eine integrierte Verwendung sowohl qualitativer als auch quantitativer Methoden. Erst die methodische Offenheit ermöglicht den Zugang zu Wahrnehmungen und Interpretationen auf allen Beteiligten-Ebenen. Zusätzlich sollte über den vermehrten Einsatz von Längsschnittstudien nachgedacht werden, welche die Ergebnisse einer Wirkungsanalyse (über die Wahl mehrerer aufeinander folgender Messzeitpunkte) realistischer erscheinen lassen.

Trotzdem ist Wirkungsforschung als Forschung zur **Reflexion Sozialer Arbeit** und vor allem als Beleg für die Wirkweisen sozialpädagogischer Praxen nicht mehr wegzudenken, auf sie zu verzichten würde eigene Gefahren bedeuten (vgl. Albus et al. 2011, 250), Gefahr für die sich entwickelnde Sozialarbeitswissenschaft, für die weitere Professionsentwicklung und den Legitimitätsdiskurs in der Gesellschaft. Doch ein weiterer und anhaltender kritischer Methodendiskurs dazu tut Not. Deutlich werden sollte an dieser Stelle, **dass mittels Evaluationsforschung eruierte Daten praktisch immer ein Politikum darstellen** in dem Sinn, dass sie zu höchst prekären sozialen wie politischen Entscheidungen genutzt werden können. Nicht zuletzt sollte also die **ethische Basis** überdacht werden, sowohl auf Seiten des Untersuchungsteams als auch bezogen auf die Untersuchungspersonen. Jenseits dieser Überlegungen wird Evaluationen heute ein weitgehend unbestrittener Nutzen attestiert und zwar sowohl ein direkter instrumenteller Nutzen (z. B. für die Entscheidungsfindung auf der Ebene des Managements), ein konzeptioneller Nutzen (z. B., dass das Denken über Problemstellungen folgerichtig beeinflusst wird) und ein politischer Nutzen (wenn bestimmte Positionen untermauert oder durchgesetzt werden sollen) (vgl. Stockmann 2010, 180). Die Gründung einer eigenen „Gesellschaft für Evaluationsforschung", die verbindliche Standards vorgibt und in fast allen gesellschaftlichen Bereichen tätig ist, kann wohl als weiteres wichtiges Indiz für die aktuelle und weiter zunehmende Bedeutung der Evaluations- und Wirkungsforschung gedeutet werden. Zur Umsetzung dieser Standards und deren Anwendung im Bereich der Sozialen Arbeit empfehlen wir die Zusammenfassung bei Merchel zu den Kriterien einer „guten Evaluation" (vgl. Merchel 2010, 157 ff).

Abschließend soll anhand eines konkreten Beispiels aus dem Praxisfeld Sozialer Arbeit eine Evaluationsstudie vorgestellt werden, die im Jahr 2018 im Auftrag der Stadt München von der Autorin durchgeführt wurde (vgl. Schaffer 2018).

Auftrag und Zielrichtung der Evaluationsstudie

Seit 24 Jahren betreibt die Landeshauptstadt München das „Patenprojekt – Aktiv für Wohnungslose" unter der Ägide des Sozialreferats. Im Projekt setzen sich Menschen in der Stadtgesellschaft für Wohnungslose – meist mit Migrationshintergrund – ein, die dringend der Unterstützung und Begleitung von außen bedürfen. Da das Projekt seit über zwei Jahrzehnten besteht, stellt sich die Frage nach seiner Arbeitsweise und Wirkung. Vor diesem Hintergrund wird im Herbst 2017 durch die leitende Stelle im Amt eine wirkungsorientierte Berichterstattung im Rahmen einer wissenschaftlichen, empirischen Evaluation angestoßen.

Die Art der hierbei durchgeführten Evaluation ist summativ, zielt also darauf festzustellen, was die Arbeit bis zum Erhebungszeitpunkt gebracht hat. Es handelt sich außerdem um eine sog. „externe Evaluation", da die Autorin als Wissenschaftlerin von außen beauftragt wird und keine Angehörige der Organisation ist. Im Vorfeld der empirischen Erhebung finden mehrere Informationsgespräche zwischen der Wissenschaftlerin und den Mitarbeiter*innen des Amts statt, welche die Art der Tätigkeiten sowie deren Umfang analysieren, die beteiligten Personengruppen benennen und interessierende Fragen und Problemaspekte eruieren sollen.

Erkenntnistheoretischer Hintergrund und methodisches Vorgehen

Als erkenntnistheoretischer Zugang (Paradigma) wird für diese Evaluationsstudie ein qualitativer (fallbasierter) gewählt. Gezielt rücken damit die Erfahrungen der Akteur*innen des Projekts, ihre Wirklichkeitsdeutungen und Interpretationen, Alltagstheorien, Bilanzierungen etc. ins Zentrum der Betrachtung.

Bereits zu Studienbeginn und nach den ersten Informations- und Orientierungsgesprächen zwischen der Wissenschaftlerin und den Auftraggeber*innen steht schnell fest, dass, um die Qualität und den Erfolg des Projektes angemessen zu erfassen, vor allem folgende Gruppen von beteiligten Akteur*innen auf vier verschiedenen Handlungsebenen einzubeziehen sind:
- Die Pat*innen, die von wenigen Monaten bis zu mehr als zwei Jahrzehnten ehrenamtlich für das Projekt aktiv sind
- Die Bezirkssozialarbeiter*innen, die mit den betreffenden Klient*innen im Rahmen von Patenschaften arbeiten
- Die Leitung des Patenprojekts
- Die Klient*innen resp. die Patenschaften selbst

Methodisch gesehen kommen überwiegend qualitative Erhebungs- und Auswertungsverfahren zum Einsatz, in Form teilstandardisierter Erhebungsinstrumente (hier: problemzentrierte Interviews mit Frageleitfaden mit den Ehrenamtlichen und eine Gruppendiskussion mit den professionell tätigen Bezirkssozialarbeiter*innen sowie ein Experteninterview mit der Projektleitung) und als quantitatives Erhebungsinstrument ein vollstandardisierter Bogen zur Erhebung der soziodemographischen Daten der Ehrenamtlichen sowie eine Abfrage der subjektiven Wertigkeit einzelner Motive zum freiwilligen Engagement über eine vorgegebene Item-Batterie. Ergebnisse aus diesem quantitativen Erhebungsteil finden sich im nachfolgenden Schaukasten.

Als Abschluss der qualitativen Face-to-face-Befragung wurden die 15 Pat*innen gebeten, einen vollstandardisierten Fragebogen auszufüllen, der näheren Aufschluss über ihren sozioökonomischen Hintergrund und ihre (hier vollstandardisiert abgefragten) Motive zum ehrenamtlichen Engagement liefern sollte und zusätzlich, um ihre Angaben mit den Ergebnissen aus der Repräsentativstichprobe des Bundesdeutschen bzw. Bayerischen Freiwilligensurveys zu vergleichen.

> **Stichprobenbeschreibung**
> Für die folgende Auswertung liegen die Angaben von 13 ausgefüllten vollstandardisierten Bögen vor (n = 15, missing values = 2).
> Befragt wurden zehn weibliche und fünf männliche Pat*innen, die durchschnittlich 52 Jahre alt sind. Fünf Befragte sind der Altersgruppe der 20 bis 40-Jährigen zuzuordnen, 4 Befragte den 50 bis 60-Jährigen und vier den über 60-Jährigen. Sechs der Befragten sind jeweils ledig oder verheiratet, eine Befragte gibt an, verwitwet zu sein. Bei der Religionszugehörigkeit geben vier Befragte an, keine Konfession zu haben, vier sind evangelisch, drei römisch-katholisch, eine Befragte gibt eine in der Liste nicht genannte Konfession an und ein Befragter macht dazu keine Angabe. Zusätzlich zur Angabe der Konfession wurden die Befragten gebeten, die Stärke ihrer konfessionellen Bindung auf einer Skala (0–3) als „gar keine", „geringe", „mittlere" oder „starke" Bindung einzustufen. Die Berechnung des arithmetischen Mittels ergibt, dass die Pat*innen im Durchschnitt eine geringe konfessionelle Bindung aufweisen (x = 1). Die Frage nach der konfessionellen Bindung wurde gestellt, um eine Vergleichbarkeit mit dem Freiwilligensurvey auf Bundes-, aber auch auf Bayerischer Landesebene (vgl. Freiwilligensurvey Bayern 2014, 15) herzustellen. Demnach engagieren sich Menschen mit starker konfessioneller Bindung eher im Ehrenamt als gering oder mittel gebundene Menschen. In der vorliegenden Studie kann dieser Zusammenhang nicht beobachtet werden, die im Patenprojekt aktiven Ehrenamtlichen sind nur gering oder gar nicht konfessionell gebunden.

Bei den Bildungsabschlüssen (gefragt wurde nach dem höchsten erworbenen Bildungsabschluss) dominieren der Hochschulabschluss (mit acht Nennungen), gefolgt vom mittleren Bildungsabschluss (mittlere Reife) mit vier Nennungen und einmal das Abitur. Dieser Befund deckt sich wiederum mit den Ergebnissen aus den Freiwilligensurveys, wonach eher die höher gebildeten Schichten für die ehrenamtliche Arbeit gewonnen werden können. Als Erwerbsstatus kommt siebenmal die Angabe Angestellte*r, je einmal Freiberufler und Hausfrau sowie viermal Rentner*in.

Ausgewählte Ergebnisse aus der vollstandardisierten Befragung
Um einen direkten Vergleich mit dem bundesdeutschen Freiwilligensurvey bezüglich der wichtigsten Motive für die Aufnahme eines Ehrenamts zu ermöglichen, wurden die Befragten gebeten, sich mittels einer Zutreffend-Skala (von „gar nicht", „wenig", „einigermaßen", „überwiegend", „voll und ganz") zu den folgenden sieben aus dem Survey übernommenen Items zu äußern und dabei die Skala für die Gewichtung zu nutzen:

- Die Tätigkeit macht Spaß
- Mit anderen Menschen zusammenkommen
- Mit anderen Generationen zusammenkommen
- Beruflich vorankommen
- Qualifikation erwerben
- Gesellschaft mitgestalten wollen
- Ansehen/Einfluss gewinnen

Entsprechend der Konzeption der eingesetzten (ordinalen) Bewertungsskala nimmt der mögliche unterste Wert den Wert 0 an, der höchste mögliche Wert ist 4,0. Die Berechnung ergibt folgende Tabelle mit einem Ranking der bedeutsamsten bis zu den weniger bedeutenden Motiven in der Stichprobe.

Mit anderen Menschen zusammenkommen	3,5
Die Tätigkeit macht Spaß	3,4
Gesellschaft mitgestalten wollen	3,3
Mit anderen Generationen zusammenkommen	2,5
Qualifikation erwerben	2,4
Ansehen/Einfluss gewinnen	1,6
Beruflich vorankommen	1,2

Die wichtigsten Motive der Ehrenamtlichen im Patenprojekt sind demnach das Zusammenkommen mit anderen Menschen, dass die Tätigkeit Spaß macht und die Möglichkeit zur Mitgestaltung der Gesellschaft bietet. Von eher mittlerer Bedeutung sind das Zusammenkommen mit anderen Generationen und das Erwerben von Qualifikation. Eher abgeschlagen sind die Motive der Gewinnung von sozialem Ansehen und das berufliche Vorankommen. Das Ergebnis aus dem Ranking deckt sich interessanterweise weitgehend mit den Ergebnissen aus dem bundesdeutschen Freiwilligensurvey, auch dort sind die ersten drei Motive, das Zusammenkommen mit anderen Menschen, der Spaß an der Tätigkeit und das Mitgestalten der Gesellschaft die wichtigsten Motive.

Allerdings liegt im Survey das Spaßhaben an der Tätigkeit noch vor dem Aspekt des Zusammenkommens mit anderen Menschen (vgl. Bundesdeutscher Freiwilligensurvey 2014, 12). Seltener ist auch dort das Engagement motiviert durch den Wunsch, Qualifikationen zu erwerben, Ansehen und Einfluss zu gewinnen oder beruflich voranzukommen.

Das Erwerben von Qualifikationen spielt allerdings laut Survey vor allem für die Gruppe der Schüler*innen eine relevante Rolle. Diese sehr junge Altersgruppe ist in der hier untersuchten Stichprobe allerdings nicht präsent, sodass sich die Abweichung vom Survey plausibel erklären lässt.

Vollstandardisierte Erhebungsinstrumente bieten, wie aus dem Ergebnisteil ersichtlich, den Vorteil, dass die qualitativen Daten ergänzt und im Hinblick auf andere quantitative Studien, die in der Regel auf wesentlich größeren Stichproben fußen, in einen vergleichenden Zusammenhang gestellt werden können[25]. Der Nachteil besteht darin, dass, um den Vergleich der Daten zu gewährleisten, dieselben Variablen und Parameter übernommen werden müssen und damit keine gegenstandsbezogene Anpassung des Untersuchungsinstruments erfolgen kann.

Die teilstandardisierten Erhebungsinstrumente, also Interview und Gruppendiskussion, bieten den Vorteil, dass sich die Teilnehmenden in der Erhebungssituation frei zu ausgewählten Themenkomplexen äußern können und damit die individuelle Perspektive der Akteur*innen zum Tragen kommt. Gleichzeitig wird ihrem Engagement damit eine größere, weil persönlichere Wertschätzung signalisiert als durch die anonyme Verteilung vollstandardisierter, schriftlicher Fragebögen. Für die Auswertung der qualitativen Daten (verschriftlichte Interviews) wurde eine rekonstruktive Textinterpretation (Bohnsack 2003) angewendet, die quantitativen Daten wurden vor allem über Mittelwertdarstellungen und eine Ranking-Tabelle aufbereitet (s. Schaukasten oben).

In der weiterführenden Planung der Evaluationsstudie ergab sich rasch die Einsicht, dass eine persönliche Befragung der Klient*innen mit Migrationshintergrund durch das teilweise nicht vorhandene sprachliche Ausdrucksvermögen leicht scheitern könnte und der Einsatz von Dolmetscher*innen den Sinngehalt u. U. erheblich verfälschen würde. Deshalb wird an dieser Stelle statt auf persönliche Befragung (Face-to-Face Interviews) auf Fallvignetten aus dem Arbeitsalltag der Bezirkssozialarbeit zurückgegriffen. Dabei handelt es sich um fokussierte Falldarstellungen, die beispielhaft und verdichtet den Hintergrund der Klient*innen erfassen und gleichzeitig deren aktuelle Lebenssituation und Lebenslage schildern (vgl. Beispiel dazu weiter unten im Schaukasten).

Die Fallvignetten wurden unter zuvor von der Wissenschaftlerin festgelegten spezifischen Vorgaben (einem standardisierten Raster mit vorgegebenen Kriterien) von den Bezirkssozialarbeiter*innen erarbeitet. Die gegebenen Kriterien spiegeln das theoretische Konzept der zentralen sozialen und psycho-physischen Lebenslage der untersuchten Familie.

Beispiel für eine Fallvignette

Syrische Familie mit behindertem Kleinkind

Bei diesem Fall handelt es sich um eine syrische Familie, bestehend aus Vater, Mutter und deren leiblichem zweijährigem Sohn. Der Vater ist 35 Jahre alt, Analphabet mit einem Sprachhandikap und sieht sich selbst bislang nicht in der Lage, auch nur einen niedrigschwelligen Integrationskurs zu absolvieren. Im Herkunftsland hat er als Hausmeister gearbeitet. Seine Ehefrau, 22 Jahre alt, hat nach eigenen Angaben sechs Jahre lang eine Schule besucht, verfügt bisher allerdings kaum über Deutschkenntnisse. Aufgrund der Sorge um ihren Sohn weigert sie sich, einen Integrationskurs zu besuchen, selbst wenn dabei eine Fremdbetreuung des Kindes angeboten würde. Der Sohn weist eine Schwerbehinderung auf (GdB 100).

---

[25] In unserem Fall der Vergleich mit den Ergebnissen aus dem Bundesdeutschen Freiwilligensurvey 2014 und dem Bayerischen Freiwilligensurvey 2014.

Die Familie befindet sich seit zwei Jahren in Deutschland, hat eine Aufenthaltserlaubnis (nach § 25 Abs. 2), bewohnt zwei Zimmer in einer Gemeinschaftsunterkunft, wobei sie sich die Küche und das Bad mit einer anderen Familie teilt. Aufgrund ihrer Berechtigung ist die Familie für eine Sozialwohnung vorgemerkt, hat vor einem Jahr eine angebotene Wohnung allerdings abgelehnt, weil diese den Vorstellungen des Vaters nicht entsprach. Die Familie hat keine weiteren Angehörigen in Deutschland. Als Hauptgrund für die Flucht gibt der Ehemann an, sich bessere Lebensbedingungen für sein Kind bzw. seine Kinder zu wünschen.

Die Paarbeziehung erscheint in der ersten Phase der Unterbringung als liebevoll und gleichberechtigt. Allerdings kommt es vor etwa einem Jahr zu einer Krise innerhalb der Beziehung, nachdem durch eine gynäkologische Untersuchung der Ehefrau festgestellt wurde, dass sie vermutlich keine ‚gesunden' Kinder gebären könne und ein hohes Risiko für (weitere) Fehlgeburten bestehe. Daraufhin droht der Ehemann gegenüber Dritten, seine Frau zu verstoßen, damit er gesunde Kinder bekommen könne. Es findet ein vermittelndes Klärungsgespräch mit dem Ehepaar und dem zuständigen Sozialarbeiter statt, in dessen Verlauf die geäußerten Absichten zum Beziehungsende vom Ehemann bestritten werden. Der Mann wird beim Bezirkssozialarbeiter regelmäßig vorstellig, erscheint dabei zuverlässig und pünktlich zu allen Terminen, führt wichtige Briefe und Unterlagen mit sich und kann diese auch korrekt zuordnen. Er verlangt vor allem mehr soziale und ökonomische Unterstützung und Hilfe, obwohl die Familie inzwischen zusätzlich von einer Patin und der Migrationsberatung begleitet wird. Der Sohn befindet sich in akutmedizinischer Versorgung, er ist Trisomie 21-Patient und musste sich nach einer Tumoroperation am Auge, bei der er das betroffene Auge verloren hat, einer Chemotherapie unterziehen.

Dem Vater fällt es offensichtlich schwer zu akzeptieren, dass er ein behindertes und krankes Kind hat und keine Aussicht auf weitere gesunde Kinder besteht. Der Helferkreis für diese Familie hat sich inzwischen so ausgeweitet, dass dieser eigens einberufen werden musste (neben den Eltern unter Einbeziehung von Bezirkssozialarbeit, RGU Kinderkrankenschwester, GU-Sozialdienst, Migrationsberatung, Frühförderstelle, Patin), damit sich alle Fallbeteiligten kennenlernen und Zuständigkeiten sowie der Status-quo nach allen Seiten hin abgeklärt werden konnte. Die Erlangung von besseren Deutschkenntnissen und das Finden einer eigenen Wohnung stehen für den möglichen Erfolg einer weiteren Integration der Familie ganz oben auf der Agenda.

Die am Projekt beteiligten Bezirkssozialarbeiter*innen kommen durch eine separat durchgeführte Gruppendiskussion zu Wort, die in den Räumen des Amts durchgeführt wurde. Bei einer Gruppendiskussion stehen weniger die individuellen Wahrnehmungen und Deutungen der professionell Tätigen im Mittelpunkt, als deren kollektive Erfahrungen und übereinstimmenden oder auch divergierenden Praktiken im beruflichen Alltag.

Die Leitung des Patenprojekts wurde im Rahmen eines sog. Experten-Interviews (problemzentriertes Interview mit Frageleitfaden) befragt. Der Begriff der Expertin wird in der aktuellen wissenschaftlichen Debatte für solche Personen verwendet, die über ein spezifisches Rollenwissen verfügen oder solches zugeschrieben bekommen und diese besondere Kompetenz für sich selbst in Anspruch nehmen. Gleichzeitig wird mit diesem Sonderwissen Deutungsmacht zugewiesen (Prczyborski/Wohlrab-Sahr 2014, 118). Es geht bei dieser Form der Befragung also um die Beschreibung und Herausstellung eines spezialisierten Wissens, aber auch um die von der Befragten vorgenommenen Einschätzungen und Diagnosen, die für die weiteren Perspektiven eines Projekts von eminenter Bedeutung sind. Fokussiert werden einerseits das „Betriebswissen", d. h. Wissen über institutionalisierte Zusammenhänge, Abläufe, Mechanismen in der Organisation resp. Verwaltung oder auch um bestehende bzw. aufgebaute

Netzwerke etc. Andererseits geht es um die Deutungsmacht der Expertin, welche sich auf ihr Bild vom Projekt bezieht, um die Einschätzungen von Risiken und Trends, Relevanzen und Irrelevanzen.

Alle durchgeführten Interviews sowie die Gruppendiskussion werden wortwörtlich transkribiert und anschließend entsprechend den Standards der rekonstruktiven Textanalyse (nach Bohnsack 2003 und 2000) ausgewertet. Beispiele für das Führen und die Auswertung eines problemzentrierten Interviews und der Gruppendiskussion anhand ausgewählter Ergebnisdarstellung finden sich an späterer Stelle des Buches (vgl. dazu Kapitel VI, Punkt 2.3).

Die kurze Beschreibung der durchgeführten Evaluation soll zumindest einen exemplarischen Eindruck vermitteln, wie eine solche Studie aufgebaut, mit welcher Zielsetzung sie beauftragt wurde, und mit welcher Art von Ergebnissen gerechnet werden kann.

3.3 Frauen- und Geschlechterforschung

Das Programm der Aktionsforschung, vor allem deren emanzipativer und politischer Impetus, ist auch der Ausgangspunkt der Frauenforschung, **nur geht es der Frauenforschung von vornherein ausschließlich um die Belange der Frauen als unterdrückter gesellschaftlicher Gruppe**. Die Frauenforschung hat die Position der Aktionsforschung insofern radikalisiert, als sie die **Forschung primär als Prozess einer sozialen Beziehung zwischen Subjekten begreift: Die Beforschten werden damit zu Expertinnen ihrer eigenen Lebenssituation** und Alltagspraxis erhoben. Die Frauenforschung verfolgt das Ziel der Aufklärung und damit letztlich die Aufhebung sozial ungleicher Lebensverhältnisse von Frauen und Männern. Ein wichtiger Impuls für die westdeutsche Frauenforschung war die Veranstaltung der ersten „Berliner Sommeruniversität für Frauen" im Jahr 1976. Dabei ging es um die bisher in der Forschung weitgehend vernachlässigte Perspektive auf die Frauen, was nicht nur professionell tätige Frauen aus verschiedenen Praxisfeldern problematisierten, sondern auch Wissenschaftlerinnen und Studentinnen kritisierten, vor allem im Hinblick auf den von Männern dominierten Wissenschaftsbetrieb. Frauenforschung sollte eine Wissenschaft von und für Frauen sein und dabei
> „die eigenen Erfahrungen fruchtbar machen, anknüpfen an den gemeinsamen Kämpfen der Frauenbewegung, alle Bereiche von Frauenleben thematisieren und untersuchen, interdisziplinär sein, um die sich damit ergebenden neuen Fragen beantworten zu können und für die gesamte Gesellschaft die Frage der Macht neu stellen"
> (Sturm 2004, 347).

Maria Mies (1978) formuliert in diesem Kontext unter anderem die „Parteilichkeit" und die „gemeinsame Betroffenheit" als Grundprinzipien der Frauenforschung. Die *„Parteilichkeit"* ersetzt die Position der Wertfreiheit, Neutralität und Indifferenz gegenüber den Forschungssubjekten. Der Forschungsprozess wird damit zum Bewusstseinsbildungsprozess von allen Beteiligten. Die *„Betroffenheit"* meint die qua Geschlechtlichkeit von Forscherinnen wie beforschten Frauen erfahrene Unterdrückung durch die gesellschaftlichen patriarchalischen Macht- und Gewaltverhältnisse. Dadurch wird eine höhere Sensibilität auf Seiten der Forscherinnen für die Subjektposition der Beforschten vorausgesetzt.

Die Frauenforschung hat sich im Verlauf ihrer Etablierung mit den von Maria Mies formulierten Postulaten von der Betroffenheit und Parteilichkeit nicht immer leicht getan: Ganz offensichtlich besteht hier die Gefahr, das eigene Modell und den eigenen Weiblichkeitsentwurf (also den der Forscherin) zur allgemein gültigen Perspektive zu erheben. Zu Recht wird deshalb der Frauenforschung auch bald der Vorwurf des Ego- und Eurozentrismus gemacht. **Die postulierte gemeinsame Betroffenheit muss der differenzierten Analyse höchst unterschiedlicher Lebenslagen von Frauen weichen und die Parteilichkeit wird zunehmend vorsichtiger interpretiert, sodass ein reflektierter Abstand zwischen den Zielen der Forscherinnen und den Zielen der untersuchten Frauen sichtbar wird.** Allerdings sind durch das methodologische Programm der Frauenforschung vor allem in Form der von M. Mies formulierten Postulate – auch im internationalen Rahmen betrachtet – eine Reihe sehr konstruktiver Feldstudien entstanden (vgl. Mies 1994, 110 ff), das heißt es wurden vielfach Problemlösungen für Frauen in ganz unterschiedlichen Lebenskontexten aus diesen Studien abgeleitet.

Die Postulate erscheinen weiten Teilen der Frauenforschung nicht als methodischer Fehler, der eine Verzerrung der Beobachtungsdaten zur Folge haben könnte, sondern als bewusste erkenntnistheoretische Positionierung, welche die Ausgangsbasis für die konsequent daraus entwickelten **Standpunkttheorien** bildet. Demnach kommt der weibliche Standpunkt zu umfassenderen Einsichten und gültigeren Ergebnissen, weil der unterprivilegierte Standort der Frauen den Blick „von unten" her weitet und gleichzeitig diversifiziert, dadurch dass dieser aus zwei Welten, der Welt der Produktion und der Welt der Reproduktion gespeist wird. Gleichviel ob diese „epistemologische Privilegierung" (Meuser 2010, 84) der Standpunkttheorien akzeptiert oder zurückgewiesen wird, haben diese deutlich herausgestellt, dass die Geschlechtszugehörigkeit zu einer Standortverbundenheit des Denkens führt und damit keine perfekte Distanz zwischen Forschenden und Untersuchten aufrechterhalten werden kann. Allerdings wird das allzu mechanistische Verständnis des Verhältnisses von Standort und Standpunkt, z. B. bei Sandra Harding (2007) inzwischen breit kritisiert, vor allem zeigen eine Reihe von empirischen Studien, dass sowohl Männer als auch Frauen an Mythen und Fiktionen zu ihren partnerschaftlichen Arrangements und Arbeitsteilungsmustern gleichermaßen beteiligt sind (vgl. Behnke/Meuser 2003 und 2005). Letztlich argumentieren die Standpunkttheorien, dass Parteilichkeit und Betroffenheit eben keine wissenschaftlichen, sondern politische Kategorien darstellen.

> Festzuhalten aber bleibt, dass jedes Verstehen von sozialem Handeln von der eigenen standortgebundenen Erfahrung abhängig ist.

Es geht also weniger darum, einen bestimmten Standpunkt zu privilegieren, sondern die **Standortverbundenheit jeglicher Perspektive zu rekonstruieren**. Dieses methodologische Problem wird später vor allem von der rekonstruktiven Sozialforschung aufgegriffen (z. B. Bohnsack 2003).

Die empirischen Forschungsschwerpunkte der soziologischen Frauenforschung liegen in den 1970er- und 1980er Jahren in den Themenfeldern Sexualität und Körperlichkeit, geschlechtsspezifische Sozialisation und Erwerbs- bzw. Haus- und Familienarbeit (vgl. Bührmann/Diezinger/Metz-Göckel 2014). Eine Reihe von Studien geht dabei zunächst auch historisch vergleichend vor und arbeitet die bewusste soziale Zuordnung von (unbezahlter) Haus- und Reproduktionsarbeit an die Frauen und damit einhergehende soziale Entwicklungen heraus,

z. B. Gisela Bock/Barbara Duden 1977 zu „Arbeit als Liebe – Liebe als Arbeit" oder auch Elisabeth Badinter (auf Deutsch 1982) „Die Mutterliebe – zur Geschichte eines Gefühls". Ulrike Prokop (1976) beschreibt die Widersprüche und Ambivalenzen des „weiblichen Lebenszusammenhangs", die sich aus den unterschiedlichen Anforderungen an Frauen zwischen der Erwerbsarbeits- und Familienarbeitssphäre ergeben. Helge Pross (1975) analysiert die „Wirklichkeit der Hausfrau", eine bis dahin noch gar nicht in den Blick genommene Gruppe von Frauen, die ihr Selbstverständnis eng an ihr häusliches Arbeiten knüpfen und ihren Status von ihren Ehemännern ableiten. Regina Becker-Schmidt (1985) untersucht Fabrikarbeiterinnen, die trotz der doppelten Belastung durch Erwerbs- und Familienarbeit ihre Identität überwiegend durch die Ausübung der Erwerbsarbeit begründen und bringt ihre Erkenntnisse mit dem Titel „Die doppelte Vergesellschaftung – die doppelte Unterdrückung" auf den Punkt. Ilona Ostner (1978) entwickelt das Konzept vom „weiblichen Arbeitsvermögen", das die von Frauen im privaten Reproduktionsbereich erworbenen Fähigkeiten und Fertigkeiten analysiert und nachzeichnet, wie diese als „stille Qualifikationen" in diversen Frauenberufen unhinterfragt und nicht weiter honoriert vorausgesetzt werden.

Im Bereich der Sozialisationsforschung entwickelt sich ein interdisziplinäres Forschungsfeld aus Biologie, Medizin, Ethnologie, Kulturanthropologie, Pädagogik, Psychologie, Pädagogik und Soziologie. Der Schwerpunkt der Forschungsarbeiten liegt auf der Herausarbeitung der Geschlechterdifferenzen zwischen Mädchen und Jungen, vom Säuglingsalter bis in die Postadoleszenz. Die große Überblicksstudie von Ursula Scheu (1977) titelt als Resümee aus mehreren hundert Forschungsarbeiten mit „Wir werden nicht als Frauen geboren, wir werden dazu gemacht", nicht zufällig angelehnt an die sozialhistorisch angelegte Studie „Das andere Geschlecht" von Simone de Beauvoir (1951), deren grundlegende These „Man ist nicht als Frau geboren, man wird es" lautet. Durch die Fülle der empirischen Studien werden viele theoretische Diskurse neu angestoßen und befördert und führen u. a. zu einer Reformulierung der Psychoanalyse durch Nancy Chodorow in den 1990er-Jahren.

Durch die inzwischen eingetretene extreme Ausweitung und Differenzierung der Forschung geraten die ohnehin umstrittenen methodologischen Positionen der Standpunkttheorien immer weiter unter Druck, es werden nicht mehr nur Gemeinsamkeiten unter den Frauen, sondern auch die Unterschiede in der Genusgruppe in den Blick genommen, Frauen werden nicht mehr nur als Opfer, sondern auch als Mittäterinnen im Patriarchat wahrgenommen (z. B. Thürmer-Rohr 1989) und die unbeabsichtigte Reifizierung der Differenz zwischen den Geschlechtern lenkt schließlich den Blick zunehmend auf die Gruppe der Männer. Durch die „konstruktivistische Wende" (Meuser 2010, 88), die **Geschlecht vor allem als Verhaltenskategorie** begreift, also als etwas, was sozial-interaktiv hergestellt werden muss („doing gender"), kommt es zu einer Akzentverschiebung und **thematischen Erweiterung von der Frauenforschung zur Geschlechterforschung**.

Unter dem Paradigma der Frauenforschung werden zu Beginn vor allem die **quantitativen Methoden radikal in Frage gestellt**, weil diese von der kritikwürdigen Prämisse wissenschaftlicher Objektivität und Rationalität sowie unangetasteter Wertfreiheit ausgehen. Die heute an der Debatte beteiligten Wissenschaftlerinnen gehen keineswegs davon aus, dass es eine bestimmte Methode in der Frauenforschung gäbe (vgl. Bereswill/Ehlert 2010, 148). Vielmehr wird betont, dass **sich die Frauenforschung aller Methoden der empirischen Sozialforschung bedienen müsse**, um ihren jeweiligen Gegenstand adäquat zu untersuchen. Der Rückblick auf die Forschungsgeschichte zeigt allerdings ein **Überwiegen qualitativer**

Methoden, weil auf diesem Weg subjektive Wirklichkeiten und Herrschaftsmechanismen besser explorierbar sind. Unter dem Aspekt dieser Priorisierung qualitativer Verfahren sind im Kontext der Frauen- und Geschlechterforschung vor allem die Biografieforschung, die Konversationsanalyse und die Diskursanalyse befördert worden. Gerade in der Biografieforschung sehen viele Frauenforscherinnen den „Königinnenweg", da diese methodologisch und theoretisch den Zugang zum Problem der Subjektivität eröffnet (vgl. Meuser 2010, 99).

> **Frauenforschung** versteht sich in ihren Anfängen als genuin neue Forschungsperspektive, die Ungleichheiten im Geschlechterverhältnis thematisiert. Dabei kritisiert sie vor allem den bis dahin dominanten Androzentrismus in den Wissenschaften. Schwerpunktmäßig werden sozial ungleiche Lebenslagen von Frauen und Männern untersucht, Theorien zu deren Entstehung und politischer Funktion entwickelt, sowie nach geeigneten Indikatoren für die Kategorie Geschlecht gesucht.
>
> Ein zentrales Axiom der Frauen- bzw. Geschlechterforschung ist, dass Geschlechter nicht biologisch begründet sind, sondern sozial hergestellt werden, damit Individuen bestimmte gesellschaftlich vorgesehene Rollen und Funktionen erfüllen. Geschlechterrollen werden als sozial konstruiert und nicht etwa als biologisch begründet begriffen und die Übernahme dieser Rollen führt zu einer Benachteiligung der Frauen gegenüber Männern im Hinblick auf Einkommen, Privatvermögen, Stellung am Arbeitsmarkt und Macht.

Seit den späten 1990er-Jahren haben sich durch die weiter oben erwähnten, veränderten theoretischen Fokussierungen auch die methodologischen Zugriffe verändert: ging es zunächst um die Lebenssituationen von Frauen und das Geschlechterverhältnis, **wird inzwischen vor allem die Kategorie Geschlecht in Frage gestellt**. Weder Frauen noch Männer sind homogene Gruppen und nicht nur das Geschlecht, sondern auch andere ungleichheitserzeugende Faktoren müssen untersucht werden (wie z. B. soziale Klasse und Ethnie) bzw. in welcher Weise sich diese Dimensionen überschneiden und überlagern (Stichwort der *Intersektionalität*). Da Geschlecht entlang der sozialkonstruktivistischen Argumentationslinie nicht als essenzielle Kategorie betrachtet wird, sondern als interaktiv hergestellt, gilt es, **Geschlecht als relationales Phänomen** zu untersuchen. Die dabei eingesetzten Verfahren stammen häufig aus der Ethnomethodologie und sind vor allem das Krisenexperiment und die dokumentarische Interpretation, was eine weiter anhaltende Favorisierung qualitativer Methoden erwarten lässt (vgl. Sturm 2004, 348 und Bereswill/Ehlert 2010, 149 f).

3.4 Feldforschung und Beobachtung

3.4.1 Kurzer historischer Rückblick

In der ersten Blütephase der amerikanischen und der deutschsprachigen empirischen Sozialforschung in den 1930er-Jahren entstehen im Bereich der Ethnologie und Anthropologie eine Reihe von Studien ganz in der Tradition von *Bronislaw Malinowski* (1884–1942), die sich die „Beschreibung eines Volkes", einer Gruppe oder eines Stammes zur Aufgabe machen und die noch relativ mühsam zwischen theoretischer Ausgangsbasis und geeignetem Methodenapparat lavieren. Viele der später gängigen Methoden, der Erhebungs- wie Auswertungsmethoden, werden in diesem Kontext entwickelt und zum ersten Mal erprobt. Häufig ist ein qualitativ-quantitativer Methodenmix in Gebrauch, der viele Nachfolgestudien auch im deutschsprachigen Raum inspirieren sollte (vgl. etwa die Marienthal-Studie, Teil I, Punkt 2.3)

> Unter **Feldforschung** versteht man solche Studien, bei denen die Untersuchten während der Studie nicht aus ihrer natürlichen Umgebung herausgelöst sind, das heißt die untersuchte Gruppe wird in ihrer natürlichen Lebens-Umgebung beforscht.

Die Forscherinnen nehmen – auch innerhalb ihres eigenen soziokulturellen Kontextes – bewusst den Blick auf das Fremde, das Exotische ein, auch wenn sie sich dabei durchaus auf alltäglich vertrautem Terrain (z. B. in einer deutschen Großstadt) bewegen. Innerhalb der Sozialarbeitsforschung beginnt sich nun neuerdings ein weiterer Ausleger der Feldforschung, die so genannte *ethnografische Feldforschung* zu etablieren (vgl. Friebertshäuser 2000, 34 f. oder auch Schmidt/Neumann-Braun 2004). Auch hier geht es um den Einblick in fremde Lebenswelten, die scheinbar vertraut wirken (z. B. um Jugendkulturen), es geht um die Erforschung von Haltungen, Gruppenstrukturen, Verhaltensweisen und die Praktiken, das alltägliche Leben zu meistern[26].

3.4.2 Feldzugang über die offen-teilnehmende Beobachtung

Zu den berühmtesten Klassikerstudien in der Feldforschung zählen die Studien der Anthropologin *Margaret Mead*, von denen beispielhaft die so genannte Bali-Studie, die sie zusammen mit ihrem Mann, dem Psychoanalytiker Gregory Bateson, durchführte, vorgestellt werden soll. Zentrales Anliegen der Studie ist, den „Balinesischen Charakter" herauszuarbeiten (so jedenfalls lautet der dazugehörige Buchtitel). Die Forschungsarbeiten beginnen schon in den 1940er-Jahren, jedoch verzögert die Kriegssituation in Europa für viele Jahre deren Rezeption in der Fachwelt. Ziel der Studie ist es, das, was die Balinesen als ihre Kultur bezeichnen, praktisch nachzuvollziehen. Der Forscher*innenblick ist dabei von Anfang an auf die soziale Ordnung innerhalb dieser Kultur gerichtet. Der Kulturbegriff wird sehr weit gewählt. Es geht um den Umgang der Balines*innen mit ihren Kindern, um die soziale Funktion der Hahnenkämpfe, um religiöse Riten und Gebräuche und um die Organisation der tagtäglichen Arbeit.

> *„Die Balinesen werden als Agenten der Reproduktion ihrer Kultur behandelt und die Forscher sehen ihnen zu, wie sie diese Kultur in einem ganz elementaren Sinn machen"* (vgl. Wolff 1991, 136).

Besonders hervorgehoben haben Mead und Bateson das spezifische Ethos in der Lebensführung der Balines*innen, welches auf Harmonie durch die Vermeidung sowohl positiver als auch negativer Höhepunkte zielt. Ob im Umgang mit den Kindern, in der Gamelan-Musik oder in den balinesischen Dramen, überall wird versucht, die Aufschaukelung von Emotionen und Konflikten zu vermeiden. Das alltägliche Handeln zielt auf ein Gleichgewicht zwischen extremen Gemütszuständen.

---

[26] Friebertshäuser et al. untersuchen mittels ethnographischer Feldforschung zwei Jugendbanden in Berlin, die „Chicagos" und die „Guardian Angels", die zuvor durch etliche gewalttätige Auseinandersetzungen in öffentliche Erscheinung getreten sind (vgl. Friebertshäuser 2000, 42 ff). Schmidt/Neumann-Braun (2004) haben in einer zweijährigen ethnographischen Studie die Szene der Gothics in Deutschland unter den Aspekten ihrer Lebens- und Musikstile, ihrer Geschlechterrollen beobachtet und als vor allem religiös konnotierte Vergemeinschaftungsform beschrieben.

Um die Kultur möglichst hautnah zu erfassen, begeben sich Mead und Bateson für mehrere Monate auf die Insel und legen ihre Identität als Forschende offen, versuchen am täglichen Leben der Balines*innen teilzunehmen und die soziale Organisation des Zusammenlebens zu erkunden.

> **Offen teilnehmende Beobachtung** bedeutet, dass sich die Forscher*innen in das natürliche Lebensumfeld der untersuchten Personen begeben und ihre Identität resp. Absichten dabei nicht verschleiern. Dabei wird davon ausgegangen, dass sich die Untersuchten aufgrund der Anwesenheit der Forscher*innen höchstens kurzfristig anders verhalten, dann aber zu ihren üblichen Verhaltensweisen zurückkehren und das Forschungsteam als „normalen" Bestandteil ihres Alltags akzeptieren.

Als adäquate Erhebungsmethode erscheint ihnen bald die Fotografie und der Film. Zum Teil lassen sie diese szenischen Produkte dann von den Protagonist*innen wiederum kommentieren. Fotografien und Filme werden als Spiegelbilder der Wirklichkeit gesehen, welche allerdings ohne spätere interpretierende Analyse blind bleiben. Die Auswertung der Fotos wird nach folgenden Punkten vorgenommen: Es erfolgt eine (inhaltsanalytische) Ordnung der Bilddokumente nach den Beobachtungskategorien **Raum** (am Strand, im Tempel, vor dem Haus), **personaler Beziehung**, welche sie beinhalteten (Eltern und Kinder, Geschwister) und nach der **Lebensphase**, in der die Akteur*innen gerade stehen (z. B. unterschiedliches Alter der abgebildeten Kinder). Bei der Auswertung des umfangreichen Bildmaterials wird nach der so genannten „Kontrastierungstechnik" vorgegangen: Zunächst werden möglichst viele Variationen eines Themas bzw. einer spezifischen Handlungssituation gesammelt (z. B. Mütter im Umgang mit weinendem Kind) und danach mit möglichst kontrastierenden Verhaltenssituationen verglichen (etwa Mütter im Umgang mit freudestrahlendem Kind). In der Bilder-Folge innerhalb ein und derselben Kategorie wird stets die tatsächliche chronologische Folge der Handlungen eingehalten. Jeder Szene werden verbale Erläuterungen und Kommentierungen der Handelnden hinzugefügt. Auf diese Weise finden Mead und Bateson heraus, dass balinesische Mütter dieselben Beschwichtigungsgesten sowohl in Situationen der Trauer als auch der Freude anwenden.

Die fotografische Methode blieb lange Zeit umstritten und ist – nicht zuletzt wegen des enormen Einsatzes, den sie erfordert – später kaum mehr eingesetzt worden. Aktuell erlebt jedoch die qualitative Bild- und Videointerpretation einen größeren Aufschwung (vgl. dazu auch Kapitel VI, Punkt 2.4).

3.4.3 Feldzugang über die nicht-teilnehmende Beobachtung

Häufiger kommt im Rahmen der Feldforschung auch ein weiterer Beobachtungsmodus zum Einsatz, welcher das Forschungsteam zwar personal sichtbar werden lässt, dabei aber kein expliziter Kontakt zwischen Untersuchten und Forschungsteam vorgesehen ist. Es handelt sich dann um eine nicht-teilnehmende Beobachtung.

Die *nicht teilnehmende Beobachtung* vermeidet Effekte der Präsenz von Beobachter*innen, indem mehr oder minder diskret und aus sicherer Distanz oder nicht einmal persönlich (etwa mit Videokamera) öffentliches (auf der Straße und auf Plätzen) oder halböffentliches Verhalten (etwa im Fußballstadion, im Zug oder im Restaurant) beobachtet wird. Selbstverständlich gerät dabei nur das sichtbare, äußere Verhalten von Personen oder Gruppen in den Blick, allerdings kann in Verknüpfung mit einem theoretischen Erklärungsansatz eine durchaus vertiefte Analyse von sozialem Verhalten erfolgen.

> **Nicht-teilnehmende Beobachtung** bedeutet, dass die Forscher*innen keine aktiv-handelnde, sondern eine rein passive Rolle im Untersuchungsfeld einnehmen und beispielsweise Strichlisten führen, Zeiten mit der Stoppuhr festhalten oder auch fotografieren bzw. filmen.

Der Soziologe *Erving Goffman* gebrauchte die nicht teilnehmende Beobachtung, um die von ihm sogenannte „Dramaturgie" des sozialen Lebens zu untersuchen. Er entdeckte damit auch, dass jede Person von einer Art „persönlichem Raum" umgeben ist, dessen Durchbrechung durch Blicke oder zu nahen Körperkontakt verletzt wird. Dieser „personal space" einer Person ist interkulturell verschieden ausgeprägt (vgl. Goffman 1974). Während die Nordamerikaner gerne eine weitläufige Distanz um sich herum aufrechterhalten, gehen z.B. Indonesier*innen fast distanzlos miteinander um, ja es erschiene geradezu als unhöflich, nicht auf Tuchfühlung gehen zu wollen. Diese Beobachtungen konnten wir selber auf Reisen durch Java und Bali machen, wo etwa in einem öffentlichen Bus die Passagiere so eingepfercht werden, dass sie über- und untereinander zu sitzen kommen oder wo man einer Fremden an einem weitgehend unbesuchten Strand sofort auf deren Badedecke Gesellschaft leistet. Wenn das persönliche Distanzbedürfnis Fremden gegenüber wissentlich oder kulturell bedingt nicht gewahrt wird, beginnt sich der oder die Betroffene unwohl zu fühlen und versucht, durch die Veränderung der Blickrichtung oder körperliche Abwendung die adäquate Distanz wiederherzustellen. Das Aufrechterhalten von Distanz oder das Zulassen von körperlicher Nähe ist außerdem als ein Regulativ für die Vertrautheit und Sympathie zwischen Interagierenden zu betrachten: Je sympathischer und je vertrauter mir jemand ist, desto eher kann ich seine konkrete körperliche Nähe auch zulassen. Natürlich spielen auch der konkrete Schauplatz und die Uhrzeit eine Rolle, wie ausgeprägt das Bedürfnis nach persönlichem Raum ist, das heißt, auf einem nächtlichen Parkspaziergang fühle ich mich unwohl, wenn mir jemand im Abstand von drei Metern folgt, während dagegen derselbe Abstand bei Tag und im Kaufhaus eher groß erscheint.

Eine weitere kleine Episode aus Goffmans Forschungstagebuch kann das, was mit persönlichem Raum gemeint ist, als ein soziales Konstrukt entlarven. In einer südamerikanischen Bar, auf deren Terrasse immer sehr geschäftiger Betrieb herrschte, kam es immer wieder dazu, dass einer der nordamerikanischen Besucher rückwärts über die Balustrade stürzte, welche die Terrasse umgab. Bei einer nicht teilnehmenden Beobachtung fand Goffman heraus, dass dies immer dann passierte, wenn ein Nord- und ein Südamerikaner ins Gespräch kamen und der Südamerikaner auf Tuchfühlung ging, der Nordamerikaner dagegen zurückwich. Die subjektiven Distanzräume sind verschieden ausgeprägt und während der eine ausweicht, rückt der andere nach. Auf diese Weise wurde die Balustrade als Hindernis häufig nicht mehr rechtzeitig bemerkt und es kam zu den „Unfällen".

Die sozialwissenschaftliche Beschäftigung im Rahmen der Feldforschung greift bei der Datenerhebung sowie deren Dokumentation immer wieder auf Erfahrungen aus ethnografischen Studien mit visuellen Produkten zurück und stellt – wie hier im Folgenden vorgestellt die Studie von Marianne Wex – über fotografische Abbildungen z.B. die typische Körpersprache von Frauen und Männern dar. Damit belegt Wex sehr eindrücklich, dass sich die kulturelle Dominanz von Männern bereits in den raumgreifenden Sitz- bzw. Stehhaltungen von Männern in öffentlichen Räumen nachweisen lässt (Wex 1980). Da wir die fotografische

Methode gerade im Kontext von Sozialarbeit für gut einsetzbar halten, möchten wir im Folgenden noch etwas ausführlicher auf diese Studie eingehen.

Marianne Wex entwickelt ihr Interesse an der unterschiedlichen Körpersprache von Frauen und Männern aus der Malerei kommend. Sie beginnt, sich über die Grundmuster dieser Körperhaltungen Gedanken zu machen, und startet ihre Fotoserie im öffentlichen Raum: Frauen und Männer draußen, auf Bänken sitzend, an der Ampel auf grünes Licht wartend, auf städtischen Plätzen herumstehend usw.

Dabei geht es ihr zunächst weder um die bewusste Pose noch um die durch Sprache unterstützte Gebärde, sondern um das unwillkürliche, eher unbewusste Einnehmen von Haltungen in alltäglicher Umgebung.

Sie sammelt insgesamt zwischen 2.500 und 3.000 Fotos von Körperhaltungen und beginnt, diese nach ähnlichen Körperhaltungen und jeweils getrennt nach Geschlecht zu ordnen. Diese immer noch großen Bildgruppen werden dann weiter aufgeschlüsselt nach Bein-, Fuß-, Knie-, Hüft-, Ellbogen-, Schulter- und Kopfhaltungen. Da sie schon bei der ersten Sichtung des Bildmaterials in jedem Detail eindeutige Unterschiede zwischen den Geschlechtern ausmacht, schiebt sie noch einmal weitere 2.500 Aufnahmen nach, um jede Detailhaltung eindrücklich belegen zu können.

> *„Sicher sind 5.000 bis 6.000 Fotos noch zu wenig, um ein annähernd vollständiges Bild aller Varianten unserer Körpersprache zeigen zu können, doch wie sehr unsere Körpersprache durch die Geschlechtszugehörigkeit bedingt ist, wird deutlich sichtbar"* (Wex 1980, Vorwort).

Zusätzlich fotografiert Wex Körperhaltungen aus der Werbung sowie aus Zeitschriften und verwendet Bildmaterial aus dem Fernsehen, weil sie von einer wichtigen Leitfunktion der Medien – was die Körpersprache anbelangt – ausgeht. Interessanterweise stellt sie dann auch keine gravierenden Unterschiede zwischen real auf der Straße vorgefundenen Körperhaltungen und denen aus der Werbung und dem TV-Bereich fest. Allerdings ist die Pose der Geschlechter in den Medien bewusster inszeniert und wirkt im Vergleich zu den Aufnahmen aus dem Alltag stellenweise übertrieben. Ihre Bildanalyse kommt zu folgenden Schlüssen:

Die Körperhaltungen von Frauen sind im Allgemeinen gekennzeichnet durch eng aneinander liegende Beine, gerade oder nach innen gestellte Füße sowie eng am Körper gehaltene Arme, das heißt letztlich, die Frau macht sich schmal und nimmt wenig Raum in Anspruch. Die Körperhaltungen von Männern sind allgemein zu kennzeichnen durch breite Beinhaltungen, nach außen gestellte Füße, die Arme im Abstand zum Körper gehalten, das heißt der Mann macht sich breit und nimmt wesentlich mehr Raum in Anspruch als die Frau.

Marianne Wex entwickelt demzufolge die These, dass Frauen wie Männer diese spezifische Körpersprache von klein auf erlernen und dass sich diese Körpersprache in Übereinstimmung mit den übrigen gesellschaftlichen Rollenzuweisungen befindet. Durch die Körpersprache wird also nicht nur eindeutig signalisiert, welchem Geschlecht jemand angehört, sondern auch, welches Geschlecht das dominante ist. Frauen wirken demnach schon durch ihre Körperhaltungen sich klein machend, verniedlichend, verharmlosend, demütig, sich verstekkend, zurückgezogen, eingeschüchtert und angstbestimmt.

Die für Frauen so typische Haltung hat Wex auch bei einigen männlichen Individuen angetroffen, aber dabei handelte es sich ausschließlich um Kinder, um alte und um offensichtlich unterprivilegierte Männer. Die weiblichen Körperhaltungen hängen auch davon ab, ob Männer anwesend sind oder nicht, das heißt, Frauen geben und verhalten sich gelöster in geschlechtshomogenen Kontexten, also wenn die Frauen unter sich bleiben. Die unabhängigsten weiblichen Körperhaltungen fotografiert Marianne Wex in der Umgebung der Universität und im Frauenzentrum.

3.4.4 Offen versus verdeckt teilnehmende Beobachtung

Als nächstes soll beispielhaft eine der meist rezipierten Studien aus den USA, entstanden in den 1960er-Jahren, vorgestellt werden, die unter dem Titel „Tallys Corner" veröffentlicht wurde und nicht nur in der sozialwissenschaftlichen Fachwelt einige Berühmtheit erlangt hat (zum Folgenden vgl. Hunt 1991, 20 f).

An einem Nachmittag des Winters 1962 saßen einige ärmlich gekleidete Schwarze in Tallys Corner, einer düsteren Bar in den Slums von Washington. Sie tranken Bier, redeten und machten Späße. Ein Mann, dessen weiße jüdische Gelehrtengestalt hier fehl am Platze wirkte, saß mit einem schwarzen Begleiter an einem Tisch und plauderte angeregt mit ihm. Einige der schwarzen Barbesucher starrten den weißen Mann an, andere ignorierten ihn. Ein Mann kam misstrauisch an den Tisch und fragte den Begleiter schroff, wer denn der weiße Mann sei. „Das ist Ellix" sagte der Schwarze, „Er ist mein Freund und er ist okay, Mann, er ist okay. Zuerst dachte ich er sei ein Bulle, aber er ist keiner. Er ist okay."

Elliot Liebow, genannt Ellix, war in der Tat kein „Bulle", sondern Kulturanthropologe und Soziologe und arbeitete an einem Projekt über die Erziehungspraktiken in Familien, die in der von Schwarzen bewohnten Innenstadt leben. Da es den Behörden nicht gelang, irgendwelche Daten – sogenanntes Feldmaterial – aufzutreiben, geht Liebow selber ins Feld. Dabei sammelt er einfach alles an Informationen, was er aufnehmen kann. Er verbringt für mehr als ein Jahr die meiste Zeit des Tages und viele Abende damit, mit seinem schwarzen Freund (Tally) in dessen Stammlokal, Tally's Corner, herumzuhängen. Ellix verhält sich dabei fair: Er erzählt seinem Freund von Anfang an und jedem, der ihn danach fragt, dass er an einer Untersuchung über das Familienleben in der Stadt arbeite. Er unternimmt keinen Versuch, seine Herkunft zu verschleiern. Nach und nach lernt Liebow die Menschen aus dem Quartier kennen und wird von ihnen als Teil der lokalen Szene akzeptiert. Er isst, trinkt, redet und macht Witze mit ihnen. Er spielt wie sie am Flipper und geht samstagsabends zum Tanz. Allerdings verhält er sich den schwarzen Frauen gegenüber äußerst zurückhaltend, um keine Feindseligkeiten aufkommen zu lassen. In der später daraus entstandenen Untersuchung steht dann zwar wenig über die Erziehungspraktiken, aber umso mehr über das in der Bar vorfindliche gesellschaftliche Leben. Das Hauptergebnis der so entstandenen, sehr eindringlichen Feldstudie betrifft die Bedeutung, welche die Bar für das Ghetto hat. Obgleich deren Besucher eindeutig zu den sozialen Verlierern gehören und praktisch wurzellos sind, hilft ihnen die Vertrautheit des Lokals und des dort aufgebauten Netzwerkes, sich an ihre Lebenssituation anzupassen. Das Zusammengehörigkeitsgefühl gibt ihnen auch die emotionale Basis, ihren Misserfolg nicht verstecken zu müssen. Dieses Netzwerk wirkt dabei nur von außen chaotisch, in Wirklichkeit ist es sehr fein organisiert und jeder hat einen bestimmten Platz. Soziologisch ausgedrückt haben sich die Schwarzen in Tally's Corner eine Primärgruppe geschaffen, die sie ihre Entfremdungen leichter ertragen lässt.

Als *Primärgruppe* wird in der Soziologie z. B. die Familie verstanden, die durch die unmittelbaren emotionalen Beziehungen ihrer Mitglieder gekennzeichnet ist und von der prägende Sozialisationseinflüsse ausgehen. Das „Herausschälen" solcher subjektiver Bedeutungen, wie sie die Barbesucher aus der Studie einander zuschreiben, sind nur durch eine einfühlsame, verstehende Forschungsperspektive möglich. Einem nicht integrierten Außenstehenden dürften also solche Bedeutungen verschlossen bleiben. Andererseits besteht auch die Gefahr für die Forscher*innen, zu sehr in das Geschehen involviert zu werden und die immer wieder notwendige Distanzierung nicht mehr vollziehen zu können[27]. Wichtig bleibt auch anzufügen, dass alle Beobachtungen mit bereits existierenden empirischen Daten und theoretischen Erklärungsansätzen in Verbindung gebracht werden müssen, da sonst das eruierte Material einer bloßen Erlebnisschilderung gleicht und nur für die untersuchte Subkultur gelten kann, während das Ergebnis von Feldforschung nach Aussagen zur verallgemeinernden Gültigkeit verlangt.

Eine ganze Reihe von sozialwissenschaftlichen Untersuchungen hat den Primat der offen-teilnehmenden Beobachtung für sich reklamiert, die bereits beschriebene Marienthal-Studie von Jahoda/Lazarsfeld/Zeisel (vgl. weiter oben Teil I, Punkt 2.3), ganz explizit aber vor allem die Studien von Roland Girtler, etwa über die „Sandler" oder die Prostituierten in Wien, über jugendliche Fußballfans, über Wilderer im Salzkammergut und die Gefangenen in österreichischen Haftanstalten (vgl. zusammenfassend Girtler 1996). Girtler (2001) plädiert dafür, auch im eigenen Land und in der eigenen Stadt den Blick des Fremden einzunehmen, denn

> *„… es gibt Gruppen innerhalb der eigenen Gesellschaft, die von ihrer Sprache und ihren Ritualen meilenweit voneinander entfernt sein können, selbst wenn sie beieinander wohnen"* (Girtler 2001, 19).

Forschende sollen sich von vorschnellen, auf der scheinbaren Vertrautheit basierenden Interpretationen verabschieden und die Bereitschaft mitbringen, sich überraschen zu lassen[28]. Das sich Einlassen auf das Andere, auf den anderen Lebens- und Wirklichkeitsentwurf, kann nur gelingen, wenn auch ein intensiver Kontakt hergestellt wird. Im Bereich der kulturanthropologischen Forschung verbringen die einzelnen Forscher*innen oder ganze Forschungsteams häufig mehrere Jahre im Untersuchungsgebiet, eignen sich Sprache und Kultur der Untersuchten an, versuchen durch bewusste Empathie die soziale Wirklichkeit der untersuchten Gruppe zu teilen, ihren Erfahrungen nachzuspüren, ihre Wertvorstellungen zu dokumentieren und ihr gesamtes soziales Leben möglichst facettenreich darzustellen. Die Forschungsberichte beinhalten viele farbige Schilderungen, reich an Details und Merkwürdigkeiten. Die „im Feld" eingesetzten Erhebungsmethoden sind äußerst vielfältig, denn in der Regel sind die Forscher*innen auf ihre eigene Kreativität angewiesen, mit welchen Mitteln sie beobachten und vor allem, wie sie das Beobachtete systematisieren. Von Anfang an wird innerhalb der wissenschaftlichen Fachdiskussion die mangelnde Distanz zwischen Forscher*innen und Untersuchungspopulation kritisiert, andererseits wird vonseiten der Forschenden selber darauf verwiesen, wie wichtig es für ein vertieftes Eintauchen in die soziale Wirklichkeit anderer ist, diese Distanz aufzugeben und von den Untersuchten als selbstverständlicher Teil ihres tagtäglichen Zusammenlebens akzeptiert zu werden.

---

[27] Dies wird auch als Risiko des 'going native' beschrieben.
[28] Viele Sozialarbeiter*innen werden in ihrer Praxis immer wieder mit Menschen aus Milieus konfrontiert, die ihnen zuvor fremd, fern und völlig unbekannt waren. Einige Sozialreportagen verarbeiten diese Fremd-Erfahrung auch novellistisch, z. B. Kai Twilfer in seiner Satire über die Unterschicht-Familie Pröllmann in: „Schantall, tu ma die Omma winken!" Berlin, 2013.

Feststehen dürfte, dass Feldstudien wohl zu den spannendsten Forschungsmodellen zählen und andere kaum an ihre inhaltliche Tiefenschärfe und Detailgenauigkeit heranreichen. Girtler nennt denn auch in bewusster und metaphorischer Replik auf Kritiker*innen von Feldforschung die Mehrheit der Sozialforscher*innen, die sich als reine Schreibtischforscher*innen betätigen, etwas abschätzig die „Veranda-Soziologen" (Girtler 1996, 231).

Feldforschung, die unter dem Primat der offen-teilnehmenden Beobachtung arbeitet, gerät an ihre Grenzen, wenn bestimmte Gruppen, die beobachtet werden sollen, ihr Verhalten einem Außenstehenden niemals zeigen würden. Dies ist z. B. dann der Fall, wenn die Mitglieder einer (mutmaßlich) kriminell agierenden Gruppe untersucht werden sollen oder auch das Verhalten einer Sekte. Dann muss damit gerechnet werden, dass ein offenes Forschungsansinnen mit einem bewussten Täuschungsmanöver seitens der Untersuchten beantwortet würde.

> **Verdeckt teilnehmende Beobachtung** bedeutet, dass das Forschungsvorhaben zwar im Untersuchungsfeld stattfindet, die Forscher*innen jedoch ihre Identität verschleiern und sich als „normale" Gruppenmitglieder ausgeben.

Die verdeckte Forschung ist nicht zuletzt wegen ihrer ethischen Problematik sehr umstritten, andererseits haben oft gerade solche Forschungsprojekte erstaunliche und aufdeckenswerte Ergebnisse zutage gefördert.

Ein Beispiel dafür ist die Studie, bei der eine Sekte, die den baldigen Weltuntergang predigte, von einem verdeckt arbeitenden Forscher*innenteam untersucht wurde. Es ging dabei um die inneren Funktionsmechanismen in der Sekte und insbesondere darum, wie es funktioniert, dass die Sekte trotz des prognostizierten, aber real nicht eingetretenen Weltuntergangs bestehen bleibt. Es stellt sich heraus, dass diejenigen, die bestimmte Erklärungen für das Nicht-Eintreffen der Katastrophe finden, sich in ihrer Anhängerschaft sogar noch mehr bestätigt fühlen. Vor allem überzeugt etwa das Argument, dass die Welt gerade wegen der Existenz der Gruppe verschont worden ist (vgl. Hunt 1991, 27–28).

Ein weiteres Beispiel ist eine Studie, bei der sich Sozialforscher*innen mit der Diagnose „schizophren" in die psychiatrische Klinik einweisen ließen. Sie hatten dabei dem Arzt gegenüber angegeben, Stimmen zu hören. Obwohl sie sofort nach ihrer Einweisung nicht mehr vorgeben, Stimmen zu hören und sich völlig normal verhalten, sieht sie das Krankenhauspersonal weiterhin als schizophren an und setzt entsprechende Therapien ein. Dass es sich um keine echten Patienten handelt, merken in der Folgezeit nicht die behandelnden Ärzte, sondern die anderen Patienten (vgl. ebd., 29).

Obgleich die verdeckt teilnehmende Beobachtung es Forscher*innen ermöglicht, Gruppen zu untersuchen, die ihnen auf anderem Wege nicht zugänglich wären, stellt sie doch hohe Anforderungen und ist kompliziert. Dies beginnt schon bei der Anforderung an die Forscher*in, sich mit einer falschen Identität an eine Gruppe anzunähern, und diese Identität kontinuierlich mit Leben zu füllen und im Verlaufe des Kontaktes auch zu wahren. Es besteht die Gefahr, dass sich die Forscher*innen zu stark mit einer Gruppe identifizieren und damit die notwendige Beobachtungsdistanz verlieren. Sowohl bei extremer innerer Distanz wie auch bei zu großer Nähe zur Untersuchungsgruppe in der Haltung der verdeckten Forscher*innen steht jedenfalls fest, dass die in Unkenntnis der Betroffenen gesammelten Informationen missbraucht werden, indem sie später veröffentlicht werden. Der ethische

Vorbehalt gegen ein solches Tun ist auch der wichtigste Grund, die verdeckt teilnehmende Methode abzulehnen.

3.4.5 Nicht-reaktive Beobachtungsmethoden

„Es ist möglich, eine Menge über das Sozialverhalten einer Personengruppe zu erfahren, ohne mit ihr zu leben, sie zu interviewen oder sie auch nur von weitem zu beobachten" (Hunt 1991, 35).

Eine Reihe von Studien stützt sich gänzlich auf sog. nicht-reaktive Verfahren, um die weiter oben beschriebenen Effekte der Verfälschung durch die Anwesenheit von Forscher*innen zu vermeiden. Bei den physischen Nachweisen menschlichen Sozialverhaltens gilt es, ein geradezu detektivisches Gespür zu entwickeln, denn ähnlich wie der Kriminalist nach Fingerabdrücken und der Tatwaffe sucht und die Täterschaft anhand dieser nachzuweisen versucht oder sich von einem gefundenen Haar am Tatort Hinweise auf körperliche Merkmale eines Gesuchten erhofft (z. B. Geschlecht, Alter, bestimmte Krankheiten, Rauchen, illegale Drogenabhängigkeit etc.), wird auch im Bereich der Sozialforschung nach tauglichen physischen Nachweisen für ein bestimmtes Verhalten, nach *Verhaltensspuren*, gefahndet.

> Die Erhebung von Verhaltensspuren (physische Nachweise wie Abnutzung, Abdrücke oder Abfall) wird als **nicht-reaktives Verfahren** bezeichnet, weil Einflüsse durch die Untersuchungspersonen und die Beobachter*innen ausscheiden, gleichwohl aber Rückschlüsse auf erfolgtes Sozialverhalten möglich werden.

Eine Methode, die in diese Palette gehört, zählt nicht gerade zu den appetitlichsten: Es geht um die *Abfallanalyse*, wobei von der Annahme ausgegangen wird, dass von dem in einem Haushalt produzierten Müll auf die Lebensgewohnheiten seiner Mitglieder geschlossen werden kann, wie etwa deren Essgewohnheiten (z. B. Konsum von Fertiggerichten und industriell produzierter Kindernahrung) oder auch deren ökologisch bewusstes Verhalten (z. B. Anteil von Papier, Alu und Glas oder auch Höschen-Windeln im Hausmüll). In einer amerikanischen Studie wurde anhand einer Abfalluntersuchung gemessen, ob sich der Alkoholkonsum in einer Kommune nach der Eröffnung eines neuen Spirituosenladens erhöht hat oder aber auf gleichem Niveau blieb (vgl. Hunt 1991, 37).

Teilweise wird der physische Nachweis von Sozialverhalten auch als eine Art Kontrollmethode verwendet, wenn eine direkte Befragung zu erwartbar verzerrten Antworten führen würde. So konnte beispielsweise durch Abfallanalysen nachgewiesen werden, dass die Befragten mit höherem Bildungsstand genauso wenig getrennte Papierentsorgung vornehmen wie andere Befragte, obwohl sie dies bei einer mündlichen Befragung behauptet hatten oder aber Angehörige der amerikanischen Mittelschicht sich genauso ungesund (nämlich von Fastfood) ernähren, wie andere Bevölkerungsschichten, wovon die vielen Styroporschachteln im Hausmüll beredtes Zeugnis ablegten. Der physische Nachweis hat hier die Aussagen eines Teils der Befragten als bloße, sozial erwünschte Rhetorik entlarvt (vgl. Diekmann 2017, 647 f). Im Schweizer Zürich wurde anhand der Zahl der dort gegen geringe Gebühr an mehreren Stellen (z. B. an Automaten) abgegebenen sterilen Spritzen und in Kombination mit dem in einer Befragung ermittelten durchschnittlichen Monatsverbrauch von Spritzen durch Heroinkonsumierende die Zahl der tatsächlich harte Drogen gebrauchenden Menschen im Stadtgebiet geschätzt (vgl. ebd., 648–649).

Selbst in historischen Studien konnte mittels Abfallanalyse nachgewiesen werden, dass Frauen und Männer vor einigen Jahrtausenden vermutlich in getrennten Gruppen und sogar in unterschiedlichen Regionen lebten, denn der „prähistorische" Müll, der hier seine konservierten Verhaltensspuren hinterließ, belegte die These wonach die „Frauenhorden", die sich als Sammlerinnen betätigten und die „Männerhorden", die sich als Jäger betätigten, strikt voneinander getrennt blieben. Offensichtlich trafen die Geschlechter nur zu festgelegten Ritualen aufeinander, einmal zur Zeugung von Nachkommen und dann auch, um die in der Frauengruppe verbliebenen, herangewachsenen Jungen an die Männer zu übergeben (vgl. Bergmann 1991 und Rentmeister 1985).

Ein weiteres Beispiel bei der Fahndung nach Verhaltensspuren: In einem Naturkundemuseum wurde über die anfallende Häufigkeit auszuwechselnder Fliesen unterhalb der Ausstellungsvitrinen auf die Beliebtheit bestimmter Objekte bzw. generell auf die Präferenzen der Besucher*innen geschlossen: Die weitaus beliebteste Vitrine war die von gerade ausschlüpfenden Küken unter einer Wärmelampe. Diese (ehrliche) Antwort wäre bei einer Umfrage bei den (bildungsbürgerlich ambitionierten) Besucher*innen wohl kaum zu erwarten gewesen (vgl. Hunt 1991, 36).

Auch eine Untersuchung zur Beliebtheit ausgeliehener Bücher aus einer öffentlichen Bücherei bis hin zu den in denselben beliebtesten, das heißt am meisten abgegriffenen Seiten und unterstrichenen Stellen gehört in dieselbe Kategorie von Untersuchungsmethode. Eine reine Frequenzanalyse (z. B. Computeranalyse der Verleihhäufigkeit) der ausgeliehenen Bände kann nicht beweisen, dass die entliehenen Titel auch tatsächlich gelesen worden sind (vgl. ebd.).

Die Eruierung solcher physischer Nachweise menschlichen Sozialverhaltens ist besonders dann sinnvoll, wenn eine direkte Beobachtung zu aufwändig wäre oder zu erwartbar verfälschten Ergebnissen führen würde, bzw. zu viel Raum für subjektive Schätzfehler ließe (z. B. individuelle Angaben zum Fernseh- oder Alkoholkonsum).

3.4.6 Ethnomethodologie und Krisenexperiment

Nun zu einem Beispiel aus der Feldforschung, das mit einer völlig anderen Methode, dem so genannten Krisenexperiment arbeitet. Dieser methodische Zugang wurde innerhalb der Ethnomethodologie, der ideologischen Nachfolgerin der Feldforschung, entwickelt.

> Die **Ethnomethodologie** ist ein praxisorientierter, soziologischer Untersuchungsansatz, der von Harold Garfinkel begründet wurde, und der herauszufinden versucht, wie konkrete Handelnde so etwas wie Struktur oder Ordnung in ihren Alltag bringen. Ethnomethodologische Forschung liefert präzise Beschreibungen der Methoden, die von Mitgliedern einer Gesellschaft, Gruppe oder Gemeinschaft verwendet werden, um das zu tun, was auch immer sie tun. Es kann sich um hochspezialisierte, technische Tätigkeiten handeln, aber auch um tagtägliches Verhalten. Jede Psychologisierung wird bei der Interpretation abgelehnt. Es geht um die Eruierung der Kategorien und Schemata, an denen sich die Handelnden selbst orientieren.

Die ersten Studien dieser Richtung beschäftigen sich vor allem mit tagtäglich Arbeitsvollzügen im konkreten beruflichen Kontext (etwa Krankenhaus oder Sozialamt). Diese Gruppe

von Studien wird auch unter dem Stichwort „Studies of Work"[29] zusammengefasst und ist wesentlich mit dem Namen *Harold Garfinkel* verbunden. Die zentrale und untersuchungsleitende Annahme in der Ethnomethodologie ist, dass soziale Akteure im Vollzug von Handlungen zahlreiche Techniken einsetzen, um eben diese Handlungen erkennbar, verstehbar, darstellbar, letztlich also erklärbar zu machen (vgl. Bergmann 1991, 269). Es geht also um die subjektive Konstruktion von Wirklichkeit. Ausgangspunkt von Garfinkels Studien ist seine erste Untersuchung von Geschworenen an der University of Chicago. Er befasst sich mit der Frage, in welcher Weise die Geschworenen wussten, was sie taten, wenn sie sich als Geschworene betätigten, zumal sie ja nicht als solche ausgebildet waren. Garfinkel zeigt sich beeindruckt von der Fähigkeit der Geschworenen, Beweismaterial einzuschätzen und Entscheidungen unter Zuhilfenahme des gesunden Menschenverstandes zu treffen. Die Verfahrensweise der Geschworenen war allerdings nur solange nicht problematisch, bis Garfinkel anfing, dieses Wissen bzw. die Praktiken der Geschworenen zu hinterfragen. Das ist der Beginn seiner später so genannten *Krisenexperimente*. Garfinkel kreist in seinen ersten Arbeiten vor allem um die zwei folgenden Fragen:
- Woher nehmen die Handelnden in einer konkreten Situation ihre kognitive Orientierung für ihre Tätigkeit?
- Wie verleihen Menschen einer konkreten Handlungssituation Sinn?

Als eine der Hauptantworten findet er heraus, dass die Individuen ihr Handeln an von ihnen im Vorhinein getroffenen Situationsdefinitionen orientieren, dass sie dies ständig tun und großenteils unbewusst. In jeder konkreten Situation wird diese Definition geleistet und unter Umständen auch verändert. Garfinkel belegt durch seine Krisenexperimente ganz deutlich, dass diese steten Situationsdefinitionen völlig automatisch ablaufen und dass die bewusste Konfrontation mit diesem Vorgehen, die Leute in der Regel erzürnt. Wenn jemand ständig um Erläuterung gebeten wird, was er gerade tut und warum, sind wütende Reaktionen die Folge. Diese Aggression resultiert daraus, dass eine Situation nicht als selbstverständlich geteilt und damit „unnötig" verkompliziert wird. So schickt Garfinkel seine Studenten mit der Handlungsanweisung los, sie mögen sich im Haus der Eltern wie Gäste betragen oder irritierende Nachfragen in Freundesgesprächen stellen.

Fall 1
Die Versuchsperson erzählte dem Experimentator, da die beiden Mitbenutzer desselben Wagenparks waren, gerade davon, dass sie am vorhergehenden Tag während der Fahrt zu Arbeit eine Reifenpanne gehabt habe.
(VP) Ich hatte eine Reifenpanne.
(E) Was meinst du damit, dass du eine Reifenpanne hattest?

Der Student berichtet: Sie erschien im Augenblick wie betäubt. Dann antwortete sie mit feindseligem Unterton: „Was meinst du mit deiner dummen Frage: ‚Was meinst du damit?' Eine Reifenpanne ist eine Reifenpanne. Genau das meine ich und nichts sonst. Was für eine verrückte Frage!"

---

[29] Garfinkel untersucht dabei Arbeitsvollzüge bei Astronauten, Biologen, Jazzmusikern und Heimwerkern (vgl. Mullins 1981, 119).

Fall 2
(VP) Hallo Ray, wie fühlt sich deine Freundin?
(E) Was meinst du mit der Frage, wie sie sich fühlt? Meinst du das körperlich oder geistig?
(VP) Ich meine: Wie fühlt sie sich? Was ist denn mit dir los? (Er wirkte eingeschnappt.)
(E) Nichts. Aber erklär doch mal ein bisschen deutlicher, was du meinst.
(VP) Lassen wir das. Was macht deine Zulassung für die medizinische Hochschule?
(E) Was meinst du damit: „Was macht sie?"
(VP) Du weißt genau, was ich meine.
(E) Ich weiß es wirklich nicht.
(VP) Was ist los mit dir? Ist dir nicht gut?

Fall 3
Freitagabend saßen mein Mann und ich gerade vor dem Fernseher. Mein Mann bemerkte, er sei müde. Ich fragte: „In welcher Hinsicht bist du müde? Körperlich, geistig oder nur gelangweilt?"
(VP) Ich weiß es nicht genau. Ich nehme an, hauptsächlich körperlich.
(E) Meinst du, dass deine Muskeln schmerzen bzw. deine Knochen wehtun?
(VP) Ich nehme an. Sei nicht so spitzfindig.

(Nach weiterem Zuschauen):
(VP) In all diesen alten Filmen gibt es dieselbe Art von Eisenbettgestell.
(E) Woran denkst du dabei? Meinst du alle alten Filme, oder nur einige von ihnen, oder gerade nur diejenigen, die du selbst gesehen hast?
(VP) Was ist mit dir los? Du weißt, was ich meine.
(E) Ich wünschte, du würdest mehr ins Einzelne gehen.
(VP) Du weißt genau, was ich meine. Hör bloß auf!

Fall 4
Mein Freund sagte zu mir: Beeile dich oder wir kommen zu spät. Ich fragte ihn, was er mit „zu spät" meine und von welchem Blickwinkel aus er von „zu spät" sprechen wolle. Ein Ausdruck von Verwirrung und Zynismus lag auf seinem Gesicht: „Warum stellst du mir solche blöden Fragen? Eine solche Feststellung brauche ich wohl nicht zu erklären. Was stimmt denn heute mit dir nicht? Warum sollte ich mich damit aufhalten, solch eine Fragestellung zu analysieren? Jeder versteht meine Darlegungen, und du solltest da auch keine Ausnahme machen."

Fall 5
Die Versuchsperson winkte freundlich.
(VP) Wie steht's?
(E) Wie steht es mit was? Meiner Gesundheit, meinen Geldangelegenheiten, meinen Aufgaben für die Hochschule, meinem Seelenfrieden, meinem ...
(VP) *(Rot im Gesicht und plötzlich außer Kontrolle.)*
Hör zu. Ich unternahm gerade den Versuch, höflich zu sein. Offen gesprochen kümmert es mich einen Dreck, wie es mit dir steht (vgl. Garfinkel 1980, 206 f).

Besonders viele Ungereimtheiten entstehen in Handlungssituationen, bei denen die Interaktionspartner aus verschiedenen Kulturen stammen. Was hierzulande eine harmlose Verabredung zum Tanzen ist, kann anderswo als erste Einwilligung zur Aufnahme sexueller Beziehungen missinterpretiert werden. Dazu gibt es auch eine Studie über vorprogrammierte

Missverständnisse zwischen amerikanischen Besatzungssoldaten und jungen britischen Frauen während der letzten Kriegsjahre im Zweiten Weltkrieg. Während in den USA das Küssen als noch recht unschuldige Stufe der Annäherung verstanden wurde, kam diese Form körperlichen Kontakts im britischen Verständnis erst sehr spät in der Hierarchie der Zuneigungsbekundungen, als unmittelbare Vorstufe zum Geschlechtsverkehr.

„Wenn also der Amerikaner annahm, es sei Zeit für einen unschuldigen Kuß, war dieser Kuß für die Engländerin durchaus kein unschuldiges, sondern ein sehr unverschämtes Benehmen, das für sie keineswegs in dieses Frühstadium der Beziehung paßte" (Watzlawick 1999, 75).

Während also die britischen Frauen nicht selten überrumpelt, wenn nicht empört waren über die – in ihren Augen – unangemessene Dreistigkeit des ersten Kusses, waren die US-amerikanischen Soldaten anschließend ihrerseits überrascht von der, für ihr Verständnis, raschen Einwilligung der britischen Frauen zum Geschlechtsverkehr.

V Quantitative Auswahl-, Erhebungs- und Auswertungsmethoden

Kernstück jeder empirisch verfahrenden Studie sind die Methoden, vermittels welcher sich die theoretisch fundierte Forschung einen wissenschaftlich disziplinierten Zugang zur Wirklichkeit schafft. **Empirische Methoden sind allgemein alle von einer wissenschaftlichen Gemeinschaft anerkannten, regelgeleiteten Techniken zur Einbeziehung von Erfahrungsdaten in den Forschungsprozess.**

Wir unterscheiden – und daran orientiert sich der Aufbau der folgenden beiden Kapitel – nach Methoden zur Auswahl, zur Erhebung und zur Auswertung von empirischen Daten.

Auswahlmethoden regeln die Selektion von Untersuchungsobjekten, sie grenzen also zunächst die Menge derjenigen Personen, Organisationen, Texte, Bilder oder sonstige Zeugnisse sozialen Verhaltens ab, die für unsere Studie befragt, beobachtet oder beschrieben werden sollen. Eine methodisch korrekt durchgeführte Auswahl von Untersuchungsobjekten bildet die Grundlage für sinnvolle bzw. unverzerrte Datenerhebung wie gehaltvolle Analyseergebnisse und deren Verallgemeinerbarkeit.

Erhebungsmethoden sind Techniken und Verfahren zur Gewinnung von Daten aus den Untersuchungsobjekten. Die Art und Weise der Erhebung bestimmt, was bzw. welche Aspekte der untersuchten Personen, Organisationen etc. ‚sichtbar' wird. Erhebungsmethoden regeln mithin die **Selektion der beobachteten Daten**. Diese bilden die Grundlage für alle auf ihnen basierenden Auswertungen, Schlussfolgerungen und theorierelevanten Erkenntnisse. Mit anderen Worten: Was nicht erhoben wurde, kann nicht überprüft werden.

Auswertungsverfahren schließlich überführen bloße Anschauungsdaten in für uns relevante Informationen. Sie liefern uns die Antworten auf die theoretisch formulierten Forschungsfragen, indem sie die uns interessierenden Aspekte aus den erhobenen Daten herausschälen und in einen Zusammenhang stellen. Damit dienen sie der **Generierung neuer Informationen und Erkenntnisse** aus dem ‚toten' Material der Erhebung.

Da diese Einführung in die Methoden der Empirischen Sozialforschung eine einseitige forschungsparadigmatische Beschränkung vermeiden möchte, werden im Folgenden sowohl quantitative (Kapitel V) als auch qualitative (Kapitel VI) Auswahl-, Erhebungs- und Auswertungsmethoden ausführlich dargestellt werden.

Aus quantitativer Perspektive gestaltet sich die methodische Ausführung des Dreischritts recht eindeutig und klar. Quantitative Studien wählen ihre Untersuchungsobjekte i. d. R. vermittels (Zufalls)Stichproben aus, die größtmögliche Verallgemeinerbarkeit der Ergebnisse erlauben sollen (Punkt 1). Zwar gibt es durchaus mehr als eine quantitative Erhebungsmethode, doch beschränken wir uns hier auf den weitaus häufigsten Fall einer Erhebung vermittels standardisierter Fragebögen (Punkt 2). Zur Auswertung quantitativer Daten schließlich stehen die Methoden der Statistik bereit, denen wir einen ausführlichen Exkurs widmen (Punkt 3).

Quantitative Forschung basiert auf dem Primat variablenzentrierten Erklärens. Es geht bei einer quantitativen Studie darum, Kenngrößen von und Zusammenhänge zwischen Merkmalen als solchen zu beschreiben, auf eine vergleichbare Maßzahl zu bringen und deren Verallgemeinerbarkeit auf eine größere Gruppe von Untersuchungsobjekten zu prüfen. Diese spezifische Weise der Informationserzeugung und -verarbeitung, also der Auswertung von Daten, strahlt gewissermaßen auf den gesamten Forschungsprozess aus – bereits die Auswahl und die Erhebung sind auf die spätere (statistische) Auswertung hin angelegt. Dies schlägt sich v. a. in der häufigen Verwendung standardisierter Erhebungsinstrumente nieder, die feste Antwortkategorien und fixe Erhebungsverläufe vorschreiben. Der quantitativen Forschung geht es dabei weniger um das Individuum als integre Einheit, die in ihrer spezifischen Lebens- und Erfahrungswelt bzw. ihrem Sinnhorizont verstanden werden könnten, sondern um die ‚objektive' Beschreibung von Regelmäßigkeiten und Veränderungen in den Zusammenhängen zwischen als Variablen ausgedrückten Merkmalen.

1 Quantitative Auswahlmethoden: Stichprobenziehung

Quantitative Daten werden normalerweise für eine relativ große Zahl von Untersuchungsobjekten erhoben[1]. Diese werden über die Ziehung von Stichproben (engl. Samples) ausgewählt. Dabei gibt es je nach Forschungsinteresse, anvisierter Stichprobenfallzahl, der Beschaffenheit der Zielpopulation, den verfügbaren Mitteln und sonstigen Umständen verschiedene Methoden, deren Grundmodell jedoch stets die einfache Zufallsstichprobe bildet.

Bevor wir jedoch einzelne Verfahren der Stichprobenziehung eingehender besprechen, gilt es einige Grundbegriffe und -konzepte rund um die (quantitative) Logik der Auswahl von Erhebungsobjekten zu klären.

1.1 Grundbegriffe rund um die Stichprobe

Zunächst sollen die Begriffe Stichprobe (= n) und Grundgesamtheit (= N) differenziert werden. Stellen wir uns eine geplante Untersuchung an Student*innen einer ausgewählten Hochschule für Angewandte Wissenschaften vor, etwa zu deren Beweggründen, das Studium der Sozialen Arbeit oder des Pflegemanagements aufzunehmen. Dann ist die Grundgesamtheit die Zahl aller Studierenden an dieser Hochschule im Fachbereich Sozialwesen bzw. Pflegemanagement. Wenn nun 500 Studierende sich zu einer Befragung bereit erklären, beträgt der Stichprobenumfang n = 500 aus einer Grundgesamtheit von angenommen N = 1200 Studierenden beider Fachbereiche insgesamt.

> Die Grundgesamtheit oder Population ist also die Menge von Untersuchungseinheiten, über die wir Aussagen treffen möchten. Um dies zu ermöglichen, muss die Stichprobe eine repräsentative Auswahl aus der Grundgesamtheit realisieren.

---

[1] Der Grund dafür sollte spätestens bei der Diskussion inferenzstatistischer Verfahren einsichtig werden.

Stichproben stehen in einem genau zu definierenden Verhältnis zur jeweiligen Grundgesamtheit. Die Art der Grundgesamtheit wiederum hängt von der Fragestellung ab. Zielt eine Untersuchungsfrage z.B. generell auf in Deutschland lebende Personen, umfasst die Grundgesamtheit die etwa 82 Mio. Menschen der deutschen Wohnbevölkerung, also alle innerhalb des Staatsgebiets lebenden Männer, Frauen und Kinder. Die Stichprobe sollte dann so zusammengesetzt sein, dass sie – obwohl vom Umfang her deutlich kleiner als 82 Mio. Untersuchte – Rückschlüsse auf diese Grundgesamtheit erlaubt.

Stichproben werden immer dann gezogen, wenn eine Total- oder Vollerhebung zu teuer oder zu zeitaufwändig wäre, was bei den meisten Studien der Fall sein dürfte. Trotzdem sollen diese Stichproben aber Aussagen ermöglichen, die auch jenseits des Teilausschnitts, den die Stichprobe darstellt, eine gewisse Gültigkeit beanspruchen können. Das bedeutet zunächst einmal, dass sich bestimmte Merkmale von Elementen der Stichprobe nicht überzufällig häufen dürfen, also etwa in dem Fall, wo sich in einer anvisierten Bevölkerungsumfrage fast ausschließlich junge Menschen in der Stichprobe befinden oder überwiegend Männer.

Wenn die Erhebung nicht von vornherein auf eine bestimmte soziale Gruppierung zielt, muss darauf geachtet werden, dass theoretisch jedes Element – oder wie in unserem Beispiel jede Person, **dieselbe Chance hat, in diese Stichprobe zu gelangen**. Dieses Auswahlkriterium heißt **Zufallsauswahl** und ist eine Grundbedingung für die vielbeschworene **Repräsentativität** der Daten.

Nehmen wir nun einmal an, jemand zieht der Einfachheit halber seine Stichprobe aus Passant*innen einer bestimmten großstädtischen Fußgängerzone. Diese Stichprobe entspricht nicht den Kriterien einer Zufallsauswahl, sondern es ist anzunehmen, dass **diese Stichprobe von vornherein verzerrt** ist: Je nach Tageszeit befinden sich in Fußgängerzonen ganz bestimmte Bevölkerungsgruppen, wie etwa Familienfrauen und Mütter oder ältere Menschen, in der Mittagszeit vermutlich eilige Erwerbstätige usw. Es kann also nicht ausgeschaltet werden, dass spezifische Personengruppen überzufällig häufig ‚gezogen' werden[2] und andere gar nicht (z.B. Schüler*innen, Kranke, Behinderte, Erwerbslose, Urlauber*innen, Inhaftierte).

Ein zweiter Verzerrfehler besteht darin, dass in der Regel nur ein (kleiner) Teil der Vorübereilenden zur Teilnahme an der Studie bereit ist. Auch dabei sind Überlegungen angebracht, wer sich bereit erklärt und aus welchen Gründen und wer nicht. Dies dürfte sich aber in der Regel nicht leicht aufschlüsseln lassen, viele unterschiedliche Einflussfaktoren für eine Verweigerung sind denkbar, etwa die Person des Interviewers, der die Passant*innen anspricht, die negativ getönte Erinnerung an eine früher schon einmal erfolgte Teilnahme an solchen Untersuchungen, die als unangenehm empfundene psychologische Befragungssituation, der Zeitmangel, die ungünstigen klimatischen Bedingungen, die prinzipielle Ablehnung von Sozialforschung etc.

Es können also wohl kaum verlässliche Aussagen darüber gemacht werden, wer sich schließlich in der Stichprobe befindet und warum. Zumindest das letzte Problem der Teilnahmeverweigerung kann – außer in verpflichtenden Befragungen wie dem Mikrozensus – auch in methodisch sauberen Zufallsauswahlen nicht ausgeschlossen werden. Es gibt aber durchaus

---

2 Wir sprechen in diesen Fällen auch von systematischen Verzerrungen.

Möglichkeiten, die Teilnahmewahrscheinlichkeit zu erhöhen – diese reichen von monetären Anreizen bis hin zu winzigen Details bei der Befragung, wie Qualität und Aussehen des Briefumschlags, in dem der Fragebogen bei einer postalischen Befragung zugestellt wird[3].

> Die **Ausschöpfungsquote** (engl. response rate) einer empirischen Erhebung gibt an, wie viele der durch ein Auswahlverfahren selektierten Untersuchungseinheiten dann auch tatsächlich befragt bzw. beobachtet werden konnten, also wie gut bzw. wie umfänglich die Auswahl in eine Erhebung umgesetzt werden konnte. Die Ausschöpfungsquote berechnet sich dabei als
>
> $$\frac{\textit{Anzahl realisierte Interviews}}{\textit{Anzahl versuchte Interviews – stichprobenneutrale Ausfälle}}$$
>
> Wir setzen dabei schlicht die tatsächlich zustande gekommenen, vollständigen Interviews in ein Verhältnis zu den insgesamt versuchten Interviews, von deren Zahl wir die sog. stichprobenneutralen Ausfälle subtrahieren – dabei handelt es sich um all jene Fälle, bei denen zwar kein Interview zustande gekommen ist, die aber ohnehin nicht zu unserer Grundgesamtheit gehörten bzw. durch einen Fehler in unserer Stichprobe überhaupt gezogen wurden[4]. Im Idealfall beträgt die Ausschöpfungsquote 1, also 100 Prozent, was aber so gut wie nie erreicht wird. Eine niedrige Ausschöpfungsquote weist auf systematische Verzerrungen bei der Auswahl hin.

Aber auch offizielle Statistiken liefern nicht immer ein realistisches Bild über den behandelten Gegenstand. So dürften etwa die Kriminalstatistiken nur ein höchst unvollkommenes Bild vom kriminellen Geschehen liefern, weil dort ausschließlich die angezeigten Vergehen und solche, in denen es zu einer Verurteilung kam, ausgewiesen werden. Nicht angezeigte Delikte oder Verfahren, die bereits in der Vorverhandlung eingestellt wurden, finden in der Regel keinen Niederschlag in dieser Statistik; genauere Zahlen können dann die oben behandelten Dunkelfeldstudien liefern (vgl. Kapitel IV, Punkt 3.1).

Gebräuchlich ist auch eine **Unterscheidung nach Erhebungs- und Untersuchungseinheiten**. Als Untersuchungseinheiten werden diejenigen Elemente einer Grundgesamtheit bezeichnet, auf welche die Untersuchungsfrage zielt. Als Erhebungseinheiten werden die Elemente bezeichnet, die sich dann tatsächlich in der Stichprobe befinden. In vielen Untersuchungen fallen Untersuchungs- und Erhebungseinheiten in eins, sind also identisch. Es kann aber auch gute Gründe dafür geben, Untersuchungs- und Erhebungseinheiten voneinander zu trennen.

Stellen wir uns dazu vor, in einer Kindertagesstätte soll den Ernährungsgewohnheiten von Vorschulkindern oder deren Spielgewohnheiten nachgegangen werden. Dabei werden zum ersten Thema die Eltern der Kinder anhand eines schriftlichen vollstandardisierten Fragebogens ausführlich befragt, zum zweiten Thema die in der Einrichtung beschäftigten Erzieher*innen. Die Untersuchungseinheiten dieser Studie sind die Kinder, die Erhebungseinheiten, aber im ersten Fall die Eltern, im zweiten die Erzieher*innen. Die vorgenommene Trennung von Untersuchungs- und Erhebungseinheiten wird in der Regel aus sehr

---

3 Die von D.A. Dillman entwickelte sog. ‚Total-Design'-Methode zielt genau auf derartige Maßnahmen zur Erhöhung der Rücklaufquote bei schriftlichen Befragungen. Wir werden später noch ausführlicher auf die verschiedenen Befragungsformen und ihre spezifischen Vor- und Nachteile eingehen (vgl. Punkt 2.2.4).

4 Ein klassisches Beispiel für stichprobenneutrale Ausfälle sind Anschlüsse von Firmen und Unternehmen bei einer telefonischen Befragung, die sich auf Privathaushalte bezieht.

nachvollziehbaren Gründen erfolgen, kann aber nicht unerhebliche Auswirkungen auf die Ergebnisse einer Studie und damit deren Gültigkeit haben.

1.2 Der Umfang einer Stichprobe

Empirische Untersuchungen zielen auf die Formulierung von gültigen Aussagen über genau anzugebende Populationen. Im besten Falle ist es uns möglich, alle Elemente der interessierenden Population (z. B. Studierende der Sozialen Arbeit an Hochschule XY) zu berücksichtigen.

Solche Voll- oder Totalerhebungen sind immer dann angebracht bzw. möglich, wenn die interessierende Grundgesamtheit sehr klein oder sehr heterogen in Bezug auf ein interessierendes Merkmal ist. Vollerhebungen besitzen den Vorteil, dass die Verteilung der Merkmale ihrer Elemente, sämtliche Parameter, bekannt sind.

Meistens jedoch werden wir uns mit einer Stichprobe begnügen müssen, von der aus wir dann Aussagen über die Population zu treffen versuchen (Inferenz).

Bei einer Stichprobe müssen die forschungsrelevanten Parameter der Grundgesamtheit geschätzt werden und es kommt zu Abweichungen vom „wahren Wert". Diese Abweichungen sind allerdings berechenbar (s. Punkt 3.3).

Wie die einschlägigen Diskussionen um die Gültigkeit wissenschaftlicher Studien zeigen, hängt deren Aussagekraft und Verlässlichkeit neben dem eingesetzten Methodeninstrumentarium ganz essenziell davon ab, wie die Stichprobe beschaffen ist. Als eine grundsätzliche Regel gilt, dass größere Stichproben ein genaueres Abbild der Grundgesamtheit liefern als kleinere Stichproben (vgl. Diekmann 2017, 374).

Diese Faustregel geht auf das Gesetz der großen Zahl zurück und kann einfach erläutert werden. Nehmen wir an, die Bachelor-Abschlussnoten im Fachbereich Soziale Arbeit an einer Hochschule für Angewandte Wissenschaften mit jährlich 200 Absolvent*innen liegt bei der Note 1,8, so ist es nicht sehr wahrscheinlich, dass wenn ich drei beliebige Absolventinnen herausgreife, deren Notendurchschnitt ebenfalls genau 1,8 ergibt. Statistisch gesprochen ist also kaum zu erwarten, dass das arithmetische Mittel (bei n = 3) 1,8 beträgt. Es ist aber das Ziel einer Stichprobe, die Beschaffenheit der Grundgesamtheit (z. B. anhand ausgewählter Mittelwerte) möglichst genau wiederzugeben. Wenn in unserem Beispiel dagegen 100 Absolvent*innen in die Stichprobe miteinbezogen würden, stiege auch die Chance, dass ihre Abschlussnoten im Mittel tatsächlich bei 1,8 liegen (vgl. Weinbach/Grinnell 2000, 101).

In den allermeisten Fällen wird eine Vollerhebung schwirig oder unökonomisch sein, weswegen wir doch wieder auf selektive Stichproben zurückgreifen müssen. Die beabsichtigte Größe einer solchen Stichprobe sollte im Vorhinein festgelegt werden.

Im Bereich der Sozialen Arbeit wird der für eine geplante Untersuchung notwendige Stichprobenumfang nicht unbedingt ein breit zu diskutierendes Problem darstellen, denn es geht in den meisten Fällen wohl nicht um repräsentative Studien, sondern um einen systematischen Überblick in einem bestimmten Arbeitsgebiet. Vielfach wird sich der Umfang aus der Themenstellung, der Art der sozialen Einrichtung, den in Frage kommenden

Untersuchungspersonen von selbst ergeben. Gerade wenn in einem Untersuchungsfeld noch sehr wenig Empirie vorliegt und die interessierende Population sehr heterogen oder wenig einschätzbar ist, wird wohl eine Vollerhebung angestrebt werden. Selbstverständlich kommt es auch darauf an, wie komplex die Fragestellungen sind, wie differenziert ausgewertet werden soll und welche Methoden zum Einsatz kommen. Je komplexer und vertiefter die Analyse, desto eher werden qualitative Methoden eingesetzt werden und desto kleiner wird der Umfang der Stichprobe sein. Generell jedoch hängt die notwendige bzw. wünschenswerte Stichprobengröße ab von der Zahl und der Beschaffenheit (i.e. Ausprägungszahl) der zu erhebenden Variablen, sowie von den beabsichtigten Testverfahren, die mit zunehmender Fallzahl immer ‚sensibler' werden.

> „Die Bestimmung des notwendigen Stichprobenumfangs erfolgt über die Festlegung, welche Fehlergrenzen bei der Schätzung noch toleriert werden können. Streuen die interessierenden Merkmale in der Grundgesamtheit stark und werden nur sehr kleine Fehler toleriert, muss dementsprechend eine große Stichprobe gezogen werden" (Schnell u. a. 1988, 260).

Wenn wir also in der Stichprobe einen bestimmten Wert, z. B. einen Mittelwert errechnet haben, können wir mit einer gewissen Fehlertoleranz davon ausgehen, dass dieser Wert auch für die Grundgesamtheit gilt. Die Fehlertoleranz wird anhand des sogenannten Konfidenzintervalls angegeben. Gemeint ist damit ein Bereich, in dem sich ein Wert aus der Stichprobe für die Grundgesamtheit mit einer gewissen Wahrscheinlichkeit (mit 95-prozentiger oder 99-prozentiger Wahrscheinlichkeit) bewegt (vgl. Punkt 3.3.3; vgl. dazu auch ausführlich Behrens 2000, 61 ff).

Wie weiter oben bereits ausgeführt, steigt die Schätzgenauigkeit mit dem Stichprobenumfang, was allerdings zu ganz eigenen Problemen führt, wie die Kritik an den verbreiteten Signifikanztests zeigt (s. Punkt 3.3.4.5). Für viele Untersuchungsbereiche haben sich bestimmte Stichprobengrößen bewährt, so kommen repräsentative Bevölkerungsumfragen mit Stichprobenumfängen von n = 3.000 Personen aus, werden bestimmte, definierte Gruppen aus der Bevölkerung untersucht, z. B. junge Frauen, übersteigt die Stichprobe meist nicht den Umfang von n = 1.000 Frauen.

Neben den tolerierbaren Schätzfehlern spielen – wie oben bereits angeschnitten – auch die Komplexität der zu untersuchenden Fragestellungen, die eingesetzten Methoden[5] und die Differenziertheit der später beabsichtigten Auswertungen eine Rolle bei der Wahl der Stichprobengröße. Selbstverständlich ist auch jeweils der Aufwand zu berücksichtigen, den eine große Stichprobe erfordert. Es gibt keine festen Richtwerte, die den korrekten Umfang einer Stichprobe bestimmen könnten, auch wenn mehrere Faustregeln formuliert wurden (vgl. z. B. Friedrichs 1980, 146). An dieser Stelle soll vorläufig der Hinweis genügen, dass größere Stichproben i. d. R. genauere Schätzungen zulassen und Hypothesentests sensibler ausfallen.

Zusammenfassend ist bei der Festlegung des Stichprobenumfangs also zu berücksichtigen, welche Schätzfehler toleriert werden können, welche Methoden eingesetzt werden,

---

5 So werden etwa bei qualitativen Interviews eher kleine Stichprobenumfänge erwartet, weil hier anders begründete Ziehungsverfahren zum Einsatz kommen (vgl. dazu Kapitel VI, Punkt 1).

wie komplex die Untersuchungsfrage(n) und welcher Art die personellen und materiellen Ressourcen einer Untersuchung sind.

Nach diesen einleitenden Gedanken können wir uns den verschiedenen Möglichkeiten zuwenden, eine Stichprobe zu ziehen. Eines zumindest sollte nämlich aus dem Gesagten hervorgegangen sein: die Auswahl der Untersuchungseinheiten ist nicht so unproblematisch wie es vielleicht zu Anfang scheinen mag und bedarf, ebenso wie alle anderen Schritte der Untersuchung, reiflicher Überlegung, Planung und natürlich des methodischen Know-how.

1.3 Einfache und mehrstufige Zufallsstichproben

Das Paradigma einer „guten" Stichprobe in der quantitativen Tradition ist, wie gesagt, die sog. einfache Zufallsstichprobe.

Eine einfache Zufallsstichprobe liegt dann vor, wenn **theoretisch alle Elemente der Grundgesamtheit dieselbe (von 0 verschiedene) Chance haben, in die Stichprobe einbezogen zu werden und die Auswahl in nur einem einzigen Schritt erfolgt**.

> Die Bedingung der gleichen Ziehungswahrscheinlichkeit gilt der Wahrscheinlichkeitstheorie folgend als notwendige Bedingung der **Repräsentativität** der so gezogenen Stichprobe[6].
>
> Eine repräsentative Stichprobe bietet ein unverzerrtes Bild der Grundgesamtheit, was es uns erlaubt, auf **Grundlage der Stichprobendaten Aussagen über die Population anzustellen** (Inferenz).

Wenn – um bei unserem Beispiel zu bleiben – eine Liste aller gegenwärtig für das Studium der Sozialpädagogik und des Pflegemanagements immatrikulierten Student*innen vorliegt, kann die Zufallsstichprobe durch sogenannte **Lotterieauswahl** gebildet werden. Dieses Auswahlverfahren ist nur dann einsetzbar, wenn eine **vollständige Liste über die Grundgesamtheit vorliegt und die Population nicht zu groß ist**. Jedem Namen aus der Liste wird nun eine bestimmte Zahl auf einem Zettel zugeordnet und je nach angestrebter Stichprobengröße entsprechend viele dieser Zettel aus einer gut durchmischten Lostrommel gezogen. Eine weitere Stichprobenziehungstechnik bestünde in einem systematisierten Listenverfahren, indem per Zufall eine Zahl zwischen eins und zehn ausgewählt wird und dann z.B. jede(r) siebte (Nr. 7, 14, 21 usw.) aus der Liste gezogen wird, solange bis das Ende der Liste und der gewünschte Stichprobenumfang erreicht sind.

Steht nun aber keine Liste oder kein Verzeichnis der Erhebungseinheiten zur Verfügung, können **mehrstufige Zufallsauswahlen** eingesetzt werden. Dabei wird **die einfache Zufallsauswahl auf verschiedenen Ebenen wiederholt**. Wollen wir einzelne Personen in Deutschland persönlich befragen, könnten wir z.B. auf ein dreistufiges Zufallsverfahren zurückgreifen, indem wir zuerst eine Region oder einen Landkreis zufällig auswählen (3. Ebene), dann innerhalb dieser Region zufällig Haushalte ziehen (2. Ebene) und innerhalb dieser Haushalte wiederum zufällig eine Person (1. Ebene)[7]. Dabei sind solche gestuften

---

[6] Eine weitere Bedingung ist die Samplegröße n, die u.a. abhängt von der Anzahl und Beschaffenheit der zu erhebenden Variablen (s.o.).

[7] Je nachdem, welche Informationen jeweils vorliegen, müssen mehr oder weniger Ebenen in einer Zufallsauswahl berücksichtigt werden. Liegt z.B. keine Liste von Haushalten in einer Region vor, so müssen in einer weiteren Zwischenebene erst einmal die Wohnhäuser und innerhalb dieser die zu befragenden Haushalte gezogen werden usw.

Zufallsauswahlverfahren nur dann wirklich unproblematisch, wenn die Einheiten auf den höheren Ebenen (z. B. Landkreise) untereinander eine relativ gleiche Anzahl an Untersuchungseinheiten aufweisen bzw. entsprechend dieser Zahl in der Zufallsauswahl berücksichtigt werden[8]. Wenn z. B. in einer bundesdeutschen Auswahl in einem ersten Schritt Bundesländer zufällig gezogen werden, dabei aber Bayern dieselbe Auswahlwahrscheinlichkeit hat wie das Saarland, resultiert dies in einer deutlichen Unterrepräsentation der 13 Millionen Bayer*innen gegenüber den 990.000 Saarländer*innen. Dasselbe Problem tritt auf allen Ebene auf – wenn wir z. B. Haushalte auswählen, um eine einzelne Person aus diesem Haushalt zu befragen, haben Menschen, die in großen Haushalten leben, eine weitaus geringere Wahrscheinlichkeit, in der Stichprobe erfasst zu werden, als Alleinlebende.

In einem ersten Schritt einer mehrstufigen Zufallsauswahl kann z. B. auf eine sogenannte **regionale oder Flächenstichprobe** zurückgegriffen werden. Eine Möglichkeit besteht darin, eine Landkarte des zu befragenden Gebiets (z. B. München und Umgebung) mit entsprechend grobem Maßstab zu besorgen. Durch ein Deckblatt werden zufällige Stiche auf diese Karte aufgebracht, die den Befragungsort, z. B. eine Straßenecke oder ein Wohnhaus festlegen. Mithilfe einer detaillierten Begehungsanweisung an die Interviewer*innen wird dann festgelegt, wie der jeweilige zu befragende Haushalt aufzufinden ist (z. B. bei einem mehrgeschossigen Wohnhaus immer der dritte Stock und dort der zweite von rechts am Klingelschild). Die Begehungsanweisungen sollen durch ihre Systematik sicherstellen, dass die Untersuchungsteilnehmer*innen nicht nach Erreichbarkeit oder Sympathie ausgewählt werden und dass am Ende alle Wohnformen und Haushaltstypen in der Stichprobe repräsentiert sind. Flächenstichproben werden unter erheblichem Aufwand gezogen und sind trotzdem oder gerade deswegen als nicht besonders zuverlässig einzustufen, weil die Einhaltung all der komplizierten Anweisungen durch die Interviewer*innen nur sehr beschränkt oder auch gar nicht überwacht werden kann.

Eine verwandte, gerade bei Face-to-face-Interviews häufig verwendete Methode stellt das sog. **Random-Route-Verfahren** dar. Dabei starten die Interviewer*innen bei einer zufällig ausgewählten Adresse und befolgen vorher festgelegte Instruktionen wie „Die erste Straße rechts abbiegen, bei dem zweiten Haus auf der rechten Seite Befragung durchführen" usw.[9] Da die so bestimmte Route aufgrund der zufälligen Startadresse ebenfalls einen zufälligen Verlauf nimmt, kann das erzielte Sample zumeist als repräsentativ gelten.

Je nachdem, welche Art der Erhebung bzw. normalerweise welche Art der Befragung durchgeführt wird, gibt es aber auch andere Stichprobenverfahren. Bei den aufgrund von Kostenvorteilen gegenüber persönlichen Umfragen häufig eingesetzten **Telefonbefragungen** kann bspw. die sog. **Random-Digit-Dialing-Methode (RDD)** zum Einsatz kommen. Da immer weniger Telefonnummern in Telefonbüchern vermerkt werden, wäre eine Stichprobenziehung auf deren Grundlage stark verzerrt – gerade junge Leute wären deutlich unterrepräsentiert. Deshalb bietet es sich an, zufällige Nummern von einem Computerprogramm generieren zu lassen, das mit der grundsätzlichen Logik des Aufbaus von Telefonnummern gefüttert wurde.

---

8   Diese Berücksichtigung kann ggf. auch erst im Nachhinein vermittels sog. Design-Gewichte in fortgeschritteneren statistischen Analysen erfolgen.
9   Tatsächlich müssen die eingesetzten Begehungsanweisungen natürlich weitaus differenzierter und komplexer angelegt sein, um alle möglichen Eventualitäten abzudecken, etwa Gewerbehöfe, Sackgassen, gated communities, Vorder-, Hinter-, Seitenhaus u.v.m.

Eine Variante des RDD stellt das gebräuchliche Verfahren des **Randomized Last Digit (RLD)** dar. Dabei wird nur die letzte Stelle einer gültigen Telefonnummer zufällig variiert.

Sowohl Flächenstichproben oder andere Adressauswahlverfahren, als auch die beschriebene Telefonstichprobe (zumindest wenn auf Festnetznummern beschränkt) liefern uns meist zunächst nur eine Auswahl von Haushalten. Sind aber als Erhebungseinheiten einzelne Personen vorgesehen[10], so muss innerhalb der Haushalte ebenfalls eine Zufallsauswahl getroffen werden, da anzunehmen ist, dass bestimmte Personengruppen (z. B. Berufstätige) weniger häufig das Telefon abnehmen bzw. zu einem gegeben Zeitpunkt zuhause anzutreffen sind. Um diesem Problem zu beggenen bietet sich z. B. die **Geburtstagsmethode** an. Dabei wird eine Zufallsauswahl innerhalb des Haushalts getroffen, indem diejenige Person befragt wird, die als Letzte Geburtstag hatte. Dem liegt die Annahme zugrunde, dass es erstens keine systematischen Zusammenhänge von Geburtsdatum und anderen interessierenden Merkmalen und zweitens die Geburtshäufigkeiten über das Jahr relativ gleich verteilt sind, also keine dahingehenden Verzerrungen zu erwarten sind. Außerdem hat die Methode den Vorteil, dass sie leicht umzusetzen und die Frage danach, wer als letztes Geburtstag hatte, von den Untersuchten normalerweise schnell beantwortet werden kann. Ist die so ermittelte Person zum Zeitpunkt des Besuchs oder Anrufs nicht zuhause, sollte, um oben beschriebene Verzerrungen zu vermeiden, unbedingt ein Termin vereinbart werden und das Interview nur mit dieser Person durchgeführt werden.

Solche mehrstufigen Auswahlverfahren sind bei fast allen komplexeren Grundgesamtheiten vonnöten. Umso wichtiger ist es, die Frage nach der Repräsentativität zu stellen. Im Falle von Zufallsstichproben sprechen wir von einer repräsentativen Auswahl, wenn prinzipiell alle Elemente der Grundgesamtheit die gleiche Chance (ungleich 0) haben, in die Stichprobe aufgenommen zu werden (s. o.). Bei mehrstufigen Verfahren wird es komplizierter, diese Bedingung aufrechtzuerhalten – es bedarf also der sorgfältigen Planung und Überlegung, die sich stets an dem Richtstein der Repräsentativitätsbedingung auszurichten hat.

1.4 Klumpen-/Clusterstichproben

Dem Typus der mehrstufigen Stichprobe ähnlich sind die sog. Klumpen- oder Clusterstichproben, die ebenfalls zum Zuge kommen, wenn keine oder keine vollständigen Listen über eine bestimmte Grundgesamtheit existieren und/oder die Ziehung einer Zufallsstichprobe sowohl ökonomisch als auch zeitlich zu aufwändig wäre. Im Unterschied zu anderen mehrstufigen Auswahlverfahren wird hier jedoch keine weitere Zufallsauswahl innerhalb des Clusters vorgenommen, **sondern alle Untersuchungseinheiten im Cluster befragt**.

Eine Clusterstichprobe kommt z.B. in Betracht, wenn die berufliche Motivation von hauptamtlichen Mitarbeiter*innen im Suchtbereich untersucht werden soll, wobei zunächst – etwa im Lotterieverfahren – eine bestimmte Anzahl von Trägerverbänden auszuwählen ist, die in diesem Bereich Dienstleistungen anbieten. In einem weiteren Schritt werden die dort vorfindlichen Arbeitsteams um ihre Mitarbeit gebeten. Das gewählte Cluster sind in diesem

---

10 Dabei sei nochmals darauf hingewiesen, dass nicht immer Personen die Untersuchungseinheiten bilden müssen. Es können ebenso ganze Haushalte oder sogar ganze Landkreise als Einheiten dienen. Letztere könnten z. B. danach ‚befragt' bzw. beobachtet werden, welche Partei die dominierende Kraft im Kreistag darstellt. Wie viele Stufen also berücksichtigt werden müssen, hängt ab von der Definition der Untersuchungseinheiten.

Fall die Beratungsteams, wobei jedes Teammitglied befragt wird. Eine Cluster-Stichprobe ist also eine mehrstufige Zufallsauswahl, die auf den letzten Schritt bzw. die letzte Ebene der randomisierten Selektion verzichtet. Damit verletzt sie allerdings streng genommen das Kriterium der Repräsentativität, wie wir es oben kennenlernten, da die Ziehungswahrscheinlichkeit für jede Person innerhalb des ausgewählten Clusters gleich 1 ist.

Die dadurch entstehenden Verzerrungen – wir sprechen auch von ‚Klumpeneffekten' – sind, logischerweise, umso gravierender, je
a) größer die Cluster (relativ zur Population),
b) geringer die Anzahl der Cluster,
c) homogener die Cluster in sich,
d) heterogener die Cluster untereinander sind (vgl. Diekmann 2017, 388).

Unsere Stichprobe der Arbeitsteams wird also umso „schlechter" bzw. weniger repräsentativ ausfallen, desto größer die einzelnen Teams und (damit zusammenhängend) je geringer die Anzahl einzelner Cluster. Weisen die verschiedenen Teams untereinander große Differenzen auf, was die Berufsmotivation angeht, sind aber in sich recht homogen (alle Personen innerhalb eines Clusters teilen mehr oder minder die gleiche Motivation), so lassen die Daten, die aus einem Cluster bzw. Team gewonnen wurden, sich kaum auf alle Teams verallgemeinern.

Es muss also bei jeder Art von Cluster-Stichprobe davon ausgegangen werden, dass die Schätzfehler höher sind, als bei einer einfachen Zufallsstichprobe, denn wie das Beispiel verdeutlicht, werden die Ergebnisse nicht unerheblich von den jeweiligen Trägerverbänden beeinflusst. So ist etwa zu erwarten, dass sowohl die Rekrutierungsstrategien im Hinblick auf die Mitarbeiter*innen als auch die konkreten Arbeitsbedingungen je nach materieller und personeller Ausstattung sowie politisch-ideologischer Provenienz der Träger divergieren und dass beides wiederum nicht ohne Einfluss auf das Antwortverhalten der Befragten bleibt. Ganz allgemein bleibt festzuhalten, dass die Ergebnisse einer Studie, deren Stichprobe auf einem Clusterverfahren beruht, nicht ohne Weiteres generalisiert werden können.

1.5 Quotenstichproben

Besonders weit verbreitet ist – vor allem auch im Bereich kommerzieller Umfrageinstitute – die sogenannte Quotenauswahl.

Dabei werden im Vorfeld bestimmte (bestenfalls aus gesicherten Befunden hergeleitete) Quoten für bestimmte Merkmalsanteile in der Stichprobe festgelegt, so etwa der Anteil von Frauen gegenüber Männern, von Ost- zu Westdeutschen, von bestimmten Altersgruppen usw. Die Stichprobe wird dann – meistens leider methodisch recht unsauber – so erhoben, dass sie diese Quoten erfüllt.

In der Regel beanspruchen solche Untersuchungen für sich, repräsentativ zu sein. Wir hatten allerdings oben schon besprochen, dass im strengen Sinne nur reine Zufallsstichproben die nötigen Bedingungen für Repräsentativität und damit für gültige Inferenzen von der Stichprobe auf die Grundgesamtheit erfüllen. Sogenannte repräsentative Untersuchungen, die auf einer Quotenstichprobe beruhen und den Anspruch auf Allgemeingültigkeit erheben, sind mit Vorsicht zu genießen. Bei aller Popularität von Quotenverfahren darf nicht übersehen werden, dass dem eingesetzten Stichprobenziehungsverfahren, der Quotenwahl, theoretische Annahmen zugrunde liegen, die als nicht gesichert gelten.

Die Quotierung geht von der grundlegenden Prämisse aus, dass jede Bevölkerung entlang ihrer wichtigsten sozio-demografischen Charakteristika differenziert werden kann. Als wichtigste sozio-demografische Merkmale gelten: Geschlecht, Lebensalter, ethnische Zugehörigkeit, Familienstand, höchster erworbener Bildungsabschluss, Erwerbsstatus und Einkommen. Die theoretische Annahme, die sich hinter dieser Prämisse verbirgt, besagt, dass eine nach ihren sozio-demografischen Merkmalen ähnliche Personengruppe auch ähnlich bezüglich ihrer Einstellungen, Werthaltungen und Verhaltensweisen ist und verweist damit eindeutig auf die herkömmlichen soziologischen Klassen-, Schicht- oder Milieu-Theorien.

Das Quotierungsverfahren entspricht praktisch einer technischen Umsetzung dieser theoretischen Vorannahmen, indem sie danach trachtet, dass die entsprechend gezogene Stichprobe ein verkleinertes Abbild der Grundgesamtheit darstellt. Die Quotenstichprobe ist damit auf ein umfängliches sowie detailliertes und aktuelles Wissen über die Grundgesamtheit angewiesen – wenn man an repräsentative Bevölkerungsumfragen denkt, kein leichtes Unterfangen: es ist zu bedenken, welche ungeheure Größenordnung relevante Daten über z.B. 82 Mio. Menschen in Deutschland annehmen!

Wenn nun – um in unserem weiter oben eingeführten Studienbeispiel zu bleiben – eine repräsentative Untersuchung aller Studierenden an einer ausgewählten Hochschule für Angewandte Wissenschaften durchgeführt werden soll, müssten zuerst die vorliegenden Daten der Grundgesamtheit aller Studierenden an dieser Hochschule gesichtet werden. Die Quotierung schriebe dann die in der späteren Stichprobe befindlichen Anteile von Studierenden verschiedener Fachrichtungen, von weiblichen und männlichen Studierenden, von Altersgruppen, von bei Studienantritt bestehenden Bildungsabschlüssen, von ledigen, verheirateten, getrennt lebenden, geschiedenen oder verwitweten Studierenden, von Voll- oder Teilzeiterwerbstätigen, Nichterwerbstätigen und Bafög-Empfänger*innen usw. vor.

Ob eine auf einer Quotenstichprobe basierende Untersuchung die Repräsentativität ihrer Ergebnisse für sich beanspruchen kann, hängt also von einer Fülle von Bedingungen ab: Neben dem seriösen Vorgehen bei der Quotenübertragung, der Umsetzung der Quoten durch Interviewer*innen und der Genauigkeit und Aktualität der Informationen über die Grundgesamtheit bleibt immer noch die Frage, ob die im Quotierungsverfahren in Betracht gezogenen Variablen (wie Geschlecht, Einkommen, Beruf etc.) die tatsächlich aussagekräftigen sind oder ob nicht ganz andere Merkmale für entscheidende Verzerrungen sorgen.

1.6 Geschichtete Stichproben

Eine dem Quotenverfahren nicht unähnliche aber bedeutend wissenschaftlichere Auswahlmethode stellen die sog. geschichteten Stichproben dar. Auch bei diesen soll die Stichprobenzusammensetzung für manche ausgewählte Merkmale nicht dem Zufall überlassen werden, sondern wird durch vorherige Überlegungen festgelegt. Wir unterscheiden allgemein nach proportional und nicht-proportional geschichteten Stichproben. Erstere bemühen sich darum, die Proportionen der Verteilung eines Merkmals denen aus der Grundgesamtheit bekannten anzugleichen. Letztere dagegen nehmen bewusst Verzerrungen, also eine

Über- bzw. Unterrepräsentation bestimmter Gruppen in Kauf (auf die guten Gründe dafür gehen wir gleich noch ein).

Anders als bei dem üblichen Vorgehen zur Ziehung von Quotenstichproben wird dabei jedoch nicht einfach so lange relativ willkürlich befragt, bis die gewünschten Quoten erfüllt sind. **Stattdessen wird die Grundgesamtheit nach dem vorher festgelegten Kriterium/ den Kriterien in Subpopulationen aufgeteilt, aus denen dann separate Zufallsstichproben nach den oben diskutierten Regeln gezogen werden.**

Das setzt zum einen voraus, dass wir bereits über ein fundiertes Wissen über die Verteilung der Merkmale in der Grundgesamtheit verfügen (z. B. wissen, wie sich der Anteil von Frauen zu Männern in Deutschland bzw. im Sozialarbeitsstudium verhält), zum anderen, dass wir dieses Wissen auch anwenden können, d. h. dass wir in irgendeiner Form vor der Befragung die Befragten auf die unterschiedlichen, quotierten Kategorien aufteilen können (etwa über geschlechtsspezifische Auswahllisten, die über ein Immatrikulationsverzeichnis erstellt wurden, in dem das Geschlecht der Studierenden vermerkt wurde).

Geschichtete Stichproben kommen v. a. dann zum Einsatz, wenn unsere eigentlich interessierende Subpopulation zu klein ist, um von einer einfachen oder mehrstufigen Zufallsauswahl gebührend berücksichtigt zu werden – gerade im Bereich der Forschung zu Obdachlosigkeit oder Langzeitarbeitslosigkeit ein großes Problem.

Ein zweiter Grund für die Ziehung geschichteter Zufallsstichproben ist die große Heterogenität bestimmter Merkmale (z. B. Einkommen), die dazu führt, dass diese Merkmale in einfachen Zufallsstichproben schlechter geschätzt werden können, als wenn von vornherein eine Schichtung der Daten vorgenommen wurde (vgl. Diekmann 2017, 397). Auch können dadurch sog. „Schichtungseffekte", also Unterschiede zwischen den Schichten, die in sich allerdings als relativ homogen anzunehmen sind, besser identifiziert und herausgearbeitet werden.

Viele auch große Studien arbeiten mit geschichteten Zufallsauswahlen. So überrepräsentiert der ALLBUS z. B. ostdeutsche Befragte, bedient sich also einer disproportional geschichteten Auswahlmethode. Im Gegensatz zu Quotenstichproben erfolgt die „Quotierung" in geschichteten Auswahlverfahren jedoch mit angebbaren Konsequenzen für die Ziehungswahrscheinlichkeit der einzelnen Erhebungseinheiten, was es uns ermöglicht, in anschließenden Analysen die künstliche und absichtliche Verzerrung vermittels der bereits erwähnten Design-Gewichte „herauszurechnen".

1.7 Willkürliche Stichproben

Die Zufallsauswahl stellt immer dann ein Problem dar, wenn zu einer Untersuchungspopulation Verzeichnisse oder Listen fehlen. Dies wäre z. B. der Fall, wenn ich eine Untersuchung zu Klient*innen niedrigschwelliger sozialer Hilfen plane (wie z. B. Prostituierte oder Stricher, Nutzer*innen von Notschlafstellen etc.), aber auch etwa über Jugendliche, die sich regelmäßig auf der Straße treffen oder Anrufer*innen bei der Telefonseelsorge. In all diesen Fällen müssen andere Wege gefunden werden, an die Befragten heranzutreten. Zum einen könnten das z. B. Streetworker sein, die ihnen bekannte Klient*innen auf die geplante Untersuchung ansprechen und zur Teilnahme auffordern und/oder auch bereits Interviewte darum bitten, weitere in Frage kommende Personen anzusprechen oder zu benennen bzw. Fragebögen zu verteilen (Schnellballverfahren bzw. Nominationstechnik).

Es ist offensichtlich, dass es sich bei diesem Vorgehen nicht um eine Zufallsstichprobe im statistischen Sinne handelt, und die Aussagekraft der anhand einer willkürlich gezogenen Stichprobe eruierten Daten ist mit großer Vorsicht zu interpretieren. Trotzdem bilden willkürliche Stichproben sehr häufig die Basis von Untersuchungen, gerade wenn es um abweichendes Sozialverhalten geht. In jedem Fall ist die Stichprobe am Beginn des Forschungsberichts genau und systematisch zu beschreiben, wobei auch begründet werden muss, nach welchen Kriterien die Stichprobe gezogen wurde.

> Bevor mit der eigentlichen Erhebung begonnen werden kann, muss also festgelegt sein:
> 1) Art und Umfang der Stichprobe,
> 2) Wahl der Stichprobenziehungstechnik,
> 3) Eventuell Ersatzstichprobe für Nachfassverfahren.

Erst nachdem die Frage der Auswahl der Untersuchungsobjekte – unter dem Leitstern der Repräsentativität – beantwortet wurde, kann die Erhebung beginnen. Bedenken Sie: Ihre Stichprobe stellt die Grundlage ihrer wissenschaftlichen Arbeit in einer empirischen Studie dar. Von der Auswahlmethode und der Sauberkeit ihrer Durchführung hängt die Qualität und Verallgemeinerbarkeit aller darauf fußenden Analysen und Erkenntnisse ab.

2 Quantitative Erhebungsmethoden: die standardisierte Befragung

Nachdem wir eine Auswahl aus den Elementen unserer anvisierten Grundgesamtheit getroffen haben, gilt es, an diesen die uns interessierenden Daten zu erheben. In der quantitativ verfahrenden Sozialforschung geschieht dies in den allermeisten Fällen vermittels eines standardisierten Fragebogens[11], der die Grundlage für eine Art von Interview bzw. Befragung bildet. Dabei ist das persönliche Face-to-Face-Interview nur eine Möglichkeit der Realisierung einer solchen Erhebung. Andere Formen sind z. B. die telefonische, postalische oder in jüngster Zeit auch Online-Befragungen.

Im Folgenden sollen Schritt für Schritt die Konstruktion eines standardisierten Instruments und im Anschluss daran der Ablauf der eigentlichen Befragung sowie Vor- und Nachteile der verschiedenen Befragungsformen diskutiert werden.

2.1 Im Vorfeld der Fragebogenformulierung

Wie bereits erwähnt strahlt die Prämisse der quantitativen Auswertbarkeit auf den gesamten Forschungsablauf aus. Die quantitative Forschung drückt ihre Erkenntnisse zahlenförmig über statistische Berechnungen und Kennwerte aus. Deshalb sind wir als Forschende daran interessiert, die empirischen Daten möglichst unproblematisch und schnell in Zahlen übersetzen zu können (Skalierung). Dazu dient die *Standardisierung* des Frageinstruments, in

---

11 Daneben werden auch quantitative Beobachtungen, z. B. durch Vermerk von Aktivitätshäufigkeiten auf einer Strichliste, oder nicht-reaktive Verfahren, wie die quantitative Erhebung und Auswertung von Verhaltensspuren, eingesetzt – siehe dazu Kapitel IV, Punkt 3.4.5). Wir beschränken uns hier auf den paradigmatischen Fall der standardisierten Befragung.

unserem Fall des Fragebogens. Ein standardisiertes Instrument zeichnet sich dadurch aus, dass Reihenfolge und Formulierung der Fragen im Vorhinein festgelegt werden, **ebenso wie die möglichen Antwortkategorien**! Im Gegensatz zu den meisten qualitativen Interviews sollen die Untersuchungspersonen in einer quantitativen Befragung nicht frei erzählen, sondern möglichst präzise Antworten auf möglichst eindeutig gestellte Fragen liefern. Die Vorgabe von Antwortkategorien[12] gewährleistet dabei die einfache Übertragbarkeit der Angaben (des sog. *empirischen Relativs*) in Zahlenwerte (das sog. *numerische Relativ*). Damit erleichtern wir uns zwar die spätere Auswertung, dafür aber ist bei der Konstruktion des Fragebogens besondere Sorgfalt und Überlegung notwendig. Es handelt sich um eine Art Trade-off zwischen der qualitativen und der quantitativen Vorgehensweise – während erstere i. d. R. weniger intensive Vorbereitungen benötigt, dafür aber oft enorme Datenmengen und entsprechend langwierige Codierarbeiten produziert, verwendet letztere viel Zeit auf Vorbereitung und Abwägung, dafür ist die Transkription – gerade wenn ohnehin mit computerisierter Unterstützung erhoben wird – zumeist relativ aufwandsarm.

Ein Fragebogen nun besteht aus einer Reihe spezifisch angeordneter, nacheinander zu beantwortender Fragen mitsamt Antwortkategorien, den sog. *Items*. Diese Items bzw. das Antwortverhalten der Befragten dienen uns als *Indikatoren*, d. h. als sichtbare Anzeichen eigentlich unbeobachtbarer Merkmale. Stellen Sie sich vor, wir wollten den Grad der Fremdenfeindlichkeit einer befragten Person auf einer Skala von 1–10 abbilden. Nun sieht man den Menschen dieses Merkmal in aller Regel nicht an. Wir müssen also auf ein unsichtbares Merkmal schließen, und zwar über irgendwelche sicht- bzw. messbaren Größen, in unserem Fall: über Antworten auf spezifische Fragen. Wir könnten nun die Person einfach fragen: „Wie fremdenfeindlich sind Sie eingestellt?" und sie auffordern, sich selbst auf der Skala zu verorten. Allerdings ist das, wie Sie sich denken können, keine besonders gute Lösung für unser Problem, da wir vermutlich keine ehrlichen Antworten erhalten und/oder die Befragten eine ganz andere Definition von dem Konzept „Fremdenfeindlichkeit" haben als die Forschenden. Das Item wäre also ein schlechter Indikator für das latente Merkmal Fremdenfeindlichkeit.

Bevor wir also ins Feld gehen können, muss ein (möglichst weitgehend) standardisierter Fragebogen erarbeitet werden, der alle aus der Theorie abgeleiteten (s. Kapitel VII, Punkt 1) Konzepte durch Items misst – und dies möglichst objektiv, reliabel und valide (vgl. Kapitel III, Punkt 4.2). Im Anschluss an die theoretische Erschließung des zu untersuchenden Themenfeldes und der möglichst präzisen Formulierung einer Fragestellung gilt es also, das, was gemessen werden soll, derart zu spezifizieren und zu präzisieren, dass wir Items als valide Indikatoren formulieren können. Diesem Prozedere der sog. Konzeptspezifikation wenden wir uns nun zu.

2.1.1 Konzeptspezifikation

Die Phase der Fragebogenkonstruktion umfasst definitorische und klassifikatorische Anstrengungen, die in einer **systematischen Ordnung von Begriffen und Konzepten resultieren sollten**. Forschungsfragen beziehen sich oft auf sehr umfassende und vielschichtige Phänomene. Stellen wir uns vor, wir wollten – in Erweiterung unseres obigen Beispiels – eine Studie zu rechtsextremen Einstellungen durchführen. Bevor wir uns Gedanken darüber machen,

---

[12] Freilich ist es nicht möglich oder zweckdienlich, alle Merkmale in dieser Weise zu erheben. Deshalb gibt es neben solchen geschlossenen Fragen auch Fragen mit offener Antwortmöglichkeit, die dann allerdings eine nachträgliche Codierung erfordern (s. u.).

welches Design und welche Erhebungsmethode, z. B. eine Befragung oder doch lieber eine Beobachtung, für die Beantwortung unserer Frage am geeignetsten erscheint, müssen die von uns verwendeten Begriffe und Konzepte präzisiert werden. Die sich stellende Definitionsfrage lautet: Was heißt Rechtsextremismus? Die zugehörige Klassifizierungsfrage dagegen lautet: Aus welchen Aspekten setzt sich das Konzept Rechtsextremismus zusammen? Die seit 2002 alle zwei Jahre durchgeführte Leipziger Autoritarismus-Studie des Forschungsteams der Universität Leipzig, unter Leitung von Oliver Decker und Elmar Brähler, beantwortet die erste Frage folgendermaßen[13]:

„Wir definieren rechtsextreme Einstellungen als ‚Einstellungsmuster', dessen verbindendes Kennzeichen Ungleichwertigkeitsvorstellungen darstellen" (Decker et al. 2012, nach Decker/ Brähler 2018, 65). Während diese Definition einen ersten Anhaltspunkt bietet, ist sie natürlich noch viel zu abstrakt, um konkrete Hinweise auf die Erhebung des Merkmals zu liefern. Deshalb bedarf es der Identifizierung sog. **Dimensionen des Konzepts**, also von Teilaspekten, aus denen sich das Konzept zusammensetzt. Je nach Komplexität des untersuchten Konstrukts können auch **mehrere Ebenen der Spezifikation** notwendig erscheinen. Decker und Brähler fahren deshalb fort: „Diese [Ungleichwertigkeitsvorstellungen, F.S.] äußern sich im politischen Bereich in der Affinität zu diktatorischen Regierungsformen, chauvinistischen Einstellungen und einer Verharmlosung bzw. Rechtfertigung des Nationalsozialismus. Im sozialen Bereich sind sie gekennzeichnet durch antisemitische, fremdenfeindliche und sozialdarwinistische Einstellungen"(ebd.).

Die Autoren der Studie identifizieren also sechs Teilaspekte oder Dimensionen ihres zentralen Konzepts[14] (vgl. auch ebd., 66):
1. Befürwortung einer rechtsautoritären Diktatur
2. Chauvinismus
3. NS-Verharmlosung
4. Ausländerfeindlichkeit
5. Antisemitismus
6. Sozialdarwinismus

Doch auch die so identifizierten Teildimensionen sind noch nicht direkt messbar. Dies geschieht in einem weiteren Schritt, der als Operationalisierung bezeichnet wird.

---

13 Auch für Ihre eigenen Studien empfiehlt es sich dringend, Anregungen und Operationalisierungsversuche anderer Erhebungen ernst zu nehmen und ggf. aufzunehmen. Für viele Anwendungsbereiche existieren bereits validierte Item-Batterien. Nutzen Sie diese! Es ist keine Schande, fremde Vorarbeiten – die natürlich gebührend zitiert werden müssen – zu verwenden; im Gegenteil garantiert gerade dieser Austausch in der wissenschaftlichen Gemeinschaft studienübergreifende Vergleichbarkeit der Ergebnisse.
14 Daneben werden mithilfe anderer Item-Batterien auch gruppenbezogene Menschenfeindlichkeit, etwa Muslimfeindlichkeit, Antiziganismus und die Ablehnung von Asylsuchenden sowie sozio-demographische Merkmale (Alter, Geschlecht, Familienstand usw.) erhoben. Diese können dann in anschließenden Analysen „kontrolliert" werden (s. u.).

Wir könnten mithin folgendes Schema der Konzeptspezifikation zugrunde legen:

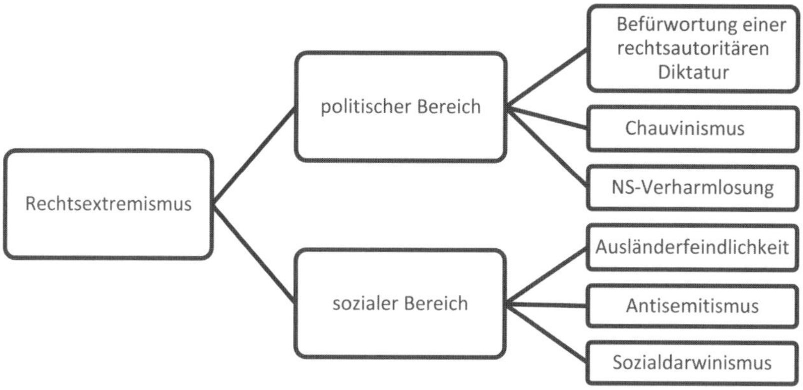

```
                    ┌─────────────────────┐      ┌──────────────────────┐
                    │                     │─────▶│ Befürwortung einer   │
                    │                     │      │ rechtsautoritären    │
                    │ politischer Bereich │      │ Diktatur             │
                    │                     │─────▶┌──────────────────────┐
┌──────────────────┐│                     │      │ Chauvinismus         │
│                  │└─────────────────────┘─────▶┌──────────────────────┐
│ Rechtsextremismus│                             │ NS-Verharmlosung     │
│                  │┌─────────────────────┐─────▶┌──────────────────────┐
└──────────────────┘│                     │      │ Ausländerfeindlichkeit│
                    │  sozialer Bereich   │─────▶┌──────────────────────┐
                    │                     │      │ Antisemitismus       │
                    │                     │─────▶┌──────────────────────┐
                    └─────────────────────┘      │ Sozialdarwinismus    │
                                                 └──────────────────────┘
```

Abbildung 6: Schema Konzeptspezifikation

2.1.2 Operationalisierung

Operationalisierung bedeutet also die **Messbarmachung theoretischer Konzepte. Sie setzt die möglichst genaue Spezifikation der Konzepte voraus**. Denn die Operationalisierung ist ein riskantes Unterfangen; sie stellt den Sprung dar von der rein theoretisch-konzeptuellen Ebene zur Welt der prüf- und beobachtbaren Tatsachen. Die Operationalisierung ist das Bauen von Brücken zwischen Theorie und Empirie und wir wollen hoffen, dass diese Brücken solide, d.h. valide sind. Die Konzeptspezifikation kann, um im Bilde zu bleiben, verstanden werden als die Annäherung der beiden Seiten oder Ufer von Theorie und Empirie, zwischen denen sich der reißende Strom oder die tiefe Schlucht der Ungewissheit, der Invalidität erstreckt. Je schmaler der Spalt, je genauer und präziser die theoretischen Konzepte, desto einfacher und sicherer der Brückenbau der Operationalisierung. Die Stützpfeiler unserer Brücke sind die sog. Indikatoren.

> **Indikatoren sind die messbaren Anzeichen nicht-messbarer Konstrukte.**

Die empirische Sozialforschung geht davon aus, dass der sozialen Wirklichkeit eine nicht direkt beobachtbare oder messbare, wir können auch sagen: latente Ebene zugrunde liegt, die sich aber durch konkrete oder: manifeste Phänomene Ausdruck verleiht. Rechtextremismus ist ein latentes Konstrukt, ein wissenschaftlich angesetztes Konzept, unter dem ein komplexes Gebilde von politischen Einstellungs- und Verhaltensmustern subsumiert wird. Als Sozialforscher*innen gehen wir davon aus, dass Rechtsextremismus eine latente Eigenschaft unserer Untersuchungseinheiten ist, die sich aber an sehr konkreten und beobachtbaren Handlungs- und Einstellungsmustern manifestiert.

Ohne telepathische Fähigkeiten ist es uns nicht möglich, in die Köpfe der Menschen hineinzusehen, um ihre exakte Ausprägung auf dem Merkmal Rechtsextremismus zu überprüfen. Stattdessen müssen wir uns damit begnügen, bestimmte Indikatoren, also manifeste Verhaltensweisen, zu erfassen, von denen wir annehmen, dass sie kausal von dem latenten Konstrukt beeinflusst werden[15]. Die In-Beziehung-Setzung von latentem und hoffentlich ausreichend spezifiziertem Konzept und messbarem Indikator ist das Kernstück der Operationalisierung.

In der hier ausschließlich behandelten Umfrageforschung verwenden wir die Antworten auf unsere Frage-Items als Indikatoren. **Es gilt also, das theoretisch in verschiedene Teilaspekte untergliederte latente Merkmal durch Zuweisung spezifischer Frageitems messbar zu machen.**

Die Leipziger Autoritarismus-Studie operationalisiert das zuvor spezifizierte Konzept Rechtsextremismus, indem jede der sechs Dimensionen über je drei Frage-Items erfasst wird. Diese Items werden den Befragten in der Form von Items vorgelegt, denen diese auf einer fünfstufigen Skala von 1 „lehne völlig ab" bis 5 „stimme voll und ganz zu" ihre Zustimmung bzw. Ablehnung aussprechen können[16].

Exemplarisch sei hier für jede der Dimensionen ein Item genannt (vgl. ebd., 73f):
1. Befürwortung einer rechtsautoritären Diktatur

Wir sollten einen Führer haben, der Deutschland zum Wohle aller mit starker Hand regiert.

Lehne völlig ab	Lehne überwiegend ab	Stimme teils zu, teils nicht zu	Stimme überwiegend zu	Stimme voll und ganz zu
O	O	O	O	O

2. Chauvinismus

Das oberste Ziel der deutschen Politik sollte es sein, Deutschland die Macht und Geltung zu verschaffen, die ihm zusteht.

Lehne völlig ab	Lehne überwiegend ab	Stimme teils zu, teils nicht zu	Stimme überwiegend zu	Stimme voll und ganz zu
O	O	O	O	O

3. NS-Verharmlosung

Die Verbrechen des Nationalsozialismus sind in der Geschichtsschreibung weit übertrieben worden.

Lehne völlig ab	Lehne überwiegend ab	Stimme teils zu, teils nicht zu	Stimme überwiegend zu	Stimme voll und ganz zu
O	O	O	O	O

---

15 Diese Annahme ist die sog. kausal-analytische Lösungsstrategie für das Korrespondenzregelproblem (s. u.) und zu unterscheiden von operationalistischen Rechtfertigungen, die die Adäquatheit der Indikatoren qua definitionem, also durch Neudefinition des latenten Konzepts, begründen. In jedem Falle sind, im Sinne der Vergleichbarkeit und inhaltlichen Aussagekraft, durch kausal-analytische Annahmen gewonnene Indikatoren zu bevorzugen.

16 Wir wollen an dieser Stelle das weitere methodische Vorgehen der Forschungsgruppe nicht ausführlicher behandeln – es genüge der Verweis auf die sehr lesenswerte und detaillierte Beschreibung der Autoren selbst (Decker/Brähler 2018, 66 ff). Ebenso wenig werden wir auf die methodische und theoretische Kritik eingehen, die gegen die Leipziger Autoritarismus-Studien vorgebracht wurden.

4. Ausländerfeindlichkeit

Die Ausländer kommen nur hierher, um unseren Sozialstaat auszunutzen.

Lehne völlig ab	Lehne überwiegend ab	Stimme teils zu, teils nicht zu	Stimme überwiegend zu	Stimme voll und ganz zu
O	O	O	O	O

5. Antisemitismus

Auch heute noch ist der Einfluss der Juden zu groß.

Lehne völlig ab	Lehne überwiegend ab	Stimme teils zu, teils nicht zu	Stimme überwiegend zu	Stimme voll und ganz zu
O	O	O	O	O

6. Sozialdarwinismus

Wie in der Natur sollte sich in der Gesellschaft immer der Stärkere durchsetzen.

Lehne völlig ab	Lehne überwiegend ab	Stimme teils zu, teils nicht zu	Stimme überwiegend zu	Stimme voll und ganz zu
O	O	O	O	O

Die Antworten, die die Gruppe der Leipziger Forscher*innen auf diese und ähnliche Fragen erhielt, dienen als Indikatoren für die dahinterstehenden Konzepte bzw. Konzeptdimensionen. Dabei wird (implizit oder explizit) davon ausgegangen, dass es einen **kausalen Zusammenhang zwischen der latenten Ausprägung einer Person auf dem Merkmal Rechtsextremismus bzw. dem der nicht-beobachtbaren Stärke ihrer rechtsextremistischen Überzeugungen und dem Antwortverhalten gibt**.

> Die Anweisungsvorschrift eines Konzepts zu einem oder mehreren Indikatoren heißt *Korrespondenzregel*.

Jede Korrespondenzregel ist jedoch selbst eine Hypothese und kann, wie jede wissenschaftliche Annahme, wahr oder falsch sein. Wir hatten dieses Problem bereits in Bezug auf die Validität unseres Instruments angesprochen. Schlechte Indikatoren messen dann nicht das eigentlich in Frage stehende Konzept, sondern werden stärker durch irgendein anderes Merkmal beeinflusst. Wollten wir z. B. Muslimfeindlichkeit über die Zustimmung zu Kopftuchverboten in öffentlichen Einrichtungen erfassen, könnten wir uns fragen, ob das Antwortverhalten der Befragten nicht auch durch andere Merkmale – etwa ein radikal säkulares Staatsverständnis oder eine bestimmte Prägung feministischer Anliegen – beeinflusst wird. In diesem Falle wäre die Zuordnung unseres Indikators zu dem zu messenden Konstrukt uneindeutig und vermutlich wenig reliabel und valide.

Eben hier liegt das Risiko, von dem wir eingangs sprachen und das sich auf die simple Frage reduzieren lässt: Sind die gewählten Indikatoren angemessene Anzeichen der latenten Konstrukte, die wir darstellen wollen? Die zufriedenstellende Beantwortung dieser Frage wird hingegen nur durch ausreichende theoretische und konzeptuelle Vorarbeit gelingen. Im Nachhinein lässt sich dann vermittels der unter Kapitel III, Punkt 4.2 beschriebenen Verfahren die Validität des Instruments überprüfen.

Es gilt dies bei jeder empirischen Arbeit zu bedenken: Alles, was wir messen, sind Indikatoren, sind Anzeichen für etwas anderes, das uns eigentlich interessiert. **Ein latentes Konstrukt kann und sollte dabei stets von mehreren Indikatoren dargestellt werden, um eine zuverlässigere Messung zu gewährleisten.** Anstatt nur nach den Sternen zu navigieren, nutzt die kluge Kapitänin zusätzlich einen Kompass mit Magnetnadel – beides, Kompass und Sternenkonstellationen, gelten ihr als zuverlässige Indikatoren der Himmelsrichtung!

Konzeptspezifizierung

Definition und Klassifikation der untersuchten latenten Konstrukte (z. B. Rassismus) durch deren systematische Aufgliederung in inhaltlich bedeutsame (Teil-)Dimensionen

Latentes Konstrukt = nicht direkt beobachtbares theoretisches Konzept oder Merkmal

Operationalisierung

Messbarmachung latenter Konstrukte durch die Zuweisung von Indikatoren vermittels Korrespondenzregeln.

Indikatoren = die manifesten Anzeichen latenter Sachverhalte

Korrespondenzregel = Formulierung der Hypothese, dass ein Indikator (kausal beeinflusster) Ausdruck eines latenten Konstrukts ist

---

Erst jetzt, da wir vermittels (kausal-analytisch begründeter) Korrespondenzregeln unseren spezifizierten Konzepten möglichst valide Indikatoren zugewiesen haben, ist unsere Studie soweit gediehen, dass wir uns Gedanken um die beste Art der Erhebung unserer Indikatoren machen können.

2.2 Konstruktion des Fragebogens

Unsere zuvor spezifizierten Indikatoren erscheinen in einem Fragebogen als Frageitems. Dabei muss, wie wir gesehen haben, jeder Indikator als ein Item ausgedrückt werden. Wir müssen uns also damit auseinandersetzen, wie wir die einzelnen Items formulieren wollen (Punkt 2.2.2) und wie sich diese zum Gesamtbild des Fragebogens ergeben (Punkt 2.2.3). Bevor wir jedoch mit der Erstellung unseres Fragebogens voranschreiten, mag es hilfreich sein, sich zu vergegenwärtigen, welche möglichen Probleme eine Befragung mit sich bringt. Die Konstruktion unseres Instruments sollte dann entsprechend versuchen, diese Probleme zu lösen

2.2.1 Fehlerquellen im Interview

Das standardisierte Interview setzt sich zum Ziel, die soziale Wirklichkeit, d. h. in diesem Fall die Erfahrungen resp. Erinnerungen und damit zusammenhängende Einstellungs- und Verhaltensmuster der Befragten, möglichst wirklichkeitsgetreu abzubilden. Verzerrungen der Abbildung von der (nicht direkt beobachtbaren) Wirklichkeit des Innenlebens der Befragten auf unser Erhebungsinstrument gefährden die Validität der Ergebnisse.

Prinzipiell können drei verschiedene Störquellen für die korrekte Erfassung der untersuchten Phänomene in einem Interview unterschieden werden (vgl. u. a. Diekmann 2017, 446 ff.).

Befragten-Effekte

Erstens könnten die Befragten selbst, ob absichtsvoll oder unbewusst bzw. von subtilen Gesprächsnormen beeinflusst, unwahre, soll heißen verzerrte Antworten geben oder eine Antwort verweigern, was ebenfalls eine Verzerrung der Statistik bedeuten kann[17].

Da auch ein wissenschaftliches Interview eine soziale Situation darstellt, ist anzunehmen, dass gewisse soziale Mechanismen bei der Strukturierung der Kommunikationsabläufe wirksam sind. Gerade im Gespräch zwischen fremden Personen orientieren sich Menschen zumeist an einer als gemeinsam wahrgenommenen Basis von Regeln und Überzeugungen, einem Wert des sozial Erwünschten. Der *Druck sozialer Erwünschtheit* kann dazu führen, dass Befragte ihre tatsächliche Erfahrung oder Meinung für sich behalten und lieber eine konformistische Antwort geben. Gerade bei sensiblen und/oder öffentlichkeitswirksamen politischen Themen sollte dem Problem sozialer Erwünschtheit durch die Schaffung einer Interviewsituation begegnet werden, in der die Befragten sich wohl und akzeptiert fühlen und ihre Antworten vertraulich behandelt wissen.

Zwei weitere Befragten-Merkmale können die Validität unserer Studie gefährden. So gibt es Personen, die, unabhängig vom Inhalt der gestellten Frage, diese eher positiv beantworten (*Zustimmungstendenz*). Bei mehrstufig skalierten Items – besonders bei Fragen mit ungerader Anzahl an Antwortkategorien – kann es dagegen eine *Tendenz zur Mitte* der Antwortkategorien geben, also eine inhaltsunabhängige Scheu davor, die Extrempositionen der Skala zu belegen. Es bieten sich unterschiedliche Lösungsstrategien an. Eine bewährte Alternative zu einfachen Ja/Nein-Fragen sind die sog. Forced-Choice-Fragen, die Befragte dazu zwingen sollen, ihre Antwort durch sprachliche Formulierung inhaltlich besser zu durchdenken. Um der Tendenz zur Mitte vorzubeugen, kann z. B. schlicht auf eine Mittelkategorie verzichtet werden. In jedem Falle aber spielt auch hier die möglichst neutrale, präzise und einfache Formulierung der Fragen eine entscheidende Rolle. Auch sollte die Dauer eines Interviews möglichst kurz gehalten werden, um die Konzentrationsfähigkeit der Befragten zu erhalten.

Schließlich mag es Menschen geben, die tatsächlich keine Meinung zu einem Thema haben. In diesem Fall stellt es eine Verzerrung der Wirklichkeit dar, wenn dennoch eine Antwort gegeben wird. Normalerweise wird dieses Problem durch die Vorgabe einer „weiß nicht" oder „noch keine Meinung" -Kategorie gelöst. Es gilt allerdings zu bedenken, dass manche Befragten dann auf den Gedanken verfallen könnten, statt ernsthafter Antworten den einfachsten Weg zu gehen, und überall diese Kategorie zu wählen.

Instrumenteneffekte

Die zweite Gruppe möglicher Störfaktoren ergibt sich aus der Formulierung und Strukturierung des Instruments selbst. Zum einen kann die Art und das Wording einer Frage ihre Beantwortung beeinflussen. Dies ist in offensichtlicher Weise bei den sog. *Suggestivfragen* der Fall, die eine bestimmte Antwort bereits durch die Satzstruktur der Frage nahelegen: „Finden Sie nicht auch, dass …". **Fragen sollten stets neutral, sachlich und in einfacher Sprache formuliert werden.**

---

[17] Zumindest, wenn angenommen werden muss, dass diese Ausfälle systematischer Natur sind, dass es also eine bestimmte Gruppe von Menschen gibt, von denen uns keine Informationen vorliegen.

Auch die Angabe sog. *Anker*[18] in der Fragestellung kann die Antwort in Richtung des vorgegebenen Werts verzerren. So konnten Dünnebier et al. (2009) in einem quasi-experimentellen Design den Effekt nachweisen, den eine (fingierte) Vorbewertung einer Mathematik- bzw. Deutscharbeit auf die Bewertung derselben Arbeit durch Lehrer*innen und Lehramtsstudierende der entsprechenden Fachrichtung hat. Wurde die Arbeit als mit einer 2 vorbewertet präsentiert, fiel auch die selbst getroffene Bewertung besser aus (v. a. bei Mathematikarbeiten) als bei der Vorgabe eines niedrigen Ankers der Note 4. Weitere Beispiele für Ankereffekte sind die je nach vorgegebener Richtzahl differenzielle Schätzung des Prozentsatzes in der UNO vertretener afrikanischer Staaten (Tversky/Kahneman 1974, 1128) oder der Höhe des Brandenburger Tors (Strack/Mussweiler 1997).

Schließlich gilt es auch die je nach Frageart unterschiedlichen Risiken und Fallstricke miteinzukalkulieren. Es sei hier insbesondere auf die Problematik sog. *Retrospektivfragen* verwiesen (vgl. auch Kapitel IV, Punkt 1.3) Fragen, die sich auf Sachverhalte beziehen, die in der Vergangenheit der Befragten liegen, sind bei ihrer Beantwortung den verzerrenden Effekten des menschlichen Erinnerungsvermögens ausgesetzt und sollten mit dementsprechender Vorsicht ausgewertet werden. Generell gilt, dass die durch Retrospektivfragen generierten Daten umso unzuverlässiger sind, je länger der zu überbrückende Zeitraum und je subjektiver das erfragte Phänomen ist. Man mag sich zwar erinnern, welchen Beruf man vor 20 Jahren ausübte, weitaus schlechter jedoch an damalige Einstellungen und Überzeugungen. Um eine Entwicklung mehr subjektiver Merkmale nachzuzeichnen, eignen sich Paneldesigns weitaus besser als in einem Querschnitt erhobene Retrospektivfragen[19]. Des Weiteren sollte darauf geachtet werden, die Frageart dem Erkenntnisinteresse anzugleichen. So sollten z. B. *Ratingfragen* für die Bewertung von Sachverhalten in „absoluten" Zahlen herangezogen werden, für die relative Bewertung einzelner Themen und die Analyse von Rangordnung dagegen eher sog. *Ranking-Fragen*[20].

Nicht nur die einzelnen Items selbst, sondern auch deren Reihenfolge innerhalb des Fragebogens bzw. die Reihenfolge der Antwortkategorien innerhalb des Items, kann einen Einfluss auf das Antwortverhalten haben. Der sog. *Halo-Effekt* (engl. „Heiligenschein") bezeichnet den Einfluss, den die Beantwortung einer Frage auf die Beantwortung einer nachfolgenden Frage hat. Je nachdem, ob zuerst nach der allgemeinen Lebenszufriedenheit oder nach der Zufriedenheit mit der eigenen Anstellung gefragt wird, können die Ergebnisse recht unterschiedlich ausfallen. Es ist anzunehmen, dass Befragte einem gewissen Konsistenzdruck bei der Beantwortung der Items folgen und also ihre Angaben dem Sinn der zuvor getätigten

---

18 Als Anker werde Referenzpunkte in der Fragestellung bezeichnet, die einen Orientierungswert für die Befragten liefern sollen. Das kann u. U. sinnvoll sein, gerade bei komplexen Themen, birgt aber auch Gefahren.
19 Es lässt sich die Güte retrospektiv erhobener Daten hingegen i. d. R. verbessern, wenn das Gedächtnis der Befragten zusätzliche Unterstützung durch die Angabe bestimmter zeitlicher 'cues' erhält. Das können historische Ereignisse oder bereits erhobene Zeitpunkte in der Biographie der*des Befragten sein, die dann als zeitliche Anker für die Beantwortung der Frage dienen mögen. „Das war also kurz, nachdem Sie zum zweiten Mal geheiratet haben…"; „Das war der Winter nach dem ‚Deutschen Fußballwunder' etc.". Auch hier müssen allerdings die problematischen Effekte der positiven oder negativen Assoziationen mitbedacht werden, die eine Person mit einem bestimmten historischen Ereignis verbindet und die sich womöglich auf ihr Antwortverhalten auswirken.
20 Rating-Fragen und Ranking-Fragen sind in sozialwissenschaftlichen Untersuchungen häufig anzutreffende Frageformate. Rating-Fragen zielen dabei unmittelbar auf die Bewertung oder Einstufung von Sachverhalten ab, etwa: „Auf einer Skala von 1 bis 10: Wie wichtig finden Sie es, dass Ihnen Ihr Beruf Selbstverwirklichungschancen bietet?" Rankingfragen dagegen berücksichtigen die Beziehungen einzelner Themen zueinander und fordern die Befragten auf, diese in eine hierarchische Rangfolge zu bringen. So werden Personen bei der Erhebung des sog. Inglehart-Index (vgl. Inglehart 1971) darum gebeten, vier politische Ziele bzw. Wertvorstellungen ihrer Wichtigkeit nach zu ordnen. Gerade Rating-Fragen verführen oft zu einer allgemeinen Zustimmung oder Ablehnung; dagegen sind Ranking-Fragen jedoch problematisch, insofern sie zur Hierarchisierung womöglich auch gleichwertiger Themen zwingen.

Angaben in irgendeiner Weise angleichen. Halo-Effekte lassen sich nicht vermeiden und oft müssen sie im Zuge der allgemeinen Dramaturgie des Frageinstruments (s. u.) einfach akzeptiert werden. Bei lokal begrenzten Problembereichen kann die Reihenfolge der Fragen vermittels moderner Softwareprogramme randomisiert werden oder eine Entscheidung der Reihenfolge nach der Relevanz der Fragen getroffen werden.

Schließlich kann auch die Reihenfolge der vorgegebenen Antwortkategorien zu problematischen Verzerrungen führen, wenn etwa überdurchschnittlich oft die erstgenannte (*Primacy-Effekt*) bzw. die letztgenannte (*Recency-Effekt*) Kategorie gewählt wird. Gegen solche Verzerrungen helfen nur einfache Formulierungen und eine Begrenzung möglicher Antwortkategorien auf ein handhabbares Maß, gerade bei telefonischen Befragungen, die es nicht erlauben, den Befragten Listen oder eine ähnliche Veranschaulichung vorzulegen (s. u.).

Intervieweffekte

Endlich birgt auch die *Befragungssituation* viele potenzielle Stör- und Fehlerquellen. Im Face-to-face-Interview geht immer ein Effekt von der Person des*der Interviewer*in selbst aus: Aussehen, Sympathie, Stimmlage, Mimik und Gestik, all das kann einen subtilen und oftmals auch den Befragten nicht bewussten Einfluss auf die gegebenen Antworten haben. Gleiches gilt für etwaige weitere Personen, die dem Interview beiwohnen. All diese Faktoren variieren entsprechend den verschiedenen Befragungsformen.

Auch das *räumlich-dingliche Setting* des Interviews kann die Befragten in die eine oder andere Richtung beeinflussen, insofern etwa neuartige Vergleichsstandards aktualisiert werden[21]. Eine Befragung in den eigenen vier Wänden fällt normalerweise anders aus als in einem wissenschaftlichen Institut etc.

---

21 So kann es sein, dass eine Person, die in einem modern und kostspielig ausgestatteten Forschungslabor und/oder von eine*r ostentativ teuer eingekleideten Interviewer*in befragt wird, ihre eigene wirtschaftliche Situation anders bzw. negativer bewertet als in neutraleren Settings.

> **Fehlerquellen im Interview**
>
> *Befragten-Effekte*
> 1. Item-nonresponse: Systematische Antwortverweigerungen
> 2. Soziale Erwünschtheit: Verzerrung in Richtung sozialer Erwartungen/Normen
> 3. Zustimmungstendenz: Inhaltsunabhängige Zustimmung
> 4. Tendenz zur Mitte: Inhaltsunabhängige Wahl der Mittelkategorie
> 5. Meinungslosigkeit: „Weiß-nicht"- oder „Bin noch unentschlossen"-Antworten
>
> *Instrumenteneffekte*
> 1. Suggestivfragen: Suggestion bestimmter Antworten durch Frageformulierung
> 2. Ankereffekte: Antwortverzerrung in Richtung des Ankerwerts
> 3. Frageart: Retrospektivfragen, Rating- vs. Ranking
> 4. Fragereihenfolge: Halo-Effekte
> 5. Antwortreihenfolge: Primacy- vs. Recency-Effekte
>
> *Intervieweffekte*
> 1. Interviewer*innenmerkmale Sympathie/Antipathie; Personenmerkmale
> 2. Erhebungssituation Aktualisierung von Vergleichsstandards; Wohlbefinden

Es zeigt sich, dass die Konstruktion eines Fragebogens vielen Gefahren und Problemen ausgesetzt ist, die zu lösen das Ziel zeitraubender Vorarbeiten ist. Standardisierte Interviews sind zwar in der Regel leichter und schneller auszuwerten als nicht-standardisierte Befragungen. Die Kehrseite der Medaille ist, wie gesagt, die Anstrengung und Zeit, die auf die Konstruktion des standardisierten Instruments verwendet werden muss.

> Das kardinale Problem standardisierter Erhebungen liegt in der Notwendigkeit, den gesamten Befragungsverlauf, sowie im Idealfall alle möglichen bzw. sinnvollen Antworten und Merkmalskombinationen, generell alle Eventualitäten der Erhebung gedanklich und in der Konstruktion des Frageinstruments vorwegzunehmen.

Im Prinzip müssen wir uns erstens um die Erstellung, d. h. Formulierung von möglichst neutralen bzw. nicht-reaktiven Items (Mikrogestalt) Gedanken machen, zweitens um deren Anordnung im Gesamtbild des Frageinstruments (Makrogestalt).

2.2.2 Mikrogestalt

Die Mikrogestaltung des Fragebogens umfasst alle Entscheidungen darüber,
a) worauf sich unsere Fragen beziehen sollen,
b) wie diese formuliert und
c) in welcher Weise die Antwortmöglichkeiten gestaltet werden.

Der Fragetyp

Wir können vier verschiedene Fragetypen danach unterscheiden, auf welchen „Aspekt" des*der Befragten sie sich beziehen. Je nachdem, ob wir die Einstellungen, Überzeugungen, das Verhalten oder sozialstatistische Merkmale des*der Befragten erheben wollen, bieten sich unterschiedliche Frageformen und zugehörige Antwortskalen an (vgl. Diekmann 2017, 471 ff):

1. Einstellungsfragen

In der Survey-Forschung (Umfrageforschung) interessieren uns häufig die (latenten) Einstellungsmuster und -konfigurationen der Befragten. Dabei muss sich eine (z. B. rechtsextreme) Einstellung nicht zwangsläufig in entsprechende Verhaltensweisen übersetzen, so wie umgekehrt der Rückschluss von Verhalten auf Einstellungen, wiewohl weniger problematisch, auch nicht immer eindeutig ist (unüberlegtes, unreflektiertes Handeln)[22]. Einstellungen werden i. d. R. über die Zustimmung zu Aussage-Items erhoben, wie wir sie bereits kennen.

Dabei macht es, wie oben erwähnt, einen Unterschied, ob wir die Befragten jede Aussage einzeln bewerten lassen (Rating), oder sie bitten, diese in einen hierarchischen Zusammenhang zu bringen (Ranking).

Für Ratings haben sich die uns aus dem Leipziger Beispiel bekannten Zustimmungsskalen zur Strukturierung der Antwortmöglichkeiten etabliert. Ein Beispiel für eine Ranking-Frage stellt die Erhebung des bereits erwähnten Inglehart-Index dar:

„Es wird ja viel darüber gesprochen, welche Ziele Deutschland den nächsten zehn Jahren vor allem verfolgen soll. Auf dieser Liste stehen einige Ziele, die verschieden Leute für besonders wichtig halten. Würden Sie mir bitte sagen, welches davon Sie selbst für am wichtigsten halten? Und welches halten Sie für das zweitwichtigste Ziel der Regierung?
A. Recht und Ordnung in Deutschland aufrecht erhalten
B. Mehr Einfluss der Bürger auf Entscheidungen
C. Kampf gegen die steigenden Preise
D. Das Recht auf Meinungsfreiheit schützen

1. Priorität: _____ 2. Priorität: _____

Wer A und C als erst- und zweitwichtigstes Ziel angibt, gilt als materialistisch eingestellt, wer dagegen B und D für wichtig hält, wird als Postmaterialist*in eingestuft. Dazwischen gibt es, je nachdem ob eine materialistische oder postmaterialistische Forderung an die erste Stelle gesetzt wurde, eher materialistische bzw. eher postmaterialistische Mischtypen. Eine weitere Möglichkeit der Erhebung von Einstellungen stellen die sog. Alternativfragen dar, bei denen den Befragten zwei (gegensätzliche) Statements vorgelegt werden, von denen sie eines auswählen sollen. Derartige Forced-Choice-Fragen sollen einer inhaltsunabhängigen Zustimmungstendenz entgegen wirken (s. o.).

2. Überzeugungsfragen

Überzeugungen sind Meinung der Befragten über Fakten und „objektive" Daten. Eine Überzeugungsfrage, die für unser Beispiel relevant sein könnte wäre z. B.:

Wie hoch, würden Sie schätzen, liegt der Ausländeranteil in ihrem Bundesland?
_____ %   O weiß nicht

Überzeugungsfragen sind keine Intelligenz- oder Wissenstests (und dieser Eindruck sollte auch unter allen Umständen vermieden werden!), sondern zielen auf die Erfassung der

---

[22] Ein schönes Beispiel für die mögliche Divergenz von Einstellung und Verhalten liefern die Befunde zur tatsächlichen Aufgabenverteilung bei „aufgeklärten" Partner*innen, die sich selbst als gleichberechtigt und/oder sogar feministisch motiviert beschreiben (vgl. Wetterer 2003).

subjektiven Wirklichkeit bzw. das Weltbild der*des Befragten. Beachten Sie, dass gerade Überzeugungsfragen anfällig sind für die oben diskutierten Anker-Effekte. Dabei können vorgegebene Ankerwerte sowohl direkt in der Frageformulierung, als auch implizit durch die Vorgabe von (v. a. asymmetrischen) Antwortkategorien einen verzerrenden Einfluss auf die Angabe der Befragten haben.

3. Verhaltensfragen
Verhaltensfragen beziehen sich auf die tatsächlich durchgeführten Handlungen der Befragten, deren Häufigkeit und/oder Dauer. Beachten Sie, dass Sie hier u. U. vermehrt dem Problem sozialer Erwünschtheit begegnen, gerade wenn es sich um heikle Themen, tabuisierte oder gar illegale Verhaltensmuster handelt. Neben der selbstverständlichen Zusicherung von Anonymität und Vertraulichkeit bei der Behandlung der Daten kann es ratsam sein, einleitende Sätze zu formulieren, die das Verhalten aus der Tabu-Zone herausholen – allerdings ist dabei stets Vorsicht geboten, um nicht über das Ziel hinauszuschnellen und den Befragten ein Verhaltensmuster nahezulegen oder als sozial erwartet darzustellen. Für unser Beispiel könnte die Erfassung der Beteiligungshäufigkeit an rechten Demonstrationszügen relevant sein:

Derzeit gehen viele Menschen zu den montäglichen PEGIDA-Demonstrationen. Haben auch Sie in den letzten 4 Wochen an einer Demonstration von PEGIDA teilgenommen?

O Ja   O Nein   O Verweigert

4. Sozialstatistische Erfassung
Neben Einstellungen, Überzeugungen und Verhalten interessieren uns schließlich auch die sozio-ökonomischen Lebensbedingungen der Befragten. Die sog. sozio-demographischen Merkmale umfassen dabei u. a. das Alter, das Geschlecht, den Bildungsstand, den Familienstand, den Erwerbsumfang und das Einkommen der Befragten.

Dabei sollte man sich nicht täuschen: Viele sozialdemographische Merkmale sind ebenso schwierig zu erheben wie heikle Einstellungsmuster und erfordern ebenso große Sorgfalt. Insbesondere über das persönliche Einkommen ist man in Deutschland oft wenig auskunftsbereit (s. u.). Da derartige sozialstatistische Merkmale jedoch für (fast) jede Untersuchung von Interesse sind, gibt es standardisierte und allgemein verwendete Item-Batterien, wie die ZUMA-Standarddemographie, sodass Sie nicht alle Items selbst formulieren müssen.
Eine mögliche Frage wäre z. B.

Waren Sie innerhalb der letzten 10 Jahre arbeitslos? Und wenn ja, wie lang?

O Nein   O Ja: _____ Wochen

5. Interviewer*innenfragen
Neben den offen formulierten Fragen bzw. Aussageitems, die den Befragten vorgelegt werden, enthalten viele Fragebögen zusätzlich Instruktionen für und Fragen an die Person, die das Interview durchführt. Je nach Interviewart (s. u.) können die Interviewer*innen viele für uns interessante Informationen sammeln, ohne dass die Befragten davon wüssten. Typische Interviewer*innenfragen beziehen sich auf die Attraktivität der*des Befragten, Klang der Stimme und Intonation, Spracheigentümlichkeiten wie Dialekt, Stottern,

Lispeln usw. oder auf Umgebungsmerkmale (bei Face-to-Face-Interviews) wie Größe und Aussehen der Wohnung, Qualität der Einrichtung, Erscheinung der Wohngegend usw. Erscheint das Aufzeichnen solcher Daten vielleicht zunächst wie unmoralische Spitzelei oder Voyeurismus, sollte man sich vergegenwärtigen, dass wir als wahrnehmende Wesen diese Daten ohnehin registrieren würden – für die Zwecke der Untersuchung kann es aber lohnend sein, diese zu explizieren. Natürlich sollten nur solche Informationen gesucht werden, die sich in der Befragungssituation offen darbieten und keine (illegale) Durchsuchung privater Dinge o. ä. vorgenommen werden.

Die Frageformulierung

Bei der Erstellung unseres Frageinstruments kommt es nicht nur darauf an, welche Fragen gestellt, sondern auch *wie* diese Fragen gestellt werden. Gerade bei derart sensiblen Themen, wie die Soziale Arbeit sie oftmals behandelt, kommt es auf die richtige Formulierung an. Neben Überlegungen zu Taktgefühl und Verständlichkeit stehen v. a. auch methodische Probleme.[23]

Die von uns verwendeten Items sollen dazu dienen, in möglichst unverzerrter Weise bestimmte, für uns relevante Merkmale der Untersuchungseinheiten zu erheben, die wir als Indikatoren werten und damit in unsere Theorie reintegrieren können. Interviewfragen sollten deshalb:
1. **neutral** und **sachbezogen**, eben **nicht suggestiv**,
2. **in einfacher Sprache und allgemein verständlich**,
3. **kurz, präzise und eindimensional** formuliert werden.

Dass eine Frage bzw. ein Item eindimensional sein sollte, bedeutet, **dass das Item tatsächlich nur eine Frage beinhalten sollte, auf die eine Antwort zugerechnet werden kann**. Die Zustimmung zu einer Aussage wie „Ich bin gegen den Zuzug von Asylsuchenden und die Überlastung unseres Sozialsystems" liefert keine eindeutige Information über das Befragten-Merkmal. Es mag durchaus Menschen geben, die Angst vor einer Überlastung des Sozialsystems haben, den Grund dafür aber nicht bei den Asylbewerber*innen suchen.

Achten Sie auch auf die Einfachheit und allgemeine Verständlichkeit der Fragen bzw. Aussagen. Soziologische Begrifflichkeiten wie Habitus, Milieu oder Sozialisation werden nicht von allen Befragten hinreichend verstanden; Gleiches gilt für Fremdwörter, doppelte Verneinungen und endlose Schachtelsätze. Bei der Befragung geht es nicht um sprachliche Raffinesse oder Ästhetik, sondern einzig und allein um die Erhebung relevanter Daten.

Die Festlegung der Antwortmöglichkeiten

In einem standardisierten Interview muss nicht nur das Wording der Frage vor der Erhebung festgelegt werden, sondern auch die Antwortmöglichkeiten. Grundsätzlich können wir zwischen **Fragen mit offener Antwortmöglichkeit** und solchen mit festgelegten Antwortkategorien (= **geschlossene Frage**) unterscheiden.

---

[23] Praktische Tipps zur Vermeidung häufiger Fehler bei der Frageformulierung finden Sie in Kapitel VII, Punkt 6.

Die apriorische Festlegung von Antwortkategorien bedeutet Mühe bei der Konstruktion, aber erleichtert die Auswertung. Für offene Fragen gilt das umgekehrte Verhältnis. Wenn wir auf eine quantitative Analyse der Daten hinstreben, müssen diese früher oder später in Zahlen (Codes) übersetzt werden, ob nun vor oder nach der Erhebung. **Generell und überwiegend sollten standardisierte Interviews mit geschlossenen Fragen gestaltet werden, offene Fragen sind jedoch manchmal unvermeidlich und sachadäquat**. Dies gilt insbesondere dann, wenn eine erschöpfende Auflistung aller möglichen Antwortkategorien unmöglich oder doch unverhältnismäßig aufwändig erscheint.

So ist es kaum realistisch, alle möglichen Berufsbezeichnungen der Befragten als Antwortmöglichkeiten aufzulisten. Unproblematisch in der Auswertung sind offene Fragen dann, wenn sie ohnehin nach einer numerisch darstellbaren Antwort verlangen – so können z. B. Alter und Einkommen ohne Probleme als offene Angaben erfragt werden, da sich diese direkt mathematisch verwerten lassen. Schwieriger ist dies bei Merkmalen, die zwar auch als Zahlen angegeben werden können, aber womöglich schwieriger zu schätzen sind, z. B. die Anzahl der Bücher in der eigenen Wohnung, die Anzahl der Beschäftigten im eigenen Betrieb usw. Hier kann eine Kategorisierung sinnvoll sein (z. B. weniger oder gleich 5, 6–10, 11–20 usw.).

Als Mischform bieten sich außerdem **halb geschlossene Fragen** an, also Fragen, die zusätzlich zu klar definierten Kategorien eine zusätzliche Antwortmöglichkeit der Form „Anderes, und zwar: _____" aufweisen oder wie in obigem sozialdemographischen Beispiel eine geschlossene Frage mit einer offenen numerischen Angabe verbinden. Für die meisten Fragen unseres Interviews werden wir uns also bemühen, Antwortkategorien im Vorhinein festzulegen.

Alle Antwortskalen sollten dabei zwei Voraussetzungen erfüllen: Eine Skala sollte **disjunkt** und **erschöpfend** sein. Disjunktivität der Antwortkategorien ist gegeben, wenn sich die einzelnen Kategorien nicht überschneiden, wenn also eine eindeutige Zuordnung der Antwort zu genau einer Kategorie möglich ist. Ein Beispiel für eine nicht disjunkte Skalierung, bietet folgende kategorisierte Abfrage des Einkommens:

„Wie hoch ist Ihr derzeitiges Bruttoerwerbseinkommen/Monat in Euro?"

< 500 Euro	500–1.000 Euro	1.000–1.500 Euro	1.500–2.000 Euro	2.000–2.500 Euro
O	O	O	O	O

Die hier angegebenen Antwortkategorien sind nicht dazu geeignet, eine eindeutige Übertragung des empirischen Relativs (tatsächliches Einkommen) auf ein numerisches Relativ (Antwortkategorie) zu leisten. Wie sollte z. B. eine Person eingeordnet werden, die genau 1.000 Euro verdient? Auch die Vermischung logischer Begriffsebenen kann leicht zu nicht disjunkten Skalierungen führen, wenn etwa eine Abfrage der derzeitigen beruflichen Stellung die Antwortkategorien „Angestellter" und „Führungsperson" enthält. Wie sollte in diesem Fall z.B. eine Person in Managementposition eingestuft werden, die sowohl angestellt ist, als auch Führungsaufgaben wahrnimmt?

Eine Skala ist dann erschöpfend (exhaustiv), wenn alle möglichen Antworten von ihr abgedeckt werden. Die obige Skala für das kategorisierte Einkommen erfüllt diese Bedingung nicht, da sie keine Personen erfassen kann, die mehr als 2.500 Euro verdienen. Es gilt bei der Erstellung einer Antwortskala also darauf zu achten, dass alle logisch möglichen Antworten auf die gestellte Frage auch auf der Skala abgebildet werden können. Zusammenfassend könnte man sagen, muss jede Antwort einer (Exhaustivität) und nur einer (Disjunktivität) Kategorie auf der Skala zugeordnet werden können. Wollten wir die obige Skala beibehalten, könnten wir sie z. B. so modifizieren, damit beide Bedingungen erfüllt sind:

„Wie hoch ist Ihr derzeitiges Bruttoerwerbseinkommen/Monat in Euro?"

< 500 Euro	501–1.000 Euro	1.001–1.500 Euro	1.501–2.000 Euro	2.001–2.500 Euro	>2.500 Euro
O	O	O	O	O	O

Gerade bei Einstellungs- bzw. Meinungsfragen sollte neben Exhaustivität und Disjunktivität auch auf die **Symmetrie der Antwortvorgaben** geachtet werden. Fragen wie

„Wie zufrieden sind Sie mit der Vorlesung Empirische Sozialforschung?"

Eher weniger zufrieden	Teils/teils	Eher zufrieden	Sehr zufrieden	Überaus zufrieden
O	O	O	O	O

stellen keine symmetrischen Antwortmöglichkeiten zur Verfügung, sondern unterliegen einem deutlichen Bias.[24]

Abschließend ein allgemeiner und sehr wichtiger Hinweis: Die Wahl von Fragetyp und -formulierung, sowie die Skalierung der Antwortmöglichkeiten sollten stets geprüft werden im Lichte der Überlegung: **Ist meine Forschungsfrage mit den von diesem Instrument erzeugten Daten beantwortbar?** Es gilt: Nur, was abgefragt wird, kann später auch ausgewertet werden![25]

Von zentraler Bedeutung ist dabei **das angestrebte Skalenniveau** (vgl. Punkt 3.1.3) der aus den Items erzeugten Variablen[26]. Manche Merkmale, z. B. Geschlecht, Lieblingsfarbe etc., lassen uns kaum eine Wahl, bei anderen Items muss abgewogen werden zwischen der Komplexität bzw. dem Niveau der Antwortskala und den Kapazitäten der Befragten. Allzu feine Abstufungen überfordern die Befragten, allzu grobe Kategorisierungen bedeuten Informationsverlust. Wir kommen darauf zurück.

Die Formulierung präziser, nicht-reaktiver Fragen und disjunkter und erschöpfender Antwortskalen erfordert viel Zeit und Mühe. Viele Items können jedoch aus allgemein zugänglichen Studien direkt oder mit nur leichten Anpassungen übernommen werden. Dies hat den zusätzlichen Vorteil, dass die meisten Items, die in großen und renommierten Studien Anwendung finden, recht valide und reliabel sind. Machen Sie sich nicht mehr Arbeit, als unbedingt nötig ist und nutzen Sie das Angebot der wissenschaftlichen Gemeinschaft!

---

24 Um die geforderte Symmetrie herzustellen, könnten etwa die Antwortkategorien: "Sehr unzufrieden", "Eher unzufrieden", "Teils/Teils", "Eher Zufrieden", "Sehr zufrieden" verwendet werden.
25 Für die statistische Modellierung bedeutet dies auch, "that we can never know about the effects of variables we didn't measure" (Davis 1985, 35). Die meisten sozialwissenschaftlichen Erhebungen werden in einem Ex-Post-Facto-Design (s. Kapitel IV, Punkt 2.3) durchgeführt – anders als beim Experimentaldesign können wir hier nur im Nachhinein versuchen, relevante Drittfaktoren zu kontrollieren, allerdings nur, wenn wir diese auch erhoben haben!
26 Als Skalenniveau bezeichnen wir die Art und Weise der Messung unserer Variablen, insbesondere, wie sich die einzelnen Antwortkategorien zueinander verhalten. Das Skalenniveau bestimmt dabei wesentlich die Möglichkeiten der informationellen Auswertung der Variablen.

2.2.3 Makrogestalt

Die Informationen, die wir als Sozialforscher*innen von den Untersuchungspersonen erfragen, sind oft sehr intimer oder sensibler Natur. Bei der Erstellung eines Erhebungsinstruments gilt es deshalb nicht nur die Formulierung der einzelnen Fragen zu bedenken, sondern auch deren Anordnung zu einem stimmigen Ganzen, das nach **thematischen Blöcken** geordnet ist und die Befragten möglichst behutsam zu den heikleren Fragen hinführt. Diese Überlegungen zur sog. Makrogestalt des Instruments erfordern Einfühlungsvermögen und Sorgfalt. Klassisch sollte ein **Fragebogen dem Verlauf einer „Spannungsmaus"** bzw. einer umgekehrt u-förmigen Funktion der Sensibilität des Frageinhalts folgen.

Im Idealfall ist ein Fragebogen in **vier sukzessive Phasen** gegliedert:

Einleitungsphase
Jede Befragung beginnt mit einem einleitenden Text bzw. Rede, die ggf. eine Vorstellung der*des Interviewenden und der projektleitenden Institution sowie eine kurze Einführung in die Thematik[27] der Untersuchung und die Bitte um Teilnahme enthalten sollte. Weitere Informationen zu Verwendung und Schutz der Daten und sonstigen Rahmenbedingungen, wie Dauer und Umfang der Erhebung oder Geld- und Auftraggeber, sollten (nur) auf Nachfrage angegeben werden[28].

Eine Befragung ist eine Stresssituation für Forschende wie Befragte[29]. Um die Befragungssituation aufzulockern und an die Thematik heranzuführen, steht am Anfang der Befragung i. d. R. eine sog. Eisbrecherfrage. Diese sollte möglichst einfach und unproblematisch sein, eine Frage, die jede*r beantworten kann, ohne bereits viel von der eigenen Person offenbaren zu müssen.

Darauf aufbauend werden weitere einfache Fragen gestellt, die sich erst allmählich an die schwierigeren Themen herantasten. Diese erste Phase der Befragung dient der **Etablierung eines Vertrauensverhältnisses** zwischen Befragten und Interviewer*in bzw. einer Gewöhnung an die Fragesituation, sowie der **Erfassung von für den weiteren Verlauf relevanten Informationen** (siehe Filterführung).

Hauptphase I: Schwierige Fragen
Nach dem Abschluss der einleitenden Phase, kann zu schwierigeren Fragen übergegangen werden. Diese Fragen stellen höhere Anforderungen an Konzentration und Aufmerksamkeit der Befragten und behandeln bereits persönlichere Themen. Typische Beispiele sind komplexere Rankingfragen, die den Befragten anspruchsvolle Gedächtnisleistungen abverlangen, die Erfassung von Einstellungsmustern und die Abfrage von Wissen (in der Sozialforschung allerdings eher selten).

---

27 Um reaktiven Effekten vorzubeugen, sollte die genaue Forschungsfrage hingegen nicht genannt werden. Formulieren Sie allgemein, aber nicht inhaltsleer.
28 Diese Informationen erst auf Wunsch der Befragten hin zu nennen, hat den Vorteil, dass der Einleitungstext kurz und einladend formuliert werden kann. Zum anderen soll möglicherweise unliebsamen Assoziationen vorgebeugt werden – die übermäßige Betonung des Datenschutzes z. B. könnte Misstrauen und Fragen hervorrufen, die die Untersuchten von sich aus gar nicht entwickelt hätten. Alle Antworten auf Nachfragen und Bitten sollten höflich, kompetent und sachlich beantwortet werden. Die entsprechenden Informationen sollten den Interviewenden ggf. vorliegen und ständig abrufbereit sein.
29 Die folgenden Hinweise orientieren sich vornehmlich am Face-to-face-Interview, gelten aber mutatis mutandis auch für alle anderen Interviewformen.

Hauptphase II: Heikle Fragen

Der hier beschriebene Aufbau eines Fragebogens macht sich zwei Effekte zunutze, welche die Wahrscheinlichkeit erhöhen sollen, dass die Befragten uns intime Informationen über ihr Leben, Handeln und Denken anvertrauen. Zum einen sollten die ersten beiden Phasen eine gewisse Vertrauensbasis und eine Atmosphäre kompetenter Freundlichkeit etabliert haben. Dazu ist es von entscheidender Wichtigkeit, dass **alle Interviewenden so höflich, neutral und zugewandt wie möglich agieren**. Insbesondere sollten keine persönlichen Wertungen der Aussagen an den*die Befragte*n zurückgespiegelt werden. Diese*r sollte darauf vertrauen können, dass seine*ihre Äußerungen akzeptiert und vor allen Dingen vertraulich und professionell behandelt werden.

Zum anderen stellt sich zu diesem Zeitpunkt ein gewisser Fortführungsdruck ein, der aus dem ‚*emotional investment*' der Befragten resultiert – nachdem sie nun schon einmal so weit gekommen sind, werden die meisten Menschen eher ungern das Gespräch abbrechen, um die bereits investierte Zeit und Mühe nicht als verschwendet ansehen zu müssen[30].

In der dritten Phase kann deshalb zu den **heikleren Fragen nach sehr intimen und persönlichen Themen** übergegangen werden. Dazu zählen u. a. Fragen nach Familienverhältnissen, Kindererziehung, Sexualität oder Geld. All dies sind Bereiche des Lebens, die wir, zumindest in westlichen Kulturkreisen, normalerweise vor der Öffentlichkeit geheim halten. Umso wichtiger ist es deshalb, eine Interviewsituation zu schaffen, die es den Befragten erleichtert, ihre private Sphäre vor einer fremden Person auszubreiten. Dabei ist das Wording der Fragen ebenso essenziell wie die Anordnung der Fragen untereinander (s. o.). Manche besonders heiklen Informationen (v. a. Einkommen und Vermögen) sind oft nur über einen Umweg zu erheben.

Eine gängige Taktik besteht in der Formulierung einer offenen Abfrage, die, sollte die Angabe verweigert werden, gefolgt wird von einer oder mehreren (‚trichterförmigen') kategorisierten Abfragen. Viele Menschen sind nicht bereit, ihr genaues Einkommen anzugeben. Werden sie hingegen nach einer groben Einordnung gefragt, etwa „Könnten Sie mir dann vielleicht sagen, ob Sie mehr als 2.500 Euro oder weniger als 2.500 Euro verdienen"[31], kann die benötigte Information häufig doch noch erhoben werden.

Schlussphase

Schließlich gilt es, die Befragung zu einem für alle Beteiligten befriedigenden **Abschluss** zu bringen. Es empfiehlt sich das Interview mit einer Phase einfacher, eher langweiliger (Standard-)**Fragen zu soziodemographischen Merkmalen** wie Alter, Geschlecht, Wohnort etc. ausklingen zu lassen. Diese Fragen sind weder besonders heikel, noch erfordern sie hohe Konzentration, die gerade bei längeren Interviews gegen Ende hin stark abnehmen kann. Zum Schluss sollte den Befragten die Möglichkeit gegeben werden, ihre eigene Meinung, Anliegen, Sorgen und Fragen zur Studie im Allgemeinen oder zu einem bestimmten Thema im Besonderen vorzubringen.

---

30 Daten aus abgebrochenen Interviews dürfen unter keinen Umständen verwendet werden. Die Befragten haben absolute Bestimmungshoheit über ihre Daten und können den Forschenden die Befugnis zu deren Verwendung auch inmitten des Interviews entziehen. Das heißt jedoch nicht, dass nicht manche Abbrecher*innen durch gute Argumente und höfliche Bitten bzw. den Verweis auf die Wichtigkeit der Studie bewogen werden könnten und sollten, das Interview zu Ende zu führen.

31 Hieran könnten dann immer feinere Abfragen anschließen, bis der Einkommensbereich des Befragten auf ein angemessen kleines Intervall festgelegt wurde. Es sei hingegen davor gewarnt, dieses Spiel zu übertreiben, da dies den Befragten das Gefühl geben könnte, hinters Licht geführt zu werden.

Eine solche **"Kotzkübelfrage"** könnte z. B. lauten: "Gibt es etwas, das noch nicht angesprochen wurde und Sie uns nun mitteilen wollen?" Die so gewonnenen Antworten sind eher selten von wissenschaftlichem Interesse, aber sie garantieren für den*die Befragte*n eine gewisse Form der Interaktivität und Relativierung der bestehenden Gesprächs- und damit einhergehenden Machtasymmetrie, die ein standardisiertes Interview typischerweise erzeugt.

Innerhalb der beschriebenen Ablaufphasen des Interviews sollten die einzelnen **Frageitems zu thematischen Blöcken** oder **Modulen** verbunden werden, um die Kohärenz und Verständlichkeit des Gesprächsverlaufs zu gewährleisten. Für Befragte wie Interviewer*in ist es anstrengend und enervierend, ständig zwischen Themen hin und her zu springen. Stattdessen sollten die **Items im Kontext eines größeren thematischen Abschnitts** erscheinen, der durch einen kurzen **Einführungstext** eingeleitet und von einem weiteren kurzen **Überleitungssatz** beschlossen wird[32].

Ein weiterer zentraler Aspekt der Makrogestaltung ist die **Spezifikation von Filtern**. Ein standardisierter Fragebogen ist ein Komplex von (mitunter mehreren hundert) Frageitems, die zusammen eine möglichst umfassende Erhebung der interessierenden Informationen leisten sollen. Dabei sind jedoch nicht alle Fragen für sämtliche Befragten relevant bzw. sinnvoll. Es ergibt z. B. wenig Sinn, eine Arbeitslose nach ihrem Einkommen aus Erwerbsarbeit zu fragen oder eine Person mit Hauptschulabschluss nach ihrem höchsten universitären Abschluss. Darüber hinaus könnten manche Fragen für bestimmte Personengruppen als unangemessen oder pietätlos erscheinen, was die Gesprächssituation im Interview gefährden könnte. Filter sind Elemente des Fragebogens, die dazu dienen, diese strukturell, logisch oder moralisch motivierten Vorselektionen in möglichst einfacher Weise durchzuführen. **Im Prinzip greifen alle Filter auf Informationen, die im vorhergehenden Verlauf des Interviews generiert wurden, zurück, um zu entscheiden, ob eine bestimmte Frage gestellt werden sollte oder nicht.**

Ein einfacher Filter könnte folgendermaßen aussehen:

Work01

"Sind Sie derzeit berufstätig?"

O Ja O Nein O Verweigert

…

Filter A1: If Work01 == 1

Inc01

"Wie hoch ist Ihr derzeitiges monatliches Bruttoerwerbseinkommen?"

Offene Abfrage: ───────

Der hier als A1 bezeichnete Filter stellt eine Verbindung zwischen zwei Fragen, zwischen denen vermutlich mehrere andere Items liegen, her. A1 gibt eine Bedingung an, die gelten muss, damit die Frage Inc01 gestellt werden darf. Diese Bedingung lautet *Work01 == 1*, in

---

[32] Für fortgeschrittenere Nutzer*innen von computergestützten Interviewverfahren (CAPI oder CATI), gibt es auch die Möglichkeit, die Reihenfolge der Fragen innerhalb eines Moduls zu randomisieren, um Fragereiheneffekten vorzubeugen.

Worten: Wenn auf die Frage „Sind Sie derzeit berufstätig?" mit „Ja" geantwortet wurde. Der Filter sorgt also dafür, dass nur Personen, die tatsächlich angegeben haben, einer Erwerbsarbeit nachzugehen, die Einkommensfrage gestellt wird.

Filter können natürlich viel komplexer sein und mehrere Bedingungen kombinieren. Die Möglichkeiten der Filterführung sind bei nicht computergestützten, rein manuell ausgeführten Interviews allerdings sehr begrenzt, da es sonst schnell zu einer Überlastung der Interviewer*innen kommen könnte. Moderne Befragungssoftware allerdings ermöglicht beinahe beliebig komplexe Filter.

Es sei abschließend nur auf zwei Aspekte bzw. Probleme beim Umgang mit Filtern verwiesen. Zum einen stellt sich hier die Problematik jeder standardisierten Erhebung in extremer Form, nämlich dass alle möglichen Merkmalskombinationen von den Forschenden im Vorhinein bedacht werden müssen, um zu gewährleisten, dass auch wirklich nur unlogische bzw. sinnlose Fragekombinationen ausgeschlossen werden. Zum anderen muss bedacht werden, dass Filter bedingt sind durch den zeitlichen Verlauf der Erhebung. Eine Frage, die noch nicht gestellt wurde, kann keine Information zur Filterspezifizierung liefern. Filter können in dieser Weise für die Strukturierung und den sequenziellen Ablauf des Instruments relevant werden.

2.2.4 Interviewformen

In Kapitel VII gehen wir näher auf die Schritte der praktischen Durchführung einer standardisierten Befragung ein. An dieser Stelle sei aber schon auf die verschiedenen Möglichkeiten bzw. Arten der Befragung, sowie deren spezifische Vor- und Nachteile und Konsequenzen für die Konstruktion des Fragebogens verwiesen.

Face-to-Face-Interview

Der paradigmatische Fall der Befragung ist das klassische Face-to-Face-Interview. Der*die Interviewer*in steht dabei in direktem, persönlichen Kontakt mit dem*der Befragten, die Befragungssituation kommt einem alltäglichen Gespräch am nächsten. Normalerweise werden solche Interviews bei den Befragten zuhause, d.h. in gewohnter Umgebung durchgeführt, was den Stressfaktor für die Befragten vermindert und uns als Forschenden die Erhebung und Kontrolle von Umgebungsdaten ermöglicht (s.o.). So können Interviewer*innen dazu angehalten werden – ohne Wissen der Befragten – Größe und Einrichtung der Wohnung zu notieren, die eventuelle Anwesenheit dritter Personen zu vermerken, ebenso wie persönliche äußere Merkmale der*des Befragten, wie (zwar subjektiv bewertete) Attraktivität, Gepflegtheit der Erscheinung etc. Umgekehrt bedeutet dies allerdings auch, dass die Befragten – ob bewusst oder unbewusst – auf die Person der*des Interviewer*in reagieren; seine oder ihre Kleidung, Habitus, Geschlecht und Attraktivität können das Antwortverhalten möglicherweise beeinflussen.

Die direkte Interaktion und der daraus resultierende soziale Druck können überdies positive Effekte für Ausschöpfungsquote und Antwortrate zeitigen. Umgekehrt jedoch mag manch heikle Frage einfacher am Telefon oder schriftlich beantwortet werden. In persönlichen Interviews kann diesem Problem z.B. dadurch begegnet werden, dass dem*der Interviewten für entsprechende Fragen ein schriftlich auszufüllender Fragebogen überreicht wird, der dann in einem anonymisierten Umschlag an die*den Interviewer*in zurückgegeben wird.

Die physische Anwesenheit erlaubt es den Interviewer*innen außerdem, interaktiver auf die Befragten einzugehen, unklare Formulierungen zu erläutern und über Verständnisschwierigkeiten hinwegzuhelfen. Dabei ist allerdings darauf zu achten, den*die Befragte*n durch derlei Hilfestellungen nicht zu beeinflussen, diese sollten also neutral, sachlich und zurückhaltend erfolgen. Zudem besteht die Möglichkeit der Visualisierung komplexerer Items, v. a. vielstufiger Antwortskalen oder langer Listen von Berufsbezeichnungen, die den Befragten vorgelegt werden können. Das entlastet die Befragten von Gedächtnisleistungen und Aufmerksamkeitsanforderungen.

Praktisch werden persönliche Face-to-Face-Interviews häufig über ein Random-Route-Auswahlverfahren realisiert. Ein großer Nachteil dieser Interviewform sind die hohen Zeit- und Geldkosten. Sowohl das Auswahlverfahren als auch die eigentliche Befragung nehmen in der Regel viel Zeit in Anspruch (eine neue Nummer ist wesentlich schneller gewählt, als die nächste Adresse erlaufen) und die Kosten sind entsprechend höher, wenn professionelle Interviewer*innen beauftragt werden. Dafür stehen Face-to-Face-Interviews bei korrekter Durchführung und ausreichender Interviewer*innenschulung für hohe Datenqualität und viele renommierte Studienformate (u. a. ALLBUS, SOEP) greifen auf diese Interviewart zurück.

PAPI und CAPI

In der einschlägigen Literatur werden Sie für klassische Face-to-Face-Interviews häufig auch das Kürzel PAPI (Pen-and-Paper-Interview) finden. Mittlerweile werden Bleistift und Papier nach Möglichkeit durch Computer und Bildschirm abgelöst. In einem Computer-Assisted-Personal-Interview werden die Fragen von einem Computer/Tablet-Bildschirm abgelesen und die Daten auch dort eingegeben. Das ermöglicht zum einen weitaus komplexere Filterführungen (s. o.) und erspart uns zum anderen die mühsame nachträgliche Transkriptionsarbeit.

Telefonisches Interview

Weitaus kostengünstiger und weniger aufwändig sind Befragungen mittels Telefon. Sind auch die Stichprobenziehungen insbesondere seit der Abschaffung der Eintragungspflicht von Telefonnummern und im Zuge einer v. a. gruppenspezifischen Verschiebung im Gebrauch von Festnetz- zu Mobiltelefonen schwieriger geworden (s. o.), erfreuen sich Telefonbefragungen weiter Verbreitung.[33] Dabei teilt diese Form des Interviews einige Vorteile der Face-to-Face-Befragung. So können Rückfragen erläutert und zumindest manche Merkmale der Befragten (Intonation, Stimme, Dialekt, Sprachschwierigkeiten etc.) nicht-reaktiv als Interviewenden-Items erhoben werden. Die Erhebungssituation kann dabei zwar nicht so umfassend aufgezeichnet werden wie bei einer Face-to-Face-Befragung, dafür aber können verzerrende Effekte möglicherweise anwesender dritter Personen wirksamer ausgeschlossen werden – da nur der oder die Interviewte die Frage hört, kann auch freier geantwortet werden. Wie oben bereits erwähnt, kann die physische Abwesenheit der Interviewer*in auch den Druck sozialer Erwünschtheit oder das Schamempfinden bei den Befragten lindern und reaktive Effekte der Interviewer*innenperson (weitestgehend – bis auf stimmliche Merkmale) ausschließen.

---

33 Ein Problem der telefonischen Stichprobenziehung besteht darin, dass viele Haushalte über mehrere Nummern erreichbar sind, was die Ziehungswahrscheinlichkeit für diese Haushalte entsprechend erhöht. Es sollte deshalb zum Abschluss jeder telefonischen Befragung die Anzahl der (relevanten, also stichprobenmöglichen) Telefonnummern erhoben werden, unter denen die befragte Person erreichbar ist. Gleiches gilt für das Problem einer Vielzahl von E-Mail-Adressen bei Online-Befragungen (s. u.).

Zudem lassen sich Telefoninterviews bequem von einem Telefonlabor o.ä. aus führen, was Zeit und Kosten bei Auswahl und Erhebung verringert. Positiv ist auch die Möglichkeit vermittels computerisierter Unterstützung (CATI = Computer Assisted Telephone Interview) Daten direkt in digitaler Form zu erfassen. Die Ausschöpfungsquote ist bei telefonischen Untersuchungen bei geeigneter Vorbereitung mit 50 bis 70% ähnlich hoch wie bei persönlichen Interviews (vgl. Diekmann 2017, 503). Ein Nachteil telefonischer Interviews freilich besteht darin, dass der gesamte Fragebogen mündlich abgefragt werden muss – das limitiert die mögliche Komplexität von Fragestellung und Antwortskalierung, ebenso wie die Abfrage von Bildbewertungen o.ä.

Bereits bei der Konstruktion des Fragebogens muss also mitbedacht werden, in welcher Art von Interview dieser eingesetzt werden soll.

Ein weiteres Problem der telefonischen Survey-Forschung besteht in der ‚Konkurrenz' zur ebenfalls hauptsächlich mit Telefoninterviews arbeitenden Marktforschung. Die Konkurrenz wird vor allem um den guten Willen der befragten Personen ausgetragen, die oft genug genervt auf den hundertsten Anruf mit der Bitte um eine Befragung reagieren. Auch bei tendenziell dem sozialwissenschaftlichen Forschungsinteresse wohlgesonnenen Personen kann die Prävalenz von Markt- und (teilweise sehr unseriöser) Meinungsforschung via Telefon Misstrauen wecken und die Teilnahmebereitschaft senken. Begegnen kann man diesem Misstrauen am besten mit einem seriösen Auftreten, der klaren und höflichen Beantwortung aller Fragen zu Zweck und Verwertungszusammenhang der Studie, sowie, im besten Falle, dem Verweis auf eine Website oder ähnliche Möglichkeit, über die die Befragten sich unabhängig informieren können. Hier können auch positive Sponsorship-Effekte auftreten, wenn etwa ein namhaftes Institut oder eine bekannte Hochschule als Förderin der Erhebung genannt wird.

Postalische Befragung

Anstatt Zeit und Geld in Interviewer*innen-Schulungen bzw. die Durchführung persönlicher Interviews zu investieren, können Fragebögen auch per Post an zufällig ausgewählte Haushalte versandt werden, zusammen mit der Bitte um Beteiligung an der Studie. Dabei sollten alle Vorkehrungen getroffen werden, die eine tatsächliche Rücksendung des Fragebogens wahrscheinlicher machen (vgl. auch Total Design Method, s. o.), v.a. die Beigabe eines vorfrankierten Umschlags zur kostenfreien Rücksendung und natürlich ein Schreiben, das auf die Bedeutung der Studie und die Teilnahme daran hinweist. Die postalische Befragung bringt neben den offensichtlichen Kostenvorteilen allerdings auch ganz eigene Schwierigkeiten und methodische Probleme mit sich. Zunächst muss dafür Sorge getragen werden, dass die Befragten auch ohne ansprechbare*n Interviewer*in mit dem Fragebogen zurechtkommen können – klare Instruktionen und ein einfacher Aufbau des Fragebogens sind essenziell. Auch hier gilt also, dass bereits die Fragebogenkonstruktion sich nach der Befragungsart zu richten hat. Überkomplexe Filter o.ä. scheiden z.B. bei der postalischen Befragung aus.

Ein gravierenderes Problem bereitet die **fehlende Kontrollierbarkeit des Auswahlerfolgs** – wir können nicht wissen, ob der zurückgesandte Fragebogen tatsächlich von der (in den Instruktionen z.B. über die Geburtstagsmethode zu spezifizierenden Untersuchungsperson) ausgefüllt wurde oder nicht. Auch wissen wir nichts über Erhebungssituation und eventuell anwesende Dritte.

Dafür bietet die postalische Befragung allerdings auch einige der Vorteile des Face-to-Face-Interviews, v. a. die Möglichkeiten zur Visualisierung komplexer Sachverhalte, sowie die Abfrage von Bewertungen von oder Meinungen zu beigelegtem Bildmaterial. Der anonymisierte Umschlag und die ggf. sehr private Situation des Ausfüllens des Fragebogens minimieren reaktive Effekte und lassen die postalische Befragung für einige Forschungsthemen als geeignete Methode erscheinen – auch wenn, wie bereits gesagt, auch in persönlichen Interviews Maßnahmen ergriffen werden können, die sich diesen Vorteil zunutze machen. Ein gerade bei großen Stichprobenfallzahlen nicht zu unterschätzender Nachteil jedoch besteht in der Notwendigkeit der an die Erhebung anschließenden Digitalisierung und Aufbereitung der gesammelten Datenmenge.

Online-Befragung

Zu guter Letzt kann ein Fragebogen natürlich auch direkt digital durch die Befragten beantwortet werden. Dafür bieten sich die teilweise sehr beliebten Online-Befragungen an. Die Vorteile liegen auf der Hand: genau wie bei der postalischen Befragung können Visualisierungen, sogar in Form von Videos u.ä., eingesetzt werden, reaktive Effekte der Erhebungssituation sind minimal, Interviewer*innen-Effekte nicht vorhanden. Zusätzlich können die technischen Möglichkeiten positiv genutzt werden für sehr komplexe Filterführungen und randomisierte Fragereihenfolgen etc.

Aber – und dies ist ein gewichtiger Einwand – die Befragung und zuvor schon die Auswahl verlaufen oft weitgehend unkontrolliert! Gerade bei der häufig anzutreffenden Form der Verbreitung des Fragebogenlinks über soziale Netzwerke oder ähnliche Plattformen ist nicht nachzuvollziehen, wer die Chance erhält, an der Umfrage teilzunehmen. Damit ist unsere Grundgesamtheit unbekannt und die Stichprobe kann nicht als repräsentativ (für unsere anvisierte Population) angenommen werden.

Eine bessere, weil methodisch kontrollierbare Auswahl, bietet die Ziehung aus E-Mail-Adress-Registern, sofern diese bekannt sind. Bei öffentlichen E-Mail-Providern besteht dabei das Problem, dass eine Person mehrere Accounts unterhalten kann. Für geschlossene Intranets, wie sie viele Firmen oder größere Institutionen nutzen, können Online-Befragungen u. U. eine kostengünstige Alternative zu herkömmlichen Befragungsformen darstellen. Zusammenfassend sei festgehalten, dass keine „objektive" oder letztgültige Rangordnung der verschiedenen Befragungsverfahren bestimmbar ist. Sie alle haben ihre Vor- und Nachteile, ihre methodischen Vorzüge und Probleme. Letztlich bestimmen Forschungsfrage, Zielpopulation, Etat und sonstige Studienbedingungen die Entscheidung für die eine oder andere Erhebungsform. Umso wichtiger ist es, sich über deren Spezifika und die Konsequenzen ihres Einsatzes bewusst zu sein. Die Wahl für eine der Befragungsformen ist in den seltensten Fällen absolut richtig oder falsch, sondern nur mehr oder minder gut begründet. Bedenken Sie jedoch, dass die Entscheidung über die Art und Weise der Befragung Konsequenzen hat für den gesamten ihr zeitlich vorausgehenden Prozess der Auswahl von Untersuchungseinheiten und der Konstruktion des Frageinstruments.

3 Die Datenanalyse: Grundlagen der Statistik

3.1 Statistische Grundbegriffe

3.1.1 Wozu Statistik?

Statistische Methoden dienen der Verbindung von Empirie und Theorie bzw. der (Rück-)Übertragung empirisch beobachtbarer Daten auf einen theoretisch-inhaltlichen Interpretationsrahmen (vgl. Ferschl 1987, 13). Zu diesem Zweck bietet die Statistik ein Bündel an Methoden und Berechnungsvorschriften an, die es ermöglichen, einerseits **Daten beschreibend zu verdichten** und auf einfache Maßzahlen (Statistiken) zu bringen, andererseits **Zusammenhänge in den Daten mathematisch auszudrücken und auf ihre Verallgemeinerbarkeit hin zu prüfen**. Dabei sollten die Objektivität mathematischer Rechenregeln und die stark formalisierte Darstellungsweise jedoch niemals über die basale Konstruiertheit unserer Modelle hinwegtäuschen – jede wissenschaftliche Erkenntnis ist fehlbar und mit Irrtumsrisiken behaftet.

Auf die Frage nach dem Sinn statistischer Bemühungen angesichts dieser Problemlage geben Kühnel und Krebs (2012) zwei Antworten. Erstens bietet die Statistik ein adäquates Verfahren zur Reduktion unmäßiger Datenkomplexität an, welches ab einer gewissen Erhebungsgröße notwendig wird. Zweitens bedeutet jede Art der Reduktion zwar auch Informationsverlust, der Vorteil statistischer Methoden ist jedoch, dass wir genau angeben können, welche und wie viele Informationen wir verlieren und welche Konsequenzen sich daraus für unsere Schätzungen ergeben. Die Statistik kann und sollte stets über die eigenen Einschränkungen reflektieren.

3.1.2 Deskription und Inferenz

Wir müssen bei der Anwendung statistischer Methoden grundsätzlich zwischen zwei Erkenntniszielen, oder genauer: Bereichen der Gültigkeit unserer Aussagen unterscheiden. **Deskriptive Statistik** befasst sich mit der **Beschreibung und Analyse der in unserer Stichprobe gegebenen Daten**, sie trifft also Aussagen ausschließlich über tatsächlich beobachtete Zusammenhänge. In der Regel interessiert uns darüber hinaus jedoch v. a. die **Verallgemeinerbarkeit unserer Messergebnisse** auf unsere anvisierte Grundgesamtheit. Wir wollen normalerweise (außer bei Vollerhebungen) nicht nur Aussagen über diejenigen Arbeitslosen in unserer Stichprobe, sondern im Idealfall über alle Arbeitslosen in Deutschland treffen. Die **Übertragung** oder Extrapolation **der Unterschiede und Zusammenhänge in unseren Stichprobendaten auf eine größere Zahl** von nicht beobachteten Entitäten **in unserer Grundgesamtheit** nennt sich **Inferenz und ist stets mit einer gewissen Fehlerhaftigkeit oder Irrtumswahrscheinlichkeit behaftet**. Die **Bestimmung des Ausmaßes dieser Ungenauigkeit** und der Umgang damit bilden die Zentralprobleme der sog. Inferenzstatistik.

> Zusammenfassend lässt sich also sagen, dass sich die deskriptive Statistik mit der Beschreibung von Verteilungen und Zusammenhängen in den tatsächlich vorliegenden Daten beschäftigt, die schließende oder Inferenzstatistik dagegen mit den Möglichkeiten und Einschränkungen der Übertragbarkeit dieser Befunde auf unsere Grundgesamtheit.

3.1.3 Variable und Skalenniveaus

Der Begriff der Variablen

Bevor wir uns der deskriptiven Statistik zuwenden können, muss ein zentraler Begriff geklärt werden, der uns im Folgenden begleiten wird: den Begriff der Variable. Statistik ist eine variablenzentrierte Auswertungsmethode. Während bei qualitativen Analysen die Einheit und Integrität des Einzelfalles, also der beobachteten oder befragten Person(en) in der Gesamtheit ihrer Merkmale im Vordergrund steht, abstrahieren statistische Anwendungen von den Merkmalsträger*innen und betrachten nur noch diese Merkmale selbst (vgl. Kapitel III, Punkt 3).

Das Grundkonzept quantitativer Datenauswertung basiert auf der Idee, dass ein Merkmal verschiedene, variable Ausprägungen besitzt, die in unserer Untersuchung in einer Variablen zusammengefasst werden.

Eine Variable enthält die veränderlichen Ausprägungen eines Merkmals. Statistische Methoden versuchen **Zusammenhänge zwischen einzelnen Variablen** rechnerisch zu bestimmen. Typische Beispiele für Variablen sind etwa Alter, Geschlecht, Einkommen oder Erwerbsstatus. Letztere könnte in unserer Operationalisierung z. B. folgende mögliche Ausprägungen enthalten:

Erwerbsstatus
1. Vollzeit Erwerbstätig
2. Teilzeit Erwerbstätig
3. In Ausbildung/Praktikum/Lehre/Studium
4. Pensioniert/in Rente
5. Nicht erwerbstätig

Für wissenschaftliche Analysen sind dann v. a. Fragen nach Zusammenhängen zwischen dieser und anderer Variablen interessant, z. B. mit dem Geschlecht und/oder von Unterschieden, z. B. des Einkommens oder der Lebenszufriedenheit für die einzelnen Erwerbsstatusgruppen.

Skalenniveaus
Variablen können unterschiedliche sog. Skalenniveaus aufweisen. Eine Variable enthält, wie wir gesehen haben, verschiedene Ausprägungen eines Merkmals; dabei wird jedem **empirischen Relativ**, also etwa der Ausprägung „nicht Erwerbstätig", ein **numerisches Relativ**, also eine Zahl oder Codewert, **zugeordnet. Die Art und Weise, wie diese Maßeinteilung geschieht, bezeichnen wir als Skalierung.** Wie, d. h. mit welcher Skalierung ein Merkmal in einer Variablen ausgedrückt bzw. gemessen wird, bestimmt,
a) wie viele Informationen bei der Messung verloren gehen,
b) welche Transformationen erlaubt sind und
c) welche Aussagen sich aufgrund der Daten treffen bzw. welche Berechnungen sich anstellen lassen.

Welche Skalierung gewählt wird, hängt teilweise von den intrinsischen Eigenschaften des Merkmals ab, und anderseits von den Entscheidungen und den Genauigkeitsansprüchen der Forscher*innen.

Wir unterscheiden grundsätzlich vier Skalenniveaus, die hier ihrem Informationsgehalt nach in ansteigender Reihenfolge vorgestellt werden.

1. Nominal

Die Nominalskalierung ist die einfachste, d. h. anspruchsloseste Form der Skalierung. Sie besteht in der schlichten, nicht-hierarchischen Zuordnung von Zahlen zu empirischen Relativen. Typische Beispiele für nominalskalierte Variablen sind das Geschlecht oder die Religionszugehörigkeit, aber auch die Parteipräferenz, die Nationalzugehörigkeit oder die Hautfarbe. All dies sind Merkmale, deren Ausprägungen sich **nicht** (oder nur unter erheblicher politischer Verfärbung) **in eine sinnvolle Rangfolge oder Hierarchie einordnen** lassen.

Für die Zuordnung von Zahlenwerten zu den empirischen Ausprägungen (z. B. „Mann", „Frau", „Divers"), bedeutet dies, dass **die Zahlenwerte keinerlei Bedeutung** haben. Ich kann etwa Männer mit einer ‚0' codieren und Frauen mit ‚165', darf mir aber aufgrund dieser willkürlichen Zuweisung nicht erlauben zu sagen, dass Frauen 165mal mehr wert seien als Männer[34]. Die Codierung muss also lediglich dafür sorgen, dass die einzelnen Ausprägungen voneinander unterscheidbar bleiben, also jedem Geschlecht eine eigene Zahl, welche auch immer, zugewiesen wird.

2. Ordinal

Manche Merkmale erlauben es, ihre Ausprägungen in eine **interpretierbare Rangfolge** zu bringen, anstatt nur eine nominale Benennung vorzunehmen. Paradigmatische Beispiele sind etwa die Dienstgrade in formalen Organisationen, Zuordnungen in Schichtungsmodellen, aber auch Schulnoten oder Angaben zur Konsumhäufigkeit bestimmter Güter.

Wenn wir solche Merkmale messen, d. h. auf einer Skala abbilden, sollte **diese Rangfolge von den Zahlenwerten widergespiegelt** werden. Weisen wir etwa einer einfachen Gefreiten eine ‚1', einem Leutnant eine „14" zu, dann sollte eine Generalin einen Codewert von über 14 erhalten, damit die Rangfolge erhalten bleibt und wir nicht auf bloßes nominales Skalenniveau „zurückrutschen". Darüber hinaus, d. h. abgesehen von einer größer/kleiner-Beziehung sind die Zahlenwerte selbst nicht informativ; der Generalin kann (wenn wir nur diese drei Dienstgrade unterscheiden wollen) ebenso gut eine „15" wie eine „15.000" zugewiesen werden.

Mithilfe ordinalskalierter Variablen lässt sich dann z. B. nicht nur beantworten, ob Generäle besser gebildet sind als Leutnants (dafür hätte uns auch eine nominale Skalierung ausgereicht), sondern auch, ob mit dem Dienstgrad immer auch das Bildungsniveau steigt, ob also gilt, dass je höher die Bildung, desto höher der Dienstgrad (oder umgekehrt).

Ein Problem bzw. ein Mangel einer ordinalskalierten Variablen besteht jedoch darin, dass wir keine Aussagen über Abstände zwischen den einzelnen Ausprägungen treffen können. Wir können also aus der Variablen selbst nicht ablesen, ob die Position der Generalin genauso weit von einem Leutnant „entfernt" ist, wie dieser von der Gefreiten.

---

[34] Wir können, wenn wir uns an Kapitel III zurückerinnern, auch sagen, dass sich mithilfe nominalskalierter Variablen keine sinnvollen Je-desto-Hypothesen formulieren oder beantworten lassen. Aussagen wie: „Je männlicher ein∗e Arbeitnehmer∗in, desto höher das Einkommen", können zumindest mit einer einfachen Geschlechtsabfrage nicht beantwortet werden. Einfache Wenn-Dann-Aussagen hingegen könnten etwa lauten: „Männer erhalten mehr Gehalt als Frauen." Diese könnten wir beantworten, wenn wir zusätzlich zum Geschlecht noch die Einkommensvariable in unsere Betrachtung mit aufnehmen (s. u.).

3. Intervall

Um diesen Mangel auszugleichen müssen die Daten mindestens Intervallskalenniveau aufweisen. Dies setzt voraus, dass die **Ausprägungen einen bestimmbaren bzw. den exakt gleichen Abstand** zueinander aufweisen. Klassischerweise haben wir es mit intervallskalierten Variablen zu tun, wenn wir mit kategorisierten Variablen, also z. B. dem kategorisierten Einkommen zu tun haben.

Viele Personen wollen aus verschiedensten Gründen ihr Einkommen nicht genau angeben, lassen sich aber darauf ein, ein Intervall zu benennen. Eine entsprechende Variable könnte z. B. das Einkommen der Befragten, kategorisiert in Schritten bzw. Intervallen von je 500 Euro enthalten[35]. Hier sind die Abstände klar definiert (anders als etwa bei Schulnoten!), was uns eine weitere Aussagemöglichkeit eröffnet.

In der sozialwissenschaftlichen Empirie begegnen uns Intervallskalen, neben den bereits erwähnten kategorisierten Variablen, z. B. auch bei der Abfrage des Geburtsjahres oder vielstufiger Abfragen subjektiver Zustände[36]. Anhand der Daten, die uns die Variable zum Geburtsjahr der Befragten liefert, können wir dann Aussagen treffen wie: „Person A ist 23 Jahre älter als Person B". So trivial diese Erkenntnis klingen mag, sie wird doch erst möglich, wenn wir annehmen können, dass ein Jahr (fast) immer und auch für A und B jeweils gleich lange dauert, wir müssen also die Konstanz des Intervalls „ein Jahr" voraussetzen, um „additive" Operationen durchzuführen.

Ein weiteres illustratives Beispiel, das zugleich die Einschränkungen von Intervallskalen verdeutlicht, stammt aus dem naturwissenschaftlichen Bereich. Je nachdem, auf welcher Seite des Atlantiks Sie sich befinden, wird Temperatur entweder auf einer Celsius- oder einer Fahrenheitskala gemessen. In beiderlei Fall sind die so erhobenen Temperaturwerte intervallskaliert, sodass man Aussagen wie „Heute ist es 10 °C wärmer als gestern" treffen und überprüfen kann. Nicht zulässig wäre hingegen die Aussage: „Gestern hatte es 10°, heute hat es 20° – also ist es heute doppelt so heiß wie gestern." Dass diese intuitiv womöglich plausibel klingende Aussage dennoch falsch ist, liegt daran, dass die so gemessene Temperatur **keinen absoluten Nullpunkt aufweist, der als fester Referenzpunkt der Berechnung** dienen könnte. Man kann dies auch zeigen, wenn die Celsius- in Fahrenheitwerte umgerechnet werden. 10°C entsprechen 50°F, 20 °C dagegen 68°F. Unsere Verhältnisaussage ist also abhängig von der verwendeten Skala und damit wenig zuverlässig.

Um derartige Aussagen über Verhältnisse, also nach dem Muster „A ist x-mal mehr/weniger ausgeprägt als Y" zu treffen, müssen wir auf das letzte, informationsreichste Skalenniveau zurückgreifen.

4. Ratio

Die Ratio- oder Verhältnisskala erfüllt die von uns gesuchte Bedingung eines absoluten Nullpunkts[37], der Verhältnisaussagen ermöglicht. Zu den Merkmalen, die sich normalerweise

---

[35] Rechnerisch werden solche Kategorien dann normalerweise über den Mittelwert des Intervalls berücksichtigt. Personen, die ihr Einkommen in dem Intervall von 1.500–2.000 Euro verorteten, würde dann z. B. einheitlich der Wert 1.750 Euro zugewiesen.
[36] Klassischerweise wird etwa die Lebenszufriedenheit auf einer zehnstufigen Skala abgefragt. Obwohl eigentlich nur ordinales Skalenniveau vorliegt, können wir aufgrund der Feinheit der Abstufung, die gleiche Intervallgrößen psychologisch nahelegt, von Intervallskalenniveau ausgehen. Variablen, die in dieser (oft problematischen) Weise von einem diskreten auf ein kontinuierliches Skalenniveau „hochgestuft" werden, bezeichnen wir oft auch als quasi-metrische Variablen.
[37] Übrigens gibt es durchaus eine Möglichkeit, Temperatur ratioskaliert zu messen. Dies leistet die Kelvin-Skala, deren Null-Wert dem physikalisch bedingten absoluten Temperaturnullpunkt (etwa -273 °C) entspricht.

in ratioskalierten Variablen messen lassen, gehören z. B. das Alter (in Jahren)[38], die Anzahl der Kinder, das Erwerbseinkommen (in Euro) oder die Dauer der Arbeitslosigkeit (z. B. in Wochen). Wie am Beispiel des Einkommens sehr schön deutlich wird, kann **ein und dasselbe Merkmal verschiedentlich skaliert werden, was u. a. von der Fragestellung, den verfügbaren Daten oder pragmatischen Überlegungen abhängt**.

Ratioskalen haben den höchsten Informationsgehalt der hier vorgestellten Skalenniveaus, sie enthalten sozusagen die genaueste mögliche Abbildung der Ausprägungen des Merkmals, wobei natürlich durch die Wahl der Messeinheit Grenzen gesetzt sind (schließlich ließe sich das Alter nicht nur in Jahren, sondern z. B. auch in Tagen oder gar Stunden erheben, was aber nicht nur für die Befragten eine unzumutbare Überforderung darstellte).

Erst ratioskalierte Messwerte erlauben es uns, Aussagen zu treffen wie: „Frauen verdienen um 21 %[39] weniger als Männer." Intervall- und Ratioskalen werden zusammenfassend auch als **metrische Skalen**, die so skalierten Variablen als metrische oder kontinuierliche **im Gegensatz zu diskreten (nominal- oder ordinalskalierten) Variablen** bezeichnet[40]. Metrische Variablen haben gemeinhin einen höheren Informationsgehalt als nicht-metrische Variablen und erlauben spannendere Rechenoperationen wie etwa die berühmt-berüchtigten Korrelationen.

Diese hohe Genauigkeit hat jedoch ihren Preis. Damit alle Informationen erhalten bleiben, müssen die **Codewerte nicht-willkürlich gesetzt** werden und, im Falle der Ratioskala, einen **absoluten Nullpunkt** aufweisen. Dies hat insbesondere Konsequenzen für die erlaubten Transformationen der Variable. Ordinalskalen und Nominalskalen sind, wie wir wissen, recht leicht verformbar; die Codewerte können beinahe beliebig vergrößert oder vermindert werden, Zahlen hinzuaddiert oder multipliziert werden, solange die Distinktion bzw. für Ordinalskalen zusätzlich die Hierarchisierung der Ausprägungen erhalten bleibt.

Im Gegensatz dazu dürfen **die Codewerte für Ratioskalen nur über einen konstanten Multiplikationsfaktor verändert werden**. Es kann also z. B. der Euro-Wert des Einkommens problemlos in Dollarwerte (über den feststehenden Faktor des Wechselkurses) transformiert werden, nicht aber ein Betrag hinzuaddiert werden. Wenn Person A 1.000 Euro angibt, Person B 2.000 Euro, dann ändert sich deren Verhältnis nicht, wenn wir stattdessen die Werte 1.140 US-Dollar und 2.280 US-Dollar (Wechselkurs von ca. 1,14) einsetzen, wohl

---

[38] Hier bedarf es der Vorsicht! Wir sprachen oben von der intervallskalierten Variable Geburtsjahr. Diese enthält doch sicherlich die gleichen Informationen wie das Befragten-Alter – wieso also unterscheiden sich die beiden Variablen in ihrem Skalenniveau? Wie ist es möglich, einfach eine intervall- in eine ratioskalierte Variable zu verwandeln? Die Antwort lautet, dass das nicht möglich ist, da eine Intervallskala weniger Informationen enthält als eine Ratioskala – wir können aber eine sichere Information sozusagen von außen an unsere Intervallskala zum Geburtsjahr herantragen und sie damit aufwerten. Diese zusätzliche Information ist das aktuelle Datum, also das gegenwärtige Jahr, in dem die Untersuchung stattfindet. Das Geburtsjahr lässt sich dann, wenn man es vom aktuellen Datum subtrahiert, zu einer ratioskalierten Altersvariable umwandeln.

[39] Dieser Wert entspricht dem unbereinigten Gender Pay Gap im Jahr 2016. „Unbereinigt" bedeutet in diesem Zusammenhang, dass nur die Bruttolöhne für Männer und Frauen betrachtet wurden, ohne andere Faktoren, wie Erwerbstatus, Berufsbranche usw., zu berücksichtigen, die die Differenz „erklären" können. 2014 lag dieser bereinigte Wert bei 6 % (vgl. Statistisches Bundesamt 2017). Dabei kann die Möglichkeit der „Bereinigung" jedoch keinesfalls den Gegenbeweis in Diskriminierungsdebatten antreten – denn dass frauenspezifische Berufe i. d. R. schlechter bezahlt werden, kann (und sollte) auch als Konsequenz diskriminierender Gesellschafts- und Arbeitsmarktstrukturen verstanden werden. Auch hier gilt es also, der Statistik nicht blind zu vertrauen. Wir kommen darauf zurück.

[40] Diese, dem Lehrbuchformat geschuldete, schematisch-starre Darstellung täuscht über die tatsächlich stattfindenden Aushandlungsprozesse und pragmatischen Kompromisse in der Forschungspraxis hinweg. Gerade in den Sozialwissenschaften wird häufig von quasi-metrischen Variablen Gebrauch gemacht. Die Kritik einer vorliegenden Statistik sollte immer auch die Frage mitberücksichtigen, ob die zugewiesenen Skalenniveaus auch tatsächlich vorliegen, oder ob den Daten Gewalt angetan wird, wenn man sie metrisch interpretiert.

aber wenn wir Person A mit 1.001 Euro und Person B mit 2.001 Euro codieren. Derlei Additionen fester Werte sind für Intervallskalen noch zulässig.

Dieses kleine Zahlenspiel soll nur veranschaulich, wie wichtig es ist, sich stets zu verdeutlichen, welches Skalenniveau die untersuchte Variable aufweist und welcher Logik dieses folgt, denn daraus ergeben sich die erlaubten, also informationsbewahrenden, mathematischen Operationen und zulässig zu treffenden Aussagen. Dabei soll folgende Übersicht helfen:

	Typische Beispiele	Mögliche Aussagen	Math. Operanden
Nominalskala	Geschlecht; Nationalzugehörigkeit	Gleich/Ungleich?	=/≠
Ordinalskala	Schichtzugehörigkeit; Dienstgrad	Gleich/Ungleich? Größer/Kleiner?	=/≠ </>
Intervallskala	Temperatur (in °C); Kat. Einkommen; Geburtsjahr	Gleich/Ungleich? Größer/Kleiner? Mehr/Weniger?	=/≠ </> +/-
Ratioskala	Alter; Körpergröße; Dauer von x		=/≠ </> +/- ×/÷

Tabelle 2: Zusammenfassung Skalenniveaus

Abschließend seien noch zwei Konsequenzen angesprochen, die sich aus der hierarchischen Abfolge der Skalenniveaus ergeben und vermutlich ohnehin bereits offensichtlich sind.

Erstens gilt, dass **jede Skala in eine Skala niederen Informationsgehalts transformiert werden kann**. Dies bedeutet im Umkehrschluss auch, dass jede Aussage, die auf einem Skalenniveau niederer Stufe geprüft werden kann, auch auf höherer Stufe geprüft werden kann – auch eine ratioskalierte Variable lässt Aussagen über Rangfolgen zu.

Zweitens und damit in engem Zusammenhang stehend, **kann keine Variable ohne zusätzliche Informationen** (Umweltinformationen, z. B. aktuelles Datum), weitere Erhebungen, andere Datensätze o. ä.) **auf ein höheres Skalenniveau gebracht werden**. Aller Forscher*innenverstand und statistisches Know-how kann dennoch aus keiner kategorisierten, intervallskalierten eine ratioskalierte Variable zaubern, so sehr man sich dies auch manchmal wünschen mag.

Forschungspraktisch kulminiert dies in der Plattitüde: Lieber zu viel als zu wenig. Statt vorschneller Einschränkungen ist es (fast immer) besser, auf möglichst[41] hohem Skalenniveau zu erheben.

---

[41] „Möglichst hoch" soll hier v. a. in Bezug auf die den Befragten zumutbare Komplexität verstanden werden. Eine Skala mit 100 Abstufungen scheint zunächst immer genauer als eine Skala mit nur 10. Praktisch zeigt sich aber, dass Befragte von zu genauen Abfragen überfordert werden und meist ohnehin nur die Zehnerwerte besetzen werden.

3.2 Univariate, deskriptive Statistik

Nach dieser grundlegenden Erläuterung des zentralen Konzepts, um das sich in der Statistik alles dreht – die Variable – können wir uns nun der tatsächlichen statistischen Arbeit zuwenden. Zunächst soll es uns nur um die Beschreibung der Variablen in unserem Datensatz gehen (Deskriptive Statistik).[42] Stellen Sie sich vor, Sie haben die Erhebung endlich hinter sich gebracht und alle Daten erhoben, die sie für die Beantwortung Ihrer Forschungsfrage brauchen.

Die Gesamtheit der so gesammelten Daten wird in der quantitativen Forschung in einem sog. *Datensatz* dargestellt. Dieser ist eigentlich nicht mehr als eine lange Tabelle, die in ihren Spalten die einzelnen Variablen, in den Zeilen dagegen die einzelnen untersuchten Personen abbildet. In den Zellen finden sich dann entsprechend die Variablenwerte der jeweiligen Befragten.

Ein Ausschnitt aus einem solchen Datensatz könnte z. B. so aussehen:

Pers.nr	Alter	Geschlecht	Einkommen	Arbeitslosigkeitsdauer
1	25	Männlich	500	0
2	76	Männlich	–	–
3	29	Weiblich	2300	17
4	54	Männlich	1100	142
5	44	Weiblich	4200	1

Je nachdem, wie viele Merkmale Sie erhoben haben und wie viele Personen Sie befragten, d. h. wie groß Ihre Stichprobe ist, kann ein solcher Datensatz wahrhaft gigantische Ausmaße annehmen und lässt sich nicht mehr leicht überblicken.

Die deskriptive Statistik versucht nun zuallererst, ein wenig Ordnung in das Chaos zu bringen, **die Informationsflut mithilfe der Berechnung einiger klarer und einfacher Maßzahlen einzudämmen und überschaubar zu machen**.

Im Folgenden werden wir, ausgehend von der graphischen Darstellung der in einer Variablen enthaltenen Informationen versuchen, Komplexität zu reduzieren und Variablen mithilfe solcher einfacher Maßzahlen zu beschreiben.

Die sog. *Lageparameter* markieren dabei besonders wichtige oder interessante Punkte der Verteilung der in der Variable enthaltenen Werte; von besonderem Interesse sind dabei die am häufigsten vorkommende Ausprägung (Modus) und die Werte, die die Mitte der Verteilung bzw. den Durchschnitt der Werte angeben (Median und arithmetisches Mittel).

---

[42] Wir beschränken uns in diesem Abschnitt zunächst auf univariate Analysen, also die Darstellung und Beschreibung von nur einer Variable. Darstellungsformen und Maßzahlen für den Zusammenhang von zwei Variablen (bivariate Analyse) lernen wir noch im Zusammenhang mit inferenzstatistischen Verfahren kennen. Dabei muss betont werden, dass es sich bei den Begriffspaaren deskriptive vs. Inferenzstatistik und univariate vs. bi- bzw. multivariate Analysen um zwei unabhängige Unterscheidungen geht. Deskriptiv bedeutet: auf die Stichprobe beschränkt; Inferenz bedeutet: Schluss (von der Stichprobe) auf die Grundgesamtheit. Die Begriffe von uni-, bi- oder multivariater Analyse beziehen sich dagegen auf die Anzahl der in die Betrachtung einbezogenen Variablen. Auch der Zusammenhang zweier Variablen kann also rein deskriptiv berechnet werden, ebenso wie das Ergebnis einer univariaten Berechnung, z.B. des Mittelwerts einer Variable, inferenzstatistisch auf die Grundgesamtheit bezogen werden kann. Die hier gewählte Darstellung ist dem Versuch geschuldet, Redundanzen und Wiederholungen zu vermeiden.

Das allein reicht jedoch zumeist nicht hin, um die erhobenen Informationen adäquat wiederzugeben bzw. um Berechnungen zu Zusammenhängen anzustellen – was ja unser letztendliches Ziel sein sollte. Deshalb werden im Anschluss an die Lage- die sog. *Streuungsparameter* berechnet. Dies sind Maßzahlen, die uns etwas über die Form der Verteilung sagen können bzw. darüber, wie weit die einzelnen Ausprägungen um den Mittelwert herum liegen. Schließlich werden wir uns einer besonders wichtigen Verteilungsform, der sog. Normalverteilung, widmen, die v. a. für die Inferenzstatistik von großer Bedeutung sein wird.

3.2.1 Die Merkmalsverteilung

Wenn wir von Variablen sprechen, gehen wir also davon aus, dass die befragten Personen unterschiedliche Ausprägungen eines bestimmten Merkmals haben können. Diese unterschiedlichen Ausprägungen lassen sich als **Verteilung der Variablen** darstellen.

Graphisch veranschaulicht, können wir die einzelnen Ausprägungen einer Variablen auf der x-Achse abtragen und die Anzahl (oder den Anteil) der Untersuchungseinheiten, die diese Ausprägung aufweisen auf der y-Achse:

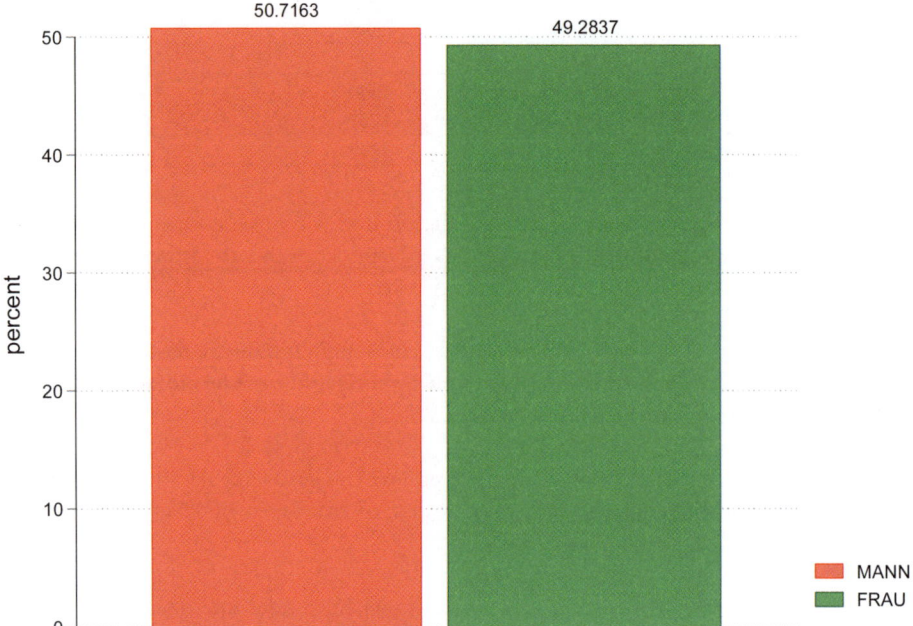

Abbildung 7: Häufigkeitsverteilung Geschlecht (ALLBUS 2016); eigene Darstellung

Für kategoriale Variablen, also Variablen mit abzählbar vielen diskreten Ausprägungen, eignet sich insbesondere die Darstellung in sog. Balkendiagrammen (siehe dazu Abbildung 7, sowie die Abbildungen 8 und 9 auf der nächsten Seite)[43]. Wir sehen bereits, dass sich das Aussehen der Verteilungen für unterschiedliche Variablen stark unterscheiden kann, abhängig

---

[43] Die folgenden Graphiken wurden, sofern nicht anders angegeben, sämtlich mit der Statistiksoftware Stata (Version 14) und den online unter www.gesis.org verfügbaren Datensätzen der Allgemeinen Bevölkerungsumfrage der Sozialwissenschaften (ALLBUS) erstellt. Zur ansprechenderen Darstellung wurde das colorblind-scheme von Daniel Bischof verwendet: https://danbischof.com/2015/02/04/stata-figure-schemes/.

vom Antwortverhalten der Befragten und den möglichen Ausprägungen des Merkmals bzw. Antwortkategorien des Frageitems.

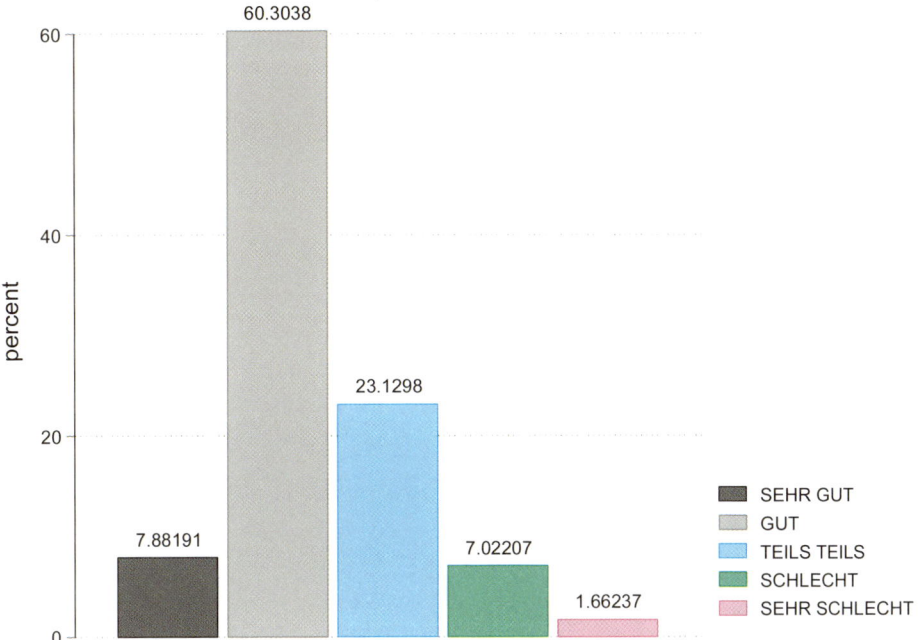

Abbildung 8: Häufigkeitsverteilung der Einschätzung der subjektiven Wirtschaftslage (ALLBUS 2016); eigene Darstellung

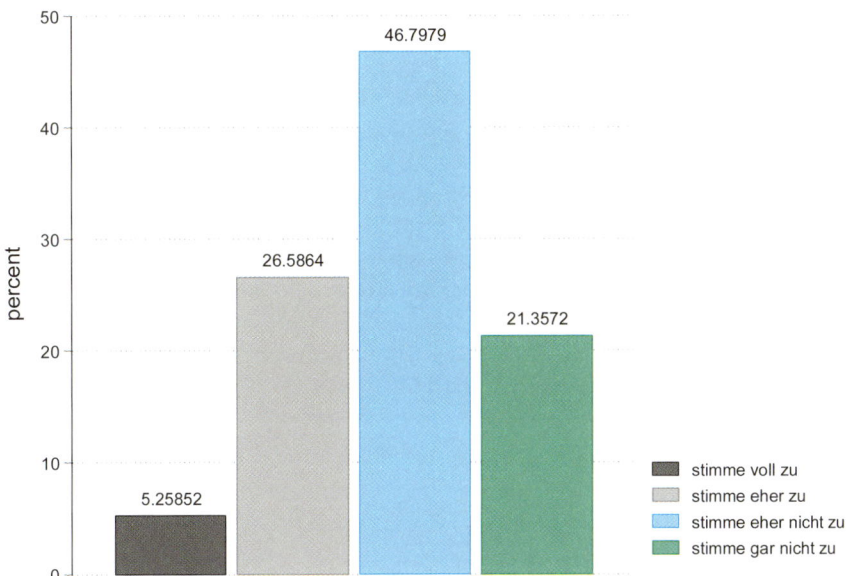

Abbildung 9: Zustimmung zu der Aussage, bestehende soziale Unterschiede seien gerecht (ALLBUS 2014); eigene Darstellung

Bisher haben wir nur Verteilungen diskreter Variablen betrachtet. Für kontinuierliche (bzw. metrische) Variablen können ebenfalls graphische Darstellungen ihre Verteilungsform, z. B. in einem sog. Histogramm, veranschaulichen[44].

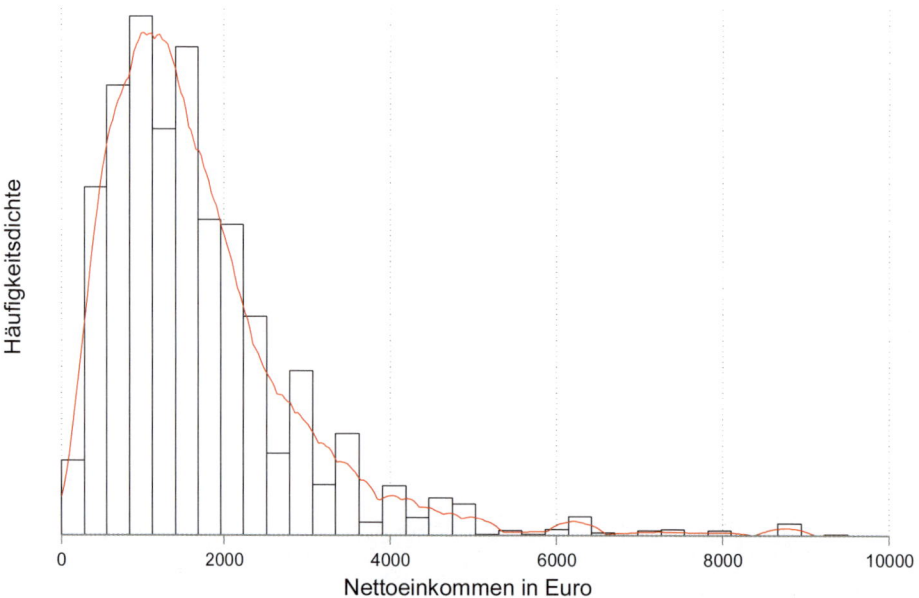

Abbildung 10: Histogramm für Einkommensverteilung (ALLBUS 2016); eigene Darstellung

3.2.2 Lageparameter: Modus, Median und Arithmetisches Mittel

Graphische Darstellungen von Merkmalsverteilungen eignen sich gut, um einen ersten Überblick über die Variablen zu erhalten, mit denen man arbeitet und auch, um etwa in einer abschließenden Dokumentation der Ergebnisse oder einer eventuellen Publikation den Leser*innen den Zugang zu den präsentierten Informationen zu erleichtern.

Für die weitere statistische Behandlung jedoch **müssen die in den Graphen enthaltenen Informationen verdichtet und auf Kennzahlen gebracht werden**, mit denen wir arbeiten können. Zunächst empfiehlt es sich, die sog. **Lageparameter** zu bestimmen. Diese **geben Auskunft über besonders markante bzw. relevante Punkte der vorliegenden Verteilung**.

Wir wollen im Folgenden die drei gängigsten Lageparameter besprechen, die sich jeweils für unterschiedliche Skalenniveaus eignen und je spezifische Vor- und Nachteile mit sich bringen.

---

[44] Für die Darstellung kontinuierlicher Variablen sollten keine Balken- oder Kuchendiagramme angewendet werden, da diese mit absoluten oder relativen Häufigkeiten operieren. Für metrische Variablen bedeutete dies eine zu starke Abhängigkeit der Höhe eines Balkens von der gewählten Klassen- bzw. Balkenbreite: Je breiter die Klasse gewählt wird, desto höher der Balken, was leicht zu manipulativen Darstellungen verleitet. Stattdessen verwenden wir für die Abbildung metrischer Verteilungen sog. Histogramme, die die Häufigkeitsdichte einer Ausprägung bzw. eines Ausprägungsintervalls widergeben. Einfacher gesagt, wird hier das oben erläuterte Problem berücksichtigt, indem die Häufigkeit der Ausprägung mit der Klassenbreite in Relation gesetzt wird.

Der Modus: die häufigste Ausprägung

Die einfachste bzw. anspruchsloseste Maßzahl ist der sog. Modus. Er bezeichnet schlicht die Ausprägung(en) einer Verteilung, die am häufigsten auftreten[45]. Je nach Anzahl der identifizierten Modi, sprechen wir von uni-, bi- oder multimodalen Verteilungen. Für die Geschlechtsverteilung (Abb. 7) ist der Modus die Ausprägung „Mann", für die Einschätzung der subjektiven Wirtschaftslage (Abb. 8) liegt der Modalwert bei „Gut" und der Modus des Einkommens liegt bei ca. 1.000 bis 1.200 Euro (Abb. 10).

Wir können also sagen, dass es in unserer Stichprobe mehr Männer als Frauen gibt (bzw. dass „Mann" das am häufigsten auftretende Geschlecht ist), dass die Ausprägung „Gut" im Vergleich zu den anderen Antwortkategorien am häufigsten gewählt wurde und dass das angegebene Einkommensintervall relativ mehr Untersuchungseinheiten umschließt als die gleich großen anderen Intervalle.

Hier ist Vorsicht bei der Formulierung geboten! Gerade für metrische Variablen, deren Intervalle ja willkürlich bestimmt werden müssen, sind Aussagen wie „Die meisten Menschen verdienen zwischen 1.000 und 1.200 Euro" unzulässig – schließlich könnten wir das Intervall stets erweitern und so mehr Personen einschließen. **Der Modus bezeichnet also nur die relativ(!) zu allen anderen Kategorien/Ausprägungen der Variablen am häufigsten gewählte/zugewiesene Ausprägung der Verteilung**.

Der Modus **kann für jedes Skalenniveau bestimmt werden**, da er weder Rangordnung noch metrisierbare Abstände zwischen den Merkmalsausprägungen voraussetzt, sein Informationsgehalt ist allerdings auch dementsprechend gering.

Der Median: die Mitte der Verteilung

Der Median einer Verteilung ist formal definiert als **der kleinste Wert, unter dem mindestens 50 Prozent der Verteilung liegen**. Wir suchen also diesmal nicht nach dem am häufigsten auftretenden Wert, sondern nach demjenigen Marker-Wert, der die Hälfte der Verteilung abtrennt. Der Median orientiert sich dabei nicht an den Zahlenwerten der Ausprägungen (anders als das arithmetische Mittel, s. u.), sondern nur an der **Anzahl bzw. der Ordnungszahl der Untersuchungseinheiten**. Wir können uns vorstellen, dass wir zur Ermittlung des Medians die Ausprägungen der Variablen in eine geordnete Reihe bringen und vom kleinsten Wert an zu zählen beginnen. Dabei summieren wir die in jeder Kategorie enthaltenen Untersuchungseinheiten auf, bis wir die Hälfte unserer Gesamtfallzahl erreichen (bzw. überschreiten). Die Ausprägung, bei der dies der Fall ist, wird Medianwert genannt.

Es mag bereits aufgefallen sein, dass die obigen Ausführungen eine spezifische Bedingung implizieren, die erfüllt sein muss, damit der Median bestimmt werden kann: die Möglichkeit der (sinnvollen) Rangordnung der Ausprägungen. Wir setzen also **mindestens ordinales Skalenniveau** voraus. Betrachten Sie zur Illustration untenstehende Darstellung einer fiktiven Variablen, z. B. zur Bewertung eines aktuellen Kinofilms.

---

45 Davon zu unterscheiden sind die Extremwerte, also Minimum und Maximum der Verteilung. Der Modus bezieht sich nicht auf den wie immer festgelegten (Zahlen-)Wert der Ausprägung, sondern auf die Anzahl an Untersuchungseinheiten, die diese Ausprägung des Merkmals aufweisen.

Numerisches Relativ	(1)	(2)	(3)	(4)
Empirisches Relativ	Sehr Schlecht	Schlecht	Gut	Sehr Gut
Häufigkeit (n = 14)	2	3	3	6

Insgesamt haben wir 14 Personen ($n = 14$) befragt. Wir suchen nun also, nachdem wir die Ausprägungen in eine sinnvoll bestimmbare Reihenfolge gebracht haben, nach dem kleinsten Wert, unter dem (mindestens) 7 Befragte liegen. Hierzu können wir schlicht von links nach rechts die absoluten Häufigkeiten aufaddieren und stellen fest, dass wir für 2 + 3 + 3 = 8 die gesuchte Grenze bei der Ausprägung „Gut" überschreiten.

Wir können also formulieren: „Mindestens 50 Prozent der Befragten finden den Kinofilm gut oder schlechter." Wir können die Variable natürlich auch umpolen[46] bzw. in unserem Falle einfach von rechts nach links aufaddieren (6 + 3 = 9) und gelangen zu der Aussage: „Mindestens 50 Prozent der Befragten finden den Kinofilm mindestens gut oder sogar sehr gut."

Für die oben dargestellten Verteilungen der ordinalen Variablen (Abb. 8 und 9) lassen sich die Mediane in analoger Weise bestimmen. Wir stellen fest: Mindestens 50 Prozent der Befragten schätzen ihre eigene wirtschaftliche Lage als gut oder sogar sehr gut ein und mindestens 50 Prozent der Befragten stimmen der Aussage zur Gerechtigkeit bestehender sozialer Unterschiede eher nicht oder überhaupt nicht zu.

Der Medianwert lässt sich natürlich auch für höhere Skalenniveaus bestimmen[47]. Für die oben dargestellte Einkommensverteilung liegt der Median z. B. bei 1.400 Euro. Wir wissen nun also, dass (mindestens) 50 Prozent der Befragten im ALLBUS 1.400 Euro oder weniger verdienen.

Da der Median weniger Informationen berücksichtigt als das arithmetische Mittel, wird für die Analyse metrischer Variablen zumeist letzteres bevorzugt. Es gibt aber durchaus Fälle, in denen es sinnvoll sein kann, Medianwerte zu interpretieren (s. u.)[48].

An dieser Stelle sei nur noch auf das verwandte Konzept der Quantilberechnung verwiesen. Als **Quantile bezeichnen wir bestimmte Intervalle einer Verteilung**, die durch einen Marker-Wert begrenzt werden. Wir können also, je nach Interesse, das 10 %- oder 25 %- oder auch 99 %-Quantil einer Verteilung berechnen, was z. B. für Studien zur Ungleichverteilung von Vermögen interessant sein kann, aber auch für das Testen von Unterschieds- und Zusammenhangshypothesen Relevanz hat (s. u.). Die Berechnungslogik ist dabei, mutatis mutandis, mit derjenigen des Medians identisch.

---

[46] Umpolen bedeutet in der Statistik die Verkehrung der Reihenfolge der Ausprägungen einer Variablen. Statt etwa „Sehr schlecht" auf 1, „Schlecht" auf 2, „Gut" auf 3 und „Sehr gut" auf 4 zu codieren könnten wir diese Reihenfolge ebenso gut, d. h. ohne Informationsverlust genau umkehren, also „Sehr schlecht" mit 4, „Schlecht" mit 3 usw. codieren. Es ist gewissermaßen nur eine Frage des Blickwinkels. Die Polung der Variable, sprich mit welcher Seite der Verteilung aus gezählt wird, hängt v. a. vom Forschungsinteresse ab, kann aber natürlich auch bedingt sein von normativen (Vor-)Urteilen oder dem politischen Verwertungszusammenhang der Analyse.

[47] Bei metrischen Variablen kann es bei gerader Gesamtfallzahl vorkommen, dass der Median genau „zwischen" zwei Ausprägungen fällt. Um größtmögliche Genauigkeit zu gewährleisten, kann in diesen Fällen der Median als arithmetisches Mittel zwischen den beiden fraglichen Ausprägungen berechnet werden.

[48] Eine detaillierte Gegenüberstellung der beiden Maßzahlen für kontinuierliche Variablen finden Sie im Anschluss an die Erläuterung des arithmetischen Mittels.

Das Arithmetische Mittel: Der mathematische Durchschnitt

Modus wie Median sehen von den konkreten Zahlenwerten der Ausprägungen in einer Verteilung ab. Eben das macht sie für die Analyse nicht-metrisch skalierter Variablen überhaupt brauchbar. Allerdings bedeutet dies auch eine Vernachlässigung vieler verfügbarer Informationen. Für die 16 Sozialarbeiter*innen, die an der ALLBUS-Umfrage 2016 teilgenommen haben, lässt sich ein Median von 1,725 Euro netto bestimmen. Wir wissen also, dass mindestens 50 Prozent der befragten Sozialarbeiter*innen 1.725 Euro oder weniger verdienen. Das Problem besteht darin, dass der Median die zweite Hälfte der Verteilung nicht mitberücksichtigt, wir brechen die Betrachtung der Verteilung ja sozusagen in der Hälfte ab, wir können deshalb allein aus dem Medianwert nicht schließen, ob die übrigen 50 Prozent der Sozialarbeiter*innen nur wenig mehr als den genannten Wert oder aber Beträge in Millionenhöhe verdienen. Um die gesamte Verteilung, also alle Informationen zu berücksichtigen, die die Variable uns bietet, bedarf es einer anderen Maßzahl.

Das arithmetische Mittel (AM) ist definiert als der **mathematische Durchschnitt der (zahlenförmig ausgedrückten) Ausprägungswerte einer Verteilung**. Zur sinnvollen Interpretation einer derart bestimmten Maßzahl dürfen die in die Berechnung einfließenden Zahlwerte natürlich nicht willkürlich bestimmt sein (wie etwa bei Nominal- und Ordinalskalen), sondern sollten inhaltlich bedeutsam und ihre Abstände zueinander bestimmbar bzw. gleich groß sein. **Das arithmetische Mittel setzt also metrisches Skalenniveau voraus**[49]. Das AM berechnet sich als Summe der Ausprägungen für jede Untersuchungseinheit[50], dividiert durch die Zahl der Untersuchungseinheiten.

$$\bar{x} = \frac{\sum_{i=1}^{n} x_i}{n} = \frac{x_1 + x_2 + \cdots + x_n}{n}$$

Formel 1: Arithmetisches Mittel

Das mathematische Zeichen für das Arithmetische Mittel ist $\bar{x}$ (gesprochen: „x quer"). Betrachten wir erneut die Ausprägungen einer fiktiven Variablen, z. B. des Alters der Befragten in einem beliebigen Seminar an der Hochschule.

Wert von X	18	19	21	22	23	24	26	31	44
Häufigkeit (N = 36)	1	3	10	10	5	1	3	2	1

Um das Arithmetische Mittel des Alters unserer 36 Befragten zu ermitteln, müssen wir also sämtliche Ausprägungen aufaddieren und durch die Gesamtzahl der Befragten teilen. Im Einzelnen sähe unsere Berechnung also folgendermaßen aus:

$$= \frac{(1*18 + 3*19 + 10*21 + 10*22 + 5*23 + 1*24 + 3*26 + 2*31 + 1*44)}{36}$$
$$= \frac{826}{36} = 23$$

---

[49] Die allseits praktizierte Berechnung eines Notendurchschnitts bei einer schulischen Notenskala von 1–6 ist aus statistischer Sicht also problematisch, da kein metrisches Skalenniveau angenommen werden kann.
[50] Diese ist natürlich äquivalent zur Summe der jeweiligen Produkte aus Ausprägungswert und Häufigkeit der Ausprägung.

Demnach betrüge der Altersdurchschnitt für unsere fiktive Erhebung 23 Jahre[51]. An dieser Stelle soll abschließend noch eine **kurze Gegenüberstellung der beiden Lageparameter**, die für metrische Variablen ermittelt werden können, methodische Anwendungshinweise bieten. Wollen wir für obige Altersvariable den Median berechnen, sehen wir, dass dieser bei 22 Jahren liegt, sich also vom arithmetischen Mittel durchaus unterscheiden kann[52]. Dabei gilt allgemein, dass das AM zwar, wie oben erläutert, mehr Informationen verarbeitet, dafür aber **anfällig ist für positive oder negative Ausreißer**.

Stellen Sie sich z.B. vor, wir hätten bei der obigen Befragung auch eine 80-jährige Studentin, die etwa im Rahmen eines Senior*innenstudiums an unserem Seminar teilnimmt, erfasst. Unsere Rechnung erweitert sich also zu (**beachten Sie, dass sich auch die Fallzahl ändert!**):

$$\frac{1*18 + 3*19 + 10*21 + 10*22 + 5*23 + 1*24 + 3*26 + 2*31 + 1*44 + 1*80}{37}$$
$$= \frac{828 + 80}{37} = 24,54$$

Eine einzige Person mit einer ‚extremen', d.h. weit vom Mittel- oder Schwerpunkt der Verteilung entfernten Ausprägung, hat unser arithmetisches Mittel um ca. eineinhalb Jahre nach oben getrieben. Drastischer wirken sich diese *Ausreißer-Effekte* natürlich bei Verteilungen aus, die keine „natürliche" Begrenzung kennen, wie etwa das Einkommen oder das Vermögen. So wird das durchschnittliche Jahreseinkommen einer Familie in den Vereinigten Arabischen Emiraten mit 250.000 US Dollar beziffert und liegt damit um ein Vielfaches über dem durchschnittlichen bundesdeutschen Familieneinkommen. Dabei lebt ein großer Teil der Bevölkerung dort faktisch unter der Armutsgrenze. Das Ergebnis kommt durch die Milliardenvermögen einiger weniger „Superreicher" zustande, die das AM nach oben hin verschieben.

Eben deshalb wird gerade in Studien zu Armut und Ungleichverteilung gesellschaftlicher Ressourcen häufig der Median anstelle von oder zusätzlich zu dem arithmetischen Mittel berechnet. Der **Median ist nämlich weitaus resistenter gegen Ausreißer**, da er auf der Häufigkeit der Ausprägungen, nicht auf deren Wertigkeit beruht. So ändert sich auch in unserem obigen Beispiel der Median nicht, wenn wir die fragliche Seniorin berücksichtigen. Es gibt wie immer in der empirischen Sozialforschung keine festen Regeln, die eine Priorisierung der einen über die andere Kennzahl rechtfertigen würden.

Sowohl Median als auch AM sind, sofern sie methodisch korrekt berechnet wurden, wertvolle und informative Kennzahlen, die sich zur Beschreibung einer Verteilung eignen. Umso wichtiger ist es also, zu verstehen, welche Informationen sich in ihnen ausdrücken und mit welchen Einschränkungen diese verbunden sind. Auch die Mathematisierung von Forschungsproblemen entbindet ihre Anwender*innen nicht von der oft mühseligen Aufgabe und Verpflichtung, die eigenen Ergebnisse stets kritisch zu hinterfragen und möglichst neutral, d.h. ohne vorgefasste Meinungen oder normative Wunschvorstellungen, zu interpretieren. Und deshalb ist es auch von eminenter Wichtigkeit für jede Art wissenschaftlicher

---

51 Dabei wurde das Beispiel absichtlich so konstruiert, dass wir eine runde Zahl als Ergebnis erhalten. In der Praxis kann das AM durchaus Werte annehmen, die nicht mit empirisch möglichen Ausprägungen korrespondieren. So sprechen wir z.B. von einem Kinderdurchschnitt von 2,1 Kindern pro Frau für die Vereinigten Staaten. Derartige Abstraktionen sind die Folge der Umstellung von der fallzentrierten auf die variablenzentrierte Betrachtungsweise.
52 Tatsächlich können die Unterschiede und die Werte bzw. die horizontale Reihenfolge der drei Lageparameter Aufschluss über die Form und sog. Schiefe der Verteilung geben (s.u.).

Arbeit, die eigenen Prämissen, Berechnungsformeln und Folgerungsschritte so transparent und nachvollziehbar wie möglich zu gestalten und zu präsentieren.

Lageparameter

= Kennzahlen zur Beschreibung markanter Punkte/Ausprägungen/Werte einer Verteilung

Modus ($\hat{x}$)
= (Relativ) häufigster Wert einer Verteilung

Median ($\tilde{x}$)
= Mitte der Verteilung: Kleinster Wert unter dem mindestens 50% der Verteilung liegen

Arithmetisches Mittel ($\bar{x}$)
= mathematischer Durchschnitt der Ausprägungswerte einer Verteilung

	Modus	**Median**	**Arithmetisches Mittel**
Vorteile	Einfach zu bestimmen	Höherer Informationsgehalt Resistent gegen Ausreißer	Höchster Informationsgehalt Mathematisch exakte Bestimmbarkeit
Nachteile	Geringster Informationsgehalt	Vernachlässigung einer Hälfte der Verteilung Keine Berücksichtigung der Ausprägungswerte	Anfällig für Ausreißer
Anwendbarkeit	Alle Skalenniveaus	Ab ordinalem Skalenniveau (z. B. Schulnoten)	Ab metrischem Skalenniveau (z. B. Höhe des Einkommens)

Anwendungsbeispiel: Human-Animal Interaction als Faktor im Rehabilitierungsprozess

Die Funktion von Strafvollzugsinstitutionen und -anstalten wie Gefängnissen bestehen in einem demokratischen Rechtsstaat neben dem Gewahrsam als gefährlich eingestufter Individuen vor allem in der Wiedereingliederung von Straftäter*innen in die Gesellschaft, die ihn oder sie befähigt „künftig in sozialer Verantwortung ein Leben ohne Straftaten zu führen"(§ 2 Bundesstrafvollzugsgesetz). Das Ausmaß, in dem diese Rehabilitationsfunktion durch bestehende Institutionen erfüllt wird, lässt sich u. a. mithilfe der sog. Rückfallquote statistisch erfassen. So wurden von den 2010 von einer strafrechtlichen Maßnahme Betroffenen (hierzu zählen Geld- ebenso wie Freiheitsstrafen) etwa 35 Prozent innerhalb von drei Jahren rückfällig, d. h. sie wurden wieder in einen strafrechtlichen Prozess verwickelt. Zu diesem Befund kommt die dritte bundesweite Rückfalluntersuchung im Auftrag des Bundesministeriums für Justiz (s. Jehle et al. 2016). Dabei unterscheiden sich die Rückfallquoten nach Personengruppen (Jugendliche und Männer laufen deutlich stärker Gefahr, rückfällig zu werden) ebenso wie nach der Art der ersten Sanktionsmaßnahme – von den 2010 von einer Freiheits- oder Jugendstrafe (ohne Bewährung) entlassenen Personen wurden ca. 45 Prozent bzw. 64 Prozent binnen der nächsten drei Jahre wieder straffällig (vgl. ebd., 15) und 21 Prozent bzw. 30 Prozent kehrten wieder in eine Strafvollzugsanstalt zurück.

Angesichts solcher und ähnlicher Befunde in verschiedenen Ländern wurde in den letzten Jahrzenten wiederholt über haftinterne Maßnahmen diskutiert, die die Rückfallquote der

von Freiheitsstrafen Betroffenen verringern können. Eine Idee, die auch in den Medien gelegentlich für Aufmerksamkeit sorgte, ist die Einführung von Programmen, in deren Rahmen sich Gefängnisinsass*innen der Pflege, Aufzucht oder des Trainings von Tieren widmen. Gerade in den USA haben mehrere Staaten derartige Programme implementiert. Statistische Methoden können uns helfen, nicht nur das Problem zu formulieren, wie wir es oben getan haben, sondern auch die Wirksamkeit möglicher Lösungsansätze zu evaluieren.

In einer 2007 veröffentlichten Studie untersuchen Fournier, Geller und Fortney die Auswirkungen einer Maßnahme – die es Gefangenen nach vorheriger Unterweisung ermöglichte, Hunde auszubilden etwa als Blinden- oder Gehörlosenhunde – u. a. auf die Regelverletzungsbereitschaft und soziale Fähigkeiten der Teilnehmer.

Die Studie basiert auf einem quasi-experimentellen Design (s. Kapitel IV, Punkt 2.2.2); statt eines zufälligen Samplings bestimmte die Gefängnisleitung die Zugangskriterien für die Teilnahme an dem Programm (vgl. Fournier et al. 2007, 92). Insgesamt wurden 48 männliche Gefangene untersucht, 24 nahmen an dem Programm teil (Treatment-Gruppe) oder waren zwar auf der Warteliste, hatten aber zum Untersuchungszeitpunkt noch keine Aufnahme gefunden (Kontroll-Gruppe)[53].

Die Befunde scheinen die Hypothese zu bestätigen, dass sich die Sorge um ein Tier positiv auf die psychosoziale Verfasstheit der Gefangenen auswirkt. So ließ sich zeigen, dass die (gefängnisinternen) Regelverletzungen für die Treatment-Gruppe zum zweiten Messzeitpunkt (post-treatment) leicht gesunken waren, während die Zahl der Ordnungswidrigkeiten in der Kontrollgruppe deutlich stieg (vgl. ebd., 97).

Anschaulicher noch sind die Ergebnisse der Mittelwertveränderungen für die soziale Sensitivität[54]. Die Autor*innen erhoben hierzu für jede der beiden Gruppen zu je zwei Zeitpunkten (vor und nach dem Beginn des Tierprogramms: Vorher-Nachher-Design) die soziale Sensitivität mit insgesamt 15 Aussageitems, die z. B. so lauten: "I'm generally concerned about the impression I'm making on others". Diesen Aussagen können die Befragten dann auf einer fünfstufigen Skala ihre Zustimmung ausdrücken, also angeben, wie gut diese auf sie selbst zutreffen. Aus den so erhobenen Werten lässt sich eine Variable als additiver Index berechnen – alle Werte werden zusammengerechnet – mit einem Wertebereich von 0 (alle Fragen wurden mit 0 „trifft überhaupt nicht zu" beantwortet) bis 60 (alle 15 Fragen wurden mit 4 „Trifft ganz und gar zu" beantwortet). Nun kann ein Mittelwert für beide Gruppen zu den jeweiligen Beobachtungszeitpunkten berechnet werden, um den Effekt der Maßnahme abzuschätzen. Es zeigt sich, dass der Mittelwert der sozialen Sensitivität für die Treatment-Gruppe nach dem Programm um ca. 4 Punkte

---

53 Die Rekrutierung der Kontroll-Gruppe von der Warteliste für das Programm soll gewährleisten, dass sich die beiden Gruppen möglichst wenig voneinander unterscheiden – bis auf die Erfahrung des Treatments. Wenn Personen bereits auf der Warteliste stehen, so ist anzunehmen, dass sie den tatsächlich Teilnehmenden in verschiedenen Merkmalen wie Teilnahmebereitschaft, Kooperationswillen, Gewalttätigkeit usw. relativ ähnlicher sind als Personen, die von der Gefängnisleitung kategorisch abgelehnt wurden bzw. sich gar nicht für das Programm bewarben.

54 Diese wird in der behandelten Studie als Teil des sog. Social Skills Inventory (SSI) erhoben. Dieser komplexe Index setzt sich zusammen aus sechs Einzelskalen mit insgesamt 90 Items, die jeweils eine kommunikative Kompetenz – Expressivität, Sensitivität und Kontrolle – in nonverbal-emotionalen und verbal-sozialen Situationen messen. Dabei werden alle Daten über direkte Befragung, d. h. als Eigeneinschätzungen der Untersuchungspersonen gewonnen (für eine ausführliche Darstellung siehe Riggio 1992).

stieg, während für die Kontrollgruppe ein Rückgang um etwa 3 Punkte zu verzeichnen war (vgl. Fournier et al. 2007, 98).

Das obige Beispiel zeigt, dass bereits einfache Rechenoperationen genügen können, eine weitreichende Forschungsfrage zu beantworten. Es muss allerdings darauf hingewiesen werden, dass solche und ähnliche Mittelwertbetrachtungen zunächst, d. h. ohne inferenzstatistische Aufbereitung (s. u.), nur als deskriptive Aussagen Gültigkeit beanspruchen können – sie gelten nur für die tatsächlich beobachteten Personen, nicht zwingend auch für eine größere Allgemeinheit. Auch die relativ geringe Fallzahl und die methodischen Probleme des nicht zufälligen Samplings sind als Fragen an die Untersuchung zu formulieren (vgl. für eine kritische Evaluation ähnlicher Studien Wheaton 2013).

3.2.3 Streuungsparameter: Schiefe, Varianz, Standardabweichung

Zwar sind Lageparameter durchaus nützliche und wichtige Werkzeuge zur Ermittlung bestimmter, besonders relevanter Punkte der Verteilung einer Variablen, doch sie sagen, jeder für sich genommen, nur wenig aus über deren Form. Unsere Situation ist bisher mit dem Versuch vergleichbar, einen Elefanten nur anhand seiner Größe zu beschreiben. Ein Mensch, der noch nie von einem solchen Tier gehört hat, mag beeindruckt sein, wenn wir ihm die Schulterhöhe eines ausgewachsenen Elefantenbullen nennen, aber er wird kaum in der Lage sein, ein angemessenes Bild des großen Landsäugers zu zeichnen. Wir müssen stattdessen wohl auch noch etwas zur Form seiner Ohren und des Rüssels sagen und zu den Proportionen, in denen alle diese Teile zueinander stehen.

Streuungsparameter nun bieten eine Möglichkeit, Informationen über die Form oder Ausdehnung der Verteilung, wenn Sie so wollen, in horizontaler Richtung, **mathematisch auszudrücken**[55]. Die einfachste und direkteste Art, dies zu tun, ist, sich die Differenz der Extremwerte einer Verteilung zu vergegenwärtigen (engl.: range). Wenn wir noch einmal die Verteilung des Nettoeinkommens betrachten (Abb. 10), sehen wir, dass der kleinste Wert, der von den Befragten angegeben wurde, bei 1 Euro, der größte dagegen bei 9.500 Euro liegt. Wir können nun also die Größe der Skala abschätzen. Wollten wir die Verteilung per Hand aufzeichnen, wüssten wir, dass wir 9.500 Einheiten (Abszisse) auf der x-Achse markieren müssen. Wenn wir nun noch die Lageparameter der Verteilung bestimmen, könnten wir bereits ein Bild der Verteilung zu zeichnen versuchen. Jedoch gibt es dafür sehr viele (genau genommen: unendlich viele) Möglichkeiten. Das liegt daran, dass wir noch nichts über die Streuung der Häufigkeiten um unsere Lageparameter herum wissen. Betrachten Sie dazu die Abbildung 11 auf der nächsten Seite.

Beide Verteilungen sind für einen Wertebereich von 1 bis 1000 definiert und weisen ein arithmetisches Mittel von $\bar{x} = 508$ auf. Dennoch sind sie von sehr unterschiedlicher Erscheinung. Während sich die linke Verteilung einer sog. Gleichverteilung annähert, ist die Verteilung der hier rechts dargestellten Variablen eher glockenförmig (normalverteilt).

---

[55] Wir befassen uns in diesem Abschnitt ausschließlich mit den Möglichkeiten zur Beschreibung metrischer Verteilungen, da hier Streuungsmaße in besonderer Weise relevant sind und auch in der sozialwissenschaftlichen Praxis fast ausschließlich hier zum Einsatz kommen. Maße zur Bestimmung der Streuung nicht-metrisch skalierter Variablen sind z. B. die sog. Devianz oder der Index qualitativer Variation (vgl. Kühnel/Krebs 2012, 109 ff).

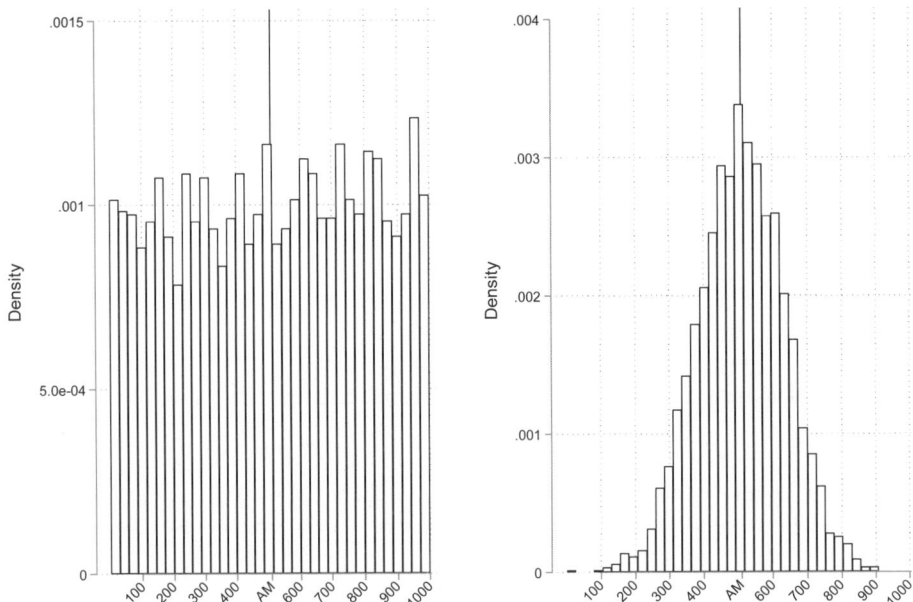

Abbildung 11: Zwei mögliche Verteilungsformen für AM = 508; zufällig erstellte Variablen; eigene Darstellung

Ein weiterer naheliegender Schritt wäre es, statt nur eines, mehrere bzw. alle drei oben identifizierten Lageparameter zu verwenden, um eine genauere Vorstellung der Verteilung zu erhalten. In diesem Zusammenhang können wir von der Schiefe einer Verteilung als ihrer Abweichung von einer bilateralen Symmetrie sprechen. Eine völlig symmetrische Verteilung, hier in der Mitte dargestellt, weist demnach eine Schiefe (engl. Skewness) von 0 auf. Es fällt auf, dass für eine völlig symmetrische, unimodale Verteilung, auch Normalverteilung (s. u.), gelten muss: Modus = Median = AM. Alle drei Lageparameter bezeichnen dieselbe Ausprägung der Verteilung von X.

Eine unimodale Verteilung – wir beschränken uns hier auf diesen Fall – kann also nach zwei Seiten, eben nach rechts oder links, von der Symmetrie der Normalverteilung abweichen. Sie neigt sich entweder dem höheren oder dem niedrigeren Werten zu, sie ist schief und entsprechend der statistischen Fachterminologie, die mehr Wert auf Genauigkeit als auf Sprachästhetik legt, entweder linksschief bzw. rechtssteil oder rechtsschief bzw. linkssteil.

In Bezug auf unsere drei Lageparameter stellen wir fest, dass eine Verteilung rechtsschief ist (wie z. B. das Einkommen), wenn gilt: Modus < Median < AM. Dies lässt sich leicht aus den obigen Überlegungen zur Anfälligkeit des AM gegenüber Ausreißern ableiten. Eine rechtsschiefe Verteilung hat gewissermaßen einen langen Ausläufer zur rechten Seite des Koordinatensystems hin – dies sind die Ausreißer, in unserem Beispiel also die wenigen Personen, die ein Einkommen von 9.000 Euro oder mehr im Monat angegeben haben. Diese verschieben das AM in ihre Richtung, während der Medianwert, weil blind gegenüber den Zahlenwerten, näher am Modus der Verteilung, also in der Nähe des Intervalls von 1.000 – 1.200 Euro bleibt.

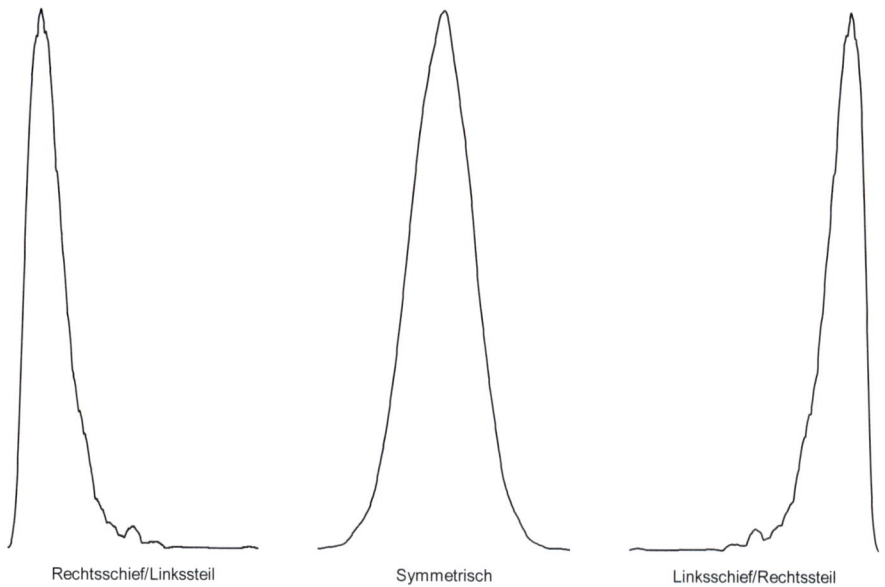

Abbildung 12: Schiefe von Verteilungsfunktionen

Umgekehrt bedeutet dies, dass eine Verteilung linksschief ist, wenn gilt: AM < Median < Modus. Auf diese Weise können wir die Schiefe einer Verteilung aus dem Verhältnis der drei Lageparameter zueinander zumindest näherungsweise abschätzen[56].

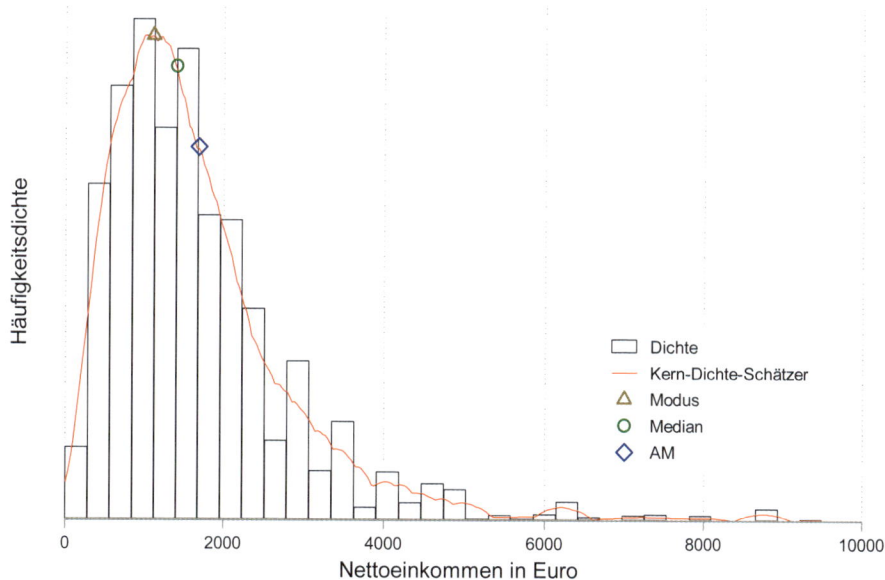

Abbildung 13: Drei Lageparameter der Einkommensverteilung; ALLBUS 2016; eigene Darstellung

---

56 Wir verzichten an dieser Stelle auf eine genauere Erläuterung des Themas. Es sei nur darauf hingewiesen, dass auch ein genauerer Koeffizient für die Schiefe einer Verteilung mithilfe der Standardabweichung (s. u.) berechnet werden kann. Für eine erste Orientierung jedoch ist der Vergleich von Modus, Median und arithmetischem Mittel eine nützliche und einfache Methode.

Wenn wir höhere Ansprüche an Exaktheit und v. a. rechnerische Verwertbarkeit stellen, wird hingegen schnell klar, dass wir weitere Informationen als nur die Lageparameter und die Extremwerte benötigen, um die Form einer Verteilung adäquat mathematisch darstellen zu können. Hierzu soll uns das Konzept der *Streuung* dienen.

Die Streuung einer Variable bezeichnet die Unterschiedlichkeit ihrer Realisierungen/ Ausprägungen (vgl. Kühnel/Krebs 2012, 92). Die Streuung einer Verteilung wäre demnach 0, wenn überhaupt nur eine einzige Ausprägung empirisch realisiert wurde, wenn also alle Befragten die gleiche Antwort gegeben haben. Wir betrachten im Folgenden zwei gängige Maßzahlen zur Bestimmung der Streuung einer Variablen: Varianz und Standardabweichung.

Varianz

Die Varianz drückt die Streuung einer Variablen aus als **mittlere Abweichung aller Messwerte vom Mittelwert.** Dabei stellt sich das Problem, dass sich alle Abweichungen qua definitionem auf Null summieren – der Mittelwert ist aus dieser Perspektive ja gerade der Wert, für den die durchschnittliche Abweichung zu allen anderen Werten minimal bzw. gleich Null ist. Um dieses Problem zu umgehen, **quadrieren wir bei der Varianzberechnung die einzelnen Abweichungen, addieren dann diese Abweichungsquadrate auf und dividieren das Ergebnis durch die Fallzahl n**.

Die mathematische Formel lautet entsprechend:

$$Var(X) = s_x^2 = \frac{\sum_{i=1}^{n}(x_i - \bar{x})^2}{n}$$

Formel 2: Varianz

Sehen wir uns nochmal die Tabelle für das oben besprochene Beispiel an:

Wert von X	18	19	21	22	23	24	26	31	44
Häufigkeit (N = 36)	1	3	10	10	5	1	3	2	1

Wollen wir die Varianz für das Alter der Seminarteilnehmer*innen (ohne Seniorin) errechnen, müssen wir, unserer Formel entsprechend, von jedem Wert das arithmetische Mittel ($\bar{x}$ = 23) subtrahieren, das Ergebnis jeweils quadrieren, diese quadrierten Werte aufaddieren und durch n teilen.

$$Var(X) = \frac{(18-23)^2 + 3*(19-23)^2 + \cdots + 2*(31-23)^2 + (44-23)^2}{36}$$

Wir erhalten:

$$Var(X) = \frac{720}{36} = 20$$

Die Varianz unserer Altersverteilung, sprich die quadrierte durchschnittliche Abweichung (relativiert an der Fallzahl), beträgt also 20 Jahre.

Standardabweichung

Die Varianz ist ein eher unhandliches Maß. Sie bildet jedoch die Grundlage für ein überaus wichtiges Streuungsmaß, die Standardabweichung, welches auch für unsere Überlegungen zur Übertragbarkeit unserer Ergebnisse auf die Grundgesamtheit zentral sein wird.

Die **Standardabweichung wird berechnet als Quadratwurzel der Varianz**. Wir hatten oben das Problem der nicht-quadrierten durchschnittlichen Abweichungen besprochen. Indem wir die Varianz über die Abweichungsquadrate berechnen und dann die Wurzel aus diesem Wert ziehen, gelangen wir sozusagen über einen kleinen mathematischen Umweg zu einer standardisierten und aussagekräftigen Maßzahl für die Streuung unserer Verteilung.

$$s_x = \sqrt{Var(X)} = \sqrt{\frac{\sum_{i=1}^{n}(x_i - \bar{x})^2}{n}}$$

Formel 3: Standardabweichung

In unserem Beispiel:

$$s_x = \sqrt{20} \approx 4.54$$

Die Standardabweichung des Alters in unserem fiktiven Seminar beträgt also 4.54 Jahre. Die berechtigte Frage lautet nun: Wozu das alles? Was besagt die Standardabweichung und welchen Nutzen hat sie? Tatsächlich ist auch die Standardabweichung für sich genommen wenig aussagekräftig.

Wir werden uns im Folgenden zwei Problembereichen zuwenden, in denen die Standardabweichung als Maßzahl zur Beschreibung einer Verteilung von entscheidender Wichtigkeit ist. Das erste Problem ist das der Gruppenvergleiche, das zweite Problem die einheitliche Beschreibung bestimmter, besonders relevanter Verteilungen. Beide Problemstellungen bzw. deren Lösungsansätze werden uns auch bei der Inferenzstatistik wieder begegnen.

Exkurs: Zentrierung, Normierung und Standardisierung

Stellen Sie sich vor, wir wollen ermitteln, wie erfolgreich zwei (ehemals) arbeitslose Personen, Peter und Paula, bei der Jobsuche sind/waren, gemessen an der Zeit, die seit dem ersten Besuch des Arbeitsamts verstrichen ist. So hat Peter insgesamt 18 Monate gebraucht, um eine erneute Anstellung zu finden, Paula hingegen nur 11. Auf den ersten Blick müssen wir natürlich zu dem Schluss kommen, dass Paula erfolgreicher war als Peter.

Wenn wir hingegen annehmen, dass es geschlechtsspezifische Unterschiede gibt, die diese Zeit beeinflussen, etwa, weil sich die Gründe und respektive auch die Bedingungen der Arbeitslosigkeit zwischen Männern und Frauen unterscheiden, kann es sinnvoll sein, statt Peters und Paulas Werte direkt zu vergleichen, diese zunächst in Bezug zu setzen zu ihrer geschlechtsspezifischen Verteilung. Dies setzt voraus, dass wir gewisse Parameter kennen.

Wenn Mittelwert und Standardabweichung einer Verteilung (z. B. aus einer Befragung) bekannt sind, können verschiedene Transformationen der Variable durchgeführt werden (vgl. Kühnel/Krebs 2012, 102 ff). Wenn es sich dabei um Lineartransformationen handelt, verändern wir zwar die Werte, nicht aber die Relationen der Werte zueinander – wir haben dies bei der Diskussion der Skalenniveaus bereits angesprochen.

Mithilfe von Lage- und Streuungsparametern können wir nun Peters und Paulas Werte in Bezug zu den Verteilungen ihrer jeweiligen Geschlechtsgenoss*innen setzen. Wir bedienen uns dabei der sog. Z-Transformation oder Standardisierung[57]. Diese setzt den konkret beobachteten Wert in Bezug zu dem Mittelwert der gesamten Verteilung – in unserem Fall der männer- bzw. frauenspezifischen Verteilung der Arbeitslosigkeitsdauer – und gibt uns Auskunft über die relative Stärke dieser Abweichung im Vergleich zu den anderen Männern bzw. Frauen.

Um die Werte einer Variable zu standardisieren, müssen wir von dem jeweiligen Wert (im Beispiel interessiert uns nur je ein Wert für die Verteilung der Frauen und Männer) **den Mittelwert subtrahieren** (Zentrierung) **und das Ergebnis durch die Standardabweichung dividieren** (Normierung). Die Formel lautet also:

$$Z = \frac{X - \bar{x}}{s_x}$$

Formel 4: Z-Standardisierung

Nehmen wir an, wir wüssten um die Verteilungsparameter der Variablen „Zeit der Arbeitslosigkeit" für ehemals arbeitslose Personen und das Geschlecht der Befragten. Wir erhalten zwei Verteilungen der Variablen, getrennt nach Männern und Frauen. Die Betrachtung der Verteilungen ergibt für die Männer einen Mittelwert von 15 Monaten und eine Standardabweichung von 6 Monaten, für die Frauen dagegen einen Mittelwert von 9 Monaten, mit einer Standardabweichung von 4 Monaten. Damit haben wir alle nötigen Werte gegeben, um zu überprüfen, ob Paula oder Peter, im Vergleich zu ihrer jeweiligen Gruppe, erfolgreicher bei der Arbeitssuche waren.

$$x_{Paula} = 11 \quad x_{Peter} = 18$$
$$\bar{x}_{Frau} = 9 \quad \bar{x}_{Mann} = 15$$
$$s_{x\,Frauen} = 4 \quad s_{x\,Männer} = 6$$

Wir können nun Peters und Paulas Z-Werte errechnen, indem wir die jeweiligen Werte in die obige Formel einsetzen:

$$Z_{Paula} = \frac{11 - 9}{4} = \frac{2}{4} = 0.5$$

$$Z_{Peter} = \frac{18 - 15}{6} = \frac{3}{6} = 0.5$$

---

[57] Genau genommen vereint die Z-Transformation zwei grundlegende Operationen: die Zentrierung und die Normierung. Von Zentrierung sprechen wir, wenn wir von jedem Wert der Variablen den Mittelwert subtrahieren. Graphisch veranschaulicht bedeutet das, die Verteilungsfunktion der Variablen so zu verschieben, dass ihr Mittelwert auf der y-Achse, also bei x=0 liegt. Die Verteilung wird sozusagen ins Zentrum des Koordinatensystems verschoben.
Eine Variable zu normieren dagegen bedeutet, jeden ihrer Werte durch die Standardabweichung zu dividieren, mit der Folge, dass Standardabweichung und Varianz der so transformierten Variable auf 1 gesetzt werden. Die Operation der Standardisierung, auch Z-Transformation genannt, verbindet schließlich diese beiden Schritte zu einem. Eine standardisierte ist also eine zentrierte und normierte Variable. Sie weist folglich den Mittelwert 0 und eine Standardabweichung von 1 auf.

Das Ergebnis mag überraschen. Peter und Paula haben den gleichen Z-Wert von 0.5. Wenn wir uns der Logik der Z-Transformation erinnern, bedeutet dies, dass beide einen um 0.5 Standardabweichungen höheren Wert als den Mittelwert auf der in Frage stehenden Variablen aufweisen.

Wir können uns das so verdeutlichen: Eine Frau, die genau 9 Monate für die Suche nach einem neuen Job gebraucht hat, wiese einen Z-Wert von = 0 auf, da die Differenz im Zähler 9 – 9 = 0 ergäbe. Eine solche Frau ist sozusagen vollkommen durchschnittlich im statistischen Sinne. Frauen, die überdurchschnittlich schnell einen neuen Beruf gefunden haben (also einen Wert < 9 aufweisen), haben einen negativen, Personen, die länger als der Durchschnitt brauchten, haben einen positiven Z-Wert.

Wir sehen also auf den ersten Blick, was auch schon in den Rohwerten ersichtlich war, dass sowohl Paula als auch Peter länger gebraucht haben als der Durchschnitt ihrer Geschlechtsgruppe. Wenn wir allerdings auch die Standardabweichung berücksichtigen, erhalten wir mit **den Z-Werten ein Maß, das uns Aufschluss über den relativen Abstand zu diesem Mittelwert gibt** und wir sehen, dass Peter und Paula, in Bezug auf ihre jeweilige Gruppe, gleich erfolgreich waren. Beide haben gleich überdurchschnittlich lange gebraucht, um eine neue Anstellung zu finden. Der Vorgang der Standardisierung lässt sich auch graphisch veranschaulichen. In unten stehender Abbildung wurde eine zufällig erstellte Variable für die Verteilung der Frauen (mit oben angegebenen Parametern) abgetragen. Die grüne gestrichelte Linie markiert jeweils das arithmetische Mittel. Oben links sehen Sie die Verteilung vor der Transformation. Rechts daneben die zentrierte Verteilung: Von jedem Wert wurde der Mittelwert abgezogen, sodass der neue Mittelwert $\bar{x}_{zentriert} = 0$ ist. Wir richten den Graphen sozusagen an der y-Achse aus. Schließlich wird durch die Standardabweichung geteilt (Normierung), wodurch wir eine z-standardisierte Verteilungsfunktion mit $\bar{x}_{std} = 0$ und $s_{std} = 1$ erhalten. Beachten Sie, wie sich der Wertebereich für die standardisierte Verteilung verändert.

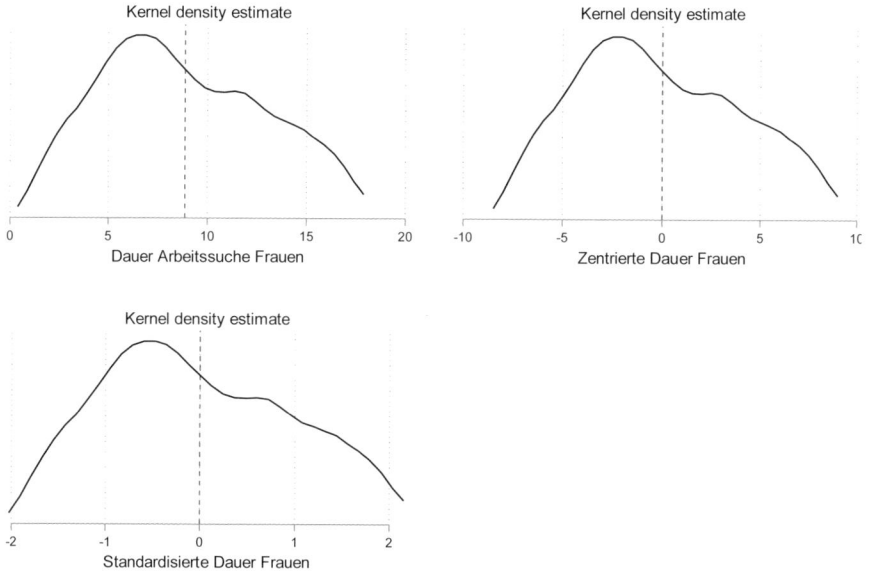

Abbildung 14: Zentrierung und Standardisierung einer Variablen; fiktive Daten; eigene Darstellung

3.2.4 Wichtige Verteilungsformen: Normal- und Standardnormalverteilung

Ein zweiter Bereich, in dem die Standardabweichung eine zentrale Rolle spielt, ist die Beschreibung von speziellen, für die Statistik im Allgemeinen besonders relevanten Verteilungen. Die sog. Normalverteilung ist eine Verteilung, deren besondere Eigenschaften auch in der Inferenzstatistik eine wichtige Rolle spielen. Deshalb verdient sie eine gesonderte Behandlung.

Was wir bisher sagten, galt grundsätzlich für alle (metrischen) Verteilungen. Die Berechnung von Lageparametern und Streuungsmaßen hat uns gezeigt, dass es viele unterschiedliche Formen von Verteilungen gibt: uni-, bi- oder multimodale Verteilungen, rechtsschiefe oder linksschiefe, steilere oder flachere. Aus dieser Vielfalt funktionaler Formen sticht jedoch eine ganz besonders hervor: die Normalverteilung.

Die Normalverteilung ist eine unimodale (eingipflige) und symmetrische Verteilung. Dass sie symmetrisch ist, bedeutet, dass ihre Werte gleichmäßig um den Mittelwert streuen, sie ist also weder links- noch rechtsschief, sondern ähnelt einer Glocke mit mehr oder minder stark bzw. steil abfallenden Seiten. Ein Beispiel zeigt die nachfolgende Abbildung[58].

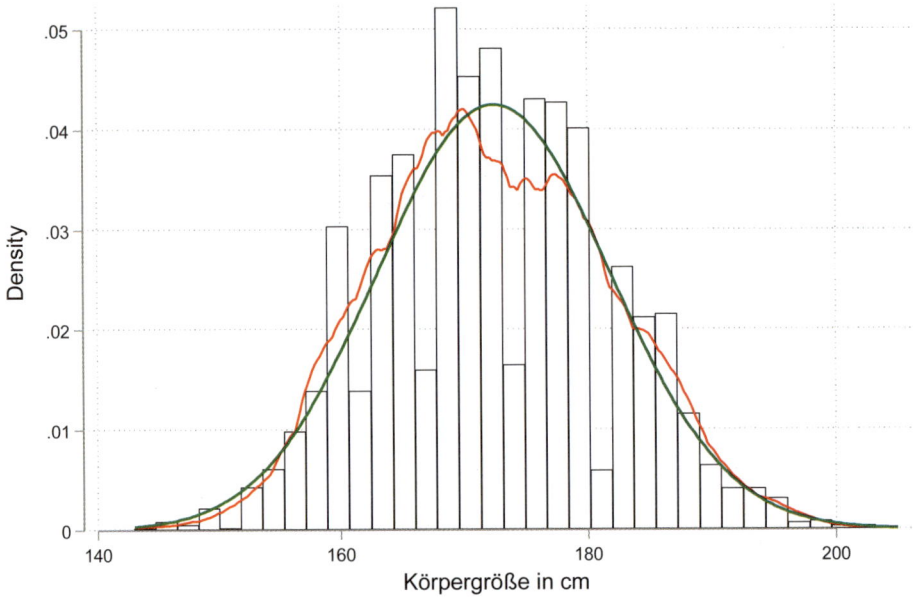

Abbildung 15: Körpergröße (ALLBUS 2014); eigene Darstellung

Wir hatten oben bereits bemerkt, dass für eine symmetrische Verteilung gilt: Modus = Median = AM. Die Normalverteilung ist im strikten Sinne eine rein hypothetische Verteilung und stammt aus der mathematischen Wahrscheinlichkeitstheorie. Dazu später mehr.

---

58 Die in grün eingezeichnete Linie stellt den Idealverlauf einer Normalverteilung dar, die rote Linie den Verlauf der Dichtefunktion der tatsächlich beobachteten Daten. Wir sehen, dass beide Graphen sich stark ähneln und wir können die Annahme vertreten, dass sie bei genügend großer Fallzahl zur Deckung kämen. Mit anderen Worten: Wir können davon ausgehen, dass das Alter normalverteilt ist und entsprechende mathematische Operationen anwenden.

Für viele „natürliche" Merkmale wie Alter oder Körpergröße kann jedoch eine näherungsweise Normalverteilung angenommen werden. Das lässt sich leicht plausibilisieren: In einer gegebenen Population sind die meisten Menschen der Erfahrung nach ziemlich gleich groß, sagen wir um die 175 cm.

Manche messen vielleicht nur 170 cm, andere dafür 180 cm. Weniger noch sind nur 160 cm oder aber 190 cm groß usw. An den Extrempunkten werden sich relativ wenige, im Verhältnis sehr kleine Menschen finden, und auf der anderen Seite sehr wenige „Ries*innen". Dies sollte auch gelten, wenn wir von den absoluten Werten abstrahieren.

Wir könnten uns beispielsweise eine außerirdische Lebensform vorstellen, für die eine Körpergröße von 3,50 Metern „normal"(!)[59] ist oder eine Spezies von Feenwesen, die im Durchschnitt nur wenige Zentimeter groß sind. Zwar abhängig von der Feinheit unserer Messinstrumente werden wir feststellen, dass es in jeder dieser Populationen sehr viele ziemlich gleich große Wesen und nur wenige extrem große oder kleine Exemplare gibt.

Da eine Standardverteilung symmetrisch ist, können wir auf einfache Weise Aussagen darüber treffen, **wie viele Untersuchungseinheiten sich in einem gegebenen Intervall um den Mittelwert herum befinden** bzw. umgekehrt feststellen, in welchem Intervall sich eine bestimmte Prozentzahl der Untersuchten bewegt[60]. Und dazu müssen wir nicht mühsam die Häufigkeiten der einzelnen Ausprägungen zählen, sondern **können beliebige Intervalle mithilfe der Standardabweichung berechnen**.

Wir können uns das so vorstellen: **Eine Normalverteilung ist eine glockenförmige Kurve, die durch nur zwei Parameter vollständig definiert werden kann**: ihren **Mittelwert**, der ihre Verortung in ‚horizontaler' Richtung und ihre **Standardabweichung**, die die Stärke ihrer Wölbung, also die Steile ihrer Seiten bestimmt (je größer die Standardabweichung, desto flacher der Kurvenverlauf).

Wenn wir diese zwei Parameter kennen, kann jede Normalverteilung in eine andere Normalverteilung transformiert werden. Und deshalb können wir auch den gleichen Trick anwenden, der uns schon bei den beiden Arbeitssuchenden Paula und Peter gute Dienste geleistet hat: wir können **standardisierte Werte berechnen** (Werte einer sog. *Standardnormalverteilung = z-transformierte Normalverteilung*), die uns helfen, mit jeder beliebigen Normalverteilung, ob flach oder steil, fertig zu werden.

---

59 Dabei darf der statistische Normalitätsbegriff keinesfalls normativ verstanden werden! Normal bedeutet im statistischen Sinne nicht „gut" oder „richtig", sondern beschreibt lediglich den Schwer- oder Mittelpunkt einer Verteilung. Dabei ist die Kritik durchaus berechtigt, die z. B. der französische Philosoph Michel Foucault gegen diesen Normalitätsbegriff in Stellung gebracht hat und die auf die Problematik verweist, dass auf diese Weise unkritisch der Status quo legitimiert werde. Normal sei, was die meisten tun/sind/denken etc. Gerade deshalb muss der statistische Normalitätsbegriff strikt werturteilsfrei gehandhabt werden – was im statistischen Sinne normal ist, kann dennoch unter ethischen Gesichtspunkten verwerflich sein.

60 Dies ist zu unterscheiden von der Berechnung entsprechender Quantile, wie wir sie oben besprochen haben. Für die Quantilberechnung haben wir ja an einem Ende der Verteilung zu zählen angefangen, wir haben also eine Seite der Verteilung mit einer bestimmbaren Größe bzw. Fläche abgeschnitten, während die andere Seite unberücksichtigt blieb. Nun wählen wir als unseren Startpunkt die Mitte der Verteilung und suchen die beiden symmetrisch um den Mittelwert gelegen Werte, zwischen denen ein bestimmter Prozentsatz von Personen liegt.

Die Standardnormalverteilung der Körpergröße sieht so aus:

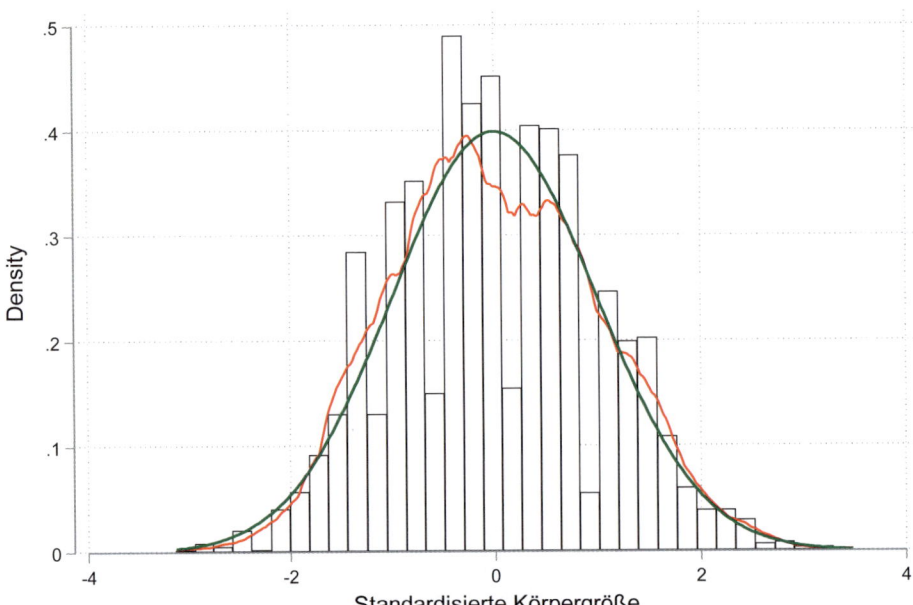

Abbildung 16: Standardisierte Körpergröße; ALLBUS 2016; eigene Darstellung

Wie Sie sehen können, hat sich an der funktionalen Form der Verteilung nichts verändert, nur ihr Mittelwert und ihr Wertebereich wurden für uns vorteilhaft transformiert.

Eine Standardnormalverteilung ist definiert als Normalverteilung, deren Mittelwert $\bar{x} = 0$ und deren Standardabweichung bzw. Varianz $s = s^2 = 1$ beträgt. Da **jede beliebige Normalverteilung durch Z-Standardisierung in eine Standardnormalverteilung überführt** werden kann, reicht es aus, die Werte zu kennen, die auf eine Standardnormalverteilung bestimmte, symmetrisch um den Mittelwert gelegene Intervalle begrenzen. Diese gewissermaßen idealisierten Werte können wir dann wieder in Bezug setzen zu Mittelwert und Standardabweichung der uns konkret interessierenden Normalverteilung, um die gesuchten Intervallgrenzen zu erhalten.

Ein zusätzlicher Bonus ist, dass wir diese Berechnungen nicht einmal selbst vornehmen müssen: frei zugängliche sog. **Z-Werttabellen (siehe Anhang) enthalten für beliebige Intervallgröße passende Werte**[61] **der Standardnormalverteilung, die, mit der Standardabweichung der Variablen multipliziert und zum Mittelwert hinzuaddiert, zu den gesuchten Intervallgrenzen führen**.

Aus Gründen, die hoffentlich unter Punkt 3.3 ersichtlich werden, wenn wir die Bestimmung von Konfidenzintervallen und das Testen von Hypothesen besprechen, interessieren uns insbesondere das 95 %- und das 99 %-Intervall. Die Z-Werte für dieses Intervall lauten ±1,96

---

61   Beachten Sie, dass wir je einen Wert für die untere und für die obere Intervallgrenze ablesen müssen.

bzw. ±2,58[62]. **Um die Intervallgrenzen für eine gegebene Normalverteilung zu errechnen, reicht es aus, diese Werte mit der Standardabweichung zu multiplizieren und das Ergebnis dann zum Mittelwert hinzuzuaddieren bzw. zu subtrahieren**:

$$95\,\%\text{-Intervallgrenze} = \bar{x} \pm 1{,}96 * s_x$$

Formel 5: Konfidenzintervalle

Die Standardabweichung der oben dargestellten Variable der Körpergröße beträgt $s \approx 9{,}4\,\text{cm}$, der Mittelwert liegt bei $\bar{x} \approx 172{,}4\,\text{cm}$. Damit können wir die „untere Grenze" unseres 95%-Intervalls berechnen als:

$$172{,}4\,\text{cm} - 1{,}96 * 9{,}4\,\text{cm} = 172{,}4\,\text{cm} - 18{,}4\,\text{cm} = 154\,\text{cm}$$

Analog die „obere Grenze":

$$172{,}4\,\text{cm} + 1{,}96 * 9{,}4\,\text{cm} = 172{,}4\,\text{cm} + 18{,}4\,\text{cm} = 190{,}8\,\text{cm} \approx 191\,\text{cm}$$

Wir können also sagen, dass 95% der Befragten zwischen 154 cm und 191 cm groß sind.

In den unter Punkt 3.3 zu besprechenden inferenzstatistischen Schätzmethoden werden wir uns eben dieses Prinzips bedienen, um aus den in der Stichprobe vorfindlichen Daten auf die wahren Werte für Parameter, Unterschiede und Zusammenhänge in der Grundgesamtheit zu schließen.

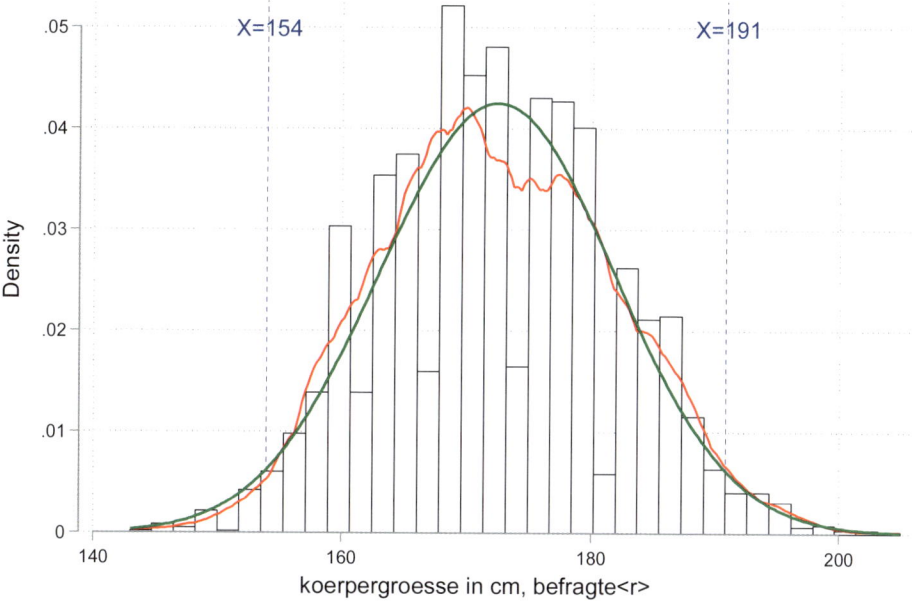

Abbildung 17: Körpergröße und 95%-Intervall (ALLBUS 2014); eigene Darstellung

---

62 Die Standardnormalverteilung, wie Sie sie auch oben dargestellt finden, kennt keine sinnvoll interpretierbare Einheit wie cm oder Euro. Da die Standardabweichung der Standardnormalverteilung = 1 ist und ihr Mittelwert bei 0 liegt, vereinfacht sich hier die Berechnung der Intervallgrenzen. Bei einer Standardnormalverteilung liegen 95% der Fälle zwischen -1,96 und 1,96 bzw. 99% der Fälle zwischen -2,58 und 2,58.

> **Streuungsparameter:**
>
> = Maßzahlen zur Bestimmung der Unterschiedlichkeit der Realisierungen/Ausprägungen einer Variable
>
> *Varianz:*
> = Durchschnittliche quadrierte Abweichung vom Mittelwert
>
> $$Var(X) = s_x^2 = \frac{\sum_{i=1}^n (x_i - \bar{x})^2}{n}$$
>
> *Standardabweichung:*
> = Durchschnittliche Abweichung vom Mittelwert, errechnet als Quadratwurzel der Varianz
>
> $$s_x = \sqrt{Var(X)} = \sqrt{\frac{\sum_{i=1}^n (x_i - \bar{x})^2}{n}}$$

3.2.5 Zusammenfassung univariate, deskriptive Statistik

Die deskriptive Statistik befasst sich mit der Beschreibung von Merkmalsverteilungen und Zusammenhängen, die in unserer Stichprobe vorliegen. Ausgehend vom Konzept der Merkmalsverteilung und ihrer graphischen Darstellbarkeit haben wir nach Möglichkeiten des mathematischen Ausdrucks dessen gesucht, was wir in den Daten beobachten.

Hierfür haben wir mit Modus, Median und dem arithmetischen Mittel zunächst besonders relevante Punkte der Verteilung identifiziert. Der Modus als häufigster Wert markiert den Scheitelpunkt oder Gipfel der Verteilung. Median und AM fragen beide nach einem Mittelwert der Verteilung, gelangen zu diesem aber auf unterschiedliche Weise – entweder über die Fallzahl (Median) oder über den Durchschnitt der numerischen Codewerte (AM).

Wir stellten weiter fest, dass es für eine zureichende Beschreibung metrischer Variablen außerdem noch gewisser Informationen über die Ausdehnung oder Streuung der Variablen bedarf, um den arithmetischen Mittelwert und haben hierfür die Parameter Varianz und Standardabweichung kennengelernt. Diese können uns, wie wir gesehen haben, gerade bei der Beschreibung besonderer Verteilungen wie der Normalverteilung, auf die wir gleich noch ausführlicher eingehen werden, helfen, indem sie es uns erlauben, auf sehr simple Weise beliebige, symmetrisch um den Mittelwert gelegene Intervalle zu berechnen.

All das bisher Gesagte gilt jedoch erst einmal nur für die in unserer Stichprobe vorliegenden Daten. Da sich diese nur in den seltenen Fällen einer Vollerhebung mit der Grundgesamtheit, also der Menge all derjenigen Personen deckt, über die wir Aussagen treffen wollen, bedarf es weiterer Verfahren. Denn die Ergebnisse unserer Stichprobe lassen sich nicht ohne Weiteres auf die Gesamtpopulation übertragen.

Eine Stichprobe ist immer anfällig für Verzerrungen, sie ist immer eine (zufällige) Selektion und die Übertragung der vorgefundenen Informationen auf die Grundgesamtheit ist infolgedessen immer mit einer gewissen Unsicherheit behaftet. Diese zu eruieren, mathematisch kalkulierbar zu machen und damit die Übertragung unserer Befunde abzusichern, ist Aufgabe der Inferenzstatistik.

3.3 Multivariate Analysen und Inferenzstatistik

Die Inferenz- oder schließende Statistik befasst sich mit Unsicherheiten. Genauer mit der Unsicherheit der Übertragung unserer in der Stichprobe nachweisbaren Zusammenhänge und (Mittel- oder Anteils-)Werte auf die Grundgesamtheit, aus der diese Stichprobe gezogen wurde.

Bevor wir uns erneut in das Dickicht von Zahlen und Formeln begeben, das zu durchdringen eine vielleicht manchmal mühselige Notwendigkeit ist, sollten wir an dieser Stelle noch einmal kurz über den Begriff der Grundgesamtheit nachdenken.

Die Grundgesamtheit oder Population ist nicht zwangsläufig identisch mit a) allen Menschen auf der Welt b) allen Deutschen oder c) den Personen in der Stichprobe. **Die Grundgesamtheit einer Untersuchung ist generell die Menge von Personen, über die wir auf Grundlage unserer Stichprobe legitimerweise Aussagen treffen können.** Das heißt vor allem, dass die Stichprobe eine Teilmenge der Grundgesamtheit sein muss! Dies scheint zunächst trivial: Wenn wir Aussagen über Kinderarmut in Indien treffen wollen, hat es wenig Sinn, deutsche Kinder zu befragen. Wir müssen uns also immer erst überlegen, welche Population oder Subpopulation wir anvisieren wollen: etwa alle Deutschen, alle deutschen Obdachlosen, alle deutschen obdachlosen Männer usw. und **dann aus dieser Population ein Sample, eine (möglichst zufällige = repräsentative) Stichprobe ziehen.**

Umgekehrt **können wir Ergebnisse, die wir in unserer Stichprobe errechnen, nur auf diejenigen Menschen verallgemeinern, die wir auch in der Stichprobe miteinbezogen haben, d. h. die prinzipiell hätten „gezogen" werden können.** Hier liegen die Crux und eine Quelle häufiger Fehlinterpretationen. Wenn Sie innerhalb der Stichprobe Fälle ausschließen, etwa indem Sie nur noch Frauen betrachten, sind alle Befunde, die auf Grundlage dieser Daten berechnet wurden, nur noch für die Frauen ihrer Zielpopulation gültig!

Grundsätzlich gilt also: **Wir können Aussagen nur auf diejenige Gesamtheit von Merkmalsträger*innen verallgemeinern, die durch unsere Berechnungen auch wirklich abgebildet werden.**

3.3.1 Die Problemstellung: Stichproben als Zufallsereignisse

Die Inferenzstatistik befasst sich, das haben wir zur Genüge betont, mit den Übertragungsmöglichkeiten von Stichprobenwerten auf die Population. Doch wo liegt eigentlich das Problem? Weshalb lassen sich Befunde der Stichprobe nicht 1:1 in der Grundgesamtheit annehmen? Die einfache Antwort ist: Weil wir nicht alle relevanten bzw. betroffenen Personen befragt haben. Es gibt immer eine mehr oder minder große Menge von Untersuchungseinheiten, über die wir Aussagen treffen wollen, obwohl wir Ihnen nie begegnet sind.

Wir können (zum Glück) auch nicht annehmen, dass alle Menschen einfach gleich sind bzw. vollkommen von den von uns erfassten Merkmalskonfigurationen determiniert werden – Menschen verhalten sich im Allgemeinen sehr viel chaotischer als physikalisch beschreibbare Objekte und gleiche Ausgangsbedingungen können sehr wohl zu unterschiedlichen Ergebnissen führen. Trotzdem können wir berechtigterweise davon ausgehen, dass Menschen auch nicht alle grundverschieden und füreinander vollkommen unverständlich sind, sondern sich gewisse Regelmäßigkeiten aufzeigen und verallgemeinern lassen – innerhalb eines anzugebenden Rahmens der Unsicherheit.

Damit wir es überhaupt wagen können, derlei Verallgemeinerungen anzustellen, muss zunächst **unsere Datengrundlage ein möglichst unverzerrtes Bild der anvisierten Grundgesamtheit** bieten. Dafür sind all die bereits besprochenen Merkmale einer Zufallsstichprobe (s. o.) essenziell. Die **zufällige Auswahl**, so die Hoffnung, sorgt dafür, dass die Variationen, die wir in der Stichprobe finden, direkter Ausdruck der Variationen in der Grundgesamtheit sind und nicht durch das Eingreifen und die willkürlichen Ordnungsversuche der Forschenden zustande kommen.

Unter diesen Voraussetzungen können wir, und hier setzt die Inferenzstatistik an, eine konkret gezogene Stichprobe als ein Zufallsereignis beschreiben. Mit den Mitteln der Wahrscheinlichkeitsrechnung, auf die wir hier nicht weiter eingehen wollen, lässt sich dann z. B. angeben, mit welcher Wahrscheinlichkeit genau diese Stichprobe, die wir sehen, zustande gekommen ist. Doch welchen Vorteil erreichen wir dadurch? Wenn wir annehmen, dass eine Stichprobe ein Zufallsereignis aus dem Ereignisraum der Grundgesamtheit ist, dann können wir auch die in der Stichprobe errechneten Werte mit einer gewissen Wahrscheinlichkeit belegen.

Wir können uns dann also fragen: Wie wahrscheinlich ist es, dass wir dieses Ergebnis erhalten? Und davon ausgehend können wir folgern oder eben schließen, wie eine Grundgesamtheit wahrscheinlich aussehen müsste, die solche Stichprobenwerte hervorbringt. Wenn dies noch etwas verwirrend klingt, hoffen wir, dass die unten stehenden Erläuterungen und Anwendungen etwas Klarheit bringen.

3.3.2 Multivariate Analysen und Inferenzstatistik

Stellen Sie sich für einen Moment vor, die Arbeitslosen der ALLBUS-Stichprobe seien unsere Grundgesamtheit (bzw. stellen Sie sich vor, der ALLBUS sei eine Vollerhebung aller deutschen Arbeitslosen). Wir befänden uns dann in der privilegierten Position, dass wir den Populationsmittelwert, also den „wahren" Mittelwert der Arbeitslosigkeitsdauer, bereits kennen würden. Zur Unterscheidung von Stichproben- und Populationsparametern bzw. -statistiken werden für erstere lateinische, für letztere i. d. R. griechische Buchstaben zur Bezeichnung verwendet.

Der Populationsmittelwert der Arbeitslosigkeitsdauer (abgelesen aus den Daten des ALLBUS 2014) beträgt dann: μ_x („Mü") = 54,46 Monate. Als Fallzahl, d. h. als zahlenmäßigen Umfang unserer Grundgesamtheit nehmen wir N = 148 an. Graphisch lässt sich wie in Abbildung 18 gezeigt darstellen. Die Abbildung 19 stellt also die Verteilung unserer Grundgesamtheit, mithin die wahre Verteilung des uns interessierenden Merkmals dar. Meistens jedoch können wir aus (u. a.) Zeit- und Kostengründen keine Vollerhebungen durchführen, wie wir sie hier simulieren, sondern müssen Stichproben ziehen. Das ist auch hier möglich. Stellen Sie sich vor, wir ziehen aus unseren 148[63] Arbeitslosen in der Grundgesamtheit eine Zufallsstichprobe mit n = 30. Aus dieser Stichprobe können wir einen Mittelwert $\bar{x}_1$ berechnen, der sich mehr

---

63 Tatsächlich gaben 159 Personen im Allbus 2014 an, zurzeit arbeitslos zu sein, doch nicht alle davon beantworteten auch die Frage nach der Dauer ihrer Arbeitslosigkeit.

oder weniger stark von unserem Populationsmittelwert μ_x unterscheiden wird. Für sich allein macht dies also nur unser grundsätzliches Problem überdeutlich. Stellen Sie sich nun aber vor, dass wir noch eine Stichprobe mit n = 30 aus der Grundgesamtheit ziehen, deren Mittelwert wir als $\bar{x}_2$ bezeichnen können. In unserem Beispielfall erhalten wir die beiden Mittelwerte $\bar{x}_1$ = 63,4 und $\bar{x}_2$ = 43,1.

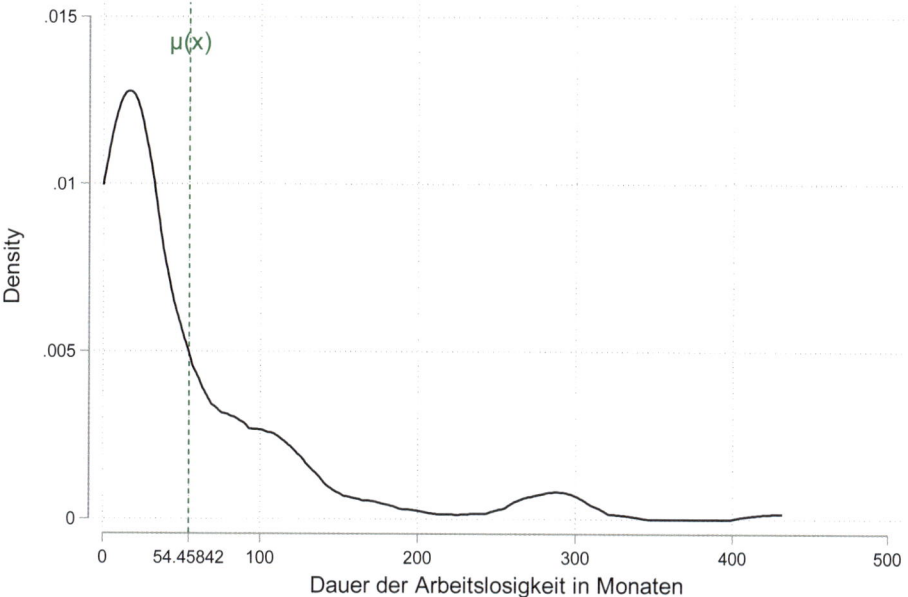

Abbildung 18: Dauer der Arbeitslosigkeit; ALLBUS 2014; eigene Darstellung

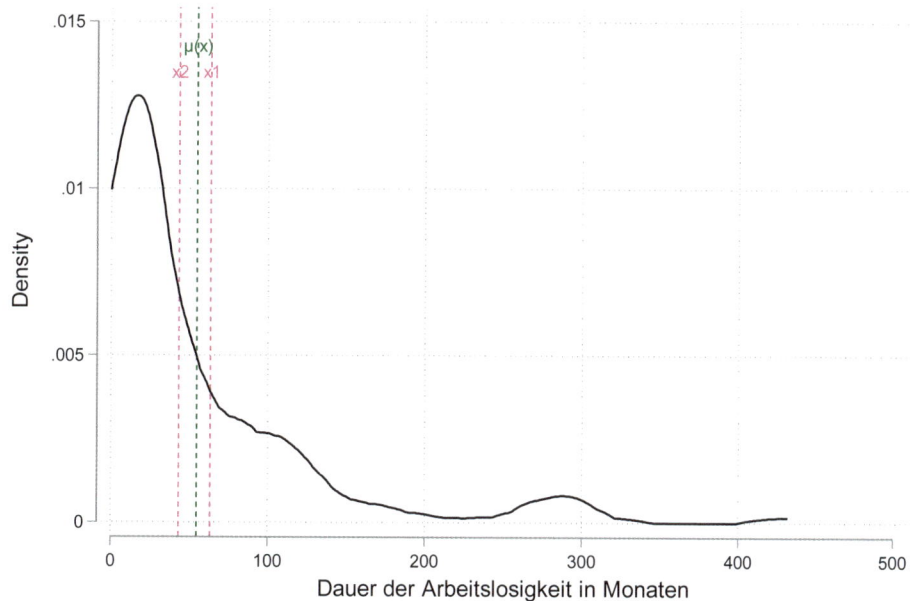

Abbildung 19: Imaginäre Stichproben aus ALLBUS-Daten; ALLBUS 2014; eigene Darstellung

Sie sehen, dass sich die beiden Stichproben-Mittelwerte vom Populationsparameter µ unterscheiden. Wenn wir basierend auf Stichprobe 1 Aussagen träfen, würden wir die Arbeitslosigkeitsdauer über-, basierend auf Stichprobe 2 würden wir den Mittelwert grob unterschätzen.

Was haben wir durch eine solche Betrachtung gewonnen? Wenn wir davon ausgehen, dass sowohl Stichprobe 1 als auch Stichprobe 2 unverzerrte, zufällige Samples aus der Grundgesamtheit sind, dann können wir, wie oben bereits erwähnt, die beiden Mittelwerte $\bar{x}_1$ und $\bar{x}_2$ als Realisationen einer Zufallsvariable behandeln.

> Das sog. *zentrale Grenzwerttheorem* besagt, dass die Summe der Ergebnisse von Zufallsereignissen sich bei hinreichend großer Zahl der Wiederholung gleichartiger Zufallsexperimente einer Normalverteilung annähert und dies (relativ) unabhängig von der funktionalen Form der Ausgangsverteilung.

Eine Stichprobe und damit auch der aus ihr errechnete Mittelwert ist, insofern sie unverzerrt erhoben wurde, ein Zufallsereignis. Der Mittelwert liegt also – bei hinreichender Fallzahl (s.u.) – auf einer Normalverteilung aller Mittelwerte sämtlicher möglicher, aus dieser Grundgesamtheit zu ziehender Stichproben. **Der Mittelwert dieser Mittelwertverteilung wiederum ist der wahre bzw. Populationsmittelwert** (vgl. Kühnel/Krebs 2012, 214 f).
Noch einmal langsam: Wir stehen vor dem Problem einer Grundgesamtheit mit unbekanntem Mittelwert auf einer bestimmten, uns interessierenden Variable. Um diesen Wert herauszubekommen, befragen wir zufällig ausgewählte Personen. Dabei ist die Ziehung jeder einzelnen Person bereits ein Zufallsereignis und damit auch der von ihr angegebene Variablenwert (wenn Sie so wollen, ziehen wir viele Stichproben der Größe n = 1). **Wenn ein solches Zufallsexperiment hinreichend oft wiederholt wird, d.h. wenn wir eine genügend große Stichprobe gezogen haben, sollte sich der Mittelwert aus dieser Stichprobe auf einer Normalverteilung**[64] **verorten lassen, deren Mittelwert mit dem Populationsmittelwert identisch ist.**

Wenn wir z.B. 10 Stichproben à 30 Personen zufällig aus derselben Grundgesamtheit ziehen, können wir für die Arbeitslosigkeitsdauer je einen Mittelwert, also insgesamt 10 Mittelwerte ermitteln. Aus dem Zentralen Grenzwerttheorem folgt nun, dass diese Mittelwerte auf einer Normalverteilung liegen, deren Mittelwert wiederum dem wahren Populationsmittelwert entspricht[65].

Auch wenn die Verteilung der Variablen in der Population extrem schief ist (wie z.B. beim Einkommen), liegen die Einkommens*mittelwerte* unserer Stichprobe(n) (bei hinreichendem n) auf einer Normalverteilung, sie streuen also gleichmäßig um den wahren Mittelwert. **Wir können also weitgehend – das ist der Clou – von der konkreten Verteilung des Merkmals abstrahieren!**[66] Zwischen die irgendwie verteilte und deshalb schwer beschreibbare Stichprobenverteilung und die Populationsverteilung (für die das gleiche gilt) tritt eine abstrakte,

---

64 Wir werden in den nächsten Abschnitten gleich noch diskutieren, ob wir für die Kennwerteverteilung tatsächlich immer die Form einer Normalverteilung annehmen können, oder ob wir sie besser durch eine andere mathematische Funktion (T-Verteilungsfunktion) modellieren.
65 Nun müssen wir in unserem Zahlenbeispiel keine 10 verschiedenen Rechnungen anstellen, sondern können unsere Stichproben zu einem großen sample mit n = 300 zusammenfassen. Der Mittelwert des Gesamtsamples ist natürlich gleichbedeutend mit dem Mittelwert der Mittelwerte der 30er-Stichproben. Dasselbe Prinzip wiederholt sich im Verhältnis von großem Sample und Grundgesamtheit. Der Mittelwert für n = 300 ist ein erwartungstreuer Schätzer des Populationsmittelwerts und je größer unsere Stichprobenfallzahl, desto besser fällt unsere Schätzung aus (desto näher liegt unser Stichprobenmittelwert am wahren Mittelwert, desto näher ist unser $\bar{x}$ am Gipfel der Normalverteilung).
66 Dass dies für kleinere Fallzahlen – generell für n < 120 – nur eingeschränkt gilt, wird weiter unten noch diskutiert.

theoretische Verteilung der Mittelwerte, die wir sehr gut beschreiben können. Betrachten Sie dazu folgende, auf dem obigen Beispiel zur Arbeitslosigkeitsdauer basierende Darstellung.

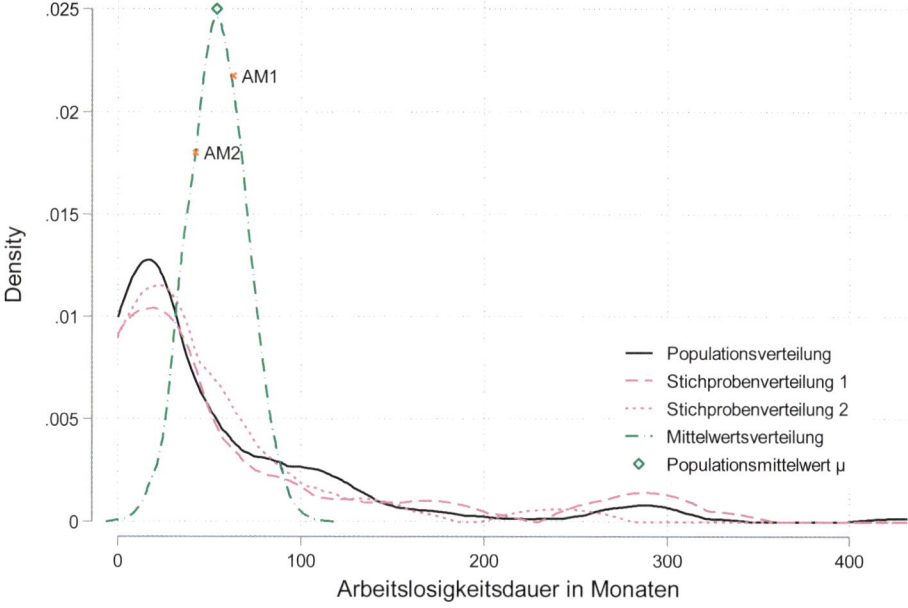

Abbildung 20: Populations-, Stichproben und Mittelwertsverteilung; ALLBUS 2014; eigene Darstellung

Sie sehen, dass die beiden Stichproben ebenso wie die Populationsverteilung des Merkmals „Arbeitslosigkeitsdauer" stark rechtsschief verteilt sind. Die in Türkis abgetragene Verteilung der Mittelwerte[67] hingegen nähert sich einer Normalverteilung an, deren Mittelwert dem Mittelwert der Population (hier: 55.84 Wochen) entspricht.

Dieser nicht ganz einfache Gedanke ist die Grundlage für das Schätzen von Populations- aus Stichprobenparametern und bildet die Grundlage für die unten zu behandelnden Signifikanztests.

> Noch einmal zusammengefasst: Wir überwinden die Schwierigkeit der ungewissen Übertragbarkeit der Ergebnisse aus unserer Stichprobe auf die Grundgesamtheit, indem wir annehmen, dass
> 1. der **Mittelwert unserer Stichprobe** (bei hinreichend großem n), dem zentralen Grenzwerttheorem folgend, **auf einer angebbaren (Normal-)Verteilung liegt, die gebildet wird aus den Mittelwerten aller möglichen Stichproben aus der** Grundgesamtheit, dass
> 2. der **Mittelwert dieser Mittelwertverteilung dem Populationsmittelwert μ_x entspricht** und
> 3. unser Stichprobenmittelwert ein **umso besserer Schätzer** ist – also umso näher am Populationsmittelwert liegt – **je größer unsere Fallzahl n** ist.

---

[67] Es handelt sich hierbei natürlich um eine eigens konstruierte Verteilungsfunktion, da sich die Verteilung der Mittelwerte in Wirklichkeit nicht beobachten und also auch nicht plotten lässt. Die hier dargestellte „Mittelwertverteilung" wurde auf Grundlage von „Stichprobe 1" geschätzt.

Bevor wir fortfahren, eine kurze Bemerkung zur Notation: Da wir nun drei verschiedene Verteilungen auseinanderhalten müssen – Stichproben-, Mittelwert- und Populationsverteilung – verwenden wir jeweils unterschiedliche Symbole zur Bezeichnung von Mittelwert, Varianz und Standardabweichung.

	Stichprobe	Mittelwertverteilung	Population
Arithmetisches Mittel	$\bar{x}$	$\mu_{\bar{x}}$	μ
Varianz	s^2	$\sigma^2_{\bar{x}}$	σ^2
Standardabweichung	s	$\sigma_{\bar{x}}$	σ

Um zwischen tatsächlich beobachteten bzw. wahren und geschätzten Werten zu differenzieren, versehen Statistiker*innen letztere mit einem kleinen Hütchen („^"). Es gilt also zwischen σ (Standardabweichung der Population; gesprochen: „Sigma") und $\hat{\sigma}$ (geschätzte Standardabweichung der Population) zu unterscheiden.

Die Standardabweichung der Mittelwertverteilung wird außerdem gemeinhin als *Standardfehler* bezeichnet. Diesem wird im Folgenden unsere hauptsächliche Aufmerksamkeit gelten. **Der Standardfehler gibt nämlich an, wie spitz oder flach die Kennwerteverteilung verläuft und damit auch, wie genau unsere Schätzung ist. Je größer der Standardfehler, desto breiter das Intervall, in dem wir die wahren Populationskennwerte verorten können** – wir werden immer wieder darauf zurückkommen.

3.3.3 Der „wahre" Populationswert: Konfidenzintervalle für Mittel- und Anteilswerte

3.3.3.1 Schätzung des Populationsmittelwerts

Nachdem die theoretischen Grundlagen geklärt sind, stellt sich die berechtigte Frage: Was fangen wir damit an? Wir erinnern uns an die Problemstellung: **Wir wollen die wahren bzw. Populations-Parameter ermitteln.** Wenden wir uns zunächst der Schätzung des Mittelwerts zu[68]. Bisher haben wir herausgefunden, dass der Stichprobenmittelwert, der der beste Schätzwert ist, den wir haben, sich bei hinreichend großem n auf einer Normalverteilung befinden sollte, deren AM der gesuchte Populationsparameter ist. Unser Ziel wäre es nun, ausgehend von unserem Stichprobenwert $\bar{x}$ ein **Intervall anzugeben, in dem der wahre Populationswert vermutlich liegt.** Es liegt auf der Hand: je enger dieses Intervall, desto genauer unsere Schätzung. Doch wie bestimmen wir die Grenzen dieses Intervalls?

Hier hilft uns das Wissen um die besonderen Eigenschaften der Normalverteilung (s. Punkt 3.2.4). **Eine Normalverteilung – jede Normalverteilung! – ist eine unimodale, symmetrische, „glockenförmige" Verteilung, die sich als Funktion aus nur zwei Parametern ergibt: ihrem Mittelwert und ihrer spezifischen Streuung.** Sind diese beiden Parameter gegeben, lässt sich jede Normalverteilung in jede andere umrechnen. Da die Verteilung symmetrisch ist, können wir überdies leicht die Werte errechnen, zwischen denen eine bestimmte Prozentzahl an Untersuchungseinheiten liegt. Für eine Standardnormalverteilung

---

[68] Später werden wir auch noch diskutieren, wie sich Anteilswerte nicht-metrischer Variablen in der Grundgesamtheit schätzen lassen.

(auch: Z-Verteilung)[69] sind diese Werte bekannt und lassen sich in sog. Z-Werttabellen nachlesen. Auf einer Standardnormalverteilung liegen 95 % der Fälle zwischen den Werten -1,96 und 1,96 bzw. 99 % zwischen den Werten -2,58 und 2,58.

Auch die Mittelwerts- bzw. Kennwerteverteilung nähert sich mit steigendem n einer Normalverteilung. Auch für sie können wir Intervalle berechnen, bloß dass es uns nicht mehr um die Frage geht, **innerhalb welcher Grenzen ein bestimmter Anteil** an Personen, sondern **an Stichprobenmittelwerten** liegt.

Wenn wir **zusätzlich den spezifischen Mittelwert (aus der Stichprobe) und die spezifische Standardabweichung bzw. den Standardfehler berücksichtigen, können wir aus den oben genannten Z-Werten die gesuchten Intervalle berechnen**. Für unsere Mittelwertverteilung heißt das also, dass der Mittelwert von 95 von 100 hypothetischen Stichproben in einem Intervall liegt, dass sich folgendermaßen ausdrücken lässt:

$$\bar{x} - 1{,}96 * \widehat{\sigma_{\bar{x}}} \leq \mu \leq \bar{x} + 1{,}96 * \widehat{\sigma_{\bar{x}}}$$

Wir können also sagen, dass der wahre Mittelwert mit 95 %iger Wahrscheinlichkeit von dem so ermittelten Intervall erfasst wird. Das so definierte Intervall nennen wir **95 %-Konfidenzintervall** – wir akzeptieren also, dass wir uns täuschen können, geben aber an, wie hoch die Wahrscheinlichkeit dafür ist – nämlich nur 5 %.

Noch sicherer, aber auch ungenauer, weil breiter, ist die Angabe des 99 %-Konfidenzintervalls:

$$\bar{x} - 2{,}58 * \widehat{\sigma_{\bar{x}}} \leq \mu \leq \bar{x} + 2{,}58 * \widehat{\sigma_{\bar{x}}}$$

Soweit so gut, fast ist es geschafft! Nur eines fehlt uns noch. Da wir leider den **Standardfehler** ebenso wenig wie die Mittelwertverteilung selbst direkt beobachten oder messen können, müssen wir auch diesen **schätzen und zwar über die in der Stichprobe ermittelte Standardabweichung bzw. Varianz.** Die Formel für die Errechnung des Standardfehlers lautet (Kühnel/Krebs 2012, 257):

$$\widehat{\sigma_{\bar{x}}} = \frac{s_x}{\sqrt{n-1}}$$

Formel 6: Standardfehler Konfidenzintervall (AM-Schätzung)

Die Formel ist identisch mit der zur Errechnung der „normalen" Standardabweichung (der Stichprobe)[70], nur dividieren wir nochmals durch die Wurzel der um 1 verminderten Fallzahl.

Sehen wir uns das erneut am Beispiel der Arbeitslosigkeitsdauer an. Stellen Sie sich wieder vor, die ALLBUS-Daten seien unsere Grundgesamtheit und Stichprobe 2 unser zufällig gezogenes Sample. Aus unserer Stichprobe (n = 30) errechnen wir folgende Parameter:

$$\bar{x} \approx 43{,}1 \quad s^2 \approx 2.500 \quad s \approx 50$$

---

[69] Zur Erinnerung: Die Standardnormalverteilung erhalten Sie durch die Z-Transformation einer normalverteilten Variable. Die Standardnormalverteilung hat einen Mittelwert von 0 und eine Standardabweichung von 1.
[70] Tatsächlich ist der beste Schätzer des Standardfehlers der Quotient aus Populationsvarianz und Fallzahl; da wir aber die wahre Varianz i. d. R. nicht kennen, müssen wir uns mit der Stichprobenvarianz behelfen.

Damit haben wir alles, was wir zur Schätzung beliebiger Konfidenzintervalle benötigen. Für das 95 %-Konfidenzintervall etwa sieht unsere Berechnung folgendermaßen aus. **Zunächst schätzen wir den Standardfehler aus der Standardabweichung der Stichprobe**:

$$\widehat{\sigma_{\bar{x}}} = \frac{s_x}{\sqrt{n-1}} = \frac{50}{\sqrt{29}} \approx 9{,}28$$

Nun setzen wir den Standardfehler und das arithmetische Mittel in die Formel für das 95 %-Konfidenzintervall ein[71]:

$$43{,}1 - 1{,}96 * 9{,}28 \leq \mu \leq 43{,}1 + 1{,}96 * 9{,}28$$
$$24{,}91 \leq \mu \leq 61{,}29$$

Auf Grundlage von Stichprobe 2 können wir also formulieren, dass mit 95%iger Wahrscheinlichkeit der wahre Mittelwert der Arbeitslosigkeitsdauer in der ALLBUS-Population von dem Intervall erfasst wird, das zwischen 24 und 62 Monaten liegt. Nun ist diese Schätzung recht ungenau, was erstens an unserer recht geringen Fallzahl (n = 30) und zweitens an der hohen Varianz in Stichprobe 2 liegt.

Lassen Sie uns deshalb noch einmal die gesamte ALLBUS-Stichprobe ausnutzen, um eine Aussage über die bundesdeutsche Bevölkerung zu treffen.

Wir betrachten nun also eine Stichprobe mit $n = 148$, $\bar{x} \approx 54{,}46$ und $s \approx 72{,}5$.

Wieder berechnen wir zuerst den Standardfehler als:

$$\widehat{\sigma_{\bar{x}}} = \frac{s_x}{\sqrt{n-1}} = \frac{72{,}5}{\sqrt{147}} \approx 5{,}98$$

Unser 95 %-Konfidenzintervall lautet entsprechend:

$$54{,}46 - 1{,}96 * 5{,}98 \leq \mu \leq 54{,}46 + 1{,}96 * 5{,}98$$
$$42{,}74 \leq \mu \leq 66{,}18$$

Mit den Daten des ALLBUS 2014 können wir also mit fünfprozentiger Fehlerwahrscheinlichkeit davon ausgehen, dass der wahre Mittelwert der Arbeitslosigkeitsdauer für das Jahr der Erhebung in der bundesdeutschen Bevölkerung zwischen 42 und 67 Monaten liegt.

3.3.3.2 Konservatives Schätzen und die T-Verteilung

Nachdem wir nun die Grundlagen der Inferenz von Mittelwerten kennengelernt haben, gilt es auf eine nicht unwichtige Einschränkung hinzuweisen. Das zentrale Grenzwerttheorem besagt, dass sich die Kennwerteverteilung bei hinreichend großer Stichprobenzahl einer Normalverteilung annähert. Hierauf basieren unsere Rechnungen. Nun kann es aber sein, dass die **Voraussetzungen für die Annahme normalverteilter Mittelwerte verletzt sind**. Dafür gibt es v. a. zwei Gründe:
1. Die Fallzahl n ist zu klein, um eine Normalverteilung der Kennwerte anzunehmen.
2. Die Populationsvarianz ist unbekannt und muss folglich geschätzt werden.

---

71 Wir werden unten besprechen, warum dieses Vorgehen in diesem Fall nicht ganz korrekt ist. Betrachten Sie das Beispiel also unter Vorbehalt, wir kommen darauf zurück.

Nun ist v. a. das zweite Kriterium **in der praktischen Anwendung fast immer verletzt**. Es gibt aber einfache Abhilfe. Anstatt eine Normalverteilung der Kennwerte zu postulieren, **nehmen wir eine andere Verteilungsform an: die sog. T-Verteilung**. Genau wie die Standardnormalverteilung weist diese einen Mittelwert von 0 auf, doch ihre Streuung ist i. d. R. größer, was unsere Schätzung vorsichtiger oder „konservativer" (nicht im politischen Sinne) macht. Die funktionale Form der T-Verteilung wird spezifiziert über die sog. **Freiheitsgrade** (engl. ‚degrees of freedom' = **df**)[72]. Die Freiheitsgrade der T-Verteilung für unsere Kennwerte ergeben sich aus der einfachen Gleichung *df = n − 1*.

Was bedeutet das für uns nun konkret? Ganz einfach: **Wenn wir die wahre Populationsvarianz nicht kennen, lesen wir die Werte für die Berechnung der Konfidenzintervalle aus einer T- statt aus einer Z-Werte-Tabelle ab.** Achten Sie dabei darauf, dass sich die Werte je nach df und damit je nach Fallzahl ändern. **Für n > 120 nähert sich eine T-Verteilung so stark einer Standardnormalverteilung an, dass Z- und T-Werte (nahezu) identisch sind**. Bei hinreichend großer Fallzahl ist somit die Verletzung der zweiten Voraussetzung für das zentrale Grenzwerttheorem unproblematisch.

In obigem Beispiel hatten wir aus unserer „ALLBUS-Population" ein Konfidenzintervall für die durchschnittliche Arbeitslosigkeitsdauer auf Basis einer Stichprobe von n = 30 berechnet. Dabei haben wir einen aus der Stichprobenvarianz geschätzten Standardfehler verwendet. Wir hätten unsere Werte für die Intervallberechnung also nicht in der Z- sondern in einer T-Werttabelle nachschlagen müssen.

Lassen Sie uns den Fehler beheben und vorsichtiger schätzen. Wir erinnern uns der ermittelten Parameter:

$$\bar{x} \approx 43{,}1 \qquad s^2 \approx 2500 \qquad s \approx 50 \qquad n = 30 \qquad \hat{\sigma}_{\bar{x}} \approx 9{,}28$$

Wenn wir nun in der T-Werte-Tabelle für *df = n − 1 = 29* nachsehen, erhalten wir für das 95 %-Intervall das Wertepaar ±2,045[73]. Eingesetzt in unsere Formel zur Berechnung des Konfidenzintervalls sieht das dann so aus:

$$43{,}1 - 2{,}045 * 9{,}28 \leq \mu \leq 43{,}1 + 2{,}045 * 9{,}28$$

$$24{,}12 \leq \mu \leq 62{,}08$$

Sie sehen, dass sich unser Konfidenzintervall leicht vergrößert hat – unsere Schätzung ist also ungenauer oder vorsichtiger geworden. Allerdings nur unwesentlich.

Bei der Frage, über welche Verteilung Sie schätzen, d. h. welche Wertetabellen Sie zu Rate ziehen sollten, ist fast immer zur T-Verteilung zu raten.
Allerdings geht, wie bereits gesagt, die T-Verteilung für n > 120 in die Z-Verteilung über.

---

[72] Als Freiheitsgrade werden die frei wählbaren Komponenten eine Gleichung bezeichnet. Haben wir nur einen Mittelwert gegeben und sollen 5 Variablenwerte so zuweisen, dass sie diesen Mittelwert aufweisen, so verfügen wir über genau vier Freiheitsgrade: die ersten vier Werte können beliebig zugewiesen werden, der fünfte Wert allerdings muss die Differenz zu dem festgelegten Mittelwert überbrücken.

[73] In T-Werttabellen sind i. d. R. die Quantilwerte einer Hälfte der Verteilung angegeben. Wollen wir Intervallgrenzen, die die „mittleren" 95 % der Verteilung ein- bzw. 5 % ausgrenzen, müssen wir entsprechend das 97,5 %-Quantil nachschlagen – dieses grenzt nach rechts 2,5 % der Verteilung aus – und das 2,5 %-Quantil für die untere Grenze. Dieses allerdings ist, da die T-Verteilung symmetrisch um 0 herum liegt, der betragsmäßig gleich große Wert mit umgekehrtem Vorzeichen – es reicht also, eines der beiden Quantile nachzuschlagen und zur Ermittlung der anderen Grenze das Vorzeichen umzukehren.

Die Verletzung des zweiten Kriteriums lässt sich also sehr leicht beheben. Die Problematik zu kleiner Fallzahlen wird dagegen gerade in der Forschungspraxis von Studierenden mit begrenzten zeitlichen, personellen und finanziellen Mitteln erfahrungsgemäß ebenfalls virulent werden. Wir empfehlen deshalb nach Möglichkeit auf bereits erhobene Datensätze (wie den ALLBUS) zurückzugreifen, die eine hinreichend große Fallzahl garantieren. Welche Möglichkeiten bei der Behandlung kleiner Fallzahlen außerdem bestehen, werden wir eingehender im Zusammenhang mit der Überprüfung von Unterschiedshypothesen besprechen (s. u.).

3.3.3.3 Schätzung von Anteilswerten in der Population

Nachdem wir nun wissen, wie sich der wahre Mittelwert einer Variablen für die Population schätzen lässt, können wir uns einem sehr ähnlichen Problem zuwenden. Das arithmetische Mittel kann, wie wir im deskriptiven Teil gesehen haben, sinnvollerweise nur für metrische, also Variablen mit kontinuierlichem Wertebereich, berechnet werden. Was aber, wenn die uns interessierende Variable nur nominales oder ordinales Skalenniveau aufweist?

Mithilfe der Kennwerteverteilung und den Annahmen des Zentralen Grenzwerttheorems lassen sich auch Anteilswerte in der Population leicht aus den Anteilen hinreichend großer Samples schätzen. Einzig die Formel für den Standardfehler der Anteilswerteverteilung ist etwas anders.

Wenn die Ziehung unserer Stichprobe ein Zufallsexperiment ist, dann ist auch der Anteil einer bestimmten Ausprägung (z. B. der Prozentteil von Frauen gegenüber Männern oder von leitenden Angestellten gegenüber allen anderen Beschäftigungsgruppen) ein Zufallsereignis. **Die (hypothetische) Verteilung dieses Anteilswerts nähert sich dann wieder mit steigendem n der Stichprobe einer Normalverteilung an, die es uns ermöglicht, Konfidenzintervalle zu berechnen.**

So könnten wir uns z. B. für den tatsächlichen Anteil von Arbeitslosen in der Grundgesamtheit interessieren. Die in Frage stehende Variable „Arbeitslosigkeit" weist nur zwei nominale Ausprägungen auf: 0 „erwerbstätig" und 1 "arbeitslos". Wir könnten uns nun fragen, wie hoch der Anteil der Arbeitslosen an der Population „erwerbsfähige Personen"[74] in Deutschland ist. Wir können dazu die Daten aus dem ALLBUS 2014 als Schätzwerte verwenden:

	Freq.	Percent	Cum.
0 Erwerbstätig	1921	92.36	92.36
1 Arbeitslos	159	7.64	100.00
Total	2080	100.00	

Wir sehen, dass von den insgesamt n = 2080 Personen in unserer Variable 1921 angegeben haben, derzeit in Voll- oder Teilzeit erwerbstätig zu sein, 159 dagegen waren zum Zeitpunkt der Befragung arbeitslos.

---

74 Denken Sie daran: Wir berücksichtigen weder Rentner•innen, noch Auszubildende oder andere Personen ohne Erwerbseinkommen, die aber nicht als arbeitslos gelten können! Ein gutes Beispiel dafür, wie wichtig es ist, sich stets vor Augen zu halten, für welche Grundgesamtheit Aussagen zulässig sind.

Das ergibt einen Anteilswert von p = $\frac{1921}{2080}$ = 7,64 % Arbeitslosen und q = 1 − p = $\frac{1921}{2080}$ = 92,36 % Erwerbstätige[75].

Der Wert p kann uns nun analog zu $\bar{x}$ als erwartungstreuer Schätzer für den wahren Populationsanteil (π) dienen (wenn die Fallzahl n hinreichend groß ist, s. u.). Wir müssen also nur noch den Standardfehler für die Kennwerteverteilung des unbekannten Anteilswerts errechnen. Die Formel hierfür lautet (Kühnel/Krebs 2012, 234):

$$\widehat{\sigma_{\bar{p}}} = \sqrt{\frac{p * (1 - p)}{n}}$$

Formel 7: Standardfehler für Anteilsschätzung

Für kleine Stichproben von n < 60 empfiehlt es sich für eine vorsichtige Schätzung, die maximal mögliche Varianz[76] einer dichotomen Variablen in den Zähler einzusetzen – wir nehmen dann sozusagen den Worst Case an – die Formel muss in diesem Falle so spezifiziert werden (Kühnel/Krebs 2012, 234):

$$\widehat{\sigma_{\bar{p}}} = \sqrt{\frac{0{,}25}{n}}$$

Das 95 %-Konfidenzintervall berechnet sich dann – wie gewohnt – als:

$$p - 1{,}96 * \widehat{\sigma_{\bar{p}}} \leq \pi \leq p + 1{,}96 * \widehat{\sigma_{\bar{p}}}$$

Setzen wir die Zahlen aus unserer Arbeitslosenvariable (n = 2080 > 60) ein, ergibt das einen Standardfehler für die Kennwerteverteilung des Anteilwerts von:

$$\widehat{\sigma_{\bar{p}}} = \sqrt{\frac{p * (1 - p)}{n}} = \sqrt{\frac{0{,}0764 * 0{,}9236}{2080}} = \sqrt{\frac{0{,}0706}{2080}} \approx 0{,}0058$$

Unser Standardfehler beträgt also nur etwa 0,58 % – wir verschätzen uns durchschnittlich um nur etwas über einen halben Prozentpunkt. Daraus errechnet sich ein 95 %-Konfidenzintervall von:

$$0{,}0764 - 1{,}96 * 0{,}0058 \leq \pi \leq 0{,}0764 + 1{,}96 * 0{,}0058$$
$$0{,}065 \leq \pi \leq 0{,}088$$

Unserer Schätzung zufolge sollte – mit fünfprozentiger Irrtumswahrscheinlichkeit – der wahre Anteil von arbeitslosen Menschen an den erwerbsfähigen Personen in Deutschland irgendwo zwischen 6,5 % und 8,8 % liegen. Dank unserer relativ großen Stichprobe können wir den Anteil in einem nur 2,3 Prozentpunkte breiten Intervall verorten[77].

---

75 Wir behandeln hier eine von vornherein zweiwertige Variable. Auch polytome Merkmale (gemessen durch z. B. Bewertungsskalen: „Schlecht", „Mittel", „Gut" o. ä.) können auf die hier besprochene Weise behandelt werden, müssen aber ‚dichotomisiert' werden, etwa im Schema p („Mittel") und q („Nicht-Mittel" = „Schlecht oder Gut"). Dabei gilt, dass p = 1 − q.
76 Diese ergibt sich bei p = q = 0,5, also bei der Gleichwahrscheinlichkeit der beiden Ausprägungen.
77 Dies ist übrigens auch der Grund, warum man Wahlprognosen mit einiger Skepsis gegenüber stehen sollte, wenn diese keine Intervalle, sondern feste Prozentzahlen angeben.

Welche **Fallzahl n zur verlässlichen Schätzung von Anteilswerten notwendig** ist, wird unter Statistiker*innen diskutiert. Zwei gängige Faustregeln lauten (Kühnel/Krebs 2012, 212):

1) $n * \frac{p}{1-p} > 9 < n * \frac{1-p}{p}$

Diese Formel besagt, dass das Produkt aus dem Quotienten von Auftretens- und Gegenwahrscheinlichkeit und Fallzahl UND das Produkt von Gegen- und Auftretenswahrscheinlichkeit und Fallzahl jeweils größer 9 sein sollten.

In unserem Beispiel:

$$2080 * \frac{0{,}0764}{0{,}9236} \approx 172 > 9$$

$$2080 * \frac{0{,}9236}{0{,}0764} \approx 25145 > 9$$

2) n * p * q > 25

Dieser Regel zufolge sollte das Produkt aus Fallzahl, Auftretens- und Gegenwahrscheinlichkeit größer als 25 sein.

In unserem Beispiel:

$$2080 * 0{,}074 * 0{,}9236 \approx 142 > 25$$

Wenig überraschend zeigt sich also, dass unser Sample von n = 2080 Personen hinreichend groß ist, um Anteilswerte vermittels der Logik des zentralen Grenzwerttheorems zu schätzen[78].

3.3.3.4 Zusammenfassung Schätzung von Populationswerten

Ausgehend von der Charakterisierung einer Stichprobe als Zufallsereignis haben wir die Logik des Schätzens von Populations- aus Stichprobenparametern besprochen. Grundlegend ist dabei das Zentrale Grenzwerttheorem, das – allgemein formuliert – besagt, dass sich die Kennwerte einer Stichprobe auf einer angebbaren Verteilung verorten lassen, die sich für eine genügend große Stichprobenfallzahl einer Normalverteilung annähert.

Für diese hypothetische Kennwerteverteilung lassen sich Intervalle mithilfe des Stichprobenmittel- bzw. Anteilswerts und des aus der Standardabweichung geschätzten Standardfehlers berechnen. Wir können also angeben, zwischen welchen Grenzen sich 95 % bzw. 99 % der Kennwerte potenzieller Stichproben befinden sollten und damit auch, wo vermutlich der wahre Populationswert liegt.

Je nach Stichprobengröße (und im Falle der Mittelwerts-Schätzung auch abhängig von der Form und Varianz der Populationsverteilung) können wir die Grenzwerte aus einer T-Wertetabelle für n − 1 Freiheitsgrade ablesen (bzw. für große Fallzahlen aus einer Z-Wertetabelle).

---

78 Sind diese Voraussetzungen nicht erfüllt, können die Anteilswerte über die Quantile der Binomial- bzw. der Hypergeometrischen Verteilung geschätzt werden, worauf wir hier jedoch nicht eingehen können. Den sog. Binomialtest bzw. exakte Schätzverfahren reißen wir unter dem Stichwort Vorzeichentest (s. Punkt 3.3.4.2.2 b) an.

	Formel für Standardfehler	Vorausgesetzte Stichprobengröße
Schätzung Mittelwert µ	$\widehat{\sigma_{\bar{p}}} = \sqrt{\dfrac{\hat{p}*(1-\hat{p})}{n}}$	Unterscheidung Z- und T-Werte T-Verteilung mit n-1 Freiheitsgraden
Schätzung Anteilswert p	$\widehat{\sigma_{\bar{p}}} = \sqrt{\dfrac{\hat{p}*(1-\hat{p})}{n}}$ Für n < 60: $\widehat{\sigma_{\bar{p}}} = \sqrt{\dfrac{0{,}5}{n}}$	1) $n * \dfrac{p}{1-p} > 9 < n * \dfrac{1-p}{p}$ 2) $n * p * q > 25$

3.3.4 Hypothesentesten

Neben der Behandlung univariater, nur ein Merkmal betreffender, Problemstellungen interessieren wir uns als Forscher*innen vordringlich für Phänomene, die sich aus dem **Zusammenspiel zweier Merkmale**[79] ergeben. Solche Phänomene werden in der quantitativen Sozialforschung als Hypothesen formuliert, die unserer forschungsleitenden Annahme Ausdruck verleihen und sich an der empirisch erfassbaren Realität beweisen müssen. Um unsere Hypothesen also zu überprüfen, müssen wir sie anhand der empirischen Daten in unserer Stichprobe testen.

Hypothesen und ihre Überprüfung stellen das Kernstück der allermeisten quantitativ verfahrenden Untersuchungen dar – es geht darum, die Theorie in Gestalt von Vermutungsaussagen an die Wirklichkeit heranzutragen. Im Forschungsprozess sollten sich also aus Ihrer theoretischen Vorarbeit nach und nach Vermutungen ergeben, die Sie dann in eine empirisch überprüfbare Form bringen, also als Hypothesen formulieren sollten. Wie sehen solche Hypothesen nun aus? Wie bereits erwähnt geht es uns beim Aufstellen und Testen von Hypothesen um das Zusammenspiel zweier Merkmale. Genauer gesagt können wir a) *Unterschiede* in der Ausprägung eines Merkmals zwischen verschiedenen Gruppen/Stichproben und/oder b) *Zusammenhänge* zwischen zwei oder mehr Merkmalen untersuchen. Die entsprechenden forschungsleitenden Vermutungen und empirisch überprüfbaren Aussagen können wir als a) Unterschiedshypothesen oder b) Zusammenhangshypothesen formulieren.

Eine **Unterschiedshypothese** formuliert die Vermutung, dass sich die Ausprägung auf *einem* Merkmal A zwischen *zwei* Ausprägungen eines Merkmals B[80] unterscheidet. Beispiele sind die Hypothesen:
- „Männer verdienen mehr Geld als Frauen" (Unterschied auf dem Merkmal „Einkommen" (A) zwischen den Subgruppen „Männer" (B1) und „Frauen"(B2));
- „Es gibt einen Unterschied in der Arbeitslosigkeitsquote zwischen Ost und West" (Unterschied auf dem Merkmal „Arbeitslosigkeit"(A) für die Gruppen „Ostdeutsche"(B1) und „Westdeutsche"(B2));
- „Eine Lernpatenschaft für lernschwache Schüler*innen hat einen positiven Effekt auf das Leistungsniveau der Teilnehmenden" (Unterschied auf dem Merkmal Leistungsniveau

---

[79] Die Behandlung multivariater Problemstellungen, die also mehr als zwei Variablen einbeziehen, können wir unter dem Stichwort Regressionsanalyse (s. Punkt 3.3.5) nur in aller Kürze skizzieren.
[80] Ein Verfahren zur Überprüfung von mehr als zwei Gruppen/Ausprägungen bietet der sog. Mehrstichproben-t-Test, auf den wir hier allerdings nicht weiter eingehen können.

(A), z. B. Schulnoten, zwischen den Subgruppen ‚Teilnehmende'(B1) und ‚Nicht-Teilnehmende'(B2) bzw., je nach Design, zwischen den Gruppen ‚Schüler*innen vor der Teilnahme'(B1) und ‚Schüler*innen nach der Teilnahme an dem Programm'(B2));
- „Sozialarbeiter*innen konsumieren überdurchschnittlich viele Bioprodukte" (Unterschied auf dem Merkmal ‚Konsum von Bioprodukten'(A) zwischen den Gruppen ‚Sozialarbeiter*innen'(B1) und z. B. ‚Alle Deutschen'(B2)).

Eine **Zusammenhangshypothese** dagegen formuliert die Vermutung, dass sich die Ausprägungen *zweier* Merkmale A und B miteinander verändern bzw. ko-variieren[81]. Beispiele sind die Hypothesen:
- „Je höher die schulischen Bildungsjahre, desto höher das erzielte Einkommen" (Zusammenhang zwischen den Merkmalen ‚Bildung' und ‚Einkommen').
- „Je höher der Dienstgrad, desto höher die Berufsmotivation" (Zusammenhang zwischen den Merkmalen „Dienstgrad" und „Berufsmotivation").
- „Es gibt einen Zusammenhang zwischen dem Lebensalter und der politischen Einstellung."
- „Die Anzahl der Studierenden in einem Seminar hat Konsequenzen für die in diesem Seminar erzielten Leistungen" (Zusammenhang zwischen den Merkmalen „Anzahl Seminarteilnehmer*innen" und „Leistung")[82].

Eine zweite wichtige Unterscheidung bei der Hypothesenformulierung ist die zwischen **gerichteten und ungerichteten Hypothesen. Eine gerichtete Hypothese trifft, wie der Name schon nahelegt, Aussagen über die „Richtung" bzw. das Vorzeichen der Differenz**:
- „Männer verdienen *mehr* als Frauen."
- „Arbeitslose sind *häufiger* von Depressionen betroffen als Erwerbstätige"
- „Mit *steigendem* Bildungsniveau *steigt* auch das Einkommen"
- „Es gibt einen *negativen* Zusammenhang zwischen Arbeitslosigkeitsdauer und Lebenszufriedenheit."

All dies sind gerichtete Hypothesen, da sie nicht nur einen Unterschied bzw. Zusammenhang postulieren, sondern auch eine Richtung des Effekts angeben.

Eine ungerichtete Hypothese dagegen verfährt vorsichtiger[83], indem sie nur einen Unterschied bzw. Zusammenhang vermutet, aber offen lässt, wie sich dessen Vorzeichen verhält:
- „Die Haltung zum Umweltschutz *unterscheidet* sich zwischen Ost- und Westdeutschen."

---

[81] Der aufmerksamen Leserin wird vielleicht auffallen, dass sich Hypothesen, die ein **nominales Merkmal** (wie z. B. Geschlecht; Erhebungsgebiet) **einbeziehen**, stets ebenso gut als Unterschieds- wie als Zusammenhangshypothese formulieren lassen. Die (Zusammenhangs-)Hypothese „Es gibt einen Zusammenhang zwischen Geschlecht und Häufigkeit von sexuellen Gewalterfahrungen" ist äquivalent zu der (Unterschieds-)Hypothese „Die Häufigkeit sexueller Gewalterfahrungen unterscheidet sich zwischen Männern und Frauen". Die Einteilung in Gruppen kann also selbst als nominales Merkmal (B) behandelt werden. Wir könnten mithin auch sagen, dass Unterschiedshypothesen nur ein Spezialfall von Zusammenhangshypothesen sind, die für (mindestens) ein nominales Merkmal aufgestellt werden, für die Merkmal B also nur nominale Ausprägungen aufweist. Die Berechnungsmethoden und die einzusetzenden Tests sind denn auch identisch, gleichviel wie sie Ihre Hypothese formulieren – s. u. Wir werden im Folgenden aus Darstellungsgründen die Gliederung nach Unterschieds- und Zusammenhangshypothesen beibehalten.

[82] Es sollte klar sein, dass wir keine deterministischen, sondern probabilistische Hypothesen formulieren (vgl. Kapitel III). Der postulierte Zusammenhang bzw. Unterschied muss nicht für jede Person bzw. in jedem Fall zutreffen (es gibt bestimmte Männer, die weniger verdienen als bestimmte Frauen), sondern nur durchschnittlich, also auf die Population als Ganzes gesehen.

[83] Dazu mehr beim Signifikanztesten, Stichwort: zweiseitiger Test.

- „Es gibt *einen (positiven oder negativen)* Unterschied in der täglichen Smartphone-Nutzungsdauer zwischen Frauen und Männern."
- „Es gibt *einen* Zusammenhang zwischen Bildungsniveau und Berufsmotivation."
- „Die Aussicht auf Benotung *beeinflusst* den langfristigen Lernerfolg von Schüler*innen."

Diese Hypothesen sind ungerichtet, insofern sie keine Aussagen über die Richtung des Zusammenhangs bzw. das Vorzeichen des Unterschieds treffen, sondern nur postulieren, dass der Zusammenhang bzw. Unterschied ungleich 0 ist.

Nun interessiert uns als empirisch verfahrende Forscher*innen freilich nicht nur das Aufstellen, sondern vordringlich die Überprüfung unserer Hypothesen. Dabei finden sich in der einschlägigen Literatur eine Fülle von Testverfahren mit je spezifischen Stärken und Schwächen. Wir wollen im Folgenden eine Auswahl von Testmethoden behandeln, die wir als besonders relevant erachten.[84]

Welcher Test dem jeweiligen Forschungsproblem bzw. der jeweiligen Hypothese angemessen ist, entscheidet sich ganz maßgeblich über das verwertbare[85] Skalenniveau der beiden betrachteten Merkmale. Betrachten Sie dazu folgende Tabelle, die zur schnellen Orientierung im folgenden Unterkapitel dienen kann[86].

Merkmal B / *Merkmal A*	**Metrisch**	**Ordinal**	**Nominal** („Unterschiedshypothesen")	
			Unabhängig	*Abhängig*
Metrisch	Korrelation	Tau-b	2-Stichproben-t-Test (bei erfüllten Voraussetzungen)	1-Stichproben-t-Test
Ordinal		Tau-b	Mediantest Oder: Chi-Quadrat/Cramérs V	Vorzeichentest Oder: McNemar-Test
Nominal			Chi-Quadrat/Cramérs V	McNemar-Test

Tabelle 3: Testverfahren in Abhängigkeit des Skalenniveaus

Im folgenden Abschnitt werden wir uns nacheinander dem Vorgehen zum Testen von Unterschiedshypothesen (Punkt 3.3.4.2) und Zusammenhangshypothesen (Punkt 3.3.4.3) zuwenden. Dabei werden wir jeweils nach dem Skalenniveau der in Frage stehenden Variablen getrennt verschiedene Testverfahren kennenlernen, die sich zur Hypothesenprüfung eignen. Zuvor jedoch müssen wir uns die Grundlagen der Testverfahren vergegenwärtigen.

---

84 Die Auswahl erfolgte dabei einerseits unter dem Gesichtspunkt der Anwendbarkeit der Testverfahren auch für studientypische Situationen geringer Fallzahlen, andererseits mit Rücksicht auf Studierende, die (noch) keine Erfahrung mit Statistiksoftware sammeln konnten – die vorgeschlagenen Tests sollten sich, zwar mit Aufwand verbunden, auch per Hand ausrechnen lassen. Für weiterführende Testmethoden seien Sie auf die gängigen Spezialllehrbücher verwiesen.

85 Leider stimmt dieses „verwertbare" Informationsniveau nicht immer mit dem eigentlich erhobenen Skalenniveau überein. Gerade bei eigentlich metrisch erhobenen Variablen kann es vorkommen, dass eine zu geringe Fallzahl es verbietet, alle metrischen Informationen vollumfänglich auszuwerten. Bei solcherart verletzten Voraussetzungen müssen wir unsere Variable auf ordinales Niveau zurückstufen. Vergleichen Sie dazu ausführlicher Punkt 3.3.4.2.4.

86 Welches Merkmal Sie als „A" bzw. „B" auffassen wollen, ist Ihnen überlassen. Die oben stehende Tabelle ist um ihre Hauptdiagonale herum symmetrisch gedacht.

3.3.4.1 Logik des Signifikanztestens

Allgemeine Testlogik

Der grundlegende Ablauf jedweden inferenzstatistischen Tests lässt sich in zwei sukzessiven Schritten zusammenfassen:
1. Wir verorten den zu überprüfenden Stichprobenbefund auf einer Testverteilung,
2. Wir bestimmen Grenzwerte, um abschätzen zu können, ob der ermittelte Testwert für oder gegen unsere Hypothese spricht.

Ad 1:
Die Test- oder Kennwerteverteilung stellt die (hypothetische) Verteilung der Beobachtungswerte aus potenziellen Stichproben dar. Wir sind diesem Prinzip schon weiter oben in Gestalt des zentralen Grenzwerttheorems und dem Schätzen wahrer Populationswerte begegnet. Dabei hatten wir angenommen, dass sich die *Kennwerte* einer Stichprobe (bei erfüllten Voraussetzungen) unabhängig von der *Merkmals*verteilung normalverteilen und konnten aus dieser Annahme Berechnungsvorschriften für Konfidenzintervalle ableiten.

Demselben Prinzip folgend können wir auch in der Stichprobe gefundene Unterschieds- oder Zusammenhangswerte (wie wir diese deskriptiv berechnen, lernen wir weiter unten) auf einer Testwerteverteilung verorten. Wir könnten uns also vorstellen, dass der konkret von uns berechnete Test für die von uns konkret beobachtete Stichprobe nur einer aus einer potenziell unendlichen Reihe von Tests für andere Stichproben aus derselben Grundgesamtheit ist. Nun können wir uns fragen, wie sich die Ergebnisse dieser Tests verteilen und unseren tatsächlich ermittelten Testwert auf dieser Testwerteverteilung verorten. Zunächst aber müssen wir diese potenzielle Testwerteverteilung „aufzeichnen" bzw. mathematisch bestimmen. Wie bei jeder Verteilung bedarf es zu deren Beschreibung v. a. zweier Parameter: zum einen ihren Mittelwert, zum anderen ihre Streuung. Der Mittelwert der Testwerteverteilung wird dabei durch theoretische Vorannahmen festgelegt – dazu gleich mehr.

Die Streuung der Testwerteverteilung dagegen wird aus den Stichprobendaten abgeschätzt. Dabei entscheidet die Streuung der Testwerteverteilung, also wie flach oder steil sie ausfällt, darüber, wie genau wir schätzen können. Wir haben dies ebenfalls bereits beim Schätzen von Populationsparametern gesehen: Dort haben wir z. B. aus der Stichprobenstandardabweichung die Standardabweichung der Mittelwertsverteilung (den sog. Standardfehler) errechnet. Dabei galt und gilt: Je größer der Standardfehler (resp. die Streuung unserer Testwerteverteilung), desto ungenauer unsere Schätzung.

Die weiter unten vorgestellten Testverfahren unterscheiden sich u. a. darin, welche funktionale Form der Testwerteverteilung sie annehmen. Manche Testverfahren (z. B. der t-Test) postulieren, dass sich der ermittelte Testwert auf einer t-Verteilung befinden sollte, andere Verfahren gehen von einer sog. F-Verteilung aus, und wieder andere von einer Chi-Quadrat-Verteilung. Für uns als Anwender*innen ist dies hauptsächlich für die Frage relevant, in welcher Tabelle wir unsere Grenzwerte nachschlagen sollen.

Ad 2:
Nachdem wir also solcherart das Aussehen bzw. den Verlauf unserer anzunehmenden Testwerteverteilung bestimmt haben, geht es uns in einem zweiten Schritt darum, den tatsächlich

ermittelten Testwert darauf zu verorten. Wir können dann um den Mittelwert der Testwerteverteilung – ganz analog zu obigem Vorgehen – ein Konfidenzintervall errechnen. Dazu benötigen wir Grenzwerte, die für jede der funktionalen Formen (t-, F- oder Chi-Quadrat-Verteilung) aus eigens dafür aufgestellten Tabellen ablesen können. Dann können wir unseren tatsächlich ermittelten Testwert dahingehend überprüfen, ob er innerhalb oder außerhalb des Konfidenzintervalls liegt.

Wem dies furchtbar abstrakt und kompliziert erscheint, werden hoffentlich die folgenden Erläuterungen zur Logik des Signifikanztestens helfen. Um zu resümieren, was bis hierhin gesagt wurde: Das Testen von Hypothesen kann über die Verortung eines Testwerts (für dessen Berechnung es je nach Skalenniveau der fraglichen Variablen und je nach Testmethode unterschiedliche Berechnungsvorschriften gibt, s. u.) auf einer Testwerteverteilung erfolgen. Dabei wird die Streuung dieser Testwerteverteilung aus den Stichprobendaten heraus bestimmt, die damit größten Einfluss darauf haben, wie genau wir schätzen können. Die andere Größe, die wir benötigen, um die Testwerteverteilung zu bestimmen, ist, wie wir gesagt haben, der Mittelwert dieser Verteilung.

Mit dem Signifikanztesten lernen wir eine mögliche Methode kennen, diesen festzulegen.

Logik des Signifikanztestens: Das Testen gegen die Nullhypothese
Der Mittelwert der Testwerteverteilung wird bei der in der wissenschaftlichen Forschungspraxis sehr weit verbreiteten Methode des Signifikanztestens über die sog. Nullhypothese festgelegt.

Die Nullhypothese (H_0) ist der passgenaue Gegenpart zu unserer Forschungshypothese, die wir im Folgenden auch Alternativhypothese (H_1) nennen werden. Wenn wir ein Ergebnis (also einen berechneten Unterschieds- oder Zusammenhangswert) auf Signifikanz testen wollen, müssen wir also nicht nur eine, sondern immer gleich zwei Hypothesen formulieren.

Die Alternativhypothese verleiht unserer forschungsleitenden Vermutung Ausdruck, also z. B.: „Männer verdienen mehr als Frauen." Oder: „Es gibt einen Zusammenhang zwischen Schulbildungsdauer und Arbeitslosigkeitsdauer."

Die Nullhypothese dagegen behauptet das komplementäre Gegenteil, also z. B.: „Männer verdienen genauso viel oder sogar weniger als Frauen." Bzw.: „Es gibt keinen Zusammenhang zwischen Schulbildungsdauer und Arbeitslosigkeitsdauer."

Noch deutlicher wird die Unterscheidung, wenn wir die Hypothesen in die Sprache der Statistik, d. h. der Mathematik übersetzen. Dann können wir statt H_1: „Männer verdienen mehr als Frauen" auch schreiben

$$H_1: \mu_{\text{Männer}} > \mu_{\text{Frauen}}$$

bzw.

$$H_1: \mu_{\text{Männer}} - \mu_{\text{Frauen}} > 0$$

Wobei μ den Durchschnitt des Einkommens für die Gruppe der Männer bzw. der Frauen bezeichnet. Die zugehörige Nullhypothese in mathematischer Formalisierung muss also lauten:

$$H_0: \mu_{\text{Männer}} \leq \mu_{\text{Frauen}} \text{ bzw. } H_0: \mu_{\text{Männer}} - \mu_{\text{Frauen}} \leq 0$$

Unser zweites Beispiel zur Einstellung zur Dauer der Arbeitslosigkeit können wir folgendermaßen statistisch ausdrücken:

$$H_1: r \neq 0$$
$$H_0: r = 0$$

Wobei r den Korrelationskoeffizienten bezeichnet (s. u.). Dieser ist eine Maßzahl, die den Zusammenhang zweier metrischer Variablen[87] in einem Wertebereich von -1 bis +1 zum Ausdruck bringt. Dabei bedeutet eine betragsmäßig hohe Zahl (nahe an $|1|$) einen starken Zusammenhang, während ein Korrelationskoeffizient von $r = 0$ anzeigt, dass kein Zusammenhang vorliegt.

Unsere Hypothese: „Es gibt keinen Zusammenhang zwischen Schulbildungsdauer und Arbeitslosigkeitsdauer" lässt sich also, wie Sie sehen, ebenso gut als Hypothese über das Verhalten des Korrelationskoeffizienten ausdrücken, der von 0 verschieden sein sollte, wenn unsere Hypothese zutrifft.

Beachten Sie, dass Null- und Alternativhypothese das gesamte „Ereignisuniversum" abdecken und gegenseitig ausschließend sind. Jedes mögliche Testergebnis bestätigt *entweder* die Alternativhypothese *oder* die Nullhypothese. Es gibt keine Grauzonen. Dieses Tertium non datur ist deshalb so wichtig, weil wir im Folgenden davon ausgehen müssen, dass die Alternativhypothese dann gilt, wenn die Nullhypothese nicht mehr haltbar ist.

Genau das ist nämlich die Grundidee des Signifikanztestens: Anstatt zu versuchen, die Alternativhypothese direkt zu *bestätigen*, bedienen wir uns einer Art negativen Logik und versuchen deshalb die Nullhypothese zu *widerlegen*. Wir testen also niemals für die Alternativhypothese, sondern stets gegen die Nullhypothese! Dieser etwas eigenwillige und zunächst wohl kontraintuitive Gedanke kommt darin zum Ausdruck, dass wir den Mittelwert der Kenn- bzw. Testwerteverteilung nach dem in der Nullhypothese postulierten Wert festlegen.

In einfachen Worten lässt sich die Logik des Signifikanztestens so zusammenfassen: Wir überlegen uns, wie die Verteilung der Testwerte aussehen müsste (bzw. um welchen Mittelwert herum sie streuen müsste), wenn unsere Alternativhypothese *nicht* gälte. Dann sehen wir nach, wo unser tatsächlich ermittelter Testwert auf dieser von der Nullhypothese vorgeschlagenen Verteilung liegt. Um zu überprüfen, ob die Nullhypothesenverteilung plausibel ist, um den ermittelten Testwert zu beschreiben, errechnen wir ein Intervall, in dem 95 % der (hypothetischen) Testwerte liegen[88] und nur wenn unser tatsächlicher Testwert außerhalb dieses Intervalls liegt, lehnen wir die Nullhypothese ab und nehmen die Alternativhypothese an. Wir sprechen dann von einem signifikanten Ergebnis, was nichts anderes heißt, als dass der tatsächliche Unterschieds- bzw. Zusammenhangswert mit (mehr als) 95 %iger Sicherheit nicht dem in der Nullhypothese behaupteten Wert entspricht. Wieso dies legitim ist, soll unten stehendes Beispiel verdeutlichen.

---

87 Unter der Annahme, dass wir die Dauer der schulischen Bildung metrisch erfasst haben, also z. B. in Jahren des Schuldbesuchs.
88 Dieses Intervall wird entweder – analog zu den oben besprochenen Konfidenzintervallen – symmetrisch um den Mittelwert herum bestimmt oder von einer Seite der Verteilung ausgehend bis hin zu einer oberen (bzw. unteren) Grenze hin bestimmt. Wir kommen unter dem Stichwort „Einseitiger oder Zweiseitiger Test" genauer darauf zurück.

Beispiel
Lassen Sie uns diesen nicht ganz einfachen Gedanken an einem der obigen Beispiele illustrieren. Wir hatten eine Alternativhypothese zum sog. Gender Pay Gap aufgestellt:

$$H_1: \mu_{\text{Männer}} - \mu_{\text{Frauen}} > 0$$

Wir behaupten also, dass Männer im Durchschnitt mehr Geld verdienen als Frauen. Mathematisch sollte das dann also bedeuten, dass, wenn wir eine Differenz aus dem durchschnittlichen Einkommen der Männer minus des durchschnittlichen Einkommens der Frauen bilden, der errechnete Differenzwert positiv sein sollte.

Um diese Hypothese zu überprüfen, können wir eine Erhebung durchführen, in welcher Männer und Frauen zu ihrem Einkommen befragt werden – wir bedienen uns in folgenden Beispielen der Daten aus dem ALLBUS 2016. Dabei ermitteln wir einen Differenzwert für die Stichprobe von:

$$\overline{x_M} - \overline{x_F} = 2042\,€ - 1296\,€ = 746\,€.$$

Für unsere Stichprobe zeigt sich also ein deutlicher Unterschied im Einkommen zwischen Männern und Frauen. Nun können wir aber zunächst nicht ausschließen, dass diese Differenz rein zufällig zustande gekommen ist – vielleicht haben wir zufällig sehr reiche Männer und/oder relativ gering verdienende Frauen befragt und eine erneute Stichprobenziehung würde uns ganz andere Ergebnisse liefern. Wir können also nicht ohne Weiteres annehmen, dass unser Stichprobenbefund auf die Grundgesamtheit aller deutschen, erwerbstätigen Männer und Frauen (Grundgesamtheit) gilt. Dazu müssen wir erst einen inferenzstatistischen Test durchführen.

Unser Interesse könnte dann erst einmal sein, zu zeigen, dass Männer tatsächlich, also auch in der Grundgesamtheit, mehr Geld verdienen als Frauen. In der ‚negativen' Logik des Signifikanztestens ausgedrückt, wollen wir also zeigen, dass die wahre Einkommensdifferenz nicht bei 0 liegt oder sogar negativ ist, was ja bedeuten würde, dass Frauen mehr als Männer verdienten.

Wir wollen also gegen die Nullhypothese

$$H_0: \mu_{\text{Männer}} - \mu_{\text{Frauen}} \leq 0$$

testen.

> **Ein grundsätzlicher Hinweis zur Formulierung des Hypothesenpaares:**
> Die Nullhypothese muss ein $=$, $\geq$ oder $\leq$ enthalten. Nur so können wir später einen Wert bestimmen, gegen den wir testen können! Für $H_0: \mu_{\text{Männer}} \leq \mu_{\text{Frauen}}$ bzw. $H_0: \mu_{\text{Männer}} - \mu_{\text{Frauen}} \leq 0$ können wir sagen, dass die Nullhypothese für den Wert $\mu_{\text{Männer}} - \mu_{\text{Frauen}} = 0$ gerade noch gilt. Es ist sozusagen derjenige Wert, der noch am nächsten an der Alternativhypothese liegt – nur wenn wir gegen diesen Wert testen, ist unser Verfahren tatsächlich konservativ, indem wir die Nullhypothese so lang als möglich beibehalten.

Wie können wir dabei nun vorgehen? Ganz einfach. Wir stellen uns vor, wie die Verteilung der Differenzwerte (wieder: die Verteilung von Einkommensdifferenzwerten „Mann-minus-Frau", die sich aus den Ergebnissen potenziell unendlich vieler hypothetischer Stichproben aus derselben Grundgesamtheit ergäben) aussehen müssten, wenn unsere Nullhypothese zuträfe. Wir setzen dazu den in der Nullhypothese veranschlagten Wert als Mittelwert dieser

Kennwerteverteilung ein, der noch am nächsten an der Alternativhypothese liegt – in unserem wie in den allermeisten Fällen ist das der Wert 0[89].

Die Kennwerteverteilung unter Gültigkeit der Nullhypothese könnte dann etwa wie in der Abbildung 21 aussehen.

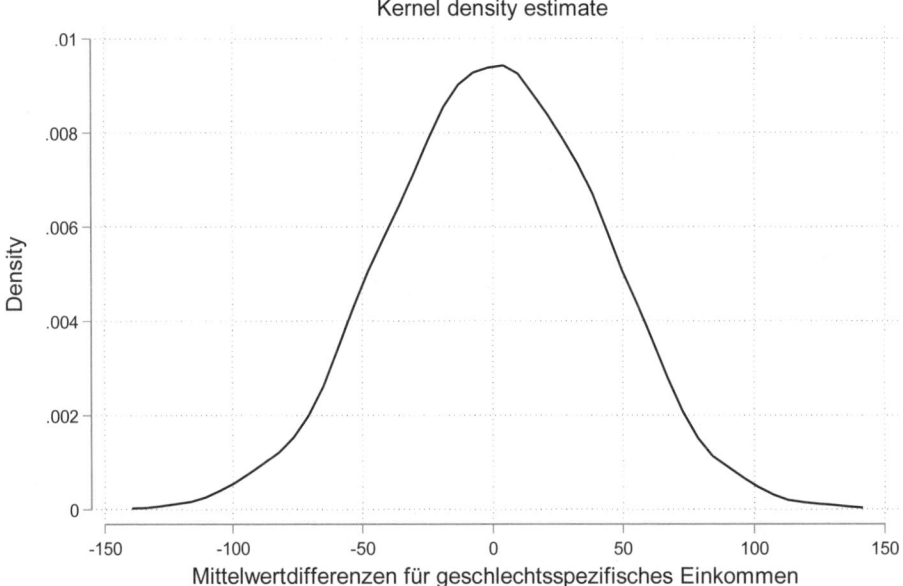

Abbildung 21: Hypothetische Mittelwertverteilung, eigene Darstellung

Diese Verteilung bildet die Annahme unserer Nullhypothese ab, dass die Mittelwertdifferenz im Einkommen zwischen Männern-minus-Frauen bei „höchstens" Null liegt. Wir können diese Verteilung jetzt in einen **Annahme- und einen Ablehnungsbereich** aufteilen, also ein Intervall angeben, in dem die Nullhypothese weiterhin angenommen werden soll (Annahmebereich) und ein dazu komplementäres Intervall, das die Fälle (Differenzwerte) enthält, die zu einer Ablehnung der Nullhypothese (und damit zur Annahme der Alternativhypothese führen). Der Wertebereich der oben aufgeführten Variable ist theoretisch unbegrenzt – es lässt sich also jeder beliebige Differenzwert auf ihr verorten. **Nur scheint die Verteilung für manche Differenzwerte einfach wenig plausibel.**

Man hat sich in Statistiker*innen-Kreisen darauf geeinigt, dass ein Wert dann als Ablehnungskriterium für die Nullhypothese und die auf ihr basierende Verteilungsannahme (also als „unplausibel") gelten kann, wenn er außerhalb des Intervalls liegt, das (mindestens) 95 % der Verteilung abschneidet.

---

[89] Es spricht nichts dagegen, auch gegen einen anderen theoretisch festgelegten Wert zu testen. Wir könnten uns z. B. fragen, ob sich der Gender Pay Gap seit 1980 signifikant vergrößert hat. Wir könnten dann den damals ermittelten Differenzwert als Mittelwert der Kennwerteverteilung postulieren und dagegen den heute errechneten Wert vergleichen. In der Forschungspraxis jedoch wird in der weitaus überwiegenden Zahl der Fälle gegen den Wert 0, also gegen die Annahme, es läge überhaupt kein Zusammenhang oder Unterschied vor, getestet (vgl. dazu kritisch Punkt 3.3.4.5).

> **α- und β-Fehler**
>
> Der sog. Alpha-Fehler oder Fehler 1. Art bezeichnet in der Logik des Signifikanztestens die Wahrscheinlichkeit, die Alternativhypothese anzunehmen, obwohl in Wirklichkeit die Nullhypothese gilt. Wenn wir einen α-Fehler begehen, geben wir also einen falsch-positiven Befund.
>
> Der Beta-Fehler oder Fehler 2. Art bezeichnet das logische Gegenstück zum Alpha-Fehler. Ein Beta-Fehler liegt vor, wenn wir bei Gültigkeit der Alternativhypothese weiterhin die Nullhypothese beibehalten. Wir geben damit einen falsch-negativen Befund.
>
> Im Sinne des konservativen Hypothesenschätzens liegt der Fokus zumeist auf der Minimierung der α-Fehlerwahrscheinlichkeit, die wir üblicherweise auf 5 % oder 1 % ansetzen. Diese Fehlerwahrscheinlichkeit entspricht exakt der prozentualen Fläche des oben besprochenen Annahmebereichs.
>
> Gerade bei kleinen Stichproben jedoch wird auch der Beta-Fehler zu einem ernstzunehmenden Problem! Ein kleines n bedeutet einen großen Standardfehler und damit eine recht ungenaue Schätzung. Wird dann wie üblich sehr streng bzw. konservativ getestet, kann es vorkommen, dass ernstliche und relevante Unterschiede übersehen bzw. als insignifikant abgetan werden. Wir empfehlen deshalb stets den Standardfehler bei der eventuellen Publikation mitanzugeben, damit die Leser*innen sich selbst ein Bild davon machen können, wie knapp der Signifikanztest ausfiel.

Mit anderen Worten: der Annahmebereich nimmt i. d. R. 95 % der Fläche unter der Verteilung oder sogar noch höhere Prozentanteile ein. Jeder Wert, der innerhalb dieses Intervalls liegt, kann die Nullhypothese nicht widerlegen. **Nur die Fälle, die so weit außerhalb liegen, dass es unwahrscheinlich ist, dass ihre derart extreme Ausprägung rein zufällig ist, gelten als Ablehnungskriterien.** Ein vielleicht etwas albernes Beispiel aus dem Bereich der Fantasy-Literatur: Stellen Sie sich vor, wir strandeten auf einer Insel, die bewohnt wird von einem Stamm dem Aussehen nach humanoider Geschöpfe, die aber durchschnittlich an die fünf Meter groß sind. Wir könnten nun glauben, dass diese Geschöpfe Menschen sind, d. h. sie auf der Verteilung der Nullhypothese verorten.

Wir würden also an unserer Erwartung (dem in der Nullhypothese veranschlagten Mittelwert der Kennwerteverteilung) festhalten, dass Menschen durchschnittlich etwa 1,75 m groß sind und die Bewohner*innen dieser Insel zufällig alle sehr groß geworden sind. Das scheint jedoch wenig plausibel und ein merkwürdiger Zufall! Jedenfalls schiene doch die Alternativerklärung plausibler, bei den großen humanoiden Geschöpfen handele es sich um eine Spezies eigener Art, um Riesen. Wir würden also ein neues Merkmal, nämlich Spezieszugehörigkeit (Riesen/Mensch) zur „Erklärung" des Größenunterschiedes zulassen und für die Riesen eine eigene Populationsverteilung postulieren. Wir würden sagen, es besteht ein signifikanter Unterschied in der Größe zwischen Menschen und Riesen, **weil wir die Größe der Riesen nicht mehr gut mit ‚menschlichen' bzw. mit einer für Menschen und Riesen gleichermaßen gültigen Verteilung erfassen können**.

Zurück in die Wirklichkeit und zum Gender Pay Gap. Wir können uns überlegen, dass unsere Nullhypothese für alle Werte von $-\infty$ bis zu einer oberen Intervallgrenze weiterhin gelten soll. Erst, wenn der in der Stichprobe ermittelte Wert hinter dieser oberen Intervallgrenze liegt, sollten wir die Nullhypothese aufgeben (rechtsseitiger Test, s. u.). Wir testen „gerichtet", also auf eine Hälfte des Wertebereichs, hier: die positive, bedacht.

Die obere Intervallgrenze bei einem rechtsseitigen Signifikanztest muss im Vorhinein[90] festgelegt werden! Wir sprechen von einem **signifikanten Ergebnis, wenn der beobachtete Wert außerhalb der 95 %-Grenze liegt bzw. von einem hoch signifikanten Ergebnis, wenn er außerhalb der 99 %-Grenze liegt**.

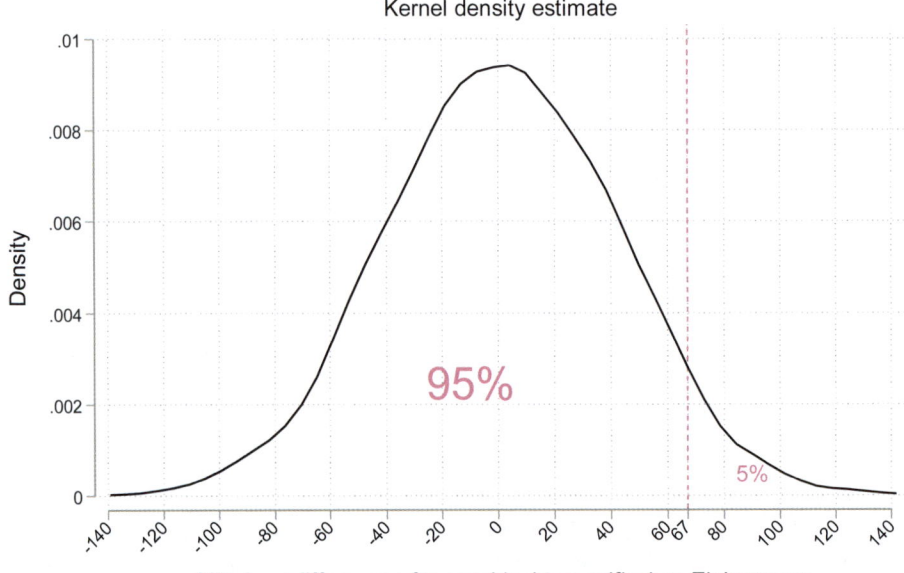

Abbildung 22: 95 %-Quantil der Mittelwertverteilung

Die Errechnung dieser Intervallwerte, resp. in welcher Tabelle diese nachzuschlagen sind, wird bestimmt über die von dem jeweiligen Testverfahren angenommene funktionale Form der Testwerteverteilung (in unserem Beispiel: z-verteilt). Damit müssen wir uns noch nicht aufhalten – wir kommen bei den einzelnen Testverfahren darauf zurück.

Für jetzt ist es ausreichend, zu verstehen, dass unser Ablehnungsbereich links der rot eingezeichneten Linie für das 95 %- Intervall liegt. Sehen wir uns an, wo unser aus der Stichprobe errechnete Wert der Mittelwertdifferenz auf der Verteilung liegt, die gelten müsste, wenn die Nullhypothese wahr ist. Aus der Stichprobe ergibt sich eine Einkommensdifferenz zwischen Männern und Frauen von: $\overline{x_M} - \overline{x_F} = 2042 - 1296 = 746$.

---

90 Nachträgliche Festlegungen und Änderungen sind i. d. R. ein Indiz für normgesteuerte Verfälschung der Ergebnisse. Wer im Nachhinein die Testbedingungen für eine günstige Alternativhypothese vereinfacht bzw. für einen missliebigen Befund hinaufsetzt, macht sich verdächtig, mit seinen bzw. ihren Daten Politik betreiben zu wollen.

Gälte die Nullhypothese, wonach Frauen genauso viel oder sogar mehr als Männer verdienten, dann läge unser empirisch ermittelter Wert auf der von ihr nahegelegten Verteilung – hier:

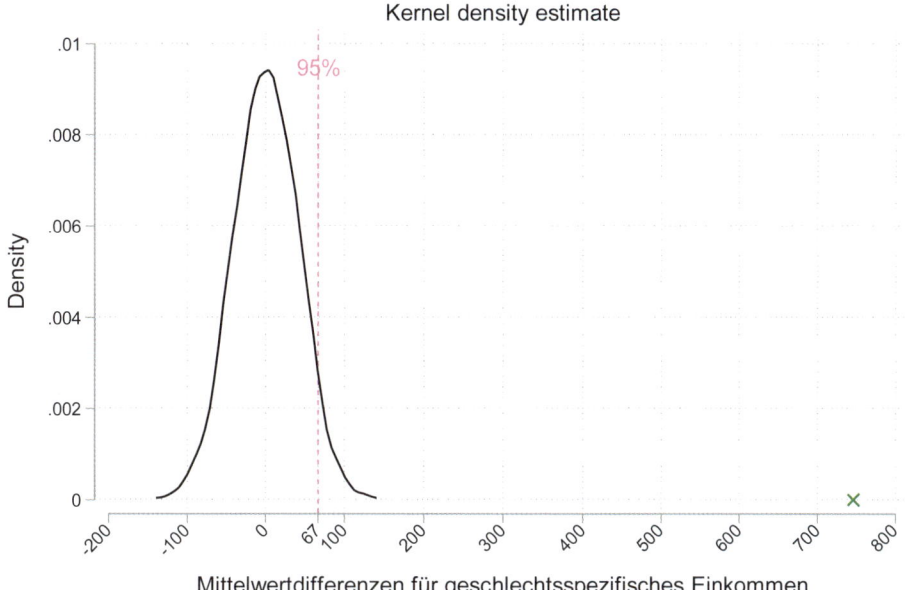

Abbildung 23: Verortung der Mittelwertdifferenz auf der Mittelwerteverteilung

Man sieht sofort, dass die von der Nullhypothese vorgeschlagene Verteilung und ihr Erwartungswert von $\mu_M - \mu_F \leq 0$ wenig plausibel für die adäquate Erfassung der tatsächlich beobachteten Mittelwertdifferenz erscheint. Unser Stichprobenwert liegt sehr weit rechts von unserem Markerwert. Wir können also sagen, dass wir in (weit) weniger als 5 % der Fälle einen Fehler machen, wenn wir die Nullhypothese ablehnen und weiterhin davon ausgehen, dass Männer (signifikant) mehr verdienen als Frauen.

Einseitiger und Zweiseitiger Signifikanztest
Der hier vorgestellte Test zum Gender Pay Gap ist ein gerichteter, rechtsseitiger Signifikanztest. Analog zu der Unterscheidung nach gerichteten und ungerichteten Hypothesen können wir zwischen **einseitigen und zweiseitigen Signifikanztests differenzieren**.

Ein einseitiger Signifikanztest überprüft eine gerichtete Hypothese. Je nachdem, ob wir eine negative oder positive Differenz vermuten, sprechen wir von einem *rechtsseitigen* oder *linksseitigen* Test[91].

Ein zweiseitiger Signifikanztest dagegen überprüft eine ungerichtete Hypothese. Bei einer solchen ungerichteten Hypothese wissen wir im Vorhinein nicht, in welchem Wertebereich

---

[91] Minuend und Subtrahend, also die Art, wie die Differenz gebildet wird, können dabei allerdings frei festgelegt werden (solange diese Festlegung konstant beibehalten wird!), weshalb zumindest jede gerichtete Unterschiedshypothese je nach Präferenz links- oder rechtsseitig getestet werden kann.

wir nach dem wahren Differenzwert Ausschau halten sollten und grenzen deshalb in beide Richtungen einen Ablehnungsbereich ab:

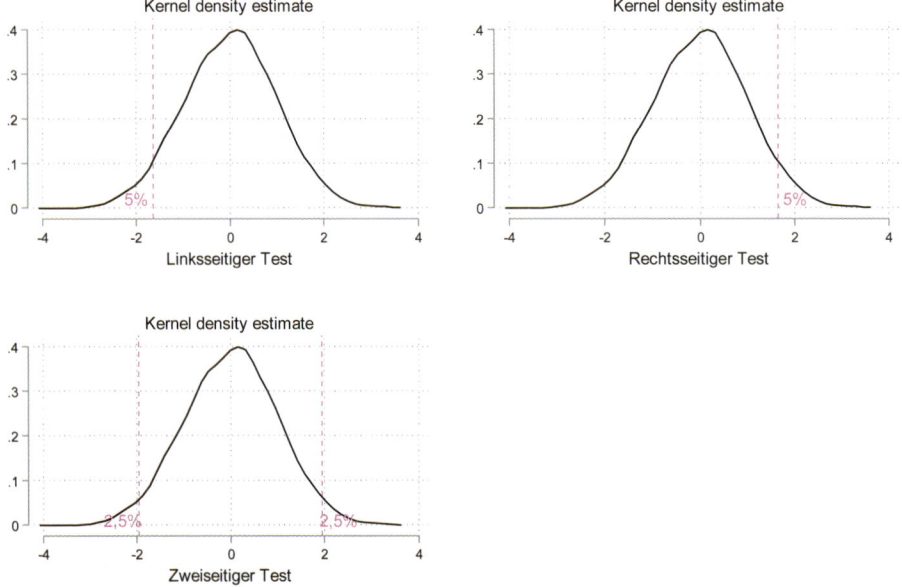

Abbildung 24: Einseitiger oder Zweiseitiger Test

Beachten Sie: Der Annahmebereich beträgt immer nur 5 % (bzw. 1 %) der Verteilung. Bei einseitigen Tests werden diese 5 % auf einer Seite der Verteilung abgetrennt – bei zweiseitigen Tests schneiden wir auf beiden Seiten nur je 2,5 % ab, was der Errechnung des 95 %-Konfidenzintervalls um den Mittelwert herum entspricht. Da der tatsächlich ermittelte Wert aber nun mal entweder links *oder* rechts liegt, sind **zweiseitige Tests generell konservativer, d. h. es ist schwieriger, auf ein „signifikantes" Ergebnis zu kommen**.

Je nachdem, ob wir ein- oder zweiseitig testen, **müssen wir also unterschiedliche Werte in unserer T-Werte-Tabelle nachschlagen** – entweder für das 95 %- bzw. 5 %-Quantil (einseitiger Test) oder aber für das 2,5 %- *und* 97,5 %-Quantil (zweiseitiger Test).

Zusammenfassung: Logik des Signifikanztestens
Das Ziel des vorstehenden Abschnitts war es, die allgemeine Logik des Signifikanztestens zu verdeutlichen. An diesem Punkt geht es noch nicht darum zu wissen, wie sich nun die Streuung der Testwerteverteilung errechnen lässt und auch noch nicht darum, wie sich die Information in obigen Darstellungen auf handliche Maßzahlen verdichten lässt – denn natürlich zeichnen wir diese Verteilungen in der Praxis nie wirklich auf – sondern einzig darum, den Grundgedanken der Testverfahren zu verstehen, die die Signifikanz eines Ergebnisses überprüfen. Da die Bestimmung von Signifikanzen – trotz lauter werdenden Protests – eine zentrale Bedeutung in der quantitativen Sozialforschung erlangt hat und sie auch die Grundlage für die inferenzstatistische Absicherung der unten einzeln vorgestellten Testverfahren bildet, sei hier noch einmal eine kurze Zusammenfassung versucht:

Die Logik des Signifikanztestens basiert auf der Idee, die Testwerteverteilung um einen Testwert herum zu zeichnen, der vorliegen müsste, wenn unsere Forschungshypothese *nicht* zutrifft. Wir legen, mit anderen Worten, aus theoretischer Vorüberlegung heraus in der sog. Nullhypothese einen Mittelwert der Testwerteverteilung fest und schauen uns nun an, wie stark unser tatsächlich ermittelter Testwert davon abweicht. Um die Stärke dieser Abweichung nachvollziehbar zu bestimmen, berechnen wir ein Intervall auf der Testwerteverteilung, in dem 95 % oder sogar 99 % der unter Gültigkeit der Nullhypothese zu erwartenden Testwerte liegen, und nur wenn unser tatsächlich beobachteter Testwert außerhalb dieses Intervalls liegt, lehnen wir die Nullhypothese ab und nehmen stattdessen die Alternativhypothese an. Wir können dann sagen, dass wir mit nur fünfprozentiger oder sogar mit nur einprozentiger Alpha-Fehler- bzw. Irrtumswahrscheinlichkeit annehmen können, dass in Wahrheit unsere Alternativhypothese gilt.

Dieses Verfahren kann nun für alle möglichen Testwerte angewandt werden, um zu überprüfen, ob ein Unterschied oder Zusammenhang, den wir in der Stichprobe nachweisen können, signifikant ist, d.h. ob wir annehmen können, dass er nicht rein zufällig entstanden ist, sondern auch tatsächlich ein Unterschied oder Zusammenhang in der Grundgesamtheit vorliegt. Gleichviel, ob Sie den Zusammenhang zweier metrischer Variablen über eine Korrelation ermitteln oder den Unterschied zwischen zwei Gruppen auf einem ordinalen Merkmal o.ä. überprüfen wollen, stets können Sie den mit den jeweiligen Verfahren, die wir gleich im Einzelnen besprechen werden, berechneten Wert nach der hier besprochenen Logik des Signifikanztestens auf Verallgemeinerbarkeit hin überprüfen.

3.3.4.2 Das Testen von Unterschiedshypothesen

Eine Unterschiedshypothese im oben definierten Sinne fragt nach dem wahren Unterschied der Ausprägungen auf einem Merkmal A für zwei Gruppen (wir sagen auch: (Sub-)Stichproben) B1 und B2. Wenn wir also das nominale dichotome Merkmal B „Geschlecht" und das metrische Merkmal A „Einkommen" erhoben haben, können wir den Zusammenhang von Geschlecht und Einkommen als Unterschied der Einkommensmittelwerte für die Gruppe der Männer (B1) versus der Gruppe der Frauen (B2) reformulieren.

Am Anfang steht also die Formulierung eines vermuteten **Unterschieds zwischen den Ausprägungen eines Merkmals für zwei (oder mehr) Subpopulationen**[92].

Da wir nun nicht mehr nur einen wahren Wert für eine Gruppe (Konfidenzintervallsschätzung, s.o.), sondern den wahren Unterschied zwischen zwei Gruppen herausfinden wollen, sollten wir uns auch überlegen, in welchem Verhältnis die beiden Gruppen/Stichproben, in unserem Beispiel also die Männer und Frauen zueinander stehen. Zwischen zwei untersuchen Stichproben kann es zwei verschiedene Arten der Beziehung geben:

Unabhängig sind zwei Stichproben G und H, wenn die Ziehung einer Person in G keinen Einfluss hat auf die Ziehungswahrscheinlichkeit einer Person in H. Dies ist in den allermeisten Ex-Post-Facto-Befragungen der Fall. Wenn wir die Männer und Frauen aus dem ALLBUS untersuchen, dann hatte bei dessen Erhebung die (zufällige) Ziehung von Frau XY nicht die automatische Ziehung von Herrn YZ zur Folge.

---

[92] Beachten Sie, dass wir Hypothesen immer für eine Grundgesamtheit, nicht für Zusammenhänge oder Unterschiede in der Stichprobe formulieren!

Abhängig sind zwei Stichproben G und H dagegen, wenn die Ziehung einer Einheit in G, die Ziehungswahrscheinlichkeit einer Einheit in H beeinflusst. Ein klassisches Beispiel für abhängige Stichprobenziehungen wäre die Befragung von Untersuchungspersonen und deren jeweiligen Partner*innen. Es kann auch eine zeitlich bedingte Abhängigkeit bestehen, etwa wenn ich dieselben Personen mehrmals zu verschiedenen Zeitpunkten befrage, z. B. im Rahmen einer Panelstudie oder auch eines Vorher-Nachher-Experimentaldesigns.

Wir werden im Folgenden stets zwischen Testverfahren von Unterschiedshypothesen für unabhängige und abhängige Stichproben unterscheiden.

3.3.4.2.1 Metrisches Skalenniveau

Ist das Merkmal (A), für das wir einen gruppenspezifischen Unterschied überprüfen wollen, metrisch, also **intervall- oder ratioskaliert, und** unsere **Fallzahl** mit $n_1 + n_2 \geq 50$ **hinreichend groß**, können wir davon ausgehen, dass das Zentrale Grenzwerttheorem für unsere Schätzungen anwendbar ist. Wir können dann die für metrisches Skalenniveau zulässigen sog. *parametrischen* Testverfahren anwenden (t-Test). Ist die Fallzahl zu klein, kann nicht mehr ohne Weiteres angenommen werden, dass sich die Kennwerteverteilung mit hinreichender Genauigkeit eine Normalverteilung annähert.

Wir können dies allerdings weiterhin annehmen, wenn zumindest das Merkmal selbst normalverteilt ist. Diese Annahme kann in einem einfachen optischen Test, also etwa vermittels eines Scatterplots, leicht überprüft werden.

Ist auch dies nicht der Fall, kann u. U. eine mathematische Transformation der in Frage stehenden Variablen zu der gewünschten Verteilungsform verhelfen. Können die Voraussetzungen nicht erfüllt werden, empfiehlt es sich, auf ein anspruchsloseres, verteilungsfreies (nicht-parametrisches) Testverfahren zurückzugreifen, welches nur von ordinalen oder gar nominalen Informationen Gebrauch macht.

Für eine ausführlichere Diskussion zum Umgang mit Voraussetzungsverletzungen seien Sie auf die Zusammenfassung am Ende dieses Abschnitts verwiesen (s. 3.3.4.2.4).

a) Unabhängige Stichproben: 2-Stichproben-t-Test
Lassen Sie uns nun noch einmal Schritt für Schritt am Beispiel des Gender Pay Gap das Signifikanztesten von metrischen Unterschiedshypothesen besprechen. Wir gehen in vier Schritten vor:

1. Aufstellen des Hypothesenpaares
Zunächst gilt es, ein Hypothesenpaar zu formulieren, das unseren Blick auf die Daten scharfstellt. Wir erinnern uns, dass unsere Alternativhypothese lautete:

$$H_1: \mu_{\text{Männer}} - \mu_{\text{Frauen}} > 0$$

Das komplementäre Gegenstück zu dieser Forschungsannahme ist die Nullhypothese, gegen die wir testen wollen:

$$H_0: \mu_{\text{Männer}} - \mu_{\text{Frauen}} \leq 0$$

Wir wollen nun also – erinnern Sie sich an die ‚negative' Logik des Signifikanztestens – zeigen, dass die Nullhypothese *nicht* gilt. Dazu müssen wir den in unserer Stichprobe ermittelten Differenzwert vergleichen mit dem von der Nullhypothese postulierten Wert dieser Differenz (hier und meistens: 0). Um abschätzen zu können, wie wahrscheinlich es ist, dass unser Stichprobenwert zustande gekommen wäre, wenn unsere Nullhypothese gälte, müssen wir auf Basis der Nullhypothese eine Verteilung schätzen. Dazu berechnen wir einen Standardfehler der Differenzwerteverteilung, den wir aus den Stichprobenstandardabweichungen schätzen (s.u.).

Im Grunde verfahren wir analog zum Konfidenzintervallschätzen, nur dass wir nicht den Stichprobenmittelwert, sondern den in der Nullhypothese postulierten Differenzwert einsetzen.

Zunächst also müssen wir unsere Stichprobenwerte berechnen, auf denen unser Test basiert.

2. Ermittlung der Stichprobenwerte
Aus dem ALLBUS 2016 können wir folgende Mittelwerte und Standardabweichungen des Nettoeinkommens für Männer und Frauen ablesen:

$$\bar{x}_{Männer} = 2042 \qquad \bar{x}_{Frauen} = 1296$$
$$s_{Männer} = 1381{,}7 \qquad s_{Frauen} = 819{,}6$$
$$n_{Männer} = 1600 \qquad n_{Frauen} = 1497$$

Wir erhalten damit einen (beobachteten) Differenzwert von $\overline{x_M} - \overline{x_F}$ = 2042 – 1296 = 746.

3. Berechnung des Standardfehlers
Wir können den Standardfehler unserer Differenzwerteverteilung aus den Standardabweichungen der beiden Substichproben schätzen. Handelte es sich um abhängige Stichproben, könnten wir uns viel Arbeit ersparen (s.u.). Da wir es bei der Betrachtung der Männer und Frauen im ALLBUS allerdings mit zwei unabhängigen Substichproben zu tun haben, ergibt sich ein Problem:

Wir müssen jetzt zunächst prüfen, ob die Varianzen (und resp. die Standardabweichungen) der beiden Subpopulationen in der Grundgesamtheit gleich oder ungleich sind. Hierfür gibt es ein geeignetes Testverfahren, dem wir einen kurzen Exkurs widmen wollen: den F-Test.

I. EXKURS: F-TEST ZUM VERGLEICH VON POPULATIONSVARIANZEN

Der sog. F-Test ist ein Verfahren zur Überprüfung der Identität zweier Populationsvarianzen. Beim Testen von Unterschiedshypothesen bei unabhängigen Stichproben ist die Frage bedeutsam, ob die Varianzen der Subpopulationen, aus denen diese gezogen wurden, gleich oder verschieden sind[93].

Davon hängt ab:
a) Ob wir einen gepoolten Standardfehler berechnen dürfen und

---

[93] Dies ist freilich nur dann relevant, wenn wir überhaupt sinnvoll Varianzen berechnen können, also ab metrischem Skalenniveau des in Frage stehenden Merkmals.

b) Ob wir die Freiheitsgrade der T-Verteilung exakt oder nur schätzungsweise bestimmen können (s.u.)

Die Formel für den F-Test ist denkbar einfach (vgl. Bortz 1993, 140):

$$F(df_1 = n_1 - 1; df_2 = n_2 - 1) = \frac{\hat{\sigma}_1^2}{\hat{\sigma}_2^2} = \frac{s_1^2 * \frac{n_1}{n_1 - 1}}{s_2^2 * \frac{n_2}{n_2 - 1}}$$

Formel 8: F-Test

Wir setzen also lediglich die aus unseren Stichprobenstandardabweichungen geschätzten Populationsvarianzen in Beziehung – dabei steht zu beachten, dass **immer die größere Varianz in den Zähler gesetzt wird!** So erhalten wir einen spezifischen F-Wert, den wir nun nur noch mit dem Grenzwert aus der F-Verteilung vergleichen müssen – auch hierfür gibt es spezielle F-Werttabellen (s. Anhang). Anders als etwa die T-Verteilung wird die F-Verteilung über zwei variable Freiheitsgradparameter spezifiziert – wir sprechen auch **von Zähler- und Nennerfreiheitsgraden** und die F-Werttabellen sind entsprechend aufgebaut.

Ist unser spezifischer F-Wert größer als der aus der Tabelle abgelesene kritische Wert, so müssen wir annehmen, dass die Populationsvarianzen in Wahrheit ungleich sind. Liegt unser Wert unter dem Grenzwert, so können wir eine Gleichheit der Varianzen annehmen.

$F_{krit} > F$
Ergebnis insignifikant: Varianzen gleich! Poolen erlaubt; df berechenbar
$F_{krit} < F$
Ergebnis signifikant: Varianzen ungleich! Poolen verboten; df nur geschätzt

Was bedeutet das nun für uns?

Wenn wir annehmen können, dass die jeweiligen Varianzen z.B. der Merkmalsverteilung für die beiden Subpopulationen in Wahrheit gleich groß sind, können wir einen sog. **gepoolten Standardfehler** berechnen. Dies hat v.a. den Vorteil, dass wir die Freiheitsgrade der T-Verteilung exakt ermitteln können (s.u.).

Die Formel für den gepoolten Standardfehler lautet (Kühnel/Krebs 2012, 294):

$$\hat{\sigma}_{\overline{x_1} - \overline{x_2}} = \sqrt{\frac{\hat{\sigma}_p^2}{n_1} + \frac{\hat{\sigma}_p^2}{n_2}}$$

Formel 9: Standardfehler der Differenzwerte mit gepoolten Varianzen

$\hat{\sigma}_p^2$ steht dabei für die geschätzte, gepoolte Varianz. Diese berechnet sich aus den Standardabweichungen der Stichproben nach folgender Vorschrift:

$$\hat{\sigma}_p^2 = \frac{n_1 * s_1^2 + n_2 * s_2^2}{n_1 + n_2 - 2}$$

Formel 10: Gepoolte Varianz

Betrachten Sie zunächst die Parameterwerte für zwei fiktive, unabhängige Subpopulationen A und B auf einer beliebigen Variablen X:

$$\overline{x_A} = 12 \quad \overline{x_B} = 10$$
$$s_A^2 = 105 \quad s_B^2 = 100$$
$$n_A = 250 \quad n_B = 240$$

Wollten wir nun die Hypothese H_1: $\mu_A > \mu_B$ testen, so müssen wir zunächst die Frage klären, ob wir einen gepoolten Standardfehler berechnen dürfen oder nicht, rsp. ob wir annehmen können, dass die Varianzen der Merkmalsverteilung für beide Subpopulationen in Wirklichkeit gleich sind, wir müssen also F-Testen.

Für unser fiktives Beispiel rechnen wir:

$$F(249; 239) = \frac{s_A^2 * \dfrac{n_A}{n_A - 1}}{s_B^2 * \dfrac{n_B}{n_B - 1}} = \frac{105 * \dfrac{250}{250 - 1}}{100 * \dfrac{240}{240 - 1}} = \frac{105{,}42}{100{,}42} = 1{,}049$$

Für $df_A = 250 - 1 = 249$ Zähler- und $df_B = 240 - 1 = 239$ Nennerfreiheitsgrade[94] schlagen wir einen kritischen Wert von 1,16 (für das 95%-Intervall) in der F-Werttabelle nach.

Da 1,049 < 1,16 ist unser Ergebnis nicht signifikant. **Der ermittelte Quotient der beiden Varianzen weicht nicht signifikant ab von 1, also dem Quotienten bei gleichen Varianzen. Wir dürfen poolen!**

Die gepoolte Varianz für unsere fiktiven Daten berechnet sich dann als:

$$\hat{\sigma}_p^2 = \frac{n_A * s_A^2 + n_B * s_B^2}{n_A + n_B - 2} = \frac{250 * 105 + 240 * 100}{250 + 240 - 2} = \frac{50250}{488} = 102{,}97$$

Eingesetzt in die Formel für den gepoolten Standardfehler:

$$\hat{\sigma}_{\overline{x_A} - \overline{x_B}} = \sqrt{\frac{\hat{\sigma}_p^2}{n_A} + \frac{\hat{\sigma}_p^2}{n_B}} = \sqrt{\frac{102{,}97}{250} + \frac{102{,}97}{240}} = 0.917$$

Mit diesem Standardfehler könnten wir die weiteren Berechnungen für unser fiktives Beispiel anstellen.

Kehren wir jedoch zu unserem Beispiel des Gender Pay Gap zurück. Wir müssen uns also fragen, ob das Einkommen in der Subpopulation der Männer gleich stark variiert wie in der Subpopulation der Frauen. Wir wenden den F-Test an:

---

94 Sollten Sie die ermittelten Freiheitsgrade für die F-Verteilung nicht in einer F-Wertetabelle gelistet finden, sollten diese auf den nächsthöheren angegebenen Wert aufgerundet werden! Vorsicht: Beim Nachschlagen auf der T-Verteilung gilt die umgekehrte Regel: dort sollten Sie auf den nächsttieferen Wert abrunden! Diese gegenläufige Regel hängt mit dem Umstand zusammen, dass beim F-Testen ausnahmsweise ein insignifikantes Ergebnis erwünscht ist – deshalb sollte das Verfahren eher progressiv als konservativ durchgeführt werden.

Wir benutzen dazu erneut obige Formel und setzen die unter 2. ermittelten Stichprobenwerte ein.

$$F(df_1 = n_1 - 1; df_2 = n_2 - 1) = \frac{\hat{\sigma}_1^2}{\hat{\sigma}_2^2} = \frac{s_1^2 * \frac{n_1}{n_1 - 1}}{s_2^2 * \frac{n_2}{n_2 - 1}}$$

$$F(df_1 = 1599; df_2 = 1496) = \frac{1381{,}7^2 * \frac{1600}{1599}}{819{,}6^2 * \frac{1497}{1496}} = \frac{1382{,}577}{820{,}149} = 2{,}8418$$

In der F-Tabelle schlagen wir für 1599 Zähler- und 1496 Nennerfreiheitsgrade einen Grenzwert von F_{krit} = 1,08 nach. Da 2,84 > 1,082, also unser ermittelter Wert den kritischen Grenzwert deutlich überschreitet, müssen wir davon ausgehen, dass die Varianzen des Einkommens in der Grundgesamtheit für Männer und Frauen verschieden ausfallen.

Für die Berechnung unseres Standardfehlers bedeutet das: Wir dürfen (anders als bei unserem fiktiven Beispiel) nicht poolen.

Der **Standardfehler unabhängiger Stichproben mit ungleichen Varianzen** berechnet sich als Summe der beiden Standardfehler für die Subpopulationen (Kühnel/Krebs 2012, 248):

$$\hat{\sigma}_{\overline{x_1}-\overline{x_2}} = \sqrt{\frac{s_1^2}{n_1 - 1} + \frac{s_2^2}{n_2 - 1}}$$

Formel 11: Standardfehler der Differenzwerte mit ungepoolten Varianzen

Setzen wir unsere Stichprobendaten ein, erhalten wir einen gemeinsamen Standardfehler von:

$$\hat{\sigma}_{\overline{x_M}-\overline{x_F}} = \sqrt{\frac{s_M^2}{n_M - 1} + \frac{s_F^2}{n_F - 1}} = \sqrt{\frac{1381{,}7^2}{1599} + \frac{819{,}6^2}{1496}} \approx 40{,}5$$

Nun haben wir, was wir brauchen, um den Differenzwert auf Signifikanz zu testen.

4. Ermittlung der Teststatistik und Grenzwerte
Um dies zu tun, können wie die Formel für den **2-Stichproben-t-Test bei unabhängigen Stichproben** verwenden:

$$t = \frac{(\overline{x_1} - \overline{x_2}) - (\mu_1 - \mu_2)}{\hat{\sigma}_{\overline{x_1}-\overline{x_2}}}$$

Formel 12: 2-Stichproben-t-Test (unabhängige Stichproben)

Wobei ($\mu_1 - \mu_2$) die in der Nullhypothese postulierte Differenz bezeichnet. Unserer Nullhypothese H_0: $\mu_{\text{Männer}} - \mu_{\text{Frauen}} \leq 0$ entsprechend, setzen wir für die angenommene Differenz also 0 ein.

Für unseren Differenzwert von $\overline{x_M} - \overline{x_F}$ = 2042 – 1296 = 746 und den oben errechneten Standardfehler von $\hat{\sigma}_{\overline{x_M}-\overline{x_F}}$ = 40,5 ergibt sich damit ein t-Wert von:

$$t = \frac{(\overline{x_M} - \overline{x_F}) - (\mu_{0_M} - \mu_{0_F})}{\hat{\sigma}_{\overline{x_M}-\overline{x_F}}} = \frac{(2042 - 1296) - 0}{40,5} = \frac{746}{40,5} = 18,4$$

Diesen t-Wert können wir nun auf einer t-Verteilung (Testwerteverteilung) verorten, um zu überprüfen, ob die Einkommensdifferenz zwischen Männern und Frauen signifikant ist. Hierzu vergleichen wir schlicht den empirisch ermittelten t-Wert mit dem kritischen t-Wert, der den Ablehnungs- von dem Annahmebereich trennt.

Damit ein Ergebnis als signifikant bezeichnet werden kann, muss gelten:
- *Für linksseitigen Test:* $t < t_{krit}$ *(untere Grenze)*
- *Für rechtsseitigen Test:* $t > t_{krit}$ *(obere Grenze)*
- *Für zweiseitigen Test:* $t < t_{untere\ Grenze}$ *oder* $t_{obere\ Grenze} < t$

Dass ein Ergebnis ‚signifikant' bzw. ‚hochsignifikant' sei, heißt dann nichts anderes, als dass **der getestete Unterschied sehr wahrscheinlich** (mit 95 %iger bzw. 99 %iger Sicherheit) ***nicht* mit dem in der Nullhypothese postulierten Unterschied übereinstimmt.**

Den kritischen t-Wert lesen wir aus der t-Wertetabelle ab. Diese ist, wie bereits gesagt, in Abhängigkeit von Freiheitsgraden aufgebaut. Je nachdem, wie viele Freiheitsgrade wir annehmen können, unterscheiden sich die kritischen Werte für unseren Test. Hier liegt die zweite Komplikation, die bei der Betrachtung zweier unabhängiger Stichproben aufkommt:

Auch die Bestimmung der Freiheitsgrade der t-Verteilung unterscheidet sich nämlich danach, ob die Varianzen der beiden Subpopulationen gleich (insignifikanter F-Test) oder ungleich (signifikanter F-Test) sind.

Können wir annehmen, dass die **Varianzen der beiden Subpopulationen in Wahrheit gleich sind**, angezeigt durch einen nicht-signifikanten F-Test, errechnen sich die Freiheitsgrade der zugehörigen T-Verteilung einfach als

$$df = n_1 + n_2 - 2$$

Formel 13: Freiheitsgrade der t-Verteilung bei gleichen Populationsvarianzen

Wenn die **Varianzen der beiden Subpopulationen allerdings ungleich** sind, also der F-Test signifikant ausfällt, können wir die Freiheitsgrade nicht mehr exakt berechnen, sondern müssen sie nach folgender Formel schätzen (vgl. Welch 1947):[95]

$$df_{aprox} = \frac{\left(\frac{s_1^2}{n_1} + \frac{s_2^2}{n_2}\right)^2}{\frac{s_1^4}{n_1^2 * (n_1 - 1)} + \frac{s_2^4}{n_2^2 * (n_2 - 1)}}$$

Formel 14: Freiheitsgrade der t-Verteilung bei ungleichen Populationsvarianzen (Welch-Schätzung)

---
[95] Ob geschätzt oder berechnet: Finden sich die ermittelten Freiheitsgrade nicht in einer T-Werttabelle, sollten Sie auf den nächsttieferen aufgelisteten Wert abrunden!

Da der F-Test für unser Beispiel des Gender Pay Gap signifikant ausfiel, müssen wir die Freiheitsgrade also folgendermaßen schätzen:

$$df_{aprox} = \frac{\left(\frac{1381{,}7^2}{1600} + \frac{819{,}6^2}{1497}\right)^2}{\frac{1381{,}7^4}{1600^2 * 1599} + \frac{819{,}6^4}{1497^2 * 1496}} \approx 2631$$

Wir schlagen also für df = 2631 in der T-Werttabelle den kritischen Wert für einen einseitigen Test bei 5%iger Fehlerwahrscheinlichkeit nach und erhalten t_{krit} = 1,65.

Nun lässt sich leicht feststellen, dass die Einkommensdifferenz zwischen Männern und Frauen signifikant ist, da 18,4 > 1,645. Wir können also (mit fünfprozentiger Irrtumswahrscheinlichkeit)[96] davon ausgehen, dass Männer tatsächlich (d. h. in der Grundgesamtheit) mehr Geld verdienen als Frauen.

b) Abhängige Stichproben: 1-Stichproben-t-Test

Bisher bezogen sich all unsere Überlegungen und Berechnungen auf das Testen von Wertdifferenzen zwischen zwei Subpopulationen, denen wir uns über unabhängig voneinander zustande gekommene Stichproben annäherten. Zur Erinnerung: Unabhängig sind zwei Stichproben A und B, wenn die Ziehung einer Untersuchungseinheit in A keinen Einfluss auf die Wahrscheinlichkeit der Ziehung in B hat. So haben wir das durchschnittliche Einkommen zwischen Männern und Frauen verglichen – also zwischen einer Stichprobe zufällig aus der Gruppe aller deutschen Männer gezogenen männlichen Personen und einer Stichprobe zufällig aus allen deutschen Frauen gezogener weiblicher Personen. Dass Mann XY in die Männerstichprobe aufgenommen wurde, hatte keinen Einfluss darauf, dass Frau YZ in der Frauenstichprobe gezogen wurde.

Anders verhält es sich nun, wenn wir (heterosexuelle) Männer und *deren* Frauen bzw. Frauen mit *deren* Männern vergleichen wollen. Eine ähnliche Situation abhängiger Stichprobenziehung ergäbe sich, wenn wir z. B. Kinder und deren Väter befragen oder Pflegebedürftige und deren (hauptverantwortliche) Pfleger*in usw.[97]

Selbst wenn die erste Teilstichprobe, also z. B. die Kinder oder die pflegebedürftigen Personen, per Zufallsverfahren ausgewählt wurde, ist die zweite Teilstichprobe, also die Eltern bzw. das Pflegepersonal, nicht mehr einfach zufällig – die Ziehungswahrscheinlichkeit für ein konkretes Elternteil oder eine Pflegekraft ist dann eine bedingte Wahrscheinlichkeit. Es handelt sich dann um abhängige Stichproben.

---

96 Signifikanztests forcieren auf diese Weise eine Binarisierung der Entscheidung für oder gegen die Alternativhypothese – entweder ist ein Ergebnis signifikant oder eben nicht. Dabei sehen wir jedoch, dass der Differenzwert des Gender Pay Gap nicht nur knapp, sondern sehr weit über dem Marker-Wert für das 95 %-Konfidenzintervall liegt. In wissenschaftlichen Papieren und statistischen Publikationen gilt es als good practice, zusätzlich zu dem Befund signifikant/nicht-signifikant z. B. den t-Wert (hier: 18,4) oder den Standardfehler (hier: 40,5) mitanzugeben, damit die Leser*innen sich selbst ein Bild von der Gewichtigkeit oder „Substanzialität" des gefundenen Unterschieds machen können (s. u.).

97 Ein weiterer wichtiger Fall abhängiger Stichprobenvergleiche liegt bei Vorher-Nachher-Vergleichen vor, ist also eine Folge von Designs, die Erhebungen vor und nach einem bestimmten Zeitpunkt oder Ereignis an denselben Personen vorsehen (vgl. v. a. Experimentelles Design). Der Umstand, zuvor befragt worden zu sein, hat ja Einfluss auf die Wahrscheinlichkeit danach befragt zu werden. Die beiden Stichproben A(vorher) und A(nachher) müssen also als voneinander abhängige Stichproben verstanden und behandelt werden.

Zwei Charakteristika abhängiger Stichproben können uns helfen, unsere Testsituation bedeutend zu vereinfachen. Zum einen haben bei abhängigen Stichproben die beiden **Teilstichproben die gleiche Fallzahl** $n_1 = n_2 = n$.

Zum anderen lassen sich die Daten **sinnvoll gruppieren**. Bei unabhängigen Stichproben gibt es keinen zwingenden Grund, genau diese beiden Personen zu vergleichen, mit anderen Worten: weil es auf der Ebene der Untersuchungseinheiten keine sinnvoll herstellbaren 1:1-Relationen gibt, können wir bei unabhängigen Stichproben nur Aggregatsdaten, also z. B. Mittelwerte, vergleichen. Für abhängige Stichproben sieht die Sache anders aus. Ich kann eine Person ihrer*m Partner*in eindeutig zuordnen und vice versa.

Damit eröffnet sich die Möglichkeit, zwei Stichproben bzw. **zwei Variablen zu einer zusammenzufassen**. Indem wir die Daten gruppieren, also die jeweils zusammengehörigen Werte nebeneinander schreiben, können wir **eine neue Variable erstellen, die die Differenzen der beiden Teilstichprobenwerte enthält**.

Vergleichen Sie dazu untenstehende Tabelle zu einer fiktiven Erhebung einer 10-stufigen (quasi-metrischen) Variable X bei (zufällig ausgewählten) Kindern und deren Vätern.

Pers.nr	Kind	Vater	Differenzvariable d: Kind-Vater	Abweichung $d_i - \bar{d}$	Quadr. Abw.: $(d_i - \bar{d})^2$
1	3	4	3 – 4 = –1	–1 – (–1) = 0	0
2	8	6	8 – 6 = 2	2 – (–1) = 3	9
3	5	9	5 – 9 = –4	–4 – (–1) = –3	9
4	3	5	3 – 5 = –2	–2 – (–1) = –1	1
5	2	2	2 – 2 = 0	0 – (–1) = 1	1
			$\frac{\sum d_i}{n_d} = -\frac{5}{5} = -1$		$\frac{\sum(d_i - \bar{d})^2}{n_d} = \frac{20}{5} = 4 = s_d^2$

Wir bilden eine **Differenzvariable** über die einfache Vorschrift $d_i = x_{iK} - x_{iV}$. Alltagssprachlich formuliert: Wir bilden eine neue Variable, die die Differenzwerte „Kind-Vater" auf X enthält, mit einer Fallzahl von $n_d = 5$. Wie für jede andere (metrische) Variable auch, **können wir für d einen Mittelwert und eine Varianz errechnen**.

Damit haben wir alles, was wir brauchen, um jede Hypothese zu Unterschieden zwischen Kindern und Vätern auf X zu testen. So könnte unsere Hypothese z. B. lauten: Väter erreichen höhere Skalenwerte auf X als ihre Kinder bzw. H_1: $\mu_K < \mu_V$. Mithilfe unserer Differenzvariable lässt sich dies umformulieren zu:

H_1: $\mu_d < 0$ mit der entsprechenden Nullhypothese: H_0: $\mu_d \geq 0$

Ruft man sich unsere Berechnungsvorschrift für d in Erinnerung, sollte einleuchten, dass die beiden Formulierungen für die Alternativhypothese äquivalent sind.

Das Testen eines Stichprobenwertes (und wir haben unsere beiden Stichproben nun effektiv auf eine Stichprobe zusammengeschmolzen) gegen einen festgelegten Wert (in diesem Falle 0) kann durch einen sog. **Ein-Stichproben-T-Test** erfolgen.

Während wir bisher stets zwei Stichproben und deren Wertunterschied vor Augen hatten, lässt sich die Logik des Hypothesentestens durchaus auch auf nur eine Stichprobe anwenden. In diesem Falle **vergleichen wir einen Mittel- oder Anteilswert, den wir in der Stichprobe finden, mit einem von den Forschenden selbst festgelegten (und theoretisch begründeten) Referenzwert**[98]. In diesem Falle vermuten wir mit der Nullhypothese eine durchschnittliche Differenz von 0.

Wir können unsere Hypothese nun sehr einfach überprüfen, indem wir einen (linksseitigen) Signifikanztest durchführen.[99] Wir testen also gegen die Annahme, dass $H_0: \mu_d \geq 0$.

Der Standardfehler errechnet sich – analog zu Formel 6 (s. o.) – als:

$$\widehat{\sigma_{\bar{d}}} = \frac{s_x}{\sqrt{n-1}} = \frac{2}{\sqrt{5-1}} = \frac{2}{2} = 1$$

Der sog. 1-Stichproben-t-Test berechnet sich folgendermaßen:

$$t = \frac{\bar{d} - \mu_{d0}}{\widehat{\sigma_{\bar{d}}}}$$

Formel 15: 1-Stichproben-t-Test

Wenn wir unsere Stichprobenwerte und den errechneten Standardfehler einsetzen, erhalten wir damit:

$$t = \frac{-1 - 0}{1} = -1$$

Die Freiheitsgrade der t-Verteilung für den 1-Stichproben-t-Test ergeben sich ganz einfach als $d_f = n - 1$. Damit müssen wir – da $n_d = 5$ – für $d_f = 4$ Freiheitsgrade in der t-Wertetabelle nachschlagen, um den kritischen t-Wert zu ermitteln. Dieser liegt bei $t_{krit} = -2{,}132$. Da $-1 > -2{,}132$, also unser Wert den Grenzwert nicht überschreitet (rechts des unteren Grenzwerts liegt), kommen wir zu dem Schluss, dass die Nullhypothese auf Grundlage der vorliegenden Daten weiterhin angenommen werden sollte. Es liegt kein signifikantes Ergebnis vor.

c) Zwischenresümee: Testen von Unterschiedshypothesen bei unabhängigen Stichproben

Die Vielzahl statistischer Begriffe, Formeln, Grenzwerte und Tabellen hat zugegebenermaßen einiges Potenzial für Verwirrung. Damit diese nicht in Verzweiflung umschlägt, seien hier noch einmal kurz die wichtigsten Formeln und Bearbeitungsschritte für das Testen metrischer Unterschiedshypothesen zusammengefasst[100].

---

[98] Oft handelt es sich dabei um aus anderen Untersuchungen wohlbekannte Parameterwerte. Indem man die in der eigenen Stichprobe vorgefundenen Werte gegen diese bekannten Größen testet, kann man u. U. feststellen, ob es Verzerrungen in der Erhebung gab.
[99] Tatsächlich erforderte die sehr geringe Fallzahl in unserem Beispiel den Einsatz eines sog. ‚exakten' Testverfahrens, basierend auf der Binomialverteilung (s. u.). Wir wollen hier nur zu Demonstrationszwecken von der Voraussetzungsverletzung absehen!
[100] Eine umfassendere graphische Zusammenfassung für das Testen von Unterschiedshypothesen im Allgemeinen finden Sie unter Punkt 3.3.4.2.4.

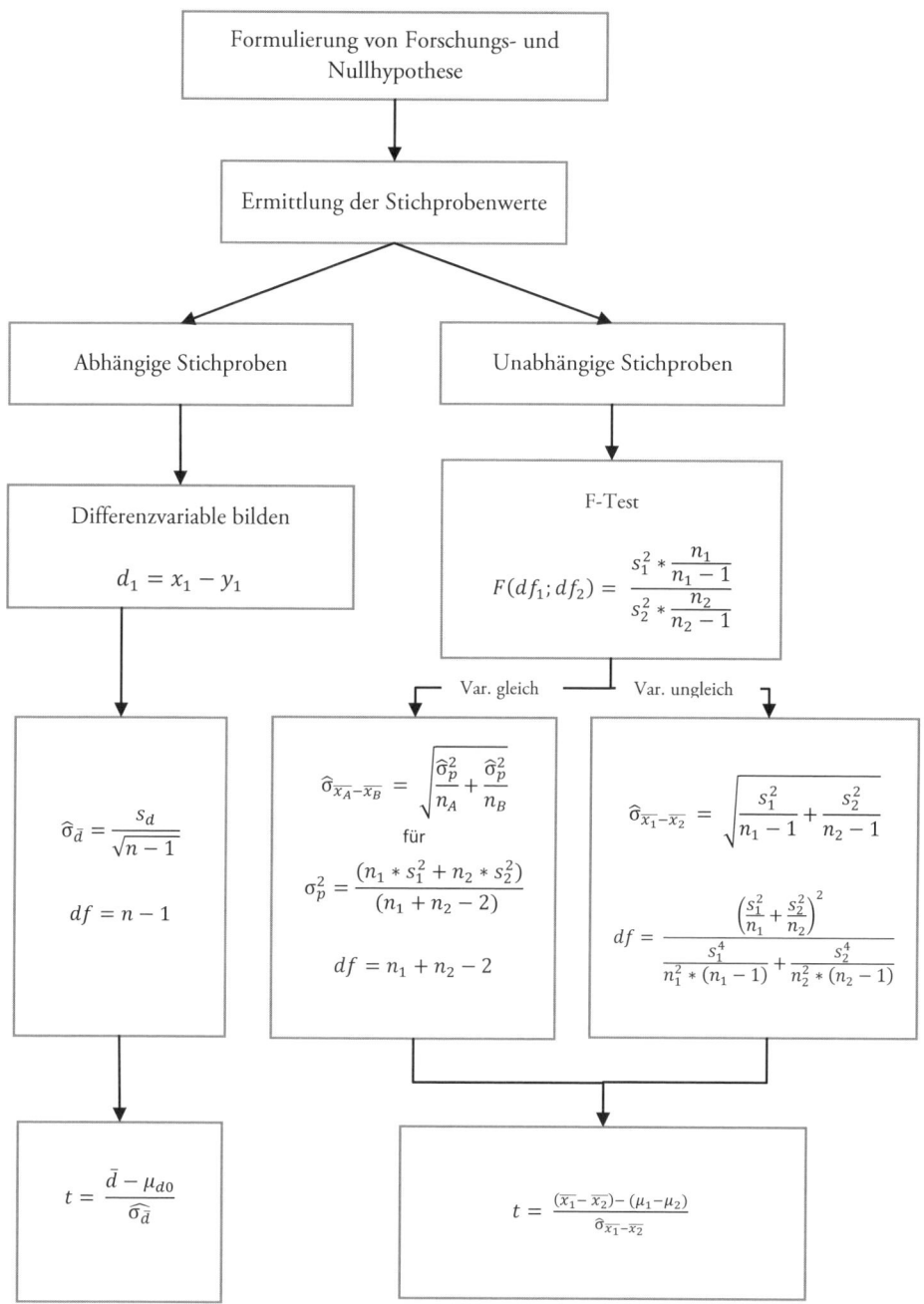

Abbildung 25: Schema – Testen von Mittelwertdifferenzen

3.3.4.2.2 Ordinales Skalenniveau

Hat das in Frage stehende Merkmal, dessen Ausprägung für zwei Subpopulationen auf einen Unterschied hin geprüft werden soll, nur ordinales Skalenniveau bzw. sind die Voraussetzungen für den Einsatz des t-Tests nicht erfüllt, können stattdessen Testverfahren verwendet werden, die nur Rangfolgeinformationen auswerten.

a) Unabhängige Stichproben: Mediantest
Bei unabhängigen Stichproben kann für die Überprüfung eines Unterschieds hinsichtlich der zentralen Tendenz (ein arithmetisches Mittel ist schließlich auf ordinalem Niveau nicht sinnvoll zu berechnen) eines Merkmals z. B. ein sog. **Mediantest** durchgeführt werden (vgl. Bortz et al. 1990, 198). Dieser kann, da er nur die dichotomisierten ordinalen Informationen verwendet[101], auch dann eingesetzt werden, wenn Zweifel an der korrekten Einteilung der Rangfolge bestehen[102].

Idee:
Der Mediantest testet, basierend auf der Chi-Quadrat-Verteilung, gegen die Nullhypothese gleicher Mediane in beiden Subpopulationen:
$H_0: E(Md_1) = E(Md_2)$
Wobei $E(Md)$ den Erwartungswert des Medians für das Merkmal in der jeweiligen Stichprobe bezeichnet. Die zugehörige Alternativhypothese lautet dann:
$H_1: E(Md_1) \neq E(Md_2)$

Hierzu wird das in Frage stehende ordinalskalierte Merkmal sozusagen künstlich dichotomisiert – es wird nur mehr die Information berücksichtig, ob ein spezifischer Wert über oder unter dem (gemeinsamen, für beide Subpopulationen berechneten) Median liegt. Häufen sich dann in der einen Stichprobe die überdurchschnittlichen Fälle in überzufälligem Maße, kann von einem signifikanten Unterschied ausgegangen werden.

Vorgehen:
1. Berechnen Sie den ‚gemeinsamen' Median (für beide Stichproben)
2. Zählen Sie in jeder der beiden Stichproben aus, wie viele Fälle über bzw. unter dem Medián liegen.

[Fällt der Median auf einen Messwert, kann dieser in den Berechnungen vernachlässigt werden, wenn nur ein oder wenige Untersuchungselemente diesen Wert aufweisen. Ist dies nicht der Fall und würde das Weglassen der Fälle eine starke Reduktion (und Verzerrung) der Stichproben bzw. des Stichprobenumfangs bedeuten, werden die Fälle mit exaktem Medianwert in beiden Stichproben einheitlich als „größer" oder „kleiner" eingeordnet.]

---

[101] Können hingegen auch die betragsmäßigen Werte der Differenzen zwischen Ausprägungen sinnvoll interpretiert werden, wie dies der Fall ist, wenn ein eigentlich metrisch erhobenes Merkmal aufgrund verletzter Voraussetzungen nicht parametrisch getestet werden darf, kann stattdessen ein informationsreicherer U-Test nach Mann-Whitney durchgeführt werden (vgl. Bortz 1993, 141 ff).
[102] Bortz et al. (1990, 198 f) nennen dazu als Beispiel die Vercodung ausländischer Bildungsabschlüsse, die u.U. nicht direkt mit deutschen Abschlüssen vergleichbar sind, was die korrekte Einordnung in einer Hierarchie erschweren kann.

3. *Berechnen Sie einen Chi-Quadrat-Test gegen die Nullhypothese der Unabhängigkeit (siehe hierzu Punkt 3.3.4.2.3-a).*

Beispiel:
Wir wollen herausfinden, ob die Höhe des (durchschnittlichen) Dienstgrades in einem Unternehmen sich nach dem Geschlecht der Angestellten unterscheidet. Betrachten Sie hierzu folgende fiktive Daten (mit einer fünfstufig skalierten Dienstgradvariable, wobei 1 den niedrigsten, 5 den höchsten Dienstgrad ausdrückt)[103]:

Dienstgrad Männer	Dienstgrad Frauen
1	3
4	2
4	1
5	2
2	4
5	1
2	2
1	3
1	4
3	4
4	4
5	1
2	2
5	3
–	2
–	2
$N_M = 14$	$N_F = 16$

Zunächst errechnen wir den gemeinsamen Median, also unter Absehung der geschlechtlichen Einteilung:

x_1	1	1	1	1	1	1	2	2	2	2	2	2	2	2	3	3	3	3	4	4	4	4	4	4	5	5	5	5

Die Mitte der Verteilung fällt genau zwischen die beiden Ausprägungen $x_{15} = 2$ und $x_{16} = 3$, womit sich der Median als arithmetisches Mittel dieser beiden Werte als $Md = \frac{2+3}{2} = 2{,}5$ ergibt.

Wir können nun eine Vierfelder-Tafel erstellen, die für die beiden Stichproben die Anzahl an Fällen enthält, die jeweils über bzw. unter dem Median liegen. In der Zelle „Männer; >Md" liegen also z. B. alle Männer, die einen Wert von 3, 4 oder 5 erhalten haben.

	Männer	Frauen	
>Md	8	7	15

---
103 "Befragt" wurden n = 30 Angestellte. Für kleinere Fallzahlen sind u.U. die Bedingungen für die Anwendung chi-quadrat-basierter Verfahren (s.u.) verletzt. In diesem Fall können nicht-parametrische Verfahren wie z.B. der sog. Fisher-Yates-Test eingesetzt werden.

	Männer	Frauen	
<Md	6	9	15
	14	16	30

Für diese Tabelle können Sie einen sog. Chi-Quadrat-Test durchführen (s. Punkt 3.3.4.2.3). Die Indifferenztabelle sieht so aus:

	Männer	Frauen	
>Md	7	8	15
<Md	7	8	15
	14	16	30

Damit erhalten wir einen Chi-Quadrat-Wert von:

$$X^2 = \sum_{\substack{k=1 \\ l=1}}^{m} \frac{(f_b(k;l) - f_e(k;l))^2}{f_e(k;l)}$$

$$X^2 = \frac{1}{7} + \frac{1}{8} + \frac{1}{7} + \frac{1}{8} = 0{,}536$$

Für $d_f = (k-1)*(l-1) = 1$ und α = 5 % Fehlerniveau lesen wir einen kritischen Wert von $X^2_{krit} = 3.841$ ab. Da $0.536 < 3.841$ können wir unsere Nullhypothese nicht zurückweisen – es liegt mithin kein signifikanter Unterschied vor. Auf Grundlage unserer Daten können wir damit die Hypothese nicht bestätigen, wonach sich die Höhe des Dienstgrades für die Geschlechtergruppen in fraglichem Unternehmen unterscheidet[104].

Voraussetzungen:
Um den Mediantest anwenden zu können, muss das in Frage stehende Merkmal natürlich so beschaffen sein, dass eine Rangfolgeeinteilung sinnvoll ist und interpretierbare Ergebnisse liefert.
Darüber hinaus gelten die statistischen Voraussetzungen für den Chi-Quadrat-Test (s.u.), v.a. sollte jede erwartete Häufigkeit mindestens 5 betragen.

b) Abhängige Stichproben: Vorzeichentest
Sollen zwei abhängig gezogene Stichproben hinsichtlich eines Merkmals verglichen werden, für das wir nur ordinales Skalenniveau annehmen können bzw. für welches wir aufgrund verletzter Voraussetzungen nur ordinale Informationen verwenden dürfen[105], kann ein einfacher **Vorzeichentest** zur Überprüfung eines Unterschieds herangezogen werden (vgl. Bortz 1990, 256 ff).

---

[104] Das Beispiel demonstriert auch, unter welchen Einschränkungen Signifikanztests tatsächlich relevante Antworten auf das liefern, was wir wissen wollen. So könnten wir z.B. feststellen, dass zwar die zum Median relativ höheren und relativ niedrigeren Posten zwischen den Geschlechtsgruppen ‚fair' verteilt erscheinen, aber die Führungspositionen, also Dienstgrad 5, ausschließlich von Männern besetzt wird! Bedenken Sie also immer genau, zu welchen Fragen ihr Test ihnen die Antwort liefert. Im vorliegenden Falle haben wir nur überprüft, ob relativ hohe und relativ niedrige Positionen geschlechtsspezifisch zugewiesen werden. Eine andere Frage ist es, ob die Top-Positionen (vs. alle anderen Positionen) geschlechtsspezifisch unfair verteilt sind.
[105] Bei eigentlich metrisch erhobenen Daten, die aber z.B. aufgrund fehlender Normalverteilung des Merkmals nicht parametrisch getestet werden können, empfiehlt sich außerdem die Verwendung eines sog. Wilcoxon Vorzeichenrangtest (vgl. Bortz et al. 1990, 259 ff). Dieser berücksichtigt nämlich zusätzlich zur Rangfolge auch die betragsmäßigen Differenzen zwischen den Messwerten und erhält damit für eigentlich metrisch erhobene Daten mehr Informationen. Die meisten gängigen Statistiksoftwares halten einen einfachen Befehl für den Wilcoxon-Test bereit.

Idee:
Bei abhängigen Stichproben können, wie wir bereits oben gesehen haben, die Daten in sinnvoller Weise gruppiert und damit Differenzwerte zwischen den Stichproben errechnet werden. Auch bei einem Vorzeichentest können wir uns dies zunutze machen. Wenn zwischen den beiden Stichproben kein Unterschied besteht, sollten etwa gleich viele positive wie negative Differenzwerte zu verzeichnen sein. Vermittels der Binomialverteilung bzw. bei größeren Stichproben vermittels der Z-Verteilung können wir dann abschätzen, wie wahrscheinlich das Verhältnis tatsächlich beobachteter negativer zu positiven Differenzwerten unter Gültigkeit der Nullhypothese statistischer Unabhängigkeit zustande gekommen ist. Ist diese Wahrscheinlichkeit sehr gering (<5 %) können wir von einem signifikanten Unterschied zwischen den beiden Stichproben ausgehen.

Vorgehen:
1. Gruppieren Sie die abhängigen Messwerte
2. Berechnen Sie die Differenzwerte für die beiden Stichproben A und B als $d_1 = a_1 - b_1$
3. Zählen Sie die Anzahl der negativen Differenzen
4. Berechnen Sie die Wahrscheinlichkeit des Zustandekommens eines solchen oder extremeren Ergebnisses

Beispiel:
In einem quasi-experimentellen Vorher-Nachher-Vergleich soll die Wirkung einer Lernpatenschaft für Schüler*innen getestet werden. Dazu wurden der Notendurchschnitt zu Beginn des Patenschafts-Programms von $n_T = 10$ zufällig ausgewählten Schüler*innen mit dem Notendurchschnitt nach einem Jahr verglichen[106].

Betrachten Sie folgende fiktive Daten:

Treatment-Gruppe

Vorher	3.0	3.0	3.5	3.7	3.7	4.0	4.3	4.3	5.0	5.0
Nachher	2.3	3.5	1.5	3.0	2.3	2.0	4.0	3.7	4.0	3.7
Differenz Vorher-Nachher	0.7	-0.5	2.0	0.7	1.4	2.0	0.3	0.6	1.0	1.3
Vorzeichen der Differenz	+	−	+	+	+	+	+	+	+	+

Wenn unsere Hypothese besagt, dass $H_1: E(x_{nachher}) < E(x_{vorher})$, sprich, dass der Erwartungswert für den Notendurchschnitt nach einem Jahr niedriger (besser) ist, als zu Beginn des Programms, können alle positiven Differenzwerte für „Vorher-Nachher" als Beleg für unsere Hypothese gelten, alle negativen Differenzen dagegen sprechen eher für die Nullhypothese $H_0: E(x_{nachher}) \geq E(x_{vorher})$, dass die Lernpatenschaften keinen (oder sogar einen verschlechternden) Effekt auf den Schulerfolg hatten.

Unter Gültigkeit der Nullhypothese besteht für jeden der Differenzwerte eine Fifty-fifty-Chance, ein positives oder negatives Vorzeichen zu haben – dies drückt die Annahme einer Nicht-Beeinflussung des Patenschafts-Programms auf die Lernerfolge aus – wir würden also

---

[106] Aus Gründen der Einfachheit wollen wir nur die fiktive Treatment-Gruppe untersuchen. In einem realen Design müsste natürlich auch eine Kontrollgruppe ohne Betreuung durch Lernpat*innen berücksichtigt werden, um auf die allgemeine Entwicklung des Leistungsdurchschnitts, mithin auf den Zeitfaktor zu kontrollieren.

etwa gleich viele positive wie negative Differenzwerte erwarten. Nun können wir fragen, wie wahrscheinlich es ist, dass wir unter der Annahme dieser Nullhypothese tatsächlich nur einen einzigen negativen Differenzwert beobachten. Wir testen also auf Signifikanz.

Für kleine Fallzahlen lässt sich eine exakte Wahrscheinlichkeit für das Auftreten des beobachteten oder eines kleineren Differenzwerts über die Binomialverteilung exakt bestimmen (sog. Binomialtest). Wir empfehlen dazu gängige Tabellen zur Binomialverteilung. Manuell berechnet sich die Wahrscheinlichkeit bei Gültigkeit der Nullhypothese nach (vgl. Bortz 1990, 257):

$$p(x) = \binom{N}{x} * 0.5^N$$

Formel 16: Binomialtest/Vorzeichentest

Wobei x die Anzahl der Differenzwerte, die für unsere Nullhypothese sprechen, und $\binom{N}{x}$ den sog. Binomialkoeffizienten bezeichnet, berechnet als $\binom{N}{x} = \dfrac{N!}{x! * (N - x)!}$ und auf jedem modernen Taschenrechner zu finden.

Nun wollen wir für unser Beispiel die Wahrscheinlichkeit dafür errechnen, dass wir (bei behaupteter Fifty-fifty-Verteilung der Vorzeichen) *höchstens* einen (= p(einen oder keinen)) negativen Wert errechnen[107]. Wir müssen also die Wahrscheinlichkeiten für p(x=1) und p(x=0) addieren, um auf unseren „Testwert" zu kommen:

$$p(1) + p(0) = \binom{10}{1} * 0.5^{10} + \binom{10}{0} * 0.5^{10} = 10 * 0.5^{10} + 0.5^{10} = 0.0107$$

Die Wahrscheinlichkeit für das beobachtete Ergebnis unter Gültigkeit der Nullhypothese liegt also bei nur etwas über 1 %. Für eine Irrtumswahrscheinlichkeit von α = 5 % können wir also von einem signifikanten Ergebnis sprechen. Wir können also die Nullhypothese ablehnen und davon ausgehen, dass die Leistungen aus der Nachher-Stichprobe besser sind als die aus der Vorher-Stichprobe, mithin, dass das Patenschafts-Programm einen statistisch signifikanten „impact" hat.

Hinweis 1:
Für $n \geq 36$ kann die Binomialverteilung unter Gültigkeit der Nullhypothese durch die altbekannte Z-Verteilung approximiert werden, für die wir eine Maßzahl nach folgender Formel berechnen können:

$$z = \frac{|2 * x - N| - 1}{\sqrt{N}}$$

Formel 17: Approximation der Binomial- durch z-Verteilung

Es gelten dann die bekannten Maßzahlen, abzulesen aus der Z-Wertetabelle.

---

[107] Wie bei allen bisher besprochenen Tests kann es uns ja nicht um die Wahrscheinlichkeit gehen, genau dieses beobachtete Ergebnis zu erhalten – bei metrischen Variablen tendierte diese immer gegen 0 –, sondern nur dafür, wie unwahrscheinlich der beobachtete oder ein noch extremerer Wert unter Annahme der Nullhypothese ist. Wir schneiden, anders gesagt, keine einzelnen Punkte aus der Testverteilung, sondern fragen immer nach Intervallen.

Hinweis 2:
Treten zwischen den Stichproben Differenzwerte von Null auf, so sollte, einem Vorschlag von Bortz et al. (1990, 257) folgend, die eine Hälfte als positive, die andere als negative Differenzen gezählt werden. Bei ungerader Anzahl von Nulldifferenzen lassen Sie die übrigbleibende Differenz außer Acht und reduzieren die Fallzahl entsprechend auf N-1.

Voraussetzungen:
Da auf der Binomialverteilung basierend, stellt der Vorzeichentest keine großen Anforderungen an das behandelte Merkmal und/oder die zugrundeliegende Fallzahl, auch wenn die Berechnung natürlich bei Unterschreitung einer gewissen Fallzahl nunmehr wenig aussagekräftige Ergebnisse liefert.

3.3.4.2.3 Nominales Skalenniveau

Für die Untersuchung von nominalskalierten Variablen lässt sich die Unterscheidung nach Zusammenhangs- vs. Unterschiedshypothesen nicht aufrechterhalten. Jeder Unterschied zwischen den Ausprägungen einer nominalskalierten Variable in Abhängigkeit von den Ausprägungen einer anderen nominalskalierten Variable kann auch als Zusammenhang zwischen diesen Variablen formuliert werden (vgl. Bortz 1990, 102 ff). Da die einzusetzenden Tests sich für die verschiedenen Arten der Hypothesenformulierung bei nominalskalierten Variablen nicht unterscheiden, werden sie in diesem Abschnitt zusammenfassend behandelt.

a) Unabhängige Stichproben: Chi-Quadrat-Test und Cramérs V
Der Zusammenhang zweier nominalskalierter Merkmale kann mithilfe des sog. **Chi-Quadrat-Tests** überprüft werden. Dieser bildet auch die Grundlage für viele weitere Testmethoden und ist aufgrund seiner relativ geringen Voraussetzungen auch für kleinere Stichproben geeignet.

Idee:
Die Chi-Quadrat-Statistik basiert wesentlich auf dem Vergleich der in der Stichprobe beobachteten mit den unter der Nullhypothese erwarteten Daten (vgl. Kuckartz et al 2013, 92 ff). Der Zusammenhang zweier nominalskalierter Daten lässt sich gut in einer sog. Kreuz- oder Kontingenztabelle darstellen. Diese wird gebildet, indem die Ausprägungen der einen Variable als Zeilen, die der zweiten als Spalten abgetragen werden – die Zellen enthalten dann die Schnittmengen der beiden Variablen.

Aus dieser Tabelle lassen sich mithilfe der Randhäufigkeiten die bei Unabhängigkeit der beiden Merkmale zu erwartenden Zellenhäufigkeiten sehr leicht errechnen. Diese werden dann mit den tatsächlich beobachteten Häufigkeiten in Beziehung gesetzt, die einzelnen Differenzen addiert und auf einer Chi-Quadrat-Verteilung mit Freiheitsgraden in Abhängigkeit von der Größe unserer Tabelle (resp. der Ausprägungsanzahl unserer Variablen) verortet.

Vorgehen:
1. Tragen Sie die beobachteten Daten in einer Kreuztabelle ab. Dabei werden die Zeilen nach den Ausprägungen des ersten Merkmals, die Spalten nach den Ausprägungen des zweiten Merkmals eingeteilt.

2. Errechnen Sie die bei Unabhängigkeit erwarteten Häufigkeitswerte bzw. die sog. Indifferenztabelle aus den Randhäufigkeiten der beobachteten Kontingenztabelle.
3. Vergleichen Sie beobachtete und erwartete Häufigkeiten.
4. Verorten Sie den ermittelten Chi-Quadrat-Wert auf einer Chi-Quadrat-Verteilung, um auf Signifikanz zu testen.

Beispiel:
Betrachten Sie als Beispiel den Output einer gängigen Statistiksoftware (Stata) für die Kreuztabellierung der Variablen Arbeitslosigkeit[108] und dem Erhebungsgebiet:

```
                 |    erhebungsgebiet
                 | <wohngebiet>: west -
                 |         ost
    Arbeitslos?  | alte bund   neue bund |    Total
-----------------+------------------------+----------
    Erwerbstätig |     1,329        592  |    1,921
      Arbeitslos |        79         80  |      159
-----------------+------------------------+----------
           Total |     1,408        672  |    2,080
```

Tabelle 4: Kreuztabelle Arbeitslosigkeit-Erhebungsgebiet

Zunächst sollten Sie ihr Augenmerk auf die untere rechte Ecke der Tabelle legen. Hier sehen Sie, dass insgesamt 2.080 Untersuchungseinheiten (befragte Personen) in der Tabelle abgebildet werden. Es haben also 2.080 Personen auf beide(!) Items geantwortet.

Weiterhin können Sie an den Rändern der Tabelle ablesen, wie viele Personen insgesamt die jeweilige Ausprägung der Variablen aufweisen. Für uns interessant sind natürlich v. a. die Zellen, also die Schnittpunkte zwischen den hier in Frage stehenden Variablen. Wir sehen, dass 79 Personen arbeitslos sind und aus Westdeutschland kommen, 592 Ostdeutsche angegeben haben, derzeit (halb- oder ganztags) erwerbstätig zu sein usw. Die Frage ist nun, ob es einen Zusammenhang gibt zwischen dem Erhebungsgebiet, respektive dem Wohnort der Befragten, und der Wahrscheinlichkeit, arbeitslos zu sein. Um diese Frage zu beantworten, können wir einen Chi-Quadrat-Test anwenden.

Zunächst sollten wir uns überlegen, wie denn die Tabelle aussehen müsste, wenn kein Zusammenhang bestünde.
Zur Berechnung dieser sog. Indifferenztabelle (Tabelle bei unabhängigen Variablen) bietet sich folgende einfache Formel an (vgl. Kuckartz et al. 2013, 93):

$$f_e(k;l) = \frac{Zeilensumme\ k * Spaltensumme\ l}{Fallzahl\ N}$$

Formel 18: Erwartete Zellenhäufigkeit

F_e – erwartete Häufigkeit

k – Zeilenausprägung l – Spaltenausprägung

---

108 Beachten Sie: Hierbei handelt es sich um eine dichotome Variable, die nur für die Werte 0"Erwerbstätig" und 1"Arbeitslos" definiert ist. Befragte Personen, die sich z. B. in Ausbildung befanden oder sonstwie in keine der beiden Kategorien passen, wurden ausgeschlossen.

Was verwirrend aussehen mag, ist eine durchaus simple Berechnungsvorschrift. Der Formel zufolge ergeben sich die bei nicht zusammenhängenden Merkmalen erwarteten (absoluten) Häufigkeiten (also die Anzahl der Untersuchungseinheiten) für eine bestimmte Zelle aus dem **Produkt der Randwerte, geteilt durch die Gesamtfallzahl**. Wollen wir also für unser Beispiel den Wert der Indifferenztabelle der Zelle oben links (erwerbstätige Westdeutsche) ermitteln, so rechnen wir:

$$f_e(1;1) = \frac{1921 * 1408}{2080} \approx 1300$$

Wir würden also, bei völlig unabhängigen Variablen erwarten, dass etwa 1.300 Personen angeben, in Westdeutschland zu wohnen und einer Erwerbsarbeit nachzugehen. Damit scheint der tatsächlich beobachtete Wert von 1.329 Personen „zu hoch" auszufallen – ein erster Hinweis darauf, welche Richtung der Zusammenhang aufweisen könnte.

In derselben Weise können wir nun mit allen Zellen verfahren. Im Einzelnen[109]:

$$f_e(1;1) = \frac{1921 * 1408}{2080} \approx 1300$$

$$f_e(1;2) = \frac{1921 * 672}{2080} \approx 621$$

$$f_e(2;1) = \frac{159 * 1408}{2080} \approx 108$$

$$f_e(2;2) = \frac{159 * 672}{2080} \approx 51$$

Die Indifferenztabelle sieht also folgendermaßen aus:

```
              |      ERHEBUNGSGEBIET
              |      <WOHNGEBIET>:
   Arbeitslos?|   WEST           OST
              | ALTE BUND     NEUE BUND   |  Total
   -----------+---------------------------+---------
        JA    |   1300           621      |   1921
        NEIN  |    108            51      |    159
   -----------+---------------------------+---------
       Total  |   1408           672      |   2080
```

Tabelle 5: Indifferenztabelle Arbeitslosigkeit-Erhebungsgebiet

Nachdem diese etwas ermüdende Arbeit erledigt ist, können wir daran gehen, den **Zusammenhang zwischen den beiden Variablen vermittels der Differenz von beobachteten und erwarteten Werten zu berechnen**. Die Berechnung des **Chi-Quadrat-Werts ist als Summe der quadrierten Differenzen, dividiert durch die erwarteten Häufigkeiten,** formalisiert:

$$\sum_{k=1}^{m} \frac{\left(f_b(k;l) - f_e(k;l)\right)^2}{f_e(k;l)}$$

---

[109] Sie ersparen sich Schreib- und Rechenarbeit, wenn Sie berücksichtigen, dass die erwarteten Häufigkeiten in einer Zeile bzw. Spalte sich natürlich zu den jeweiligen Randhäufigkeiten aufaddieren müssen. Damit ist es bei einer 2x2-Tabelle vollkommen ausreichend, nur eine erwartete Häufigkeit auf die beschriebene Art zu berechnen und die restlichen Werte als Differenz zu den Randhäufigkeiten zu berechnen. Dies veranschaulicht im Übrigen auch sehr schön, weshalb wir bei einer 2x2-Tabelle nur von einem Freiheitsgrad, also einer einzigen frei wählbaren Komponente ausgehen können, wenn die Randverteilung gegeben ist.

$f_b(k;l)$ – beobachtete Häufigkeit in Zelle $k;l$

$f_e(k;l)$ – erwartete Häufigkeit in Zelle $k;l$

Formel 19: Chi-Quadrat-Test

Wieder scheint die Formel erschreckend kompliziert, während sich dahinter sehr einfache Rechenschritte verbergen. Im Grunde **vergleichen wir schlicht die beiden Tabellen nach einem vorgegebenen Muster**, indem wir den Wert aus der Indifferenztabelle von dem beobachteten Wert subtrahieren, das Ergebnis quadrieren und dann noch einmal durch den Wert aus der Indifferenztabelle teilen.

Dies wiederholen wir für alle Zellen und addieren die einzelnen Chi-Quadrat-Zellenwerte auf. Schritt für Schritt sieht das so aus (zur besseren Veranschaulichung haben wir hier nochmals beide Tabellen abgebildet):

Beobachtete Daten

Arbeitslos?	erhebungsgebiet <wohngebiet>: west - ost		Total
	alte bund	neue bund	
Erwerbstätig	1,329	592	1,921
Arbeitslos	79	80	159
Total	1,408	672	2,080

Indifferenztabelle

```
              |    ERHEBUNGSGEBIET
              |    <WOHNGEBIET>:
  Arbeitslos? |   WEST        OST
              | ALTE BUND   NEUE BUND   |  Total
  ------------+-------------------------+---------
      JA      |   1300         621      |  1921
      NEIN    |    108          51      |   159
  ------------+-------------------------+---------
     Total    |   1408         672      |  2080
```

$$X^2(1;1) = \frac{(1329-1300)^2}{1300} \approx 0{,}65$$

$$X^2(1;2) = \frac{(592-621)^2}{621} \approx 1{,}35$$

$$X^2(2;1) = \frac{(79-108)^2}{108} \approx 7{,}79$$

$$X^2(2;2) = \frac{(80-51)^2}{51} \approx 16{,}50$$

Damit ergibt sich ein Testwert von $X^2 = 0{,}65 + 1{,}35 + 7{,}79 + 16{,}5 = 26{,}29$.

Für eine rein deskriptive Analyse können wir damit klar sehen, dass ein Zusammenhang vorliegt, da 26,29 ≠ 0, also unser ermittelter Chi-Quadrat-Wert abweicht von dem bei Unabhängigkeit zu erwartenden Wert. Um diese Abweichung auf Signifikanz zu testen, können wir eine Chi-Quadrat-Werttabelle zurate ziehen.

Diese ist in Abhängigkeit von Freiheitsgraden definiert, die sich als Produkt der jeweils um 1 verminderten Anzahl der Zeilen und Spalten der Tabelle ergeben.

$$df = (k - 1) * (l - 1)$$
Formel 20: Freiheitsgrade für KxL-Chi-Quadrat-Test

Für eine 5x3-Tabelle ergäbe das folglich $df = (5 - 1) * (3 - 1) = 4 * 2 = 8$ Freiheitsgrade. Bei einer 2x2-Tabelle, wie wir sie in unserem Beispiel betrachtet haben, ergibt das nur einen Freiheitsgrad. Aus der Chi-Quadrat-Tabelle lesen wir für $df = 1$ und 5 %-Irrtumswahrscheinlichkeit einen Wert von $X^2_{krit} = 3.84$ ab. Da $26.29 > 3.84$ können wir von einem signifikanten Ergebnis sprechen. Wollen wir noch konservativer testen, können wir für α = 1 % Fehlerwahrscheinlichkeit einen Wert von $X^2_{krit} = 6.63$ einsetzen. Da $26.29 > 6.63$ können wir sogar von einem sehr signifikanten Zusammenhang von Erhebungsgebiet und Arbeitslosigkeitswahrscheinlichkeit sprechen[110].

Voraussetzungen:
Der Chi-Quadrat-Test ist sehr genügsam, was die Voraussetzungen seiner Anwendbarkeit betrifft. Notwendig ist nur,
a) dass jede Beobachtung genau einer (und nicht mehreren) Ausprägungen und respektive Zellen unserer Kontingenztabelle zugeordnet werden kann und
b) dass alle erwarteten Häufigkeiten mindestens 5 betragen: $f_e ≥ 5$.[111]

Allerdings lässt sich zeigen, dass die Teststatistik bei nur geringfügigen Verletzungen dieses zweiten Kriteriums noch immer sehr valide Ergebnisse zeitigt. Bei drastischeren Verletzungen kann ein auf der Binomialverteilung basierender exakter Test berechnet werden (vgl. Bortz et al. 1990, 136, sowie 140 ff.).

Cramérs V
Ein auf der Chi-Quadrat-Statistik basiertes Assoziationsmaß, das den Chi-Quadrat-Wert in einer handlichen Maßzahl darzustellen vermag, ist nach seinem Erfinder Harald Cramér benannt. **Cramérs V** drückt den Zusammenhang zwischen zwei Variablen in einer Maßzahl zwischen 0 und 1 aus, **wobei 0 einen nicht vorhandenen und 1 einen perfekten Zusammenhang anzeigt**.

Die Berechnung von Cramérs V ist, nachdem wir Chi-Quadrat ermittelt haben, keine große Herausforderung mehr. Das Assoziationsmaß V erhält man, wenn man den **Chi-Quadrat-Wert durch das Produkt aus Fallzahl und der um eins verminderten Ausprägungsanzahl der Variable mit den wenigsten Ausprägungen teilt und daraus die Wurzel zieht**.

---

110 Denken Sie jedoch daran, dass unsere sehr große Fallzahl auch kleine Unterschiede leicht signifikant werden lässt!
111 Das hat Implikationen für die mindestens benötigte Fallzahl! Selbst bei 'optimaler' Gleichverteilung der beiden Merkmale (beide Ausprägungen mit je n = 10) liegt die Mindestfallzahl bei einer 2x2-Tabelle bei n = 20. Diese Voraussetzung sollten Sie ggf. bereits bei der Erhebung berücksichtigen. Eine disproportional geschichtete Zufallsstichprobe kann gerechtfertigt sein, wenn andernfalls relevante Ausprägungen bzw. Personengruppen nicht genügend häufig gezogen würden.

Als Formel:

$$V = \sqrt{\frac{X^2}{n*(R-1)}}$$

R – Anzahl der Ausprägungen der Variable mit den wenigsten Ausprägungen (R = min(k; l))

Formel 21: Cramérs V

In unserem Beispiel sind beide Variablen dichotom, haben also zwei Ausprägungen. Damit ist R gleich 2. Für eine 4 x 3-Tabelle wäre R dagegen gleich 3.
Setzen wir die Werte ein, erhalten wir

$$V = \sqrt{\frac{26{,}29}{2080*(2-1)}} = \sqrt{\frac{26{,}29}{2080}} \approx 0{,}11$$

Wie meistens in den Sozialwissenschaften gibt es auch für Cramérs V keine letztgültigen Richt- oder Schwellenwerte, die uns sagen könnten, ab wann ein substanzieller Zusammenhang besteht. Dennoch können wir sagen, dass bei einem Wertebereich von 0 bis 1 ein Wert von 0,11 als eher gering, der Zusammenhang also als schwach bezeichnet werden muss.

Beachten Sie unbedingt, dass **Cramérs V keine Informationen über die Richtung des Zusammenhangs enthält, sondern nur über dessen Stärke!** Wir können also, solange wir nur den Koeffizienten betrachten, nicht sagen, ob Ost- oder Westdeutsche in den letzten zehn Jahren eher von Arbeitslosigkeit bedroht waren.

Um die Richtung des Zusammenhangs herauszufinden, müssen wir noch einmal die Differenzwerte zwischen beobachteten und erwarteten Häufigkeiten für die einzelnen Zellen genauer untersuchen. Oben haben wir bereits festgestellt, dass mehr Westdeutsche als erwartet erwerbstätig waren (positiver Differenzwert: 1329-1300), umgekehrt haben mehr Ostdeutsche angegeben, arbeitslos zu sein als zu erwarten gewesen wäre (positiver Differenzwert: 1051-1022,6).

Daraus können wir leicht schließen, dass der Zusammenhang, so schwach er auch ist, eher zu Ungunsten der Ostdeutschen ausfällt, d. h. dass Ostdeutsche überzufällig oft von Arbeitslosigkeit betroffen waren.

b) Abhängige Stichproben: McNemar-Test

Soll der Zusammenhang bzw. Unterschied zweier abhängiger Stichproben für ein dichotomes (zweiwertiges) Merkmal untersucht werden, bietet der **McNemar-Test** ein einfaches, chi-quadrat-basiertes Verfahren an.

Idee:
Wenn die beiden betrachteten Merkmale bzw. Erhebungszeitpunkte nicht miteinander zusammenhängen (Nullhypothese), sollte die Hinzunahme des zweiten Merkmals die Verteilung des ersten nicht signifikant beeinflussen, bzw. müssten eventuelle Veränderungen von einem Messzeitpunkt zum nächsten unsystematisch ausfallen.

	2. Messung	
1. Messung	positiv	negativ
positiv	a	b
negativ	c	d

Vergleichen wir zwei abhängige Messungen, interessieren uns v. a. diejenigen Personen, deren Merkmalsausprägung sich verändert hat resp. die mit b und c bezeichneten Zellen in oben abgetragener Tabelle. Wenn Messzeitpunkt 1 und 2 nicht zusammenhängen, also kein Unterschied zwischen ihnen zu vermerken ist, sollte die Tabelle um die Hauptdiagonale a-d symmetrisch sein, d. h. die erwarteten Häufigkeiten für b und c sollten gleich groß sein:

$$e_b = e_c = \frac{e_b + e_c}{2}$$

Vorgehen:
1. Erstellen Sie wie gewohnt eine Kontingenztabelle: Die Zeilen werden nach den Ausprägungen des ersten Merkmals bzw. des Merkmals zum ersten Messzeitpunkt, die Spalten nach den Ausprägungen des zweiten Merkmals bzw. des Merkmals zum zweiten Messzeitpunkt eingeteilt.
2. Vergleichen Sie die Tabelle mit einer um die Hauptdiagonale symmetrischen Indifferenztabelle.
3. Verorten Sie den Messwert auf einer Chi-Quadrat-Verteilung

Beispiel:
Im Rahmen einer Studie soll die Wirkung eines Mehrgenerationenhausprojekts auf die allgemeine Einschätzung der eigenen Lebenslage älterer Menschen überprüft werden. Befragt wurden Senior*innen, kurz vor dem Beginn des Hausprojekts und ein zweites Mal nach einem Jahr. Wir erhalten für unsere fiktiven Daten folgende Kreuztabelle:

	2. Messung	
1. Messung	positiv	negativ
positiv	a=3	b=2
negativ	c=10	d=6

Die Formel für den Chi-Quadrat-Test nach McNemar ergibt sich als (Bortz 1990, 161):

$$X^2 = \frac{(|b - c| - 0.5)^2}{b + c}$$

Formel 22: McNemar-Test

Der McNemar-Test ist in dieser Form nur auf 2x2-Tabellen[112] anwendbar und hat immer nur einen Freiheitsgrad: *df* = 1.

Setzen wir die Daten aus unserem Beispiel ein, errechnen wir:

$$X^2 = \frac{(|2 - 10| - 0.5)^2}{2 + 10} = \frac{7.5^2}{12} = 5.11$$

---

112 Für die Untersuchung von Zusammenhängen polytomer nominalskalierter Variablen in k-x-k-Tabellen wurde der sog. Bowker-Test als Erweiterung des Ansatzes von McNemar entwickelt. Siehe hierzu die anschauliche Darstellung bei Bortz 1990, 165ff.

Für $df = 1$ lesen wir aus der Chi-Quadrat-Tabelle einen Wert von $X^2_{krit} = 3.84$ für das 95%-Quantil (einseitiger Test) ab.

Da 5.11 > 3.84 können wir die Nullhypothese zurückweisen und von einem signifikanten Zusammenhang zwischen den beiden Messzeitpunkten sprechen – ob die Veränderungen auch tatsächlich von der Teilnahme an dem Hausprogramm herrühren, ist allerdings nur abhängig von der sonstigen Gestaltung der Studie, v.a. des Untersuchungsdesigns, zu beurteilen.

Voraussetzungen
Der McNemar-Test in der hier vorgestellten Form ist relativ anspruchslos einsetzbar und auch für kleine Fallzahlen verwendbar. Allerdings sollte die Summe der absoluten Häufigkeiten b + c > 7 betragen.

3.3.4.2.4 Zusammenfassung Testen von Unterschiedshypothesen: Welcher Test ist angemessen?

Sie haben nun eine Fülle verschiedener Testverfahren zur Überprüfung von Unterschiedshypothesen kennengelernt und es fällt nicht immer leicht, sich in einer konkreten Forschungssituation zu orientieren. Wir wollen deshalb versuchen, einen verständlichen Leitfaden für die Entscheidung über das der Datenlage und dem Forschungsvorhaben angemessene Verfahren zu bieten. Wir orientieren uns hierbei weitgehend an Bortz et al. 1990, 79 ff.

Parametrisches Testen
1. Metrisches Skalenniveau?
Wir hatten obige Ausführungen bereits nach den verschiedenen Skalenniveaus strukturiert. Es gilt also, zuallererst das Skalenniveau des*der erhobenen Merkmale zu bedenken. Die meisten sog. parametrischen oder verteilungsgebundenen Verfahren wie der t-Test, der F-Test oder das Schätzen von Konfidenzintervallen eines Unterschieds, erfordern interpretierbare Abstände zwischen den Ausprägungen des Merkmals und somit metrisches Skalenniveau.

Wir sind weiter oben auch bereits auf die Problematik sog. quasi-metrischer Variablen eingegangen. Als quasi-metrisch bezeichnen wir Merkmale, die eigentlich nur auf ordinalem Niveau gemessen wurden bzw. überhaupt gemessen werden können (z.B. Einstellungen), die aber u.a. aufgrund hinreichend feinstufiger Ausprägungen so behandelt werden können, *als ob* sie metrische Informationen böten.

In jedem Falle sollte eine deskriptive Vorstellung der Datengrundlage (vgl. Kapitel VII, Punkt 11) auf die Skalierung der wichtigsten Variablen genauer eingehen und die Annahme metrischen Skalenniveaus sollte ausreichend begründet werden, bevor parametrische Testverfahren in Erwägung gezogen werden.

2. Normalverteilung der Kennwerte/Normalverteilung des Merkmals?
Das Vorliegen metrisch erhobener Daten allein rechtfertigt jedoch noch nicht die Verwendung von t-Statistiken u.ä. Es müssen außerdem die mathematisch-statistischen Bedingungen bzw. genauer die Verteilungsannahmen der jeweiligen parametrischen Testverfahren erfüllt sein. Die meisten verteilungsgebundenen Methoden setzen die **Normalverteilung der Kennwerte** voraus. Für große Stichproben – $n_1 + n_2 \geq 50$ – sollte dies, dem zentralen

Grenzwerttheorem gemäß, relativ unabhängig von der funktionalen Form rsp. der „Schiefe" der Verteilung des Merkmals gelten.

Für kleinere Stichproben hingegen sollte **zumindest das Merkmal selbst normalverteilt** sein, um die Gültigkeit des Zentralen Grenzwerttheorems annehmen zu können.

Bortz et al. (1990) empfiehlt die rein optische Abschätzung der Verteilung des Merkmals anhand des geplotteten Graphen. Ein exakteres Verfahren bietet z. B. der sog. Shapiro-Wilk-Test (Shapiro/Wilk 1965), auf den wir hier jedoch nicht näher eingehen wollen – im Regelfall können grobe Abweichungen von der für die Normalverteilung typischen Glockenform auch mit bloßem Augen erkannt werden.

Eine Möglichkeit, nicht-normalverteilten Merkmalen bei kleinen Stichproben zu begegnen, die gerade mit moderner Statistiksoftware leicht zu realisieren ist, stellt die **Transformation unserer Variablen** dar. Wenn also die Werte einer gegebenen Variablen X nicht normalverteilt, sondern z. B. rechtsschief sind, kann es dennoch sein, dass die logarithmierten Werte annähernd normalverteilt sind (log-normalverteilt).

Indem wir also jeden Wert der Variable logarithmieren, erhalten wir eine logarithmierte Variable, die (hoffentlich) normalverteilt ist. Für alle Interpretationen von Effektstärken usw. muss dann berücksichtigt werden, dass wir es mit logarithmierten Werten zu tun haben bzw. sollten diese nach erfolgten Tests o. ä. wieder exponiert werden.

Das Logarithmieren ist nur die am häufigsten angewandte Rechenoperation, um eine nicht-normalverteilte „rechtsschiefe Variable X in eine annähernd normalverteilte transformierte Variable X" umzurechnen – andere Rechenoperationen (solange nachvollziehbar und für alle Werte in gleicher Weise durchgeführt) sind denkbar.

Nicht-Parametrisches Testen
Müssen eine oder beide der oben genannten Fragen verneint werden, ist das Merkmal nicht metrisch skaliert und/oder keine Normalverteilung der Kennwerte bzw. des/der Merkmale anzunehmen, so sollte auf anspruchslosere Testverfahren, insbesondere die sog. nicht-parametrischen oder verteilungsfreien Verfahren zurückgegriffen werden (Median- bzw. Vorzeichentest und Chi-Quadrat- bzw. McNemar-Test). Dies bedeutet u. U. einen leider unvermeidlichen Informationsverlust, wenn wir es mit einer metrisch erhobenen Variable zu tun haben, für die aber die mathematisch-statistischen Voraussetzungen verletzt rsp. die Fallzahl zu gering ist. Dennoch ist dieses Vorgehen in jedem Falle besser, als falsche Aussagen aufgrund unangemessener Tests zu treffen! Wir berücksichtigen dann nur die in einer solchen, eigentlich metrischen Variable enthaltenen Rangfolgeinformationen.

Haben wir es mit einer solcherart nicht vollumfänglich auswertbaren metrischen Variablen oder einem von vornherein nur ordinal skalierten Merkmal zu tun, kann für metrischen Stichproben ein Mediantest, für abhängige Stichproben ein Vorzeichentest gerechnet werden. Liegen nur nominale Informationen vor, kann uns ein einfacher Chi-Quadrat-Test bzw. für abhängige Stichproben ein McNemar-Test Auskunft über Unterschiede zwischen den Merkmalsausprägungen geben. Zusammenfassend lassen sich die Entscheidungsschritte zum Testen von Unterschiedshypothesen in einem Pfaddiagram darstellen:

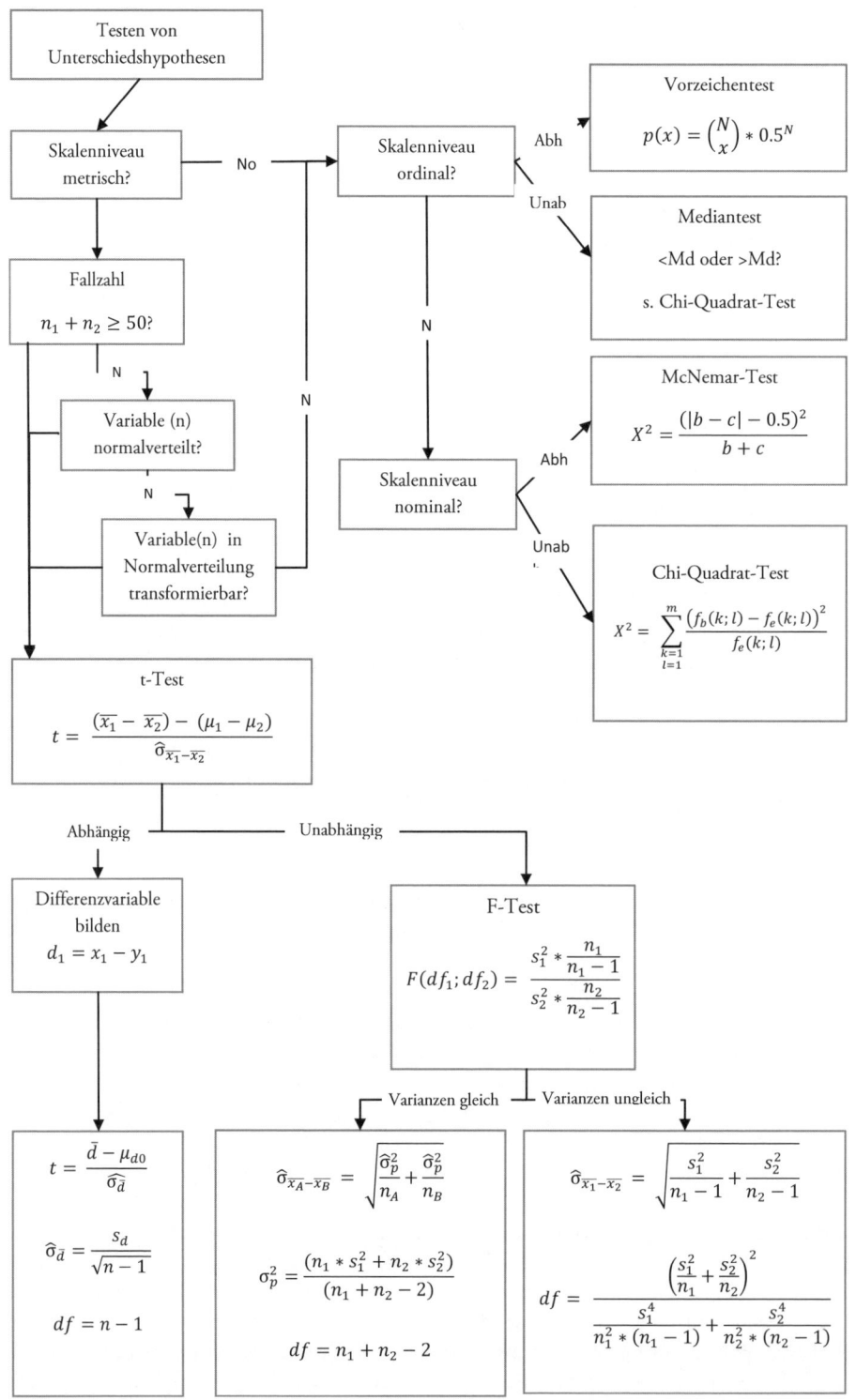

Abbildung 26: Schema – Testen von Unterschiedshypothesen

3.3.4.3 Das Testen von Zusammenhangshypothesen

Eine Zusammenhangshypothese formuliert die Vermutung, dass sich die Ausprägungen zweier Merkmale miteinander verändern, dass also eine Änderung auf A mit einer (positiven oder negativen) Änderung auf B einhergeht. Eine derartige Zusammenhangsvermutung lässt sich für eine gegebene Stichprobe leicht überprüfen und mithilfe inferenzstatistischer Verfahren auf ihre Verallgemeinerbarkeit hin testen.

Oben hatten wir bereits erwähnt, dass bei der Einbeziehung von nominalen Variablen jeder Unterschied auch als Zusammenhang bzw. umgekehrt ausgedrückt werden kann[113]. Wir werden deshalb im Folgenden nur noch auf Zusammenhangsmaße für metrische und ordinalskalierte Variablen eingehen[114].

Dabei gilt zu beachten, dass für die Berechnung eines Zusammenhangs zweier Variablen das **Skalenniveau der niedrigstskalierten Variable über das einzusetzende Testverfahren entscheidet**. Soll also z.B. der Zusammenhang zwischen einem intervall- und einem ordinalskalierten Merkmal ermittelt werden, sind nur Testverfahren für Ordinaldaten zulässig.

3.3.4.3.1 Metrisches Skalenniveau: Kovarianz und Korrelation

Zur Überprüfung des (linearen) Zusammenhangs zweier metrischer Variablen verwenden wir in der Statistik den **Korrelationskoeffizienten nach Pearson**.

Idee/Verfahren:
Dass zwei metrische Variablen X und Y zusammenhängen, heißt, dass eine Veränderung auf X mit einer (positiven oder negativen) Änderung auf Y einhergeht. Liegt ein positiver Zusammenhang vor, sollten Personen mit hohem Wert auf X auch einen hohen Wert auf Y aufweisen bzw. niedrige X- mit niedrigen Y-Werten einhergehen.

Liegt ein negativer Zusammenhang vor, sollten hohe X- mit niedrigen Y-Werten und umgekehrt niedrige X- mit hohen Y-Werten korrespondieren. Nur wenn kein Zusammenhang vorliegt, sollte uns das Vorliegen eines X-Werts keinerlei Auskunft darüber geben, welcher Y-Wert besteht[115].

Zur Veranschaulichung wurden unten drei sog. Scatter-Plots[116] dargestellt, die diese drei Fälle in idealisierter Form exemplifizieren – in der Wirklichkeit werden derart perfekte Zusammenhänge die absolute Ausnahme sein, wie wir in dem weiter unten zu besprechenden Beispiel noch sehen werden.

---

113 So kann z.B. ein Zusammenhang zwischen dem (ratioskalierten) Einkommen und dem (nominalskalierten) Geschlecht auch als Unterschied des Einkommens für die Subpopulationen „Männer" und „Frauen" ausgedrückt werden und entsprechend mit einem t-Test berechnet werden.
114 Es entfällt außerdem die Unterscheidung nach abhängiger und unabhängiger Stichprobe.
115 Die hier bereits angedeutete Verwendung von Korrelationen zur Vorhersage eines Merkmals durch ein anderes ist die Grundlage für die weiter unten kurz vorgestellte Regressionstechnik (s. 3.3.5).
116 Für den Zusammenhang zweier metrischer Variablen eignet sich die Tabellenanalyse wie wir sie bei der Berechnung von Chi-Quadrat verwendet haben, wenig, zum einen, da Tabellen schnell unübersichtlich werden, wenn die Anzahl der Ausprägungen nicht stark begrenzt ist, zum anderen, weil bei einer Kreuz-Tabellierung zweier metrischer Variablen die allermeisten Zellen leer bleiben müssten. Deshalb verwenden wir zur graphischen Veranschaulichung sog. Scatter-Plots (engl. to scatter = verstreuen). In einem Scatter-Plot wird jede Untersuchungseinheit als Punkt dargestellt, dessen Koordinaten sich aus den Ausprägungen auf den beiden geplotteten Variablen ergeben.

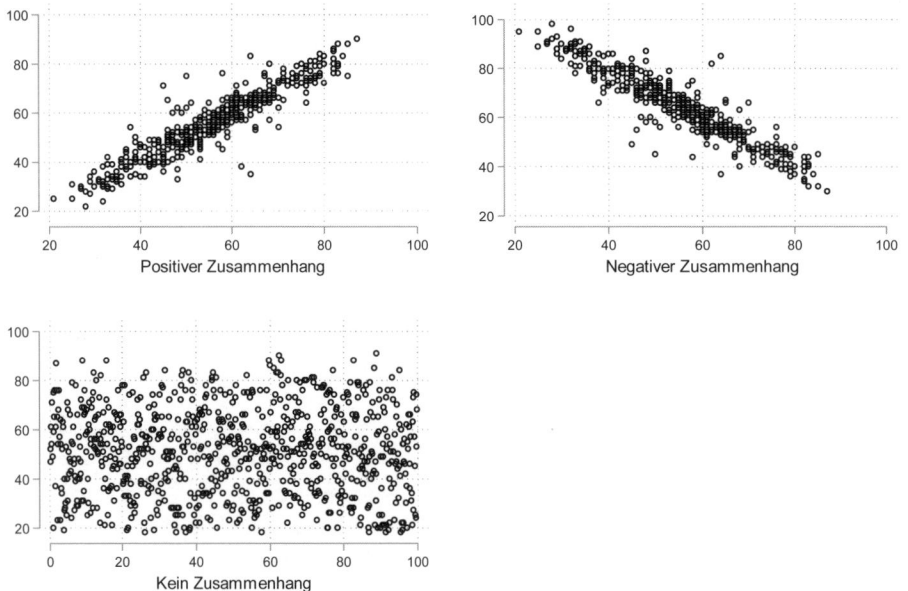

Abbildung 27: Zusammenhangsformen

Um die augenscheinlichen Zusammenhänge auf eine statistische Maßzahl zu bringen, können wir die Abweichungen der einzelnen Ausprägungen auf X bzw. Y von den jeweiligen Mittelwerten miteinander in Beziehung setzen.

Die erste Vorstufe zum Korrelationskoeffizienten, die diese Beziehung ausdrückt, heißt *Kovariation*. Dies ist eine Maßzahl, die eben die gemeinsamen Änderungen zweier Variablen x und y zu erfassen sucht. Die Formel finden sie hier abgebildet:

$$SP_{x,y} = \sum_{i=1}^{n}(x_i - \bar{x}) * (y_i - \bar{y})$$

Formel 23: Kovariation metrischer Variablen

Die Formel erinnert an die Berechnung der Varianz einer Variablen, mit dem Unterschied, dass wir hier keine Abweichungsquadrate bilden, sondern **die Abweichungen der Einzelbeobachtungen vom jeweiligen Mittelwert miteinander multiplizieren und diese Produkte aufaddieren**. Es mag zur Veranschaulichung helfen, wenn wir zusätzlich die beiden Mittelwerte als Linien in den Plot einzeichnen (siehe Abbildung 28).

Alle Punkte im Quadranten A haben also überdurchschnittliche Werte auf Y, aber unterdurchschnittliche Werte auf X. In Quadrant B dagegen befinden sich die Personen, die sowohl auf X als auch auf Y überdurchschnittliche Werte aufweisen. In den Quadranten A und C korrespondieren also große X- mit kleinen Y-Werten und umgekehrt – diese Punkte sprechen für einen negativen Zusammenhang. In den Quadranten B und D dagegen liegen diejenigen Punkte, die für einen positiven Zusammenhang sprechen, bei denen also größere bzw. überdurchschnittliche X- mit überdurchschnittlichen Y-Werten einhergehen und unterdurchschnittliche X- mit unterdurchschnittlichen Y-Werten.

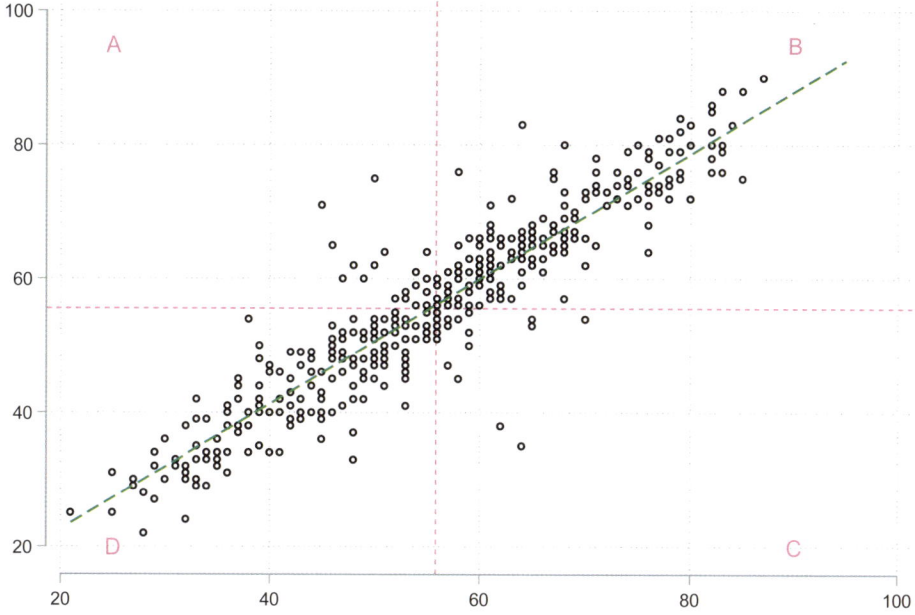

Abbildung 28: Korrelation

Wenn wir nun noch einmal die Formel für die Kovariation betrachten, wird klar, dass alle Punkte in A oder C einen negativen Wert aufweisen (da ein Produkt negativ wird, wenn eine der multiplizierten Differenzen negativ ist), während wir für alle Punkte in B und D positive Werte erhalten. Die Kovariationsstatistik zählt dann all diese Werte zusammen, wägt gewissermaßen ab, ob diejenigen Punkte überwiegen, die für einen positiven oder diejenigen, die für einen negativen Zusammenhang sprechen, und liefert uns ein interpretierbares Ergebnis. Wenn die Kovariation $SP_{x,y} > 0$ ist, liegt ein positiver Zusammenhang vor, wie in unserem Beispiel. Gilt $SP_{x,y} < 0$, sprechen wir von einem negativen und bei $SP_{x,y} = 0$ von einem nicht-monotonen, vielleicht nicht-vorhandenen Zusammenhang.

Um die Kovariation zwischen Stichproben verschiedener Größen vergleichbar zu machen (die Kovariation steigt mit größerer Fallzahl), empfiehlt es sich, sie an n zu relativieren, sprich durch n zu teilen. Die so berechnete Maßzahl, **der Durchschnittswert der Kovariation, wird Kovarianz genannt**:

$$cov(x; y) = \frac{SP_{x,y}}{n} = \frac{\sum_{i=1}^{n}(x_i - \bar{x}) * (y_i - \bar{y})}{n}$$

Formel 24: Kovarianz metrischer Variablen

Damit haben wir bereits ein zwischen unterschiedlich großen Stichproben oder Populationen vergleichbares, aber noch kein standardisiertes Maß. Die **Kovarianz kennt keine sinnvolle Einheit** und ihr **Wertebereich ist ins Positive und Negative unbegrenzt** – damit ist es sehr schwierig, verlässliche Aussagen über die Stärke statt nur die Richtung des Zusammenhangs zu treffen und überdies Ergebnisse verschiedener Zusammenhangsberechnungen zu vergleichen (s. *Hinweis*). Damit dies möglich wird, müssen wir die Kovarianz standardisieren – erinnern Sie sich, dass wir ein ähnliches Problem bereits bei Paula und Peter hatten (s. Punkt 3.2.3).

Standardisieren heißt ganz einfach: Division durch die Standardabweichung. Da wir in diesem Fall nicht eine Variable, sondern das Maß der Assoziation zweier Variablen standardisieren wollen, **müssen wir durch das Produkt der Standardabweichungen von X und Y teilen** und erhalten endlich das gesuchte einheitliche Maß: **die Korrelation**.

$$r_{x,y} = \frac{cov(x;y)}{s_x * s_y} = \frac{\frac{\sum_{i=1}^{n}(x_i - \bar{x}) * (y_i - \bar{y})}{n}}{s_x * s_y}$$

Formel 25: Korrelation metrischer Variablen

Die Korrelation hat nun alle Qualitäten, die Statistiker*innen bei einer Maßzahl schätzen: Sie ist elegant, klar definiert und einfach zu interpretieren. Durch die Standardisierung wird der **Wertebereich auf das Intervall von – 1 bis +1 eingeschränkt, wobei -1 einen perfekten negativen, +1 einen perfekten positiven und der Wert 0 das Fehlen eines Zusammenhangs zwischen den beiden metrischen Variablen bedeutet.**

Nun können wir uns nach dieser deskriptiven Analyse fragen, ob der gefundene Zusammenhang auch für die Grundgesamtheit gilt. Hierzu berechnen wir einen t-Test nach folgender einfacher Formel (Bortz 1993, 199):

$$t = \frac{r * \sqrt{n-2}}{\sqrt{1-r^2}}$$

Formel 26: 1-Stichproben-t-Test für Korrelationskoeffizienten

Die Freiheitsgrade sind dabei definiert als *df* = n – 2.

Vorgehen:
1. Ermittlung der arithmetischen Mittel und Standardabweichungen für beide Merkmale[117]
2. Berechnung der Kovariation als Summe der Abweichungsprodukte
3. Berechnung der Kovarianz als Durchschnittswert der Kovariation
4. Berechnung der Korrelation durch X-Y-Standardisierung der Kovarianz
5. Berechnung der t-Statistik für den Korrelationswert zur inferenzstatistischen Überprüfung der Übertragbarkeit des Befunds auf die Grundgesamtheit

Beispiel:
Wir könnten uns (vielleicht inspiriert von der Marienthal-Studie, vgl. Kapitel II) fragen, ob die Dauer der Arbeitslosigkeit (gemessen in Monaten) zusammenhängt mit der (quasi-metrisch) skalierten Variable zur Lebenszufriedenheit der Befragten. Sehen wir uns zunächst den Scatter-Plot an (siehe Abbildung 29).

Dieser Scatter-Plot ist viel weniger eindeutig als der, den wir oben betrachteten. Zwar lässt sich erkennen, dass es einige „Verklumpungen" am unteren rechten Rand des Koordinatensystems gibt, was darauf hindeutet, dass Menschen, die sehr zufrieden mit ihrem Leben sind, eher kurz oder gar nicht arbeitslos sind/waren, aber es fällt schwer, die Stärke dieses Zusammenhangs abzuschätzen.

---

[117] Achten Sie darauf, dass bei der Berechnung der Parameter nur diejenigen Personen berücksichtigt werden, die auch tatsächlich auf beiden Variablen einen Wert aufweisen rsp. auf beide Items geantwortet haben.

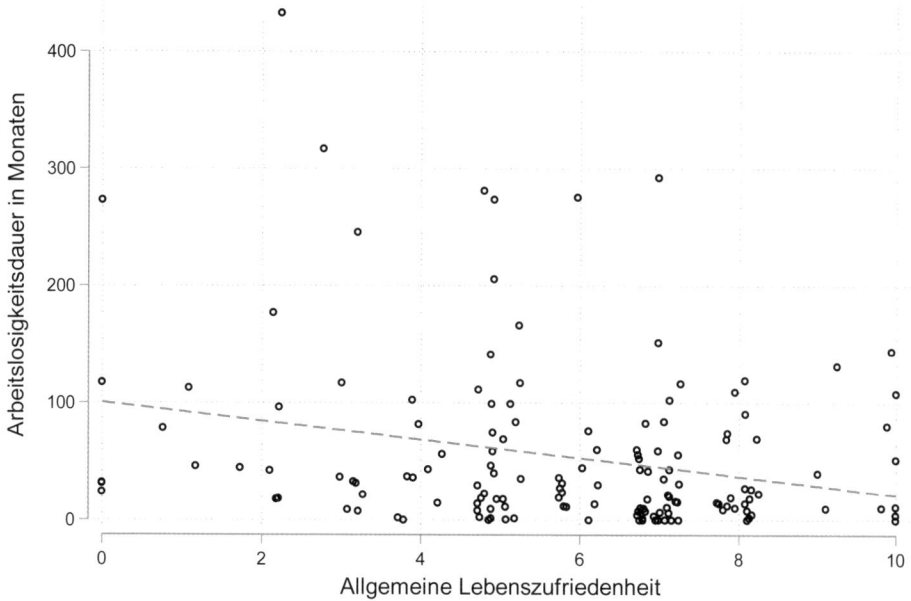

Abbildung 29: Zusammenhang Arbeitslosigkeitsdauer & Lebenszufriedenheit; ALLBUS 2014; eigene Darstellung

Aus der Stichprobe ermitteln wir folgende Parameterwerte:

$$\bar{x}_{Dauer} = 54.46 \quad \bar{x}_{Zufrieden} = 5.84$$

$$s_{Dauer} = 72.51 \quad s_{Zufrieden} = 2.32$$

$$n = 148$$

Damit können wir die Kovariation nach obiger Gleichung berechnen:

$$SP_{x,y} = \sum_{i=1}^{n}(x_i - \bar{x}) * (y_i - \bar{y})$$

Bei großen Fallzahlen ist die Berechnung per Hand nicht praktikabel und sollte mithilfe gängiger Statistiksoftware erfolgen. Für unser Beispiel ermitteln wir

$$SP_{Dauer,Zufrieden} = -6372.67$$

Dividieren wir durch die Fallzahl erhalten wir eine Kovarianz von:

$$cov_{(Dauer,Zufrieden)} = -\frac{-6372.67}{148} = -43.0586$$

Durch Standardisierung am Produkt der beiden Stichprobenstandardabweichungen, erhalten wir eine Korrelation von:

$$r_{Dauer,Zufrieden} = -\frac{43.0586}{72.51 * 2.32} = -0.256$$

Wir können damit von einer mäßig schwachen negativen Assoziation ausgehen. Die Dauer von Arbeitslosigkeit hat also einen negativen, vermindernden Einfluss auf die Lebenszufriedenheit oder umgekehrt, die Lebenszufriedenheit einen negativen Einfluss auf die Arbeitslosigkeitsdauer (vielleicht weil zufriedene Menschen selbstbewusster auftreten und so leichter im Arbeitsmarkt Fuß fassen).

Graphisch lässt sich dieser negative Zusammenhang durch eine Gerade (auch Regressionsgerade) verdeutlichen, die nach einer bestimmten Methode (OLS) „ideal" in die Datenwolke hineingelegt wird (s. o.).

Um den für die Stichprobe gefundenen Zusammenhang für die Grundgesamtheit zu überprüfen, können wir wie oben beschrieben einen t-Wert berechnen:

$$t = \frac{r * \sqrt{n-2}}{\sqrt{1-r^2}} = \frac{-0.256 * \sqrt{148-2}}{\sqrt{1-(-0.256)^2}} = -3.2$$

Für df = n – 2 = 146 bei linksseitigem Test lesen wir für α = 5 % einen kritischen t-Wert von t_{krit} = –1.65 ab. Da –3.2 < –1.65, unser Testwert also unterhalb der unteren kritischen Grenze liegt, können wir die Nullhypothese, wonach kein (oder ein positiver) Zusammenhang vorliegt, zurückweisen und davon ausgehen, dass auch in der Grundgesamtheit ein negativer Zusammenhang zwischen Arbeitslosigkeitsdauer und Lebenszufriedenheit besteht.

Voraussetzungen:
Um eine Korrelation nach obiger Formel berechnen und sinnvoll interpretieren zu können, müssen beide Variablen metrisches Skalenniveau aufweisen.

Für die inferenzstatistische Absicherung des Stichprobenwerts sollte die Verteilung des Zusammenhangs bivariat normalverteilt sein. Dazu ist zweierlei notwendig (vgl. ausführlich Bortz 1993, 197 ff):
1. Zum einen sollten die Merkmale X und Y je für sich normalverteilt sein – durch optischen Test zu überprüfen – und können ggf. transformiert werden.
2. Zum anderen sollten auch die Fehler um die Regressionsgerade herum normalverteilt sein. Diese sog. Array-Normalverteilung liegt vor, wenn die einem X-Wert korrespondierenden Y-Werte normalverteilt sind und umgekehrt.
Im Scatterplot macht sich dies durch eine gleichmäßige Streuung der Punkte um die Regressionsgerade bemerkbar. Bei Normalverteilung der Fehler sprechen wir von Homoskedastizität, bei der Verletzung dieses Kriteriums von Heteroskedastizität der Abweichungen.

Gängige Statistikprogramme halten einfache Befehle zur Überprüfung der Homoskedastizität (als Post-Estimation-Befehle nach durchgeführter Regression) bereit. Sollte dieser Fall auftreten, kann u. U. auch die Transformation der abhängigen Variable Abhilfe schaffen. Gerade für größere Stichproben erweist sich der oben vorgestellte t-Test hingegen als recht robust gegen die Verletzung von Voraussetzungen.

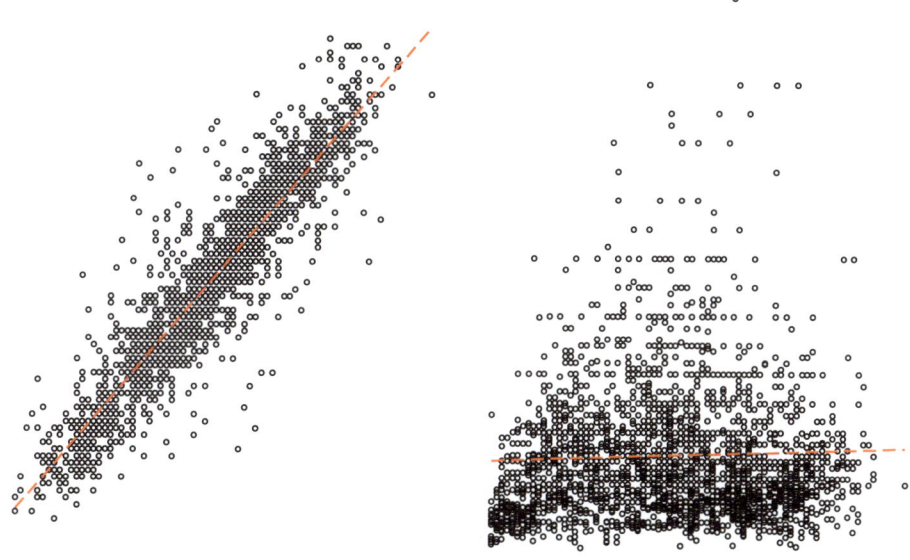

Abbildung 30: Homoskedastizität & Heteroskedastizität

Hinweis: Vergleich zweier Korrelationswerte bei unabhängigen Stichproben
Es kann unter Umständen interessant sein, die Korrelation zweier Merkmale zwischen zwei Subpopulationen zu vergleichen[118]. So könnten wir z.B. annehmen, dass sich der Zusammenhang von Bildung (gemessen in Jahren) und Einkommen nach Geschlecht unterscheidet. Es könnte z.B. sein, dass sich Bildung für Männer mehr auszahlt als für Frauen (vielleicht aufgrund geschlechtlicher Diskriminierung) – in diesem Falle würden wir erwarten, dass die Korrelation von Einkommen und Bildung für die Subpopulation der Männer (signifikant) höher ausfällt als für die Subpopulation der Frauen.

Leider lassen sich Korrelationswerte nicht direkt vergleichen, weil sie nicht auf einer Ratioskala liegen. Aussagen wie „die Korrelation $r_1 = 0.9$ ist doppelt so hoch wie die Korrelation $r_2 = 0.45$" sind unzulässig. Stattdessen müssen wir auf die sog. Fisher-Transformation zurückgreifen, die es uns ermöglicht, Korrelationswerte in die ihrerseits ratioskalierte Maßzahl Z zu übersetzen. Die Formel hierfür lautet (Bortz et al. 1990, 201):

$$Z = \frac{1}{2} * \ln\left(\frac{1+r}{1-r}\right)$$

Formel 27: Fisher-Transformation zum Vergleich von Korrelationskoeffizienten

Wobei ln den natürlichen Logarithmus zur Basis $e \approx 2.718$ bezeichnet – auf jedem guten Taschenrechner als eigene Funktion zu finden.

---

[118] In der Regressionsanalyse spricht man von der Interaktion zweier unabhängiger Variablen, also des differenziellen Effekts einer UV1 auf die AV in Abhängigkeit der Ausprägung auf der UV2.

Wollen wir nun die beiden obengenannten Korrelationswerte miteinander vergleichen, müssen wir sie zuerst in Z-Werte transformieren. Wir erhalten

$$Z_1 = \frac{1}{2} * \ln\left(\frac{1 + 0.45}{1 - 0.45}\right) \approx 0.485$$

und

$$Z_2 = \frac{1}{2} * \ln\left(\frac{1 + 0.9}{1 - 0.9}\right) \approx 1.472$$

Aus dem Verhältnis der Z-Werte können wir ablesen, dass r_2 nicht doppelt, sondern sogar dreimal so groß ist wie r_1.

Nehmen wir an, wir hätten diese beiden Korrelationen zwischen (den gleichen) zwei Merkmalen für zwei Subpopulationen ermittelt und wollten wir diesen Unterschied auf Signifikanz überprüfen, können wir dazu folgende Formel verwenden (vgl. Bortz et al. 1990, 203):

$$z = \frac{Z_1 - Z_2}{\sigma_{Z_1 - Z_2}}$$

Formel 28: Fisher-Test für Unterschiede zwischen Korrelationskoeffizienten

Wobei sich der Standardfehler der Z-Wertdifferenzen ergibt als:

$$\sigma_{Z_1 - Z_2} = \sqrt{\frac{1}{n_1 - 3} + \frac{1}{n_2 - 3}}$$

Formel 29: Standardfehler für Fisher-Test

Wenn wir also annehmen, wir hätten zwei Subpopulationen mit $n_1 = 30$ und $n_2 = 40$ Personen untersucht, können wir die Differenz der Korrelationswerte wie folgt auf Signifikanz prüfen:

Zunächst errechnen wir den gemeinsamen Standardfehler als:

$$\sigma_{Z_1 - Z_2} = \sqrt{\frac{1}{30 - 3} + \frac{1}{40 - 3}} = \sqrt{\frac{1}{27} + \frac{1}{37}} = 0.253$$

Und können so durch Einsetzen unserer zuvor ermittelten Z-Werte einen Testwert errechnen:

$$z = \frac{0.485 - 1.472}{0.253} = -3.90$$

Aus der Tabelle der Standardnormalverteilung lesen wir für einen linksseitigen Test bei 5%-Irrtumswahrscheinlichkeit einen Grenzwert von $z_{krit} = -1{,}65$ ab. Da unser Wert mit $-3{,}90 < -1{,}65$ unterhalb der unteren Grenze liegt, können wir von einem signifikanten Ergebnis, mithin von einem signifikanten Unterschied zwischen den beiden Korrelationskoeffizienten sprechen.

3.3.4.3.2 Ordinales Skalenniveau: Kendalls Tau-b

Wenn die **beiden betrachteten Variablen (mindestens) ordinales Skalenniveau aufweisen** – wir erinnern uns, dass sich die Anwendbarkeit der Assoziationsmaße nach der niedrigstskalierten Variable richtet – können wir den von Maurice George Kendall entwickelten **tau-Koeffizienten**[119] berechnen.

Idee:
Kendalls Tau-b basiert auf einer Logik der sukzessiven Paarvergleiche; im Prinzip geht es darum, die einen positiven oder negativen Zusammenhang andeutenden Untersuchtenpaare für die beiden Variablen zu zählen und gegeneinander abzuwägen.

Wenn wir zwei (mindestens) ordinalskalierte Merkmale X und Y betrachten, können wir jeder Untersuchungsperson je einen X- und einen Y-Wert zuordnen. Vergleichen wir nun zwei Untersuchungspersonen A und B in Bezug auf ihre Variablenwerte, kann ihr Verhältnis fünf mögliche Beziehungsmuster annehmen.

- *Konkordante Paare*: Ein konkordantes Paar liegt vor, wenn Untersuchungsperson A auf *beiden* Variablen einen höheren oder auf *beiden* Variablen einen niedrigeren Wert als Person B aufweist. Für diese beiden Personen verhalten sich die beiden Variablen konkordant oder gleichförmig zueinander, ihr **Zusammenhang ist positiv** (je größer X, desto größer Y und umgekehrt).
  Beispiel[120]: (A;H) | (B;M)

- *Diskordante Paare*: Ein diskordantes Paar liegt vor, wenn Untersuchungsperson A auf einer Variable einen höheren Wert als Person B aufweist, auf der anderen aber einen niedrigeren. Für diese beiden Personen verhalten sich die beiden Variablen diskordant zueinander, ihr **Zusammenhang ist negativ** (je größer X, desto kleiner Y und umgekehrt).
  Beispiel: (A;D) | (P;Q)

- *X-/Y- und X-Y-Ties*: Ein sogenanntes „Tie" liegt vor, wenn sich zwar der Wert auf einer Variablen zwischen zwei Untersuchungspersonen unterscheidet, der Wert der anderen Variable aber identisch bleibt. Wir sprechen, je nachdem, welcher Wert konstant bleibt von X- oder Y-Ties. Schließlich kann es auch vorkommen, dass zwei Personen die exakt gleichen Werte auf beiden Variablen aufweisen – dementsprechend nennen wir dieses Paare X-Y-verbunden. Ties geben uns keine eindeutigen Hinweise für Stärke und Richtung des Zusammenhangs.
  Beispiel: X-Tie: (A;C) | Y-Tie: (F;H) | X-Y-Tie: (A;I)

Betrachten Sie hierzu unter Vorgriff auf das unten näher erläuterte Beispiel den folgenden fiktiven Datensatz mit *n* = 17 Untersuchungspersonen für die beiden Variablen Gewalterfahrung und Sozialintegration:

---

[119] Genau genommen werden drei tau-Koeffizienten (a, b und c) unterschieden, von denen wir an dieser Stelle allerdings nur Tau-b näher kennenlernen.
[120] Siehe für die Beispielpaare unten abgetragene Tabelle eines fiktiven Datensatzes für die beiden ordinal erfassten Merkmale „innerfamiliäre Gewalterfahrung" und „familiäre Sozialintegration".

	Gewalterfahrung	Sozialintegration
A	1	2
B	3	1
C	1	1
D	3	1
E	3	2
F	1	3
G	2	1
H	2	3
I	1	2
J	1	3
K	2	1
L	2	2
M	2	2
N	1	3
O	3	1
P	1	3
Q	2	1

Die Maßzahl Kendalls Tau-b wird nun berechnet, indem wir die Differenz aus der Anzahl der konkordanten und diskordanten Paare bilden und diese ins Verhältnis mit den insgesamt möglichen Paaren setzen (wobei X-Y-verbundene Paare außer Acht bleiben können).
Die Formel lautet entsprechend

$$\tau_b = \frac{C - D}{\sqrt{(C + D + T_x) * (C + D + T_y)}}$$

Formel 30: Tau-b

Für die Berechnung von Kendalls Tau-b müssen wir nun theoretisch, bei A anfangen, alle möglichen Kombinationen der Untersuchungspersonen durchgehen, also A-B, A-C, A-D ... B-C, B-D ... bis O-P; O-Q; P-Q, und dabei die Anzahl der konkordanten Paare C, der diskordanten Paare D und der X- bzw. Y-Ties T_X bzw. T_Y notieren. Zum Glück gibt es eine einfache Möglichkeit, die Anzahl konkordanter, diskordanter und verbundener Paare direkt aus der Kreuztabelle zu errechnen, die wir weiter unten an dem konkreten Beispiel ausführlich demonstrieren wollen. Tau-b liefert uns eine Maßzahl, die den Zusammenhang zweier ordinaler Merkmale, ähnlich wie die Produkt-Moment-Korrelation für metrische Variablen, in einem Wertebereich von -1 bis 1 ausdrückt, wobei −1 einen perfekt negativen, +1 einen perfekt positiven und 0 einen nicht nachweisbaren (bzw. nicht monotonen) Zusammenhang ausdrückt.

Für $n > 10$ sind die Tau-b-Koeffizienten asymptotisch normalverteilt und können mit einem z-Test auf Signifikanz geprüft werden. Dazu bedarf es des Standardfehlers der Tau-b-Kennwerteverteilung, auf deren recht komplizierte manuelle Berechnung wir hier nicht eingehen können. Gängige Statistikprogramme geben neben dem tau-Koeffizienten jedoch stets auch dessen asymptotischen Standardfehler (ASE) wider. Wir können dann unseren aus der

Stichprobe ermittelten tau-Wert nach folgender einfacher Berechnungsvorschrift auf die uns bekannte Standardnormalverteilung der Kennwerte beziehen:

$$z = \frac{\tau_b}{ASE}$$

Der so bestimmte z-Wert kann dann gegen die uns bekannten kritischen Grenzwerte von $z_{krit} = \pm 1{,}65$ bei einseitigem bzw. $z_{krit} = \pm 1{,}96$ bei zweiseitigem Test und einer Irrtumswahrscheinlichkeit von $\alpha = 5\,\%$ auf Signifikanz getestet werden.

Vorgehen:
1. Ordnen/Codieren Sie beide Variablen gleichsinnig, sodass z. B. höhere Werte auf beiden Variablen eine inhaltlich höhere Merkmalsausprägung bedeuten[121].
2. Erstellen Sie eine Kreuztabelle.
3. Zählen/Berechnen Sie die Anzahl konkordanter, diskordanter und gebundener Paare.
4. Berechnen Sie Tau-b nach obiger Formel.
5. Prüfen Sie ggf. auf inferenzstatistische Verallgemeinerbarkeit.

Beispiel:
Stellen Sie sich folgende fiktive Situation vor: In einer sozialwissenschaftlichen Studie soll der Zusammenhang zwischen der sozialen Integration und der Schwere von Gewalterfahrungen bzw. gewaltsamer Interaktionen innerhalb der Familie untersucht werden. Als Indikatoren für die soziale Integration könnten etwa Anzahl und Häufigkeit sozialer Außenkontakte dienen, für die Schwere der Gewalterfahrung müsste, wie wir oben ausgeführt haben (s. Punkt 2.1.1), dieses Konzept zunächst besser spezifiziert werden. Für das vorliegende Beispiel wollen wir uns mit der Annahme einer validen Messung begnügen. Die untenstehende Tabelle enthält die Ergebnisse der Studie für 17 befragte Familien (die Fallzahl wurde hier aus Komplexitätsgründen derart gering veranschlagt).

	sozint			
gewerf	schwache	mittlere	starke In	Total
keine Gewalt	1	2	4	7
mittlere Gewalt	3	2	1	6
schwere Gewalt	3	1	0	4
Total	7	5	5	17

Abbildung 13: Kreuztabelle: Gewalterfahrung & Sozialintegration; fiktive Daten

Wir könnten nun allein aufgrund des Aussehens und der Struktur der Tabelle erste Schlüsse ziehen. So fällt auf, dass bei starker Integration schwere Gewalt in keiner, mittel-schwere Gewalt nur in einer der befragten Familien gefunden wurde. Bei starker Integration in umfassende Sozialnetzwerke gibt es bedeutend weniger Gewalterfahrungen, als bei den sieben Familien, die als schwach integriert eingestuft wurden – nur in einer dieser Familien wurden keine Gewalthandlungen verzeichnet. Bei mittlerer Integration sind alle drei Gewaltabstufungen vertreten, wenn auch nur ein einziger Fall schwerer Gewalt vermerkt wurde. Diese Analyse ließe sich noch um einiges erweitern, klar scheint jedoch bereits jetzt zu sein, dass

---
[121] Rein mathematisch ist diese Vorkehrung nicht nötig, doch sie erleichtert die Interpretation des Vorzeichens unseres Testergebnisses.

die Schwere der Gewalt mit zunehmender sozialer Integration abnimmt. Unsere Arbeitshypothese könnte also lauten: „Je besser/umfassender eine Familie integriert ist, desto weniger/weniger schwere Gewaltinteraktionen treten in dieser Familie auf." Als Statistiker*innen interessiert uns nun aber die Möglichkeit, diesen Zusammenhang mathematisch auf den Punkt bzw. die Maßzahl zu bringen – lassen Sie uns also Kendalls Tau-b berechnen. Statt die konkordanten, diskordanten und gebundenen Paare[122] in mühseliger Arbeit aus dem Datensatz abzuzählen, können wir auf Eigenschaften der Kreuztabelle und einfache Berechnungsvorschriften zurückgreifen (vgl. zum Folgenden Kühnel/Krebs 2012, 371 ff):

Berechnung der Anzahl konkordanter Paare (C):
Für die Berechnung der konkordanten Paare zählen alle Zellen, die weitere Zellen unten-rechts von sich haben. Wir multiplizieren die absoluten Häufigkeiten dieser Zellen mit der Summe der absoluten Häufigkeiten der Zellen, die unten-rechts von ihr liegen und addieren schließlich all diese Produkte auf, wie in nachfolgender Graphik dargestellt:[123].

	sozint			
gewerf	schwache	mittlere	starke In	Total
keine Gewalt	1	2	4	7
mittlere Gewalt	3	2	1	6
schwere Gewalt	3	1	0	4
Total	7	5	5	17

Abbildung 31: Berechnungsvorschrift konkordante Paare; fiktive Daten; eigene Darstellung

Damit ergeben sich die konkordanten Paare für unser Beispiel als:

$$C = 1 * (2 + 1 + 1 + 0) + 2 * (1 + 0) + 3 * (1 + 0) + 2 * 0 = 4 + 2 + 3 = 9$$

Berechnung der Anzahl diskordanter Paare (D):
Für die Berechnung der diskordanten Paare werden alle Zellen betrachtet, die weitere Zellen unten-links von sich aufweisen. Wieder werden diese Ausgangswerte mit der Summe der absoluten Häufigkeiten in diesen unten-links gelegenen Zellen multipliziert.

	sozint			
gewerf	schwache	mittlere	starke In	Total
keine Gewalt	1	2	4	7
mittlere Gewalt	3	2	1	6
schwere Gewalt	3	1	0	4
Total	7	5	5	17

Abbildung 32: Berechnungsvorschrift diskordante Paare; fiktive Daten; eigene Darstellung

---

122 Dabei werden x-y-verbundene Paare, also Untersuchtenkombinationen, die für beide Variablen exakt gleiche Werte aufweisen, außer Acht gelassen.
123 In der Graphik sind alle Ausgangswerte in einem Kreis dargestellt, alle Werte, deren Summe mit diesem Ausgangswert multipliziert werden müssen, in einem gleichfarbigen Rechteck.

Damit ergeben sich

$$D = 4 * (3 + 2 + 3 + 1) + 2 * (3 + 3) + 1 * (3 + 1) + 2 * 3 = 36 + 12 + 4 + 6 = 58$$

diskordante Paare.

Berechnung X-verbundene Paare (T_X):
Zur Berechnung der Anzahl an X-Ties gehen Sie von den Zellen aus, die unter sich in der Spalte noch weitere Zellen haben und multiplizieren diese Anfangswerte mit der Summe der absoluten Häufigkeiten dieser unteren Zellen:

$$T_X = 1 * (3 + 3) + 3 * 3 + 2 * (2 + 1) + 2 * 1 + 4 * (1 + 0) + 1 * 0$$
$$= 6 + 6 + 6 + 2 + 4 + 0 = 27$$

Berechnung Y-verbundene Paare (T_Y):
Zur Berechnung der Y-Ties schließlich nehmen wir diejenigen Zellen als Ausgangswerte, die weitere Zellen rechts von sich in der Zeile haben und multiplizieren wie gewohnt diesen Anfangswert mit der Summe der absoluten Häufigkeiten der rechts stehenden Zellen:

$$T_Y = 1 * (2 + 4) + 2 * 4 + 3 * (2 + 1) + 2 * 1 + 3 * (1 + 0) + 1 * 0$$
$$= 6 + 8 + 9 + 2 + 3 + 0 = 28$$

Setzen wir nun all diese Werte in die oben stehende Formel ein, erhalten wir:

$$\tau_b = \frac{C - D}{\sqrt{(C + D + T_x) * (C + D + T_y)}} = \frac{9 - 58}{\sqrt{(9 + 58 + 27) * (9 + 58 + 28)}} = -0{,}519$$

Tau-b kann, wie bereits gesagt, Werte zwischen -1 und 1 annehmen, wobei ein positiver Wert für einen positiven, gleichförmigen Zusammenhang zwischen den beiden Variablen spricht (konkordante Paare überwiegen gegenüber diskordanten), ein negativer Wert entsprechend auf einen negativen, ‚chiastischen' Zusammenhang hindeutet, wie wir ihn hier beobachten. Ein Wert von über |0,5| kann als mäßig bis starker Effektkoeffizient gelten. In unserem fiktiven Beispiel-Sample lässt sich also ein deutlicher negativer Zusammenhang zwischen Gewaltprävalenz und dem Grad sozialer Integration der Familie nachweisen. Wie wir eingangs schon vermuteten, geht stärkere Integriertheit mit niedrigerer Gewaltwahrscheinlichkeit einer bzw. umgekehrt das Nicht-Auftreten von Gewalt mit hoher sozialer Integration. Doch kann ein Zusammenhang auch für die Grundgesamtheit angenommen werden? Mithilfe der Statistiksoftware Stata ermitteln wir einen asymptotischen Standardfehler der Tau-b-Werte von $ASE = 0{,}154$.

Durch die Division des tau-Werts durch den Standardfehler erhalten wir einen Z-Wert von $z = -\frac{0{,}5185}{0{,}154} = -3{,}367$, was bei einem zweiseitigen Test gegen die Nullhypothese (Tau-b = 0) und einem entsprechenden Grenzwert von $z_{krit} = \pm 1{,}96$ (zweiseitiger Test) auf ein signifikantes Ergebnis hinweist. Wir können also unseren gefunden Zusammenhang auf die Grundgesamtheit verallgemeinern.

Dabei sei abschließend und stellvertretend für alle hier vorgestellten (Zusammenhangs- und Unterschieds-)Tests daran erinnert, **dass wir** (zumindest bei den üblicherweise verwendeten Ex-Post-Facto-Designs) **zwar einen Zusammenhang, aber keine Kausalität belegen können**. Uns fehlen mindestens zwei der in Kapitel III, Punkt 4.1 genannten Kausalitätskriterien. So können wir zum einen nicht wissen, in welchem Zeitverhältnis die Faktoren zueinander stehen – es kann sein, dass Familien, in denen Gewalt vorkommt sich (deshalb) sozial isolieren, oder aber, dass es gerade die soziale Isolation ist, die Spannungen innerhalb der Familie in Gewalt eskalieren lässt. Zum anderen können wir zu diesem Zeitpunkt keine Alternativerklärungen ausschließen – vielleicht gibt es ja ein Merkmal, dass sowohl die Schwere der Gewalt, als auch den Grad der sozialen Integration kausal beeinflusst.

3.3.4.3.3 Zusammenfassung Testen von Zusammenhangshypothesen

Wir haben nun verschiedene Assoziationsmaße als statistische Maßzahlen zur Bestimmung von Stärke und/oder Richtung des Zusammenhangs zweier Variablen X und Y kennengelernt. Abschließend seien noch einmal die wichtigsten Begriffe, Testverfahren und deren Anwendung kurz zusammengefasst.

Zusammenhang:
Ein statistischer Zusammenhang zwischen zwei Merkmalen besteht, wenn die Ausprägungen der beiden Variablen sich miteinander verändern, wenn die Ausprägung auf der einen Variable einen Unterschied für die Wahrscheinlichkeit der Ausprägung auf der anderen Variable macht.

Positiver Zusammenhang:
Ein positiver Zusammenhang liegt vor, wenn sich X und Y gleichförmig verändern, wenn also gilt, dass je größer X, desto größer Y und je kleiner X, desto kleiner Y.

Negativer Zusammenhang:
Ein negativer Zusammenhang liegt vor, wenn sich X und Y gegenläufig verändern, wenn also gilt, dass je größer X, desto kleiner Y und je kleiner X, desto größer Y.

	Notwendiges Skalenniveau[1]	Grundidee	Formel	Wertebereich & Interpretation
Chi-Quadrat	Nominal	Vergleich beobachteter und (unter Nullhypothese) erwarteter Häufigkeiten	$\chi^2 = \sum_{\substack{k=1 \\ l=1}}^{m} \frac{(f_b(k;l) - f_e(k;l))^2}{f_e(k;l)}$	$\Omega = \{0; \infty\}$ V. a. inferenzstat. Bedeutung
Cramérs V		Relativierung von Chi-Quadrat an Tabellengröße und Fallzahl	$V = \sqrt{\frac{\chi^2}{n*(R-1)}}$	$\Omega = \{0;1\}$ Stärke des Zusammenhangs
Kendalls Tau-b	Ordinal	Vergleich konkordanter, diskordanter und verbundener Paare	$\tau_b = \frac{C-D}{\sqrt{(C+D+T_x)*(C+D+T_y)}}$	$\Omega = \{-1;1\}$ Stärke & Richtung des Zusammenhangs
Pearsons Korrelation	Metrisch (Intervall- & Ratio-Skalen)	Durchschnittliche, standardisierte Kovariation	$r_{x,y} = \frac{\sum_{i=1}^{n}(x_i - \bar{x})*(y_i - \bar{y})}{n}$ $s_x * s_y$	

Tabelle 6: Zusammenhangsmaße[124]

---

[124] Es gilt das Skalenniveau der Variablen, die am niedrigsten skaliert ist.

Nun führt die Frage, welcher Test der Datenlage in der konkreten Forschungssituation angemessen ist, oft zu einiger Verwirrung und infolgedessen zu vermeidbaren Fehlern. Um diesen vorzubeugen, haben wir hier noch einmal eine kurze Übersicht formuliert.

Die Entscheidung über das anzuwendende Testverfahren für die Überprüfung von Zusammenhangshypothesen sollte stets in Abhängigkeit des (anzunehmenden) Skalenniveaus der beiden in Frage stehenden Variablen getroffen werden.

3.3.4.4 Zusammenfassung Hypothesentesten: Zusammenhänge und Unterschiede

Nach der Fülle der vorgestellten Testverfahren ist es kaum verwunderlich, wenn es im tatsächlichen Forschungsprozess manchmal zu einiger Unsicherheit darüber kommt, welches Verfahren nun eigentlich eingesetzt werden kann bzw. darf.

Deswegen sei hier noch einmal eine Hilfestellung versucht. Im Folgenden sind für alle möglichen Kombinationen des Skalenniveaus zweier Variablen die zulässigen Testmethoden aufgeführt – zusätzlich bilden wir noch einmal die Tabelle vom Anfang des Kapitels ab.

Nominal-Nominal
Für den Zusammenhang zweier nominalskalierter Variablen sind von den hier behandelten Verfahren nur Chi-Quadrat-basierte Kennzahlen wie der Chi-Quadrat-Test oder Cramérs V zulässig. Für abhängige Stichproben bzw. Messzeitpunkte empfiehlt sich der McNemar-Test.

Nominal-Ordinal
Ist Merkmal A nominal, Merkmal B hingegen ordinalskaliert, kann ebenfalls ein Chi-Quadrat-Test gerechnet werden. Als Alternative lässt sich die Zusammenhangshypothese zwischen A–B auch als Unterschiedshypothese umformulieren. Wir können dann die unterschiedliche Ausprägung von B für die beiden Subpopulationen A1 und A2 (also die nach den Ausprägungen von A differenzierten Subgruppen) berechnen. In diesem Falle können wir wie oben beschrieben einen Mediantest oder Vorzeichentest (bei abhängigen Stichproben) durchführen.[125] Dieses alternative Vorgehen kann insbesondere dann hilfreich sein, wenn die Fallzahl recht gering ist und das ordinale Merkmal B relativ viele Ausprägungen aufweist, sodass die Voraussetzung für den Chi-Quadrat-Test von $f_e > 5$ verletzt wären. Die zwangsweise Dichotomisierung der ordinalen Variable im Rahmen des Mediantests kann hier u. U. Abhilfe schaffen.

Nominal-Metrisch
Ist Merkmal A nominal, Merkmal B dagegen metrisch skaliert, bedeutet ein Chi-Quadrat-Test große Informationsverluste bei der Gruppierung des metrischen Merkmals. Ist A dichotom[126] können wir aber, wie oben bereits erwähnt, den Zusammenhang von A und B genauso gut als Unterschied auf B zwischen den beiden Ausprägungen von A auffassen. Wir können also das oben ausführlich besprochene Schema zum Testen von

---

[125] Ist A nicht dichotom, erweitert sich der Mediantest zu einem Mehr-Stichproben-Mediantest. Die Testlogik bleibt allerdings im Prinzip dieselbe. Für eine exemplarische Besprechung des Vorgehens siehe auch Bortz et al. 1990, 221.
[126] Verfahren zum Testen von Unterschiedshypothesen für metrische Merkmale bei mehreren Stichproben mithilfe der sog. einfaktoriellen Varianzanalyse (ANOVA) werden im Rahmen dieser Einführung nicht besprochen, sondern nur im Rahmen des Ausblicks auf die lineare Regression kurz angerissen.

Unterschiedshypothesen zurate ziehen. Bei erfüllten Voraussetzungen können wir dann einen t-Test zwischen den Mittelwerten von B für die Subpopulationen A1 und A2 rechnen.

Ordinal-Ordinal
Sind beide Merkmale auf ordinalem Skalenniveau gegeben, empfehlen wir die Verwendung von Kendalls Tau-b, da dieses die vorhandenen Rangfolgeinformationen optimal ausschöpft.

Ordinal-Metrisch
Ist Merkmal A ordinal, Merkmal B dagegen metrisch skaliert, sollte Merkmal B durch Kategorisierung auf ordinales Skalenniveau reduziert werden. Dies kann, je nach Forschungsinteresse, nach einer fixen Intervallbreite erfolgen oder aber über die Einteilung der Variablen nach Quantilen. Eine metrisch erfasste Variable könnte so z. B. eingeteilt werden in 1 „oberes Viertel" 2 „zweites Viertel" 3 „drittes Viertel" 4 „unteres Viertel". Für den Zusammenhang von A und dem solchermaßen reduzierten B kann dann wieder Kendalls tau-Koeffizient errechnet werden.

Metrisch-Metrisch
Sind beide Merkmale metrisch, also mindestens intervallskaliert, bietet Pearsons Korrelationskoeffizient den höchsten Informationsgehalt.

Merkmal A \ Merkmal B	Metrisch	Ordinal	Nominal („Unterschiedshypothesen")	
			Unabhängig	*Abhängig*
Metrisch	Korrelation	Tau-b	2-Stichproben-t-Test (bei erfüllten Voraussetzungen)	1-Stichproben-t-Test
Ordinal		Tau-b	Mediantest Oder: Chi-Quadrat/Cramérs V	Vorzeichentest Oder: McNemar-Test
Nominal			Chi-Quadrat/Cramérs V	McNemar-Test

3.3.4.5 Exkurs: Signifikanz – mit Vorsicht genießen!

Das Signifikanztesten ist die weitverbreitetste Methode zum Testen von Hypothesen in den Sozialwissenschaften. Doch es wird auch zunehmend Kritik gegen die Logik der Signifikanztests geäußert (ein sehr lesenswertes Beispiel: Brandstätter 1999). Die drei aus unserer Sicht wichtigsten Punkte seien hier kurz diskutiert:

1. *Signifikanz ist eine Frage der Fallzahl oder: Signifikanz ≠ Substanzialität*
   Wie Ihnen bei der Verwendung der oben vorgestellten Formeln vielleicht bereits aufgefallen ist, spielt die Fallzahl n eine entscheidende Rolle bei der Einstufung einer Differenz als signifikant. Da n im Nenner für die Berechnung des Standardfehlers steht, und die Größe des Standardfehlers die „Breite" des Annahmebereichs bestimmt, kann **für genügend große Fallzahlen jeder noch so kleine Unterschiedswert als signifikant nachgewiesen werden**. Bakan (1966, 425) berichtet von seinem Versuch, verschiedene willkürlich

gewählte und sicherlich theoretisch unbedeutende Unterschiede in einer sehr großen Stichprobe (n = 60000) zu testen – das Ergebnis: alle Differenzen waren signifikant.

Eine andere Formulierung dieser Kritik ist, **dass alle (ungerichteten) Nullhypothesen falsch sind**. Eine ungerichtete Nullhypothese behauptet die Identität zweier Werte bzw. Identität einer Differenz mit einem festen Wert, z. B. 0. Es ist aber nur eine Frage der Messgenauigkeit (und damit der untersuchten Fälle), um doch Unterschiede festzustellen. Wir können und sollten deshalb stets zwischen **signifikanten = auf die Grundgesamtheit verallgemeinerbaren** und **substanziellen = theoretisch und wissenschaftlich relevanten Unterschieden** differenzieren.

2. Triviale Nullhypothesen

Das Signifikanztesten bedient sich, wie mehrfach betont, einer Art negativen Logik. Es geht schließlich vordringlich darum, die Nullhypothese zu widerlegen und nur gleichsam im Umkehrschluss darum, die Alternativhypothese zu belegen. Dabei sind die Nullhypothesen selbst meist, so der Vorwurf, von geringem theoretischem Gehalt. Schließlich nimmt wohl niemand ernsthaft an, dass es in Wirklichkeit keinerlei Unterschied zwischen den Einkommen von Männern und Frauen gibt. Was also soll es nutzen zu zeigen, dass dem tatsächlich nicht so ist? Statt uns also einen positiven Wert zu liefern bzw. ein Intervall, in welchem der wahre Populationswert vermutlich liegt, können Signifikanztests nur zur Widerlegung von Nullhypothesen dienen, die sowieso „in Wahrheit" meistens falsch sind (s. o.).

Eine weitere daran anschließende Problematik tritt in den eher seltenen Fällen auf, da unsere Nullhypothese die Wunschhypothese ist bzw. mit unserer Forschungsannahme übereinstimmt (vgl. zu diesem Punkt Kühnel/Krebs 2012, 279 f). Wie oben besprochen, muss das Gleichheitszeichen in der Nullhypothese stehen, gegen die getestet wird. Nun ist aber denkbar, dass eine Theorie gerade die Nicht-Unterschiedenheit zweier Werte annimmt. Eine solche Gleichheitsannahme lässt sich in der Logik des Signifikanztestens nicht als Alternativ-, sondern nur als Nullhypothese formulieren. Wird dieser Umstand ignoriert und einfach getestet wie üblich, ist das Testergebnis nicht mehr konservativ! In diesem Falle empfiehlt es sich, ein höheres α-Fehlerniveau (z. B. $\alpha = 0.25$) zu veranschlagen.

3. Erzwungene Dichotomie

Das führt auch zum dritten Kritikpunkt. Signifikanztests operieren mit einer binären Logik bzw. werden so interpretiert. Ein Ergebnis ist entweder signifikant oder eben nicht – ist letzteres der Fall, wird der in Frage stehende Unterschied meist gar nicht weiter beachtet. Doch das kann fatal sein, da aus 1. auch folgt, dass selbst substanzielle Unterschiede möglicherweise nicht signifikant werden, da die Fallzahl zu gering ist. Der Signifikanztest in einer häufig publizierten Form liefert uns keine Anhaltspunkte dafür, wie knapp die Entscheidung ausfiel, d. h. wie weit der beobachtete Differenzwert vom Marker-Wert entfernt lag.

Gegen all diese Vorwürfe wurden von Befürworter*innen der Signifikanztests Lösungsvorschläge und Verfeinerungsvorschläge vorgebracht, auf die wir hier nicht im Einzelnen eingehen wollen. Zu nennen ist v. a. die auf Neyman und Pearsons zurückgehende Erweiterung des Signifikanztests, die mit der Berücksichtigung der sog. Trennschärfe oder Teststärke auf Kritikpunkt 1 reagiert und auch die Interpretation nicht-signifikanter Ergebnisse vorsichtiger handhabt als der klassische (Fisher-)Signifikanztest (ausführlicher dazu: Kühnel/Krebs 2012, 271 ff). Auch die Angabe von t- oder p-Werten (Fehlerwahrscheinlichkeit) bzw. des

Standardfehlers zusätzlich zu dem Befund der (In-)Signifikanz eines Ergebnisses kann dazu beitragen, Signifikanztests informativer zu machen.

Auch muss gesagt werden, dass sich Kritikpunkt 2 und 3 hauptsächlich auf ungerichtete Nullhypothesen beziehen. Für die Überprüfung gerichteter Hypothesen bieten Signifikanztests einfache Maßzahlen und damit die Möglichkeit eines raschen Überblicks über die dargebotenen Informationen, was wohl ihre Verwendung in vielen Publikationen begünstigt. Gerade deshalb erscheint es uns wichtig, ein zureichendes Verständnis von der Bedeutung und den Verfahren zu gewinnen, die bei der Erzeugung gesellschaftlicher und oft genug politisch wirksamer Wissensbestände zum Einsatz kommen. Generell gilt es bei der Interpretation der Befunde weiter zu blicken als bis zu den Signifikanzsternchen[127] und sich zu vergegenwärtigen, unter welchen Bedingungen diese Ergebnisse zustande gekommen sind.

3.3.5 Ausblick: Lineare Regression und multivariate Analysen

Während wir oben ausschließlich Verfahren zur Überprüfung von Zusammenhängen bzw. Unterschieden zwischen zwei Variablen besprochen haben, ist es für eine statistische Analyse, die der Komplexität der sozialen Wirklichkeit gebührend Rechnung tragen will, zumeist unerlässlich, den Einfluss mehrerer unabhängiger Variablen auf das zu erklärende abhängige Merkmal zu berücksichtigen. Dies insbesondere dann, wenn die Kontrolle von Drittvariablen nicht bereits durch das Forschungsdesign besorgt wird, wie dies beim Experimentaldesign der Fall ist.

Die sog. Regressionstechnik ist ein Verfahren zur Erklärung (bzw. damit zusammenhängend: der Vorhersage) der Varianz eines (abhängigen) Merkmals durch die Varianz anderer (unabhängiger) Merkmale. Fragen wir uns etwa, wie die Varianz des Einkommens zustande kommt – warum verdienen nicht alle Menschen genau das gleiche? – können wir die Varianz bzw. die Unterschiedlichkeit der Ausprägungen anderer Merkmale zur Erklärung hinzuziehen. So können wir feststellen, dass das Einkommen mit höherem Bildungsniveau und Lebensalter steigt, in Abhängigkeit von Geschlecht, Branchenzugehörigkeit und natürlich der Erwerbsposition variiert usw. Wir könnten nun daran gehen, all diese einzelnen Einflussfaktoren in bivariaten Verfahren zu überprüfen, auch wenn dies zweifellos recht langwierig und mühevoll wäre.

Die Berechnung sog. (multivariater) Regressionsmodelle bietet uns demgegenüber zwei Vorteile: Zum einen können wir mehrere Einflussfaktoren gleichzeitig berücksichtigen und versuchen, mithilfe eines mehr oder minder komplexen Modells das Einkommen (genauer: die Varianz des Einkommens) zu erklären. Dieses Modell könnte uns dann zur Vorhersage von Einkommenswerten von Personen dienen, für die die Ausprägungen auf den unabhängigen Merkmalen bekannt sind. Außerdem können wir errechnen, wie viel der Varianz des Einkommens tatsächlich durch unser Modell „erklärt" wird und wie viel Prozent dieser Varianz auf unbeobachtete, wir sagen auch: unkontrollierte Einflussfaktoren zurückzuführen sein muss.

Zum anderen können wir so die spezifischen Interdependenzen zwischen den unabhängigen Variablen (UVs) besser abschätzen. Ein real existierender Mensch ist eben nicht nur eine Frau oder nur „angestellt" oder völlig durch seine Berufsbranche definiert, sondern all diese

---

[127] In den meisten wissenschaftlichen Publikationen und insbesondere in sog. Regressionstabellen werden signifikante Ergebnisse meist mit einem * bezeichnet.

Merkmale und viele weitere treten in Kombinationen auf und es lassen sich systematische „Cluster" ausmachen, also überzufällige Realisierungen von Merkmalskombinationen. So sind mehr Frauen als Männer in Teilzeit und mehr Frauen als Männer in sozialen und Pflegeberufen tätig.

Wenn wir davon ausgehen müssen, dass Teilzeitbeschäftigte generell weniger Geld verdienen als Vollzeitbeschäftigte und Berufe in den genannten Bereichen generell geringer entlohnt werden als etwa in der „freien Wirtschaft", dann können wir einen Teil des beobachteten Gender Pay Gaps, den wir auch oben schon diskutierten, auf diese anderen beiden Einflussfaktoren zurückführen. Wir können einen Teil des Geschlechtseffekts „wegerklären" durch die geschlechterdifferente Neigung, in sozialen und Pflegeberufen zu arbeiten und der für Männer und Frauen unterschiedlichen Bereitschaft (oder Möglichkeit), in Vollzeit zu arbeiten[128]. Schließlich können wir auch sog. Interaktionseffekte spezifizieren, also die Annahme modellieren, dass *der Effekt* einer UV (= unabhängige Variable) auf das Einkommen je nach Ausprägung auf einer anderen UV anders ausfällt. So könnten wir z.B. vermuten, dass der positive Effekt, den Bildung für das erzielte Einkommen hat, für Männer und Frauen unterschiedlich stark ausfällt, dass also z.B. Frauen weniger finanziell von Bildung profitieren als Männer (Interaktion der UVs „Geschlecht" und „Bildung").

Wir wollen an dieser Stelle nicht weiter auf die theoretischen und statistisch-mathematischen Grundlagen der verschiedenen Regressionstechniken eingehen und stattdessen nur in aller gebotenen Kürze auf die Möglichkeiten der Interpretation eines Regressions-*Outputs* für eine lineare Regression – also eine Regression bei metrisch skalierter AV – eingehen, wie man ihn durch einen entsprechenden Befehl in einem Statistikprogramm[129] erhält. Lassen Sie uns dazu ein Modell mit der abhängigen Variable „Links-Rechts-Selbsteinstufung" und den erklärenden Variablen Erhebungsgebiet, Geschlecht, subjektive Schichteinstufung, Bildungsjahre und Lebensalter betrachten.

Die abhängige Variable
Die abhängige Variable (AV) ist zehnstufig von 1„links" bis 10„rechts" skaliert; dieser hohe Differenzierungsgrad der möglichen Antworten sowie der Umstand, dass die mittleren Werte den Befragten ohne Angabe verbaler Anker vorgelegt wurden, rechtfertigt die Annahme, dass diese die Abstände zwischen den Antwortvorgaben als gleich groß interpretierten – wir behandeln die AV deshalb im Folgenden als (quasi-)metrisch skaliert[130].

Die unabhängigen Variablen
Sowohl Erhebungsgebiet als auch Geschlecht wurden als dichotome Merkmale erfasst. Die Variable zur subjektiven Schichteinstufung wurde auf drei Ausprägungen „Unterschicht", „Mittelschicht" und „Oberschicht" zusammengefasst. Alter und Bildung (in Jahren) können als ratioskaliert behandelt werden.

---

128 Dabei sollte klar sein, dass „Wegerklären" weder Legitimieren noch Entproblematisieren bedeuten kann. Vielmehr gilt es weiter zu fragen, weshalb Männer offenbar bessere Chancen haben, in Vollzeit beschäftigt zu sein, und welche Gründe dafür verantwortlich zeichnen, dass erstens soziale Berufe (trotz ihrer unbestrittenen Wichtigkeit) unterdurchschnittlich entlohnt werden, und dass zweitens hauptsächlich Frauen diese Berufe (trotzdem) ergreifen. Hier verweisen statistische Modelle wieder auf die Theoriearbeit bzw. unter Umständen auf die politische Handlungsebene.
129 Wir verwenden hierfür wieder Stata.
130 Das zugehörige Regressionsverfahren wird Lineare Regression genannt, während für dichotome und polytome nicht-metrische AVs andere Regressionstechniken genauere Ergebnisse liefern und deshalb bevorzugt werden sollten.

Stata liefert uns nun für die genannten Variablen folgenden Output:

```
      Source |       SS           df       MS      Number of obs   =      3,138
-------------+----------------------------------   F(6, 3131)      =      23.81
       Model |  359.148652         6   59.8581086  Prob > F        =     0.0000
    Residual |   7871.3778     3,131   2.51401399  R-squared       =     0.0436
-------------+----------------------------------   Adj R-squared   =     0.0418
       Total |  8230.52645     3,137   2.62369348  Root MSE        =     1.5856

------------------------------------------------------------------------------
  linksrechts |      Coef.   Std. Err.      t    P>|t|     [95% Conf. Interval]
-------------+----------------------------------------------------------------
      ostwest |
neue bundeslaen..| -.4249767   .0618358    -6.87   0.000    -.5462195   -.3037339
              |
    geschlecht|
     weiblich | -.2728433   .0568609    -4.80   0.000    -.3843318   -.1613549
              |
       schicht|
  Unterschicht| -.0231265   .0691863    -0.33   0.738    -.1587816    .1125286
   Oberschicht|  .2235956   .0934085     2.39   0.017     .0404474    .4067437
              |
      bildung | -.0653855   .0084517    -7.74   0.000    -.0819569   -.0488141
        alter | -.0021582   .0016771    -1.29   0.198    -.0054466    .0011302
        _cons |  6.154234    .160255    38.40   0.000     5.840019    6.46845
------------------------------------------------------------------------------
```

Abbildung 33: Regressionsoutput

Man mag sich zunächst etwas erschlagen fühlen von der schieren Informationsflut, weshalb wir zur besseren Veranschaulichung einige wichtige Bereiche farbig umrahmt haben:

```
      Source |       SS           df       MS      Number of obs   =      3,138
-------------+----------------------------------   F(6, 3131)      =      23.81
       Model |  359.148652         6   59.8581086  Prob > F        =     0.0000
    Residual |   7871.3778     3,131   2.51401399  R-squared       =     0.0436
-------------+----------------------------------   Adj R-squared   =     0.0418
       Total |  8230.52645     3,137   2.62369348  Root MSE        =     1.5856

------------------------------------------------------------------------------
  linksrechts |      Coef.   Std. Err.      t    P>|t|     [95% Conf. Interval]
-------------+----------------------------------------------------------------
      ostwest |
neue bundeslaen..| -.4249767   .0618358    -6.87   0.000    -.5462195   -.3037339
              |
    geschlecht|
     weiblich | -.2728433   .0568609    -4.80   0.000    -.3843318   -.1613549
              |
       schicht|
  Unterschicht| -.0231265   .0691863    -0.33   0.738    -.1587816    .1125286
   Oberschicht|  .2235956   .0934085     2.39   0.017     .0404474    .4067437
              |
      bildung | -.0653855   .0084517    -7.74   0.000    -.0819569   -.0488141
        alter | -.0021582   .0016771    -1.29   0.198    -.0054466    .0011302
        _cons |  6.154234    .160255    38.40   0.000     5.840019    6.46845
------------------------------------------------------------------------------
```

Abbildung 34: Regressionsoutput – erklärt

Der Output gliedert sich grob in drei Blöcke. Der sog. ANOVA-Block oben links enthält für die einfache Auswertung zunächst weniger relevante Informationen zur Schätzmethode. In der oberen rechten Ecke finden wir Informationen zu weiteren Modellparametern wie der berücksichtigten Fallzahl und des F-Tests auf Signifikanz unseres Modells – innerhalb des violetten Rahmens finden Sie außerdem R^2, eine Maßzahl, die den Anteil der von dem spezifizierten Modell erklärten Varianz der AV ausdrückt. Für ein R^2 = 0,04 kommen wir zu dem ernüchternden Ergebnis, dass gerade einmal 4 % der Varianz der subjektiven

Linksrechtseinstufung durch unser Modell erklärt werden können, d.h. auch die Unterschiede in den von uns spezifizierten UVs zurückgeführt werden können.

Der dritte Block schließlich gibt Antwort auf die uns eigentlich interessierenden Fragen, nämlich, welche Effekte unsere UVs haben und ob diese signifikant sind. Mit Rot umrandet finden Sie den Effekt-Koeffizienten für die Variable zum Erhebungsgebiet. Aus dem Wert von $\beta_{ostwest} = -0.42$ für die Ausprägung „neue Bundesländer" können Sie ablesen, dass Ostdeutsche sich um durchschnittlich 0.42 Skalenpunkte (auf der zehnstufigen Links-Rechts-Skala) niedriger (negatives Vorzeichen) einschätzen als Westdeutsche. Sie sind also durchschnittlich etwas „linker".

In Orange umrandet dagegen finden Sie den Koeffizienten für die metrisch erfassten Schulbildungsjahre. Die Interpretation für einen Koeffizienten von $\beta_{bildung} = -0.065$ lautet: Mit jedem dazukommenden Bildungsjahr sinkt die Links-Rechts-Selbsteinstufung um 0.065 Skalenpunkte. Wir können also einen schwachen negativen Zusammenhang zwischen Bildung und politisch rechter Gesinnung feststellen: Mit zunehmender Bildung verschiebt sich die Selbsteinschätzung nach „links".

Beachten Sie die unterschiedlichen Interpretationsweisen für metrische und nicht-metrische Variablen: Der Effekt einer nicht-metrischen, also nominalen oder ordinalen Variable kann nur in Bezug auf eine Referenzkategorie interpretiert werden. Für den Effekt des Erhebungsgebiets bilden die Westdeutschen unseren Bezugsrahmen – wir können dann sagen: Ostdeutsche stufen sich weiter links ein *als* Westdeutsche. Für das mehrstufige ordinale Merkmal „Subjektive Schichteinstufung" haben wir die Ausprägung „Mittelschicht" als Referenzkategorie gewählt und können mithin z.B. zeigen, dass Oberschichtsangehörige im Durchschnitt „rechter" sind *als* Angehörige der Mittelschicht.

Ein Effekt für metrische Variablen wir Alter oder Bildungsjahre dagegen, kann stets nach dem Schema „Mit jeder positiven Änderung auf X ergibt sich eine Änderung von β auf Y" interpretiert werden.

Uns interessieren i.d.R. nur diejenigen Koeffizienten, die auch für einen Effekt in der Grundgesamtheit sprechen, die also als signifikant nachgewiesen werden können. Um die Signifikanz eines Beta-Koeffizienten festzustellen reicht ein schneller Blick in die in obiger Darstellung grün umrandete Spalte, die uns die tatsächliche Fehlerwahrscheinlichkeit gegenüber der Nullhypothese $H_0: \beta = 0$ ausgibt. Sehen wir hier einen Wert < 0.05 können wir davon ausgehen, dass auch in der Grundgesamtheit ein Effekt zu finden ist, wir können also von einem signifikanten Effekt sprechen. Sie sehen, dass dieses Kriterium für die Effekte von „Unterschicht" und „Alter" nicht erfüllt ist. Wir müssen also davon ausgehen, dass es keinen signifikanten Unterschied zwischen Unterschicht und Mittelschicht (s.o.) bei der Links-Rechts-Selbsteinstufung gibt und dass das persönliche Lebensalter keinen signifikanten Einfluss auf selbige hat.

Direkt rechts von der tatsächlichen Fehlerwahrscheinlichkeit finden Sie außerdem das 95%-Konfidenzintervall für den jeweiligen Effektkoeffizienten – auch hieraus könnten Sie auf die Signifikanz des Effekts schließen: diese ist gegeben, wenn das Konfidenzintervall den Wert 0 nicht enthält.

In blauer Umrahmung schließlich finden Sie die jeweiligen Standardfehler der Koeffizienten-Schätzverteilung abgetragen. Wir empfehlen bei der Darstellung einer Regressionstabelle in einem Textprogramm die Standardfehler der Koeffizienten mitanzugeben.

Der große Vorteil des Regressionsmodells bei der multivariaten Analyse besteht nun in der Möglichkeit, die ‚reinen' Effekte der einzelnen Merkmale identifizieren zu können. Alle oben gelisteten Koeffizienten gelten unter Kontrolle, d. h. unter statistischer Konstanthaltung aller anderen im Modell spezifizierten UVs. Unser Bildungseffekt gilt also z. B. unter Berücksichtigung des Effekts von Alter, Geschlecht usw. bzw. können wir für die Interpretation des Bildungseffektes die Annahme fingieren, dass alle Personen für alle anderen UVs denselben Wert aufweisen.

Durch sukzessive Aufnahme der einzelnen UVs lassen sich so auch sog. Mediationen und Konfundierungen aufdecken, also spezifische Zusammenhangsformen zwischen den einzelnen UVs. Wie oben beschrieben können wir durch die schrittweise Kontrolle von z. B. Berufsbranche, Erwerbsumfang usw. in aufeinander aufbauenden (hierarchisch geschichteten) Modellen den Effekt des Geschlechts auf das Einkommen „wegerklären". Wir gehen typisch von einem einfachen Modell aus und nehmen nach und nach mehr Kontrollvariablen auf, wobei wir die Veränderungen beobachten, die sich für die Effektkoeffizienten ergeben. Ein solches einfaches Modell, wie wir es hier exemplarisch besprochen haben, sollte also in der Forschungspraxis nur ein Teil einer Reihe hierarchisch geschichteter Modellschätzungen sein, über deren Vergleich sich der „wahre" Einfluss unserer theoretisch zentralen UV unter Kontrolle weiterer möglicher Einflussfaktoren eruieren lässt.

Die lineare Regression ist an eine Reihe von Voraussetzungen und v. a. verteilungstheoretische Bedingungen gebunden, auf die wir an dieser Stelle jedoch ebenso wenig eingehen können wie auf die mathematische Bestimmung der Effektkoeffizienten. Diese kurze Skizzierung des Umgangs mit Regressionstabellen sollte nur einen Einblick in fortgeschrittene statistische Auswertungsmethoden bieten und hoffentlich Neugier und Lust an der weiterführenden Beschäftigung mit diesem Thema wecken.

VI Qualitative Auswahl-, Erhebungs- und Auswertungsmethoden

Wie im Folgenden näher zu besprechen sein wird, nutzt die qualitative Sozialforschung eher offene bzw. teilstandardisierte Erhebungsinstrumente, während die quantitative Sozialforschung auf vollstandardisierte Erhebungsinstrumente abhebt und Datensätze beschreibt oder auch Stärke und Richtung von zuvor theoretisch entwickelten Zusammenhängen testet. Allerdings zeigt sich in der heutigen Forschungspraxis, dass eine sich zuspitzende Polarisierung zwischen beiden Richtungen wenig konstruktiv oder ergiebig ist, da sowohl innerhalb von qualitativen Studien mit Zahlenangaben und Maßen gearbeitet wird, als auch quantitativ erhobene Daten unter dem Leitstern theoretischer Überlegungen entwickelt und interpretiert werden und nicht immer oder zwangsläufig einer Hypothesen-Testung dienen.

Ebenso wie für die quantitative Forschung gilt, dass es ratsam ist, gleich zu Beginn einer geplanten Untersuchung zu klären, ob überhaupt eine eigene Erhebung durchgeführt werden muss oder ob nicht bereits vorhandene Daten, z.B. in Form von Akten, Situationsberichten, Fallbeschreibungen etc. genutzt werden können (etwa im Rahmen einer Sekundär- oder auch Inhaltsanalyse). Wird tatsächlich eine eigene Feldphase angestrebt bzw. notwendig, muss über das geeignete Design und die einzusetzenden Erhebungsmethoden nachgedacht werden, also darüber, ob es um eine Querschnitterhebung, einen Längsschnitt, eine Ex-post-Facto-Erhebung oder ein experimentelles Design gehen muss.

Bei den Methoden stellt sich die Frage, ob z.B. eine nicht-teilnehmende oder offen teilnehmende Beobachtung zum Einsatz kommt oder doch eine Befragung. Entscheidend wird sein, welches Untersuchungsziel verfolgt, welche Untersuchungsfragen gestellt werden und auf welche Weise die Forschenden zu genauen und möglichst unverfälschten Daten gelangen können. Vielfach wird sich das Problem ergeben, dass eine Befragung lediglich die „Präsentationsfassaden" (Przyborski/Wohlrab-Sahr 2014, 6) der Befragten zutage fördert und eben nicht deren tatsächliches Verhalten oder ihre „wahren" Einstellungen und Werthaltungen enthüllt. Auch eine teilnehmende Beobachtung kann zu verfälschten, weil bewusst anders gesteuertem Verhalten der Untersuchten führen, das umso mehr, wenn es um sozial (un-)erwünschtes Verhalten (wie z. B. elterliche Sanktionen gegenüber ihren Kindern) oder sogar prekäres Verhalten (z. B. Inszenierung sozialer Bedürftigkeit) geht.

In letzteren Fällen kann die Analyse von Aufsätzen oder Zeichnungen von Kindern, evtl. auch Interviews mit Kindern (vgl. dazu Przyborski/Wohlrab-Sahr 2014, 102 ff) oder eine nicht-teilnehmende Beobachtung über Videoaufzeichnungen zielführender sein. Bei sozial erwünschtem Verhalten werden häufig auch experimentelle Designs eingesetzt, weil sich z.B. Phänomene, wie „spontane Hilfsbereitschaft" besser in einem Setting beobachten lassen, in dem die Versuchspersonen mit einer solchen Situation „künstlich" (heißt hier durch das Forschungsteam arrangiert) konfrontiert werden und spontan reagieren werden und müssen.

> Auch beim qualitativen Forschungsweg gilt es entsprechend der gestellten Untersuchungsfrage/n das geeignete Design sowie die angemessenen Methoden zu wählen und damit über (standardisierte) Verfahren des Samplings, der Erhebung und Auswertung zu entscheiden.

Der aus unserer Sicht häufig von Studierenden recht (vor-)schnell gewählte Weg, über eine vollstandardisierte Befragung an Daten zu gelangen, erweist sich häufig schon bei der Konstruktion des Frageinstruments als Hindernislauf mit Tücken. Bei der Wahl dieser quantitativen Methode muss klar sein, dass bereits im Vorfeld der Untersuchung relativ viel Wissen um den Untersuchungsgegenstand vorhanden sein muss. Wenn eine Sozialarbeiterin z.B. etwas über die Motive ihrer Klient*innen wissen möchte, an einem bestimmten Angebot ihrer Einrichtung teilzunehmen, muss bereits im Vorhinein klar sein, welche möglichen Motive überhaupt bestehen können, um diese dann auch gezielt und eventuell auch auf einer dazu gehörenden Skala subjektiv gewichtet abfragen zu können. Wenn diese Motive am Beginn der Untersuchung noch gar nicht klar (erforscht) sind, sollte über andere Erhebungsmethoden nachgedacht werden, wie z. B. eine Gruppendiskussion unter den Teilnehmer*innen, um an diese Informationen zu kommen[1]. Das Ergebnis einer vollstandardisierten Befragung wird immer ein ganz anderes sein, als das Ergebnis, bei dem qualitative Auswertungsmethoden eingesetzt worden sind. **Während die vollstandardisierte Befragung vor allem deskriptive, statistische Daten liefert, produziert eine qualitative Auswertung zunächst einmal Text!** Es sollten also bei den sich anschickenden qualitativen Forscher*innen auf jeden Fall eine Neigung zur sprachlichen Ausdrucksform, Sprach- und Formulierungskompetenz sowie kommunikative und empathische Talente vorhanden sein.

> Qualitative Auswertung bedeutet vor allem Arbeit an einem Text!

Eine qualitative Erhebungsmethode, wie die Gruppendiskussion, kann nicht nur, um zu obigem Beispiel zurückzukehren, zeigen, wie viele und welche Motive von potenziellen Teilnehmer*innen eines sozialpädagogischen Angebots genannt werden, sondern auch, auf welche Weise diese kollektiv geteilt und im Rückgriff auf welche Sinnhorizonte verhandelt werden. Sowohl für die quantitative wie auch qualitative Studie gilt, dass es darum geht, die Äußerungen von Untersuchungspersonen zu verstehen, was zunächst einmal banal erscheint, wenn beide Parteien eine gemeinsame Sprache sprechen. Allerdings erweist sich das Fremdverstehen (selbst beim selben kulturellen Hintergrund von Untersuchenden und Untersuchten) dann doch nicht so ohne Weiteres – ohne eine kontextuelle Rahmung der Sprechinhalte – als möglich, wie bereits die Arbeiten aus dem Umfeld der Ethnomethodologie bewiesen haben (vgl. dazu auch Kapitel IV, Punkt 3.4.6). **Die Äußerungen von Personen sind immer nur in ihrem jeweiligen Kontext verstehbar.** In der qualitativ-rekonstruktiven Forschung wird dieser Kontext durch die Erzählenden selber verdeutlicht und ist nicht – wie bei der quantitativen Forschung – vorab durch das Erhebungsinstrument bereits vorgegeben (z. B. durch die festgelegte Abfolge der Fragekomplexe und das Spektrum der jeweiligen Antwortitems).

In qualitativen Verfahren werden die Einzeläußerungen der Untersuchungspersonen aufgezeichnet und auf diese Weise konserviert. Bei der anschließenden Auswertung werden die Äußerungen in dem Kontext untersucht, den die Untersuchten selbst hergestellt haben. Um Validität und Reliabilität, also die Gültigkeit und Zuverlässigkeit der (Mess-)Ergebnisse zu

---

[1] Zu den unterschiedlichen, aber komplementären Forschungszielen quantitativer und qualitativer Studien vgl. Kapitel III, Punkt 3.

gewährleisten, muss grundsätzlich die Art der Erhebung dem Untersuchungsgegenstand gegenüber angemessen sein, d.h. der gemeinte Sinn einer sozialen Handlung (wie im obigen Beispiel die Motive für die Teilnahme an einem Workshop) auch adäquat rekonstruierbar sein.

In der qualitativen Forschung wird der Messgegenstand erst in der Interaktion mit dem Untersuchten erschlossen und rekonstruiert, anschließend standardisiert und interpretiert. **Validität** heißt dann, dass die Art der Erhebung (das eingesetzte Instrument) dem Untersuchungsgegenstand angemessen ist und in dem Maß gültig, als der gemeinte Sinn anschließend adäquat rekonstruiert wird. **Reliabilität** zeigt sich in der qualitativen Forschung in der Wiederkehr einer Struktur, im Typischen, das über den einzelnen Fall hinausgeht (z.B. dass die Motive, die Teilnehmer*innen einer Gruppendiskussion äußern, auch in anderen Gruppendiskussionen und in ähnlichen Zusammenhängen mit ähnlichen Begründungen auftauchen). **Allerdings sollten bei rekonstruktiven Verfahren bereits vorhandene Theorien bei der Interpretation von empirischem Material zunächst ausgeklammert werden**, „… um nicht der Versuchung zu erliegen, das vorgefundene Material lediglich subsumtionslogisch bereits vorhandenen Kategorien zuzuordnen" (Przyborski/Wohlrab-Sahr 2014, 30), wie dies gerade bei der quantitativ deduktiven Vorgehensweise der Fall ist.

Klar sein muss auch, dass qualitative Forschung nicht dazu dient, zu Aussagen über die Häufigkeit von Merkmalen und deren Verteilung in einer Gruppe zu kommen oder die Stärke eines Zusammenhangs zu messen. Der Repräsentationsschluss wird vielmehr als „konzeptuelle Repräsentativität" (ebd., 33) angestrebt, das bedeutet, dass entweder durch die systematische Erfassung verschiedener Einzelfälle typische Strukturmuster herausgearbeitet werden, die dann eine Sammlung „idealer Typen" ergeben (wie z.B. anhand der Marienthal-Studie demonstriert unter Kapitel II, Punkt 3) oder dass, wie im Rahmen der „dokumentarischen Methode" (Bohnsack 2001) üblich, fallspezifische Beobachtungen unterschiedlichen Typiken zugeordnet werden können (wobei diese Typiken zuvor theoretisch entwickelt und formuliert worden sind).

1 Qualitative Auswahlmethoden: Stichprobenziehung bzw. Sampling

In einschlägigen qualitativen Methodenbüchern wird der Stichprobe bisher wenig Aufmerksamkeit gewidmet, obwohl auch qualitative Studienergebnisse nicht nur für eine in der Regel kleine ausgewählte Untersuchungsgruppe gelten, sondern auch Aussagen über die dahinterstehende größere Population erlauben sollen, die von der untersuchten Fragestellung oder Problematik betroffen ist. Ohne sich aber in der polemischeren Variante innerhalb der wissenschaftlichen (empirisch quantitativ orientierten) Gemeinschaft mit „bloßer Lyrik" zu befassen oder sich auch mit der Charakterisierung „typischer Fälle" (Lamnek 1995, 195) zufrieden geben zu wollen, bedarf es der Klärung, wie die Stichprobe bzw. das Sample zusammengesetzt wurde und welche Kriterien bei deren Ziehung handlungsleitend waren. Auch im Bereich der qualitativen Forschung wird auf der Basis einer Stichprobe nach der Generalisierung von Ergebnissen gestrebt, wobei der Rückgriff auf die Verteilung statistischer Parameter und deren Schätzung in der Grundgesamtheit in der Regel nicht möglich ist. **Die Zielrichtung qualitativer Forschung ist in der Regel die Theoriebildung**, das bedeutet, die empirische Erhebung dient vor allem dazu, **von den untersuchten Fällen zu abstrahieren und durch die getroffenen Aussagen eine bestehende Theorie zu präzisieren**, unter Umständen auch komplexer zu machen oder verschiedene Theorieansätze zusammenzuführen. Ausgangs- und Endpunkt qualitativer wie quantitativer Empirie liegen in der Theorie[2]!

Eine Grundbedingung dafür, aus qualitativ gewonnenen Daten gehaltvolle Erkenntnisse für die Theoriearbeit ableiten zu können, ist eine solide, methodisch disziplinierte und intersubjektiv nachvollziehbare Methodik der Auswahl von Untersuchungsfällen.

„Fragen des Samplings sind in qualitativen Untersuchungen entscheidend. Fälle stehen nicht für sich, sondern repräsentieren etwas – z. B. eine Generation, ein Milieu, ein Strukturproblem u. Ä. m. Daher entscheidet das Sampling mit darüber, ob die Befunde qualitativer Studien verallgemeinert werden können, auch wenn es dabei um andere Techniken des Samplings geht, als dies bei Zufalls- oder Quotenstichprobentechniken, die auf statistischen Überlegungen beruhen und das Argument der Repräsentativität in der quantitativen Sozialforschung legitimieren, der Fall ist" (Przyborski/Wohlrab-Sahr 2014, 178).

1.1 Theoretical Sampling

Das Verfahren des Theoretical Sampling wurde ursprünglich von Glaser/Strauss (1967) im Rahmen ihrer Formulierung einer sog. „Grounded Theory" entwickelt. „Der Grundgedanke dabei ist, **dass ein Sample nicht** – wie es häufig der Fall ist – gleich **zu Beginn der Untersuchung festgelegt wird, sondern nach den theoretischen Gesichtspunkten, die sich im Verlauf der empirischen Analyse herauskristallisieren, erst nach und nach zusammengestellt wird**" (Przyborski/Wohlrab-Sahr 2014, 181). Erst im Verlauf der ersten Datenauswertung und Interpretation entscheidet also das Forschungsteam, welche Aspekte als nächstes betrachtet werden sollen. Dieser Prozess wird durch die Theorieentwicklung kontrolliert, sodass **Theoriebildung und empirisches Prozedere, hier die weitere Auswahl für das Sample, Hand in Hand gehen**. Solch ein Auswahlverfahren zum Sampling haben wir bereits weiter oben, unter Kapitel IV, Punkt 3.4.2, im Rahmen von ethnologischer Feldforschung (Bali-Studie von Mead/Bateson) kennengelernt, wo ein Sample von Fotos zunächst nach den darauf abgebildeten verschiedenen Mutter-Kind-Motiven sortiert wurde und danach zusätzliche Fotos gemacht wurden, die zunächst möglichst ähnliche Situationen zwischen Mutter und Kind erfassten, dann aber auch mit einer maximal kontrastierenden Situation verglichen wurden. Diese Technik der minimalen oder auch maximalen Kontrastierung dient sozusagen im ersten Fall der Prüfung der Tauglichkeit der Hypothese, während letztere die Varianz auslotet. Die Stichprobe wird dann solange aufgefüllt (d. h. ihr Umfang wächst), bis eine „theoretische Sättigung" (Strauss 1991) eingetreten ist, also keine neuen Erkenntnisse durch die Erweiterung des Samples zu erwarten sind.

1.2 Gezieltes Sampling

Hierbei geht es um eine **gezielte Fallauswahl**, oft im Nachgang zu einer bereits abgeschlossenen quantitativen Erhebung, wenn sich für dort im Datensatz vorgefundene Zusammenhänge keine plausiblen Interpretationen anbieten bzw. diese in einer vertieften Analyse gesucht werden. Das gezielte Sampling erfolgt immer **nach vorab festgelegten Kriterien** und dabei

---

[2] Vgl. dazu ausführlich Kapitel VII, Punkt 2.

wird auch das Wissen um sozialstrukturelle und kulturelle Merkmale in einer bestimmten Population genutzt, z. B. neben dem Alter, der Gruppengröße und dem Geschlecht auch die ethnische Zugehörigkeit bei einer Untersuchung über Jugendgangs (vgl. Przyborski/Wohlrab-Sahr 2014, 184). Diesbezüglich erinnert das Prozedere der Ziehung auch an das Quota-Sample (vgl. Kap. V, Punkt 1.5). Weiter oben haben wir bereits im Rahmen von Evaluationsforschung eine quantitative Referenzstudie – den bundesdeutschen Freiwilligensurvey –vorgestellt (vgl. IV, Kap. 3.2), in welchem ein Zusammenhang zwischen subjektiver religiöser Bindung und freiwilligem Engagement festgestellt wurde. Allerdings waren die Befunde nicht eindeutig und fanden sich nicht in allen Vergleichsstudien wieder. Dies könnte Anlass sein, mit der gezielten Auswahl von Realgruppen (z. B. aus dem Umfeld der kirchlichen Caritas) Gruppendiskussionen anzuregen und diese unter dem fraglichen Aspekt auszuwerten. Möglicherweise geraten dadurch weitere oder auch ganz andere Aspekte des Indikators „religiöse Bindung" in den Blick.

1.3 Snowball-Sampling oder Nominationstechnik

Das Schneeballverfahren orientiert sich in der Regel an einem **Erstkontakt** im Forschungsfeld, häufig auch an einem sog. *„Door-Opener"*. Dieser überblickt, u. U. als Selbstbetroffener oder auch als professionell im Feld Tätiger (z. B. Streetworker), welche Personen z.B. für ein Interview, für eine Gruppendiskussion, für die offen-teilnehmende Beobachtung etc. in Frage kommen. Ist dieser Interviewkontakt dann auch erfolgreich gewesen, wird um die **Weiterempfehlung** an eine*n oder eine nächste*n Interviewpartner*in gebeten. Sofort stellt sich in diesem Verfahren die Frage nach der möglichen Verzerrung, die ohne Weiteres gegeben ist, denn die Ausgangsperson nennt nur solche Personen, die ihr bekannt/sympathisch/bereitwillig etc. erscheinen, sodass andere von vorneherein nicht zum Zuge kommen. Häufig ist aber, gerade in den Praxisfeldern Sozialer Arbeit, ein anderer (Erst-)Zugang gar nicht möglich. So beruhen nach unserer Erfahrung viele Studien aus dem Bereich der Sozialarbeitsforschung (z. B. über obdachlose Männer oder Flaschensammler*innen) auf Schneeball- bzw. Nominationstechnik. **Die Stichprobe, die so entsteht, ist willkürlich und dient am besten der ersten Erschließung eines Forschungsfeldes. Eine Generalisierung der Ergebnisse ist auf der Basis einer willkürlichen Stichprobe nicht möglich.**

2 Qualitative Erhebungsmethoden: teilstandardisierte Erhebungsinstrumente

Teilstandardisierte Interviews werden auch als semistrukturierte oder Leitfadeninterviews bezeichnet. Sie unterscheiden sich je nach Typus darin, dass sie nur zu einem Zeitpunkt oder über mehrere Termine hinweg stattfinden, sich in der durchschnittlichen Dauer über nur wenige Minuten erstrecken oder über mehrere Stunden hinziehen und der zugrunde gelegte Leitfaden sehr locker oder aber sehr rigide gehandhabt wird. **Wichtiges gemeinsames Merkmal ist, dass der*die Befragte mit seinen/ihren Äußerungen im Mittelpunkt steht und die Art und Weise sowie die Ausführlichkeit der Beantwortung der Fragen den Befragten überlassen wird und jederzeit auch Nachfragen von Seiten der Befragten möglich sind.**

In qualitativen Interviews geht es um die **Erfassung von subjektiven Bedeutungsmustern**, um die Alltagswahrnehmungen und Wirklichkeitstheorien der Befragten. Während des Interviews tritt die kommunikative Komponente in der Gesprächssituation stärker hervor, denn der*die Interviewer*in kann Fragen erläutern, Unverständliches erklären und wird den*die Befragte durch eine Reihe von „weichen Reaktionen" (akzeptierende und zustimmende Reaktionen) zur Aufrechterhaltung des Gesprächsflusses animieren. Darüber hinaus lebt das qualitative Interview vom Paraphrasieren (Wiederholung des Gesagten durch die Interviewer*in, um sich über den gemeinten Sinn zu verständigen), vertieftem Nachfragen und spontanem, vorsichtigem Interpretieren der Äußerungen durch den*die Interviewer*in im Interviewverlauf.

Prinzipiell gilt für qualitative Interviews, dass sie anhand eines mehr oder minder strukturierenden **Frageleitfadens** geführt werden, das heißt anhand eines **Katalogs von offenen Fragen bzw. von Fragekomplexen**. Bei einigen Typen von qualitativen Interviews kann sowohl die Frageformulierung als auch die Reihenfolge der Fragen im Interviewverlauf noch variiert werden, andere halten sich relativ streng an die durch den Leitfaden vorgegebene Fragenserie. Wichtig für einen gelungenen Interviewverlauf sind eine entspannte Interviewsituation und eine permissive offene Gesprächsatmosphäre. Für die spätere Vergleichbarkeit der Interviews ist es allerdings unabdingbar, dass in allen geführten Interviews dasselbe Vorgehen eingehalten wird (also nicht einmal streng an den Leitfaden halten und dann wieder Abweichungen zulassen).

Der*die Interviewer*in zeigt sich interessiert-anteilnehmend und versucht ein eventuell auftretendes Misstrauen bezüglich der Absichten der Studie durch möglichst persönliche, informative Vorgespräche abzubauen. Die Interviewatmosphäre wird in der einschlägigen Methodenliteratur auch als neutral-kollegial und harmonisch beschrieben. Es erfordert sicherlich einiges an Gesprächsführungstalent bzw. -technik, um ein gelungenes Interview zu führen. Immer gefragt sind dabei die Beobachtungs- und Auffassungsgabe der Interviewer*in, Konzentrationsfähigkeit, verbale und soziale Kompetenz und das Geschick, die Befragten bei Abschweifungen in die durch den Leitfaden vorgesehenen thematischen Bahnen zurückzulenken, ohne dabei autoritär oder dirigistisch zu wirken. Gefordert sind aber auch die Befragten im Hinblick auf ihre intellektuellen und sprachlichen Fähigkeiten.

Die meisten qualitativen Interviews überschreiten die Dauer von einer Zeitstunde, werden aber möglichst auf höchstens drei Stunden Dauer (z. B. beim biografischen Interview) beschränkt. Als Standard hat sich auch der Mitschnitt des Interviews durchgesetzt, ein schriftliches Mitprotokollieren seitens des*der Interviewer*in führt nicht nur zu Ungenauigkeiten, sondern sicher zu größeren Irritationen auf Befragten-Seite, während der Gesprächsmitschnitt meist nur anfänglich als leicht hemmend empfunden wird. Die besten Erfahrungen in solchen Interviewsituationen haben wir mit einem relativ kleinen Rekorder und einem winzigen Wurfmikrofon gemacht, inzwischen garantieren viele Kleingeräte mit integriertem Mikro eine hohe Wiedergabequalität und sind deshalb gut einsetzbar (neuerdings auch Smartphones).

Die Handhabung des Geräts sollte sicher (sprich: vorher geübt werden) und der Akku vollständig aufgeladen sein. Auf jeden Fall Teil des Vorgesprächs sind die Ankündigung der Dauer und die Erläuterung der späteren Verwendung der Interviews. Es ist ratsam, die Zeiten vorher großzügig zu bemessen, die Befragten reagieren sehr leicht ärgerlich, wenn man sich nicht an die verabredeten Bedingungen hält. Bei längeren Interviews empfiehlt es sich auch, eine kurze Pause vorzusehen.

2.1 Methodologische Prinzipien

Lamnek (1995, 60 ff) nennt zusammenfassend zehn methodologische Kriterien von qualitativen Interviews, die hier im Folgenden wiedergegeben und stichwortartig erläutert werden sollen:

- Das **Prinzip der Reflexivität von Gegenstand und Analyse**. Dies bedeutet, dass anders als bei quantitativ ausgerichteten Interviews keine eindeutigen Hypothesen getestet werden, sondern höchstens ansatzweise eine theoretische Vororientierung bzw. berufliches Erfahrungswissen zum Untersuchungsgegenstand vorhanden ist und/oder einige Ad-hoc-Vermutungen existieren. Beim Einstieg in die Feldphase wird durch Diskussionen im Team eine Verständigung über die Ergebnisse aus den ersten Interviews und deren Interpretation hergestellt. Stellen sich dabei ganz andere, neue Aspekte heraus, werden diese noch in der laufenden Feldphase miteinbezogen (Problem: die spätere Vergleichbarkeit aller geführten Interviews).

- Das **Prinzip des Alltagsgesprächs**. Es wird versucht, eine dem Alltag der Befragten möglichst nahekommende Gesprächssituation herzustellen, etwa indem das Gespräch im privaten Wohnumfeld der Befragten stattfindet und sich der*die Interviewer*in bereits vor der Durchführung des Interviews persönlich vorstellt, sodass keine völlige Fremdheit zwischen den Beteiligten besteht. Die Fragen im Leitfaden werden alltagssprachlich und kurz formuliert, auf einen von der oder dem Befragten gesprochenen Dialekt wird soweit als möglich eingegangen.

- Das **Prinzip der Zurückhaltung**. Gerade weil die Person der*des Interviewer*in beim qualitativen Interview wesentlich präsenter ist als bei vollstandardisierten Interviews, müssen Interviewer*innen-Effekte besonders beachtet werden. Der*die Befragte soll sich in Gegenwart des*der Interviewer*in möglichst akzeptiert und interessant fühlen. Auch bei geäußerten Meinungen, die der Haltung des*der Interviewer*in zuwiderlaufen, ist Zurückhaltung die einzige Methode, den*die Befragte nicht zu irritieren oder zu spontanen Meinungsumschwüngen zu veranlassen. Diese „anteilnehmende, akzeptierende Distanz" des*der Interviewer*in ist sicher nicht in jedem Fall leicht einzuhalten, dürfte aber gerade für Sozialarbeiter*innen ohnehin zum professionell eingeübten Verhaltensrepertoire bezüglich ihrer Klient*innen zählen.

- Das **Prinzip der Relevanzsysteme** der Betroffenen. Anders als bei quantitativ orientierten Erhebungen testen qualitative Interviews (in der Regel) nicht zuvor schon durch entsprechende Hypothesen avisierte theoretische Zusammenhänge an der Wirklichkeit, sondern sollen erst die kontextuellen Entstehungsbedingungen für Werthaltungen und Verhaltensmuster eruieren. Auf diese Weise **können Zusammenhänge und Bezüge auftauchen, die zuvor theoretisch noch gar nicht bedacht worden sind**. So kann es etwa bei einem biografischen Interview darauf ankommen, den ganz „persönlichen Motor" für eine individuelle Entwicklungsgeschichte erst herauszuarbeiten und dann systematische Unterschiede oder Ähnlichkeiten zu anderen erhobenen Lebensgeschichten zu entdecken.

- Das **Prinzip der Kommunikativität**. Im Verlauf eines qualitativen Interviews muss sich der*die Interviewer*in an der sprachlichen, intellektuellen und sozialen Kompetenz der*des Befragten orientieren und nicht umgekehrt. Dies bedeutet auch, dass die Ausführlichkeit,

Farbigkeit und Schilderungsart der erhobenen Erzählungen von den jeweiligen Befragten bestimmt werden. Das Verstehen wird bereits im Interviewverlauf dialogisch herzustellen versucht.

- Das **Prinzip der Offenheit**. In bewusster Abgrenzung zur quantitativ orientierten Forschung richtet sich eine qualitative Studie nicht eng nach zuvor ausgewählten theoretischen Konstrukten. **Die Forschenden wollen vorurteilsfrei und ohne strengen Hypothesen zu folgen, einen Fall verstehen**. Es kann sich während der Durchführung eines qualitativen Interviews herausstellen, dass den Befragten im Themenkontext wichtige Fragestellungen fehlen, Fragen differenziert werden oder ganz andere als die erwarteten Fragestellungen vertieft werden. Die Akzentverlagerung in den Gesprächen wird bewusst zugelassen und **die aus der Sicht der Befragten fehlenden Aspekte werden nachträglich noch miteinbezogen**. Die Offenheit dem Forschungsgegenstand wie den Forschungssubjekten gegenüber bedeutet nicht, theorie- oder empirielos[3] „ins Feld zu ziehen", aber offen zu bleiben für das, was eben nicht avisiert wurde (vgl. Schmidt-Grunert 1999, 53).

- Das **Prinzip der Flexibilität**. Wie eingangs schon beschrieben, setzen qualitative Interviews erhebliche soziale und kommunikative Kompetenzen bei den Beteiligten voraus. Dazu gehört fraglos, dass die Befragten in ihren jeweiligen besonderen Mitteilungsbedürfnissen wahrgenommen und respektiert werden. Dies kann auch bedeuten, dass bei einem Themenkomplex erheblich länger verweilt wird, als vorgesehen, oder dass Fragen nicht in der vorgesehenen Reihenfolge behandelt werden. **Der*die Interviewer*in geht so weit als möglich auf die jeweils spezifischen Artikulationsbedürfnisse der*des Befragten ein**.

- Das **Prinzip der Prozesshaftigkeit**. Es kann nicht vorausgesetzt werden, dass sich die Befragten zum gewählten Gesprächsthema bereits Gedanken gemacht haben oder bereits eine festgefügte Deutung oder Meinung äußern. **Viele Befragte entwickeln unter Umständen erst im Verlauf des Interviews eine bestimmte Sicht der Dinge, die es im Interviewverlauf zu dokumentieren gilt**. Es kann auch passieren, dass für den/die Befragte völlig neue Zusammenhänge erst entdeckt werden, weil ein Thema zum ersten Mal so ausführlich, bewusst oder in einem bestimmten Kontext gestellt besprochen wird.

- Das **Prinzip der datenbasierten Theorie**. Durch qualitative Interviews wird, wie bereits mehrfach erwähnt, weniger eine bereits bestehende, elaborierte Theorie der empirischen Testung unterzogen, als vielmehr erst nach neuen Einsichten und Zusammenhängen gesucht. Die Ergebnisse aus qualitativen Interviews können also die Theoriebildung initiieren oder eine wenig ausdifferenzierte Theorie verfeinern. Eine so entstandene „Grounded Theory" kann Basis einer wichtigen Arbeitstheorie in einem ausgewählten Mikrobereich der Sozialen Arbeit werden, wo theoretische Erklärungszusammenhänge noch nicht erkannt worden sind oder zur Verfügung stehen (z. B. Genese einer substanzgebundenen Sucht bei Frauen im Unterschied zu männlicher Suchtgenese).

- Das **Prinzip der Explikation**. Die Erklärungen für bestimmte Verhaltensmuster oder Verhaltensänderungen werden von den Befragten selber geliefert, das heißt durch die Interpretation des Gesagten im Interviewverlauf herausgefiltert. Diese Alltagstheorien

---

3 Erkenntnistheoretisch und praktisch ist es wohl unmöglich, derart voraussetzungslos „ins Feld zu gehen", denn die forschenden Sozialarbeiter*innen sind durch ihr Studium theoretisch vorgebildet und dieses theoretische Vorwissen wird im Verlauf ihrer Berufstätigkeit noch erweitert und modifiziert.

werden vor dem Hintergrund weiterer theoretischer oder empirischer Grundlagen in eine wissenschaftliche Theorie überführt.

2.2 Verschiedene Typen qualitativer (Einzel-)Interviews

Im Folgenden möchten wir fünf verschiedene, innerhalb der Sozialforschung gebräuchliche qualitative Interviewtypen vorstellen, die an die soeben erläuterten idealtypischen Prinzipien zwar angepasst sind, im Einzelfall aber auch mehr oder minder stark davon abweichen und damit Züge der quantitativen Logik von Befragungen vor allem im Hinblick auf ihre theoretische Vorstrukturierung und die Absicht der Hypothesenprüfung annehmen. Im Bereich der Sozialen Arbeit halten wir vor allem das problemzentrierte Interview für sinnvoll einsetzbar (dieselbe Meinung vertritt Schmidt-Grunert 1999, 40 f), das aus diesem Grund im Anschluss besonders ausführlich im Vorgehen und anhand eines Beispiels vorgestellt wird (letzteres vgl. VIII, Punkt 2.2.8), ebenso wie das biografische Interview. Für ein detailgenaueres Einlesen in die Methodologie und Methode des qualitativen Interviews empfehlen wir die beiden Bände von Lamnek (1995), an dessen Ausführungen unter anderem auch folgende zusammenfassende Kurzcharakteristika angelehnt sind, und zur sehr ausführlichen praktischen Anwendung von qualitativen Interviews im Rahmen von Sozialarbeitsforschung verweisen wir auf Steinert/Thiele (2000).

2.2.1 Das narrative und das biografische Interview

Der Impuls des narrativen Interviews besteht in der Aufforderung an die*den Befragten, etwas zu einem bestimmten Thema zu erzählen (z. B. Kinderwunsch, Partnerwahl), die Interviewer*in hält sich dann beim Erzählfluss weitgehend zurück, überlässt die Strukturierung und die Auswahl der angesprochenen Einzelheiten dem/der Befragten und versucht lediglich, beim Stocken des Erzählflusses zur Wiederaufnahme desselben zu animieren. **Es geht also im Wesentlichen um eine spontane Stegreiferzählung**. Beim biografischen Interview wird als Thema eine bestimmte Lebensphase oder auch die gesamte Lebensgeschichte vorgegeben, die dann im Rückblick erzählt werden soll. **Das narrative Interview bleibt in seiner Strukturierung dem/der Befragten überlassen und die vorgenommene Strukturierung bildet u. a. den Gegenstand der später vorgenommenen Analyse**.

Das biografische Interview ordnet die Erzählung durch den zugrunde gelegten Leitfaden, welcher in der Regel nach der chronologischen Abfolge, z.B. nach den Unterthemen „Kindheit", „Jugend", „Berufseintritt", „Kennenlernen des Partners bzw. einer Partnerin", „Heirat", „Geburt des ersten Kindes" etc. vorgeht.

Narratives wie biografisches Interview durchlaufen in der Regel fünf Phasen:

Phase I
Die Modalitäten des Interviews müssen abgeklärt werden. Es erfolgt die Erläuterung des Untersuchungszwecks bzw. -ziels, die Zusicherung der Anonymität, eine kurze Vorstellung der Person, die das Interview führen wird und eine Terminvereinbarung sowie die Festlegung der Gesprächsdauer. Anschließend sollte die Zustimmung zur Aufzeichnung des Gesprächs eingeholt werden. Mit einem geeigneten „Warming-up" beginnt dann das Interview. Diese Phase gilt auch als Vorlauf beim problemzentrierten Interview.

Phase II
Jetzt beginnt der eigentliche Einstieg ins Interview mit dem Anschneiden des ersten Themenbereichs und eventuell dessen Eingrenzung auf einen bestimmten Zeitraum (z. B. Kindheit) oder Aspekt (z. B. Freundschaft, Mädchen-/Junge-Sein etc.). Der Einstieg erfolgt über eine so genannte erzählgenerierende Frage: „Erinnern Sie sich doch bitte zurück an Ihre Kindheit, als Sie gerade eingeschult wurden ..."

Phase III
Es folgt die Erzählphase durch den Befragten, die es möglichst interessiert, anteilnehmend, aber zurückhaltend zu begleiten gilt. Dabei muss auch ein gelegentliches kurzes Schweigen oder eine Sprechpause ausgehalten werden, erst wenn der Erzählfluss völlig ins Stoppen gerät oder der*die Befragte völlig abschweift, schaltet sich der*die Interviewer*in wieder ein. Die Rolle des*der Interviewer*in beschränkt sich in dieser Phase auf die Eingangsfrage(n) und auf bestätigende, aufmunternde Kommentare und Gebärden (aha, ja, o.k., nicken, lächeln).

Phase IV
Nachdem der*die Befragte geendet hat, beginnt die*der Interviewer*in mit der Nachfragephase: Unklar Gebliebenes oder Widersprüchliches soll geklärt und offensichtliche Lücken sollen dabei geschlossen werden.

Phase V
In dieser letzten Phase des Interviews soll die Kommunikationssituation zwischen Interviewer*in und der befragten Person abgeschlossen werden. Als Abschlussfrage wird sehr häufig die so genannte Bilanzierungsfrage gestellt: „Alles in allem, würden Sie es heute noch einmal so machen?" Oder auch: „Was, würden Sie sagen, waren für Sie die glücklichsten/schwierigsten Jahre/Ereignisse?" Die letzte Phase des Interviews fördert mitunter nicht nur spannende Nachsätze zutage, sondern soll vor allem dem/der Befragten die Gelegenheit bieten, sich emotional wieder zurückzuziehen und die Erzählsituation abzurunden.

Bei narrativem wie biografischem Interview bleiben Detaillierungsgrad sowie der Stil der Erzählung den Befragten überlassen. Beide Interviewformen setzen nicht nur die Erzählwilligkeit, sondern auch die sprachliche Kompetenz zur Erzählung voraus. Die Erzählungen sind zugleich **retrospektive Interpretationen und Plausibilisierungen des individuellen Handelns von einem Jetzt-Zeitpunkt aus**. Bei der Auswertung der Interviews geht es um den **Nachvollzug des subjektiven Sinns** und auch um die Rekonstruktion von Mustern und Strukturen (vgl. auch Schaffer 1993, 146 f). In der Forschungspraxis wird immer wieder darauf verwiesen, dass häufig schon eine kleine Gruppe von 20 bis 30 Klient*innen eine erschöpfende Variationsbreite verschiedener typischer Verläufe erkennen lässt, also bereits eine „Sättigung" eintritt, das heißt sich jenseits dieser Fallzahlen bestimmte Muster bereits wiederholen.

In der Sozialarbeitsforschung werden unterschiedliche Anliegen und Ziele mit dem Einsatz biografischer und narrativer Interviews verfolgt:
- Es werden unterschiedliche Kulturen, Lebens- und Weltauffassungen erschlossen, was zu einer Sensibilisierung für „das Fremde" beiträgt, Lebensgeschichten können das Verständnis für sozial schwer zugängliche und stigmatisierte Gruppen eröffnen bzw. erhöhen, es kann Wirksamkeitsforschung betrieben werden, indem post hoc nachvollzogen wird, wie und inwiefern Soziale Arbeit in das Leben der Untersuchten eingegriffen hat, es

kann die Verarbeitung kritischer Lebensereignisse nachvollzogen werden (z. B. [Langzeit-] Arbeitslosigkeit, Aufenthalt in der Psychiatrie, im Strafvollzug, in einer Reha-Einrichtung, Verwitwung etc.).
- In der sozialwissenschaftlichen wie in der Sozialarbeitsforschung werden biografisches und narratives Interview häufig auch als Mischform eingesetzt (d. h., es gibt einen sehr locker gehandhabten Leitfaden und viel Raum für die Narration, das freie Erzählen), welche möglichst nahe am Alltag der Untersuchten ansetzt und von der auch Girtler (1996) behauptet, diese habe sich besonders gut bei sozialen Randgruppen bewährt.
- Bei biografischem wie narrativem Interview handelt es sich also in der Regel um retrospektive lebensgeschichtliche Erzählungen von einem Jetzt-Zeitpunkt aus. Um dagegen eine aktuelle Handlungsorientierung zu untersuchen, wird eher der nachfolgend vorgestellte Interviewtypus des problemzentrierten Interviews gewählt.

2.2.2 Das problemzentrierte Interview

Das problemzentrierte Interview konzentriert sich auf eine bestimmte oder einige wenige Problemstellungen, die von dem*der Interviewer*in eingeführt werden und auf die sie immer wieder zurückkommt. Das Forscher*innenteam geht nicht völlig theorielos ins Feld, vielmehr wird gleich zu Beginn die Literatur nach themenspezifischen theoretischen Erklärungsansätzen sowie empirischen Befunden zur ausgewählten Problematik gesichtet. Im Bereich der Sozialen Arbeit spielt sicherlich auch das professionelle Erfahrungswissen der Untersuchenden eine wichtige Rolle. Das Forschungsfeld wird also nicht voraussetzungslos erschlossen. **Die Erkenntnisse, die sich aus der theoretischen Übersicht und dem beruflichen Erfahrungswissen ergeben, beeinflussen die inhaltliche Strukturierung des Frageleitfadens**. Dies bedeutet, dass beim problemzentrierten Interview **die vorab herausgefilterten Problembereiche die relevanten, durch den Leitfaden abgetasteten Untersuchungsaspekte vorgeben**. Damit rückt dieser Interviewtypus sehr nahe an die Konstruktionslogik eines quantitativ orientierten Erhebungsinstruments heran, unterscheidet sich aber nach wie vor davon, indem das Erzählprinzip durch **ausschließlich offene Fragen** aufrechterhalten wird und auch eine Erweiterung oder Modifikation der Themenfelder durch die Befragten möglich ist. Ein weiterer wichtiger Unterschied besteht darin, dass das problemzentrierte Interview zum induktiven Schließen eingesetzt wird, das heißt, es gilt bei der Datenanalyse und Datenauswertung das Typische, das Exemplarische am Einzelfall oder an den Einzelfällen herauszuarbeiten und in eine zu generierende Theorie zu überführen. Anders als beim vollstandardisierten Interview werden also nicht nur vorab entwickelte Hypothesen überprüft, sondern die im Vorfeld durch die Literatur oder das Erfahrungswissen generierten Annahmen, die sich in den Inhalten des Leitfadens widerspiegeln, können revidiert, erweitert oder auch differenziert werden, sodass keine Perspektivenverengung vorliegt[4]. Methodologisch betrachtet erfolgt eine **Kombination von Induktion und Deduktion** mit der Chance auf eine Modifikation der zuvor konsultierten theoretischen Konzepte. Auch die kommunikativen Aspekte des Interviews (Rückfragen, Erklärungen, Anpassung des sprachlichen Niveaus) bleiben intakt. Die Bedeutungsstrukturierung durch den/die Befragte bleibt weiterhin im Mittelpunkt der Aufmerksamkeit, auch wenn die Untersuchenden

---

4 Wellenreuther weist darauf hin, dass gerade die Vorgabe von mehreren Antwortalternativen bei der vollstandardisierten Befragung das Meinungsspektrum der Befragten besser stimulieren kann, als wenn die Antworten selbstständig formuliert werden müssen und dabei Aspekte der Thematik spontan nicht mehr erinnert werden (vgl. Wellenreuther 2000, 320 f.). Das qualitative Interview versucht aber gerade zu einer vertieften Eruierung aller Aspekte eines Themenkomplexes durch bestimmte Nachfrage- und Interpretationstechniken zu kommen.

Vermutungen über die Relevanzstrukturen, Motive, Wertesysteme und Handlungsmotivationen der Befragten haben. Die Reihenfolge der durch den Leitfaden vorgegebenen Themenkomplexe kann variiert werden, die offenen Fragen sollen dabei einen Erzählstimulus bieten, allerdings ist beim Interview darauf zu achten, dass der Leitfaden erschöpfend (vollständig) abgetastet wird, um die spätere Vergleichbarkeit der Interviews zu gewährleisten.

Nun zu den Durchführungsphasen des Interviews:

Phase I
Sichtung von theoretischem und empirischem Material zum Untersuchungsthema, Diskussion von einschlägigem Erfahrungswissen und dessen intersubjektive Abklärung (z. B. was wird innerhalb eines Teams dazu gedacht, worauf kann man sich verständigen), Eingrenzung des Themas, Auswahl der Untersuchungsfrage(n), Strukturierung des Leitfadens; Entwurf des sozio-demografischen Bogens. Vorbereitung der Interviewsituation (siehe dito Phase I beim biografischen Interview).

Phase II
Beginn des Interviews mit Warming-up; Leitfaden als Strukturierungshilfe nutzen, einzelne Themenkomplexe werden mit Erzählstimulus eingeleitet.
Zurückspiegeln: „Das habe ich jetzt so verstanden" oder „Das hört sich jetzt für mich so ... an". Bitte um Korrektur oder weitere Kommentierung des Gesagten;
„Sie haben gerade beiläufig erwähnt, können Sie dazu noch einmal genauer ..."
Verständnisfragen: „Das verstehe ich jetzt nicht so ganz", „Wie meinen Sie das ...?" „Wieso ...?"
Konfrontation: Widersprüchliches aufdecken, eventuelles Ausweichen ansprechen.

Phase III
Ad-hoc-Fragen stellen: Noch nicht Behandeltes oder übersprungene Themenkomplexe im Nachhinein ansprechen.

Phase IV
Interview mit einer abschließenden Frage beenden, z. B.: „Ich bin jetzt am Ende meiner Fragen angelangt, können Sie sagen, ob Ihnen noch etwas Ergänzendes einfällt, hat etwas gefehlt, worüber Sie noch gerne sprechen würden?" Danach erst die sozio-demografischen Daten erfassen.[5]

2.2.3 Das fokussierte Interview

Ausgangspunkt des fokussierten Interviews ist immer eine von den Befragten geteilte Erlebnissituation und es zielt auf die Erhebung der verbal reproduzierten, unmittelbaren Reaktionen der daran beteiligten Befragten. Dabei wird das, was als gemeinsame Situation definiert wird, relativ weit gefasst: Es kann sich um die Reaktionen auf einen Kinofilm unmittelbar nach dem Kinobesuch handeln, es kann sich auch um eine aktuell gehörte Radiosendung drehen oder spontane Aussagen zu einem zuvor ausgehändigten Flugblatt. Dem fokussierten

---
[5] Entgegen anderslautenden Empfehlungen (z. B. Schmidt-Grunert 1999, 42) raten wir grundsätzlich dazu, die sozio-demografischen Daten am Ende abzufragen, weil nach unserer Erfahrung sonst die anfängliche Befangenheit beim Interview auf Befragten-Seite verstärkt wird, sogar Misstrauen im Hinblick auf die Anonymitätszusicherung aufkommt und außerdem eine „innere Haltung", auf gestellte Fragen knapp zu antworten, eher befördert wird und den Redefluss von Anfang an hemmt.

Interview liegt ein – in der Regel – kurzer Leitfaden zugrunde, der auf im Vorfeld vom Untersuchungsteam entwickelten Hypothesen beruht. Der hypothesentestende Charakter ist beim fokussierten Interview so vordergründig, dass im Grunde bereits ein Grenzfall in Bezug auf den qualitativen Charakter des Erhebungsinstruments vorliegt. Die qualitative Einstufung des fokussierten Interviews basiert auf der Verwendung ausnahmslos offener Fragen, auf den Freiheitsgraden durch die beabsichtigte Spontaneität in den Antwortreaktionen und auf den individuell bestimmbaren inhaltlichen Aspekten in den Ausführungen durch die Befragten. Dies bedeutet, dass Zusammenhänge, Herleitungen, Begründungen etc. von den Befragten geliefert werden und keine Prädetermination (im Vorhinein festgezurrte theoretische Ausschnittbestimmung) durch irgendwelche Vorgaben eintritt. Darüber hinaus geht es im fokussierten Interview nicht nur um oberflächliche Reaktionen, sondern um durchaus vertiefte Einsichten – Diekmann spricht an dieser Stelle von „Tiefgründigkeit" (Diekmann 2017, 537) – bei den Antworten bzw. Reaktionen. Die*der Interviewer*in lässt sich also nicht mit Adjektiven wie „schockierend", „begeisternd" oder „wunderschön" abspeisen, sondern stimuliert durch profunde und spezifische Fragestellungen, was sich hinter diesen Etikettierungen verbirgt, welche Einstellungen und Motive dabei zutage treten. Verbindungen zwischen Persönlichkeitsaspekten und den spontanen Reaktionen sollen transparent gemacht werden.

2.2.4 Das Tiefen- oder Intensivinterview

Dieser Interviewtypus ist ausschließlich im Bereich der Psychologie gebräuchlich und soll hier nur der Vollständigkeit halber kurz angesprochen werden. Die Grundidee des Tiefeninterviews ist es, durch alltagsweltliche Themenstellungen im Leitfaden auf dahinterstehende Motivstrukturen der Befragten schließen zu können. Dabei wird davon ausgegangen, dass die Aussagen, die sich auf ganz alltägliche Begebenheiten richten, im Rahmen der Psychoanalyse ausgedeutet, Zugang zum Unbewussten der Befragten schaffen. Das heißt aber, dass die untersuchten Personen von sich mehr als die bewussten und reflektierten Handlungsmotivationen offenbaren. Damit widerspricht das Tiefeninterview gleich zwei methodologischen Prinzipien des qualitativen Interviews, nämlich dem Prinzip der Reflexivität von Gegenstand und Analyse und dem Prinzip der weitgehenden Theorielosigkeit (keine Prädetermination). Vielfach wird in der Praxis das Interview auch als eine Art Assoziationstest durchgeführt, wobei zusätzlich noch eine Standardisierung des Leitfadens erfolgt. Das Intensivinterview ist also deutlich mehr als die übrigen vorgestellten Interviewtypen an eine quantitative Untersuchungslogik angenähert.

2.2.5 Das Struktur- oder Dilemmainterview

Dieser Typus von Interview wurde ebenfalls innerhalb der Psychologie in der Tradition von Piaget und Kohlberg entwickelt und seine Struktur ist relativ starr. **Ausgangsbasis bildet eine Erzählvorgabe**, die auch filmisch dargeboten werden kann und die dazu dienen soll, **die Urteilsstrukturen** bzw. die „soziale Moral" **einer Person aufzudecken**. Die jeweilige Erzählvorgabe besteht in einem sogenannten Handlungsdilemma, welches ein mehr oder minder schwerwiegendes Entscheidungsproblem darstellt. Das in der einschlägigen Literatur wohl berühmteste ist das sogenannte Heinz-Dilemma: Ein Mann kann das für seine über alles geliebte Ehefrau lebensrettende Medikament nicht bezahlen. Welche Strategien sind ihm angesichts der Dramatik der Situation erlaubt (z. B. Raubüberfall auf Apotheke)? Bei der Auswertung geht es dem Untersuchungsteam nicht so sehr oder ausschließlich um die Lösungen die von den Proband*innen vorgeschlagen werden, sondern vor allem um deren "moralische" Begründungen. Um das gewählte Dilemma herum werden gezielte Nachfragen gruppiert, um möglichst alle Aspekte der Entscheidungsfindung zu erfassen. Die Anforderungen an die Interviewer*innen- Kompetenz ist entsprechend groß, denn von ihm/ihr hängt es ab, wie gründlich Motivstrukturen aufgedeckt werden, ohne suggestiv zu beeinflussen.

2.3 Gruppendiskussion

Im deutschen Sprachraum liegt der historische Ausgangspunkt der Gruppendiskussion bereits in den 1950er-Jahren im Rahmen der empirischen Arbeiten des Frankfurter Instituts für Sozialforschung. Ganz in der Tradition der anglo-amerikanischen Aktionsforschung werden Gruppendiskussionen zunächst im Umfeld von Gruppenexperimenten eingesetzt (zuerst Pollock 1955 mit einer Untersuchung zum politischen Bewusstsein ausgewählter Berufsgruppen). Es ging darum, möglichst authentisch zu erfassen, welche politischen Einstellungen „in der Luft" lägen, wobei diese öffentliche Meinung jenseits von Einzelmeinungen in Interviews erschlossen werden sollte (vgl. Lamnek 1995 Bd. 2, 126 und Przyborski/Wohlrab-Sahr 2014, 90). Durch die Äußerungen in einer Gruppe kommen psychodynamische Prozesse der Meinungsbildung in den Blick, **es zählt weniger die individuelle Einzelmeinung als vielmehr die inhaltlichen Ausprägungen und Facetten innerhalb eines sozialen Kollektivs**. In unmittelbarer Folge werden Gruppendiskussionen überwiegend in der Markt- und Meinungsforschung eingesetzt. In den letzten Jahren hat die Erhebung von Gesprächen in gruppenförmigen Settings auch im Bereich der Sozialarbeitsforschung stark an Bedeutung gewonnen. Gruppendiskussionen werden dabei **für sehr unterschiedliche Zwecke eingesetzt**, z. B. zur Intervention bei auftretenden personalen Problemen, als Instrument zur Organisationsentwicklung oder aber auch – und dies ist im Kontext des sozialwissenschaftlichen Zugangs meist der Fall – um Meinungen und Einstellungen einzelner Teilnehmer*innen oder auch der gesamten Gruppe zu ermitteln[6] (vgl. dazu detailliert Lamnek 1995, 130 ff). Je nach Ziel, welches mit der Gruppendiskussion (primär) verfolgt wird, differiert auch die Auswahl der Teilnehmer*innen. Bei einer Interventionsabsicht sind die Teilnehmer*innen praktisch von vorneherein „gesetzt", es soll ja etwas in einer „dysfunktional" agierenden Gruppe, z. B. einem Arbeitsteam, verändert werden. Häufig besteht also das Sampling aus einer oder mehreren sogenannten Realgruppen, das heißt, diese Personen interagieren realiter regelmäßig miteinander, gleichviel ob es sich dabei um einen beruflichen oder anderen Kontext etwa aus dem Freizeitbereich handelt.[7] Die Realgruppe soll zum einen garantieren, dass überhaupt eine selbstläufige Debatte ausgetragen wird, zum anderen ist die Realgruppe der Garant für den gemeinsamen Erfahrungsraum der Teilnehmenden. Bohnsack spricht an dieser Stelle vom „konjunktiven Erfahrungsraum", das bedeutet, dass wir Äußerungen oder Handlungen vor allem verstehen, weil wir die Alltagspraxis, den erlebnismäßigen Kontext teilen und auf dieser Basis einschätzen können (vgl. Bohnsack 2014, 60). Im Übrigen gelten die weiter oben beschriebenen qualitativen Auswahlmethoden und -techniken auch für die Gruppendiskussion.

Die Gruppendiskussion wird **von einem*r Moderator*in** geleitet, die mit einem bewusst gesetzten **Grundreiz** (Pollock), der meist in einem **pointierten oder provokantem Statement**

---
6 Lamnek spricht dabei von ermittelnder im Vergleich zur vermittelnden Gruppendiskussion (vgl. Lamnek 1995, 134).
7 So interviewte Cornelia Behnke (1997) mehrere männliche Stammtischrunden aus bayerischen Wirtshäusern zu ihren Wahrnehmungen und Einstellungen gegenüber ihren Partnerinnen bzw. Ehefrauen.

zu einem bestimmten Thema oder auch einer allgemein gehaltenen Frage, die Gesprächsrunde eröffnet. Dadurch soll die Diskussion in Gang gebracht werden. **Die Diskussion soll anschließend nicht zwischen Teilnehmer*innen und Moderator*in stattfinden, sondern zwischen den Teilnehmer*innen untereinander.** Droht die Diskussion zwischendurch zu erlahmen, gilt es weitere Reize im Verlauf zu setzen (vgl. Lamnek 1995, 132-133).

Die gesamte Gruppendiskussion, die sich durchaus über mehrere Stunden hinziehen kann, wird auf Tonträger mitgeschnitten, teilweise werden zusätzlich auch Videoaufzeichnungen gemacht, die für die spätere Auswertung wertvolle (zusätzliche) Informationen liefern können. Der Text wird entsprechend den Transkriptionsregeln aufbereitet und dann mit unterschiedlichen, standardisierten Auswertungsmethoden bearbeitet (s. weiter unten Punkt 3).

2.4 Bildanalyse

Das Medium Bild hat gerade im Zuge der zunehmenden Digitalisierung unseres Alltags wachsende Bedeutung und essenzielle Funktion gewonnen, in der professionellen wie in der privaten Kommunikation. Dieser Trend nimmt weiter zu und hierin liegt wohl eine wesentliche Vorbedingung dafür, dass sich auch die Wissenschaft mit der inzwischen unübersehbaren Bedeutung des Bildes in sozialen, psychischen, politischen und wirtschaftlichen Kontexten beschäftigt (vgl. Przyborski/Wohlrab-Sahr 2014, 317). Im Bereich der qualitativen Sozialforschung liegt zwar der Schwerpunkt nach wie vor auf der Analyse von Texten bzw. der verschriftlichten Rede (wie etwa beim Interview oder der Gruppendiskussion), allerdings eröffnen sich im Rahmen vieler einschlägiger Praxisfelder der Sozialen Arbeit interessante Forschungsfragen in unmittelbarem Bezug zu dort eingesetzten und publizierten Bildern, Fotos oder auch Videoclips. Grundsätzlich kann es dabei auch um die Analyse des Wechselverhältnisses zwischen Bild und Text gehen.

Bei der rekonstruktiven Bildinterpretation (nach Bohnsack 2009 und 2017) geht es um einen adäquaten Zugang zum Bild, seine soziale Semantik und Eigenlogik. Bildanalyse ist eine Methode, die das vorreflexive, a-theoretische oder auch intuitive Wissen der Betrachtenden bewusst nutzt, um die Botschaften und konnotativen Aufladungen eines Bildes zu entschlüsseln. Es ist prinzipiell davon auszugehen, dass die Verständigung im Medium Bild auch in unser aller Alltag a-theoretisch, vorreflexiv erfolgt (z.B. lesen wir Gestik und Mimik abgebildeter Personen spontan, unterhalb der sprachlichen Explikation). Das Bild bzw. Foto ist immer auch ein sozio-historisches Produkt und wird so gesehen zum Dokument einer Weltanschauung oder genauer eines Habitus'[8] einer Epoche und eines Milieus (vgl. Bohnsack 2009, 53).

Der erkenntnistheoretische Zugang zum Bild basiert auf den kollektiv geteilten Wissensbeständen einer Gesellschaft. Es geht also nicht um die rein subjektive Wirkung oder gar individuelle Spekulationen zu einem Bild oder einer Fotografie, sondern die Analyse fußt auf der Basis sozial geteilter, kollektiver Wissensbestände (Common Sense), welche den

---

[8] Bourdieu versteht unter Habitus das gesamte Auftreten einer Person, im Einzelnen also z.B. den Lebensstil, die Sprache, die Kleidung und den Geschmack. Der Habitus ist in der Praxistheorie konzipiert als Verkörperung der sozialen Klassenlage. Bourdieu geht davon aus, dass sich die multidimensionale Verortung eines Menschen im sozialen Raum bzw. der Gesellschaft noch in den kleinsten Bewegungen und scheinbar unbedeutendsten Aspekten seiner täglichen Handlungen als verkörperte Klassenlage manifestiert (vgl. hierzu v.a. Bourdieu 2016).

verstehenden Zugang zum Dargestellten ermöglichen. Bohnsack differenziert an dieser Stelle nach kommunikativem und konjunktivem Wissen. Beim kommunikativen Wissen handelt es sich um generalisierte, handlungsleitende Wissensbestände, die nicht notwendigerweise aktualisiert sein müssen, aber gleichwohl vorhanden sind (vgl. Bohnsack 2017, 65). Diese sind weitgehend stereotypisiert und kommen z.B. zum Tragen, wenn wir auf einem Foto eine Personengruppe bestehend aus Mann, Frau und mehreren Kindern als „Familie" identifizieren. Das konjunktive Wissen erwächst demgegenüber aus der Erfahrungsgemeinschaft mit sozialen anderen, durch die intersubjektive Verschränkung von Praktiken, als gemeinsam erlebter Praxisvollzug (vgl. Bohnsack 2017, 69). Dieses erfahrungsbezogene Wissen bestünde dann in genauerem Detailwissen über die abgebildete Familie „Meier" (z. B. deren beziehungsdynamisch beeinflussten Handlungspraktiken).

Abbildung 35: Familienpolitisches Positionspapier des Paritätischen Wohlfahrtsverbands Bayern (2017)

Bohnsack unterscheidet nach der Verständigung **über** ein Bild und der **durch** ein Bild (Bohnsack 2009, 28). Wir verständigen uns im Alltag durch Bilder, gesellschaftliche Wirklichkeit wird durch Bilder hergestellt. Diese Herstellung der Welt durch Bilder kann zum einen als Deutung der Welt verstanden werden (Ikonizität), zum anderen aber auch darüber hinausreichen, indem Bilder handlungsleitende Qualität besitzen können (Bilder bleiben dauerhaft im Gedächtnis, sind Bestandteil der Bildung und Sozialisation im weiteren Sinn).

Bevor es weiter unten (Punkt 3.3) um die exemplarische Schilderung des konkreten methodischen Vorgehens gehen kann, sollen noch einige Bemerkungen zur Auswahl des Bildmaterials vorausgeschickt werden, also zur Stichprobe bzw. dem Sampling.

Die Auswahl und Anzahl der Untersuchungseinheiten, in unserem Fall der Fotos, hat entscheidenden Einfluss darauf, was am Ende die Aussagekraft der Ergebnisse einer entsprechenden Studie anbelangt (vgl. dazu auch weiter oben, Punkt 1). Wenn vom Einzelfall abstrahiert und die Ergebnisse verallgemeinerungsfähig sein sollen, ist dies nicht anders als durch die theoretisch-logische begründete Auswahl der Bilder/Fotos zu gewährleisten (gezieltes Sampling, s.o. Punkt 1.2). Bei der weiter unten beispielhaft vorgestellten Bildanalyse könnte es im Rahmen einer entsprechenden Studie um das Familienbild gehen, das verschiedene Wohlfahrtsträger über ihre Informationsbroschüren, Jahresberichte, Internetauftritte etc. lancieren und um Unterschiede, die sich eventuell nach Trägerschaft (z. B. konfessionell gebunden oder nicht) ergeben.

Es wäre also folgerichtig, entsprechendes Textmaterial aller Wohlfahrtsträger in einem bestimmten Bundesland (hier Bayern) oder auch bundesweit und innerhalb eines vorgegebenen Zeitraums (z. B. zurückliegendes Jahr) nach dem der Fragestellung entsprechenden Fotos zu durchforsten und dabei solche mit vergleichbaren Sujets (in unserem Beispiel abgebildete Familien) auszuwählen. Dabei könnten auch Unterkategorien gebildet werden, etwa nach Ein-Eltern-Familien, Mehrkinder-Familien, ethnisch gemischte Familien etc. Die Untersuchungsfrage kann weiter präzisiert werden und gibt damit die weitere Auswahlbewegung sowie den Umfang der Stichprobe vor. Quantitatives Sampling legt seinen Prozeduren Fragen der statistischen Verteilung zugrunde (vgl. dazu Kapitel V), die in qualitativen Studien nicht berücksichtigt werden. Aber dass die Prozeduren des Samplings und deren Transparenz über die Generalisierbarkeit der Ergebnisse entscheiden, haben beide Verfahren gemeinsam.

3 Ausgewählte qualitative Auswertungsmethoden

3.1 Inhaltsanalyse von Texten

Grundsätzlich wird unmittelbar nach der Durchführung eines Interviews ein Postskriptum empfohlen, der*die Interviewer*in hält darin Eindrücke fest, die durch die Aufnahme nicht erfasst worden sind, z. B. wie sich die Kontaktaufnahme gestaltet hat, wie die Atmosphäre beim Interview war, welche nonverbalen Reaktionen die befragte Person zeigte, welche besonderen situativen Bedingungen herrschten, bis hin zu persönlichen Eindrücken von der befragten Person und dem möglichen Einfluss anwesender Dritter (vgl. Schmidt-Grunert 1999, 43).

Das gesamte Interview, gleich welchen Typus, wird aufgezeichnet und anschließend wortwörtlich transkribiert. Am besten lehnt sich das Forschungsteam an bereits vorliegende Transkriptionsregeln z. B. aus der Schule der rekonstruktiven Textanalyse an (Bohnsack 2014, 253–254 oder Przyborski/Wohlrab-Sahr 2014, 167 ff) und macht diese auch transparent. Die wichtigsten sozio-demografischen Angaben zur Person der*des Befragten werden im Anschluss an das Interview und in vollstandardisierter Form erfasst. Es muss damit gerechnet werden, dass pro Interviewstunde ein Papierumfang von etwa 12 bis 15 DIN A-4 Seiten anfällt. Auf den abgetippten Seiten erscheint die*der Interviewer*in mit dem Kürzel „I", bei mehreren Interviewer*innen „I 1", „I 2" usw. Der Name der*des Befragten wird abgekürzt, z. B. Frau A., Herr B. Es empfiehlt sich auch, bei der Abschrift einen breiten rechten Rand für spätere Randmarkierungen am Text zu lassen. Empfehlenswert für ein schnelleres Auffinden der späteren Zitierstellen ist eine durchlaufende Zeilennummerierung auf jeder Interviewseite. In der Regel bleiben die kompletten Interviews beim Untersuchungsteam, es werden also nur Ausschnitte in Form von wortwörtlichen Zitaten als Belegstellen bei der Auswertung veröffentlicht. Manchmal werden die Interviews auch komplett im Anhang einer Untersuchung veröffentlicht, dafür ist in jedem Fall das Einverständnis der Befragten notwendig. Die Auswertungsschritte werden noch weiter unten anhand eines Beispiels erläutert werden (vgl. Kap. VIII).

Beim narrativen wie beim biografischen Interview kommen **verschiedene Auswertungsebenen** in Betracht: Es geht nicht nur um die **inhaltlichen/informativen Aspekte**, wie verwendete Daten, Ereignisse oder die Detailgenauigkeit, sondern auch um die dabei zutage tretende **subjektive Konstruktion der erzählten Geschichte**, die Art und Weise der Verknüpfung von Ereignissen, aber auch um **formale Gesichtspunkte**, wie die produzierte Textart und die emotionale Tönung des Berichteten. Auswertungsrelevant kann auch sein, welche **Motivstrukturen** bei den Befragten deutlich werden, welche **Werthaltungen und Orientierungsmuster** und auch deren Wandlungen. Gesondert betrachtet werden können auch die **Einbeziehung zeitgeschichtlicher Ereignisse** und deren Wirkungen auf die Untersuchungsperson. Haupteinsatzgebiet des narrativen und biografischen Interviews ist die Biografie- und Lebenslaufforschung[9] und die sogenannte Oral History, im Bereich der historischen (Frauen-)Forschung.

Innerhalb der aktuellen Frauenforschung kommt der biografischen Methode eine große Relevanz zu, was wohl kaum verwundert angesichts der methodologischen Prinzipien qualitativer Forschung (vor allem die Offenheit des Forschungsprozesses und die Ganzheitlichkeit des Vorgehens), welche mit den Postulaten der Frauenforschung aus deren Anfangsphase hoch kompatibel erscheinen. Ausgangspunkt der feministischen Biografieforschung ist die Erkenntnis, dass Biografie als soziales Konstrukt „geschlechtsgebunden" ist, das heißt niemals unabhängig von den herrschenden gesellschaftlichen Geschlechterverhältnissen begriffen werden kann. Die gesellschaftlichen Verhältnisse und hier vor allem die Tatsache der „doppelten Vergesellschaftung" (Becker-Schmidt 1987) von Frauen werden in deren konkreten Biografien produziert und reproduziert (vgl. Dausien 1994, 142). Deutlich tritt auch in Frauenbiografien der Konflikt zwischen den subjektiven biografischen Perspektiven, den Beziehungsinteressen und den sozialen Erwartungen aus der Umwelt hervor (vgl. ebd., 151).

Innerhalb der Sozialarbeitsforschung wurde vor allem im Bereich der Sozialen Arbeit mit Frauen mit biografischen Interviews gearbeitet, z.B. wenn es um Gewalterfahrungen von Frauen geht oder auch um die Lebenskarrieren von wohnungslosen Frauen (vgl. Steinert/Thiele 2000, 68 f und 183 f), um die besonderen Lebenserfahrungen von alleinerziehenden Frauen und um Frauen mit Behinderungen.

Ziel und Funktion von Inhaltsanalysen ist die systematische Bearbeitung von Kommunikationsinhalten, wie von Texten, Fotos, Videos, Filmen und Gemälden, aber auch von plastischem oder musikalischem Material. Besonders populär ist unter Studierenden die Inhaltsanalyse nach Mayring (1991 und 2010), deren Vorgehen in groben Zügen weiter unten noch vorgestellt werden soll. Prinzipiell setzt Inhaltsanalyse nach Lamnek (2010) an einem geradezu trivialen Sachverhalt an, nämlich dem auch alltäglich geforderten **Verstehen und Ausdeuten von sprachlichen und anderen symbolischen Inhalten**. Wir alle praktizieren also Inhaltsanalyse im Alltag, um die Botschaften unserer Mitmenschen zu verstehen, dem Gesagten Sinn zu verleihen, die Intention dahinter zu begreifen und eventuell auch versteckte Botschaften über körpersprachliche Signale oder in Form von Anspielungen oder Doppeldeutigkeiten herauszufiltern und zu interpretieren. Die wissenschaftliche Inhaltsanalyse wird innerhalb der Sozialforschung bereits seit den 1930er-Jahren durchgeführt

---

[9] Die oft in einem Atemzug genannte Biografie- und Lebenslaufforschung unterscheidet sich deutlich im Hinblick auf ihre Zielrichtung, Methodologie und auch die eingesetzten Instrumente. Während die Biografieforschung auf die erzählte Autobiografie, also die subjektive Ausdeutung einer individuellen Lebensgeschichte zielt, arbeitet die Lebenslaufforschung mit quantitativer Ausrichtung und meist aggregierten Daten.

und dient zu Beginn vor allem der Analyse von politischer Propaganda (vgl. Lamnek 2010, 438). Gegenstand der wissenschaftlichen Inhaltsanalysen sind seither neben öffentlichen auch persönliche, in der Regel verschriftlichte Reden (z.B. alle Formen qualitativer Interviews), daneben Akten, historische Dokumente, Bilder und Fotografien, Zeitungen und Zeitschriften, Filme, Videos und Internetdokumente. Die Analyse kann **dabei sowohl auf die expliziten, manifesten Inhalte** gerichtet sein (was wird tatsächlich gesagt?), **als auch auf die impliziten, latenten** (welche Absicht wird verfolgt, welche Intentionen/Haltungen/Einstellungen treten zutage?).

Der überwiegende Anteil von Inhaltsanalysen bezieht sich auf **Textanalysen**, die aus sozialwissenschaftlicher Sicht gegenüber Befragungen und Beobachtungen den Vorteil bieten, als nicht-reaktiv zu gelten, denn weder die Produzierenden noch die Rezipierenden des Textes können Einfluss auf den Analysevorgang nehmen (vgl. Schnell/Hill/Esser 2011, 398). Ein weiterer Vorteil der Methode ist, dass sie disziplinübergreifend eingesetzt wird; z.B. in der Psychologie, wo Interviewtexte z.B. nach bestimmten Affekten der Sprechenden, wie Angst und Furcht, durchforstet werden, oder auch im Bereich der Politikwissenschaften, wo es nach wie vor um die Analyse ideologischer Botschaften in Anzeigen, Werbespots und Reden geht (vgl. Beispiele bei Lamnek 2010, 442 f). Innerhalb der historischen Forschung stellen die Inhaltsanalysen von Akten, von Aufzeichnungen prominenter Persönlichkeiten und von Tagebüchern von Zeitzeugen die klassischen Quellen dar. Einen eigenen Forschungszweig bildet mittlerweile die Oral History, dabei werden Interviews mit Zeitzeugen einer bestimmten Epoche geführt und schriftlich fixiert, die dann der adäquateren Erfassung einer bestimmten historischen Phase aus der subjektiven Retrospektive dienen soll (z.B. zum Holocaust während der Zeit des Nationalsozialismus). Da schriftliche Dokumente über einen sehr langen Zeitraum zur Verfügung stehen, erschließt sich hier für die Forschung die Möglichkeit des Zugriffs auf Daten, die über Jahrhunderte hinweg bestehen bleiben und zur Analyse des ökonomischen, sozialen, politischen und kulturellen Wandels herangezogen werden können (vgl. Schnell/Hill/Esser 2011, 399).

Zu den prominenten Beispielen für die vielgenutzte historische Dokumentenforschung zählt Max Weber mit seiner Analyse der Schriften von Johann Calvin.

Max Weber vertritt eine die theoretisch-analytische Position von Karl Marx ergänzende und diese in ihrem Totalitätsanspruch zurückweisende Argumentation, wonach nicht allein das (wirtschaftliche) Sein das (gesellschaftliche) Bewusstsein prägt, sondern erst ein neu aufkommendes Bewusstsein, eine neue Ethik der Lebensführung, eine neue Wirtschaftsform (die des kapitalistischen Wirtschaftens) vorbereite. Als historischen Beleg wählt er die Bedeutung von Calvins Schriften zur protestantischen Ethik. Er arbeitet dabei die Bedeutung der neuen Geisteshaltung für die immer weitere Durchsetzung eines industriell-linearen Erwerbsarbeitskonzeptes unter den Bedingungen des Frühkapitalismus im Widerspruch zur Jahrhunderte währenden Tradition des bäuerlich-zyklischen Arbeitens und Wirtschaftens heraus. Weber belegt sehr eindrücklich, dass ohne diesen spezifischen ethischen Hintergrund die Schnelligkeit des damaligen wirtschaftlichen Umschwungs von einer bäuerlichen Gesellschaft in eine Industriegesellschaft nicht möglich gewesen wäre (vgl. Korte 1993, 105 ff).

Als abschließenden Hinweis zu inhaltsanalytischen Verfahren möchte wir, wie weiter oben bereits erwähnt, noch einmal darauf hinweisen, dass prinzipiell auch bildliches und bildhauerisches Material für die Erforschung menschlichen Sozialverhaltens ausgewertet werden kann. So hat etwa Insa Fooken mehrere tausend Darstellungen des menschlichen Alterns in der Malerei über mehrere Jahrhunderte ausgewertet, unter dem Aspekt, in welcher Anzahl und auf welche Weise alte Frauen bildlich dargestellt worden sind. Von der weitgehenden Nichtberücksichtigung älterer und alter Frauen schließt sie auf die randständige gesellschaftliche Bedeutung von alten Frauen in bestimmten historischen Epochen bis in die Neuzeit (vgl. Fooken 1987).

Im Bereich der Sozialen Arbeit sind aus all dem abgeleitet viele verschiedene Einsatzmöglichkeiten der Inhaltsanalyse denkbar, von denen hier einige kurz skizziert werden sollen:

Im Rahmen biografischer Interviews können Befragte auf ihr Leben zurückblicken und ihre gegenwärtige Situation in einem systematischen Zusammenhang begreifen. Dies kann das Selbst-Verständnis der Klient*innen ebenso erhöhen wie das Fallverstehen der Sozialarbeiter*in. Im paradigmatischen Rahmen der Resilienz-Forschung und des Empowerments wäre es zudem möglich, auf diese Weise die Ressourcen und Stärken der Klient*innen zu entdecken bzw. zu aktivieren. Aktenstudien können dazu genutzt werden, Verlaufskarrieren von Klient*innen zu dokumentieren und auch die Wirksamkeit bestimmter Maßnahmen zu eruieren. Es kann auch mittels Aktenanalyse ermittelt werden, wie sich innerhalb eines bestimmten Arbeitsfeldes die Kontextbedingungen verändert haben (z. B. in der Schuldnerberatung, in der Heimerziehung etc.).

Die Inhaltsanalyse von Videoaufzeichnungen kann dazu eingesetzt werden, das Verhalten bestimmter Klientengruppen, z. B. von Jugendlichen in einer Einrichtung der offenen Jugendarbeit besser nachzuvollziehen und zu analysieren. Dieser Zugang ist fallweise aufschlussreicher als andere Methoden, wie z. B. die Befragung.

3.1.1 Die zusammenfassende Inhaltsanalyse

Hier wird das Material so zu reduzieren versucht, dass **die wesentlichen Inhalte** erhalten bleiben, aber ein **überschaubarer Kurztext** entsteht. Dazu werden etwa Wiederholungen gestrichen, zusammengehörende Argumentationen gebündelt und Aussagen zu ein und demselben Gegenstand zusammengefasst. Mayring (2007, davor auch 1991) hat hierfür Regeln entwickelt, die im Anschluss kurz wiedergegeben werden:
a) **Paraphrasierung**: Textteile werden so umformuliert, dass sie kurz und bündig den Inhalt beschreiben. Textbestandteile, die für den Inhalt nicht von Bedeutung sind (wie z. B. Füllwörter, Abschweifungen, Wiederholungen) werden weggelassen.
b) **Generalisierung**: diese Paraphrasen werden auf ein allgemeines Abstraktionsniveau gebracht, wozu theoretisches Vorwissen genutzt wird.
c) **Erste Reduktion**: bedeutungsgleiche Paraphrasen werden gestrichen, ebenso wie diejenigen Paraphrasen, die auf dem neuen Abstraktionsniveau als nicht wesentlich erachtet werden.
d) **Zweite Reduktion**: Paraphrasen gleichen oder ähnlichen Inhalts werden zu einer Paraphrase gebündelt (vgl. Mayring 2007, 472).

Zusammenfassende Inhaltsanalysen bieten sich nach Mayring immer dann an, wenn nur die inhaltliche Ebene des Materials interessiert und ein überschaubarer Kurztext benötigt wird. **Die Kategorien werden dann in der Regel nicht nur im Vorfeld der Analyse und auf einem theoretischen Abstraktionsniveau entwickelt, sondern schrittweise aus dem**

Material heraus ergänzt, differenziert oder auch neu entwickelt. Mayring spricht dabei von „induktiver Kategorienbildung" (Mayring 2010, 472). Mayring hat mittels qualitativer Inhaltsanalyse biografische Interviews mit Lehrer*innen aus den neuen Bundesländern zu ihren Berufsmotiven geführt. Die induktiv gebildeten Kategorien waren dabei:
- Freude am Lehrerberuf,
- Erfüllen bestimmter Funktionen in der Schulorganisation,
- positive Kollektiverfahrungen,
- Interesse am Fach,
- Anerkennung und Achtung,
- Umsetzen von Parteizielen (Solidarität und Freundschaft) (vgl. Mayring 2010, 473).

Weitere, gut nachvollziehbare Beispiele für das Herausfiltern von Kategorien aus Interviewmaterial finden sich bei Aeppli et al 2011, 240 f.

3.1.2 Die explizierende Inhaltsanalyse

Ziel der explizierenden Inhaltsanalyse ist es, **unklare Textstellen verständlich zu machen**. Dazu wird zusätzliches Material herangezogen und damit die Analyse wieder erweitert. „Der Grundgedanke ist dabei das systematische, kontrollierte Sammeln von Explikationsmaterial" (Mayring 2010, 473). Für die genauere Klärung einer Aussage können textimmanente Passagen an einer anderen Stelle des Textes herangezogen werden, aber auch Informationen hinzugezogen werden, die außerhalb des produzierten Textes liegen (Hintergrund des Textproduzenten oder dessen Aussagen/Erläuterungen zu bestimmten Passagen in einem separaten Interview).

3.1.3 Die strukturierende Inhaltsanalyse

Die strukturierende Inhaltsanalyse als wohl gebräuchlichste Form hat das Ziel, **bestimmte Aspekte aus dem Material herauszufiltern und unter vorher festgelegten (theoretischen) Ordnungskriterien einen Querschnitt durch das Material zu legen**. Dieser **zuvor festgelegte Leitfaden**, der die verschiedenen Kategorien enthält, wird induktiv, also **entlang des Materials ständig erweitert** und fortentwickelt. Entscheidend bei diesem Vorgehen ist die ursprüngliche theoretische Fragestellung.

Beispiel: Ich lasse junge Männer einen Aufsatz über die Wahrnehmung ihrer Freundin/Partnerin/Ehefrau schreiben und gehe entsprechend einer bestimmten Partnerwahltheorie davon aus, dass die überwiegende Zahl eher konservativ bei der Wahl einer festen Partnerin ist und entsprechend traditionelle „Tugenden" an der Partnerin schätzt (etwa, dass sie treu ist und gut kochen kann). Dann wird der Text danach durchforstet, welche Klischees auftauchen, in welchen Rollen die Frau wahrgenommen wird, wie die emotionale Beziehung dargestellt wird, welche Bedeutung körperliche Merkmale haben etc. Mit besonderer Aufmerksamkeit wird bei der strukturierenden Analyse nach so genannten **Ankerbeispielen und typischen Passagen** gefahndet, die dann **die Theorie stützen oder modifizieren**.

Haupteinsatzgebiet der strukturierenden Inhaltsanalyse ist die Auswertung teilstandardisierter Interviews, die entlang ausgewählter Kategorien und zwar sowohl formaler bzw. stilistischer als auch theoretischer – verläuft. Die theoretischen Kategorien werden entweder aus einer für die geplante Untersuchung relevanten (Makro-, Meso- oder Mikro-)Theorie heraus entwickelt und/oder auch direkt aus dem Material (gegenstandsbezogen) abgeleitet (vgl. Steinert/Thiele 2000, 138). Im ersten Fall werden also die Auswertungskategorien an das Material herangetragen, daran überprüft und gegebenenfalls modifiziert. Im zweiten Fall dagegen werden die Kategorien „induktiv" und zwar schrittweise direkt aus dem Material heraus entwickelt, in einem eng am Text orientierten Verfahren, was den methodologischen Postulaten der qualitativen Forschung am nächsten kommt.

> **Noch einmal die wichtigsten Schritte bei einer qualitativen Inhaltsanalyse**
> gleich welchen Zuschnitts:
> 1. Theoretische Herleitung und Darstellung der Untersuchungsfrage(n),
> 2. Festlegung und gegebenenfalls Eingrenzung des Analysematerials,
> 3. Stichprobenbeschreibung und Prozedere ihrer Ziehung (wie wurden welche Texte oder auch Textträger [z. B. Zeitungen, Zeitschriften, Broschüren] ausgewählt),
> 4. Schilderung der Erhebungssituation (gegebenenfalls Eingrenzung des Untersuchungszeitraumes etwa bei Zeitungsanalysen; Interviewsituation bei Interviews),
> 5. Festlegung der Analysetechnik (zusammenfassend, explizierend oder strukturierend),
> 6. Darstellung der Untersuchungskategorien und deren Herleitung (formale und theoretische und/oder induktive, gegenstandsbezogene Kategorien),
> 7. theoretische Rückbindung der Analyse und Prüfung einer möglichen Generalisierung der Ergebnisse.

3.2 Die dokumentarische Methode bei Einzelinterviews und Gruppendiskussion

Die dokumentarische Methode wurde von Ralf Bohnsack sowohl in ihren methodologischen und grundlagentheoretischen Fundamenten als auch in den zugehörigen Verfahren der Datenerhebung und -interpretation entwickelt. Dieser Ansatz hat sich seit seinen Anfängen in den 1980er Jahren inzwischen im Bereich der qualitativen Sozialforschung weit ausgebreitet und umfasst inzwischen eine ganze Schule von Autor*innen, die diese Verfahren auch und gerade im Kontext der Praxisfelder Sozialer Arbeit anwenden (vgl. Bohnsack/Kubisch/Streblow-Poser 2018).

Bohnsack selbst verortet sich von seinem theoretischen und empirischen Verständnis her in der Tradition der Wissenssoziologie Karl Mannheims und der Chicagoer Schule, wobei er schon als Student besonders von den Krisenexperimenten Harold Garfinkels (vgl. Kapitel IV, Punkt 3.4.6) beeindruckt war (vgl. Loos et al 2013, 9).

Die Verfahrensweise selber bezeichnet Bohnsack als rekonstruktiv, damit sind einerseits die Schritte der Erhebung und Auswertung gemeint[10], andererseits die Beziehung zum Forschungsgegenstand (vgl. Bohnsack 2014, 34). Die dokumentarische Methode kann als Auswertungsmethode sowohl in Bezug auf (teilstandardisierte) Einzelinterviews, auf Gruppendiskussionen und auch bei der Auswertung von Fotos, Bildern und Videos angewendet werden. Die Bildanalyse wird separat vorgestellt, im Folgenden beschränken wir uns also auf die rekonstruktive Textinterpretation von Interviews und Gruppendiskussion.

---

10 Bei der Erhebung und Auswertung gelten demnach keine allgemeinen Prinzipien, sondern werden durch ständige Reflexion der Arbeitsschritte erarbeitet, systematisiert und präzisiert.

In seinen ersten Arbeiten geht es um die „Rekonstruktion von Lebensorientierungen Jugendlicher" (Bohnsack 2014, 34), die aus einer Anzahl von mehrstündigen Gruppendiskussionen mit Jugendlichen in einem **mehrstufigen Interpretationsverfahren** erschlossen wurden. Bei der Textinterpretation wird sequenziell vorgegangen, es geht also zunächst um den Nachvollzug des Diskursverlaufs (bei der Gruppendiskussion) bzw. des Erzählverlaufs (beim Einzelinterview). Dabei entsteht eine **strukturelle Beschreibung des Gesprächsverlaufs**.

Das Forschungsteam geht – ebenso wenig wie im Bereich der quantitativen Methoden – nicht theorielos ins Feld, sondern nutzt gegenstandsbezogene theoretische Ansätze zur metatheoretischen Reflexion. Bei der Auswertung der Textinhalte gilt es zuerst die einzelnen *Passagen* des Textes herauszufiltern. **Passagen sind Phasen im Gesprächsverlauf, die einer bestimmten Thematik gewidmet sind**. Die Passage ist also die kleinste Auswertungseinheit, die anschließend und prinzipiell in einem Zweier-Schritt analysiert wird: erstens durch die formulierende Interpretation (= Paraphrase der Interpret*in), zweitens die reflektierende Interpretation.

3.2.1 Formulierende Interpretation

Bei der ersten Durchsicht des Transkripts wird nach diesen eben erwähnten kleinsten Analyseeinheiten, den Passagen, gefahndet. **Die Themen, die der Reihe nach auftauchen, werden markiert und am besten am Rand mit einem Kürzel versehen**. Vermerkt werden muss auch, ob die Themenwechsel selbstläufig oder auf Intervention der Interviewer*in erfolgt sind (bei Gruppendiskussion, ob der Themenwechsel von den Teilnehmer*innen oder von der Moderator*in ausging). Bei Gruppendiskussionen wird ein besonderes Augenmerk auf die Eingangs- oder Anfangspassagen gelegt, da die Reaktionen auf die Einstiegsfrage in der Regel erste und entscheidende Hinweise auf die Relevanz der Thematik für die Sprecher*innen liefern. Darüber hinaus wird auf Passagen geachtet, die sich formal von den übrigen im Erzählfluss (beim Interview) bzw. im Diskursverlauf (bei der Gruppendiskussion) unterscheiden. Bohnsack spricht in diesem Kontext und bezogen auf Gruppendiskussionen von *Fokussierungsmetaphern*, welche eine hohe interaktive und metaphorische Dichte aufweisen, im Interview könnte ein habitueller oder stilistischer Wechsel der Sprecher*in (z. B. besondere emotionale Beteiligung bzw. Eindringlichkeit, Ausführlichkeit der Schilderung und/oder auch Verwendung von Dialekt) eine solche Stelle anzeigen (vgl. Przyborski/Wohlrab-Sahr 2014, 293).

Die ausgewählten Passagen werden dem Transkript (wortwörtlich) entnommen und gemäß dem folgenden Zweier-Schritt bearbeitet: zunächst die formulierende Interpretation, dann die reflektierende Interpretation.

Bei der formulierenden Interpretation geht es um eine zusammenfassende (Re)formulierung dessen, was gerade gesagt wurde, also um den immanenten Sinn des Gesagten. „Der Inhalt wird paraphrasiert" (ebd.). In der Regel erfolgt die Verständigung auf den gemeinten Sinn im Untersuchungsteam. Wichtig sind hierbei Kontextualisierungshinweise, d. h. dieser Analyseschritt erfolgt in der Regel ja nicht blind, sondern auf dem Hintergrund eines breiteren Wissens zum Diskussionsthema und den Diskutierenden. **Nach der ersten Interpretation und Verständigung auf den gemeinten Sinn einer Passage wird deren thematische Feingliederung vorgenommen**, also danach, welche Oberthemen und welche Unterthemen angeschnitten werden. Dadurch entsteht eine Feinsortierung der aufgeworfenen Themen.

> **Zusammenfassend**: In der formulierenden Interpretation wird der *textimmanente* Sinngehalt in einer verständlichen Sprache eingefangen und eine thematische Feingliederung vorgenommen.

3.2.2 Reflektierende Interpretation

Bei der sich anschließenden reflektierenden Interpretation (ebd., 295) geht es um die **Rekonstruktion der Handlungsorientierungen und Habitusformen: Welche Haltungen werden offenbar?** Innerhalb welcher Horizonte bewegt sich die Sprecher*in bzw. in der Diskussion die Sprecher*innen, welche Argumente werden bemüht, wovon wird sich abgegrenzt (positive und negative Gegenhorizonte)? **Bei Gruppendiskussionen geht es um den Gruppenkontext: Gibt es Validierungen von einzelnen Argumenten oder werden antithetische Positionen sichtbar?** Eine weitere Analyseebene gilt der **Identifizierung der Textsorte**. Als gängige Textsorten können Erzählung, Beschreibung, Situationsschilderung/Beispiel, Argumentation oder Theorie genannt werden. Für die herausgefilterten Positionen werden auch häufig wortwörtliche Zitate als Belegstellen ausgewählt. Im Kontext der Gruppendiskussion geht es dabei nicht um die Zuschreibung von Positionen an einzelne Sprecher*innen, sondern um die Abbildung der zutage tretenden kollektiven Handlungsorientierungen. Die Positionen innerhalb der Gruppe sollen aufgefächert dargestellt sein, von nicht unerheblicher Bedeutung ist auch, welche Konklusion eine Passage erhält: Worüber hat sich die Gruppe am Ende verständigt?

Nach der Identifikation von Orientierungsrahmen in einer Passage geht es darum, diese auch in anderen Passagen des Gesprächsverlaufs aufzufinden und schließlich darum, diese Muster auch in anderen Interviews bzw. Diskussionsrunden zu identifizieren. Letztlich dient diese komparative Analyse, die den gesamten Interpretationsprozess durchzieht, der sogenannten Typenbildung (vgl. dazu Bohnsack 2014, 136ff. und detailreich Przyborski/Wohlrab-Sahr 2014, 302 ff).

> **Zusammenfassend**: In der reflektierenden Interpretation geht es um die Identifizierung des *sozialen* Sinns, der in die Handlungspraxis eingelassen ist. Es geht um die Erklärung von Handlungsorientierungen und Habitusformen.

3.3 Rekonstruktive Bildinterpretation

Die Arbeitsschritte der Interpretation von Bildern entlehnt Bohnsack (2009) aus den bereits etablierten Verfahren bei der rekonstruktiven Textinterpretation (s. o.) und nutzt auch hier den differenzierenden Zweischritt von formulierender und reflektierender Interpretation. Die **formulierende Interpretation** fragt danach, **was** auf dem Bild dargestellt wird, die reflektierende Interpretation fragt nach dem **Wie** der Darstellung (vgl. Bohnsack 2009, 56 f). Die Interpretation ist dort unproblematisch, wo es sich um institutionalisierte, generalisierte Bedeutungen handelt (z. B. eine übliche Grußgeste), sodass die ikonografische Interpretation häufig in stereotyper Form erfolgen kann. Die Ebene des **Was** der Darstellung wird noch einmal differenziert in eine vor-ikonografische und eine ikonografische. Die vorikonografische Ebene liefert eine tatsachenhafte Beschreibung der auf einem Bild sichtbaren Gegenstände, Phänomene oder Bewegungsabläufe (Junge hebt den Arm, richtet dabei die Handfläche am angewinkelten Unterarm nach vorn). Die ikonografische Beschreibung erfasst die Bildgegenstände unter Einbeziehung des Vorwissens der interpretierenden Person (Junge winkt zur Begrüßung).

Die reflektierende Interpretation unterscheidet drei Dimensionen des formalen Bildaufbaus:
- Die perspektivische Projektion (häufig die sog. Zentralperspektive, welche die abgebildete/n Person/en und soziale Szenerie in Form des Fluchtpunktes fokussiert und somit ins Zentrum des sozialen Geschehens rückt)
- Die szenische Choreografie
- Die planimetrische Ganzheitsstruktur (bildinterne Gesetzmäßigkeiten)

Im Folgenden geht es um eine nicht völlig ausformulierte, aber auf die forschungspraktische, exemplarische Anleitung hin fokussierte Demonstration der dokumentarischen Bildinterpretation anhand eines ausgewählten Fotos.

Das hier verwendete Foto[11] wurde unter dem Aspekt ausgewählt, dass es einen inhaltlichen Bezug zur Sozialen Arbeit aufweist und zumindest angedeutet werden kann, für welche untersuchungsrelevante Frage/n eine Bildanalyse im Rahmen der Sozialen Arbeit eingesetzt werden könnte. Das soziale Phänomen als Untersuchungsgegenstand, um das es bei dem im Folgenden präsentierten Bild gehen soll, ist, dass viele Träger der Freien Wohlfahrtspflege praxisfeldbezogen über Tätigkeits- und Jahresberichte, Positionspapiere, Informationsbroschüren, Internetauftritte und dergleichen mehr nicht nur für ihre spezifischen Angebote werben oder ihr Selbst- und Aufgabenverständnis demonstrieren, sondern dabei – ob reflektiert oder nicht – über das zur Visualisierung ausgewählte Bild- bzw. Fotomaterial Aussagen zu ihrem Menschenbild – im folgenden Fall zu ihrem Bild von Familie transportieren – was wiederum Rückschlüsse auf die dahinterstehenden sozialen Überzeugungen, politischen Haltungen, das Aufgabenverständnis und die Ziele des Anbieters zulässt.

Abbildung 36: Quelle: Familienpolitisches Positionspapier des Paritätischen Wohlfahrtsverbands Bayern (2017)

---
11 Das Bild wurde entnommen aus dem familienpolitischen Positionspapier des Paritätischen Wohlfahrtsverbands Bayern mit dem Titel „Starke Familien – Fundament und Zukunft unserer Gesellschaft" München 2017. Dank für den Hinweis auf das Bild geht an die studentische Arbeitsgruppe von Sharon Kehd, Rebecca Ruder und Isabel Walter.

Dem so prominent veröffentlichten Bild kann durchaus eine handlungsleitende, politische wie sozialisatorische Absicht seiner Produzenten unterstellt werden. Eine empirische Studie könnte sich also im Kontext der Sozialarbeitsforschung der Untersuchungsfrage widmen, welche Familienbilder von verschiedenen Trägern präsentiert werden und welche unterschiedlichen Positionierungen und Haltungen dabei zutage treten.

3.3.1 Formulierende Bildinterpretation

Vor-ikonografisch: Bildvordergrund, Bildmittelgrund, Bildhintergrund beschreiben
Bei Personen: Beschreibung nach Anzahl, Alter, Kleidung, Frisur, Körperhaltung, Gestik, Mimik

Es handelt sich um ein Farbfoto, das im Querformat im Freien bei Tageslicht und Sonnenschein aufgenommen wurde. Die Kamera hat das zentrale Motiv, eine Gruppe von insgesamt sieben Personen und zwei Hunden frontal aufgenommen. Der Bildhintergrund wird von einem leicht unscharf aufgenommenen Waldrand markiert, der etwas schräg nach rechts abfällt. Die Gruppe bewegt sich auf einer der Farbe nach spätsommerlich wirkenden kurzgemähten Wiese in Richtung Kamera. Die monotone Farbe der Wiese verstärkt das Farbspiel der überwiegend in Rot und Blau gekleideten Personen im Bildvordergrund.

Beschreibung der Personengruppe im Detail
Bei den Personen handelt es sich vom linken zum rechten Bildrand betrachtet um ein blondes Mädchen, das sein Haar schulterlang, gescheitelt und seitlich mit Haargummi zu Pferdeschwänzen zusammengefasst trägt, dem Alter nach ein Grundschulkind und mit einem hellgelben T-Shirt, einer Bluejeans sowie hellen Turnschuhen bekleidet. Sein Oberkörper ist leicht in Richtung einer dunkelhaarigen Frau nach links gedreht, von der es auch links an der Hand geführt wird. Der Blick des Mädchens ist lächelnd auf die gesamte Gruppe gerichtet.

Die Frau ist vermutlich ca. Anfang bis Mitte dreißigjährig, dunkelhaarig, trägt das Haar offen und ebenfalls schulterlang, ist von leicht untersetzter Figur und blickt über ihre linke Seite leicht lächelnd nach unten auf ein Kleinkind, das sie ebenso an der Hand führt. Die Frau trägt ebenfalls Bluejeans, ein hellblaues T-Shirt und eine tintenblaue Faserpelzjacke mit Reißverschluss, der geöffnet ist. Außerdem festes, Outdoor-taugliches hellbraunes Schuhwerk. An ihrer linken Hand pendelt ein Kleinkind, ca. 3 Jahre alt, mit blonden kurzen Haaren und gekleidet in eine rotweiß gestreifte Latzhose und ein rotes T-Shirt. Außerdem hat dieses Kind, seiner Frisur und Kleidung nach ein kleiner Junge, helle Turnschuhe an und rote Söckchen.

An seiner linken Hand wird es von einem Mann gehalten, der von seiner Körpergröße her die gesamte Gruppe überragt, etwa Mitte bis Ende dreißigjährig und in der Bildmitte geht, lächelnd, aber den Blick in eine nicht im Bild befindliche Ferne gerichtet. Der Mann trägt sein dunkelbraunes Haar kurz und zurückgekämmt. Gekleidet ist er in Bluejeans und rotes Kurzärmel-Poloshirt. An seiner linken Hand hält er die Hand eines neben ihm laufenden Mädchens, das dunkelblondes offenes Haar mit einem Seitenscheitel trägt und der fotografierenden Person zulächelt.

Dieses Mädchen ist im Grundschulalter, seiner Körpergröße nach gleich alt oder wenig älter als das Mädchen am linken Bildrand. Es trägt ein orangefarbenes Sweatshirt und

Bluejeans. Dicht an dieses Mädchen gedrängt und seinen linken Unterarm verdeckend läuft ein schwarzer mittelgroßer Hund mit weißer Blesse unterhalb des Halses. Der Hund ist angeleint und wird von dem links von ihm gehenden Mädchen im Teenage-Alter geführt, das den Blick nach unten gerichtet hat, schulterlange dunkelblonde Haare mit Pony trägt und mit einem schwarzen Anorak mit geschlossenem Reißverschluss und Bluejeans bekleidet ist. Dieses Mädchen lächelt als einzige Person nicht. Sich berührend, aber nicht an den Händen haltend geht die siebte Person, ein der Größe nach gleichaltriges und äußerlich sehr ähnliches Mädchen, also ebenfalls dunkelblond mit schulterlangem offenem Haar, das aus der Stirn gekämmt ist und seitlich weit über die Schultern fällt. Das ganz außen gehende Mädchen führt an seiner linken Seite einen weiteren Hund an der Leine, ein ebenfalls mittelgroßer, hellbeiger Kurzhaar. Beide Mädchen tragen festes hellbraunes Schuhwerk. Das außen laufende Mädchen blickt ebenfalls in Richtung Kamera und lächelt.

Ikonografisch: Es geht um stereotypische Wissensbestände und Stilelemente, die auf dem Bild gezeigt werden. Dieser Abschnitt zielt auf die Frage: Was wird dargestellt?

Die Situation lässt sich in stereotyper Weise als Familienspaziergang in freier Natur identifizieren, an der ein (heterosexuelles) Elternpaar und seine Kinder beteiligt sind. Der Unterschied nach Generation wird deutlich, aber jeweils zwei von insgesamt vier Mädchen liegen altersmäßig so nahe beieinander, dass eine leibliche Mutterschaft der abgebildeten Frau sehr unwahrscheinlich erscheint. Naheliegend wäre also, dass es sich um eine Patchwork- oder auch Stieffamilie handelt.

Der farblich und stilistisch recht einheitlichen Kleidung und der demonstrativen körperlichen Nähe nach wird ein starkes Wir-Gefühl der Gruppe signalisiert. Alle Personen sind eher funktional und weniger modisch, der Outdoor-Situation entsprechend gekleidet. Auch das Schuhwerk deutet auf ein Primat der Zweckmäßigkeit hin. Die äußerliche Stilisierung der Familie lässt diese als bodenständig erscheinen, was durch den Kontext der freien Natur zusätzlich akzentuiert wird. Unter dem Aspekt der Selbstdarstellung durch Kleidung, Frisur und Art der Freizeitbeschäftigung kann die Familie der unteren (angestellten oder verbeamteten) Mittelschicht oder dem Facharbeiter- oder kleinen Selbstständigen-Milieu zugeordnet werden.

3.3.2 Reflektierende Bildinterpretation

Planimetrie
Bei der planimetrischen Komposition geht es darum, mit möglichst wenigen Linien die Gesamtkomposition des Bildes in der Fläche zu markieren (vgl. Bohnsack 2009, 61). Dies erscheint hier am überzeugendsten durch eine Ellipse auf der linken Bildhälfte und einen Kreis auf der rechten Bildhälfte möglich. Die Ellipse umschließt die Frau und die zwei jüngsten Kinder auf dem Foto, der Kreis den Mann und die übrigen drei Kinder mit den Hunden auf der rechten Bildseite.
Die Gruppe um die Frau herum wirkt mit den von ihr an der Hand geführten Kindern lockerer als die Mann-Kinder-Gruppe im Kreis, die durch ihr Gehen auf nahezu einer Linie und die unmittelbare Körpernähe wie ein einheitlicher Kader wirkt. Ellipse und Kreis überschneiden sich knapp seitlich an der Stelle, an der das Kleinkind vom Mann an der Hand gehalten wird.

Perspektivität

Im Beispiel-Foto haben wir es mit der Zentralperspektive und zwar mit ihrer häufigsten Variante, der Frontal-Perspektive, zu tun. Einer der Fluchtpunkte[12] liegt zwischen der Frau und dem Mann, knapp unterhalb von der Stelle, wo der Mann das Kind an der Hand hält. Damit rückt die Verbindung zwischen Mann und Frau in Form des von beiden an den Händen gehaltenen Kleinkinds in den Mittelpunkt. Die Horizontlinie im Hintergrund fällt parallel zum Waldrand nach rechts ab, sodass durch den Neigungswinkel der Größenunterschied zwischen Frau und Mann betont wird. Gleichzeitig hat die Frau im Moment der Aufnahme den Kopf leicht nach vorne und unten gebeugt und blickt auf das Kleinkind. Durch diese Bewegung kippt ihr Kopf für diesen Moment und nähert sich noch mehr der Horizontlinie, unterhalb der sich ausnahmslos alle anderen Personen befinden. Der Mann, der die Horizontlinie deutlich überragt, erscheint dadurch sehr betont als Familienoberhaupt. Im Bildmittelpunkt steht das Kleinkind, das eine lebendige Verbindung zwischen den beiden Erwachsenen herstellt.

---

12 Die Berechnung der Fluchtpunkte in einem Bild mit Zentralperspektive unterliegt den Regeln der Trigonometrie. Dabei werden entlang von rechtwinkligen oder dreieckigen Formen und parallel zu den Horizontlinien innerhalb der Bildkomposition die Fluchtlinien eingezeichnet, die sich dann an einem oder mehreren Punkten überschneiden – den Fluchtpunkten (vgl. dazu auch Przyborski/Wohlrab-Sahr 2014, 344 und 348).

Szenische Choreografie
Die in der Planimetrie gezogenen Kreise umfassen jeweils zwei Gruppen, links die Frau mit zwei Kindern, rechts der Mann mit den übrigen drei Kindern und den zwei Hunden. Das jüngste Kind vollführt im Moment der Aufnahme einen leichten Ausfallschritt nach rechts, sodass es sich körperlich näher an der Seite der Frau bewegt und etwas entfernter vom Mann läuft. Damit suggeriert das Foto eine größere Nähe der beiden jüngsten Kinder zur Frau resp. Mutterfigur. Die größere räumliche Entfernung des Kleinkindes vom Mann resp. der Vaterfigur wird durch dessen leicht nach links abgewandte Körperhaltung in Richtung auf die Gruppe der älteren Kinder betont. Somit wird der Eindruck von zwei Gruppen, einer Mutter mit kleineren Kindern und eines Vaters mit älteren Kindern noch einmal verstärkt, selbst wenn das jüngste Kind im Bild als Verbindungsglied zentral positioniert ist. Die Verbindung zwischen den beiden Kreisen wird nicht nur durch das Kleinkind, sondern auch durch den betrachtenden Blick des Mädchens am linken Bildrand betont, welcher vor allem die Mädchengruppe an der Seite des Vaters zu fixieren scheint.

Ikonographisch-ikonologische Interpretation.	Hierbei geht es um den Zugang zu einer tiefer liegenden Semantik im Bild

Die gewählte Aufnahme der Familie beim Spaziergang im Freien vermittelt das Bild von der Natürlichkeit des sozialen Arrangements und von Harmonie zwischen den Mitgliedern. Die „Natürlichkeit" der Szene wird durch die gewählte (Freilicht-)Bühne, also vor dem Wald und auf der Wiese, gerahmt und gespiegelt. Außerdem posieren die abgebildeten Personen nicht für diese Aufnahme, sondern diese wirkt eher wie ein Schnappschuss, der spontan entstanden ist. Das Zusammengehörigkeitsgefühl der Familienmitglieder wird durch den einheitlichen Kleidungsstil und den nahen Körperkontakt suggeriert, obwohl – mit Ausnahme des Mädchens am linken Bildrand niemand aus der Gruppe Blickkontakt zueinander unterhält. Darüber hinaus wird der einträchtige Gesamteindruck des familialen Miteinanders durch die entspannt wirkenden Gesichter und die ungekünstelte, natürliche Selbststilisierung betont. Der Blick des Vaters in eine nicht näher zu bestimmende Ferne greift hingegen ein typisches Sujet männlicher Selbstinszenierung in bildlichen Darstellungen auf, das den Vater nicht in die soziale Nähe zu seiner Familie rückt, sondern ihn für Aufgaben jenseits dieses Verbands, wenn auch zu dessen Nutzen, vorsieht. Der Blick der Mutter auf das jüngste Kind wiederum bedient sich einer typisch weiblichen Metaphorik, welche die Mutter ins Zentrum des Familienverbands und in die besondere Nähe zum (Klein)Kind rückt. Insofern verbindet die abgebildete Familie traditionelle Elemente einer Familie, mit einem männlichen Familienoberhaupt, welches seine Hauptaufgabe außerhalb der Familie (im Erwerbsleben) sieht, während die Mutter vorwiegend in ihrer Reproduktionsrolle aufgeht, mit postmodernen Elementen, die darin bestehen, dass Familien nicht nur als (leibliche) Kernfamilien vorkommen, sondern sich durchaus z.B. nach Trennung und Scheidung neu formieren. Durch die Gesamtheit der szenischen Choreographie wäre es naheliegend anzunehmen, dass die beiden Eltern sich mit ihren aus den vorherigen Beziehungen stammenden Kindern zu einer neuen Familie zusammengefunden haben und das jüngste Kind ein gemeinsames leibliches Kind ist, das diese neue soziale Verbindung bekräftigt.

Für die weitere Interpretation des Fotos kann die Texteinblendung im Bild sowie der Text im Bildumfeld des Positionspapiers genutzt werden, da das konjunktive Wissen zu diesem Foto fehlt. So wissen wir nicht, ob es sich auf dem Foto um eine reale Familie handelt, die sich für die Aufnahme zur Verfügung gestellt hat oder um eine bewusst von einer Fotoagentur zusammengestellte Gruppe. Für die weitere Interpretation kann aber die Bild- mit einer Textrekonstruktion verbunden und auf diese Weise beide Methoden trianguliert werden. Foto wie Text werden als Aussagen über die Wirklichkeit von Familien verstanden. Familie ist nach dem Verständnis aus dem textlichen Umfeld aus dem es entnommen wurde „… immer da, wo Kinder und Eltern in auf Dauer und Solidarität angelegten Beziehungen leben und sich mit ihren vielfältigen Leistungen – auch über räumliche Entfernungen hinweg – unterstützen" (Paritätischer Wohlfahrtsverband 2017, 4). Und weiter: „Familie hat eine Vielfalt von Lebens- und Familienformen: verheiratete Paare mit Kindern, nichteheliche und gleichgeschlechtliche Partnerschaften mit Kindern (Patchwork- und Regenbogenfamilien), Familien mit Trennungshintergrund, mit einem alleinerziehenden Elternteil, binationale und eingewanderte Familien, geflüchtete Familien sowie Adoptiv- und Pflegefamilien" (ebd.).

Das Verständnis von Familie ist damit ein deutlich erweitertes im Vergleich zum möglichen alltäglich gebräuchlichen Familienbegriff, der sich nach wie vor an der (leiblichen) Kernfamilie orientiert, sondern bezieht ausdrücklich die gewandelte gesellschaftliche Realität ein, die nach einschlägigen empirischen Befunden der sozialwissenschaftlichen Familienforschung die Familie als „historisch und kulturell wandelbares System persönlicher, fürsorgeorientierter und emotionsbasierter Generationen- sowie Geschlechterbeziehungen, die verbindlich sind" charakterisiert, die sich aber im Familienverlauf immer wieder ändern können (vgl. Jurczyk/Lange/Thiessen 2014, 50)[13]. Das Selbstverständnis bezüglich seines gesellschaftlichen Auftrags sieht der Paritätische Wohlfahrtsverband darin, eine Lobby für Familien zu sein, nicht zuletzt deshalb, damit kinderreiche Familien nicht weiterhin als armutsgefährdet gelten müssen bzw. der Kinderwunsch vor allem mit finanziellen und damit existentiellen Risiken verknüpft und deshalb begrenzt bleibt.

Die programmatische Absicht des Wohlfahrtsverbands wird durch die Texteinblendung im Foto „Familien im Alltag stark machen" akzentuiert. Die Familie, die im Foto durch die szenische Gestaltung der sieben Mitglieder, die auf derselben Höhe in einer Reihe marschieren, sinnbildlich zu einem stark auftretenden Verbund choreografiert. Stärke wird dabei mit Kinderreichtum assoziiert. Die szenische Gestaltung des Fotos lässt Raum für mehrere Interpretationen, vordergründig aber erscheint diese, wonach es sich um die sichtbare Manifestation einer neuen Familienform, der als Patchwork-Familie, handelt. Diese „neuen" kinderreichen Familien werden damit explizit als mögliche Zielgruppe und Klientel des Wohlfahrtsverbands fokussiert.

---

[13] Für neuere Familiendefinitionen und deren methodische Umsetzung in sog. Netzwerkanalysen siehe u.a. Widmer (2006), Widmer/La Farga (2000), Widmer et al. (2013).

C. Anwendung

Die vorigen Kapitel sollten Ihnen einen Überblick über die Vielfalt und Bandbreite des Methodenspektrums der empirischen Sozialforschung vermittelt haben. Im ersten Teil (A) wurde in Kap. I und II an die empirische Sozialforschung und ihre historische Entwicklung herangeführt. Das Kernstück bildet der zweite Teil (B) mit vier Kapiteln zur Methodenlehre, in welchen detailliert sowohl auf quantitative als auch qualitative Methoden der Auswahl, Erhebung und Auswertung empirischer Daten eingegangen wird.

Die folgenden beiden Kapitel in Teil C sollen dabei helfen, die Fragmente zusammenzusetzen und in einen geordneten Gesamtzusammenhang einzustellen. Denn auch mit dem Wissen um verschiedenste Verfahren und Techniken sind viele noch unerfahrene Anwender*innen zunächst überfordert und es stellt sich die berechtigte Frage: Was fange ich mit meinem Wissen an? Die folgenden Ausführungen sollen das methodische Wissen der vorigen Kapitel in forschungspraktische Anwendungshinweise übersetzen und somit als Navigationshilfe durch die einzelnen Schritte des Forschungsverlaufs leiten.

VII Die Durchführung einer quantitativen Untersuchung

Ziel quantitativer empirischer Sozialforschung ist stets, eine anschlussfähige Ordnung in die unübersehbare Komplexität der beobachtbaren sozialen Wirklichkeit zu bringen, eine Ordnung, die notwendig selektiv ist und gerade dadurch ihren Orientierungswert gewinnt. Diese Ordnung wird zunächst durch die Sichtung von **gegenstandsbezogenen Theorien** gesucht, die **Zusammenhänge zwischen sozialen Phänomenen** herstellen. Es geht also um das Auffinden von Zusammenhangsvermutungen (= Hypothesen), die anschließend an der sozialen Wirklichkeit überprüft werden sollen.

> Die Konsequenz der quantitativen Logik besteht darin, dass die Wirklichkeit sozialen Verhaltens in eine mathematische Beziehung gebracht wird.

Die Analyse der Zusammenhänge, die in den Daten vorliegen, wird gleichsam den Regeln der Mathematik überantwortet, was die Verfechter*innen dieser Forschungsrichtung oft die unbestreitbare Objektivität ihrer Befunde behaupten lässt. Hingegen muss auch das mathematisch elaborierteste Modell auf einem theoretischen Fundament ruhen und seinerseits auch wieder theoretisch oder sinnhaft-interpretierend ausgewertet werden. Auch die quantitative Forschung kommt also nicht ohne die Kreativität und Interpretationsleistung ihrer Anwender*innen aus und jeder empirische Befund sollte vor diesem Hintergrund stets kritisch beurteilt und geprüft werden.

> *Grundlegend für die quantitative Perspektive ist mithin die Prämisse der Darstellbarkeit sozialer Wirklichkeit als quantifizierbare Größe.*

Im Anschluss daran wird der Begriff der Variablen zentral, also die Vorstellung eines mathematischen Konstrukts, das die veränderlichen Ausprägungen eines Merkmals enthält und diese als Zahlenskala wiedergeben kann. Quantifizierung erfolgt als Messung, d. h. als Zuordnung von Zahlen zu beobachtbaren Größen. Grob gesagt muss jede quantitative Studie, aufgrund der Zentralität dieses Konzepts, drei Phasen durchlaufen, die sich als Vorbereitung, Durchführung und Auswertung der Messung charakterisieren lassen.

Fahrplan für die Durchführung einer quantitativen Untersuchung
Feiner differenziert lässt sich folgender „Fahrplan" für die Durchführung einer quantitativen Untersuchung aufstellen:

1 Formulierung einer Forschungsfrage

Empirische Untersuchungen im Bereich der Sozialen Arbeit gehen sehr häufig von sozialen Praxiserfahrungen aus und versuchen, eine Wissenslücke in Bezug auf das notwendige professionelle Handeln zu schließen. So kann es sein, dass es in einer Beratungsstelle aus Sicht der

Mitarbeiter*innen im Verlauf der letzten Jahre zu einer Verschiebung der Nachfragesituation unter den Klient*innen gekommen ist und man möchte dieser Beobachtung näher auf den Grund gehen und dazu die Empirie einsetzen. Oder eine soziale Einrichtung möchte die Zustimmung der Teilnehmer*innen zu einem spezifischen sozialen Angebot messen, etwa im Bereich der Präventionsarbeit mit Kindern und Jugendlichen und z. B. im Rahmen eines durchgeführten Workshops zur Prävention sexueller Übergriffe auf Kinder oder auch eines Workshops zur Aufklärung um die Risiken von HIV und Aids. Ausgangspunkt ist also häufig, durch eine geplante empirische Untersuchung dem vorhandenen, überwiegend auf Handlungspraxis und Berufserfahrung fußenden Wissensstand neue Erkenntnisse hinzuzufügen und ggf. inhaltliche oder auch methodische Handlungsänderungen daraus abzuleiten.

Zu Beginn einer Studie stehen deshalb in der Regel eine oder auch mehrere Untersuchungsfragen. **Die Untersuchungsfrage legt den Beobachtungsfokus fest**, aber auch, welche Untersuchungsstrategie angemessen ist, also z.B., ob ein qualitatives oder quantitatives Vorgehen (Frage nach dem Paradigma) sinnvoll ist, ob es um eine Verlaufsbetrachtung oder eine Momentaufnahme geht (Frage nach dem Erhebungsdesign) und welche Methoden sinnvollerweise eingesetzt werden können. Jede empirische Studie ist notwendigerweise selektiv, das bedeutet, sie bearbeitet nur einen bestimmten Wirklichkeitsausschnitt. Dies ergibt sich aus dem Umstand, dass die soziale Wirklichkeit so komplex ist, dass sie sich einer vollständigen Beschreibung von vorneherein entzieht. Schon die systematische Beschreibung einer beruflichen Alltagssituation, wie die Beratung einer Klientin wäre als solche kaum vollständig zu erfassen und zu dokumentieren, wenn bedacht wird, welche Fülle von Details dabei erfasst und aufgezeichnet werden müssten, z. B. die personenbezogenen Merkmale der an der Situation Beteiligten (Geschlecht, Alter, Kleidung, Mimik, Gestik, Stimmung, Emotion, Sprache), die umgebungsbezogenen Merkmale (Raumausstattung, Sitzordnung, Farben, Lichtverhältnisse, Geräusche, Gerüche) und die Inhalte und der Verlauf des Gesprächs usw., wobei selbstverständlich nur ein Teil dieser Informationen für die Untersuchung tatsächlich relevant ist. **Durch die Untersuchungsfrage werden also sowohl die strategischen Überlegungen initiiert** (im Hinblick auf Paradigmen-, Design-, Methoden- und Stichprobenwahl) **als auch die Aufmerksamkeit der Untersuchenden konzentriert**. Die Bedeutung der Formulierung der Untersuchungsfrage ist also eine kardinale für den Ablauf einer empirischen Untersuchung, gleich welchen Designs oder welcher Methoden sie sich daraus folgend im Einzelnen bedient.

> Die Untersuchungsfrage umreißt und definiert das Erkenntnisinteresse der Forschenden.

Forschungsfragen sind demgegenüber schwerer zu formulieren, weil sie darauf abzielen, wissenschaftlich neues und relevantes Wissen zu produzieren, weshalb sie von vorneherein Ansprüche an die **Aufarbeitung des bereits existierenden wissenschaftlichen Wissens**, an die Kenntnis des Untersuchungsfeldes und an die Präzision der Formulierung stellen (vgl. Gläser/Laudel 2004, 61 f). Wissenschaftliche Forschung muss als kollektives Unternehmen gedacht werden, bei dem Wissenschaftler*innen, die getrennt voneinander arbeiten versuchen, den Wissensbestand weiterzuentwickeln und dem bereits bestehenden Wissensbestand etwas hinzuzufügen. Dieser gemeinsame Wissensbestand existiert in der Form von Theorien, sodass eine **Forschungsfrage in der Regel eine theoretische Wissenslücke beschreibt**. Weiter oben (vgl. Kapitel III, Punkt 1) wurde bereits festgehalten, dass der Gegenstand empirischer Forschung aus Sicht der Soziologie darin besteht, soziales Handeln in seinem Ablauf und in seinen Wirkungen ursächlich zu erklären. Das bedeutet, dass immer soziale, also zwischenmenschliche Prozesse im Mittelpunkt stehen. Da aber soziale Prozesse weder „an sich" – also ohne Vorverständnis – noch vollständig beschrieben werden können, **bleibt jede Beschreibung auf eine theoretische Anleitung angewiesen**. Wenn also dem bestehenden Wissen etwas hinzugefügt werden soll, muss der durch eine Untersuchung erbrachte Befund, eine zuvor formulierte theoretische Frage beantworten und zu einer Präzisierung und Differenzierung einer Theorie beitragen. Nach Gläser/Laudel lassen sich folgende Merkmale einer soziologischen Forschungsfrage festhalten:

Die Forschungsfrage
- **geht von existierendem Wissen aus** und bezieht sich dabei auf eine Theorie, deren Begriffe sie nutzt und bisher nicht Beantwortetes zu klären sucht;
- die Beantwortung der Forschungsfrage **fügt dem bereits existierenden Wissen etwas hinzu**;
- die Forschungsfrage enthält im Kern die **Frage nach einem Zusammenhang zwischen zwei Phänomenen**;
- die Beantwortung der Forschungsfrage trachtet nach **Verallgemeinerung** über die konkret untersuchten Fälle hinaus (vgl. Gläser/Laudel 2004, 63–64).

> Das Auftreten aller vier Merkmale macht eine Untersuchungsfrage zur Forschungsfrage.

Für die empirisch (statt rein theoretisch) verfahrende Sozialwissenschaft muss eine Forschungsfrage außerdem dem Kriterium der **empirischen Überprüfbarkeit** gerecht werden. Fragen wie „Was ist Armut?" oder „Wie lässt sich soziales Handeln beschreiben?" sind zwar durchaus relevante und spannende Fragen, aber sie sind keine Forschungsfragen, da sie nicht direkt empirisch überprüfbar sind, sondern nur im Rahmen einer Theoriediskussion verhandelt werden können.

Um aus einem bloßen Forschungsinteresse bzw. Untersuchungsthema eine empirisch prüfbare Forschungsfrage herauszuarbeiten, bedarf es der gründlichen Auseinandersetzung mit der einschlägigen Literatur, die zur theoretischen Einbettung des Forschungsthemas führen sollte.

> **Beispiel:**
>
> *Als Bestandteil des nationalen Aktionsplans der Bundesregierung zur Bekämpfung von Gewalt gegen Frauen von 1999 des Bundesministeriums für Familie, Senioren, Frauen und Jugend (BMSFSJ) wurde 2003 von einer Forscher*innengruppe der Universität Bielefeld eine Untersuchung durchgeführt, die „Prävalenz, Erscheinungsformen, Entstehungszusammenhänge und gesundheitliche wie seelische Folgen von psychischer, physischer und sexueller Gewalt" (BMSFSJ 2005, 13) gegen Frauen aufdecken sollte. Dies geschah auch unter Berücksichtigung ähnlicher Studien in mehreren europäischen Ländern, mit denen größtmögliche Vergleichbarkeit angestrebt wurde.*
>
> *Bei der Bielefelder Studie handelt es sich um einen klassischen Fall der sog. Auftragsforschung. Auftraggeber war das genannte Bundesministerium, das eine Untersuchungsproblematik formulierte, für deren Beantwortung es wissenschaftliche Expertise hinzuzog. Ziel der Studie war es, die Regierung bzw. die Bundesministerin mit den handlungsnotwendigen Informationen zu versorgen, eine Wissensbasis zu schaffen, auf deren Grundlage Politiken formuliert werden konnten.*

> Die Studie „versucht, bestehende Wissenslücken über das Ausmaß von Gewalt gegen Frauen und konkrete Handlungs- und Hilfebedarfe zu schließen, um eine empirische Basis für gezielte Maßnahmen und Strategien zum Abbau von Gewalt im Geschlechterverhältnis und zur Verbesserung der Hilfe- und Unterstützungssituation für betroffene Frauen zu schaffen" (ebd., 9).
>
> Aus der allgemeinen Untersuchungsthematik „Gewalt gegen Frauen" konnten mehrere konkrete Forschungsfragen erarbeitet werden. Da bis dato keine umfassenden deskriptiven Daten über dieses Thema vorlagen, zielte die Studie vordringlich darauf, diese Wissenslücke zu schließen. Dabei wurden, wie das obige Zitat zeigt, mehrere Aspekte des Themas fokussiert – so sollten a) das Ausmaß b) die Erscheinungsformen, c) die Entstehungsbedingungen sowie d) die Folgen von Gewalt gegen Frauen untersucht werden.

2 Entwicklung einer forschungsleitenden Theorie

Wie bereits angesprochen, hängen die Entscheidung für eine theoretische Rahmung der geplanten Untersuchung und die Möglichkeit der Präzisierung eines Forschungsthemas zu einer oder auch mehrerer Forschungsfragen eng zusammen. Das Verhältnis von Theorie und Empirie ist uns im Verlauf dieses Buches schon häufiger begegnet und immer noch entfalten sich angeregte wissenschaftliche Diskurse um dieses Problem. Es soll uns hier nicht darum gehen, den zahlreichen widerstreitenden Positionen eine weitere hinzuzufügen, sondern das Vorgehen im Hinblick auf die (sozialarbeitsbezogene) Forschungspraxis zu spezifizieren und konstruktiv zu thematisieren.

Theorie und Empirie sind beide unerlässliche Teile evidenzbasierter Wissenschaft!

In einer wissenschaftlichen Studie sollten sich theoretische und empirische Arbeit ergänzen und komplettieren, um ein schlüssiges Ganzes zu ergeben. Die Theorie kann dabei als Rahmen der empirischen Befunde diesen Halt und Anschlussfähigkeit im weiteren Kontext der Sozialforschung bieten (vgl. u. a. Davis 1985, 7). Die Theorie lenkt den Blick auf das Forschungsfeld und bietet die Begriffe an, anhand derer die Forschungsfrage/n präzisiert werden können. Sind die Daten dann erhoben und als mathematische Modelle dargestellt, bedarf es wiederum der Theorie, um die gegebenen Daten sinnvoll zu interpretieren.

Die Sprache der Frageformulierung und ihrer Beantwortung ist die der Theorie. Die Theorie ist Ausgangs- und Endpunkt der quantitativen Studie.

Dazwischen jedoch liegt die Empirie mit ihren Methoden, sie ist der Weg zwischen den beiden Theoriepunkten und die methodische Sorgfalt sichert die Trittfestigkeit dieses Weges.

Die Theorie leistet in der frühen Phase des Forschungsprozesses, in der wir uns gerade noch befinden, eine doppelte **Präzision und Selektion**. Zum einen formulieren Forschungsfragen, wie oben bereits erwähnt, im Regelfall Lücken in der bestehenden Theorie, die durch die Studie zu schließen versucht werden. Dabei bieten die bestehenden theoretischen Überlegungen zum anderen einen Bezugsrahmen für die Erschließung des relevanten Feldes. Sie verweisen auf Phänomene und Zusammenhänge zwischen diesen Phänomenen, die entweder direkt in prüfbare Hypothesen für die eigene Forschung umgesetzt werden können oder die Formulierung solcher Hypothesen doch zumindest anleiten. Die Lesart der Theorien hängt maßgeblich ab von dem erklärten Forschungsziel der Untersuchung (s. Kapitel III,

Punkt 3), davon, ob wir ein fast gänzlich neues Feld erkunden (Exploration), ein bereits klar umgrenztes Feld beschreiben (Deskription) und/oder Zusammenhänge innerhalb des Feldes überprüfen wollen (Hypothesenprüfung). Für die Exploration eines Forschungsfeldes kommen in der Regel eher qualitative Verfahren zum Einsatz. Wenn hingegen ausformulierte theoretische Konzepte vorliegen, können vollstandardisierte Instrumente und große Fallzahlen den quantitativen Zugang ebnen.

Je weiter entwickelt die Theorien zu einem Thema, desto präziser lassen sich empirisch prüfbare Hypothesen formulieren, desto selektiver lässt sich die Erhebung gestalten. Gerade quantitative Studien werden v. a. mit dem Ziel der Prüfung von Hypothesen durchgeführt und stützen sich dabei im Idealfall auf explorative Grundlagenarbeiten qualitativer Forschung.

Es mag oft attraktiv erscheinen, gänzlich eigene, neue Theorien zu formulieren, da diese doch den größten Wissenszuwachs versprechen. Allein, ratsam ist dieses Vorgehen nicht. Der wissenschaftliche Fortschritt beruht vielmehr auf dem Aufbau neuen durch die Anwendung und Modifikation bestehenden Wissens. Für viele Praxisfelder der Sozialen Arbeit gibt es bereits einschlägige Theorieangebote – diese **Vorleistungen sollten genutzt werden**. Die Adaption bestehender (Groß-)Theorien sichert der Studie nicht nur ein starkes Fundament, sondern auch die Anschlussfähigkeit ihrer Ergebnisse im wissenschaftlichen Diskurs. Vor jeder empirischen Erhebung steht also zunächst eine **eingehende Recherche der Literatur**. Diese Phase gestaltet sich oft als langwierig und mitunter mühsam, doch sollte sie mit größter Sorgfalt unternommen werden, denn sie legt den Grundstein für alles Weitere. Unzulängliche Sichtung des bestehenden Forschungsmaterials kann dazu führen, dass Forschungsfragen formuliert werden, die längst schon beantwortet wurden oder am Kern einer Problematik vorbei zielen. Ist der Grundstein schlecht gelegt, wackelt das gesamte Haus.

> **Gerade unerfahrenen Forscher*innen sei also nahegelegt, die theoretische Vorarbeit als integralen Bestandteil der Untersuchung ernst zu nehmen. Sie stellt die Weichen für den Erfolg der Erhebung!**

3 Wahl des Forschungsdesigns

Das Design einer Studie stellt die Gesamtheit oder Rahmung ihrer Erhebungsentscheidungen dar, also die Antwort auf die Frage, wer, wie, wie oft, zu welchem Zeitpunkt und an welchem Ort befragt bzw. beobachtet wird. Der Entschluss für ein bestimmtes Design sollte dabei im Idealfall nicht nach persönlichen Präferenzen, sondern nach dem Kriterium der Gegenstandsangemessenheit gefällt werden. Wie in Kapitel IV bereits diskutiert wurde, eignen sich manche Designs besonders gut zur Erforschung bestimmter Sachverhalte oder Phänomene, sind aber ungeeignet für andere.

Dabei gilt es zwei Fragen zu klären:
1. Wie oft wollen/können wir erheben? Wollen wir eine Längsschnitterhebung durchführen oder reichen uns Querschnittdaten?
2. Wie sollen die einzelnen Erhebungen organisiert sein? Lässt sich das von uns behandelte Thema experimentell oder quasi-experimentell überprüfen oder müssen wir auf eine Ex-Post-Facto-Einteilung zurückgreifen?

Ad 1: Wahl des Erhebungsdesigns
Zunächst müssen wir uns entscheiden, ob wir eine Längsschnitt- oder Querschnitterhebung durchführen wollen. Ausschlaggebendes Kriterium sollte die Forschungsfrage und die Möglichkeit ihrer Beantwortung sein. Praktisch jedoch wird Ihre Entscheidungsfreiheit stets auch von Überlegungen zu finanziellen und zeitlichen Mitteln begrenzt sein. Trend- und Panelbefragungen sind im Allgemeinen viel kostspieliger als Querschnitterhebungen – gerade als Studierende werden Sie wohl kaum Gelegenheit haben, eine Längsschnittstudie von Anfang bis Ende selbst durchzuführen.

Wenn Sie also selbst erheben[1], müssen wir in den allermeisten Fällen davon ausgehen, dass nur Querschnittdaten gesammelt werden können. Unsere Forschungsfrage sollte also nach Möglichkeit mit dieser antizipierten Datenlage kompatibel sein. Versichern Sie sich daher: Kann meine Forschungsfrage mit einem Querschnittdesign beantwortet werden?

Wir hatten allerdings angerissen (vgl. Kapitel IV, Punkt 1.3), dass auch in einem Querschnittdesign Längsschnittdaten zu haben sind, die über Retrospektivfragen erhoben werden. Je nach Forschungsfrage sind diese vollkommen ausreichend. Als Faustregel gilt: Je härter die erfragten Fakten und je kürzer der überspannte Erinnerungszeitraum, desto unproblematischer ist die retrospektive Datenerhebung.

Ein anderer „Trick", mit dem Sie aus einer Querschnitterhebung auch Erkenntnisse über Trends auf methodisch saubere Weise erarbeiten können, besteht in der Übernahme von Item-Batterien aus Vorläufer-Studien zu demselben Thema (sofern vorhanden). Indem Sie sich möglichst an dem Modell anderer früherer Studien orientieren, schaffen sie Vergleichbarkeit zwischen den so erhobenen Daten und reihen Ihre Studie gewissermaßen in eine Trenderhebung ein[2]. Es kann nicht oft genug betont werden: Es muss das Rad nicht jedes Mal neu erfunden werden – auch die Reproduktion von und/oder Übernahme von Fragebogen(teilen) aus anderen Studien ist ein wissenschaftlich relevantes Unterfangen und kann wertvolle Ergebnisse liefern.

> **Beispiel:**
> *Da das erklärte Ziel der Bielefelder Studie vordringlich ein deskriptives war, entschied man sich für ein Querschnittsdesign, also eine einmalige Erhebung von Daten an einer relativ großen Stichprobe.*
>
> Natürlich wäre es auch interessant zu erfahren, welche Entwicklungstendenzen sich in den Gewalterfahrungen deutscher Frauen aufzeigen lassen, z. B. in einem Vergleich mit dem Anteil von Frauen mit solchen Erlebnissen vor 50 Jahren und heute. Doch für die weitere Verwendung der Studie als Informationsbasis für Politikentscheidungen ist weniger die historische Entwicklung als die möglichst präzise Deskription der aktuellen Verhältnisse wichtig, an denen man ja etwas ändern möchte.

---

[1] Wir wollen darauf hinweisen, dass dies nicht immer unbedingt nötig ist, da es viele qualitativ sehr hochwertige Datensätze zur kostenlosen Verfügung interessierter Forscher*innen stehen. Scheuen Sie nie die Sekundäranalyse!
[2] Auch die Bielefelder Studie wählte ihre Items unter diesem Gesichtspunkt aus: „Die Erhebungsinstrumente zur Erfassung von Gewalt wurden aus international verwendeten Instrumenten der Gewaltforschung zusammengestellt und weiterentwickelt. Sie wurden so gewählt, dass sekundäranalytische Vergleiche mit anderen europäischen Prävalenzstudien möglich sind und bestehende Dunkelfelder bestmöglich aufgedeckt werden können" (Schröttle 2005, 132).

> Allerdings ist auch hier die Wahl des Designs mit einigen Schwierigkeiten behaftet. So wurden die untersuchten Frauen in einer retrospektiven Erhebung nach Gewalterlebnissen seit ihrem 16. Lebensjahr gefragt. Je nach Alter der Befragten, das zwischen 16 und 85 lag, bedeutet dies u. U. eine erhebliche Gedächtnisleistung. Dem wurde u. a. durch Listen Rechnung getragen, die den Befragten als „Gedächtnisstütze" vorgelegt wurden und einzelne Gewalthandlungen aufzählten (s. u.). Dennoch ist nicht auszuschließen, dass die psychologischen Mechanismen des Verdrängens und Vergessens das Antwortverhalten beeinflussten.
>
> Noch problematischer freilich ist die Erhebung psycho-sozialer Folgen teilweise weiter zurückliegender Gewalterfahrungen anhand von Querschnitt-Survey-Daten. So wurden den Befragten auch hier Listen möglicher psychischer Folgeerscheinungen, etwa „Depression", „Schlafstörung" oder „erhöhte Krankheitsanfälligkeit" genannt, bei denen diese angeben konnten, welche dieser Erscheinungen sie an sich nach einer Gewalterfahrung beobachten konnten (vgl. BMFSFJ 2005, 138). Sicherlich könnten hier prospektive Erhebungen, die Frauen nach traumatischen Gewalterfahrungen über einen längeren Zeitraum begleiten, noch genauere Befunde liefern als die Selbsteinschätzung der Befragten.
>
> Auch in der professionellen Forschung also muss man sich manchmal mit einer möglicherweise unvollkommenen Datenlage begnügen. Wichtig bleibt, sich den Einschränkungen bewusst zu sein und diese (in einer weiteren Verwertung der Ergebnisse) zu explizieren.

Ad 2: Wahl des Auswertungsdesigns

Zweitens gilt es zu klären, wie die Datenerhebung realisiert werden soll. In Kapitel IV haben wir drei solcher Auswertungsdesigns näher besprochen, die hier noch einmal tabellarisch in ihren Vor- und Nachteilen verglichen werden sollen.

	Experiment	**Quasi-Experiment**	**Ex-Post-Facto**
Beschreibung	A priori randomisierte Einteilung in Versuchs- und Kontrollgruppe Treatment für Versuchsgruppe Unterschiede zwischen Versuchs- und Kontrollgruppe müssen Folge des Treatments sein	Definition der Versuchsgruppe durch „äußere" Umstände Bildung der Kontrollgruppe erst im Nachhinein	Zunächst „unterschiedslose" Erhebung der Daten für alle Stichprobenelemente „Zerschneidung" der Daten erst a posteriori
Vorteile	Kontrolle selbst unbekannter Drittfaktoren Isolierung des Treatment-Effekts bei methodisch sauberer Durchführung	Möglichst gute Annäherung an Experimentaldesign Relativ kostengünstiger gegenüber Experiment	Möglichkeit von Sekundäranalysen und Beantwortung verschiedener Fragestellungen
Nachteile	Ungeeignet für komplexere Wirkungszusammenhänge Probleme der Reaktivität der Messung (Hawthorne-Effekt) Künstlichkeit der Laborbedingungen Relativ kostenintensiv	Nicht-randomisierte Zuweisung in die Gruppen Möglichkeit von Selbstselektionseffekten	Keine „automatische" Kontrolle von Drittvariablen Notwendigkeit komplexerer statistischer Modelle

Tabelle 7: Experiment, Quasi-Experiment, Ex-Post-Facto-Design

In der quantitativen sozialwissenschaftlichen und sozialarbeiterischen Forschungspraxis kommen in aller Regel Ex-Post-Facto-Designs in Verbindung mit standardisierten Befragungen zum Einsatz. Viele sozialwissenschaftlich relevante Fragestellungen erschweren die Arbeit mit (quasi-)experimentellen Designs, da eine zufällige Zuteilung auf die Ausprägungen sozialer „Strukturkategorien" (Becker-Schmidt) wie Geschlecht oder Erwerbsstatus, Herkunft usw., die wir häufig als erklärende Variablen einsetzen wollen, nicht möglich ist[3].

Im Bereich der Sozialen Arbeit lassen sich u. U. auch quasi-experimentelle Designs mit Erfolg realisieren. Gerade (quantitative) Evaluationsstudien beruhen auf dieser Designart. Achten Sie hier v. a. auf die methodisch korrekte – nach dem Kriterium möglichst großer Homogenität im Vergleich zur Treatment-Gruppe – Bildung der Kontrollgruppe.

Wählen Sie als Grundgesamtheit für die (zufällige) Ziehung der Kontrollgruppe eine Gruppe von Menschen, die der Versuchsgruppe in möglichst vielen Merkmalen ähnelt. Meistens wird eine nach bestimmten soziodemographischen und theoretisch relevanten Merkmalen (proportional zur Versuchsgruppe) geschichtete Zufallsauswahl durchgeführt.

> **Beispiel:**
> Die Befragung von 10.264 Frauen in der Studie des BMFSFJ wurde in einem Ex-Post-Facto-Design durchgeführt. Alle Befragten bekamen denselben Fragebogen vorgelegt, mussten auf dieselben Fragen antworten. Erst im Nachhinein konnte eine Ordnung der Daten identifiziert werden. So konnte – um ein Beispiel zu nennen – ein negativer Zusammenhang zwischen dem Alter der Befragten und der Prävalenz psychischer Gewalterfahrungen festgestellt werden: Je älter die Befragten, desto seltener gaben sie an, in den letzten 12 Monaten Opfer psychischer Gewalt geworden zu sein (BMFSFJ 2005, 110f). Es zeigte sich außerdem, dass westdeutsche Frauen deutlich häufiger (14,6 % gegenüber 9,5 %) Opfer psychischer Gewalthandlungen wurden als ostdeutsche Befragte (ebd., 113).
>
> Gerade für vordringlich deskriptive Studien eignen sich Ex-Post-Facto-Erhebungen. Der Nachteil dieses Designs, dass wir keine a priori Gruppeneinteilung vornehmen können, entpuppt sich hier als Vorteil, da wir nicht darauf angewiesen sind, bereits im Vorhinein Hypothesen z. B. über den Zusammenhang von Erhebungsgebiet bzw. Alter und Gewaltprävalenz zu formulieren, sondern erst einmal die theoretisch relevanten Messgrößen des Feldes ausloten können. Die empirischen Befunde sollten dann wieder in die Theoriearbeit eingespeist werden, die nach Erklärungen für das beobachtete Verhalten sucht.

4 Wahl der Befragungsart

Nachdem festgelegt wurde, wann, wie und wie oft Daten erhoben werden sollen, stellt sich die Frage nach der konkreten Befragungsart[4]. In der quantitativen Sozialforschung kommen vier verschiedene Befragungsarten zum Einsatz.

---

[3] Gerade handlungs- und spieltheoretisch informierte Forschungsprogramme bieten hingegen durchaus Gelegenheit für die experimentelle Erprobung ihrer Hypothesen. So konnte z. B. die Wirkung von Fairnessnormen auf das Kooperationsverhalten in sog. Diktator- oder den erweiterten Ultimatumspielen experimentell untersucht werden (vgl. Diekmann 2009, 52f).

[4] Wir beschränken uns in diesem Kapitel auf die Darstellung der Untersuchungsschritte für eine Studie, die mit einem standardisierten Fragebogen arbeitet, da dies die häufigste und von Student∗innen erfahrungsgemäß präferierte Methode der quantitativen Erhebung ist. Allerdings sollte bereits im Vorfeld der Untersuchung überlegt werden, ob die Forschungsfrage nicht vielleicht besser durch andere, z. B. nicht-reaktive Verfahren wie die Analyse prozessproduzierter Daten oder Verhaltensspuren beantwortet werden könnte.

	Persönliches Interview	Telefonisches Interview	Postalische Befragung	Online-Befragung
Methodische Vorteile	Möglichkeit von Rückfragen	Möglichkeit von Rückfragen	Möglichkeit visueller Unterstützung	Möglichkeit visueller Unterstützung
	Möglichkeit visueller Unterstützung	Geringere Interviewer*ineffekte	Keine Interviewer*ineffekte	Keine Interviewer*ineffekte
	Kontrolle der Erhebungssituation	Wirksamerer Ausschluss dritter Personen		
Methodische Nachteile	sehr kostenintensiv	Beschränkte nicht-reaktive Erhebungsmöglichkeiten (z. B. Stimme)	Keine Rückfragen: Befragte*r muss alleine mit Fragebogen zurecht kommen	Keine Kontrolle der Erhebungssituation
	Befragung als Stresssituation, Gefahr von Interviewer*ineffekten	Keine Visualisierungsmöglichkeiten		
Stichprobenziehung	z. B. Adressstichproben & Random-Route	z. B. über Random Digit Dialing bzw. Random Last Digit	z. B. Adressstichproben	Nur in besonderen Fällen zuverlässig
Ausschöpfungsquote	i. d. R. hoch	i. d. R. hoch	u. U. hoch (Total Design Method)	–
Kosten	Sehr hoch	Hoch	Gering	Gering

Tabelle 8: Interviewarten[5]

Die Entscheidung für eine der vier Befragungsformen sollte vordringlich von thematisch-inhaltlichen Überlegungen geleitet sein, hängt praktisch jedoch auch von den verfügbaren Ressourcen ab.

> **Beispiel:**
> „Mit der grundsätzlichen Entscheidung, diese Studie nicht als telefonische Befragung, sondern als Face-to-Face- Befragung durchzuführen, waren eine Reihe von Vorteilen verbunden, die im Hinblick auf die zuvor genannten Problembereiche von größter Bedeutung waren. Die persönliche Anwesenheit der Interviewerin in der Befragungssituation erlaubt eine bessere Kontrolle der Vertraulichkeit der Situation im Hinblick auf die Anwesenheit von Dritten und gibt die Möglichkeit, die psychische Befindlichkeit der Befragten während oder nach dem Interview besser einschätzen zu können, um hier gegebenenfalls unterstützend eingreifen zu können. Da zudem angenommen wurde, dass es manchen Menschen leichter fällt, wahrheitsgemäß über bestimmte Themenbereiche Auskunft zu geben, wenn sie dies nicht gegenüber einer fremden Person im Rahmen des mündlichen Interviews offen legen müssen, wurden hochsensible Themenbereiche wie Fragen zur Partnerschaft, Partnergewalt und Gewalterfahrungen in der Herkunftsfamilie zusätzlich in einem schriftlichen Fragebogen abgefragt, der von den befragten Frauen selbst am Ende des Interviews ausgefüllt werden konnte" (BMFSFJ 2005, 8).

---

5 Da bei Online-Umfragen häufig nicht festgestellt werden kann, wer durch die Befragung erreicht wurde, kann auch zumeist nicht eruiert werden, wie hoch der Anteil der Verweigerer ist.

5 Konzeptspezifikation, Operationalisierung und Itemformulierung

Nach der eingehenden Sichtung der Literatur und der Spezifikation der Forschungsfrage können wir daran gehen, die für unsere Studie zentralen Konzepte so zu spezifizieren, dass wir sie möglichst problemlos in messbare Indikatoren übersetzen können.

> **Beispiel:**
> Die Studie von 2003 ging von einem dreidimensionalen Gewaltkonzept aus, wonach sich Gewalterfahrungen untergliedern lassen in physische, sexuelle und psychische Gewalt. Spätere Sekundäranalysen (vgl. BMSFSFJ 2014) untergliedern die Dimension körperlicher Gewalt weiter in drei Schweregrade der Gewaltanwendung[6]. Jeder dieser (Sub)Dimensionen wird eine Reihe von Indikatoren zugewiesen wie in folgendem Schema ausschnitthaft dargestellt:
>
>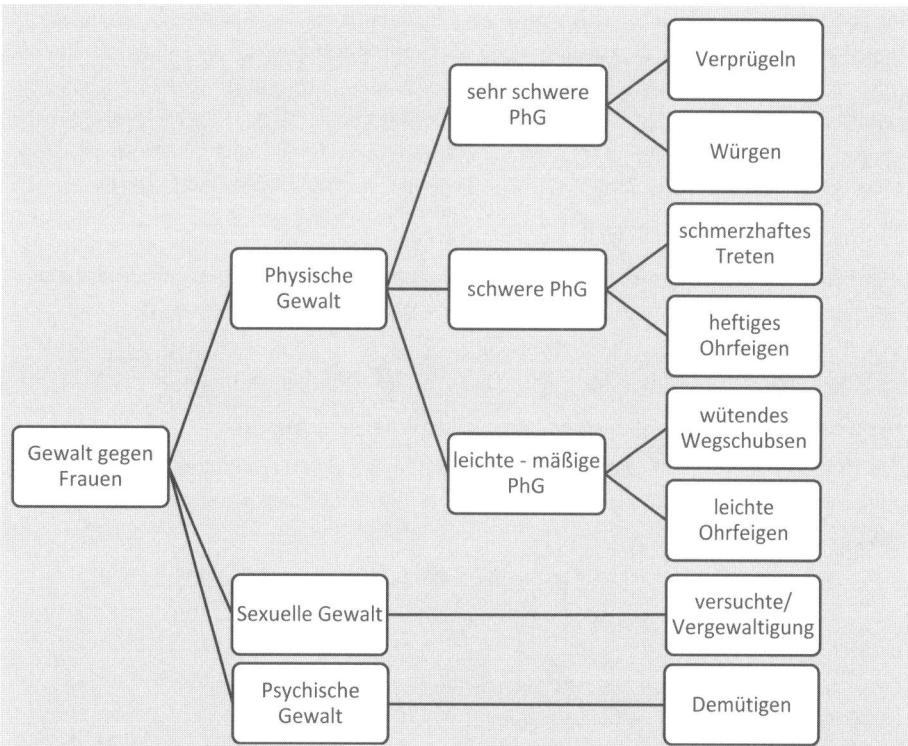
>
> **Abbildung 37:** Schema Konzeptspezifikation Gewalterfahrung von Frauen; eigene Darstellung
>
> Aus Gründen der Darstellbarkeit wurden hier nur einige wenige Indikatoren abgebildet. Tatsächlich aber wurden jeder Befragten Aufzählungen physischer, psychischer und sexueller Gewalthandlungen vorgelegt, die jeweils zwischen 5 und 14 Aussageitems umfassten (s. u.). Die Spezifikation mehrerer Indikatoren für eine Dimension erhöht die Messgenauigkeit und ermöglicht spätere Item-Konsistenzanalysen sowie weiter fortgeschrittene statistische Anwendungen wie die explorative bzw. konfirmatorische Faktorenanalyse.

---

6 Der Schwergrad wurde nach a) den Verletzungsfolgen, b) der (subjektiv erlebten) Bedrohlichkeit der Handlungen c) den psychischen (und psychosozialen) Folgeproblemen und -beschwerden und d) der Definition der Handlung als gewalttätig durch die betroffene Frau bestimmt (BMFSFJ 2014, 9).

Die Konzeptspezifikation bestimmt wesentlich, was wir sehen können, soll heißen, welche Aspekte des untersuchten Phänomens für uns sichtbar werden. Es geht dabei nicht zwingend um eine möglichst detaillierte Zergliederung des Untersuchungsgegenstands, sondern um eine theoretisch relevante Einteilung! Generell gilt: Je mehr Sie über den Gegenstand Ihrer Untersuchung wissen – und das verweist wieder auf die Literaturrecherche, v. a. die Lektüre anderer einschlägiger Studien –, desto präziser und zielführender (hin auf klare und theoretisch relevante Zusammenhangsaussagen) wird diese Einteilung ausfallen.

Nachdem die für unsere Untersuchung zentralen Konzepte hinreichend spezifiziert wurden, können wir daran gehen, uns Gedanken um die Zuweisung sinnvoller Indikatoren zu machen und darum, wie diese als Items in unserer Befragung (wir beschränken uns auch hier auf diese Erhebungsmethode)[7] formuliert werden sollten.

Beispiel:

Die Forscher∗innen aus Bielefeld übersetzten jeden Indikator in ein Aussageitem, das den befragten Frauen als Bestandteil einer Liste ähnlicher Items vorgelegt werden konnte. Die Befragten sollten zu jeder der beschriebenen Gewalthandlungen angeben, ob bzw. wie oft[8] sie Opfer einer solchen Handlung geworden waren. Zuvor wurden die Frauen allgemein gefragt, ob Sie in ihrem Leben bereits einmal Opfer von psychischer/körperlicher/sexueller Gewalt geworden seien. Die Item-Listen wurden dann als „Erinnerungsstütze" vorgelegt. Eine solche Item-Folge für die Dimension Psychische Gewalt sieht etwa so aus:

Einstiegsfrage (psychische Gewalt, mündlicher Fragebogen)

„Nun geht es um Erfahrungen in Ihrem Alltag, die Sie als verletzend oder belastend empfunden haben. Haben Sie schon einmal durch irgendeinen Menschen eine wiederholte Abwertung Ihres Aussehens, Ihrer Art sich zu kleiden, Ihrer Denk-, Handlungs- und Arbeitsweise oder Ihrer Person erfahren? Oder wurden Sie schon einmal regelmäßig gedemütigt, beschimpft, erniedrigt oder lächerlich gemacht?"

Nachfrage mit Itemliste (psychische Gewalt, mündlicher Fragebogen)

„Oft erinnert man sich nicht sofort an solche Situationen. Auf dieser Liste sind verschiedene solcher Situationen beschrieben. Haben Sie persönlich diese Situation schon einmal erlebt?"

Habe schon erlebt,

A dass man mich schwer beleidigt, eingeschüchtert oder aggressiv angeschrien hat.

B dass man mich auf verletzende Art und Weise lächerlich gemacht, gehänselt, abgewertet oder gedemütigt hat.

C dass man mich regelmäßig schikaniert oder unterdrückt hat.

D dass man mir Schlimmes angedroht hat oder mir Angst machte.

E dass man mich erpresst hat oder mich zu etwas zwingen wollte, was ich nicht wollte.

F dass man mich verleumdet oder systematisch bei anderen Schlechtes über mich verbreitet hat.

G dass man mich ausgegrenzt hat oder versucht hat, mich aus einer Gruppe auszuschließen.

---

7   Die Erhebung empirischer Daten vermittels standardisierter Befragungsinstrumente erfreut sich in der sozialwissenschaftlichen Forschung und auch bei vielen Studierenden großer Beliebtheit, doch sollte dieses Vorgehen nicht zum Automatismus werden. Bedenken Sie, dass die Survey-Forschung durchaus ihre Grenzen hat: Gerade für die Erfassung tatsächlichen Verhaltens zeigen sich deutliche Diskrepanzen zwischen durch Befragung und vermittels nicht-reaktiver Verfahren erhobener Daten (vgl. Rogers 1976, nach Diekmann 2017, 505).

8   Dabei wurde die Abfrage von Häufigkeiten bei der Untersuchung physischer Gewalterfahrung nicht aus inhaltlichen Überlegungen vorgenommen, sondern um den Befragten die Antwort zu erleichtern, da so eine Stigmatisierung als „Betroffene" gegenüber „Nicht-Betroffenen" vermieden werden konnte (BMFSFJ 2005, 18).

> **H** dass man mich psychisch so stark belastet hat, dass ich es als Psychoterror oder seelische Grausamkeit empfunden habe.
>
> (Quelle: BMFSFJ 2005, 22f)
>
> Jedes Item wurde mit einem Kennbuchstaben versehen, der es den Frauen erleichtern sollte, ihre Angabe zu machen, ohne die erfahrene Gewalthandlung noch einmal verbalisieren oder spezifizieren zu müssen. Wie Sie sehen können, bilden die Items auch unterschiedliche Schweregrade der Gewalterfahrung ab. Dies erlaubt es, in nachträglichen Analysen kategorisierte Variablen für die (psychische) Gewalterfahrung zu erstellen, die z. B. nach leichter, mäßiger und schwerer Gewalt eingeteilt ist.

6 Konstruktion des Erhebungsinstruments

Wie unter Kapitel V, Punkt 2 besprochen, müssen bei der Konstruktion eines standardisierten Fragebogens 1) die Formulierung und Skalierung der einzelnen Items (Mikrogestalt) sowie 2) deren (zeitliche) Anordnung untereinander (Makrogestalt) geklärt werden.

Ad 1: Mikrogestalt
Items in einem Fragebogen umfassen die eigentliche Frage oder Aussage, die den Befragten gestellt oder vorgelegt wird sowie die Antwortmöglichkeiten auf die Frage bzw. eine Skala der Zustimmung/Ablehnung der Aussage.

Bei der Formulierung von Items ist darauf zu achten, dass die Frage nicht der Beantwortung im Wege steht, also die Frage/Aussage so formuliert ist, dass den Befragten sofort einsichtig ist, was gemeint ist. Das setzt voraus, dass unsere Items einfach, klar und präzise formuliert sind. Im Folgenden einige Tipps und Beispiele zur Konstruktion von Items.

Tipp 1: Vermeiden Sie unnötige (doppelte) Verneinungen
Formulieren Sie nach Möglichkeit Aussagen zur Erfassung von Einstellungen affirmativ. Der Umgang mit Verneinungen kann, insbesondere bei telefonischen Befragungen, zu Verwirrung führen – umso mehr, wenn die Befragten die in Frage stehende Aussage ablehnen.

Negativbeispiel: „Man sollte in der Wirtschaft mehr dafür tun, um Ungleichheit am Arbeitsplatz zu reduzieren" (Peterson/Peterson 1976, nach Eid/Schmidt 2014,93).
Alternativvorschlag: „Man sollte in der Wirtschaft mehr dafür tun, um Gleichberechtigung am Arbeitsplatz zu erhöhen" (ebd.).

Tipp 2: Vermeiden Sie multidimensionale Items
Sog. „double-barreled" Frage- oder Aussageitems enthalten mehr als einen informativen Aspekt, was dazu führt, dass wir als Forschende ebenso wenig wie die Befragten selbst genau sagen könnten, wem oder was sie da gerade zustimmen bzw. auf welchen Aspekt sie antworten.

Negativbeispiel: „Sind Sie für den Ausstieg aus der Kohleenergie zur Verbesserung des Klimas?"
Alternativvorschlag: „Sind Sie für den Ausstieg aus der Kohleenergie?"
Filter: Falls „Ja":
„Sind Sie aus Gründen des Umweltschutzes für den Kohleausstieg?"

Tipp 3: Vermeiden Sie überkomplexe Abfragen

Die Skalierung von Items bewegt sich stets auf dem schmalen Grat zwischen dem hinreichenden Grad an Genauigkeit und Informationsgehalt und den (kognitiven) Fähigkeiten der Befragten. Es gilt zu bedenken: Eine maximal genaue Abfrage bringt wenig ein, wenn die Befragten damit nicht zurechtkommen und infolgedessen verzerrt, auf gut Glück oder gar nicht antworten.

Negativbeispiel: „Wie viel Prozent Ihres Tages verbringen Sie schätzungsweise mit der Erledigung von Haushaltsaufgaben wie Putzen, Wäsche-Waschen oder Aufräumen?"

Alternativvorschlag: „Wie viele Stunden verbringen Sie am Tag schätzungsweise mit der Erledigung von Haushaltsaufgaben wie Putzen, Wäsche-Waschen oder Aufräumen?"

Je nach Befragungsform können außerdem unterschiedliche (v. a. visuelle) Hilfsmittel wie Listen, Diagramme, Bilder oder Kalendarien zur Unterstützung eingesetzt werden.

Tipp 4: Vermeiden Sie Suggestivfragen

Suggestivfragen legen den Befragten bereits eine Antwort in den Mund, was zu einer inkorrekten Wiedergabe der „eigentlichen" Einstellungen des Befragten führen kann.

Negativbeispiel: „Finden Sie nicht auch, dass mehr Sozialwohnungen gebaut werden sollten?"

Alternativvorschlag: „Stimmen Sie der folgenden Aussage zu? Der Staat sollte mehr Sozialwohnungen bauen."

Tipp 5: Vermeiden Sie stark wertende Ausdrücke

Viele Begriffe werden in der öffentlichen Debatte und im sozialen Umgang als Ausdruck spezifischer, nicht zur Debatte stehender Werte verwendet. Die direkte Ablehnung solcher Werte fällt im Allgemeinen sehr schwer. Gleiches gilt für die Verwendung emotional besetzter Stereotype.

Negativbeispiel: Wie ernst beurteilen Sie *Bagatelldelikte* wie etwa den Kaufhausdiebstahl?
Alternativvorschlag: Wie ernst beurteilen Sie folgende Straftaten:
    a) Schwarzfahren
    b) Unterschlagung
    c) Kaufhausdiebstahl
    d) …?

Tipp 6: Vermeiden Sie ungewohnte und fachsprachliche Begriffe

Bei der Konstruktion der Items ist die Verständlichkeit oberstes Gebot – sprachliche Eleganz und grammatikalische Richtigkeit können diesem getrost geopfert werden. Auch die fachsprachliche Präzision richtet unter Umständen mehr Schaden an als Nutzen. Verwenden Sie eine allen Befragten zugängliche Sprache.

Negativbeispiel: „Wie stehen Sie zur Idee der Einführung gendersensitiver Sprachregelungen in öffentlichen Formularen und Schriftstücken?

Alternativvorschlag: „Zurzeit wird die Forderung diskutiert, in Schriftstücken öffentlicher Einrichtungen Formulierungen verpflichtend festzusetzen, die Männer, Frauen und andere Geschlechter miteinbeziehen. Wie stehen Sie dazu?

Auch alltagssprachliche Begriffe können Verwirrung stiften, wenn deren Bedeutung nicht immer ganz eindeutig ist bzw. von Befragten falsch verstanden werden könnte. So könnte eine Frage zur Verhaltenshäufigkeit „im letzten Jahr" von manchen Befragten auf das letzte abgeschlossene *Kalender*jahr, von anderen aber auf *die letzten 12 Monate* bezogen werden. Eindeutige Formulierungen wie „Wie häufig haben Sie X in den letzten 12 Monaten?" können hier Abhilfe schaffen (vgl. Eid/Schmidt 2014, 96). In jedem Fall ist Einfühlungsvermögen in die (Stress-)Situation der Befragten vonnöten!

Auch über die Art und Weise der Skalierung eines Items sollte in Hinblick auf die Fähigkeiten der Befragten sowie auf ihre Folgen für die Untersuchung und die Auswertungsmöglichkeiten entschieden werden.

Zunächst muss das zu erzielende Skalenniveau festgesetzt werden. Wie Sie aus Kapitel V, v. a. Punkt 3.3.4, wissen, ist das Skalenniveau in der quantitativen Auswertung von maßgeblicher Wichtigkeit für die Anwendbarkeit statistischer Verfahren. Grundsätzlich gilt: Je höher, desto besser, da wir jede Skala höheren leicht in eine Skala niederen Informationsgehalts transformieren können, umgekehrt aber nicht! Natürlich sind uns bei einigen Merkmalen mehr oder minder „natürliche" Grenzen auferlegt – so wird das Merkmal Geschlecht stets nominal erhoben werden. Gerade bei Fragen zu Einstellungen, Überzeugungen und Verhalten jedoch gibt es durchaus Spielräume.

Klassischerweise werden Einstellungen – z. B. über die Zustimmung zu Aussageitems – auf einer 4- oder 5-stufigen Ordinalskala erfasst. Unter Umständen kann es aber auch sinnvoll sein, eine 10-stufige Skala einzusetzen, die aufgrund ihres feineren Differenzierungsgrads als „quasi-metrische" behandelt werden kann.

Derartige Skalen werden z. B. bei der Erfassung der subjektiven Links-Rechts-Einstufung im politischen Spektrum, der Lebenszufriedenheit o.ä. verwendet. Quasi-metrische Skalen sollten, außer an ihren Endpunkten, kein empirisches Relativ nennen, nicht nur, weil das Aufzählen zehn verschiedener Abstufungen enervierend lange dauerte und für die Befragten überfordernd wäre, sondern auch, weil die bloßen Zahlen gleiche Abstände zwischen den Antwortmöglichkeiten suggerieren sollen (Bedingung für Annahme von Intervallskalierung).

Beispiel:
Item A

„Wie zufrieden sind Sie derzeit alles in allem mit Ihrem Leben?"

Sehr unzufrieden	Eher Unzufrieden	Eher Zufrieden	Sehr Zufrieden
O	O	O	O

Item B

„Auf einer Skala von 1–10: Wie zufrieden sind Sie derzeit alles in allem mit Ihrem Leben?" 1 bedeutet dabei „Sehr unzufrieden", 10 „Sehr zufrieden".									
1	2	3	4	5	6	7	8	9	10
Sehr un- zufrieden									Sehr zufrieden

Wie oben bereits erwähnt, ist der Grat zwischen Präzision und Überforderung der Befragten oft recht schmal. Orientieren Sie sich, sofern möglich, an bewährten Item-Batterien und deren Skalenvorgaben.

Ad 2: Makrogestalt

Die Anordnung der Items untereinander sollte im Idealfall dem in Kapitel V, Punkt 2.2.3 beschriebenen Spannungsverlauf folgen, wonach auf eine einleitende Phase leichter und unverfänglicher Fragen eine Phase kognitiv anstrengenderer Items folgt, die den Weg bereitet für heikle Fragen zu persönlichen oder unangenehmen Themen und schließlich mit einer vierten Phase „langweiliger" Items zu soziodemographischen Merkmalen beschlossen wird. Um ein ständiges Springen zwischen den Themen zu vermeiden, sollten die Items dazu unter **thematische Blöcke oder Module** subsumiert werden (sofern der Fragebogen mehr als ein Thema abdecken soll), an deren Anfang jeweils ein **kurzer Ein- bzw. Überleitungstext** steht.

> **Beispiele für Überleitungstexte**
>
> *„Kommen wir nun zum Thema Familie …"*
>
> *„Vielen Dank bisher. Wenden wir uns nun nochmal Themen zu, die Sie mehr oder minder persönlich betreffen …"*
>
> *„Jetzt ist es fast geschafft. Kommen wir zum Abschluss noch zu einigen standardmäßig erhobenen Fragen zu Ihrer Person …"*

Innerhalb der Module sollten mögliche Fragereihenfolge-Effekte bedacht und ggf. in einem Pretest (s. u.) überprüft werden. Fragereihenfolge-Effekte treten dann auf, wenn die Beantwortung einer Frage das spätere Antwortverhalten der Befragten beeinflusst. Dabei kann es im Zuge eines gewissen Konsistenzdrucks (einer spezifischen Identität des Befragten, die vielleicht erst während des Interviews ausgeprägt wird) zu Angleichungseffekten kommen, also zu einer Beantwortung späterer themenverwandter Fragen in größtmöglichem Einklang mit der vorherigen, aber auch zu Kontrasteffekten, also der Beeinflussung einer Frage durch die Wahrnehmung von und Orientierung an einem Unterschied zu vorherigen Fragen. Werden Personen nach dem letzten Kanzlerduell z. B. zuerst nach ihrer Einschätzung von SPD-Politiker Martin Schulz und dann nach ihrer Einschätzung der Partei SPD als solcher gefragt, könnte es sein, dass Befragte ihre Meinung über die SPD ihrer Meinung über Martin Schulz angleichen. Werden die Personen dann noch zu ihrer Einschätzung von Angela Merkel befragt, könnte es sein, dass die wahrgenommene Differenz zu Martin Schulz die Bewertung seiner Gegnerin im Kanzlerduell (positiv oder negativ) beeinflusst. Das letztliche Antwortverhalten könnte also zumindest zum Teil auch Resultat der spezifischen Reihenfolge der Fragen gewesen sein.

Reihenfolge-Effekte dieser Art lassen sich kaum verhindern, können unter Umständen aber sogar nützlich sein, wie die mehrstufige Erhebung des Einkommens zeigt (s. Kapitel V, Punkt

2.2.3). Werden allzu starke Verzerrungen befürchtet, empfiehlt es sich, vorab, d. h. vor der eigentlichen Haupterhebung, verschiedene Versionen der fraglichen Item-Batterie zu testen, um Ausmaß und Richtung des Effekts abschätzen und evtl. später berücksichtigen zu können.

Bei besonderen Themen können zusätzlich auch andere Überlegungen bei der Gestaltung des Fragebogens eine Rolle spielen.

> **Beispiel:**
> *Auch bei der bundesweit durchgeführten Studie zur Gewaltbetroffenheit von Frauen, standen neben rein methodischen auch forschungsethische Bedenken im Vordergrund, v. a. in Bezug auf die für die Befragten persönlich belastende Qualität der Fragen:*
>
> „Der Fragebogen war dramaturgisch so aufgebaut, dass ein Wechsel zwischen Gewaltfragen mit anderen, neutraleren Fragekomplexen den Interviewverlauf so wenig belastend wie möglich gestaltete und die Gefahr von zu hohen Belastungen und Retraumatisierungen durch die Befragungssituation vermindert wurde" (BMFSFJ 2005, 14).
>
> Der mündliche Fragebogen war dabei in 12 inhaltliche Blöcke aufgeteilt (vgl. BMFSFJ 2004, 18):
> 1. Allgemeine Zufriedenheit, eigene Kinder, Eltern/Bezugspersonen in Kindheit, Geschwister, Selbsteinschätzung eigene Lebenssituation
> 2. Ängste und Bedrohungsgefühle in verschiedenen Lebensbereichen
> 3. Sexuelle Belästigung
> 4. Staatsangehörigkeit, Religionsgemeinschaft, Ausbildung, Berufsleben
> 5. Psychische Gewalt
> 6. Gesundheit
> 7. Körperliche Gewalt
> 8. Sexuelle Gewalt
> 9. Bewertung von Hilfsangeboten/Hilfeeinrichtungen
> 10. Haushalt, Einkommen, Familienstand
> 11. Fragen zu aktueller Partnerschaft: Monats-/Jahresangaben zur Partnerschaftsdauer, Zusammenleben, Heirat und Soziodemographie des Partners
> 12. Fragen zu früheren/drei letzten Partnerschaften: Monats-/Jahresangaben zur Partnerschaftsdauer, Zusammenleben, Heirat und Soziodemographie des Partners
>
> Zusätzlich wurden die Frauen auch noch nach ihrer Bereitschaft, als Teil eines Panels an weiteren (ähnlichen) Umfragen teilzunehmen, gefragt. In einem letzten Block schließlich wurden über 19 Interviewer*innenfragen zu Quartiertyp, Wohnumfeld und Befragungssituation auf nicht-reaktive Weise Umgebungsinformationen erhoben.
>
> „Als ‚warming up' wurden zu Beginn des Interviews zunächst allgemeine Zufriedenheitsindikatoren abgefragt. Danach erst wurden Fragen zu leichten Formen von Gewalterfahrungen gestellt, bevor dann schwerere Gewaltformen aus den Bereichen körperliche bzw. sexuelle Gewalt angesprochen wurden. Dazwischen folgten – gedacht als Ruhepunkte für die Zielperson – immer Befragungssequenzen mit Fragen zur Soziodemographie, Gesundheit etc. Am Ende des Interviews wurden dann ebenfalls wieder Fragen zu eher unverfänglichen Themenbereichen gestellt, die einen sanften Ausklang des Interviewgesprächs ermöglichten"(ebd., 17).

7 Auswahl der Untersuchungseinheiten

Wenn das Erhebungsinstrument (vorläufig) feststeht, kann es endlich an die Auswahl der Untersuchungseinheiten gehen. Unter Kapitel V, Punkt 1 haben wir die gängigsten Verfahren der Stichprobenziehung bereits besprochen. Grundsätzlich umfasst das Auswahlverfahren drei Entscheidungsschritte (vgl. Diekmann 2017, 192), welche
1. die **Definition der Grundgesamtheit**
2. die **Art der Stichprobenziehung** und
3. den **Umfang der Stichprobe**
festlegen.

Die anvisierte Grundgesamtheit ist diejenige Menge von Objekten (meistens: Personen), über die wir anhand unserer Studie Aussagen treffen wollen (vgl. auch Kapitel V, Punkt 3.3). Ist die Grundgesamtheit relativ klein und gut zugänglich, können wir eine Vollerhebung durchführen. Meistens jedoch wird das nicht der Fall sein – dann müssen wir Stichproben ziehen und mithilfe inferenzstatistischer Auswertungsmethoden auf die Grundgesamtheit schließen.

Nicht immer ist die *anvisierte* mit der *tatsächlichen* Grundgesamtheit identisch! Systematische Stichprobenausfälle und/oder später vorgenommene Auswertungstechniken können dazu führen, dass wir am Ende nicht die Grundgesamtheit in unserer Studie abbilden, die ursprünglich anvisiert wurde. Das ist bedauerlich, aber gerade bei systematischen Ausfällen nur schwierig zu beheben. In jedem Falle ist es wichtig, genau kenntlich zu machen, für welche Population auf Grundlage der tatsächlich erhobenen Daten Aussagen getroffen werden können!

> **Beispiel:**
>
> Den durch das Bundesministerium gestellten Anforderungen an eine Untersuchung der Prävalenz weiblicher Gewalterfahrungen in der bundesdeutschen Bevölkerung gemäß, bildete die gesamte deutsche, weibliche Bevölkerung die Grundgesamtheit der Studie. Da nur Frauen zwischen 16 und 85 Jahren und zwar vermittels einer Adressstichprobe (s. u.) befragt wurden, müssen wir genauer sagen: die deutsche, weibliche Wohnbevölkerung zwischen 16 und 85[9].
>
> Das hat Konsequenzen für die Verallgemeinerbarkeit der Studienergebnisse. Für Sonderpopulationen wie Anstaltsinsassinnen, Obdachlose, Kinder usw. können nur Vermutungen, aber keine statistisch abgesicherten Schlüsse angestellt werden[10].

Welcher Art das Stichprobenziehungsverfahren sein soll, wird wesentlich von Forschungsfrage und -design abhängen. Für ein experimentelles Design zur Überprüfung einer spezifischen Hypothese z. B. werden in aller Regel willkürliche bzw. unkontrollierte Stichproben gezogen. Dies ist insofern unproblematisch, als im Anschluss daran die Zuteilung auf Versuchs- und Kontrollgruppe nach dem Zufallsprinzip erfolgt (vgl. Diekmann 2017, 195).

---

9 Zumindest gilt dies für die Haupterhebung. Daneben wurden noch zwei weitere Populationen, nämlich osteuropäische und türkische Frauen in gesonderten Stichproben untersucht.
10 Jedenfalls wenn wir davon ausgehen müssen, dass Anstaltskontexte (z. B. Gefängnis), Obdachlosigkeit usw. einen systematischen Einfluss auf die Wahrscheinlichkeit einer Frau haben, Opfer von Gewalthandlungen zu werden.

Für Ex-Post-Facto-Erhebungen und insbesondere bei einem deskriptiven Forschungsziel hingegen sollte auf die „Repräsentativität" der Stichprobe geachtet werden – und das heißt v. a. darauf, dass alle Untersuchungseinheiten der Grundgesamtheit eine angebbare Chance haben, gezogen zu werden.

Im paradigmatischen Fall der einfachen Zufallsstichprobe sollte diese Chance für alle Elemente der Grundgesamtheit gleich groß sein. Wie bereits mehrfach erwähnt, kann es allerdings auch durchaus hilfreich bzw. zweckdienlich sein, eine gegenüber der Grundgesamtheit disproportional geschichtete Stichprobe zu erheben. Bei hypothesenprüfenden Studien soll dies i. d. R. hinreichende Fallzahlen und damit Schätzgrundlagen für alle Ausprägungen der zentralen unabhängigen Variablen garantieren (z. B. wenn wir absichtlich gleich viele Arbeitslose wie Erwerbstätige ziehen). Da es uns in diesen Fällen nur um einen Unterschied bzw. die Prüfung einer Unterschiedshypothese (auf Signifikanz), nicht um „Absolutwerte" geht, ist dieses Vorgehen gerechtfertigt.

Bei deskriptiven Studien, die uns wahre Populationsparameter liefern sollen, kann eine disproportionale Schichtung ebenfalls von Vorteil sein. Dann sollte allerdings in der nachträglichen statistischen Auswertung eine sog. „Gewichtung" vorgenommen werden.

> **Beispiel:**
> „Insgesamt wurden 10.264 Frauen im Alter von 16 bis 85 Jahren bundesweit befragt. Für die Gewinnung der Zielpersonen wurde in 250 repräsentativ ausgewählten Gemeinden eine Personenstichprobe auf der Basis der Einwohnermelderegister gezogen. Der Vorteil bei diesem Verfahren ist, dass auch für nicht erreichbare bzw. schwer motivierbare Zielpersonen Basisinformationen über Alter, Nationalität und Wohnort vorliegen – sofern diese von den Gemeinden je nach Meldegesetz mitgeliefert werden- anhand derer dann Selektivitätsanalysen durchgeführt werden können" (BMFSFJ 2004, 7).
>
> Als Auswahlverfahren wurde eine mehrstufige, disproportional geschichtete Zufallsauswahl durchgeführt:
> „In der ersten Auswahlstufe wurden bundesweit insgesamt 250 Gemeinden mit 278 Sample-Points zufallsgesteuert ausgewählt. Um dem hinsichtlich alter und neuer Bundesländer disproportionalen Design der Stichprobe Rechnung zu tragen, wurden getrennt 188 Sample-Points in 175 Gemeinden für die alten Bundesländer inkl. West-Berlin und 90 Sample-Points in 75 Gemeinden für die neuen Bundesländer inkl. Ost-Berlin zufallsgesteuert ausgewählt. Die neuen Bundesländer sollten demnach mit rd. 33 Prozent überrepräsentiert und die alten Bundesländer mit rd. 67 Prozent unterrepräsentiert werden (durch eine geeignete Gewichtungsprozedur kann jederzeit eine proportionale Auswertung für die gesamte Bundesrepublik gewährleistet werden)" (ebd., 29).
>
> Die Auswahl der einzelnen Gemeinden erfolgte dabei – für Ost- und Westdeutschland getrennt – auf Grundlage des vom Statistischen Bundesamt zur Verfügung gestellten Gemeindeverzeichnisses[11]. Als Sampling Points werden hier gleich große Personenklumpen bezeichnet, die auf Grundlage der Einwohnermeldeamtsdaten definiert wurden – um die unterschiedliche Größe von Gemeinden zu berücksichtigen, wurden z. B. Großstädte mit mehreren Sampling Points erfasst (vgl. ebd., 30ff).

---

11 Der Einfachheit halber verzichten wir hier auf eine nähere Erläuterung der vorhergehenden Einteilung des bundesdeutschen Gebiets in Schichtungszellen (vgl. dazu ausführlich BMFSFJ 2004, 29ff).

> Innerhalb der so definierten Sampling Points wurde in einem zweiten Schritt aus den von den Meldeämtern angeforderten Listen von Frauen in entsprechendem Alter nach einem systematisierten Listenverfahren die tatsächlich zu interviewenden Personen ausgewählt: von einer zufällig ausgewählten „Startperson" aus wurde jede x-te (nach einem festgelegten Wert) Person auf der Liste ausgewählt.
>
> Die groß angelegte Bielefelder Studie realisierte neben dieser Hauptstichprobe (auf die wir uns hier beschränken wollen) auch noch weitere Stichproben für Sonderpopulationen (türkische und osteuropäische Frauen), die mit der Hauptauswahl nur unzureichend erfasst würden.
>
> Die Stichprobenziehung über Adresslisten der Einwohnermeldeämter hatte den zusätzlichen Vorteil, dass den ausgewählten Personen im Vorfeld der Erhebung ein Anschreiben geschickt werden konnte, in dem sie um Teilnahme an der Studie gebeten wurden.
>
> „Die Möglichkeit eines persönlichen Anschreibens ist gerade im Hinblick auf die Themenschwerpunkte dieser Studie für die Vertrauensbildung auf Seiten der Zielpersonen sehr wichtig und gewährleistet damit einen besseren Zugang zu den ausgewählten Zielpersonen"(ebd.).

Der anzustrebende Umfang der Stichprobe schließlich hängt v. a. ab von der Komplexität und Anzahl der zu erhebenden bzw. in der Auswertung relevanten Variablen. Grundsätzlich gilt: Je mehr Variablen erhoben werden sollen und je mehr Ausprägungen die (nicht-metrischen) Variablen annehmen können, desto größer sollte unsere Fallzahl veranschlagt werden. Dies hat den einfachen Hintergrund, dass je mehr kategoriale Variablen in die Analyse eingeschlossen werden, desto geringer die Häufigkeiten – bei gleichem n – für jede Merkmalskombination ausfallen. Auch die gewünschte Feinheit/Sensibilität der statistischen Hypothesentests kann Überlegungen zur Stichprobengröße beeinflussen (vgl. Kühnel/Krebs 2012, 255ff).

8 Pretest

Eine Erhebung kostet Zeit, Mühe und nicht zuletzt Geld. Wenn die Haupterhebung einmal angelaufen ist, ist es nicht mehr möglich, das Instrument zu verändern, um die Vergleichbarkeit der Daten nicht zu gefährden. Um dies nochmals zu betonen: Nur, was erhoben wird, kann auch ausgewertet werden! Um zu überprüfen, ob das Instrument für den Forschungszweck angemessen erscheint, wird daher i. d. R. ein sog. Pretest durchgeführt. Als **Pretest bezeichnen wir eine vorläufige Probeerhebung** an einer kleinen Stichprobe der anvisierten Grundgesamtheit, anhand derer Inkonsistenzen, Fehler und möglicherweise fehlende Items im Frageinstrument identifiziert werden sollen.

Im Einzelnen gilt es zu überprüfen:
a) Sind alle für die Beantwortung meiner Forschungsfrage notwendigen Items vorhanden?
b) Sind alle Items korrekt?
    a. Passen Frage und Antwortskala zueinander?
    b. Ist die Antwortskala disjunkt und erschöpfend?
    c. Ist die Formulierung der Frage präzise und verständlich?
c) Ist die Dramaturgie des gesamten Fragebogens stimmig?
    a. Verläuft das Interview flüssig und angenehm?
    b. Helfen Ein- und Überleitungstexte beim Verständnis der inhaltlichen Ordnung des Fragebogens?
d) Stimmen Filterführung und Fragereihenfolge?
e) Ist der Fragebogen zu lang/zu umfangreich? Was kann gestrichen werden?

Natürlich sollten Sie, bevor Sie ihr Instrument zu seiner ersten Anwendung bringen, mit Ihren Kolleg*innen bzw. Forschungspartner*innen proben und die Befragung immer wieder durchspielen. Doch erst die Durchführung eines richtigen Pretests mit zufällig ausgewählten Befragten lässt alle Probleme und mögliche Schwächen Ihres Instruments deutlich werden.

An den Pretest schließt also eine Phase der Überarbeitung an. Zu komplexe Verklausulierungen sollten vereinfacht, Überflüssiges gestrichen, Notwendiges ergänzt werden.

> **Beispiel:**
> Im Vorfeld der eigentlichen Erhebung wurde aus derselben Grundgesamtheit mit derselben Methode eine kleinere Stichprobe gezogen, auf deren Grundlage n=129 Interviews durchgeführt werden konnten. Diese wurden vorläufig ausgewertet, um die Qualität des Erhebungsinstruments zu eruieren und mögliche Fehlerquellen und Probleme mithilfe der Erfahrungsberichte der Interviewerinnen zu identifizieren:
> „Im Rahmen der Datenauswertung [der Pretest-Erhebung, F.S.] wurden folgende Arbeitsschritte durchgeführt:
> 1. Eine Analyse der Interviewer-Berichte, die wertvolle Hinweise zur Handhabung der Erhebungsinstrumente, aber auch zur Gesprächsatmosphäre zwischen Zielperson und Interviewerin sowie zur Akzeptanz der Inhalte lieferte.
> 2. Eine Analyse der Kontaktprotokolle – insbesondere der ausführlich dokumentierten Verweigerungsgründe – die Hinweise für die Kooperationsbereitschaft der Teilnehmerinnen und der studienspezifischen Ausfallgründe gaben.
> 3. Die Auswertung der Interviews macht auf Fragen aufmerksam, die nicht optimal operationalisiert worden sind" (BMFSFJ 2004, 23).

9 Haupterhebung

Nach der Endredaktion des Erhebungsinstruments mithilfe der im Pretest gewonnenen Erkenntnisse kann es an die Haupterhebung gehen. Je nach Erhebungsmethode, Ausstattung und angestrebter Fallzahl kann diese Phase einige Tage bis mehrere Wochen in Anspruch nehmen.

Die quantitative Sozialforschung stützt sich bei ihren Erhebungen vornehmlich auf standardisierte Instrumente. Die Idee ist, dass alle Befragten dem gleichen Erhebungsstimulus ausgesetzt sind und also die möglichen reaktiven Effekte der Erhebung konstant gehalten bzw. kontrolliert werden können. **Entsprechend sollten alle Interviews neutral und in möglichst derselben Weise durchgeführt werden.** Sollten Sie auf die Hilfe anderer Personen, z. B. professioneller Interviewer*innen, zurückgreifen, müssen diese vorab genau geschult und über den Ablauf des Interviews instruiert werden.

Von zentraler Bedeutung bei der Erhebung auf der Basis von Zufallsstichproben ist die Ausschöpfungsquote, also der Anteil tatsächlich realisierter gegenüber den versuchten Interviews. Die Ausschöpfungs- bzw. Rücklaufquote berechnet sich aus der Anzahl der realisierten Interviews, dividiert durch die von sog. stichprobenneutralen Ausfällen bereinigte Gesamtzahl der Interviewversuche (bzw. online oder postalisch verschickter Fragebögen). Um die Definition der „Stichprobenneutralität" eines Ausfalls kann man sich sicherlich streiten, normalerweise aber können Wegzug, Tod oder Erkrankung der*des Befragten oder – bei telefonischen, auf Haushalte zielenden Stichproben – Firmenanschlüsse, Faxgeräte, nicht vergebene Nummern etc. als stichprobenneutral angesehen werden. Eine geringe Ausschöpfungsquote (<50 %) kann ein Indiz sein für systematische Verweigerungen und unsere Stichprobe sollte auf jeden Fall dahingehend überprüft werden, ob tatsächlich eine Zufallsauswahl für alle Subgruppen unserer anvisierten Grundgesamtheit realisiert wurde oder ob bestimmte Personengruppen drastisch unter- oder überrepräsentiert sind.

> **Beispiel:**
>
> Von Februar bis Oktober wurden die in der Gemeindestichprobenziehung ausgewählten Frauen durch vorab intensiv geschulte, erfahrene und ausschließlich weibliche Interviewerinnen befragt. „Es handelte sich um standardisierte Face-to-face-Interviews, die in den Haushalten der Befragten, wahlweise auch an anderen Orten, durchgeführt wurden, und die durch einen schriftlichen Drop-off-Fragebogen zu Gewalt in Familien- und Paarbeziehungen ergänzt wurden.
>
> Die ca. 60 bis 90-minütigen Interviews wurden allein und in Abwesenheit Dritter durchgeführt, um eine ruhige, ungestörte Interviewsituation zu gewährleisten. Es wurden ausschließlich weibliche Interviewerinnen eingesetzt, die für diese Aufgabe im Vorfeld durch infas und IFF spezifisch geschult und während der Feldphase intensiv begleitet wurden. Im Anschluss an das Interview erhielten die Befragten ein Informationsblatt mit regionalen Hilfemöglichkeiten für Frauen in Gewaltsituationen sowie mit der Nummer einer Studien begleitenden Telefonhotline, die während der Feldphase am Zentrum für Interdisziplinäre Frauen- und Geschlechterforschung der Universität Bielefeld für Befragte und Interviewerinnen eingerichtet wurde. Damit sollte möglichen negativen Folgen, die sich aus der Teilnahme an den Interviews für die Befragten ergeben können, entgegengewirkt werden" (Schröttle 2005, 131).
>
> Insgesamt konnten auf diese Weise 10.264 (auswertbare) Interviews realisiert werden, bei einer Ausschöpfungsquote von soliden 52 % (vgl. BMFSFJ 2004, 10).

10 Aufbereitung der Daten

Nachdem die Erhebungsphase abgeschlossen wurde, müssen die so gewonnenen Daten in eine auswertbare Form gebracht werden. Bei computergestützten Verfahren (CAPI; CATI) geschieht dies zumindest für die standardisierten Fragen automatisch. Wurde die Befragung per Hand durchgeführt, empfiehlt es sich, alle Daten zunächst zu digitalisieren[12]. Für eine statistische Auswertung wie sie ein quantitatives Forschungsprogramm vorsieht, müssen alle empirischen Relative in numerische Relative übertragen werden.

Damit aus den erhobenen Items statistisch auswertbare Variablen werden, muss also jeder Antwortkategorie ein numerischer Wert (Skalenniveau beachten!) zugewiesen werden. Somit sollte jeder Untersuchungseinheit auf jeder Variablen genau ein Wert zugeordnet werden können. Personen, die auf eine Frage nicht geantwortet haben, wird ein missing value bei dieser Variable (in Statistikanwendungen meist durch einen „ . " symbolisiert) eingetragen.

---

[12] Nutzen Sie dazu am besten eine der gängigen Statistiksoftwares wie Stata, SPSS oder R. Für kleinere Samples und einfache Analysen reichen im Normalfall auch Tabellierungsprogramme wie Excel.

Während dieses, wie gesagt, für geschlossene Fragen mit festgelegten Antwortkategorien recht problemlos vonstattengeht, kosten Fragen mit offenen Antwortmöglichkeiten etwas mehr Zeit und Mühe.

Ein klassisches Beispiel für diese Problematik stellt die offene Abfrage von Berufen dar.
„Welchem Beruf gehen Sie derzeit nach?"
Antwort: _____

Die Bandbreite möglicher Antworten ist, wie Sie sich leicht vorstellen können, enorm. Je nach Population finden Sie Angaben von Schornsteinfeger*in über Mediendesigner*in bis hin zu Ministerialbeamt*in. In dieser Form sind die Angaben für uns nicht direkt auswertbar. Eine Möglichkeit mit offenen Berufsangaben umzugehen bietet die sog. ISCO-Klassifizierung[13]. Dabei wird nach einem komplexen System jeder Beruf zunächst in eine von zehn Hauptklassen vercodet durch die Zahlen 0–9, eingeordnet und dann anhand weiterer Subgruppenbezeichnungen spezifiziert, sodass jeder Person zum Schluss eine vierstellige Codenummer zugeordnet werden kann. Dieses Vorgehen kostet relativ viel Zeit und erfordert einige Übung. Insbesondere stellt sich das Problem, dass manche Bezeichnungen keine eindeutige Zuordnung erlauben bzw. von unterschiedlichen Vercoder*innen unterschiedlich zugeordnet würden. Je mehr solcher Fälle unsere Stichprobe aufweist, desto problematischer, weil weniger reliabel, werden die ermittelten Ergebnisse.

Dieses Beispiel soll nur verdeutlichen, welche Konsequenzen die vielleicht manchmal leichtfertige Entscheidung für eine offene Abfrage haben kann. Denn wenn die Erhebung einmal vorbei ist, können wir i. d. R. nicht noch einmal nachfragen, sondern müssen mit dem auskommen, was wir erhoben haben. Anstatt also die Arbeit bei der Fragebogenkonstruktion einzusparen und einfach offen zu erheben, sollten Sie sich stets fragen, ob nicht auch eine geschlossene Frage das interessierende Merkmal erfassen kann. So ist es für viele Forschungsfragen vollkommen ausreichend, eine grobe Klassifizierung der beruflichen Stellung, z. B. nach folgendem Schema (Quelle: Allbus 2016) vorzunehmen:

„Welche berufliche Stellung haben Sie derzeit inne?"
1 Landwirt
2 Akademischer Freier Beruf
3 Sonst. Selbständige
4 Beamte, Richter, Soldat
5 Angestellter
6 Arbeiter
7 In Ausbildung
8 Mithelfende Familienangehörige
– Missing

Eine gute Alternative zu offenen Fragen stellen auch die halb-geschlossenen Fragen, also Items, die neben den standardisierten auch eine offene Antwortmöglichkeit bieten, sodass nicht alle Informationen derart aufwendig vercodet werden müssen und doch Raum für Unvorhergesehenes bleibt.

---

[13] International Standard Classification of Occupations

Ebenfalls in den Bereich der Datenaufbereitung fällt die Identifizierung von Erhebungsfehlern und Inkonsistenzen in den Angaben der Befragten. Offensichtlich falsche Werte müssen dann als missings codiert werden. **Aber Vorsicht!** Ein Missing-Code sollte nicht leichtfertig und sicherlich nicht bloß deshalb zugewiesen werden, weil der Wert „unplausibel" oder in irgendeiner Weise extrem wirkt. Wenn Sie Missing Values zuweisen, so sollte dies sehr gut begründet sein – eine Altersangabe von über 150 Jahren, eine Angabe zur Dauer der Erwerbslosigkeit, die weit über die Anzahl erwerbsfähiger Jahre hinausreicht etc. sind gute Gründe, eine Altersangabe von 105 Jahren hingegen nicht[14].

Umgekehrt ist es problematisch, selbst simple Codierfehler im Nachhinein danach anzupassen, „wie es vermutlich gemeint war". Es stimmt wohl, dass, um bei dem Beispiel zu bleiben, eine Altersangabe von 188 Jahren vermutlich nichts als ein Tippfehler ist – nur, wer kann sagen, ob das eigentliche Alter 18 oder 88 Jahre betrug oder einen ganz andere Zahl? Vielleicht wurde auch aus Versehen die Zentimeterangabe einer Frage nach der Körpergröße beim Alter eingetragen? Wenn sich dies im Nachhinein nicht einwandfrei feststellen lässt – und dies wird meistens der Fall sein – sollten Sie der fraglichen Person einen Missing Value zuweisen. Damit fällt diese Person aus allen Berechnungen heraus, die sie mit der Altersvariable vorhatten – ein weiterer Grund also, bei Erhebung und Aufbereitung besondere Sorgfalt walten zu lassen.

Die Aufbereitung der Daten ist eine oft lästige und nicht selten ermüdende Arbeit, doch sie sollte mit großer Sorgfalt unternommen werden – jeder Vercodungsfehler gefährdet die Validität ihrer Ergebnisse.

Alle zugewiesenen Werte lassen sich zum Schluss in einer Datenmatrix darstellen, deren Reihen die einzelnen Untersuchungseinheiten repräsentieren, während in den Spalten die Variablen abgetragen werden. Eine solche Datenmatrix bzw. Datensatz bildet die Grundlage der statistischen Analyse.

11 Auswertung der Daten

Mit den verschiedenen statistischen Darstellungs- und Auswertungsverfahren haben wir uns in Kapitel V, Punkt 3 bereits eingehend befasst. Hier soll es darum gehen, Hinweise für ein geordnetes Vorgehen bei der statistischen Behandlung von Daten zu geben.

1. Beschreibung des Datensatzes
Der methodische Kern Ihrer empirischen Arbeit – also nach der Erläuterung und Einordnung Ihrer Forschungsfrage und deren theoretischer Einbettung – sollte mit einer kurzen Beschreibung Ihres Datensatzes beginnen. Zum einen sollten Sie den Leser*innen Einblicke in die Verteilung standarddemographischer Variablen in ihrer Stichprobe bieten: Wie verhält sich der Anteil von Frauen zu Männern, von Hochaltrigen zu anderen Altersklassen, ggf. von Ost- zu Westdeutschen usw. Üblicherweise werden diese Merkmale unter Angabe der absoluten (und der relativen) Häufigkeiten tabellarisch dargestellt. Zum anderen interessiert uns natürlich die Verteilung der theoretisch relevanten, (abhängigen und unabhängigen) Merkmale. Bevor Sie also Zusammenhänge testen, Populationsparameter schätzen oder komplexe

---

[14] Was nicht bedeutet, dass Sie Personen mit derlei extremen Ausprägungen nicht von der Analyse ausschließen könnten – dann aber unter Berücksichtigung und Explikation der Konsequenzen, die dies für ihre tatsächliche Grundgesamtheit hat!

Modelle aufbauen, sollten Sie zunächst einen Überblick über die Datenlage vermitteln, mit der Sie arbeiten.

2. Deskriptive Verfahren und Zusammenhangsmaße
Nach dieser allgemeinen Auflistung und Darstellung der verfügbaren Daten, können Sie daran gehen, mithilfe von Kreuztabellierungen, Mittelwertberechnungen und graphischen Veranschaulichungen die für Ihre Untersuchung relevanten Zusammenhänge herauszuarbeiten.

> **Beispiel:**
> Für die Prävalenzstudie ergibt sich folgendes Bild der Gewaltbetroffenheit deutscher Frauen:
>
> Von den insgesamt 37 % aller Befragten, die angegeben haben, mindestens einmal seit ihrem 16. Lebensjahr Opfer von Gewalt geworden zu sein, haben wiederum 37 % Erfahrungen mit psychischer Gewalt gemacht. Häufiger noch treten Formen sexueller Belästigung und psychischer Gewalt auf. Die recht enge – strafrechtliche – Definition sexueller Gewalt ([versuchte] Vergewaltigung) erklärt den relativ geringen Anteilswert von „nur" 13 %. Wir können also sagen, dass in der Stichprobe 4,81 % (0.13*0.37) angaben, mindestens einmal in ihrem Leben Opfer sexueller Gewalt, und 13,69 % Opfer körperlicher Gewalt geworden sind. Die genauen Anteilswerte für die Grundgesamtheit aller deutschen Frauen müssten mit inferenzstatistischen Methoden (Konfidenzintervallschätzung) geschätzt werden – die sehr hohe Fallzahl jedoch lässt jedoch auch so schon auf eine recht zuverlässige Abbildung schließen.

In tabellarischer Form[15]:

Gewaltformen	In allen Kontexten	In Paarbeziehungen
Körperliche Gewalt	37 %	23 %
Sexuelle Gewalt	13 %	7 %
Sexuelle Belästigung	58 %	–
Psychische Gewalt	42 %	–

(Quelle: BMFSFJ 2005, 28)

Je nach Forschungsfrage und -ziel ist damit bereits die meiste Arbeit getan. Liegt ihr Augenmerk jedoch statt auf einer deskriptiven Darstellung oder Aufdeckung bestehender Verteilungskenngrößen in der Grundgesamtheit auf der Überprüfung von Zusammenhängen in den Daten, können Sie die Kapitel V, Punkt 3.3.4.2 und 3.3.4.3 besprochenen Verfahren auf Ihre Anwendbarkeit hin prüfen.

Wie mehrfach betont, richtet sich jedweder Assoziationstest nach dem Skalenniveau der niedrigstskalierten Variablen im Test.

Für nominales Skalenniveau sind Zusammenhangsmaße, die auf der Chi-Quadrat-Statistik basieren gut anwendbar – eine standardisierte Maßzahl bietet Cramérs V. Ist das nominale Merkmal dichotom, hat also nur zwei Ausprägungen kann auch bereits ein 2-Stichproben-t-Test gerechnet werden.

---

[15] Abgebildet sind die Angaben aus dem mündlichen und schriftlichen Teil der Befragung. Da in der schriftlichen Befragung zur Gewalt in Paarbeziehungen keine Fragen zu psychischer Gewalt oder sexueller Belästigung gestellt wurden, sind diese Zellen in der Tabelle unbesetzt. Mehrfachnennungen waren natürlich möglich, weshalb sich die Prozentanteile nicht auf 100 % aufaddieren.

Für ordinales Skalenniveau können außerdem Maßzahlen wie Kendalls Tau-b eingesetzt werden, die nicht nur die Stärke, sondern auch die Richtung des Zusammenhangs angeben. Für zwei metrisch skalierte Variablen lässt sich deren Zusammenhang als Korrelation berechnen.

3. Inferenzstatistische Anwendungen
Wenn Sie schließlich ihre Zusammenhangsvermutungen auf ihre Gültigkeit für die Grundgesamtheit hin überprüfen wollen, können Sie inferenzstatistische Methoden der Parameterschätzung und des Hypothesentestens einsetzen. Achten Sie dabei auf die Voraussetzungen für die Anwendbarkeit der Tests und geben Sie nach Möglichkeit stets die errechneten (t-, F- oder X^2-)Werte direkt an, nicht nur den Befund der Signifikanz/Insignifikanz, um es den Leser*innen zu ermöglichen, ihre Schlussfolgerungen nachzuvollziehen und zu überprüfen.

Achten Sie auch auf den Unterschied zwischen Signifikanz und Substanzialität (vgl. Kapitel V, Punkt 3.3.4.5)! Nur weil ein Unterschied nicht signifikant ist, heißt das nicht, dass er unbedeutend wäre – häufig ist eine zu geringe Fallzahl der Grund dafür, dass wir auch eklatante Unterschiede nicht mit hinreichender Sicherheit nachweisen können. Solche und ähnliche Diskussionen der Teststatistiken und deren Bedeutung gehört unbedingt mit zur quantitativen Auswertung: Zahlen können trügerische Sicherheit vorgaukeln, aber es geht darum, zu verstehen, wie diese Werte zustande gekommen sind und was sie im Kontext Ihrer Studie aussagen.

(4. Komplexere Modelle)
In den meisten wissenschaftlichen Forschungspapieren finden Sie im Anschluss an einfache bivariate Methoden, auf die wir uns im Rahmen dieser Einführung beschränkt haben, komplexer aufgebaute multivariate Modelle, z. B. lineare oder logistische Regressionsmodelle (vgl. die skizzierte Darstellung in Kapitel V, Punkt 3.3.5).

Im Prinzip geht es hierbei darum, Drittvariablen zu kontrollieren. Das Ex-Post-Facto-Design hat nun mal den Nachteil, dass wir nicht ausschließen können, dass der Zusammenhang zwischen unserer unabhängigen und abhängigen Variable in Wirklichkeit durch andere (Dritt)Variablen/Merkmal erklärt wird („Scheinkorrelationen", s. Kapitel III, Punkt 4.1). In einem multivariaten Regressionsmodell können die Einflüsse anderer Variablen auf das interessierende Merkmal kontrolliert werden. Auf diese Weise wird z. B. der sog. „bereinigte" Gender Pay Gap berechnet, der sich unter Kontrolle von solchen Drittvariablen wie Erwerbsumfang und Arbeitsbranche ergibt.

12 Interpretation der Ergebnisse

Der letzte Schritt Ihrer Studie sollte den Bogen zurück zur Theorie spannen, indem Sie die empirischen Befunde inhaltlich interpretieren und in Bezug zu ihrer ursprünglichen Forschungsfrage setzen.

Einige der Fragen, die Sie sich in diesem Teil stellen und bestenfalls beantworten sollten, lauten z. B.:
- Konnte meine Forschungsfrage vollumfänglich beantwortet werden? Wenn nicht, unter welchen Einschränkungen gelten meine Ergebnisse?

- Wenn Sie Hypothesen formuliert hatten, konnten diese auf Grundlage der Daten bestätigt werden? Welche Modifikationen müssen vorgenommen werden? Welche möglichen Faktoren blieben unberücksichtigt? Was sprach für, was gegen meine Theorie?
- Welche (unerwarteten) Zusammenhänge ließen sich außerdem ermitteln? Was könnten diese bedeuten?
- Wo können weitere Forschungen anschließen, wo lässt sich mein eigener Beitrag im Forschungsfeld verorten? Bestätigt, widerlegt oder modifiziert er geltende Lehrmeinungen? Wo sehen Sie weiteren Forschungsbedarf?

Dieser letzte Teil der Auswertung ist zentral für die Funktion einer jeden empirischen Studie: der Einspeisung valider Fakten aus der erfahrbaren Realität in den selbstbezüglichen Ablauf der Wissenschaft und ihrer Theoriediskurse. Dabei sind nackte Zahlen und Zusammenhangsmaße nicht anschlussfähig. Sie müssen eingebettet und getragen sein von der forschungsleitenden Theorie- oder Forschungsdiskussion, zu der Sie einen empirischen Beitrag leisten wollen. Deshalb müssen alle Ergebnisse der statistischen Analyse im Lichte Ihres Erkenntniszieles interpretiert und diskutiert werden.

Das macht sie auch der*dem Leser*in einer möglichen Publikation, Hausarbeit oder Paper zugänglich. Dieses sollte grob analog zu dem hier vorgeschlagenen Durchführungsplan aufgebaut sein, also zunächst eine Forschungsfrage formulieren, in ihrer Relevanz begründen und in einem Forschungsfeld verorten. Darauf folgt die knappe Erläuterung und Begründung des methodischen Vorgehens, der Ausgestaltung des verwendeten Designs, der Art und des Umfangs der verwendeten Stichprobe sowie der eigentlichen Erhebung. Schließlich sollten Sie eine Auswertung der erhobenen Daten präsentieren, die zunächst ausgeht von der Beschreibung der vorfindlichen Merkmalsverteilungen, um dann deskriptive und schließlich inferenzstatistische Verfahren anzuschließen, die auf die Beantwortung ihrer Forschungsfrage zielen. Zu guter Letzt sollten Sie die Ebene der Zahlen und Fakten zurückbinden an die Ebene der Theoriebildung und Forschungsdiskussion, ihre eigenen Befunde eingliedern und in Bezug zu hergebrachten Meinungen oder Alternativvorschlägen stellen und auf weitere Forschungslücken hinweisen. Scheuen Sie auch nicht vor Selbstkritik! Es ist keine Schande, die eigenen Hypothesen zu widerlegen, auch wenn es – zugegeben – weniger Spaß macht. Im Gegenteil: Gerade der ehrliche Umgang mit den eigenen Befunden und die Reflexion und Explikation der Schwachstellen, Kritikpunkte und blinden Flecken der eigenen Studie zeichnet seriöse Wissenschaft aus.

VIII Die Durchführung einer qualitativen Untersuchung

Nachfolgend geht es um das forschungspraktische Vorgehen bei qualitativen Studien, das heißt, die Durchführung einer qualitativen Studie soll exemplarisch anhand zweier im Rahmen von Sozialarbeitsforschung sehr populärer Erhebungsmethoden – dem problemzentrierten Interview und der Gruppendiskussion – vorgestellt werden, sodass zum einen an das Wissen aus den vorigen Kapiteln zu Paradigma, Design, Auswahl-, Erhebungs- und Auswertungsmethoden noch einmal angedockt wird, zum anderen eine Art Fahrplan für das qualitative Vorgehen ablesbar wird. Der Schwerpunkt bei den folgenden beispielhaften Schilderungen liegt auf den Auswertungsmethoden – und zwar auf der strukturierenden Inhaltsanalyse beim Interview und der dokumentarischen Methode bei der Gruppendiskussion – weil beim qualitativen Vorgehen gerade die Auswertungsphase unserer Erfahrung nach die größten Unsicherheiten und Probleme auslöst. Da die Bildanalyse bereits unter Kapitel VI, Punkt 2.4 und 3.3 anhand eines Beispiels demonstriert wurde, geht es nun also um zwei textbezogene Auswertungsmethoden. Grundsätzlich bleibt an dieser Stelle anzumerken, dass es im Rahmen unserer buchkonzeptionell geplanten Einführung in die empirische Sozialforschung immer nur um erste Pfadschilderungen durch das Dickicht des Methodendschungels gehen kann, wir liefern (hoffentlich) einen Handlauf für die Begehung, aber das erspart den angehenden Forscher*innen nicht, sich zusätzlich und vertiefend an anderer Stelle anhand einschlägiger (Methoden-)Literatur kundig zu machen (auf die wir im Einzelnen und an den entsprechenden Stellen verweisen).

1 Fahrplan für eine qualitative Untersuchung

Im Folgenden wollen wir versuchen einen Leitfaden für die Durchführung einer qualitativen Untersuchung zu formulieren, der helfen soll, das in den vorhergehenden Kapiteln Gesagte in einen sinnvollen Gesamtzusammenhang einzustellen und ein eigenes Forschungsprojekt zu realisieren.

Eine qualitativ ansetzende Studie kann sich an folgenden Schritten orientieren:
1. Untersuchungsfrage/n stellen und recherchieren, welche theoretischen und empirischen Befunde themenrelevant sind und ggfs. bereits vorliegen
2. Design der Studie klären; häufig geht es um Querschnitt- oder Ex-post-Facto-Designs oder aber auch um experimentelle Designs
3. Feldzugang klären bzw. sicherstellen (z. B. über sogenannte Door-Opener); Auswahlmethode festlegen (Theoretical Sampling, gezieltes Sampling, Snowball-Verfahren oder Nominationstechnik); Stichprobe ziehen
4. Der Thematik angemessene Erhebungsmethode wählen (z. B. problemzentriertes Interview, Gruppendiskussion); Erhebungsinstrument entwickeln (z. B. Leitfaden formulieren beim Interview, Moderationsleitfaden bei der Gruppendiskussion)

5. Erhebungssituation klären (Räume für das Interview bzw. die Gruppendiskussion festlegen), Termine für die Interviews bzw. Gruppendiskussion vereinbaren, Anonymitätszusicherung an Untersuchungspersonen geben, Verwertungszusammenhang transparent machen, Aufnahmegeräte bereitstellen und sicher handhaben
6. Sicherung der Audio-Aufnahmen und Transkription nach zuvor festgelegten Regeln
7. Anwendung einer standardisierten Auswertungsmethode (z. B. dokumentarische Methode oder eine Form der Inhaltsanalyse)
8. Darstellen der (wichtigsten) Forschungsergebnisse; Verfassen des Forschungsberichts (der alle methodischen Schritte beschreibt und reflektiert)

Zur Veranschaulichung sollen diese Schritte entlang zweier von der Autorin selbst durchgeführten Studien zu den Themen „Patenschaft für Migrant*innen" und „Männer in der Sozialen Arbeit" exemplarisch nachvollzogen werden.

2 Erste Beispielstudie: Motive von ehrenamtlich Tätigen im Bereich der Sozialen Arbeit mit Migrant*innen

Die erste hier vorgestellte Studie entstand im Rahmen einer Evaluation, die von der Stadt München unter der Ägide des Sozialreferats in Auftrag gegeben wurde[1]. Im Folgenden wird dabei ein Untersuchungsaspekt bzw. eine Untersuchten-Gruppe herausgegriffen, nämlich die ehrenamtlich für das Projekt tätigen Frauen und Männer, die seit mindestens einem Jahr und bis über mehrere Jahre hinweg als sogenannte Pat*innen im praktischen Einsatz für Menschen mit Migrationshintergrund tätig sind. Die Tätigkeit bezieht sich in der Regel auf alltägliche Unterstützung und Begleitung bei Anträgen, Behördengängen, Kinderbetreuung etc., aber auch als Initiator*innen für freizeitbezogene Aktivitäten.

2.1 Die Untersuchungsfragen

Es geht um die Motive der ehrenamtlich tätigen Pat*innen, zum einen um diese Tätigkeit überhaupt aufzunehmen und fortzuführen, zum anderen aber auch herauszufinden, welche Erfahrungen sie bei ihrem Einsatz machen, welcher Art ihr Selbstverständnis im Hinblick auf die Arbeit ist, wie sie Erfolg definieren, wie sie Rückschläge verarbeiten, welche Beziehungen sie zu den betreuten Familien entwickeln, wann und unter welchen Umständen sie ihre Arbeit beenden, wer und was sie in ihrer Arbeit unterstützt und welche konkreten Vorschläge sie für eine Verbesserung ihrer Arbeit machen können. Diese Untersuchungsfragen schlagen sich dann als Fragen im (Interview)Leitfaden nieder und bilden die Basis für die späteren Auswertungskategorien.

2.2 Theoretischer Hintergrund

Aus vergleichbaren Repräsentativ-Studien über ehrenamtlich Tätige in Deutschland sind die wichtigsten Motive für den persönlichen Einsatz beschrieben worden. Allerdings geht es dabei lediglich um eine oberflächliche Erfassung von Motiven (wie z. B. „mit anderen

---
1 Der Forschungsbericht liegt dem Sozialreferat unter „Hanne Schaffer (2018), Evaluationsbericht für das Patenprojekt der Landeshauptstadt München" vor.

Menschen zusammenkommen"), die auf der Basis quantitativer Erhebungen erfasst worden sind. Außerdem wurde dort das Ehrenamt über die verschiedensten Einsatzgebiete gefächert erfasst, sodass vom Einsatz bei der freiwilligen Feuerwehr bis zum Engagement in der Kirchengemeinde ein sehr breites Spektrum nicht zuletzt bezüglich des damit verbundenen Aufwands abgebildet wurde und damit kaum Wissen über spezifische Motivlagen je nach Art des Ehrenamts vorhanden ist.

2.3 Das Design der Studie

Das Design entspricht einer summativen Evaluation (vgl. Kapitel IV, Punkt 3.2), das heißt, es soll zu einem gewählten Zeitpunkt ein Ist-Zustand analysiert werden. Daraus sollen auch praktische Handlungskonsequenzen für die Leitung des Projekts folgen können.

2.4 Die Auswahlmethode

Aus der Gesamtheit der 150 Paten und Patinnen (= Grundgesamtheit), die ehrenamtlich für das Projekt tätig sind, sollen 15 Personen nach der Logik eines systematischen Ziehungsverfahrens (geschichtete Stichprobe, vgl. Kapitel V, Punkt 1.6) gezogen werden, die eine Verzerrung der Stichprobe a priori ausschließen soll. Es handelt sich dabei um ein gezieltes Sampling entlang der aus dem Kreis der Paten und Patinnen bekannten soziodemographischen Merkmale, d.h. nach den Merkmalen Geschlecht (weiblich/männlich), Altersgruppe (differenziert nach den Gruppen 18–29 Jahre, 30–49 Jahre, 50–59 Jahre und über 60-Jährige), Bildungsstand und Herkunftsland. Die zufällige Auswahl entlang dieser theoretisch selegierten Merkmale garantiert „theorierelevante Repräsentativität" (vgl. Prein et al. 1994) des Samples, sodass der Schluss von der Stichprobe auf die Grundgesamtheit legitim erscheint.

2.5 Stichprobenbeschreibung

Befragt wurden 10 weibliche und 5 männliche Pat*innen, die durchschnittlich 52 Jahre alt sind. Fünf Befragte sind der Altersgruppe der 20- bis 40-Jährigen zuzuordnen, 4 Befragte den 50- bis 60-Jährigen und 4 den über 60-Jährigen (von zwei Befragten fehlt die Altersangabe). 6 der Befragten sind jeweils ledig oder verheiratet, eine Befragte gibt an, verwitwet zu sein. Bei der Religionszugehörigkeit geben 4 Befragte an, keine Konfession zu haben, vier sind evangelisch, drei römisch-katholisch, eine Befragte gibt eine in der Liste nicht genannte Konfession an und ein Befragter macht dazu keine Angabe.

2.6 Die Erhebungsmethode

Als Erhebungsmethode werden problemzentrierte Leitfadeninterviews eingesetzt. Der Leitfaden wird im Vorfeld vom Forschungsteam und entlang der interessierenden Kategorien entwickelt, enthält 20 Fragen und wird an alle Interviewer*innen verteilt. Zusätzlich werden die sozio-demographischen Daten der Pat*innen auf einem separaten standardisierten Bogen erfasst. Die Interviewer*innen durchlaufen eine kurze Interviewer-Schulung.

2.7 Die Erhebungssituation

Die Interviews werden bis auf eine Ausnahme in den privaten Wohnräumen der Befragten geführt und wortwörtlich aufgezeichnet. Ein Interview findet in einem Raum der Hochschule statt. Die Interviews dauern zwischen 60 und 80 Minuten. Die Interviewer*innen haben die Anweisung, die Gesprächsdauer auf etwa eine Stunde zu begrenzen, ein Zeitlimit, das dem Umfang der gestellten Fragen angemessen erscheint und auch wegen des Transkriptionsaufwands festgelegt worden ist.

2.8 Die Auswertungsmethode

Die Interviews werden mithilfe einer strukturierenden Inhaltsanalyse (vgl. Kapitel VI, Punkt 3.1) ausgewertet. Dazu werden zunächst alle transkribierten Interviews ganz gelesen und dabei am Rand die auswertungsrelevanten Kategorien (z. B. Motiv das ehrenamtliche Engagement aufzunehmen, Selbst-/Rollenverständnis) markiert und am besten mit einem Kürzel gekennzeichnet. Anschließend werden die Textstellen, die der ausgewählten Kategorie entsprechen über alle Interviews hinweg gesammelt und dann einer zusammenfassenden Beschreibung unterzogen. Geeignete Belegstellen werden aus den Interviews ausgewählt, geeignet unter dem Aspekt, dass sie die vorkommenden Varianten innerhalb ein und derselben Kategorie dokumentieren. In einem ersten Schritt werden also alle Belegstellen für die fragliche Kategorie gesammelt und zusammengestellt. In einem zweiten Schritt wird dann versucht, die Variation innerhalb der einzelnen Kategorien herauszuarbeiten, also etwa die verschiedenen Motivlagen.

2.9 Auszug aus den Auswertungsergebnissen

2.9.1 Kategorie: Motiv der Pat*innen

Die Beweggründe für die Paten und Patinnen am Projekt mitzuwirken fallen individuell verschieden aus, sind also entsprechend vielfältig und auch vielschichtig, weisen jedoch auch immer wiederkehrende parallele Aspekte auf. Vor allem wird betont, explizit etwas für Flüchtlinge tun zu wollen, die sich in existentiellen Notlagen befinden und dabei selber etwas von dem zurückzugeben, was als im Vergleich zu den Flüchtenden als subjektiv empfundene soziale und gesellschaftliche Privilegierung umschrieben werden kann. Unter diesem Aspekt zugespitzt kann die Intention der Pat*innen als individuelle Ausgleichsmaßnahme interpretiert werden, als Akt zur Herstellung sozialer Gerechtigkeit.

Einige der Paten und Patinnen sehen sich selbst vor allem auch als Repräsentant*innen der Gesellschaft resp. der deutschen (Willkommens-)Kultur. Das Projekt verspricht dabei sowohl konkret einsehbare Hilfeleistung, als auch die Gewissheit, etwas Sinnvolles zu tun. Da die Landeshauptstadt Trägerin des Projekts ist, wird aus Sicht der Pat*innen die damit verbundene Seriosität der ehrenamtlichen Arbeit garantiert. Nicht ganz so durchgängig wird allgemein auch das Motiv helfen zu wollen genannt, wobei die transparente und hoch funktionsfähige Organisationsstruktur im Patenprojekt, seine öffentliche Bekanntheit und das positive Image als Vorteile gegenüber anderen Feldern der ehrenamtlichen Tätigkeiten hervorgehoben werden.

> *Frau A: „Es fing damit an, dass ich generell mich mit ehrenamtlich im weitesten Sinn sozusagen für Flüchtlinge engagieren wollte ... einen Beitrag leisten im Sinne der Willkommenskultur ... und für mich machte es Sinn, weil ich ganz konkret etwas tun kann, also ganz konkrete Alltagshilfe in ganz wichtigen existentiellen Fragen, wenn man so will. Etwas mit Hand und Fuß und ich selber auch noch was dabei lerne" (Interview A, S.1).*
>
> *Frau C: „ ... war Studentin ... als ich angefangen habe und habe die Möglichkeit gesucht, mich im Bereich Migration oder Flüchtlinge zu engagieren ... und habe mich für das Patenprojekt entschieden, weil mir der Rückhalt der Stadt München daran gefallen hat, dass man weiß, dass es einen seriösen Rahmen hat und weiß, wo die Gelder herkommen und es ist eine Marke, der ich vertrauen kann ... habe dann auch gehört, dass das Projekt schon mehrere Preise gewonnen hat ... und habe mich dann dafür entschieden." (Interview C, S.1)*
>
> *Frau F: „Ja, erstens mal gehe ich von mir aus. Da ich ein sehr gutes Leben habe, habe ich natürlich auch sehr viel Kraft so etwas weiterzugeben und ich möchte einfach – wir sehen ja all die Probleme die auftreten mit Integration und in der Politik usw. und da ist es sehr wichtig, dass man die Menschen unterstützt, damit die Integration auch gelingen kann ... ja, das ist ja auch was unser Projekt ja eigentlich möchte." (Frau F, S.4–5)*
>
> *Herr G: „Ich denke, wenn es einem selber ganz gut geht, dann ist es auch schön, wenn man ein bisschen was zurückgeben kann, davon lebt ja auch eine Gesellschaft. Oft hat es ja auch nur mit Glück zu tun oder wie man reingeboren wurde und nur in die Arbeit zu gehen und heim und sonst nichts Sinnvolles zu tun, das war mir halt dann wichtig, dass ich da noch was machen bzw. mich einbringen kann." (Herr G, S. 1)*

Ein Teil der Patinnen und Paten befindet sich bereits im Rentenalter (36 % nach Angaben aus dem Datenreport des Projekts zum Jahr 2017 und entsprechend in der Stichprobe). Die in dieser Lebensphase gewonnene Zeitautonomie und der Wegfall beruflicher Aufgaben und Anforderungen sieht diese Gruppe als Ausgangsbasis für ein neues Engagement, das sowohl ein positives Image mit Sinnstiftung verbindet, als auch neue Sozialkontakte und Erfahrungshorizonte verheißt. Das Motiv, helfen zu wollen wird hierbei stark mit einer intergenerationellen Komponente verwoben, es geht darum, vor allem „jungen" Menschen zu helfen. Das Ehrenamt generiert für diese Gruppe deutlich einen sozialen Mehrwert. Alternative Engagements für Ältere, wie z. B. „Senior Berater" für ein Startup-Unternehmen oder als mobile Einsatzreserve für den Betrieb, für den man einst tätig war, versprechen zwar Anerkennung und zum Teil auch monetäre Anreize, im Gegenzug liefert man sich jedoch einer neuen und unangenehm stressig erlebten Konkurrenzsituation mit jüngeren Kolleg*innen oder anderen Senior*innen aus.

Herr P, zunächst danach gefragt, wie er zu seinem Ehrenamt im Patenprojekt kam, das er mittlerweile seit mehreren Jahren und überwiegend in Zusammenarbeit mit der Ehefrau ausübt.

> *Herr P: „... wie Sie uns ja optisch schon ansehen, sind wir im Ruhestand. Also nicht mehr so tätig, da hat man dann mehr Zeit für solche Sachen. So war das."(Herr P, S.1)*

An späterer Stelle des Interviews resümiert er über andere mögliche Einsatzgebiete für ehrenamtliches Engagement als „solche Senioren-Sachen" und grenzt sich positiv durch seine Tätigkeit im Patenprojekt gegenüber diesen möglichen, aber subjektiv hoch kompetitiv wahrgenommenen Einsatzfeldern ab.

> Herr P: „ ... hab das mal mitgemacht, dass man halt mal Junge berät, die ins Berufsleben eintreten wollen, sowas. Die Startups und sowas, aber da waren die Alten, die nur versuchten, sich zu profilieren und des haben wir bei diesem Patenverein überhaupt nicht. Wir passen da wunderbar zusammen ... die sind von allen Schichten, da haben wir also frühere Vorstände drin bis weiß Gott was alles, des is homogen, keine hat einer, hat den Ehrgeiz unbedingt aufzufallen und es liegt uns wirklich allen dran, mitzubekommen, die Kinder, also die Flüchtlinge." (Herr P, S. 9)

2.9.2 Kategorie: Selbst- und Rollenverständnis

Die Interaktion zwischen Pat*innen und Patenschaften hängt von der konkreten Lebenslage der betreuten Personen, aber auch vom Selbst- und Rollenverständnis der Paten und Patinnen ab.

Die in den Interviews geschilderten Aufgaben der Paten und Patinnen sind so vielgestalt und komplex wie die ökonomischen, physischen und psycho-sozialen Problemlagen der übernommenen Patenschaften. Zudem hängen die Herausforderungen für die Pat*innen davon ab, wie lange sich eine Person (mit oder ohne Partner*in oder Familie) bereits im Land befindet, welche Hilfen bereits angelaufen sind und über welches Bildungs- bzw. Sprachniveau diese verfügt. Durchgängig gibt es aufgrund der rudimentären oder gar nicht vorhandenen Deutschkenntnisse Verständigungsprobleme bei den betreuten Familien und Einzelpersonen mit Migrationskarriere, die dazu führen, dass Unterstützung resp. Begleitung bei Behördengängen, bei der (auch im Internet vorgenommenen) Suche nach einer Wohnung, beim Stellen von Anträgen bzw. Ausfüllen von Formularen, bei der Suche nach Arbeit bzw. in den Kontakten mit dem Jobcenter, bei der Steuererklärung, bei der Suche nach einer Ausbildungsstätte, einer Kindertageseinrichtung oder von Schule und Hort, bei der Anmeldung zum Sportverein, beim Arztbesuch etc. dringend benötigt wird.

Prinzipiell geht es aber nie nur um sprachliche Probleme, sondern auch darum zu begreifen, wie die soziale Navigation in der deutschen (Aufnahme-)Gesellschaft gelingen kann, in die Frauen, Männer und Kinder bzw. Jugendliche aus anderen Kulturen nicht hineinsozialisiert wurden. Die Paten und Patinnen fungieren hier oft als kulturelle Wegweiser, als Scharniere zwischen heimischer und fremder Kultur. Deutsche Werte und Normen, also übliche Verhaltensstandards (wie z.B. Pünktlichkeit, Zuverlässigkeit, Leistungsbereitschaft) als soziale Erwartungshorizonte müssen vermittelt werden, zudem standardisierte Verfahrensweisen, konkret, wie ein bürokratisch verwalteter Staatsapparat funktioniert.

Zum Aufgabenkatalog der Patinnen und Paten gehört auch die Vermittlung Einzelner an die Schuldnersozialberatung oder die Begleitung zur Ernährungsberatung, die Freizeitgestaltung mit Kindern und Jugendlichen, die Hausaufgabenhilfe oder auch die Organisation von Nachhilfeunterricht. Schwangere werden zur Geburtsvorbereitung angemeldet und bei der Auswahl einer geeigneten Geburtsklinik begleitet, Konflikte mit der Krankenkasse geregelt, Gespräche mit Lehrer*innen und Erzieher*innen geführt, Hilfestellung bei Bewerbungen geleistet, Praktikumsplätze vermittelt, Umzugshilfe geleistet, gebrauchte Möbel organisiert, mit den Erwachsenen gemeinsame Restaurant- oder Konzertbesuche unternommen und die Anträge beim Patenförderverein gestellt, damit die betreuten Kinder in den Genuss von Winterkleidung oder Schulmaterial kommen, die Frauen (häufig Familienmütter) oder auch Jugendlichen einen Näh-, Schwimm- oder Fahrradkurs besuchen können. Auch die über das Projekt veranstalteten Ausflüge zum Wandern und auf das Oktoberfest genießen hohe Attraktivität für die Patenschaften.

Das Rollen- und Selbstverständnis der Patinnen und Paten lässt eine unterschiedliche soziale Nähe zwischen Pat*innen und Patenschaften entstehen. Einige betonen die Notwendigkeit einer gewissen Distanz, bleiben auch lieber beim „Sie", andere dagegen sehen sich als im Laufe der Jahre befreundet an, teilweise sogar als Teil der Familie.

Einige der Pat*innen sehen ihre Rolle am ehesten als die eines „Kulturvermittlers" und weniger als Bezugsperson oder gar Freund der Familie. Deshalb wahren einige der Pat*innen in ihrem Verhältnis zu den Familien auch eine eher förmliche Distanz und Umgangsweise, während andere im Laufe der Jahre ein immer persönlicheres Verhältnis entwickeln, das im Fall von Frau H. im Begriff „Herzensangelegenheit" kulminiert (Frau H., S. 6) Eine weitere Patin beschreibt das Verhältnis zu der von ihr betreuten 11-köpfigen irakischen Familie als „familiär". Ältere Paten und Patinnen sehen sich selber auch schon mal als Ersatz-Großeltern. Zunächst zwei Beispiele für ein eher distanzierteres Verhältnis zwischen Pate und Patenschaft:

> *Frau A: „Ich empfinde meine Patenschaften auch nicht als Freunde. Ich finde, es ist die Distanz ist mir wichtig und dass ich diese auch ehrlich unangenehmeren Dinge sagen kann, das wird schwieriger wenn man Freund ist und es ist für mich auch eine Frage des Respekts also gegenseitiger Respekt, das ist für mich auch eine Lebenseinstellung und ich würde auch einen Penner niemals duzen. Wie man das öfters auf der Straße erlebt. Dass man anfängt, Menschen zu duzen, wenn man seine Herablassung kundtun will, das ist für mich ein Tabu würde ich sagen. Das ist mir wichtig." (Frau A, S.4)*
>
> *Herr K: „… bin auch nicht dafür da, Weihnachts- oder Geburtstagsgeschenke zu machen, das ist nicht mein Job. Ich bin nicht euer Onkel oder euer Freund, sondern ich bin eine Bezugsperson, die eine Brücke im Sinne von eben ich versuche ihnen zu vermitteln, also sie mal in den Biergarten einladen, wie funktioniert das hier, wie ist das und wie macht man das also, sie vertraut zu machen, wie unsere Gesellschaft hier funktioniert, das sehe ich als meine Aufgabe, wobei ich da für die Kinder überflüssig bin, die kriegen das über die Schule eh viel besser alles mit, also wenn, geht's überhaupt nur um den Vater und die Mutter, wobei eigentlich hauptsächlich um den Vater." (Herr K, S. 15)*

Dann dagegen Frau D, die seit 3 Jahren mit einer Familie bestehend aus zwei Erwachsenen und 9 Kindern arbeitet:

> *Frau D.: „Erstmal großes Hallo, die Kinder alle natürlich, die Kinder hängen an mir und wollen dies und das und ob wir noch dies und das mich anmelden beim Fußball und so, die Mutter ist in der Küche und kocht und dann irgendwann setzen wir uns erstmal auf den Boden und essen. Genau und später setzen wir uns dann zusammen und dann reden der Vater, der größere Sohn und die größeren Töchter und dann arbeiten wir einfach auch und trinken auch dabei unseren Chai, unseren Tee und machen und tun, also es ist sehr familiär. Also sind wir irgendwie Familie geworden." (Frau D., S.6).*
>
> *Herr P: „ … die kommen auch viel zu uns. Das ist natürlich immer mit einer gewissen Deutschübung verbunden. Aber ich meine, durch das Referat ist es möglich, dass man mit denen ins Kino geht, des kann man dann sogar abrechnen. Auch positiv. Und wir waren auch mal im Zirkus oder sowas. Kunstausstellung, Labyrinth oder was, wir sind ein bisschen wie Oma und Opa. (Herr P., S. 3)*

Der Pate Herr J., selbst aus Syrien stammend und im Vorfeld des Projekts vor allem als Übersetzer für Arabisch tätig, hält seinen Einsatz im Projekt für besonders sinnvoll, weil er beide Seiten, beide Kulturen kennt und den Fremdblick auf die deutsche Kultur und deutsche Umgangsformen besonders empathisch nachvollziehen kann. Er bringt sein Rollenverständnis in der Patenarbeit so auf den Punkt:

> *Herr J: „Genau, ich hab mit der Familie zuerst angefangen und das war schwer, also zu schwer, weil die Familie andere Vorstellungen hatte über das Leben in Deutschland. Genau und zuerst war ich als **Kulturübersetzer**[2] eigentlich, nicht ein Übersetzer in Wort und Sprache. So ist Deutschland, so ist das Leben, das ist die Behörde, die zuständig ist und sowas. Genau und das war vor eineinhalb Jahren und danach habe ich mit der anderen Familie angefangen und bin momentan super zufrieden" (Herr J., S. 2)*

Teilweise beklagen die Pat*innen auch völlig unrealistische Erwartungen der betreuten Familien, vor allem was den Lebensstandard und das Konsumniveau eines deutschen Durchschnittshaushalts anbelangt, auch das der Paten und Patinnen.

> *Herr K: „…dann auch gab es auch letztes Mal, wo ich da war, da hatten die Zwillinge Geburtstag und dann bin ich hingefahren zum Geburtstag und hab ihnen jeweils ein Buch gekauft zum Geburtstagsgeschenk und dann hab ich ihnen das gegeben und dann haben sie beide gesagt ‚Billiggeschenk' und dann habe ich so gedacht, aha, ok, also ich hab 20 Euro für die zwei Bücher bezahlt, also das ist für mich viel Geld, ich war dann etwas irritiert und hab dann gedacht, soll ich da was sagen oder hab ich dann nur gesagt, ok, wenn es dir nicht gefällt und wenn du es nicht lesen magst, kannst es gerne jemand anderem schenken oder stellst es in die Schulbibliothek oder vielleicht mag es da dann jemand anderes lesen. Aber ich war etwas, muss ich sagen, angepisst, dann hab ich hinterher gemerkt, weil bisschen angepisst, ‚Billiggeschenk', naja, also ok … ich versteh, wenn ein Jugendlicher sagt, ich mag nicht lesen … aber so diese Abwertung, da hab ich mich angepisst gefühlt." (Herr K, S. 5)*

In all diesen Fällen ist eine hohe Frustrationstoleranz der Paten und Patinnen gefragt. Ebenso basal erweist sich eine gewisse Resilienz, also Widerstandskraft der Pat*innen in Fällen, in denen die anstehende existentielle Dringlichkeit und Fülle von Problemen die Grenze der Belastungsfähigkeit zu überschreiten droht.

> *Frau B: „Also ich habe eine Familie mit einem schwerbehinderten Kind, einem zweijährigen … und da ging es dann auch immer wieder um irgendwelche Termine und Arztbesuche, bei denen ich dabei war … die Familie ist jetzt in Essen, weil das Kind einen ganz seltenen Tumor im Auge hat – das Kind nimmt wirklich alles, alles mit, was es nur gibt … er ist ein ganz süßes zweijähriges Kind, …, ein Junge genau, hat einen künstlichen Darmausgang und schon so viele OPs hinter sich, also hat die Hälfte seines Lebens im Krankenhaus verbracht (Frau B., S.1–2).*

Zusätzlich stellt sich das Problem, dass die Mutter des betroffenen Kindes über keinerlei Bildung verfügt, Analphabetin ist und kein Deutsch versteht. Daher kann sie weder die Diagnose noch die Risiken von bevorstehenden Operationen oder Therapien begreifen und auch

---

2 Fettdruck bedeutet, dass der Sprecher an dieser Stelle deutlich betont hat.

die erforderliche Anschlusspflege des Kindes kaum leisten: Sie versteht weder die Beipacktexte der Medikamente noch die schriftlichen Anweisungen zur Pflege. Die Patin bringt ihr die einfachsten Hygienevorschriften in der Pflege nahe, z. B. sich die Hände zu waschen, bevor sie dem Kind nach der Reinigung des Stoma-Beutels die Augentropfen verabreicht. Für alle Behandlungssituationen ist der Einsatz von Dolmetschern notwendig, deren Einsatz zuvor beantragt und organisiert werden muss. Gleichzeitig geht es um die Suche nach einer geeigneten Wohnung für die Familie und die Unterstützung des Vaters dabei, einen geeigneten Job zu finden.

Einige Pat*innen erleben phasenweise und häufig auch kurz nach der Übernahme einer Patenschaft eine hohe Anforderung an ihre persönliche Präsenz und Einsatzbereitschaft, gerade in solchen wie oben geschilderten, gesundheitlich-existenziellen Akutsituationen in den betreuten Familien. Akutes Krisenmanagement bleibt aber die Ausnahme. Im Laufe der Jahre kann bei fast allen Patenschaften auf erzielte Erfolge zurückgeblickt werden und so wandelt sich das Rollenverständnis vom „Krisenmanager" in Richtung eines „Motivators" und „Förderers".

> *Frau D: „ … und ansonsten höre ich mich auch selber um und fordere aber auch von einem 17-jährigen Jungen ein, dass er das selber macht … Motivation, versuchen (zu) motivieren und selber machen"* (Frau D., S.8).
>
> *Frau E: „… das ist ja die Selbständigkeit, die ich von ihm will. Also nicht diese Trägheit in der Gruppe sehe … also sich immer auf den Sozialarbeiter verlassen. Dass er das nicht übernimmt, sondern wirklich weiß, dass er für seine Erfolge selbst verantwortlich. Also das ist, wenn ich das Gefühl nicht hätte, also gar nicht zuhören würde."* (Frau E, S.4)
>
> *Frau F: „Natürlich nimmt man Anteil an dem Schicksal, das die Menschen erlebt haben, aber man muss bei dieser ehrenamtlichen Arbeit auch gerade auch mit solchen Menschen, die wirklich Schlimmes erlebt haben, sich schon auch abgrenzen können, das ist ganz klar … aber emotional muss ich sagen, muss man sich schon ein bisschen zurücknehmen eher. Man sollte da nicht so viel Mitleid haben … Nein. Genau. Da liegt mir schon viel dran, weil ich einfach sehe, welches Potenzial diese Frau hat und das muss man fördern."* (Frau F, S.3)
>
> *Herr L: „Na ja, die Ziele für mich war eigentlich, die zwei in die Lage zu versetzen, hier, denn ich glaub dass ihr Aufenthalt auf Dauer angelegt ist, hier vernünftig leben zu können, also in dieser Gesellschaft sich gut bewegen zu können und dass ich diese Anstöße geben kann. Empowerment nennt man das, glaub ich, in der Sprache, des war eigentlich für mich das und deswegen war es auch für mich wichtig, dass sie mich langsam ein bisschen aus der aktiven Rolle mich ein bisschen zurückgezogen habe und ich habe jetzt das Gefühl, dass da auch viel Gutes schon entstanden ist und läuft."* (Herr L, S.6)

Durchgängig beschreiben die Pat*innen eine zunehmende soziale Nähe zwischen sich und den betreuten Einzelpersonen oder Familien. Wenn das Krisenmanagement in der fremden Aufnahmegesellschaft abnimmt, nehmen die Aspekte der Förderung der Selbstständigkeit und die Unterstützung der Stabilisierung der eingetretenen Veränderungen (z. B. der Erhalt der neu bezogenen Wohnung) zu. Es gilt, das subjektive Rollenverständnis immer wieder zu hinterfragen und neu zu justieren. Eine Patin problematisiert, dass sie im Laufe der Jahre zunehmend abwehren musste, zur Lebens- und Eheberaterin für die betreute Frau zu mutieren und durch diese vermeintliche Parteinahme, das gesamte Familiensystem zu destabilisieren.

Frau M: „Am Anfang war ich, wollte ich alles machen und habe mir sehr viele Gedanken gemacht und hab, dann muss ich schauen, dass das für einen selber, wo die Grenze ist, dass man nicht gleich, man darf keine zu große Verantwortung übernehmen. Nicht zu viel, weil sonst, nicht alles persönlich rein lassen ... man darf sich da nicht ausspielen lassen. Da sind Ehen, da sind Patenschaften und jeder möchte jemanden auf seine Seite ziehen also (...) familiäre Probleme, man ist so nah in der Familie drin, man ist bei denen zu Hause, die reden auch irgendwann mal über familiäre Sachen. Nicht über das Sachliche, man muss da echt aufpassen, dass man da nicht irgendwie parteiisch wird, man muss ein bisschen Feingefühl haben. Dass die wissen, okay, ich helfe euch gerne, aber ich bin jetzt nicht der Vermittler zwischen Partnern, ich bin keine Eheberatung ..." (Frau M, S.9)

Am Ende der Auswertung werden die wichtigsten Ergebnisse kategorienbezogen noch einmal beschreibend zusammengefasst und im Hinblick auf das Untersuchungsziel fokussiert.

3 Zweite Beispielstudie: „Männer im Frauenberuf"

3.1 Die Untersuchungsfrage

Das Thema der nun im Folgenden vorgestellten Studie[3] lautet: „Männer im Frauenberuf" und geht der zentralen Untersuchungsfrage nach, ob sich Männer, die ein atypisches Studium bzw. einen atypischen Beruf wählen, sich in ihrer Männlichkeit kompromittiert fühlen, bzw. auf welche Art sie im studentischen und beruflichen Umfeld ihre Männlichkeit herstellen und behaupten.

3.2 Theoretischer Hintergrund

Theoretisch wird von einem Konzept der Männlichkeit als „generativem Prinzip" (Meuser 2009) ausgegangen, was bedeutet, dass Männlichkeit jenseits gegebener körperlicher Voraussetzungen vor allem sozial hergestellt (auch bewiesen) werden muss und zwar durch ein alltägliches und bewusstes, aber auch nicht bewusstes „doing masculinity". Dem beruflichen Umfeld kommt hier eine hohe Bedeutung zu, weil der Beruf für Männer nach wie vor eine zentrale Identitätsstütze darstellt. Während Männer, die einen typischen Männerberuf oder wenigstens einen „Mischberuf" wählen, in ihrer Männlichkeit sozial bestätigt werden oder diese meist als fraglos gegeben ansehen, stellen Männer mit einer atypischen Berufswahl eine typische, d. h. am hegemonialen Leitbild orientierte Männlichkeit in Frage.

3.3 Design der Studie

Das Design der Studie entspricht einem Typus von Querschnitt (vgl. dazu Kapitel IV, Punkt 1.3), der den Zeitverlauf über die Wahl von möglichst äquivalenten Stichproben aus verschiedenen Kohorten simuliert, da es bei der zentralen Untersuchungsfrage implizit auch um den Nachvollzug einer möglichen Veränderung der männlichen Selbstverständnisse und Handlungsmuster über die Verweildauer im Beruf geht. Als Startereignis der Kohorte gilt

---
3 Die Studie wurde von Hanne Schaffer unter dem Titel „Sozialpädagoge und Mann. Männliches Selbstverständnis in einem Frauenberuf" Freiburg im Breisgau, Lambertus Verlag, 2013 veröffentlicht.

hierbei der Eintritt der Männer in das Studium der Sozialen Arbeit. Als Etappen folgen der Abschluss des Studiums, der Eintritt in das Berufsfeld und eine mindestens seit zwei Jahrzehnten bestehende Berufstätigkeit im Bereich der Jugendarbeit. Durch dieses Design der Studie soll eine Analyse potenzieller Veränderungen im Verständnis von der eigenen Männlichkeit im biografischen Zeitverlauf und unter dem Einfluss eines atypischen Studien- und Arbeitsfeldes eruiert werden.

3.4 Auswahlmethode

Die Auswahl der Gruppen erfolgt primär nach dem Kriterium der größtmöglichen Homogenität und Vergleichbarkeit der Gruppen. Bei zwei der befragten Gruppen handelt es sich um Studierende der Sozialen Arbeit aus dem ersten bzw. siebten (abschließenden) Semester. Alle Studierenden verfügen über einschlägige Praxiserfahrungen im Bereich der Jugendhilfe, nur zwei Teilnehmer kommen direkt von der Schule zum Studium, alle anderen haben bereits vor dem Studium einen anderen Beruf erlernt bzw. ausgeübt. Zusätzlich werden zwei Gruppen bereits beruflich positionierter Sozialarbeiter ausgewählt, davon eine Gruppe mit noch geringer Berufserfahrung und eine Gruppe mit langjähriger Berufserfahrung, wiederum alle im Bereich der Jugendhilfe tätig. Auch in diesen beiden Gruppen hat die Mehrheit der Männer vor der Sozialen Arbeit in einem anderen Beruf gearbeitet bzw. eine Ausbildung abgeschlossen. Für die Diskussionsgruppen konnten keine Realgruppen ausgewählt werden, aber die Teilnehmer sind einander im Vorfeld bekannt, haben zumindest teilweise miteinander studiert bzw. in derselben Einrichtung oder Abteilung miteinander gearbeitet.

3.5 Erhebungsmethode

Anhand der Methode Gruppendiskussion soll mit Männern aus dem Studium bzw. Beruf „Soziale Arbeit" und zu vier unterschiedlichen berufsbiografischen Zeitpunkten eruiert werden, ob und auf welche Weise sich Männer durch diese untypische Berufswahl in ihrer Männlichkeit bedroht fühlen und wie sich diese symbolische Bedrohung im Zeitverlauf der beruflichen Karriere verändert. Die Gruppendiskussion wurde gewählt, weil es um die kollektiv geteilten Einstellungen, Haltungen und Erfahrungen der Männer geht, deren Kommunikabilität durch die Gruppe gesteigert werden soll.

3.6 Erhebungssituation

Die Gruppendiskussionsrunden umfassen drei bis fünf Teilnehmer und dauern insgesamt zwischen 1,5 und 2,5 Stunden. Die Gespräche finden in den Räumen der Hochschule statt oder am Arbeitsplatz. Sie werden aufgezeichnet und anschließend nach festgelegten Transkriptionsregeln schriftlich fixiert (vgl. Bohnsack 2014, 253 f). Nach der Einstiegsfrage werden von der Moderation bei Bedarf und zur Aufrechterhaltung des Gesprächsflusses weitere Themenkomplexe in die Diskussion eingespeist und zwar im Einzelnen zur „Motivation zum Studium", zur „Reaktion des sozialen Nahfeldes auf die Studien- bzw. Berufswahl", zu den „privaten partnerschaftlichen Arrangements", zur „sozialen Atmosphäre im Studium bzw. im Arbeitsfeld" und zum Thema „Gender und Männerbeauftragte an Hochschulen bzw. im Beruf". Während des Diskussionsverlaufs gilt allerdings das Prinzip der größtmöglichen

Zurückhaltung, sodass sich die Themenkomplexe vor allem selbstläufig und in einer je nach Gruppe eigenen Dynamik entfalten können.

3.7 Auswertungsmethode

Die Auswertung des Datenmaterials erfolgt über die „dokumentarische Methode der Interpretation" (Bohnsack 1997), wobei der Nachvollzug der spontanen Äußerungen und der Relevanzsysteme der Diskussionsteilnehmer im Vordergrund steht. Bei der nachfolgenden Präsentation handelt es sich um Ausschnitte aus der Auswertung zur Einstiegspassage in die jeweilige Gruppendiskussion, die im Rahmen der rekonstruktiven Methode als besonders aussagekräftig gilt. Damit auch angedeutet werden kann, was komparative Analyse bedeutet, werden die Einstiegspassagen aus vier Gruppendiskussionen miteinander verglichen.

3.8 Erste Auswertungsschritte

Zunächst verschafft sich das Forschungsteam einen Überblick über den thematischen Verlauf der gesamten Diskussion, die schriftlich nach zuvor festgelegten Transkriptionsregeln[4] vorliegt. Bei der ersten Durchsicht des gesamten Gesprächsverlaufs gilt die Aufmerksamkeit den einzelnen Phasen des Gesprächsverlaufs, innerhalb derer jeweils ein bestimmtes Thema in der Diskussion verhandelt wird und die „Passagen" genannt werden (vgl. Przyborksi/Wohlrab-Sahr 2014, 293). Diese Passagen werden als kleinste Analyseeinheit betrachtet, ihre Auswahl für die weitere Auswertung orientiert sich an den untersuchungsrelevanten Fragestellungen. Wenn sich Passagen durch eine hohe interaktive und metaphorische Dichte auszeichnen, wird von „Fokussierungsmetaphern" (vgl. Bohnsack 1997 und 2000) gesprochen. Es wird angenommen, dass diese eine besonders hohe Relevanz für die Sprecher*innen besitzen. Als besonders interessant werden, wie oben bereits erwähnt, für die Auswertung die Eingangspassagen erachtet, denn diese enthalten die ersten Reaktionen der Interviewten auf die Einstiegsfrage in die Diskussion, ein bewusst gesetzter, provokanter „Grundreiz" (Pollock 1955), welcher die Diskussion in Gang bringt. Hier zeigt sich in der Regel schon, welche Reaktionen spontan durch die Thematik ausgelöst werden und welche Bedeutung und auch Relevanz das aufgeworfene Thema für die Beteiligten grundsätzlich hat.

Prinzipiell werden die Gespräche einer fallinternen und einer fallübergreifenden komparativen Analyse unterzogen. Zunächst geht es um eine auf die jeweilige Passage bezogene formulierende Interpretation (Przyborski/Wohlrab-Sahr 2014, 293), dabei soll der Sinngehalt des Gesagten durch Paraphrasierung zusammenfassend wiedergegeben werden. In der Regel erfolgt die Verständigung auf den gemeinten Sinn im Untersuchungsteam. Wichtig sind hierbei Kontextualisierungshinweise, d.h. dieser Analyseschritt erfolgt in der Regel ja nicht blind, sondern auf dem Hintergrund eines breiteren Wissens zum Diskussionsthema und den Diskutierenden. Nach der ersten Interpretation und Verständigung auf den gemeinten Sinn einer Passage wird deren thematische Feingliederung vorgenommen, also danach, welche Oberthemen und welche Unterthemen angeschnitten werden. Dadurch entsteht eine erste Sortierung der aufgeworfenen Themen. Bei der sich anschließenden reflektierenden

---

[4] Durch diese Transkriptionsregeln wird im Text z.B. markiert, wann ein Sprecher dem anderen ins Wort fällt, wann jemand lacht, aufstöhnt oder seufzt, sodass durch diese zusätzlichen Informationen die beim Gespräch herrschende soziale Atmosphäre besser erfasst und eine Äußerung kontextualisiert werden kann.

Interpretation (ebd., 295) geht es um die Rekonstruktion der Handlungsorientierungen und Habitusformen: Welche Haltungen werden gezeigt und von der Gruppe geteilt? Innerhalb welcher Horizonte bewegen sich die Sprecher*innen, in welchen Argumenten stimmen sie überein, wovon grenzen sie sich ab? Gibt es Validierungen von einzelnen Argumenten oder werden antithetische Positionen sichtbar? Es geht also parallel zu den Inhalten um die Analyse der Organisation des Diskurses unter dem Aspekt der dabei verwendeten Textsorten. Als gängige Textsorten können Erzählung, Beschreibung, Situationsschilderung/Beispiel, Argumentation oder Theorie genannt werden. Für die herausgefilterten Positionen werden auch häufig wortwörtliche Zitate als Belegstellen ausgewählt. Insgesamt geht es aber nicht um die Zuschreibung von Positionen an einzelne Sprecher*innen, sondern um die Abbildung der zutage tretenden kollektiven Handlungsorientierungen. Die Positionen innerhalb der Gruppe sollen aufgefächert dargestellt sein, von nicht unerheblicher Bedeutung ist auch, welche Konklusion eine Passage erhält: worüber hat sich die Gruppe am Ende verständigt?

Nach der Identifikation von homologen Orientierungsrahmen in einer Passage geht es darum, diese auch in anderen Passagen des Gesprächsverlaufs aufzufinden und schließlich darum, diese Muster auch in anderen Gesprächsrunden zu identifizieren. Letztlich dient diese komparative Analyse, die den gesamten Interpretationsprozess durchzieht, der sogenannten Typenbildung (vgl. dazu detailreich Przyborski/Wohlrab-Sahr 2014, 302 ff).

3.9 Auszug aus den Auswertungsergebnissen

Reaktionen auf die Einstiegsfrage

Die Einstiegsfrage in die Diskussion lautete: „Was bedeutet es für Sie als Mann, Soziale Arbeit, also in einem typischen Frauenstudium zu studieren?" bzw.: „Was bedeutet es für Sie als Mann, in einem typischen Frauenberuf zu arbeiten?"

3.9.1 Typ 1: Der bedrohte Mann

Die Gruppe der Männer am Beginn des Studiums:

Die Gruppe Studierender aus dem ersten Studiensemester (Gruppenkürzel 2.2) besteht aus drei Männern. M ist 24 Jahre alt, war vor seinem Studium als Erzieher tätig. O ist 25 Jahre alt, hat vor dem Studium eine Ausbildung im Bereich Informationstechnologie abgeschlossen und in seinem abgeleisteten Sozialen Jahr den Spaß im Umgang mit Menschen entdeckt. P ist 24 Jahre alt, hat vor dem Studium als Konstruktionsmechaniker im Bereich der Rüstungsindustrie gearbeitet und hatte als Jugendlicher im Bereich evangelische Jugendarbeit Vorerfahrungen in einem sozialen Arbeitsfeld gesammelt und sieht die Aufnahme des Studiums als bewusste Abgrenzung und Distanzierung von seinem bisherigen Beruf. Alle drei Männer sind ledig und ohne Kind (Stichprobenbeschreibung).

P reagiert auf die Einstiegsfrage nach dem Frauenstudium so, dass er bei Studienbeginn gar nicht gewusst habe, dass es sich um einen Frauenberuf handle und sich diese Einsicht erst im Laufe des Studienbetriebs herausgestellt habe, obwohl er von seinen Freunden bereits vor der Aufnahme des Studiums als „Basteltante" desavouiert worden sei. Darüber hinaus sei ja schließlich öffentlich immer vom „Sozialpädagogen" gesprochen worden und in der ihm vertrauten Jugendarbeit hätten auch ausschließlich Männer gearbeitet, sodass er auf den hohen Frauenanteil nicht gefasst gewesen sei. Inzwischen sei es für ihn allerdings nicht nur sehr in Ordnung, dass so viele Frauen mit ihm zusammen studierten, er habe auch kein Problem damit und würde das Argument mit dem Frauenberuf so nicht sehen. Auch O ist nicht davon ausgegangen, dass es sich um eine „Frauendomäne" handle, da es bei ihm schlicht um das Interesse an den Studieninhalten gegangen sei. M dagegen macht deutlich, dass in seinem Herkunftsberuf als Erzieher der Anteil der Frauen sogar noch höher gewesen sei. Außerdem gehe er von einem weiteren Anstieg des Männeranteils in der Sozialen Arbeit aus, wobei er auf entsprechende Diskurse in einem Soziologieseminar hinweist. Demzufolge würden immer mehr Frauen sogenannte Männerberufe, z. B. im Bereich Technik ergreifen und immer mehr Männer auch Frauenberufe (Zusammenfassende Paraphrase zur Eingangssequenz; formulierende Interpretation).

Die Tatsache, dass Soziale Arbeit ein Studium ist, das bundesweit von durchschnittlich 75–80 Prozent Frauen gewählt wird, ist gemäß den Einlassungen von zwei der Studierenden aus der Gruppe der Erstsemester bei der Aufnahme des Studiums nicht bewusst gewesen, was entweder als etwas naive Haltung gedeutet werden kann oder aber als spontane emotionale Abwehr des Reizbegriffs „Frauenstudium". Möglicherweise kommt hier aber auch die eher oberflächliche Auseinandersetzung mit dem Berufsfeld der Sozialen Arbeit zum Tragen, die Budde als typisch in Bezug auf junge Männer vor der Aufnahme des Studiums beschrieben hat (vgl. Budde 2009, 4) und die auch nach einer einschlägigen Praxiserfahrung nicht notwendig zu einer Differenzierung der Vorstellungen vom Beruf führen. Gravierend erscheint auch, dass P für sich reklamiert, dass sich die Soziale Arbeit für ihn im Praxisfeld der Jugendarbeit auch eher als männliches Berufsterrain präsentiert habe, die Berufsbezeichnung Sozialpädagoge sei schließlich männlich und er habe auch ausschließlich Männer als Protagonisten des Berufs erlebt. Es existieren also, wie von Budde beschrieben, auch bei einigen Teilnehmern dieser Gruppe junger Männer im Vorfeld der Studienwahl eher unklare Vorstellungen vom Beruf, gleichwohl werden sie schon vor dem Start mit dem schlechten Image des Frauenberufs konfrontiert, wofür die Einlassung von P spricht, der sich im Vorfeld der Studienwahl als „Basteltante" desavouiert beschreibt. O schließlich wehrt den Begriff der „Frauendomäne" ab, ein Begriff, der in der Eingangsfrage gar nicht gefallen ist und der darauf hindeutet, dass es ihm in dieser Gesprächssequenz darum geht, eine unterstellte (Definitions-)Macht der Frauen oder auch deren besonderen Anspruch oder ihre besondere Eignung für den Beruf zurückzuweisen. Er begründet seine Wahl mit dem Interesse an Studieninhalten, die aus seiner Sicht wohl als objektiv, im Sinne von geschlechterneutral gedeutet werden müssen. M dagegen reagiert auf den Reizbegriff des Frauenberufs mit einer Kontrastierung: auf seine Erfahrungen als Erzieher rekurrierend kann er das Argument vom Frauenberuf entschärfen, denn sein vorheriges Berufsfeld sei schließlich in noch viel stärkerem Maß von weiblichen Majoritätsverhältnissen geprägt gewesen. An dieser Stelle wird deutlich, dass die Vokabel vom Frauenberuf nicht nur auf der Ebene des Berufsimages oder seiner Inhalte gedeutet wird, sondern offensichtlich und vor allem auf der Ebene der Mehrheitsverhältnisse von Frauen zu Männern (reflektierende Interpretation).

Daran anschließend werden von M und P weitere positive Effekte beschrieben, die ein Studium unter Frauen mit sich bringt, wie im nachfolgenden Auszug aus der Passage deutlich wird (Auswahl der ersten Fokussierungsmetapher).

> M: *„und ich muss auch wirklich sagen, ich war davor auf der Wirtschaftsschule, wo so nur Männer waren und ähm, lieber bin ich hier unter Frauen als nur unter Männern und*

> äh, dass man die ganze Zeit hier seinen Platz sein Revier verteidigen muss gegen andere Menschen oder so andere Männer, finde ich das hier immer ganz angenehm (.)"
> P: „das stimmt ja (.), dass (.) ah ja, gut o.k., das hat jetzt nichts direkt mit Mann Frau zu tun, aber mir ist auch schon an der Sozial-BOS aufgefallen irgendwie, dass da dass es da in den Klassen ganz anders abgeht und man da nicht so einen Außenseiter hat, der fertig gemacht wird oder so, sondern des ist generell eigentlich viel chilliger der Klassenzusammenhalt ist viel cooler (.) Lehrer sind lässiger (.)"
> M: „ja natürlich muss man die Nachteil so unter dem Motto natürlich sind auch haben auch Frauen natürlich ihre Qualitäten grad in Bezug auf (.) Das hab ich in der Erzieherschule gemerkt, ähm, such dir keine Freundin auf der Schule, was natürlich nahe liegend ist, weil am nächsten Tag weiß es jeder und tratscht, also des ist, des ist, es sind diese üblichen Vorurteile (.) mein (.) aber ich denke mir des ist hier ganz angenehm und zweitens auch die die ganze (.) Gesellschaft, es sind ja auch genug Männer hier, also wenn du mal keine Lust hast an einem Tag dich in irgendwelche Frauensachen zu verstricken es immer jemanden mit dem du über das Fußballspiel von gestern labern kannst (.) oder irgendwelche männlichen Sachen raus lassen kannst (.) also ich denke mir so schlimm ist das nicht, dass du da untergehst oder verweiblicht wirst"
> P: „oder so, dazu laufen schon genug Proleten rum, des stimmt schon"
> (alle lachen)
> O: „ja und dadurch ist vielleicht auch der Zusammenhalt zwischen den einzeln an Männern hier vielleicht ein bisschen größer als wenn man total in der Masse untergehen würde und so kennt man sich eher noch und ja so ein bisschen persönlich"
> (Gruppe 2.2, S. 5).

Der Erzieher M bringt als einziger bereits Erfahrung im Umgang mit einer Frauenmajorität mit. Hier bezieht er sich zunächst auf seine Erfahrungen in der Wirtschaftsschule, die von Männern dominiert war und er ständig „seinen Platz und sein Revier verteidigen musste", was er offensichtlich als stressauslösend in Erinnerung hat. Dass diese Erfahrungen von den anderen Diskutierenden geteilt werden, setzt er dabei als selbstverständlich voraus. Der Männerkontext erscheint hier also als (selbstverständliche) Arena von Status- und Positionskämpfen, eine typische Variante des täglichen „doing masculinity", auch wenn dies an keiner Stelle so interpretiert oder reflektiert wird. Im Gegenteil. P, der an dieser Stelle M ins Wort fällt, bestätigt zwar die Erfahrungen von M mit den männlichen Rangkämpfen, streut aber dann die Bemerkung ein, das habe nichts mit Männern oder Frauen zu tun. Zusätzlich spitzt er das Szenario noch zu, indem er darauf verweist, dass es in diesen jungendominierten Klassen so zugehe, dass Einzelne fertiggemacht und zum Außenseiter degradiert würden. Demgegenüber gehe es in mädchendominierten Klassen – wie hier am Beispiel einer Klasse auf der Berufsoberschule mit sozialer Ausrichtung exemplifiziert – viel entspannter zu, „chilliger", diese Atmosphäre umfasst auch das Lehrpersonal, das „cooler" reagiere und lässiger. Es muss an dieser Stelle offenbleiben, weshalb der Sprecher keinen Zusammenhang zur Genderthematik herstellen mag. Es könnte sich um die Annahme handeln, dass auch unter Frauen Rang- und Positionskämpfe auf der Tagesordnung stehen oder auch um eine generelle Abwehr der Genderthematik. Letzteres wird an späterer Stelle der Diskussion noch validiert werden (formulierende Interpretation).

M kommt in unmittelbarer Reaktion auf P zunächst auf die Nachteile zu sprechen, die ein Frauenkontext aufweist, er attestiert den Frauen zwar die vorgenannten „Qualitäten" – womit wohl ihre positive Funktion in Bezug auf das soziale Klima gemeint ist – springt dann aber gedanklich auf den Aspekt der Partnerinnenwahl, welche für den Mann nur allzu leicht zum sozialen Fiasko gerät. Durch die den Frauen attestierte Klatschsucht riskiert der Mann den sozialen (Burg)Frieden mit den anderen Kommilitoninnen, eine kritische Situation, die es zu vermeiden gilt. May (2007) hat in seiner Studie ähnliche Sichtweisen unter männlichen Studierenden beobachtet und daraus abgeleitet, dass sich die männlichen Studierenden aus diesem Grund auch erotisch weitgehend passiv verhielten (vgl. May 2007, 21).

Wiederum erscheint die Gruppe der anderen männlichen Studierenden als rettender Fixpunkt: wenn man sich nicht in Frauensachen „verstricken" möchte, gibt es Gleichgesinnte, mit denen man über Fußball sprechen und auch andere „männliche Sachen raus lassen" kann. Fußball ist nach Meuser (2008) ein Männlichkeitsspiel par excellence, es wird überwiegend von Männern gespielt und von Männern geguckt. Im Gespräch über Fußball wird Männlichkeit her- und dargestellt, ein Grundmuster männlicher Vergemeinschaftung eingeübt (vgl. Meuser 2008, 115). An dieser Stelle wird evident, wie vordringlich über solche Alltagsrituale die Männlichkeit der Studierenden kompensiert und restituiert wird. Dass es der Kompensation und Restituierung einer zumindest latent bedrohten Männlichkeit bedarf, wird vollends an der Stelle evident, als M anfügt, dass es ja nicht so schlimm sei, dass man(n) „untergehe oder verweiblicht werde" (reflektierende Interpretation).

P wirft dazu ein, dass für den „Männertalk" ja genügend „Proleten" rumlaufen. Zum einen verweist er damit darauf, dass die Gruppe der Männer wohl ausreichend groß ist, um diesen sozialen Rückzugsraum und die soziale Bestätigungsfunktion zu garantieren, allerdings deutet die Verwendung des Begriffs „Proleten" auch auf eine gewisse Distanzierung, zumindest eine Distinktion innerhalb der Gruppe der Männer hin. Wie an späterer Stelle des Gesprächs noch deutlich werden wird, geht es vor allem um eine Differenzierung in akzeptable und nicht akzeptable Männlichkeiten, die im Studium sehr wohl beobachtet werden und jenseits des vorangegangenen Arguments um den besseren Zusammenhalt der Gruppe der Männer (Fortsetzung reflektierende Interpretation).

Die konkrete empirische Erfahrung mit dem hohen Frauenanteil im Studium wird also von allen drei Diskutierenden übereinstimmend positiv gewendet, wobei zunächst die bessere, weil konfliktärmere soziale Atmosphäre ins Feld geführt wird, die zum einen dadurch zustande käme, dass weniger soziale Ausgrenzungen auftreten und zum anderen durch den entspannteren, „cooleren" Habitus der Lehrenden. Die kompetitive Praxiserfahrung der Männer im homosozialen Kontext, mit der M diese Sequenz einleitet, deckt sich völlig mit der Argumentation von Meuser, der diese als festen habituellen Bestandteil des „doing masculinity" beschreibt (vgl. Meuser 2009, 163). Andererseits bietet die Gruppe der Männer im Studium den einzigen Schutz und Rückzugsraum, um „Männersachen zu bereden" und nicht zu „verweiblichen". Diese letzte Aussage deutet sehr stark darauf hin, dass sich die Männer nicht bewusst, aber sozusagen subkutan sehr wohl vom weiblichen Antlitz und den weiblich konnotierten Inhalten des Berufs in ihrer Männlichkeit bedroht fühlen. Zur Rückversicherung der eigenen Männlichkeit bedarf es dann der Männergruppe, der selbstverständlichen Interaktion unter Männern und des Männergesprächs. Dieser Bedarf an „doing masculinity" schweißt auch offensichtlich die Gruppe der Männer zusammen, erhöht die Gruppenkohäsion und die Bedeutung des homosozialen Kontextes für die einzelnen Männer.

Distinktionen und Hierarchisierungen unter jungen Männern gehören aber nicht nur zu den Imperativen der männlichen Selbstdarstellung (vgl. Brandes/Bullinger 1996 und Schnack/

Neutzling 2006), sie reproduzieren letztlich die hegemoniale Männlichkeit. Dieser analytische, theoretische Aspekt ist im Diskurs und in den Sinnhorizonten unter den Studierenden nicht präsent, trotzdem erscheint ihnen Männlichkeit offensichtlich als etwas Brüchiges, das unter „hegemonialer Weiblichkeit" (vgl. Kontos/May 2007) leicht in Gefahr der Effeminierung gerät, was auch durchaus als bedrohlich erlebt wird und in der Einlassung von M"... nicht untergehst oder verweiblicht wirst" kulminiert (Abschluss der passagenbezogenen reflektierenden Interpretation).

3.9.2 Typ 2: Der besondere Mann

Die Männer am Ende des Studiums:
In dieser Gruppe diskutieren fünf Studenten aus dem siebten und somit das Studium abschließenden Semester. A ist 32 Jahre alt, ist ledig, lebt aber mit seiner Partnerin zusammen und war vorher Berufsmusiker. B ist 23 Jahre alt und ledig, hat bisher keinen Beruf erlernt und lebt in einer Wohngemeinschaft. C ist 24 Jahre alt und ledig, hat bisher auch keinen anderen Beruf erlernt und lebt bei seiner Mutter. D ist der älteste in der Gruppe, 33 Jahre alt und ledig, er hat vor der Aufnahme eine Berufsausbildung als Kommunikationsdesigner abgeschlossen und Mühe gehabt, eine dauerhafte Anstellung zu finden. E ist 26 Jahre alt und ledig, arbeitete vor dem Studium als Erzieher und lebt bei den Eltern (Stichprobenbeschreibung).

Auf die Frage nach dem Frauenstudium bzw. Frauenberuf reagieren die Studenten zunächst und übereinstimmend mit herunterspielenden und entdramatisierenden Statements. Das Geschlecht als Alleinstellungsmerkmal wird als nicht plausibel anerkannt. Geschlecht sei schließlich nur eines von vielen Merkmalen, die das Arbeitsfeld und die Identität der professionell Tätigen kennzeichne. Dass dieses Studium in der Mehrheit von Frauen gewählt wird, hält z.B. D für einen „profanen" Aspekt, eine Tatsache, die überbewertet sei und schließlich gäbe es ja doch genügend Männer, die auch Soziale Arbeit studierten. Der Verweis auf die Gruppe der anderen studierenden Männer bleibt auch für die Männer im Abschlusssemester ein wichtiger Referenzpunkt, eine Art Rückversicherung, dass ein Frauenstudium auch für Männer legitim sein kann (Zusammenfassende Paraphrase der Eingangssequenz; formulierende Interpretation und anschließend Auswahl der ersten Belegstelle).

> D: *„Mhm, äh, ich finde, das ist ein ganz profaner Aspekt. Es wird ja so gesagt, dass man als Mann bessere Möglichkeiten hat als als Sozialpädagogin, äh, weil natürlich Angebot und Nachfrage, alles was selten ist, ist eher gefragt, mhm, ob gerecht oder nicht gerecht lass ich jetzt mal dahingestellt. Aber ich finde Soziale Arbeit, mhm, als Studium für einen Mann, äh, sehr bereichernd, weil eben gerade diese Fähigkeiten, wie Empathie, das Zuhören oft nicht so ausgeprägt sind beim Mann, sind eher feminine Eigenschaften und das ist ne gute Kombination, es hat so beides eigentlich"*
> (Gruppe 2.5, S. 5).

Männer in der Sozialen Arbeit besitzen nach D einen gewissen Seltenheitswert, den sie nach den Regeln der Marktgesetze aus der Ökonomie, im Verhältnis von Angebot und Nachfrage in bessere Jobchancen ummünzen können. Der Mann in der Sozialen Arbeit erscheint also als knappe und deshalb kostbare Ressource. Auch wenn hierzu spontan von ihm selber die Frage nach der Gerechtigkeit dieser positiven Diskriminierung nach Geschlecht aufgeworfen wird, wird keine persönliche Beteiligung an diesen gesellschaftlichen Verhältnissen gesehen und obwohl sich die Männer bereits am Ende des Studiums befinden, bleibt eine diesbezügliche gesellschaftskritische Bemerkung aus. Demgegenüber wird hervorgehoben, dass die persönliche Entwicklung als Mann eher von der Spektrumserweiterung in Richtung des weiblichen Verhaltensrepertoires profitiert, weil dadurch letztlich keine Gefährdung von Männlichkeit stattfindet, sondern eine Ergänzung der herkömmlichen Männlichkeit um einige als positiv bewertete weibliche Eigenschaften (formulierende Interpretation, Fortsetzung der Paraphrase und Auswahl der nächsten Fokussierungsstelle).

Es folgt ein Statement von E, in dem er sich nicht weiter auf D bezieht, sondern vielmehr seine eigene Position zur Einstiegsfrage verdeutlicht.

> E: *„... ich hab den als durch meine Ausbildung, mein Tun in der Sozialen Arbeit nie unter dem Aspekt, dass da so viele Frauen sind assoziiert. Es is halt so, aber ich denk halt, wenn ich in anderen Berufen bin, dann sind wieder andere Gruppen oder so, also, ähm, ich hab mich damit noch nie so beschäftigt. Aber es ist immer so, dass es eher dem **Mann** hingetragen wird, der **Mann** wird immer gefragt, wie fühlst du dich mit den Frauen, wie ist das als Mann? Was weiß ich, wie ist das als Mann? Ich bin hier als Persönlichkeit. Ich denk die Leute ham immer so'n Bild von nem Mann in der Sozialen Arbeit und ähm, das Problem ist, dass man sich mit dem auseinandersetzen muss, auch wenn man persönlich diese Diskussion leid ist oder kein Problem hat ... ich fand's immer nett, dass viele Frauen um mich rum sind, mein Gott, man ist ja noch jung und äh, oh, von dem her ist es interessant"*
> (Gruppe 2.5, S.6)

Gleich zu Beginn des Statements stellt E klar, dass er seine Tätigkeit nie als Frauentätigkeit begriffen habe, Frauen sind im Studium oder in seinem Tätigkeitsfeld Sozialer Arbeit keine soziale Bezugsgruppe, der Aspekt einer weiblich konnotierten Tätigkeit kein Referenzrahmen. In anderen Berufen, die nicht weiter spezifiziert werden, habe man es auch mit verschiedenen Gruppen zu tun. Geschlecht, das wird an dieser Stelle deutlich, wird als eines unter zumindest mehreren, gleichrangigen Gruppenmerkmalen postuliert. Damit wird dem Geschlechterargument zunächst einmal die Brisanz genommen, zumindest dessen Relevanz gemindert. E habe sich auch bisher noch nicht mit diesem Aspekt beschäftigt – was in Anbetracht des fortgeschrittenen Studienabschnitts mit Pflichtmodulen im Bereich Gender eher unwahrscheinlich klingt – auch das zeigt seine Haltung, die Bedeutung des Geschlechterarguments zunächst vor allem herunterzuspielen.

Unmittelbar danach ändert sich der Grundton, wird aggressiver. Immer sei es der Mann, dem man diesen Diskurs zumute, der Mann müsse Stellung nehmen. Schließlich folgt das etwas verblüffte Eingeständnis, selber unter diesem Aspekt nichts über die eigene Befindlichkeit sagen zu können. Sich selber als vergeschlechtlichte Identität zu begreifen erscheint nicht nur irrelevant, sondern als von außen oktroyiert. Der Sprecher zieht sich sodann auf die Position zurück, sich als Individuum und nicht als Geschlechtswesen zu begreifen. Für E geht es in diesem aufgezwungenen Diskurs um stereotype Bilder von Männern in der Sozialen Arbeit, die mit ihm persönlich nichts zu tun haben. Die Konfrontation mit diesen Stereotypen wird ihm zugemutet und er ist diese Diskussion leid. Für ihn wird künstlich ein Problem geschaffen, das vorher für ihn nicht existiert hat. Schließlich beendet er seine Argumentation mit der Bemerkung, er habe es immer „nett" gefunden, viele Frauen um sich zu haben, man sei ja noch jung und die Tatsache dadurch interessant. Somit führt er sich zuletzt doch noch als geschlechtliches Wesen ein, aber unter einer spezifisch fokussierten Perspektive: als fraglos heterosexuell orientierter junger Mann ist die Anwesenheit von Frauen interessant. Die Geschlechterfrage scheint für ihn einzig unter diesem Aspekt der als selbstverständlich gesetzten heterosexuellen Partnerwahlperspektive zulässig (formulierende Interpretation).

Die Position von Männern als deutlich sozial wahrgenommene Minderheit, als „Token Men" in der Sozialen Arbeit, wird von der Gruppe aus dem siebten Semester im weiteren Diskussionsverlauf deutlich zurückgewiesen und als Zumutung empfunden. Der Mann in der Sozialen Arbeit fühlt sich als normaler Mann und eher als positive Ausnahmeerscheinung unter den Männern. Geschlechterdiskurse werden als lästig und überflüssig empfunden, die durch die Eingangsfrage initiierte „Problemsicht" wirkt aus Sicht der Gruppe unangemessen und übertrieben. Eine an das Geschlecht gebundene Identität wird bestritten, Probleme, die aus der Zugehörigkeit zu einer Genus-Gruppe herrühren, werden negiert.

Offensichtlich geht man innerhalb der Gruppe von einer Art inneren Kernidentität aus, welche die „Persönlichkeit" ausmacht und die von einer äußeren sozialen Rolle deutlich getrennt werden kann und muss. Das dabei immer wieder auftauchende Bild, vom Kreis der vielen Frauen, in deren Mitte sich der Mann befinde, kreiert ein androzentrisches Situationsbild. Zusätzlich wird eine erotische Komponente im Verhältnis zu Frauen eingeführt. Das Tätigkeitsfeld wird letztlich also sehr wohl geschlechtlich aufgeladen, allerdings wird dabei auf eine einzige Dimension des Geschlechterverhältnisses rekurriert, das der erotischen heterosexuellen Anziehung. Ähnliche Tendenzen sind ja bezogen auf das Berufsfeld der Krankenpflege bereits nachgewiesen worden (vgl. Ummel 2011) (reflektierende Interpretation, Fortsetzung mit Paraphrase und Auswahl der nächsten Fokussierungsstelle).

> C: *„Also ich halt's auch für komplett überbewertet, das Thema, jaaaa Männer in der Unterzahl und Frauenberuf und blablabla. Das mag schon theoretisch so stimmen, im Endeffekt, darauf kommt's ja nicht an. Denn schließlich geht's ja nicht darum, ob du nen Männerberuf oder nen Frauenberuf machen willst. Es geht ja drum, ob du dieses Fach studieren willst, weil's dich interessiert. Und nicht mehr und nicht weniger. Und das ganze Drumrum ist im Endeffekt künstlich aufgebauscht und sollte gar nicht so in der Form stattfinden"*
> (Gruppe 2.5, S. 6).

C bekräftigt E's Position dann auch vor allem in dem Punkt, dass es sich um eine rein intellektuelle und wohl von Frauen oktroyierte Gender- Diskussion handle.

Auch C versucht also, den durch die Einstiegsfrage provozierten Aspekt der vergeschlechtlichten Arbeit und die durch eine gegengeschlechtliche Studienwahl möglicherweise induzierte Spannung bezüglich der Minderheitenposition im Geschlechterverhältnis zu entdramatisieren. Das Thema sei überbewertet und der gesamte Diskurs schlicht eine Sprechblase: Blablabla. Das Argument vom Frauenberuf stellt er nicht in Frage, es habe aber keine Relevanz. Denn es komme nicht darauf an, sich in einem geschlechtstypischen Berufsfeld zu bewegen, sondern um die konkreten Studieninhalte, um die konkreten im späteren Beruf geforderten Fähigkeiten und Fertigkeiten, die diesen Beruf ausmachen. Der praktische Diskurs dazu ist deshalb von Anfang an künstlich erzeugt und auch übertrieben und wird von C abgelehnt. Das Statement endet mit einem normativen Appell an eine Beendigung dieses Diskurses (formulierende Interpretation).

Die Passage liefert wohl einige Hinweise, wie konfliktgeladen die Studenten die alltägliche Auseinandersetzung im Studium und zwar auf der Ebene der geschlechterkritischen Diskussionen in den Lehrveranstaltungen, aber auch auf der Ebene der persönlichen Auseinandersetzung und Positionierung im Geschlechterverhältnis erleben. Das „politische Klima" an der Hochschule scheint dabei eher belastend als anregend empfunden zu werden.

Das Statement von C verweist zudem auf eine Divergenz zwischen theoretischer Analyse bzw. Interpretation und konkreter empirischer Erfahrung der männlichen Minderheitenrolle im Studium. Der Begriff Frauenberuf wird als schlichtes, statistisch fixiertes Zahlenverhältnis der im Berufsfeld tätigen Frauen im Verhältnis zu den dort tätigen Männern definiert und nicht als geschlechtsspezifisch in seinen Inhalten konnotiert begriffen. Die beruflichen Inhalte werden also ihrer geschlechtersymbolischen Konnotierung enthoben und die Soziale Arbeit damit zu einem geschlechterneutralen Berufsfeld erklärt (reflektierende Interpretation).

3.9.3 Typ 3: Der emanzipierte Mann

Die Männer am Berufsstart:
Die Gruppe besteht aus drei jungen Teilnehmern, die ebenfalls im Bereich der Kinder- und Jugendarbeit in derselben Einrichtung tätig und erst seit relativ kurzer Zeit im Beruf sind. A ist 31 Jahre alt, arbeitet seit sieben Jahren an der Stelle, ist verheiratet und hat ein Kind. Er kommt direkt nach der Schule zum Studium. F ist 29 Jahre alt Jahre alt, verheiratet und hat vor dem Studium den Beruf des Einzelhandelskaufmanns erlernt und auch einige Jahre als solcher gearbeitet. Er ist seit einem Jahr auf der jetzigen Stelle. O ist 29 Jahre alt, studierte direkt nach Abschluss der Schule Soziale Arbeit, ist inzwischen verheiratet und hat zwei Kinder. Er ist seit zwei Jahren in der Einrichtung tätig und kennt A bereits vom Studium her (Stichprobenbeschreibung).

Die Gruppe reagiert auf die Einstiegsfrage überhaupt nicht gereizt, setzt vielmehr das Wissen um die Frauendominanz in Studium und Beruf als „common sense", also als gegeben und nicht weiter diskussionswürdig voraus. O reagiert auf die Einstiegsfrage, indem er gleich auf sein Frauenbild eingeht und einräumt, er hätte zu Beginn des Studiums schon Befürchtungen gehegt, dass er im Studium auf sehr viele Frauen und nur wenige Männer treffen würde, die er als „alternative Hippies" kategorisiert und von denen er sich strikt abgrenzt. A teilt diese Befürchtung und beschreibt die „Hippie-Männer" dann so (Zusammenfassende Paraphrase zur Eingangssequenz; Auswahl der ersten Belegstelle).

> A: *„Da hatte ich wiederum die Befürchtung, dass da ganz viele aus der alternativen (lachen) furchtbaren Hippieszene sind und das hat sich leider dann auch bestätigt also (.) jetzt weiß nicht, des waren halt ganz viele, die so, wo du halt gesagt hast, mein Gott, die sind jetzt Mitte 20 und ähh (.) laufen immer noch mit Che Guevara T- Shirt rum und äh, haben Dreadlocks bis zum Hintern und müssen sich möglichst auffällig kleiden um (.) was auch immer damit zu erreichen (.) bei den Mädels hab ich ehrlich gesagt ne bunte Mischung erlebt allerdings (.) einfach auch, weil's so viele waren also"*
> F: *„ja stimmt"*
> A: *„wir hatten einfach Kurse, da war man, ich hatte z. B. kooperative Abenteuerspiele im ersten Semester (lachen), des war"*
> F: *„ja stimmt"*

> A: *„immer zum Scherzen im Freundeskreis, weil wenn irgendwelche Vertrauens- und Körperkontaktspiele, ich als einziger Mann mit 22 Frauen, ähm, war schon immer so (.) zumindest was, worüber man gesprochen hat"*
> (Gruppe 1.4, S.6–7).

Die Gruppe assoziiert die Einstiegsfrage ad hoc mit den Erfahrungen im Studium und geht zunächst nicht auf die Erfahrungen im aktuellen Arbeitskontext ein. Alle drei Männer teilen die Erfahrung, im Studium zu einer Minderheit gehört zu haben, oft sogar der einzige Mann in einer Gruppe von Frauen gewesen zu sein. A spricht in diesem Kontext etwas diminutiv von „Mädels" und nicht von jungen Frauen, deren individuelle Vielfalt er als „bunte Mischung" beschreibt. A nimmt also von Anfang an eine große Bandbreite verschiedener Frauentypen wahr, problematisch erscheinen ihm aber wohl vor allem die im Studium angetroffenen Männer, die einer alternativen Geschlechterrolle zugeordnet werden können. Diese alternativen Männer, die hier als „Hippies" tituliert werden und die durch eine von herkömmlichen Männern abweichende Haartracht und Bekleidung auffallen, evozieren gleich von Anfang an eine deutliche Abgrenzung von Seiten von A, an späterer Stelle des Interviews aber auch von den übrigen Diskussionsteilnehmern. Innerhalb der Passage wird As Einlassung auch explizit von F durch den wiederholten Einwurf „ja, stimmt" validiert und bekräftigt. Durch den Hinweis auf die mangelnde Altersadäquatheit der Selbstdarstellung der als Hippie etikettierten Männer schimmert beim Sprecher die Auffassung durch, dass das Erproben einer alternativen, abweichenden Männlichkeit in einer bestimmten, jugendlichen Altersphase wohl akzeptabel erscheint, nicht mehr dagegen im Alter von Mitte zwanzig Jahren. Am Ende der Textpassage wird zur Veranschaulichung der frauendominierten Studiensituation das Beispiel eines erlebnispädagogischen Seminars gewählt, bei dem sich der Sprecher als einziger Mann unter Frauen befindet, wobei das Exzeptionelle, das wohl die Wahl des Beispiels hervorruft, offensichtlich darin besteht, dass innerhalb dieser Lehrveranstaltung Vertrauens- und Körperkontaktspiele eingesetzt wurden, sodass explizit die Körperlichkeit der Studierenden im Zentrum stand und kein theoretischer oder methodischer Diskurs. Der Sprecher macht überdies deutlich, dass diese Situation schon häufiger im Kontext seines Freundeskreises thematisiert wurde und dort offenbar Stoff für nicht weiter ausgeführte Situationsinterpretationen und Fantasien liefert (formulierende Interpretation).

Der Sprecher lenkt den Blick im gewählten Situationsbeispiel nicht zufällig auf die Körper von Frauen und den Körper des Mannes „allein unter Frauen". An dieser Stelle wird der durch Dichotomisierungsregeln geleitete Blick des Sprechers auf die Körper als Träger von Geschlecht evident. Die kognitive Herstellung von Geschlechterdifferenz passiert im alltäglichen Sehen unter Einhaltung von Dichotomisierungsregeln, die „spontan und präreflexiv" befolgt werden (vgl. Villa 2006, 99). In der Spannung dieser Dichotomie zwischen weiblich und männlich werden Körper zu sexuellen Objekten des heterosexuellen Begehrens. Eine mögliche Interpretation wäre nach Villa also, dass der Sprecher durch seinen Blick auf die Körper eine erotische Aufladung einer alltäglichen Studiensituation indiziert und damit die weiblichen Majoritätsverhältnisse auf eine andere Ebene transferiert und damit im männlich-patriarchalischen Referenzsystem unter Umständen auch zurechtrückt. Auffallend ist an dieser Stelle die semiotische Parallele zu den Studierenden aus dem ersten bzw. siebten Semester, nur dass die Haltungen in dieser Gruppe nicht mehr so offen sexistisch anmuten (reflektierende Interpretation, anschließend Fortsetzung mit der zusammenfassenden Paraphrase der nächsten Sequenz).

F validiert anschließend A in der Wahrnehmung einer weiblichen Majorität im studentischen Alltag, indem auch er Lehrveranstaltungen nennt, innerhalb derer er der einzige Mann unter Frauen gewesen sei. Ihn haben allerdings die dort zutage tretenden sehr traditionellen und überkommenen Selbstkonzepte und Einstellungen der Studentinnen „schockiert" (Auswahl der nächsten Belegstelle).

> F: *„wobei, also vom Frauenbild her, des war, also was mich jetzt so n bissel schockiert hat zum Teil, Frauen mit nem (.) vorsteinzeitlichen Denken dann da auch vertreten sind, weil ich mir eigentlich gedacht hab, so im sozialen Bereich ist man dann doch etwas emanzipierter und wenn ich dann als Mann auf einmal sagen muss, ähm, man kann auch als Mann ein Kind erziehen, dass ich dann gleich so Buhrufe ernte (.) so ungefähr, also dieses, dass man kann sich als Mann auch um ein Baby kümmern, nein, das Kind muss bei der Mutter bleiben, das ist das Beste (.), wo ich dann einfach denk, hm (.) naja, also des, also des hat mich schon überrascht, ich hab gedacht des wär da auch ein bisschen (.) emanzipierter"*
> (Gruppe 1.3, S. 7).

In den Eingangsstatements wird übereinstimmend eine große Vielfalt von Frauentypen konstatiert, wobei das breitere Spektrum unter den Frauen quantitativ begründet wird, es sind einfach mehr Frauen da und schon dadurch ist eine größere Variationsbreite wahrscheinlich. Spontan wird auch eher ein bestimmter Männlichkeitstypus als die weiblichen Majoritätsverhältnisse im Studium problematisiert, an dieser Stelle aber erscheint nun doch auch ein Teil der Kommilitoninnen negative Reaktionen in der Gruppe der erst seit kurzem im Beruf positionierten Männer hervorgerufen zu haben. Geschildert wird eine Situation in einer Lehrveranstaltung, bei der der Sprecher die Meinung vertreten hat, ein Mann bzw. Vater könne prinzipiell genauso gut für ein Kind sorgen und es erziehen wie eine Frau bzw. Mutter. Daraufhin erntet er wütende Proteste der anwesenden Studentinnen und wird „ausgebuht". Die Studentinnen beziehen eine zu ihm konträre Position, wonach nur die Mutter als primäre Bezugsperson für ein Kind, zumal ein kleines Kind oder einen Säugling in Frage käme. Der Sprecher beschreibt sich als überrascht und schockiert. Er attestiert den Studentinnen ein „vorsteinzeitliches Denken". Indirekt wird klar, dass sich der Sprecher in seinem Selbstverständnis als modern denkender Mann angegriffen fühlt. Offensichtlich geht er davon aus, dass Männer genau wie Frauen Familienarbeit leisten können und auch wollen. Diese modernisierte Auffassung von Geschlechterrollen hat er a priori bei den Frauen seiner Generation und bei Frauen mit denselben Studieninteressen vorausgesetzt und fühlt sich nun auch in dem Bild getäuscht, welches er sich zuvor von den studierenden Frauen gemacht hat. Offen bleibt zunächst, ob dieses Erlebnis auch nachhaltigere Folgen in Bezug auf sein Denken über Geschlechterrollen gehabt hat, also sowohl bezüglich seiner Eigenattribuierung als Mann als auch seine Fremdattribuierungen der Frauen (reflektierende Interpretation, Fortsetzung mit zusammenfassender Paraphrase der anschließenden Textsequenz).

A ergänzt die Erlebnisse von F, indem er feststellt, dass sich Männer aus der Sozialen Arbeit nicht nur unvermittelt in der Rolle eines „Frauenrechtlers" wiederfänden, sondern auch als Experte für typische Frauenbelange wie eine Schwangerschaft. Er schildert, wie er auf einer privaten Party mit seinen Ausführungen zu möglichen perinatalen und postnatalen Komplikationen einer Geburt gegenüber einer Schwangeren für absolute Verblüffung gesorgt habe, die solches Wissen nicht von einem Mann erwartet hätte oder zumindest nicht, dass ein Mann solches Wissen auch öffentlich artikuliert. Daran schließt sich seine Reflexion, dass es durch die besonderen Arbeitsinhalte in der Sozialen Arbeit „zwangsläufig" zu einer Veränderung des eigenen Rollenbilds käme und die eigene Rolle wiederum „zwangsläufig" angepasst werden müsse. Der zweimal hintereinander verwendete Begriff „zwangsläufig" unterstreicht, dass es aus der subjektiven Sicht des Sprechers keine Alternative zur beschriebenen Rollenadaption gibt. Eine Veränderung des Selbst- und Rollenbildes als Mann sind konsequente Folge der spezifischen, weiblich konnotierten Rolleninhalte im Studium bzw. Beruf Sozialer Arbeit (formulierende Interpretation).

Deutlich wird an dieser Stelle der Diskussion außerdem, dass aus der Perspektive der Gruppe die Soziale Arbeit nicht nur als Frauenberuf etikettiert wird, weil dieser Beruf nach wie vor mehrheitlich von Frauen ausgeübt wird, sondern auch dessen Inhalte weithin weiblich konnotiert waren und bleiben. Dies gilt besonders für Themen- und Problemfelder in der Sozialen Arbeit, die mit den herkömmlichen weiblichen Reproduktionsbereich assoziiert sind, wie Schwangerschaft und das Gebären von Kindern, die Fürsorge für Babys und die Erziehung von Kleinkindern. Das professionelle Handeln in diesem Feld Sozialer Arbeit setzt weiterhin entsprechende „weibliche" Fähigkeiten und Fertigkeiten voraus, allerdings gibt es auch Facetten der Sozialen Arbeit, die männlich konnotiert sind und deshalb den Einsatz von Männern nicht nur plausibilisieren, sondern unumstößlich notwendig machen. Viel zitiertes Beispiel dazu ist in dieser, wie auch in den anderen Diskussionsrunden die Soziale Arbeit mit Jungen und jungen Männern. Festzuhalten bleibt an dieser Stelle, dass die aktualisierte Berufsrolle und deren Inhalte aus Sicht der Gruppe auf das Selbstverständnis der Männer zurückwirken und eine ständige Auseinandersetzung und Reflexion der eigenen Rolle bewirken und letztlich – „zwangsläufig" – zu einer Modifikation des männlichen Selbst- und Rollenverständnisses führen (reflektierende Interpretation).

Diese Männer wirken allerdings in keiner Weise verunsichert, wenn sie über ein weiblich konnotiertes Wissen verfügen und dieses auch veröffentlichen bzw. sich in einem weiblichen Berufsfeld bewegen. Im späteren Verlauf der Diskussion wird deutlich, dass die jungen Sozialarbeiter ihre Rolle vor allem gegenüber weiblichen und männlichen Jugendlichen darin sehen, eine neue und modernisierte Männlichkeit möglichst authentisch vorzuleben und dabei weibliche Eigenschaften in deren patriarchalische Männlichkeits-Konzepte zu transponieren. Dies geschieht z.B. durch bewusste Rekodierungen, indem herkömmlich männliche Maxime, wie das „Starksein" inhaltlich neu gefüllt werden, sodass Starksein bedeutet, in Haushaltstechniken bewandert und damit autonom vom Beitrag der Frauen zu sein. Autonomie wiederum gilt im Konzept der hegemonialen Männlichkeit als zentrale Prämisse von Männlichkeit (reflektierende Interpretation).

3.9.4 Typ 4: Der komplementäre Mann

Die langfristig berufstätigen Sozialarbeiter:
Die Gruppe besteht aus fünf Männern, die bei der Stadt M. angestellt und alle im Bereich der Jugendhilfen beschäftigt sind.

A ist 61 Jahre alt, seit 34 Jahren in der Sozialen Arbeit und derzeit in Vollzeit als Mitarbeiter in der Jugendhilfe tätig, verheiratet und lebt mit Partnerin und Kind zusammen. Vor dem Studium war er als Krankenpfleger ausgebildet worden und hatte zwei Jahre lang bei der Bundeswehr als solcher gearbeitet. Jetzt steht er kurz vor seiner Verrentung. B ist 29 Jahre alt, hatte ebenfalls vor Aufnahme des Studiums eine Krankenpflegeausbildung absolviert, aber dann nicht in dem Beruf gearbeitet. Er ist erst seit einem Jahr als Sozialarbeiter in Vollzeit tätig ebenso wie A in der Jugendhilfe als Mitarbeiter. Er lebt mit seiner Partnerin zusammen. C ist 56 Jahre alt, hatte vor dem Studium eine Ausbildung als Beamter im mittleren Dienst absolviert und auch einige Jahre in dem Beruf bei der Bundespost gearbeitet. Seit 24 Jahren ist er als Sozialarbeiter und nach jahrelanger Leitungsfunktion inzwischen Mitarbeiter von E. Er arbeitet in Vollzeit und lebt mit seiner Partnerin zusammen. D ist 49 Jahre alt, war vor dem Studium als Hochbaufacharbeiter ausgebildet worden, hat dann aber nicht in dem Beruf gearbeitet. Seit 19 Jahren ist er in der Sozialen Arbeit tätig, momentan als Leitung in der Jugendhilfe und in Vollzeit beschäftigt. Er ist verheiratet und lebt mit Partnerin und Kindern. E ist 46 Jahre alt, ist vor dem Studium zum Bauzeichner ausgebildet worden und hat einige Jahre in einem Ingenieurbüro gearbeitet. Inzwischen ist er seit 19 Jahren in der Sozialen Arbeit, aktuell in Vollzeit beschäftigt und Fachbereichsleiter. Er lebt mit seiner Partnerin und einem Kind zusammen (Stichprobenbeschreibung).

Als Reaktion auf die Einstiegsfrage wird der Begriff Frauenberuf von E gleich auf die die Geschlechterverhältnisse in der eigenen Einrichtung, dem Referat X, gemünzt und festgestellt, dass hier der Anteil von Männern zu Frauen auf der Mitarbeiterebene in etwa bei 60 zu 40 Prozent läge. Allerdings machen andere in der Runde darauf aufmerksam, dass es im Bereich Kinderkrippen und Kindertagesstätten Frauenanteile von nahezu 90 bis 100 Prozent gäbe. E weist diesen „permanenten" Hinweis auf die Geschlechterverteilung, der für ihn wohl erneut durch die Einstiegsfrage provoziert wird, dieses „ständige Gendern" als lästig und kleinlich zurück. Mit Sprachregelungen, die eine Nennung des Weiblichen zur Norm erheben, habe er Probleme. Er gehe davon aus, dass Frauen, die „fest im Leben stehen" solches Gebaren nicht nötig hätten und unnötige Verkomplizierungen geschaffen würden. A korrigiert E in einem Punkt seiner Ausführungen, als er anmerkt, dass die Zahlenverhältnisse in der eigenen Behörde sich wohl wie zuvor erwähnt verhielten, allerdings sehe er auch Tätigkeitsfelder, wie etwa die Streetwork, welche stark von Männern dominiert würde und gerade in seiner eigenen beruflichen Anfangszeit und speziell bei der Arbeit mit Straßenrockern ausschließlich von Männern besetzt war. Inzwischen gebe es sicher Bereiche, innerhalb derer die Frauen- und Männeranteile ausgeglichen wären und nur noch vereinzelt Bereiche, in denen die Frauenanteile überwiegen, z. B. im Heimbereich. D verweist darauf, dass er in seinem Bereich der Jugendhilfe sehr auf eine geschlechterparitätische Besetzung der Teams achte, weil es ja schließlich darum gehe, gesellschaftliche Realitäten abzubilden und sich Frauen und Männer in der Arbeit gut ergänzen. Dann bestätigt D seinen Vorredner E in dem Punkt, dass auch er die Beachtung sprachlicher Regelungen lästig empfinde, dies aber inzwischen automatisch ablaufe. Ein tatsächliches Problem sieht er weniger in der Sprachregelung, als in einem Ungleichgewicht auf der Führungsetage zugunsten der Frauen (zusammenfassende Paraphrase der Eingangssequenz; formulierende Interpretation, anschließend Auswahl der ersten Belegstelle).

> D: „ich hätte da jetzt angeschlossen oder gleich direkt danach (.) mein Bereich also im () generell vielleicht bei uns noch mal im Speziellen dass die Besetzung der Teams ausgewogen sind, also paritätisch (.) das war schon immer ein Ansatz ein Anliegen von uns, dass wir wollen, dass genauso viel Männer wie Frauen in den einzelnen Gruppen also in den einzelnen Teams arbeiten (.) zum Einen weil sie sich gut ergänzen, zum Anderen geht's mir persönlich auch immer darum, dass gesellschaftliche Realitäten abzubilden, das natürlich auch im stationären Bereich (.) und (.) ich find es auch aufwändig, wie du (Blick zu E) des beschreibst, ständig an die einzelnen Formulierungen zu denken aber das läuft bei

> *mir mittlerweile automatisch, schließlich bin ich auch gegendert und gut fortgebildet und mach mir da auch keinen großen Kopf, manchmal nervt's mich, manchmal nervt's sogar die Frauen (.) noch mal persönlich angesprochen zu werden in der weiblichen Form (.) was mich oder wo ich ein Ungleichgewicht sehe hinsichtlich der (.) Besetzung mit Frauen ist in der Hierarchie nach oben (.) ab meiner Etage (.) weil in die nächste Vorgesetzte ist eine Frau, die Vorgesetzte der Vorgesetzten ist ne Frau, (.) die Stellvertretung war ne Frau, dann sind wir schon auf Bürgermeisterebene, ist wieder ne Frau (.) die Referentin ist ne Frau und die Amtsleitung ist ne Frau und dergleichen, das find ich sehr ungleichgewichtig und ich hab's mittlerweile auch nicht unbedingt als Vorteil erlebt"
> (Gruppe 1.1, S. 3).

Zunächst nimmt D für sich in Anspruch, selbst auf die Ausgeglichenheit der Geschlechteranteile in seinem unmittelbaren Tätigkeitsbereich zu achten, für den er als Leitung auch zuständig ist. Seine positive Selbstidentifikation mit seinem Arbeitsfeld unterstreicht er mit der betonten Verwendung des Possessivpronomens: **mein** Bereich. Für sein Handeln nennt er zwei Gründe: zum einen geht es darum, dass sich Frauen und Männer seines Erachtens in der Arbeit gut ergänzen, zum anderen darum, „gesellschaftliche Realitäten" abzubilden. Die zweite Begründung kann mehrdimensional aufgefasst werden. D geht es entweder um die allgemeine Widerspiegelung der gesellschaftlichen Geschlechteranteile von Frauen oder Männern in der Sozialen Arbeit und deshalb auch um deren adäquate Repräsentation als Kolleginnen und Kollegen im Arbeitsfeld oder auch naheliegend um ein adäquates Identifikationsangebot für die Klientinnen und Klienten Sozialer Arbeit, hier also die weiblichen und männlichen Jugendlichen. D beschreibt sich als professionell auch im Genderbereich fortgebildet, als „gegendert". Seine persönliche Distanz zu diesen professionellen Schulungen kommt in der Artikulation seines Genervtseins an die Oberfläche. An dieser Stelle wendet sich seine Argumentation dann doch dem Gerechtigkeitsaspekt der Geschlechterpolitik zu. Er macht ein Ungleichgewicht von Frauen und Männern in Leitungspositionen aus. Ab seiner Hierarchieebene befinden sich praktisch nur noch Frauen in Führungspositionen, was er offensichtlich weder positiv erlebt, noch gutheißt. Indirekt wird deutlich, dass D eine Genderpolitik als nicht gerecht empfinden kann, die auf der unteren und mittleren Mitarbeiterebene auf paritätische Verhältnisse setzt, in der Führung aber dann rein weiblich dominiert wird (zusammenfassende Paraphrase; formulierende Interpretation und Fortsetzung mit nächster Fokussierungsmetapher).

A validiert die Aussage von D und blickt dabei zunächst auf seine eigene biografische Laufbahn und besonders seinen beruflichen Start zurück.

> A: *„das ist aber glaub ich des so also (.) ich bin ja schon am Längsten hier in diesem Laden (.) wo sich total was umgekehrt hat (.) als ich angefangen hab waren (1) zu 90, 95 Prozent nur Männer (.)"*
> C: *„ja"*
> A: *„ab der Gruppenleiterebene bis nach oben (.) des wär gar net denkbar damals gewesen (.) eine Bürgermeisterin oder Sozialreferentin und (1) des hat sich jetzt und da ist auch dann schon die Frage (.) wo ma strigent gschaut hat dass Frauen ma hat Frauen gfördert, Frauen gfördert und da behaupte ich mal; da hat sich irgendwann eine Ebene oder oder ein Zeitpunkt eingeschlichen ääh"*
> C: *„eingeschlichen"* (lacht)

> A: „wo wo's über des Fördern hinaus ging (1) dass es auch Frauengesellschaften gab die sich gegenseitig geschützt haben und nach oben komma sind und des Ergebnis sag ich jetzt a mal ganz böse ist jetzt des, dass ma jetzt überwiegend oder nur noch Frauen im Sozialreferat ham ääh oder im Jugendamt als Vorgesetzte und das ist, des, was ich auch nicht immer als ganz glücklich finde"
> C: „Überkompensation, sagt man da, wenn eine Entwicklung vorher einseitig war und"
> A: „ja"
> C: „sie sozusagen, äh wenn sich die Ladung verrutscht, äh (.)"
> B: „ja von einem Extrem ins andere" (sitzt gelassen da)
> E: „ja"
> D: „ja"

Aus der berufsbiografischen Sicht von A haben sich die Machtverhältnisse in der Sozialen Arbeit in zumindest zwei Arbeitsbereichen völlig verkehrt. Vormals auf Mitarbeiterebene männerdominierte und durch Männer geführte Abteilungen und Einrichtungen wurden mittels gezielter Frauenförderung in rein von Frauen geführte verwandelt. Das erreichte Ergebnis geht aus seiner Sicht deutlich über das Ziel der Herstellung von Geschlechtergerechtigkeit hinaus. Verantwortlich macht er eine „Frauengesellschaft", ein Netzwerk von Frauen, welches diesen Aufstieg der Frauen befördert hat und wohl als strategisches Pendant zu den bekannten „Old boys networks" interpretiert werden kann. Der jetzt erreichte Zustand wird offen als „ganz böse", dann abmildernd als „nicht immer glücklich" beschrieben. Die übrigen Gruppenteilnehmer validieren diesen Eindruck von A, C spricht von Überkompensation und „verrutschter Ladung", eine Metapher die anzeigen soll, dass es kein ausgewogenes Machtgleichgewicht mehr gibt. Die Zustimmung der übrigen Gruppenmitglieder schließt diese Sequenz ab (zusammenfassende Paraphrase, formulierende Interpretation).

C ordnet die geschilderte Entwicklung anschließend in einen gesamtgesellschaftlichen Rahmen ein. Das, was sich in der Gesellschaft allgemein anbahnt – eine zunehmende Emanzipation der Frauen – konnte sich nach seiner Vermutung in einem Frauenberuf aufgrund der hohen Frauenanteile auf Mitarbeiterebene Bahn brechen. C greift an dieser Stelle noch einmal die Eingangsfrage nach dem Frauenberuf auf und kommt zu dem Schluss, dass er gerade im Vergleich mit einem klassischen Männerberuf die hohen Frauenanteile im Beruf angenehm empfunden habe. Schließlich sei es zu begrüßen, eine „Reihe ansehnlicher und netter Kolleginnen" zu haben, wobei er seine damalige Leitungsfunktion betont. Allerdings sieht er im Zusammenhang mit den hohen Frauenanteilen eine Reihe erheblicher organisatorischer Probleme, die durch den ebenfalls gegebenen hohen Anteil von Teilzeitarbeit entstehen – was aber mit der Geschlechterrolle nichts zu tun habe – sondern ein „selbsterklärendes Prinzip" sei. Er schildert beispielhaft, welche Friktionen und Reibungsverluste sich unter Umständen dadurch ergeben, dass sich die Kolleginnen nicht absprechen könnten, weil sich die Mitarbeiterinnen und jeweiligen Stelleninhaberinnen durch die Regelung der Teilzeitarbeit nicht träfen. Auch das Verhältnis der Anteile, die Mitarbeiterinnen in Teamsitzungen verbrächten im Gegensatz zur direkten Arbeit am und mit Klienten, wäre ungünstiger. D räumt daraufhin zwar gewisse „Reibungsverluste" durch Teilzeitarbeitsmodelle ein, stellt aber demgegenüber die höhere Motivation von Teilzeitkräften heraus. C stellt diese These in Frage, ihm zufolge könne Motivation nicht an Teilzeit oder Vollzeit festgemacht werden. E schließlich verweist auf seine eigenen Erfahrungen mit einer Teilzeitbeschäftigung und sieht in Zukunft auch ein erhöhtes Risiko, dass Männer in Elternzeit gehen oder eine Teilzeitstelle bevorzugen. Er schlägt an dieser Stelle noch einmal den Argumentationsbogen zurück zur Frage der Frauen in Führungspositionen und echauffiert sich erneut über die geschlossen weibliche Führungsriege im eigenen Referat. Schließlich räumt er ein, dass die hauseigenen Verhältnisse den Blick auf die Realität in anderen Referaten verstellen, da er um die fast geschlossen in Männerhand befindliche Führung in anderen Referaten wisse (zusammenfassende Paraphrase; formulierende Interpretation).

Es ist offensichtlich, dass die weibliche Hegemonie im Amt, verkörpert durch die rein weibliche Leitung bis in die obersten Führungsetagen beträchtlichen Unmut bei der gesamten Männergruppe erzeugt. Die Frauen in der Sozialen Arbeit sind zwar wichtige, „ergänzende Elemente", aber ihr bevorzugtes Arbeitszeitmodell der Teilzeitarbeit verursacht Organisationsprobleme und einen hohen Abstimmungsbedarf. Das eingeworfene Argument von der höheren Motivation von Teilzeitkräften wird schnell beiseitegeschoben, letztlich würde dies ja bedeuten, dass Frauen motivierter sind als Männer. In der Runde der Männer ist es ein unhinterfragtes Faktum, dass Frauen Teilzeitmodelle bevorzugen, was mit ihren familiären Verpflichtungen zusammenhänge, die Geschlechterrolle dagegen habe damit nichts zu tun. Dieses Argument erscheint auf den ersten Blick unlogisch, ist aber wohl im Kern anachronistisch zu deuten: dieser Sichtweise liegt eine als selbstverständlich vorausgesetzte Arbeitsteilung zwischen Frauen und Männern zugrunde, die Frauen für die Familienarbeit vorsieht. Der Reproduktionsbereich fällt der Frau naturgemäß, durch ihre biologische Ausstattung – ein „selbsterklärendes Prinzip" – aber wohl auch aufgrund der sozialen Tradition zu. Es ist offensichtlich, dass das Differenzparadigma bei den Männern gilt, wonach Frauen und Männer grundsätzlich und das beutet sowohl – biologisch als auch sozial und wie an späterer Stelle auch zu sehen sein wird, psychisch – verschieden sind, auch wenn sie aktuell und konkret andere Erfahrungen mit Frauen machen, etwa mit den Frauen in Führung und zeitweise auch selber schon „weibliche" Rollensegmente und Rollenmodelle übernommen haben und z. B. bei familiärer Sonderbelastung in Teilzeit gearbeitet haben, um mehr Familienarbeit zu leisten. In der gesamten Argumentation schwingt vor allem Herrschaftskritik an den aktuell erfahrenen Machtverhältnissen mit, die eine völlige Verkehrung sonstiger gesellschaftlicher Machtverhältnisse im Amt darstellt. Für die Gültigkeit des traditionellen Differenzparadigmas spricht auch die Kategorisierung der Frauen als „ergänzendes Element" in der Praxis der Sozialen Arbeit. Die Logik der Differenz der Geschlechter beinhaltet immanent auch die Logik der Komplementarität. An dieser alten Ordnung wollen die Männer nicht rütteln, allen Genderdebatten zum Trotz. Die Aussage von D, man sei „gut fortgebildet und ‚gegendert'" – ist wohl weniger als erkenntnistheoretische Positionierung zu verstehen, sondern eher als äußerliche berufsstrategische, opportunistische Anpassung an weibliche Hegemonieverhältnisse im unmittelbaren Arbeitskontext, der nun einer „von oben" – der Frauenriege – verordneten Genderprogrammatik unterliegt (reflektierende Interpretation).

Literatur

Aeppli, J./Gasser, L./Gutzwiller, E./Tettenborn, A. (2011), Empirisches wissenschaftliches Arbeiten. Ein Studienbuch für die Bildungswissenschaften. Bad Heilbrunn.

Albrecht, G. et al (1990), Lebensläufe. Von der Armut zur Nichtseßhaftigkeit oder wie man „Nichtseßhafte" macht. In: Armutskarrieren und Stigmarisiko, Bd. 1. Bielefeld.

Albrecht, J./Bosshard, A. (2011), Teenageschwangerschaften. Ein interdisziplinäres Konzept zur Beratung und Unterstützung. BA Arbeit, Universität Konstanz.

Albus, St./Micheel, H.-G./Polutta, A. (2011), Der Wirkungsdiskurs in der Sozialen Arbeit und seine Implikationen für die empirische Sozialforschung. In: Oelerich, G./Otto, H.-U. (Hg.), a.a.O., 243–251.

Atteslander, P. (2010), Methoden der empirischen Sozialforschung. 13., neu bearbeitete und erweiterte Aufl. Berlin.

Backes, G. M. (2001), Lebenslagen und Alternsformen von Frauen und Männern in den neuen und alten Bundesländern. In: Deutsches Zentrum für Altersfragen (Hg.), Expertisen zum Dritten Altenbericht der Bundesregierung, Band 3, Opladen.

Badinter, E. (1982), Die Mutterliebe. Geschichte eines Gefühls vom 17. Jh. bis heute. München.

Baecker, D. (1994): Soziale Hilfe als Funktionssystem. In: Zeitschrift für Soziologie, Volume 23(2), S.93–110.

Bakan, D. (1966). The test of significance in psychological research. In: Psychological.

Bange, D. (1992), Die dunkle Seite der Kindheit. Sexueller Missbrauch an Mädchen und Jungen. Ausmaß – Hintergründe – Folgen. Köln.

Bateson, G. (1988): Ökologie des Geistes. Anthropologische, psychologische, biologische und epistemologische Perspektiven. Frankfurt a. M.

Baumhöver, K. (1992), Olympische Werte in der Berichterstattung der Printmedien Süddeutsche Zeitung und Frankfurter Allgemeine Zeitung von 1952 bis 1988. Frankfurt a.M.

Baurmann, M. C. (1997), Sexueller Missbrauch von Kindern. Ein Fachgespräch. In: Diskurs. Studien zu Kindheit, Jugend, Familie und Gesellschaft. Heft 1, 40–51.

Bayerisches Staatsministerium für Arbeit und Soziales, Familie und Integration. Freiwilligensurvey Bayern 2014. Ergebnisse und Trends. München, 2016.

Becker, R./Kortendiek, B. (Hg.)(1997), Handbuch Frauen- und Geschlechterforschung. Theorie, Methoden, Empirie. Wiesbaden.

Becker-Schmidt, R. (2004, zuerst 1987), Doppelte Vergesellschaftung von Frauen: Divergenzen und Brückenschläge zwischen Privat- und Erwerbsleben. In: Becker, R./Kortendiek, B., (Hg.), a.a.O., 62–71.

Behnke, C./Meuser, M. (2005), Vereinbarkeitsmanagement. Zuständigkeiten und Karrierechancen bei Doppelkarrierepaaren. In: Sloga, H./Wimbauer, Chr. (Hg.), „Wenn zwei das gleiche tun …" Ideal und Realität sozialer (Un)Gleichheit in Dual Career Couples. Opladen, 123–140.

Behnke, C./Meuser, M. (2003), Modernisierte Geschlechterverhältnisse? Entgrenzung von Beruf und Familie bei Doppelkarrierepaaren. In: Gottschall, K./Voß, G. (Hg.), Entgrenzung von Arbeit und Leben. Zum Wandel der Beziehung von Erwerbstätigkeit und Privatsphäre im Alltag. München/Mering, 285–306.

Behnke, C. (1997), Frauen sind wie andere Planeten. Das Geschlechterverhältnis aus männlicher Sicht. Frankfurt a.M.

Behrens, U. (2000), Die Stichprobe. In: Wosnitza, M./Jäger, R. S. (Hg.), a.a.O., 43–71.

Berelson, B. (1952), Content Analysis in Communications Research. New York.

Bereswill, M./Ehlert, G. (2010), Soziologie und Soziale Arbeit. In: Thole, Werner (Hg.), Grundriss Soziale Arbeit. Ein einführendes Handbuch. 3. Aufl., S. 337–343. Wiesbaden.

Bergmann, J. (1991), „Studies of Work"/Ethnomethodologie. In: Flick, U. et al (Hg.), a.a.O., 269–272.

Blass, W. (1980), Zeitbudget-Forschung. Eine kritische Einführung in Grundlagen und Methoden. Frankfurt a.M.

BMFSFJ 2014: Gewalt gegen Frauen in Paarbeziehungen. Eine sekundäranalytische Auswertung zur Differenzierung von Schweregraden, Mustern, Risikofaktoren und Unterstützung nach erlebter Gewalt. Kurzfassung. Durchgeführt von Monika Schröttle. Online verfügbar unter: https://www.bmfsfj.de/blob/93970/957833aefeaf612d9806caf1d147416b/gewalt-paarbeziehungen-data.pdf. Letzter Zugriff am: 17.5.19.

BMFSFJ 2005: Lebenssituation, Sicherheit und Gesundheit von Frauen in Deutschland. Eine repräsentative Untersuchung zu Gewalt gegen Frauen in Deutschland. Infas – Institut für angewandte Sozialwissenschaften. Durchgeführt unter der Leitung von Ursula Müller, Monika Schröttle. Online verfügbar unter: https://www.bmfsfj.de/bmfsfj/studie--lebenssituation--sicherheit-und-gesundheit-von-frauen-in-deutschland/80694. Letzter Zugriff am: 17.5.19.

BMFSFJ 2004: Methodenbericht. Lebenssituation, Sicherheit und Gesundheit von Frauen in Deutschland. Infas – Institut für angewandte Sozialwissenschaften. Bearbeitet von: Christine Fredebeul, Reiner Gilberg, Doris Hess, Gerd Kästner, Karen Marwinski, Angela Prussog-Wagner. Online verfügbar unter: https://www.bmfsfj.de/bmfsfj/studie--lebenssituation--sicherheit-und-gesundheit-von-frauen-in-deutschland/80694. Letzter Zugriff am: 17.5.19.

Bock, K./Mietke, I. (Hg.)(2010), Handbuch Qualitative Methoden in der Sozialen Arbeit. Opladen und Farmington Hill.

Bohnsack, R./Kubisch, S./Streblow-Poser C. (Hg.) (2018), Soziale Arbeit und Dokumentarische Methode. Methodologische Aspekte und empirische Erkenntnisse. Opladen/Berlin/Toronto.

Bohnsack, R. (2017), Praxeologische Wissenssoziologie. Opladen & Toronto.

Bohnsack, R. (2014), 9.Aufl., Rekonstruktive Sozialforschung. Einführung in qualitative Methoden. Opladen.

Bohnsack, R. (2009), Qualitative Bild- und Videointerpretation. Die dokumentarische Methode. Opladen & Farmington Hills.

Bohnsack, R. (2001), Typenbildung, Generalisierung und komparative Analyse. Grundprinzipien der dokumentarischen Methode. In: Bohnsack, R./Nentwig-Gesemann, I./Nohl, A. (Hg.), a.a.O., 225–252.

Bohnsack, R./Nentwig-Gesemann, I./Nohl, A. (Hg.)(2001), Die dokumentarische Methode und ihre Forschungspraxis. Grundlagen qualitativer Sozialforschung. Opladen.

Bohnsack, R. (2000), Gruppendiskussion. In: Flick, U./von Kardorff, E./Steinke, I. (Hg.), Qualitative Sozialforschung. Ein Handbuch. Reinbek bei Hamburg, 369–384.

Bohnsack, R. (1997), Gruppendiskussionsverfahren und Milieuforschung. In: Friebertshäuser, B./A. Prengel (Hg.) Handbuch Qualitative Forschungsmethoden in der Erziehungswissenschaft. Weinheim und München, 492–502.

Bohnsack, R. (1993), Interaktion und Kommunikation. In: Korte, H./Schäfers, B. (Hg.), a.a.O., 35–57.

Booth, Melanie (2010): Die Entwicklung der Arbeitslosigkeit in Deutschland. In: Bundeszentrale für Politische Bildung (Hg.). Online verfügbar unter: http://www.bpb.de/geschichte/deutsche-einheit/lange-wege-der-deutschen-einheit/47242/arbeitslosigkeit?p=0. Letzter Zugriff: 18.3.19.

Bortz, Jürgen (1993): Statistik für Sozialwissenschaftler. 4. Aufl. Berlin/Heidelberg/New York.

Bortz, Jürgen/Lienert, Gustav A./Boehnke, Klaus (1990): Verteilungsfreie Methoden in der Biostatistik. Berlin/Heidelberg/New York.

Bos, W./Tarnai, C. (1989), Entwicklung und Verfahren der Inhaltsanalyse in der empirischen Sozialforschung. In: Dies. (Hg.), Angewandte Inhaltsanalyse in Empirischer Pädagogik und Psychologie. Münster/New York, 1–13.

Bourdieu, Pierre (2016 [1987]): Die feinen Unterschiede. Kritik der gesellschaftlichen Urteilskraft. Frankfurt a. M.

Brandes, H. (2002), Der männliche Habitus. Männerforschung und Männerpolitik. Band 2. Opladen.

Brandes, H./Bullinger, H. (1996), Männlichkeit im Umbruch. Soziologische Aspekte der Veränderung männlicher Lebenswelt. In: Dies. (Hg.), Handbuch Männerarbeit. Weinheim, 36–58.

Brandstätter, Eduard (1999): Konfidenzintervalle als Alternative zu Signifikanztests. In: Methods of Psychological Research 4 (2). Online verfügbar unter: https://www.dgps.de/fachgruppen/methoden/mpr-online/issue7/art3/brandstaetter.pdf. Letzter Zugriff: 28.02.19.

Brill, D. (2007), Fetisch-Lolitas oder junge Hexen? Mädchen und Frauen in der Gothic-Szene. In: Rohmann, G. (Hg.), Krasse Töchter. Mädchen in Jugendkulturen. Berlin, 55–70.

Brockhaus, U./Kolshorn, M. (1993), Sexuelle Gewalt gegen Mädchen und Jungen. Mythen, Fakten, Theorien. Frankfurt a.M.

Bruhns, Kirsten (2013), Vielfalt des Lebens. Wie Kinder aus zugewanderten Familien in Deutschland aufwachsen – Ergebnisse des Kinder Migrationsreports. In: DJI Impulse, Heft 1, S.38-41.

Budde, J. (2009), Männer und Soziale Arbeit? Beitrag auf der Tagung: Männlichkeit und Arbeit – Männlichkeit ohne Arbeit? Der AIM Gender am 2. bis 4.4.2009.

Bundesagentur für Arbeit (2018): Arbeitslosenquoten im Jahr 2018. Länder und Kreise. Online verfügbar unter: https://con.arbeitsagentur.de/prod/apok/ct/dam/download/documents/Arbeitslosenquote-Jahr-2018_ba030163.pdf. Letzter Zugriff: 25.9.19.

Klaus, Georg/Buhr, Manfred (Hg.) (1975): Philosophisches Wörterbuch. 2 Bd. Leipzig: VEB Bibliographisches Institut.

Bührmann, Andrea D./A. Diezinger/S. Metz-Göckel (2014), Arbeit -Sozialisation – Sexualität. Zentrale Felder der Frauen- und Geschlechterforschung. 3. Aufl., Wiesbaden.

Bundesministerium für Familie, Senioren, Frauen und Jugend, Freiwilliges Engagement in Deutschland. Zentrale Ergebnisse des Deutschen Freiwilligensurveys 2014. Berlin, 2016.

Burghardt, Th. (1998), Aktionsforschung – Wo liegt ihre theoretische Bedeutung für die Veränderung sozialer Praxis? In: Huppert, N., a.a.O., S. 91–118.

Dausien, B. (1994), Biographieforschung als „Königinnenweg"? Überlegungen zur Relevanz biographischer Ansätze in der Frauenforschung. In: Diezinger, A. u. a. (Hg.), a.a.O., 129–153.

Davis, James A. (1985): The Logic of Causal Order. Sage University paper series on Quantitative Applications in the Social Sciences, Nr. 55. Beverly Hills.

Decker, Oliver/Brähler, Elmar (Hg.) (2018): Flucht ins Autoritäre. Rechtsextreme Dynamiken in der Mitte der Gesellschaft. Die Leipziger Autoritarismusstudie 2018. Gießen. Online einsehbar unter: https://www.boell.de/de/2018/11/07/flucht-ins-autoritaere-rechtsextreme-dynamiken-der-mitte-der-gesellschaft?dimension1=ds_leipziger_studie. Letzter Zugriff: 16.3.19.

Deegener, G. (1995), Sexueller Missbrauch: Die Täter. Weinheim.

Diekmann, Andreas (2017), Empirische Sozialforschung. Grundlagen, Methoden, Anwendungen. 11. Aufl., Reinbek bei Hamburg.

Diekmann, Andreas (2009): Spieltheorie. Einführung, Beispiele; Experimente. Reinbek bei Hamburg.

Dreher, M./Dreher, E. (1991), Gruppendiskussionsverfahren. In: Flick, U. et al (Hg.), a.a.O., 186–188.

Düformantel, K. D. (1998), Alltagsoreintierte Forschung – Ist das Paradigma verblasst? In: Huppertz, N. (Hg.), a.a.O., 119–135.

Dünnebier, Katrin/Gräsel, Cornelia/Krolak-Schwerdt, Sabine (2009): Urteilsverzerrungen in der schulischen Leistungsbeurteilung. Eine experimentelle Studie zu Ankereffekten. In: Zeitschrift für Pädagogische Psychologie 23 (3-4), S. 187–195.

Durkheim, E. (1987), Der Selbstmord. Frankfurt a. M.

Eid, Michael/Schmidt, Katharina (2014): Testtheorie und Testkonstruktion. Göttingen.

Engelke, E./Maier, K./Steinert, E./Borrmann, S./Spatschek, C. (Hg.) (2007), Forschung für die Praxis. Zum gegenwärtigen Stand der Sozialarbeitsforschung. Freiburg im Breisgau.

Esser, H. (1975), Soziale Regelmäßigkeiten des Befragtenverhaltens. Meisenheim am Glan.

Ferschl, F. 1978: Deskriptive Statistik.

Feyerabend, Paul (1976): Wider den Methodenzwang. Skizze einer anarchischen Erkenntnistheorie. Frankfurt a. M.

Fichter, M. et al (2000), Prävalenz körperlicher und seelischer Erkrankungen: Daten einer repräsentativen Stichprobe obdachloser Männer. In: Deutsches Ärzteblatt, 17, 1148–1154.

Flick, U./Kardorff, E. v./Keupp, H./Rosenstiel, L. v./Wolff, S. (Hg.) (1991), Handbuch für Qualitative Sozialforschung. Weinheim.

Flick, U./von Kardorff, E./Steinke, I. (Hg.)(2010), Qualitative Forschung. Ein Handbuch. Reinbek bei Hamburg.

Fooken, Insa (1987), Älterwerden als Frau. In: Kruse, Andreas/U. Lehr/Chr. Rott (Hg.), Gerontologie – eine interdisziplinäre Wissenschaft. München.

Fournier, Angela Krom/Geller, Scott E./Fortney, Elizabeth V. (2007): Human Animal Interaction in a Prison Setting: Criminal Beahviour, Treatment Progress, and Social Skills. In: Behaviour and Social Issues 16, S. 89–105.

Fraser, J. T. (1988), Die Zeit: vertraut und fremd. Basel/Boston/Berlin.

Friebertshäuser, B. (2000), Ethnographische Methoden und ihre Bedeutung für die Lebensweltorientierung in der Sozialpädagogik. In: Lindner, W. (Hg.), a.a.O., 33–54.

Friedrichs, J. (1990), Methoden empirischer Sozialforschung. 14. Aufl. Opladen.

Früh, W. (1984), Konventionelle und maschinelle Inhaltsanalyse im Vergleich: Zur Evaluierung computerunterstützter Bewertungsanalysen. In: Klingemann, H. D., a.a.O., 35–53.

Garfinkel, H. (1980), Das Alltagswissen über und innerhalb sozialer Strukturen. In: Arbeitsgruppe Bielefelder Soziologen (Hg.), Alltagswissen, Interaktion und gesellschaftliche Wirklichkeit. Bd. 1, Symbolischer Interaktionismus und Ethnomethodologie, 5. Aufl. Opladen, 189–262.

Girtler, R. (2001), Methoden der Feldforschung. 4. Aufl. Wien

Girtler, R. (1996), Randkulturen. Theorie der Unanständigkeit. 2. Aufl. Wien/Köln/Weimar.

Glaser, B./Strauss, A. (1967), The Discovery of Grounded Theory: Strategies for Qualitative Research. New York.

Gläser, J./Laudel, G. (2004), Experteninterviews und qualitative Inhaltsanalyse als Instrumente rekonstruierender Untersuchungen. Wiesbaden.

Goffman, Erving (2003): Wir alle spielen Theater. Die Selbstdarstellung im Alltag. München/Zürich.

Goffman, E. (1974), Das Individuum im öffentlichen Austausch. Frankfurt a. M.

Grgic, Mariana/Michael Holzmayer (2012), Zwischen Fußball und Facebook. Jugendliche sind vielseitig interessiert. Über die Aktivitäten der Generation 2.0. In: DJI Impulse, Das Bulletin des Deutschen Jugendinstituts 3/12, S. 18–21.

Haraway, Donna (1995): Situiertes Wissen. Die Wissenschaftsfrage im Feminismus und das Privileg einer partialen Perspektive. In: Dies.: Die Neuerfindung der Natur. Primaten, Cyborgs und Frauen (Hg. und eingeleitet von Carmen Hammer und Immanuel Stiess). Frankfurt a. M.

Harding, S. (1994), Das Geschlecht des Wissens. Frauen denken die Wissenschaft neu. Frankfurt a.M./New York.

Heiliger, A./Engelfried, C. (1995), Sexuelle Gewalt. Männliche Sozialisation und potentielle Täterschaft. Frankfurt a.M./New York.

Heiner, M. (1996) (Hg.), Qualitätsentwicklung durch Evaluation. Freiburg im Breisgau.

Heiner, M. (1996), Evaluation zwischen Qualifizierung, Qualitätsentwicklung und Qualitätssicherung. In: Dies. (Hg.), a.a.O., 20–47.

Heinze, T. (2001), Qualitative Sozialforschung. Einführung, Methodologie und Forschungspraxis. München/Wien.

Heinze-Prause, R. (2001), Das Konzept der objektiven (strukturalen) Hermeneutik. In: Heinze T., a.a.O., 213–283.

Hitzler, R. (2000), Die Erkundung des Feldes und die Deutung der Daten. Annäherungen an die (lebensweltliche) Ethnographie. In: Lindner, W., a.a.O., 17–31.

Hoffmann-Riem, Ch. (1980), Die Sozialforschung einer interpretativen Soziologie. Der Datengewinn. In: Kölner Zeitschrift für Soziologie und Sozialpsychologie, 32. Jg., 339–372.

Hopf, C. (1991), Qualitative Interviews in der Sozialforschung. Ein Überblick. In: Flick, U. et al (Hg.), a.a.O., 177–185.

Hopf, C./Weingarten, E. (Hg.), Qualitative Sozialforschung. Stuttgart.

Hunt, Morton (1991), Die Praxis der Sozialforschung. Frankfurt a.M./New York.

Huppertz, N. (Hg.) (1998), Theorie und Forschung in der Sozialen Arbeit. Neuwied.

Inglehart, Ronald 1971: The Silent Revolution in Europe: Intergenerational Change in Post-Industrial Societies, in: American Political Science Review 65(4): 991–1017.

Jäger, R. S. (2000), Deskriptive Statistik und statistische Auswertung. In: Wosnitza, M./R. Jäger (Hg.), a.a.O., 115–151

Jahoda, M. (1991), Die Arbeitslosen von Marienthal. In: Flick, U. et al (Hg.), Handbuch Qualitative Sozialforschung. München, 119–122.

Jahoda, M./Lazarsfeld, P. F./Zeisel, H. (1980), Die Arbeitslosen von Marienthal. Ein soziographischer Versuch. 3. Aufl. Frankfurt a. M.

Jehle, Jörg-Martin/Albrecht, Hans-Jörg/Hohmann-Fricke, Sabine/Tetal, Carina (2016): Legalbewährung nach strafrechtlichen Sanktionen. Eine bundesweite Rückfalluntersuchung 2010 bis 2013 und 2004 bis 2013. 1. Auflage. Mönchengladbach. Online verfügbar unter: http://www.bmjv.de/SharedDocs/Downloads/DE/Service/StudienUntersuchungenFachbuecher/Legalbewaehrung_nach_strafrechtlichen_Sanktionen_2010_2013.pdf?__blob=publicationFile&v=1.

Joas, Hans/Knöbl, Wolfgang (2004): Sozialtheorie. Zwanzig einführende Vorlesungen. Frankfurt a. M.

Jurczyk, Karin/Lange, Andreas/Thiessen, Barbara (2014), Doing Family – Warum Familienleben heute nicht mehr selbstverständlich ist. Weinheim.

Jurczyk, K./Ostner, I./Tatschmurat, C. (1981), 100 Jahre Industrielle Frauenlohnarbeit. Wirtschaftliche Entwicklung und sozialwissenschaftliche Analysen 1880–1980. Schriftenreihe des Sonderforschungsbereichs 101 der Universität München.

Kern, H. (1982), Empirische Sozialforschung. Ursprünge, Ansätze, Entwicklungslinien. München.

Kirchhoff, S. u. a. (2008), Der Fragebogen: Datenbasis, Konstruktion und Auswertung. 4. überarbeitete Aufl. Wiesbaden.

Kitzer, A./H. Anker, I./Bingel, I./Haas, E./Odierna, S. (Hg.) (1994), Erfahrung mit Methode. Freiburg im Breisgau.

Klingemann, H. D. (Hg.) (1984), Computergestützte Inhaltsanalyse in der empirischen Sozialforschung. Frankfurt a. M./New York.

Konrad, K. (2000), Die Befragung. In: Wosnitza, M./Jäger, R. S. (Hg.), a.a.O., 73–114.

Kontos, S./May, M. (2008), Hegemoniale Männlichkeit und männlicher Habitus: Überlegungen zu einem analytischen Bezugsrahmen zur Untersuchung von Geschlechterverhältnissen. In: Zeitschrift für Frauenforschung und Geschlechterstudien, 26. Jg., H.1, 3–14.

Korte, H. (1993), Einführung in die Geschichte der Soziologie. 2. Aufl., Opladen.

Korte, H./Schäfers, B. (1993) (Hg.), Einführung in die Hauptbegriffe der Soziologie. Opladen.

Krippendorf, K. (1980), Content Analysis. An Introduction to its Methodology. London.

Kriz, J. (1973), Statistik in den Sozialwissenschaften. Reinbek bei Hamburg.

Kuckartz, Udo/Rädiker, Stefan/Ebert, Thomas/Schehl, Julia (2013): Statistik. Eine verständliche Einführung. 2.Aufl. Wiesbaden.

Kuhn, Thomas (2011) [1962]: Die Struktur wissenschaftlicher Revolutionen. Frankfurt a. M.

Kühnel, Steffen M./Krebs, Dagmar (2012): Statistik für die Sozialwissenschaften. Grundlagen, Methoden, Anwendungen. Reinbek bei Hamburg.

Kunz, S./Wolf, S. (2017), Die Schuldfrage der Obdachlosigkeit im öffentlichen Diskurs. In: Diskurs über Obdachlosigkeit, 6, 111–126.

Lamberti, J. (2001), Einstieg in die Methoden empirischer Forschung. Planung, Durchführung und Auswertung empirischer Untersuchungen. Tübingen.

Lamnek, S. (2010), Qualitative Sozialforschung. Lehrbuch, 5. überarbeitete Aufl. Weinheim, Basel.

Lamnek, S. (1995), Qualitative Sozialforschung. Band 1: Methodologie und Band 2: Methoden und Techniken, Weinheim.

Lehr, U./H. Thomae, H. (1987), Formen seelischen Alterns. Ergebnisse der Bonner Gerontologischen Längsschnittstudie (BOLSA). Stuttgart.

Lepenies, W. (Hg.), Geschichte der Soziologie. Studien zur kognitiven, sozialen und historischen Identität einer Disziplin. Bände 1–4. Frankfurt a.M.

Levine, Robert (1999), Eine Landkarte der Zeit. Wie Kulturen mit Zeit umgehen. München.

Lewin, K. (1968), Die Lösung sozialer Konflikte. Ausgewählte Abhandlungen über Gruppendynamik. 3. Aufl. Bad Nauheim.

Lindner, W. (Hg.) (2000), Ethnographische Methoden in der Jugendarbeit. Zugänge, Anregungen und Praxisbeispiele. Opladen.

Loos, Peter/Nohl, Arnd-Michael/Przyborski, Aglaja/Schäffer, Burkhard (Hg.) (2013), Dokumentarische Methode. Grundlagen – Entwicklungen – Anwendungen. Opladen/Berlin/Toronto.

Luhmann, Niklas (2015): Soziale Systeme. Grundriß einer allgemeinen Theorie. 16.Aufl. Frankfurt a. M.

Lüschen, G. (1979) (Hg.), Deutsche Soziologie seit 1945. Sonderheft 21 der Kölner Zeitschrift für Soziologie und Sozialpsychologie, Opladen.

Maier, K. (1998), Zur Abgrenzung der Sozialarbeitsforschung von der Forschung in den Nachbardisziplinen. In: Steinert, E. et al (Hg.), a.a.O., 51–66.

May, Michael (2008), Studenten, hegemoniale Männlichkeit und Soziale Arbeit: Ergebnisse eines Lehrforschungsprojektes. In: Zeitschrift für Frauenforschung und Geschlechterstudien, 26. Jg., H. 1, 15–29.

May, M. (2007), Männliche oder weibliche Hegemonie? Zur Analyse gegenwärtiger Geschlechterverhältnisse in der Sozialen Arbeit. Vortrag an der Kath. Stiftungsfachhochschule München und Benediktbeuern.

Mayring, P. (2010), Qualitative Inhaltsanalyse. In: Flick, U./von Kardorff, E./Steinke, I. (Hg.), Qualitative Sozialforschung. Ein Handbuch. Aufl. Reinbek bei Hamburg, 468–475.

Mayring, P. (1991), Einführung in die qualitative Sozialforschung. München.

Mead, M. (1970), Jugend und Sexualität in primitiven Gesellschaften. Band 1: Kindheit und Jugend in Samoa. München.

Merchel, J. (2010), Evaluation in der Sozialen Arbeit. München.

Meuser, M. (2010), Methodologie und Methoden der Geschlechterforschung. In: Aulenbacher, B./Meuser, M./Riegraf, B. (2010), Soziologische Geschlechterforschung. Eine Einführung. Wiesbaden, 79–102.

Meuser, M. (2009), Hegemoniale Männlichkeit – Überlegungen zur Leitkategorie der Men's Studies. In: Aulenbacher u. a. (Hg.), Frauen Männer Geschlechterforschung. State of the Art. 2. Aufl. Münster, 160–227.

Meuser, M. (2008), It's a Men's World. Ernste Spiele männlicher Vergemeinschaftung. In: Klein, G./Meuser, M. (Hg.), Ernste Spiele. Zur politischen Soziologie des Fußballs. Bielefeld, 113–134.

Mies, M. (1994), Frauenbewegung und 15 Jahre „Methodische Postulate zur Frauenforschung". In: Diezinger, A. u. a. (Hg.), a.a.O., 105–128.

Mies, M. (1978), Methodische Postulate der Frauenforschung: Dargestellt am Beispiel der Gewalt gegen Frauen. In: Beiträge zur feministischen theorie und praxis, H. 1, München.

Miller, T. (2001), Systemtheorie und Soziale Arbeit. Entwurf einer Handlungstheorie. 2. Aufl. Stuttgart.

Moser, H. (1995), Grundlagen der Praxisforschung. Freiburg im Breisgau.

Müller, W. C. (1998), Sozialpädagogische Evaluationsforschung. Ansätze und Methoden praxisbezogener Untersuchungen. In: Rauschenbach, Th./Thole, W., a.a.O., 157–177.

Mullins, C. N. (1981), Ethnomethodologie: Das Spezialgebiet, das aus der Kälte kam. In: Lepenies, W. (Hg.), a.a.O., Bd. 2, 97–136.

Nassehi, Armin (2008), Soziologie. Zehn einführende Vorlesungen. Wiesbaden.

Neubauer, Ch. E./Unteregger, H. (1989), „Meine Mutter und ich". Die Wahrnehmung der Mutter in Aufsätzen 10 – 16jähriger Mädchen und Jungen. In: Bos, W./Tarnai, C. (Hg.), a.a.O., 102–128.

Oelerich, G./Otto, H.-U. (2011), Empirische Forschung und Soziale Arbeit – Einführung. In: Dies. (Hg.), Empirische Forschung und Soziale Arbeit. Ein Studienbuch. Wiesbaden, 9–22.

Otto, H.-U./Oelerich, G./Micheel, H.-G. (Hg.)(2003), Empirische Forschung und Soziale Arbeit. Ein Lehrund Arbeitsbuch. München.

Paritätischer Wohlfahrtsverband (2017)(Hg.), Starke Familien – Fundament und Zukunft unserer Gesellschaft. Familienpolitische Position des Paritätischen in Bayern. München.

Plener, Paul L./Jörg M. Fegert (2014), Suizidgefahr bei Kindern und Jugendlichen. In: DJI Impulse, Heft 2, S. 16–18.

Pollock, Friedrich (1955), Gruppenexperiment. Ein Studienbericht. Frankfurt a. M.

Popper, Karl (1935) [1934]: Die Logik der Forschung. Wien.

Poundstone, W. (1995), Im Labyrinth des Denkens. Wenn Logik nicht weiterkommt: Paradoxien, Zwickmühlen und die Hinfälligkeit unseres Denkens. Reinbek bei Hamburg.

Prein, Gerald/Kluge, Susann/Kelle, Udo (1994): Strategien zur Sicherung von Repräsentativität und Stichprobenvalidität bei kleinen Samples. In: SfB 1862 (Hg.): Arbeitspapier Nr. 18. Bremen.

Prokop, Ulrike (1977), Weiblicher Lebenszusammenhang. Von der Beschränktheit der Strategien und der Unangemessenheit der Wünsche. Frankfurt a. M.

Pross, H. (1975), Die Wirklichkeit der Hausfrau. Die erste repräsentative Untersuchung über nichterwerbstätige Ehefrauen: Wie leben sie? Wie denken sie? Wie sehen sie sich selbst? Reinbek bei Hamburg.

Przyborski, Aglaja/Monika Wohlrab-Sahr (2014), Qualitative Sozialforschung. Ein Arbeitsbuch. Oldenbourg, 4. Aufl.

Rauschenbach, Th./Thole, W. (Hg.)(1998), Sozialpädagogische Forschung. Gegenstand und Funktionen, Bereiche und Methoden. Weinheim und München.

Rentmeister, Cillie (1985), Frauenwelten – Männerwelten. Für eine neue kulturpolitische Bildung. Opladen.

Riggio, Ronald E. (1992): The social skills inventory (SSI): Measuring nonverbal and social skills. Online verfügbar unter: https://www.researchgate.net/publication/285517587_The_social_skills_inventory_SSI_Measuring_nonverbal_and_social_skills. Letzter Zugriff: 24.02.2019.

Ritsert, J. (1975), Inhaltsanalyse und Ideologiekritik. Ein Versuch über kritische Sozialforschung. 2. Aufl. Frankfurt a. M.

Romaus, Rolf/Ruth Weizel (2007), Obdachlose auf der Straße in München 2007. Gruppe für Sozialwissenschaftliche Forschung. München.

Schaffer, Hanne (2018), Evaluationsbericht für das Patenprojekt der Landeshauptstadt München. München (unveröffentlichtes Manuskript).

Schaffer, H. I. (2013), Sozialpädagoge und Mann. Männliches Selbstverständnis in einem Frauenberuf. Freiburg im Breisgau.

Schaffer, H. I. (1993), Zeitwende im Alter. Individuelle Zeitstile älterer Frauen. Frankfurt a.M./Berlin/Bern/New York.

Schaffer, H. I. (1993), „Im Osten viel Neues." Erste Rahmendaten zur Bedeutung der Tagespresse in den neuen Bundesländern. SOWI-Arbeitspapier, Nr. 78, München.

Schaffer, H. I./Zelinka, Felix (1993), Bundeswehr im Presseaufwind. Neue Sachlichkeit statt Jubeljournalismus in der ostdeutschen Presse nach der Wende. München.

Scheu, Ursula (1997, zuerst 1986): Wir werden nicht als Mädchen geboren – wir werden dazu gemacht: zur frühkindlichen Erziehung in unserer Gesellschaft. Frankfurt a. M.

Schilling, Johannes/Sebastian Klus (2015), Soziale Arbeit. Geschichte, Theorie, Profession. München.

Schimpf, E./Stehr, J. (Hg.) (2012), Kritisches Forschen in der Sozialen Arbeit. Gegenstandsbereiche – Kontextbedingungen – Positionierungen – Perspektiven. Wiesbaden.

Schmidt, A./Neumann-Braun, K. (2004), Die Welt der Gothics. Spielräume düster konnotierter Transzendenz. Wiesbaden.

Schmidt-Grunert, Marianne (Hg.) (1999), Sozialarbeitsforschung konkret. Problemzentrierte Interviews als qualitative Erhebungsmethode. Freiburg im Breisgau.

Schnack, D./Neutzling, R. (2006), Kleine Helden in Not: Jungen auf der Suche nach Männlichkeit. 8. Aufl. Reinbek bei Hamburg.

Schnell, R./Hill, Paul B./Esser, E. (2011, zuerst 1988), Methoden der empirischen Sozialforschung. 9. aktualisierte Aufl. München.

Schröttle, M. (2005). Lebenssituation, Sicherheit und Gesundheit von Frauen in Deutschland: eine Kurzbeschreibung der Studie. ZA-Information/Zentralarchiv für Empirische Sozialforschung, 56, 131-137. Online verfügbar unter: https://nbn-resolving.org/urn:nbn:de:0168-ssoar-198572. Letzter Zugriff: 25.3.19.

Shapiro, S.S./Wilk, M.B. (1965): An Analysis of Variance Test for Normality (Complete Samples). In: Biometrika 52 (3–4).

Statistisches Bundesamt (2017): Viertel des Gender Pay Gap lassen sich mit Strukturunterschieden erklären. Pressemitteilung vom 14. März 2017 – 094/17. Online verfügbar unter: https://www.destatis.de/DE/PresseService/Presse/Pressemitteilungen/2017/03/PD17_094_621pdf.pdf?__blob=publicationFile. Letzter Zugriff: 5.3.19.

Staub-Bernasconi, Silvia (2007), Forschungsergebnisse und ihre Bedeutung für die Theorieentwicklung, Praxis und Ausbildung. In: Engelke, E. u. a. (Hg.), Forschung für die Praxis. Zum gegenwärtigen Stand der Sozialarbeitsforschung. Freiburg im Breisgau, 19–46.

Staub-Bernasconi, Silvia (2007a), Soziale Arbeit als Handlungswissenschaft. Systemtheoretische Grundlagen und professionelle Praxis. Bern/Stuttgart/Wien.

Steinert, E./Thiele, G. (2000), Sozialarbeitsforschung für Studium und Praxis. Einführung in die qualitativen und quantitativen Methoden. Köln.

Steinert, E./Sticher-Gil, B./Sommerfeld, P./Maier, K. (1998) (Hg.), Sozialarbeitsforschung: was sie ist und leistet. Eine Bestandaufnahme. Freiburg im Breisgau.

Steinke, Ines (2000): Gütekriterien qualitativer Forschung. In: Flick, U., von Kardorff, E. & Steinke, I.(Hg.): Qualitative Forschung. Ein Handbuch, S. 319–331. Reinbek b. Hamburg.

Stockmann, R. (2010), Evaluationsprozess. In: Stockmann, R./Meyer, W., Evaluation. Eine Einführung. Opladen und Farmington Hills, 159–189.

Strack, Fritz/Mussweiler, Thomas (1997): Explaining the Enigmatic Anchoring Effect: Mechanisms of Selective Accessibility. In: Journal of Personality and Social Psychology 73(3), S. 437–446.

Strauss, Anselm (1991), Grundlagen qualitativer Forschung. Datenanalyse und Theoriebildung in der empirischen soziologischen Forschung. München.

Stumpf, T. W. (1995), Opferschutz bei Kindesmisshandlung. Eine kriminalpolitische Herausforderung. Berlin.

Sturm, Gabriele (2004), Forschungsmethodologie. Vorüberlegungen für eine Evaluation feministischer (Sozial-) Forschung. In: Becker, Ruth/Beate Kortendiek (Hg.), Handbuch Frauen und Geschlechterforschung. Theorie, Methoden, Empirie. Wiesbaden.

Tertilt, H. (1996), Turkish Power Boys. Ethnographie einer Jugendbande. Frankfurt a. M.

Thiersch, H. (1998), Lebensweltorientierte Soziale Arbeit und Forschung. In: Rauschenbach, T./Thole, W. (Hg.) (1998), Sozialpädagogische Forschung. Gegenstand und Funktionen, Bereiche und Methoden. Weinheim/München, 81–96.

Thürmer-Rohr, Chr. (1989), Mittäterschaft der Frau – Analyse zwischen Mitgefühl und Kälte. In: Studienschwerpunkt Frauenforschung am Institut für Sozialpädagogik der TU Berlin, 87–103.

Tversky, Amos/Kahneman, Daniel (1974): Judgment under Uncertainty. Heuristics and Biases. Biases in judgments reveal some heuristics of thinking under uncertainty. In: Science 185, S.1124-1131.

Ummel, H. (2011), Andere Männer im „anderen" Beruf? Umbrüche und Persistenzen im Geschlechts-Selbstverständnis von Pflegern. In: Döge, P./Meuser, M. (Hg.), Männlichkeit und soziale Ordnung. Neue Beiträge zur Geschlechterforschung. Opladen, 159–181.

Villa, P.-I. (2006), Sexy Bodies. Eine soziologische Reise durch den Geschlechtskörper. 3. Aufl., Wiesbaden.

Von Kardorff, E. (2010), Qualitative Evaluationsforschung. In: Flick, U./von Kardorff, E./Steinke, I.(Hg.), Qualitative Sozialforschung. Ein Handbuch. Rowohlt Taschenbuch, Reinbek bei Hamburg, 238–250.

Von Saldern, M. (1989), Kommunikationstheoretische Grundlagen der Inhaltsanalyse. In: Bos, W./Tarnai, C., a.a.O., 14–31.

Watzlawick, Paul (1999): Wie wirklich ist die Wirklichkeit? Wahn, Täuschung, Verstehen. 25. Aufl. München.

Watzlawick, P. (1976), Wie wirklich ist die Wirklichkeit? München.

Weigand, H. (1998), Empirie – Hat sie ihren Stellenwert und ihre Bedeutung für Theorie und Praxis der Sozialen Arbeit eingebüßt? In: Huppertz, N. (Hg.), Theorie und Forschung in der Sozialen Arbeit. Neuwied, 67–90.

Weinbach, R. W./Grinnell, R. M. (2000), Statistik für soziale Berufe. Neuwied.

Welch, B.L. (1947): The Generalization of `Student's' Problem when Several Different Population Variances are Involved. In: Biometrika 34 (1/2), S. 28–35.

Wellenreuther, M. (2000), Quantitative Forschungsmethoden in der Erziehungswissenschaft. Eine Einführung. Weinheim und München.

Wetterer, Angelika (2003): Rhetorische Modernisierung: Das Verschwinden der Ungleichheit aus dem zeitgenössischen Differenzwissen. In: Gudrun-Axeli Knapp und Angelika Wetterer (Hg.): Achsen der Differenz. Münster: Westfälisches Dampfboot, S. 286–319.

Wex, Marianne (1981), „Weibliche" und „männliche" Körpersprache als Folge patriarchalischer Machtverhältnisse. 2. Aufl. Frankfurt a. M.

Wheaton, Laura (2013). Prison-based animal programs: A critical review of the literature and future recommendations (Doctoraldissertation, Pacific University). Retrieved from:http://commons.pacificu.edu/spp/1084.

Widmer, Eric D./Kempf, Nadine/Sapin, Marlène/Galli-Carminati, Giuliana (2013): Family beyond parents? An exploration of family configurations and psychological adjustment in young adults with intellectual disabilities. In: Research in developmental disabilities 34 (1), S. 207–217. DOI: 10.1016/j.ridd.2012.07.006.

Widmer, Eric D. (2006): Who are my family members? Bridging and binding social capital in family configurations. In: Journal of Social and Personal Relationships 23 (6). DOI: 10.1177/0265407506070482.

Widmer, Eric D./La Farga, Linda-Ann (2000): Family Networks: A Sociometric Method to Study Relationships in Families. In: Field Methods 12 (2), S. 108–128, zuletzt geprüft am 3.3.18.

Wolff, Stephan (1991), Gregory Bateson + Margaret Mead: „Balinese Character"(1942) – Qualitative Forschung als disziplinierte Subjektivität. In: Flick, Uwe/E. von Kardorff/H. Keupp/L. von Rosenstiel/S. Wolff (Hg.), a.a.O., S.135–141.

Wosnitza, M./Jäger, R. S. (Hg.) (2000), Daten erfassen, auswerten und präsentieren – aber wie? Landau.

Anhang

Tabellenanhang

Im Folgenden finden Sie die kritischen Werte für die z-, Chi-Quadrat-, t- und F-Werteverteilung[1] abgetragen, die für das Testen von Hypothesen (vgl. Kapitel V, Punkt 3.3.4) benötigt werden.

Leseanleitung Tafel 1:
Abgetragen sind die kritischen Werte der Standardnormalverteilung (z-Verteilung) für ein Fehlerniveau von 10%, 5% und 1%. Je nachdem, ob Sie Ihre Hypothese gerichtet oder ungerichtet formulieren, müssen Sie ein- oder zweiseitig testen. Bei einem einseitigen Test für α = 5% wird der Grenzwert des 95%-Quantils der Verteilung angegeben. Unter diesem Wert liegen also 95% der potenziellen Test- bzw. Populationswerte.
Beachten Sie, dass die z-Verteilung symmetrisch um 0 herum definiert ist – die betragsmäßig gleichen Grenzwerte gelten also im positiven wie im negativen Bereich. Je nachdem, ob Sie also rechts- oder linksseitig testen, gilt der kritische Werte mit positivem oder negativem Vorzeichen.
Für das Testen ungerichteter Hypothesen und zur Berechnung von Konfidenzintervallen zur Schätzung von Populationswerten, verwenden Sie die kritischen Werte für das zweiseitige Testen. Hierbei interessieren sowohl der untere als auch der obere Grenzwert. Für einen zweiseitigen Test für α = 1% überprüfen Sie also z. B., ob der ermittelte Testwert außerhalb des Intervalls von [-2,576; 2,576] liegt.

Leseanleitung Tafel 2:
Abgetragen sind die kritischen Werte der t-Verteilung in Abhängigkeit der Freiheitsgrade für ein Fehlerniveau von 10%, 5% und 1%. Je nachdem, ob Sie Ihre Hypothese gerichtet oder ungerichtet formulieren, müssen Sie ein- oder zweiseitig testen – sehen Sie hierzu auch die Bemerkungen zu Tafel 1.
Mit steigenden Freiheitsgraden nähert sich die t- der z-Verteilung an, sodass ab 120 Freiheitsgraden zumeist die z-Wertetabelle hinreichend genaue Werte liefern sollte.
Für den Fall, dass Sie die von Ihnen in der konkreten Testsituation ermittelten Freiheitsgrade nicht aufgelistet finden, *runden* Sie bitte zum nächsten eingetragenen Wert *ab*[2].

Leseanleitung Tafel 3:
Abgetragen sind die kritischen Werte der Chi-Quadrat-Verteilung in Abhängigkeit der Freiheitsgrade df für ein Fehlerniveau von 10%, 5% und 1%. Bei einem 5 x 4-Felder-Chi-Quadrat-Test etwa ergeben sich $df = (5-1) * (4-1) = 12$ Freiheitsgrade. Für α =5% lässt sich damit ein kritischer Wert von 21,03 aus unten stehender Tabelle ermitteln. Das Testergebnis ist dann signifikant wenn gilt: $X^2 > 21,03$. Beachten Sie, dass die Chi-Quadrat-Verteilung nur für positive Werte definiert ist. Die Unterscheidung nach gerichtet und ungerichtet entfällt.

---

[1] Für weitere Verteilungswertetafeln, insbesondere der Binomialverteilung, die zum Testen vermittels Vorzeichentest (vgl. Kapitel V, Punkt 3.3.4.2.2-b) benötigt wird, empfehlen wir Bortz et al. (1990).
[2] Alternativ können Sie natürlich auch eine detailliertere t-Wertetabelle zu Rate ziehen.

Leseanleitung Tafel 4:
Abgetragen sind die kritischen Werte der F-Verteilung in Abhängigkeit von Zählerfreiheitsgraden (df_1) und Nennerfreiheitsgraden (df_2) für ein Fehlerniveau von α =5 %. Beachten Sie, dass beim Vergleich von Populationsvarianzen in der Regel und im Kontrast zu anderen Testverfahren unserer Wunschhypothese entspricht. Im Sinne der Maxime des konservativen Hypothesentestens sollte der kritische Wert also im Zweifel so gesetzt werden, dass die Ablehnung der Nullhypothese wahrscheinlicher wird. Das heißt: Sollten Sie die von Ihnen in der konkreten Testsituation ermittelten Freiheitsgrade nicht aufgelistet finden, *runden* Sie bitte zum nächsten eingetragenen Wert *auf*.

Tafel 1: **z-Verteilung** – kritische Werte

Einseitiger Test			Zweiseitiger Test		
α = 10 %	α = 5 %	α = 1 %	α = 10 %	α = 5 %	α = 1 %
1,282	1,645	2,326	1,645	1,96	2,576

Tafel 2: **t-Verteilung** – kritische Werte

df	Einseitiger Test			Zweiseitiger Test		
	α = 10 %	α = 5 %	α = 1 %	α = 10 %	α = 5 %	α = 1 %
1	3.078	6.314	31.82	6.314	12,706	63,656
2	1.886	2.920	6.965	2.920	4,303	9,925
3	1.638	2.353	4.541	2.353	3,182	5,841
4	1.533	2.132	3.747	2.132	2,776	4,604
5	1.476	2.015	3.365	2.015	2,571	4,032
6	1.440	1.943	3.143	1.943	2,447	3,707
7	1.415	1.895	2.998	1.895	2,365	3,499
8	1.397	1.860	2.896	1.860	2,306	3,355
9	1.383	1.833	2.821	1.833	2,262	3,250
10	1.372	1.812	2.764	1.812	2,228	3,169
11	1.363	1.796	2.718	1.796	2,201	3,106
12	1.356	1.782	2.681	1.782	2,179	3,055
13	1.350	1.771	2.650	1.771	2,160	3,012
14	1.345	1.761	2.624	1.761	2,145	2,977
15	1.341	1.753	2.602	1.753	2,131	2,947
16	1.337	1.746	2.583	1.746	2,120	2,921
17	1.333	1.740	2.567	1.740	2,110	2,898
18	1.330	1.734	2.552	1.734	2,101	2,878
19	1.328	1.729	2.539	1.729	2,093	2,861
20	1.325	1.725	2.528	1.725	2,086	2,845
21	1.323	1.721	2.518	1.721	2,080	2,831
22	1.321	1.717	2.508	1.717	2,074	2,819
23	1.319	1.714	2.500	1.714	2,069	2,807
24	1.318	1.711	2.492	1.711	2,064	2,797
25	1.316	1.708	2.485	1.708	2,060	2,787
26	1.315	1.706	2.479	1.706	2.056	2.779
27	1.314	1.703	2.473	1.703	2.052	2.771
28	1.313	1.701	2.467	1.701	2.048	2.763
29	1.311	1.699	2.462	1.699	2.045	2.756
30	1.310	1.697	2.457	1.697	2.042	2.750
40	1.303	1.684	2.423	1.684	2.021	2.704

Tafel 2: **t-Verteilung** – kritische Werte

	Einseitiger Test			Zweiseitiger Test		
60	1.296	1.671	2.390	1.671	2.000	2.660
120	1.289	1.658	2.358	1.658	1.980	2.617
∞	1.282	1.645	2.326	1.645	1.960	2.576

Tafel 3: **Chi-Quadrat-Verteilung** – kritische Werte

df	α = 10 %	α = 5 %	α = 1 %
1	2,71	3,84	6,63
2	4,61	5,99	9,21
3	6,25	7,81	11,34
4	7,78	9,49	13,28
5	9,24	11,07	15,09
6	10,64	12,59	16,81
7	12,02	14,07	18,48
8	13,36	15,51	20,09
9	14,68	16,92	21,67
10	15,99	18,31	23,21
11	17,28	19,68	24,73
12	18,55	21,03	26,22
13	19,81	22,36	27,69
14	21,06	23,68	29,14
15	22,31	25,00	30,58
16	23,54	26,30	32,00
17	24,77	27,59	33,41
18	25,99	28,87	34,81
19	27,20	30,14	36,19
20	28,41	31,41	37,57
21	29,62	32,67	38,93
22	30,81	33,92	40,29
23	32,01	35,17	41,64
24	33,20	36,42	42,98
25	34,38	37,65	44,31
26	35,56	38,89	45,64
27	36,74	40,11	46,96
28	37,92	41,34	48,28
29	39,09	42,56	49,56
30	40,26	43,77	50,89

Tafel 4: **F-Verteilung** – kritische Werte für α=5 %

Zählerfreiheitsgrade df_1									
df_2	1	2	3	4	5	6	7	8	9
1	161,45	199,50	215,71	224,58	230,16	233,99	236,77	238,88	240,54
2	18,51	19,00	19,16	19,25	19,30	19,33	19,35	19,37	19,38
3	10,13	9,55	9,28	9,12	9,01	8,94	8,89	8,85	8,81
4	7,71	6,94	6,59	6,39	6,26	6,16	6,09	6,04	6,00
5	6,61	5,79	5,41	5,19	5,05	4,95	4,88	4,82	4,77
6	5,99	5,14	4,76	4,53	4,39	4,28	4,21	4,15	4,10
7	5,59	4,74	4,35	4,12	3,97	3,87	3,79	3,73	3,68

8	5,32	4,46	4,07	3,84	3,69	3,58	3,50	3,44	3,39
9	5,12	4,26	3,86	3,63	3,48	3,37	3,29	3,23	3,18
10	4,96	4,10	3,71	3,48	3,33	3,22	3,14	3,07	3,02
16	4,49	3,63	3,24	3,01	2,85	2,74	2,66	2,59	2,54
30	4,17	3,32	2,92	2,69	2,53	2,42	2,33	2,27	2,21
60	4,00	3,15	2,76	2,53	2,37	2,25	2,17	2,10	2,04
100	3,94	3,09	2,70	2,46	2,31	2,19	2,10	2,03	1,97
∞	3,84	3,00	2,61	2,37	2,21	2,10	2,00	1,94	1,88

Zählerfreiheitsgrade df_1

df_2	10	16	30	60	100	∞
1	241,88	246,47	250,10	252,20	253,04	254,30
2	19,40	19,43	19,46	19,48	19,49	19,50
3	8,79	8,69	8,62	8,57	8,55	8,53
4	5,96	5,84	5,75	5,69	5,66	5,63
5	4,74	4,60	4,50	4,43	4,41	4,37
6	4,06	3,92	3,81	3,74	3,71	3,67
7	3,64	3,49	3,38	3,30	3,27	3,23
8	3,35	3,20	3,08	3,01	2,97	2,93
9	3,14	2,99	2,86	2,79	2,76	2,71
10	2,98	2,83	2,70	2,62	2,59	2,54
16	2,49	2,33	2,19	2,16	2,07	2,07
30	2,16	1,99	1,84	1,74	1,74	1,62
60	1,99	1,82	1,65	1,53	1,53	1,39
100	1,93	1,75	1,57	1,39	1,45	1,28
∞	1,83	1,64	1,46	1,32	1,24	1,00

Formelverzeichnis

Formel 1: Arithmetisches Mittel 149
Formel 2: Varianz 156
Formel 3: Standardabweichung 157
Formel 5: Konfidenzintervalle 163
Formel 6: Standardfehler Konfidenzintervall (AM-Schätzung) 171
Formel 7: Standardfehler für Anteilsschätzung 175
Formel 8: F-Test 192
Formel 9: Standardfehler der Differenzwerte mit gepoolten Varianzen 192
Formel 10: Gepoolte Varianz 192
Formel 11: Standardfehler der Differenzwerte mit ungepoolten Varianzen 194
Formel 12: 2-Stichproben-t-Test (unabhängige Stichproben) 194
Formel 13: Freiheitsgrade der t-Verteilung bei gleichen Populationsvarianzen 195
Formel 14: Freiheitsgrade der t-Verteilung bei ungleichen Populationsvarianzen (Welch-Schätzung) 195
Formel 15: 1-Stichproben-t-Test 198
Formel 16: Binomialtest/Vorzeichentest 204
Formel 17: Approximation der Binomial- durch z-Verteilung 204
Formel 18: Erwartete Zellenhäufigkeit 206
Formel 19: Chi-Quadrat-Test 208
Formel 20: Freiheitsgrade für KxL-Chi-Quadrat-Test 209
Formel 21: Cramérs V 210
Formel 22: McNemar-Test 211
Formel 23: Kovariation metrischer Variablen 216
Formel 24: Kovarianz metrischer Variablen 217
Formel 25: Korrelation metrischer Variablen 218
Formel 26: 1-Stichproben-t-Test für Korrelationskoeffizienten 218
Formel 27: Fisher-Transformation zum Vergleich von Korrelationskoeffizienten 221
Formel 28: Fisher-Test für Unterschiede zwischen Korrelationskoeffizienten 222
Formel 29: Standardfehler für Fisher-Test 222
Formel 30: Tau-b 224

Tabellenverzeichnis

Tabelle 1: Vergleich Alltagswissen, wissenschaftliches Wissen 22
Tabelle 2: Zusammenfassung Skalenniveaus 142
Tabelle 3: Testverfahren in Abhängigkeit des Skalenniveaus 179
Tabelle 3: Kreuztabelle Arbeitslosigkeit-Erhebungsgebiet 206
Tabelle 4: Indifferenztabelle Arbeitslosigkeit-Erhebungsgebiet 207
Tabelle 4: Zusammenhangsmaße 228
Tabelle 5: Experiment, Quasi-Experiment, Ex-Post-Facto-Design ... 274
Tabelle 6: Interviewarten 276

Abbildungsverzeichnis

Abbildung 1:	Fragebogen von Max Weber zur Berufszufriedenheit	34
Abbildung 2:	Bivariate Verteilung von Nettoeinkommen und Schulabschluss; Allbus 2016; eigene Darstellung	49
Abbildung 3:	Einkommensdurchschnittswerte für verschiedene Schulabschlüsse; Allbus 2016; eigene Darstellung	50
Abbildung 4:	Einkommensentwicklung der Sozialarbeiter*innen; Akkumulierte ALLBUS-Daten; eigene Darstellung	62
Abbildung 5:	Straftaten gegen Selbstbestimmung mit kindlichen Opfern: Berechnete Hellfelder für die verschiedenen Fallgruppen und die jeweiligen geschätzten Dunkelfelder	76
Abbildung 6:	Schema Konzeptspezifikation	117
Abbildung 7:	Häufigkeitsverteilung Geschlecht (ALLBUS 2016); eigene Darstellung	144
Abbildung 8:	Häufigkeitsverteilung der Einschätzung der subjektiven Wirtschaftslage (ALLBUS 2016); eigene Darstellung	145
Abbildung 9:	Zustimmung zu der Aussage, bestehende soziale Unterschiede seien gerecht (ALLBUS 2014); eigene Darstellung	145
Abbildung 10:	Histogramm für Einkommensverteilung (ALLBUS 2016); eigene Darstellung	146
Abbildung 11:	Zwei mögliche Verteilungsformen für AM = 508; zufällig erstellte Variablen; eigene Darstellung	154
Abbildung 12:	Schiefe von Verteilungsfunktionen	155
Abbildung 13:	Drei Lageparameter der Einkommensverteilung; ALLBUS 2016; eigene Darstellung	155
Abbildung 14:	Zentrierung und Standardisierung einer Variablen; fiktive Daten; eigene Darstellung	159
Abbildung 15:	Körpergröße (ALLBUS 2014); eigene Darstellung	160
Abbildung 16:	Standardisierte Körpergröße; ALLBUS 2016; eigene Darstellung	162
Abbildung 17:	Körpergröße und 95 %-Intervall (ALLBUS 2014); eigene Darstellung	163
Abbildung 18:	Dauer der Arbeitslosigkeit; ALLBUS 2014; eigene Darstellung	167
Abbildung 19:	Imaginäre Stichproben aus ALLBUS-Daten; ALLBUS 2014; eigene Darstellung	167
Abbildung 20:	Populations-, Stichproben und Mittelwertsverteilung; ALLBUS 2014; eigene Darstellung	169
Abbildung 21:	Hypothetische Mittelwertverteilung, eigene Darstellung	184
Abbildung 22:	95 %-Quantil der Mittelwertverteilung	186
Abbildung 23:	Verortung der Mittelwertdifferenz auf der Mittelwerteverteilung	187
Abbildung 24:	Einseitiger oder Zweiseitiger Test	188

Abbildung 25:	Schema – Testen von Mittelwertdifferenzen	199
Abbildung 26:	Schema – Testen von Unterschiedshypothesen	214
Abbildung 27:	Zusammenhangsformen	216
Abbildung 28:	Korrelation	217
Abbildung 29:	Zusammenhang Arbeitslosigkeitsdauer & Lebenszufriedenheit; ALLBUS 2014; eigene Darstellung	219
Abbildung 30:	Homoskedastizität & Heteroskedastizität	221
Abbildung 13:	Kreuztabelle: Gewalterfahrung & Sozialintegration; fiktive Daten	225
Abbildung 31:	Berechnungsvorschrift konkordante Paare; fiktive Daten; eigene Darstellung	226
Abbildung 32:	Berechnungsvorschrift diskordante Paare; fiktive Daten; eigene Darstellung	226
Abbildung 33:	Regressionsoutput	234
Abbildung 34:	Regressionsoutput – erklärt	234
Abbildung 35:	Familienpolitisches Positionspapier des Paritätischen Wohlfahrts-verbands Bayern (2017)	252
Abbildung 36:	Quelle: Familienpolitisches Positionspapier des Paritätischen Wohlfahrtsverbands Bayern (2017)	261
Abbildung 37:	Schema Konzeptspezifikation Gewalterfahrung von Frauen; eigene Darstellung	277

Die Autor*innen

Hanne Isabell Schaffer

Diplomsoziologin, studierte Sozialwissenschaften an der Ludwig-Maximilians-Universität München und promovierte im Bereich Alternsforschung zur Dr. rer. soc. Sie war jahrelang im Bereich der empirischen Auftragsforschung für verschiedene Bundesministerien tätig.

Seit 1994 lehrt sie an der Fakultät für Soziale Arbeit der Katholischen Stiftungshochschule München. Ihre Themenschwerpunkte sind Soziologie in der Sozialen Arbeit, Gender und Empirische Sozialforschung.

Fabian Schaffer

Studiert Sozialwissenschaften an der Humboldt-Universität zu Berlin, wo er auch von 2017–2019 als Tutor für Statistik tätig war. Interessensschwerpunkte: Soziologische Theorie, insbesondere Systemtheorie, und quantitative Methoden.

Theorien der Sozialen Arbeit

Die 7. Auflage wurde inhaltlich ergänzt sowie um aktuelle Entwicklungen innerhalb des Theoriediskurses in der Sozialen Arbeit und um neue, inzwischen etablierte Theorieansätze erweitert.
Mit Margit Brückner, Rudolf Leiprecht, Paul Mecheril, Ulrich Deinet, Christian Reutlinger, Björn Kraus und Dieter Röh werden nun 31 Theorien in vier Teilen dargestellt und jeweils anhand der bewährten inhaltlichen Kategorien zeithistorisch eingeordnet.
Aktualisierte Literaturempfehlungen bieten Anknüpfungspunkte zum vertiefenden Studium.

Ernst Engelke, Stefan Borrmann, Christian Spatscheck

Theorien der Sozialen Arbeit
Eine Einführung

7. Auflage, Oktober 2018
652 Seiten

Erhältlich in zwei Versionen:
Hardcover (gebunden), € 29,90
ISBN 978-3-7841-3072-9
Studienausgabe (kartoniert), € 24,90
ISBN 978-3-7841-3100-9

eBook inklusive

SOZIAL | RECHT | CARITAS

www.lambertus.de

Der Klassiker zur Sozialen Arbeit

Die in Fachwelt und Ausbildung breit rezipierte Publikation über das Konzept multiperspektivische Fallarbeit des 2013 verstorbenen Burkhard Müller wurde in der Neuausgabe von Ursula Hochuli Freund durchgesehen und in Hinblick auf den Stand des Fachdiskurses aktualisiert.

Das Buch eignet sich als Lehrbuch für die Aus- und Weiterbildung in Studiengängen der Sozialpädagogik und Sozialarbeit, aber auch PraktikerInnen der Sozialen Arbeit werden viele hilfreiche Themen und Reflexionsfragen entdecken.

Burkhard Müller
Sozialpädagogisches Können
Ein Lehrbuch zur multiperspektivischen Fallarbeit
8. aktualisiert und erweitert von Ursula Hochuli Freund Auflage, April 2017,
Kartoniert/Broschiert, 224 Seiten
€ 21,00
ISBN 978-3-7841-2757-6

www.lambertus.de

Perspektiven für die Soziale Arbeit

Das Handbuch bildet den aktuellen Stand des Diskurses in einer strukturierten Weise ab: Anhand von acht Perspektiven werden die theoretischen Zugänge und thematischen Foki einer Diagnostik in der Sozialen Arbeit dargelegt; in 16 Beiträgen werden aktuelle Konzepte Sozialer Diagnostik erläutert, illustriert von Fallbeispielen, und schließlich 14 diagnostische Instrumente vorgestellt, die sich für einen arbeitsfeldübergreifenden Einsatz eignen.

Peter Buttner (Hg.),
Silke Brigitta Gahleitner (Hg.),
Ursula Hochuli Freund (Hg.),
Dieter Röh (Hg.)

Handbuch Soziale Diagnostik (H24)

Perspektiven und Konzepte für die Soziale Arbeit
1. Auflage, 2018, 404 Seiten, kartoniert
€ 34,90
Mengenpreise: ab 10 St. 28,90 EUR
Sonderpreis: 28,90 € für Mitglieder des Deutschen Vereins für öffentliche und private Fürsorge

ISBN 978-3-7841-3029-3

www.lambertus.de